LE GUIDE VERT

Thaïlande

DÉCOUPAGE GÉOGRAPHIQUE DU GUIDE SUR LA CARTE CI-CONTRE

L'équipe du Guide Vert Michelin, de gauche à droite :
Camille Bouvet, Denis Rasse, Natacha Brumard, Amaury de Valroger, Lucie Fontaine, Philippe Orain, Florence Dyan, Catherine Guégan, Hervé Dubois, Julie Duhourcau, Hélène Payelle, Marie-Pierre Renier, Éric Boucher, Véronique Aissani, Marie Simonet, Carole Diascorn, Camille Therville, Marion Capéra, Pascal Grougon, Dominique Auclair.

Édito

Voyager en Thaïlande, c'est sillonner un pays des plus fascinants. A l'image de sa gastronomie, la Thaïlande est en effet un savoureux concentré d'Asie : hauts plateaux, forêts tropicales, cités anciennes, chapelet d'îles paradisiaques, sans oublier la trépidante Bangkok.

C'est également un moment privilégié pour rencontrer les femmes et les hommes qui préservent ce patrimoine naturel et culturel et le perpétuent au travers des fêtes, des arts, des traditions, de la gastronomie. Autant d'expériences incontournables ou insolites, de lieux connus ou confidentiels, que nos équipes ont dénichés au cours de leurs innombrables tournées sur le terrain.

Dans cette nouvelle édition du Guide Michelin Voyage et Cultures Thaïlande, en complément des sites étoilés ★★★, nos auteurs partagent leurs itinéraires, leurs bonnes adresses ainsi que leurs plus beaux souvenirs de voyage. Sans oublier leurs coups de cœur pour des établissements engagés dans une démarche écoresponsable, signalés au fil des pages par le symbole 🍃.

Nous sommes convaincus que chaque destination est digne que l'on s'y attarde, que chaque rencontre mérite que l'on s'y intéresse, que chaque culture a le pouvoir d'enrichir la nôtre.

Afin de redonner du sens au voyage, ralentissons le pas pour nous imprégner en profondeur de la richesse des lieux que nous traversons et des gens que nous croisons. Soyons curieux de tout ce qui se trouve sous nos yeux, en ville ou à la campagne, sur un chemin de traverse, loin de chez nous ou juste au bout de la rue.

Alors, avec ce Guide Michelin Voyage et Cultures, à votre tour de faire le plein de beau, de bon et de rencontres.

Philippe Orain,
Directeur du Guide Michelin Voyage & Cultures

Sommaire

Retrouvez nos carnets d'adresses à la fin de chaque chapitre

COMPRENDRE LA THAÏLANDE

flukyfluky/Getty Images Plus

Freeartist/Getty Images Plus

ORGANISER SON VOYAGE

Nos incontournables

★★★

Parc national d’Erawan

De cascade en piscine naturelle, voyage au cœur d’une forêt tropicale somptueuse, dont les Thaïlandais parlent comme d’un chef-d’œuvre de la nature. **Voir p. 96.**

gopfaster/Getty Images Plus

Dmitry_Chulov/Getty Images Plus

★★★

Temple de Phimai

Exquises dentelles de pierre, ses linteaux ouvragés révèlent l’extraordinaire talent des artisans de l’empire khmer, au service du panthéon hindouiste. **Voir p. 304.**

Kapook2981/Getty Images Plus

★★★

Bangkok

Krung Thep, la « Ville des anges » : une capitale bouillonnant d'activité, traditionnelle et ultramoderne à la fois, qui regorge de marchés colorés. **Voir p. 34.**

★★★

Chiang Mai

Enserrée dans ses douves, la capitale historique du Nord foisonne de pagodes anciennes vivant comme hors du temps. **Voir p. 194.**

wichianduangsri/Getty Images Plus

foto76/Getty Images Plus

★★★

Ayutthaya

Une tête de bouddha enchâssée dans les racines puissantes d'un banian sacré : l'emblème de la cité sainte d'Ayutthaya suscite toujours autant de dévotion. **Voir p. 134.**

Nos incontournables

13317271/Getty Images Plus

★★★

Parc ornithologique de Thale Noi

Tout au sud de la Thaïlande, un coin de nature méconnu et un petit paradis pour les oiseaux migrateurs. **Voir p. 377.**

Patryk Kosmider/Getty Images Plus

★★★

Baie de Phang Nga

Ses étonnants pitons rocheux composent un paysage de karst marin qui n'est pas sans rappeler la baie de Ha Long vietnamienne. **Voir p. 344.**

banjongseal324/Getty Images Plus

coward_lion/Getty Images Plus

★★★

Parc national de Pha Taem

Au cœur du Triangle d'émeraude, les spectaculaires formations rocheuses en champignons du parc national, célèbre aussi pour ses peintures rupestres. **Voir p. 284.**

★★★

Sukhothai

L'une des plus séduisantes cités anciennes de Thaïlande, dans la Plaine centrale. C'est là que vit le jour le célèbre bouddha marchant, d'une grâce sans pareille. **Voir p. 162.**

P. Tisserand/Michelin

★★★

Prasat Hin Phanom Rung

Aux portes du Cambodge, ce superbe temple khmer épouse un éperon rocheux dominant la plaine de l'Isan. Remonter sa voie sacrée est comme un pèlerinage dans le temps. **Voir p. 293.**

Nos coups de cœur

Fête des lumières à Chiang Mai.
501room/Getty Images Plus

TOP 5
Pagodes

1. Wat Phra Kaeo à Bangkok (p. 42)
2. Wat Phra Singh à Chiang Mai (p. 196)
3. Wat Phra That Lampang Luang à Lampang (p. 226)
4. Wat Suthat à Bangkok (p. 54)
5. Wat Pho à Bangkok (p. 46)

Wat Phra Kaeo.
Panupong Piewkleng/Getty Images Plus

❤ **Lancer** sur la rivière une bougie posée dans un frêle esquif de feuilles de bambou, le jour de Loy Krathong, et regarder s'en aller avec eux les malheurs de l'année écoulée. **Voir p. 412**.

❤ **Randonner** dans le parc national de Phu Kradung et, arrivé au sommet de la montagne Cloche, se perdre dans la contemplation de ses somptueux panoramas, déployés au-dessus d'un océan vert. **Voir p. 264**.

❤ **Chiner** à Chatuchak, le gigantesque « Week-End Market » de Bangkok. Des étoffes de soie aux étals de déco vintage, des antiquités aux cerfs-volants, s'étourdir de l'infinie richesse de l'artisanat thaïlandais. **Voir p. 77**.

❤ **Humer** les fumets qui s'élèvent d'un marché de nuit et découvrir mille spécialités gastronomiques parfois surprenantes, toujours délicieuses ! Chaque ville possède son *night market*. Certains, comme celui de Chiang Mai, sont des must. **Voir p. 208**.

❤ **Pédaler** dans le parc de Si Satchanalai et goûter le plaisir d'avoir pour soi une cité ancienne classée par l'Unesco. **Voir p. 174**.

Balade à vélo dans le parc de Si Satchanalai.
Ipek Morel/Getty Images Plus

Nos coups de cœur

Khlong de Bangkok.
deniscostille/Getty Images Plus

❤ **Oser** le durian, ce gros fruit vert hérissé de piquants, à la chair réputée fort nauséabonde – des affiches l'interdisent même dans les chambres d'hôtel ! – mais qui fait les délices des Thaïlandais. Où ? Dans la province de Chanthaburi, les marchés en regorgent au printemps. **Voir p. 124**.

Ravioli aux fleurs.
P. Tisserand/Michelin

❤ **Naviguer** sur les *khlong* (canaux) de Bangkok à bord d'un *long tail*. Le nez au ras de l'eau, dans le vrombissement des embarcations qui se croisent, regarder défiler la vie de la mégalopole côté rivière : c'est là que la Venise de l'Orient retrouve tout son sens. **Voir p. 65**.

❤ **Cuisiner** comme un chef *tom yam*, salades de papaye verte ou ces étranges raviolis aux fleurs mauves. Après avoir suivi une *cooking class* à Chiang Mai, épater ses amis autant que les régaler. L'inimitable symphonie de ses saveurs a fait de la gastronomie thaïe l'une des plus réputées au monde. **Voir p. 212**.

Moines en prière au Doi Suthep (Chiang Mai).
Travel_Motion/Getty Images Plus

TOP 5
Fêtes et festivals

1. Songkran, le Nouvel An bouddhique en avril (p. 410)
2. Visakha Bucha en mai (p. 506)
3. Loy Krathong en novembre (p. 412)
4. Fête des Bougies à Ubon Ratchathani (p. 286)
5. Festival de That Phanom (p. 280)

Loy Krathong à Chiang Mai.
9632290_400/Getty Images Plus

❤ **S'initier** dans les règles à l'art ancestral du massage et de la méditation au Wat Pho, le centre d'enseignement le plus réputé du pays. Des stages d'une semaine y sont organisés spécialement en anglais : c'est dire si l'on vient de loin pour percer les secrets de l'harmonie du corps et de l'esprit ! **Voir p. 49**.

❤ **Siffloter** un petit air connu en traversant le pont de la rivière Kwaï. S'il n'a plus le cachet des images hollywoodiennes, le mythique ouvrage d'art ne saurait laisser indifférents les lecteurs de Pierre Boulle. **Voir p. 91**.

❤ **S'enivrer** des effluves d'encens à la pagode du Doi Suthep en mai, avec la foule des pèlerins venus célébrer le triple anniversaire : la naissance, l'illumination et la mort du Bouddha. L'un des jours les plus sacrés de l'année. **Voir p. 215**.

Nos coups de cœur

Ko Phi Phi Don.
SCStock/Getty Images Plus

❤ **Admirer** la technique des dévots chargés de draper le colossal bouddha assis du Wat Phanan Choeng, à Ayutthaya. Lancer une étole safran sur les épaules de cette statue de 19 m de haut relève du tour de force ! **Voir p. 141**.

❤ **Lézarder** sur une plage secrète de Ko Phi Phi, l'une de celles que l'on n'atteint qu'en bateau ou au terme d'une bonne marche dans la forêt ; loin des foules, savourer l'enivrante sensation d'avoir mérité son petit bout d'éden. **Voir p. 362**.

Wat Phanam Choeng.
southtownboy/Getty Images Plus

TOP 5
Parcs nationaux

1. Erawan (p. 96)
2. Phu Kradung (p. 264)
3. Phang Nga (p. 344)
4. Pha Taem (p. 284)
5. Thale Noi (p. 377)

Parc national de Phang Nga.
Oppdowngalon/Getty Images Plus

❤ **Libérer** un moineau sur le parvis d'une pagode pour s'attirer la chance. Histoire de faire bonne mesure, offrir une fleur de lotus au bouddha du jour de sa naissance : ils sont alignés par sept sous le banian de la cour, comme au Wat Phra Si Ratana Mahatat de Phitsanulok. **Voir p. 156 et p. 424**.

❤ **Démêler** les grands courants de la statuaire bouddhique au Musée national de Bangkok grâce à une passionnante visite en français : muni de toutes les clés de compréhension, se sentir fin prêt pour arpenter les cités anciennes de la Plaine centrale, du Nord et de l'Isan, en sachant reconnaître le style propre à chacune. **Voir p. 50**.

❤ **Descendre** la rivière Kok de Tha Ton à Chiang Rai, tranquillement assis dans une barque *long tail*, un bateau « à longue queue », ou en pagayant hardiment sur un raft de bambou dansant sur les flots grossis par les dernières pluies de novembre. En version adrénaline ou contemplation, la Mae Nam Kok a de quoi séduire tous les tempéraments. **Voir p. 243**.

Boudha de style Srivijaya, Musée national de Bangkok.
L. Tettoni/robertharding/age fotostock

Nos coups de cœur

Match public de boxe thaïe.
J. Beck/imageBROKER/age fotostock

❤ **Applaudir** le champion à un match de *muay thai*, la boxe thaïe, au stade Lumpinee de Bangkok. Entre art, religion, sport et combat, la discipline reste un spectacle prenant et déchaîne les passions. **Voir p. 78, 417 et 490**.

❤ **Nourrir** les macaques de Lopburi lors du grand banquet qui leur est dédié fin novembre. Après tout, sans ces honorables rejetons d'Hanuman, Sita serait toujours prisonnière au Lanka… **Voir p. 151 et p. 154**.

❤ **Frissonner** d'inquiétude pour la belle Sita, enlevée par le roi du Lanka, puis libérée par l'armée des Singes après de houleux combats contre les démons et moult péripéties : la grande saga du *Ramakien* se rejoue dans les institutions qui perpétuent la tradition du théâtre masqué. **Voir p. 77 et p. 446**.

Ao Maya.
T. et B. Morandi/hemis.fr

TOP 5
Plages

1. Phra Nang à Raileh (p. 340)
2. Ao Son sur Ko Tarutao (p. 386)
3. Ao Maya sur Ko Phi Phi Le (p. 364)
4. Hat Nai Thon à Phuket (p. 353)
5. Ko Nang Yuan, au large de Ko Tao (p. 335)

Un pont en bois permettant d'accéder à la plage de Nai Thon.
sKrisda/Getty Images Plus

Nos itinéraires

7 jours Cités anciennes de la Plaine centrale

En bref : circuit archéologique de 1 000 km au départ de Bangkok.

P. Tisserand/Michelin

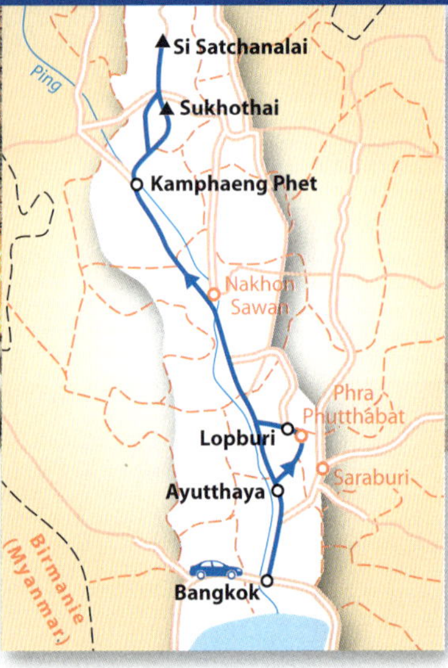

Bangkok J-1 & 2

Voir encadré « Programme » (**p. 42**).

Ayutthaya J-3

Balade sur l'île et au fil de l'eau à la découverte des temples les plus spectaculaires (**p. 134**).

Lopburi J-4

En route, halte au Phra Phutthabat (**p. 152**) pour son ambiance mystique ; à Lopburi (**p. 148**), vestiges des temples anciens et palais du roi Phra Narai (**p. 149**).

Conseil : vous pouvez visiter Lopburi en excursion depuis Ayutthaya.

Macaque à Lopburi.
kylieellway/Getty Images Plus

Sukhothai J-5

Dans la Cité royale, balade à vélo vers le Wat Mahatat et le Wat Sa Sri (**p. 165**).

Conseil : logez à Sukhothai, vous y trouverez des infrastructures touristiques de bonne qualité.

Si Satchanalai J-6

Excursion vers la cité ancienne (**p. 177**). De retour à Sukhothai, Musée national Rama Khamhaeng (**p. 163**) ou temples hors les murs, Wat Si Chum et Wat Chetuphon (**p. 169**).

Kamphaeng Phet J-7

Excursion au parc historique (**p. 182**). Retour à Bangkok.

10 jours Chiang Mai et le Nord

En bref : 1 300 km à la rencontre des peuples montagnards.

Bill Oxford/Getty Images Plus

Chiang Mai — J-1 & 2

La cité ancienne, ses douves et ses pagodes (**p. 194**), ainsi que ses nombreux programmes d'activités (**p. 212**).

Conseil : comptez 1 j. de plus pour découvrir Lampang et Lamphun.

Pai — J-3

En route pour Pai (**p. 230**), baignade aux cascades de Mok Fa (**p. 230**).

Mae Hong Son — J-4

Halte aux grottes de Tham Lot et aux villages shans et lahus autour de Ban Mae La Na (**p. 231**). Nuit à Mae Hong Son (**p. 240**).

Mae Sariang — J-5

Escapade aux portes de la Birmanie (Mae Sam Laep, **p. 236**) ; nuit à Mae Sariang (**p. 240**).

Op Luang — J-6

Randonnée dans le parc national (**p. 236**). Nuit à Chiang Mai (**p. 212**).

Tha Ton — J-7

Arrêt aux grottes de Chiang Dao (**p. 241**) ; nuit à Tha Ton (**p. 245**).

Rivière Kok — J-8

Descente de la rivière Kok (**p. 243**) jusqu'à Chiang Rai (**p. 246**).

Conseil : vous pouvez soit faire l'AR en bateau (prévoir alors 1 j. de plus, les départs de Chiang Rai se faisant le matin), soit remonter à Tha Ton en bus pour récupérer votre véhicule.

Environs de Chiang Rai — J-9

Excursion à la rencontre des minorités ethniques (**p. 249**).

Chiang Saen — J-10

Découverte de Chiang Saen (**p. 253**), balade au fil du Mékong (**p. 255**) ; retour à Chiang Mai.

Pour prolonger votre séjour nature, attardez-vous aux alentours de Pang Mapha et de Tham Lot ou programmez 3 j. de randonnée dans le Triangle d'or.

Nos itinéraires

12 jours L'Isan et les rives du Mékong

En bref : 2 000 km dans la région la plus proche des racines thaïes.

prachanart/Getty Images Plus

Conseil : devant la lenteur et le manque de fréquence des bus, la meilleure solution pour cette boucle est de louer une voiture à Udon Thani (accessible par avion depuis Bangkok). Vous pourrez rendre le véhicule à Khorat (Nakhon Ratchasima) en fin de parcours et regagner Bangkok en train. Le surcoût (environ 30 % du montant de la location) vous épargne une bonne demi-journée de route (320 km).

Udon Thani/Loei — J-1

Au départ d'Udon Thani (**p. 275**), comptez 2h de route (env. 150 km) pour gagner Loei (**p. 264**).

Phu Kradung — J-2

Randonnée et nuit dans le parc national (**p. 265**), apprécié pour ses cascades et ses panoramas.

Chiang Khan — J-3

Au bord du Mékong, un village aux belles maisons traditionnelles en bois (**p. 268**).

Nong Khai — J-4

Itinéraire au fil du fleuve par Pak Chom, Sangkhom et Tha Bo (**p. 269**) jusqu'à Nong Khai (**p. 270**).

Phu Phra Bat — J-5

Marché de Nong Khai (**p. 270**) ou parc religieux Sala Kaeo Ku (**p. 271**) le matin ; parc historique de Phu Phra Bat (**p. 272**) l'après-midi. Retour à Nong Khai pour la nuit.

Ban Chiang — J-6

Site de fouilles et musée archéologique (**p. 275**) de cette nécropole de l'âge du bronze.

Conseil : dormez à Ban Chiang plutôt qu'à Udon Thani, grande ville sans charme.

Mukdahan — J-7

Partez tôt le matin de Ban Chiang pour déjeuner à That Phanom (**p. 280**). Visite du *chedi* sacré de That Phanom (**p. 279**), marché indochinois de Mukdahan (étape de nuit) (**p. 279**).

Triangle d'émeraude J-8

Peintures rupestres et formations rocheuses du parc national de Pha Taem (**p. 284**) ; nuit à Khong Chiam (**p. 287**).

Route des temples khmers J-9 & 10

Temples d'influence angkorienne près de la frontière cambodgienne, autour de Si Saket (**p. 289**) et de Surin (**p. 290**), la ville la plus adaptée pour faire étape (**p. 299**). Dans la province de Buriram, temple de Phanom Rung (**p. 293**).

Conseils : renseignez-vous sur les conditions de sécurité avant d'entreprendre l'excursion vers les temples khmers proches de la frontière cambodgienne. En novembre, ne manquez pas le festival des Éléphants de Surin.

Phimai J-11

Parc historique de Phimai (**p. 304**) ; excursion au site préhistorique de Ban Prasat (**p. 308**).

Khorat/Bangkok J-12

Retour du véhicule à Khorat (Nakhon Ratchasima) (**p. 300**) et train pour Bangkok (**p. 68**).

Le parc historique de Phimai.
wuttichok/Getty Images Plus

Nos itinéraires

16 jours Le Sud

En bref : 1 500 km pour alterner sports nautiques et parcs maritimes.

Travel Wild/Getty Images Plus

Conseils : vérifiez les dates d'ouverture au public des parcs maritimes, souvent fermés plusieurs mois par an ou impraticables en saison des pluies. Renseignez-vous sur les sites de plongée temporairement interdits d'accès pour permettre le renouvellement des récifs coralliens. Voir aussi le « Spécial îles » p. 477 pour connaître la meilleure saison.

Phuket J-1 & 2

Côté mer d'Andaman, une ville à l'architecture sino-portugaise séduisante (**p. 348**) et une longue série de plages tranquilles ou animées (**p. 351**).

Baie de Phang Nga J-3

Mangrove et surprenants reliefs karstiques dans la fameuse baie de James Bond, classée parc national (**p. 344**).

Krabi J-4

De Krabi (**p. 338**), excursion vers les plages de la péninsule de Raileh le matin et vers la baie d'Ao Phra Nang (**p. 340**) l'après midi.

Les îles J-5 & 6

Plage et snorkeling ou plongée bouteille à Ko Phi Phi (**p. 362**) ou à Ko Lanta (**p. 367**).

Hat Chao Mai J-7 & 8

Exploration du parc maritime au départ de Trang (**p. 372**).

Ko Tarutao J-9 & 10

Snorkeling et plongée autour de Ko Lipe ou de Ko Adang (**p. 389**), les joyaux de ce parc.

Thale Noi J-11

Le plus beau parc ornithologique du pays (**p. 377**), à découvrir au départ de Phatthalung.

Ko Samui J-12 & 13

Côté golfe de Thaïlande, l'une des destinations plage favorites des Européens (**p. 316**).

Ko Phangan — J-14

Une mini-Samui (**p. 327**) un peu moins touristique que sa grande sœur.

Ko Tao — J-15

Ambiance festive dans l'une des îles préférées des amateurs de plongée bouteille, débutants ou confirmés (**p. 333**).

Conseil : respectez un délai d'au moins 24h entre votre dernière plongée et votre avion.

Phuket — J-16

Retour à Phuket (aéroport international, **p. 356**) ou continuation vers Bangkok (**p. 34**).

Temple chinois à Phuket-ville.
P. Tisserand/Michelin

L'îlot de Ko Nang Yuan, en face de Ko Tao.
benzoix/Getty Images Plus

Nos itinéraires

15 jours Best of Thaïlande

En bref : circuit de 3 500 km pour visiter les incontournables.

R.M. Nunes/Getty Images Plus

Conseils : combinez bus, train et avion pour gagner du temps sur les distances assez longues de ce circuit. Prévoyez une location de voiture à Bangkok pour les jours 3 et 4.

Bangkok — J-1 & 2

De la balade en pirogue sur les canaux aux gratte-ciel de verre, découverte d'une capitale emblématique des mégapoles asiatiques ; voir encadré « Programme » (**p. 42**).

Kanchanaburi — J-3

Escapade dans la ville du mythique pont de la rivière Kwaï (**p. 91**) ; dîner dans l'un des restaurants flottants sur la Kwaï (**p. 98**).

Conseil : Kanchanaburi étant une destination de week-end pour les Bangkokiens, vous y serez plus tranquille en milieu de semaine.

Parc naturel d'Erawan — J-4

Excursion dans le parc national, avec séquence baignade dans ses piscines naturelles (**p. 96**). Retour à Bangkok en soirée et train de nuit (**p. 68**) pour Chiang Mai.

Conseil : réservez bien à l'avance le train de nuit pour Chiang Mai.

Chiang Mai — J-5

Flânerie à l'intérieur des douves de la cité ancienne (**p. 194**) ; excursion du Doi Suthep l'apr.-midi (**p. 216**) et dîner au marché de nuit (**p. 207**).

Environs de Chiang Mai — J-6

Sortie nature aux abords de la ville (**p. 216**) ou randonnée vers les villages des minorités ethniques (**p. 222**) ; le soir, retour à Chiang Mai et dîner dans un restaurant en plein air au bord de la rivière (**p. 211**).

Lampang — J-7

Excursion au Wat Phra That Lampang Luang, l'un des plus beaux temples du nord du royaume (**p. 226**).

Sukhothai J-8

À vélo dans la Cité royale et hors les murs (**p. 165**).

Si Satchanalai J-9

Excursion vers la cité ancienne (**p. 177**). De retour à Sukhothai, Musée national Rama Khamhaeng (**p. 163**). Bus de fin d'apr.-midi pour Ayutthaya.

Ayutthaya J-10

Sur l'île et au fil de l'eau, balade à la découverte des temples les plus spectaculaires (**p. 134**). Train pour l'aéroport domestique de Don Muang (**p. 67**), à mi-chemin entre Ayutthaya et Bangkok, et vol pour Phuket.

Phuket J-11, 12 & 13

Farniente et sports nautiques sur des plages animées ou plus tranquilles (**p. 348**).

Baie de Phang Nga J-14

Avec nuit sur place ou en excursion depuis Phuket, mini-croisière dans la « baie de Ha Long thaïe » aux spectaculaires reliefs karstiques (**p. 344**).

Bangkok J-15

Retour à Bangkok en bus ou avion depuis Phuket (**p. 356**), ou en train depuis Surat Thani (**p. 322**).

Cultures en terrasses dans le Nord.
primeimages/Getty Images Plus

Nos spots en famille

PSzabo/Getty Images Plus

La plage de Choeng Mon.

Tout au long du guide, ce symbole vous aidera à repérer les sites ou activités qui intéresseront les enfants.

▶ **Comment être « siamois » ?** La visite interactive et ludique du musée du Siam à Bangkok permet à tous de mieux comprendre la culture et l'histoire thaïlandaises. Revêtir des costumes traditionnels, composer une recette de cuisine, ou prendre place en tenue d'écolier dans une salle de classe, tout est fait pour découvrir les rites et traditions, les habitudes alimentaires et les objets du quotidiens du pays. Une manière amusante pour en savoir plus sur une Thaïlande aux visages multiples. **Voir p. 49**.

Le Chao Phraya Express.

F. Guiziou/hemis.fr

▶ **Se mettre au vert à Bangkok.** Les rives du lac artificiel du parc Lumphini sont idéales pour faire une pause loin du tumulte de la capitale. Pour prolonger la balade, dirigez-vous vers la passerelle qui vous conduit au Benjakitti Forest Park, le plus grand espace vert de Bangkok. **Voir p. 60**.

▶ **Arpenter un refuge animalier.** La réserve zoologique de Khao Khieo constitue un refuge pour environ 130 espèces d'animaux, évoluant en semi-liberté dans un sublime décor de collines verdoyantes. Une belle route, au cœur de la forêt tropicale, qui se parcourt à pied, en voiture ou à bicyclette, à la découverte des animaux. L'occasion de voir de près gibbons, girafes, rhinocéros, éléphants... sans oublier les majestueux fauves. **Voir p. 114**.

▶ **S'exercer sur le green à Hat Karon.** Un minigolf de 18 trous pour que chacun peaufine son swing, le tout dans un parc d'attractions, centré sur les dinosaures et autres créatures préhistoriques. Vous manierez votre club à côté d'un

Tyrannosaurus-rex, dans une grotte de lave ou non loin d'un volcan en éruption. **Voir p. 360**.

▶ **Sur les traces des ethnies du nord.** Non loin de Chiang Mai, ce musée ethnographique présente de magnifiques costumes traditionnels des minorités montagnardes du nord du pays. L'occasion de découvrir les couleurs, les motifs, les coiffes et les ornements de ces vêtements tout à fait remarquables. **Voir p. 203**.

▶ **Se baigner dans les eaux turquoises à Ko Samui.** Sable clair et fin, mer calme, crique abritée dans le cadre d'une péninsule paradisiaque, bungalows équipés et dotés d'un restaurant, tout est réuni à Choeng Mon sur Ko Samui pour barboter en toute quiétude et en famille. **Voir p. 318**.

▶ **Un bain de boue inoubliable en bonne compagnie.** Ce sanctuaire pour éléphants, non loin de Chiang Mai, permet de découvrir ces animaux attachants dans leurs activités quotidiennes. Vous serez convié à les nourrir, à jouer avec eux, à leur faire des câlins et des bisous, à marcher à leur côté, et même, si vous le souhaitez, à plonger dans une mare en leur compagnie pour un charmant bain de boue et des éclaboussures mémorables ! Même les plus grands se sentiront tout petits devant ces aimables mastodontes. **Voir p. 217**.

▶ **Voyage dans le temps au musée des Traditions populaires de Phitsanulok.** Vous découvrirez ici les traditions du monde rural. Au programme, intérieurs des campagnes siamoises, métiers à tisser, costumes de paysans, pressoirs à canne à sucre, racloirs à noix de coco, outils de tatouage, mais aussi pièges à singes et à serpents... Le musée présente ainsi de nombreux objets fascinants et ludiques, qui attiseront la curiosité des petits comme des grands, sans oublier les différentes étapes de la plantation et de la récolte du riz. **Voir p. 158**.

▶ **Faire une virée à bord du Chao Phraya Express.** Ces bateaux permettent de se déplacer dans divers quartiers de la capitale beaucoup plus rapidement qu'en voiture et de découvrir autrement la ville *via* le « fleuve des Rois », en regardant défiler la vie de la mégalopole. De quoi stimuler l'intérêt des plus petits pour l'ancienne cité lacustre. Les bateaux font escale près des grands sites touristiques : Grand Palais, Wat Pho, Oriental et Saphan Taksin... **Voir p. 69**.

Comptez de 20 à 30mn entre deux passages.

Un éléphant en liberté à Chiang Rai.
Eloi_Omella/Getty Images Plus

Parc historique de Sukhothai, le Wat Si Chum.
J.-P. Lescourret/hemis.fr

DÉCOUVRIR LA THAÏLANDE

Tuk-tuk dans les rues de Bangkok.
4FR/Getty Images Plus

1

Bangkok et le golfe de Thaïlande

CARTE MICHELIN NATIONAL 751 AU 1/1370000

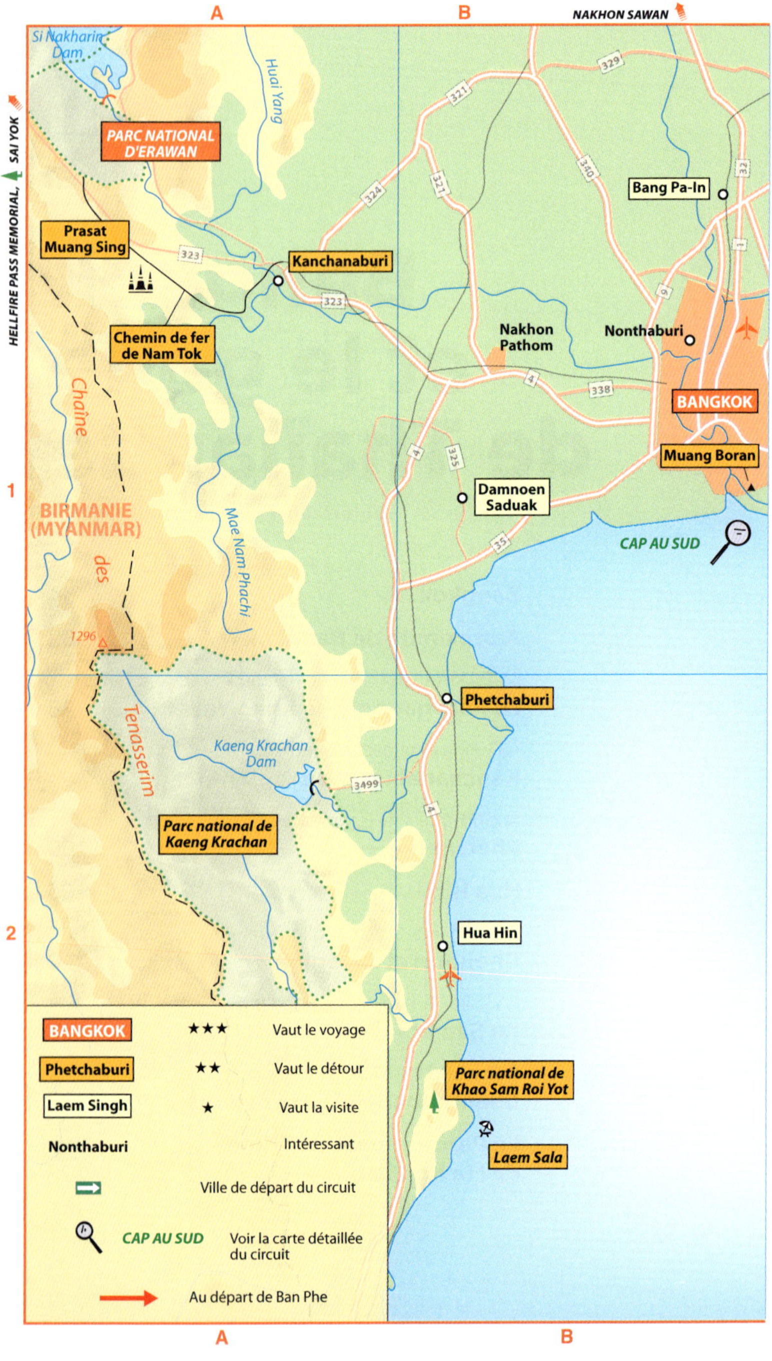
A
B
NAKHON SAWAN
HELLFIRE PASS MEMORIAL, SAI YOK
Si Nakharin Dam
PARC NATIONAL D'ERAWAN
Huai Yang
Prasat Muang Sing
Kanchanaburi
Chemin de fer de Nam Tok
Bang Pa-In
Nakhon Pathom
Nonthaburi
BANGKOK
Muang Boran
Damnoen Saduak
CAP AU SUD
Chaîne des Tenasserim
BIRMANIE (MYANMAR)
Mae Nam Phachi
1296
1
2
Kaeng Krachan Dam
Phetchaburi
Parc national de Kaeng Krachan
Hua Hin
Parc national de Khao Sam Roi Yot
Laem Sala
323
329
321
324
340
32
1
9
4
338
325
35
3499
BANGKOK ★★★ Vaut le voyage
Phetchaburi ★★ Vaut le détour
Laem Singh ★ Vaut la visite
Nonthaburi Intéressant
Ville de départ du circuit
CAP AU SUD Voir la carte détaillée du circuit
Au départ de Ban Phe

BANGKOK ET LE GOLFE DE THAÏLANDE

Bangkok ★★★

Le majestueux Chao Phraya, le « fleuve des Rois », décrit une courbe élégante au cœur de Bangkok, ancienne cité lacustre, et offre une vue imprenable sur la ville : architecture grandiose du palais royal, étincelantes flèches dorées des temples isolés, maisons anciennes bâties sur pilotis... Le fleuve dessine une frontière entre une mégapole aux ambitions futuristes et l'ancienne capitale du Siam, Thonburi, au charme oriental plus tranquille. Dans cette paradoxale « cité des anges », tout un lacis de ruelles et de canaux (les khlong), gardiens d'une Thaïlande plus traditionnelle, se tisse à côté des tours de verre de Sukhumvit. Mais partout, des bars de Siam Square prisés par la jeunesse dorée aux marchés saturés de Chinatown, vous serez entraîné dans le tourbillon d'énergie qui anime cette ville trépidante – et au hasard de vos pérégrinations, sous l'ombre d'un banian sacré, la cour d'un temple de quartier vous semblera un petit coin de paradis échappé à cette folle frénésie.

Se repérer

5 470 000 habitants (11 070 000 avec la banlieue) – Capitale de la Thaïlande et chef-lieu de la province de Bangkok.

CARTE B1 (P. 32-33), PLAN I-AGGLOMÉRATION (P. 36-37), PLAN II-CENTRE (P. 38-39), PLAN III-ZONE HISTORIQUE (P. 40-41), PLAN DU GRAND PALAIS ET DU WAT PHRA KAEO (P. 45), PLAN DU WAT PHO (P. 47).

Les longues avenues de cette ville tentaculaire changent de nom au fil de leur parcours. L'idéal est de vous repérer par rapport aux grands hôtels et aux embarcadères *(tha)* sur le fleuve.

Les artères principales *(thanon* ou *th.)* sont coupées de *soi*, ruelles ou impasses, numérotées de façon paire d'un côté de l'avenue, impaire de l'autre. Ainsi, l'adresse « Th. Sukhumvit, Soi 25 » désigne le croisement de cette avenue et du *soi* n° 25. Les grandes artères s'étendant parfois sur plusieurs kilomètres, le numéro du *soi* est indispensable pour situer l'établissement recherché au niveau de l'avenue.

À ne pas manquer

Le Wat Phra Kaeo et le Grand Palais ; le Wat Pho ; la maison de Jim Thompson ; une séance shopping dans Siam Square ; une promenade en bateau sur les *khlong* de Thonburi ; au coucher du soleil, un apéritif sur la terrasse du Mandarin Oriental ou en haut d'un vertigineux sky bar.

Organiser son temps

Comptez 3 ou 4 jours *(voir encadré p. 42)*. Déplacez-vous en bateau sur le fleuve : c'est le plus agréable et le plus rapide. Éloignez-vous des grandes artères pour découvrir une Bangkok plus humaine et profiter d'un calme relatif.

En famille

L'exposition interactive du Musée du Siam ; une promenade au vert dans le parc Lumphini ou dans le Benjakitti Forest Park ; une virée à bord du Chao Phraya Express.

Carnet pratique p. 67

Nos adresses p. 71

Les lumières de la ville de Bangkok.
keanu2/Getty Images Plus

Se promener

★★★ Le quartier royal

PLAN III ET PLAN DU SITE

Circuit tracé en vert sur le plan de site (p. 45) – Comptez 2h.
Entrée Th. Na Phra Lan - débarcadère Tha Phra Chang (nº 9) - 8h30-15h30 - 500 bahts. Venez dès l'ouverture pour tenter de devancer les groupes.
Il faut arriver par le fleuve pour saisir la **vue**★★ sur les toits colorés du Grand Palais et les flèches dorées de son sanctuaire. Derrière sa longue enceinte blanche, hérissée de créneaux sur plus de 2 km, le domaine royal couvre une superficie de 260 ha. Sa construction par **Rama Ier** marqua la fondation de la nouvelle capitale, après l'abandon de Thonburi. Il fut dès lors la demeure officielle des monarques du Siam, de 1782 à 1946. De nombreux bâtiments s'ajoutèrent au fil du temps, élevés par les successeurs du souverain, offrant une belle illustration des styles et de l'évolution de l'architecture thaïlandaise.
De l'entrée principale (Th. Na Phra Lan), suivez l'allée vous faisant face.

Un nom méconnu

Beaucoup d'Occidentaux ignorent que le nom officiel de Bangkok est Krung Thep Maha Nakhon (« la grande cité des anges ») – encore qu'il ne s'agit-là que d'une abréviation : son nom complet compte en fait 163 caractères, ce qui en fait le nom de ville le plus long au monde. En 2022, un décret affirme la primauté de cette appellation, dans un contexte d'affirmation de la monarchie. Le nom de « Krung Thep » est en fait très ancien et déjà utilisé familièrement par les Thaïlandais – les Occidentaux, quant à eux, peuvent continuer de dire « Bangkok ».

BANGKOK
Agglomération
Plan I
1 CHATUCHAK WEEK-END MARKET
2 THAILAND CULTURAL CENTER
Sky Train
SARABURI
NAKHON NAYOK
AYUTTHAYA
BANG PA-IN, AYUTTHAYA
SUPHAN BURI
SAI NOI
NAKHON PATHOM
SOUTHERN TERMINAL
CHACHOENGSAO
LAM LUK KA
MIN BURI
KHLONG SAM WA
BAN KHLONG SONG
SAFARI WORLD
KHAN NA YAO
SIAMCITY PARK
BUNG KUM
SAI MAI
DON MUANG INTERNATIONAL AIRPORT DMK
BANG KHEN
LUMPINEE STADIUM
LAT PHRAO
WANG THONGLANG
HUAY KHWANG
DON MUANG
LAK SI
MOCA Bangkok
CHATUCHAK
NORTHERN TERMINAL
CHATUCHAK PARK
DIN DAENG
Krung Thep Aphiwat Station
BANG SUE
PAK KRET
Nonthaburi
Ko Kret
PATHUM THANI
MAE NAM CHAO PHRAYA
Wat Chalerm Phra Kiat
WAT SANGKATAN
WAT CHALO
WAT BANG O
Bangkok Centre Plan II
BANG BUA THONG
BANG YAI
BANG KRUAY
TALING CHAN
BAN BANG PHRAEK
BAN KHLONG BANG NA
Th. Buddha
Thanon Tiwanon
Th. Phibun Songkram
Th. Pracha Rat
Thanon Ratanathibet
Th. Chaeng Wathana
Thanon Phahon Yothin
Th. Ramintra
Th. Lat Phrao
Th. Ratchadaphisek
Th. Sukhaphiban
Thanon Lam Luk Ka
Thanon Nimit Mai
Thanon Hat Hairat
Th. Suwit Thawong
Khlong Samwa
Khlong Saen Saep
Khlong Bang Yai
Khlong Maha Sawat
Khlong Lam Pho
K. Bang Bua Thong
0
4 km
N

PATTAYA, CHONBURI
NAKHON PATHOM
JARDIN DES ROSES
DAMNOEN SADUAK, PHETCHABURI
SE RESTAURER
Issaya Siamese Club 2
Isao 3
The Commons Thonglor 4
Gaggan Anand 5
Simple Natural Kitchen 6
SE LOGER
Ambassador Bangkok 1
Lancaster 2
Bangkok Marriott Hotel Sukhumvit 3
La Petite Salil Sukhumvit Thonglor 4
Rembrandt Hotel 6
SUVARNABHUMI INTERNATIONAL AIRPORT BKK
LAT KRABANG
SAPHAN SUNG
BANG KAPI
PRAWET
SUAN LUANG
PHRA KHANONG
KHLONG TOEI
SUKHUMVIT
BANG NA
BANG PHLI
SAMUT PRAKAN
Muang Boran
POM PHRA CHULACHOMKLAO
WAT PHRA SAMUT CHEDI
MAE NAM CHAO PHRAYA
PHRA PRADAENG
YANNAWA
BANG KHOLAEM
RAT BURANA
Wat Phra Kaeo
Thonburi
BANGKHAE
WAT KING KAEO
RAMA IX PARK
EASTERN TERMINAL
AUTORITÉS PORTUAIRES
WAT BANG KO BUA
WAT KAMPHAENG
WAT RATCHA DATHITHAM
WAT RATCHA OROT
WAT SAI
THE SIAM SOCIETY
Nana
Asok
Phrom Phong
Phloen Chit
Expressway
Sky Train

SE RESTAURER
Ban Khun Mae 1
Ma maison 2
Broccoli Revolution 3
Baan 4
Ban Chiang 5
China House 6
Baan Phadthai 7
Kha Gastrobar 8
The Mango Tree 9
Aoi 10
Le Celadon 11
80/20 12
Plu 13
SE LOGER
103 Bed and Brews 3
Mandarin Oriental 5
Patumwan House 6
Rajata 8
Shangri-La 10
The Sukhothai 11
G Boutique 15
So/Bangkok 16
Banyan Tree 17
A
B
1
2
3
4
BANGKOK PHLAD
WAT RATCHA THIWAT
PALAIS VIMANMEK
POM PHRA SUMEN
LIBRAIRIE NATIONALE
WAT PHRAYA SIRI
THA WISUT KASAT
WAT DAOWADUNG SARAM
WAT SAMPHRAYA
RAJADAMNERN STADIUM
CHAO PHRAYA
voir plan Centre
BANGKOK NOI
Wat Suwanaram
Bang Khun Non
Gare de Thonburi
BANG LAMPHU
WAT SUTTHAWAT
WAT CHIMTHAYAKAWAT
MAE NAM
Thanon Phrannok
WAT CHONGLOM
WAT YANGSUTTHARAM
Issaraphap
RATANAKOSIN
WAT PHRA KAEO
Wat Suthat
WAT DONGMULEK
WAT AMPHAWA
WAT CHINOROT
WAT PHO
Khlong Mon
Wat Arun
CHINATOWN
WAT DIDUAT
Santa Cruz
THA RATCHAWONG
BANGKOK YAI
WAT CHAOHUN
WAT THAPHRA
WAT SANG KRACHAI
WAT THONG THAMMACHAT
WAT PICHAI YAT
WAT THONG NOPHAKHUN
Th. Somdet Chao Phraya
Th. Tha Din Daeng
Prachatipok
Tha Phra
THA SI PHRAYA
YOK YOR FLOATING
Kasem
Th. Inthraphitak
Thanon Lat Ya
Thanon Charoen Rat
KING TASKIN
Wongwian Yai
WAT KLANG
Khlong Bangkok Yai
WAT INTHARARAM
WAT SUWAN UBASIKARAM
WAT THONG PHLENG
Mandarin Oriental
TALAAT PHLU
Thanon Ratchadaphisek
Thanon Krung Thonburi
Krung Thonburi
WAT PROTHINIMT
WAT KANLAYARAM
Th. Somdet Phra Chao Taksin
THA SATHORN
Th. Wutthakar
Pho Nimit
Bang Sakai
Th. Charoen Nakhon
KHLONG SAN
THONBURI

BANGKOK
Plan II
0 500 m
N
C
D
1
2
3
4
DUSIT
PHAYATHAI
RATCHATHEWI
DIN DAENG
PATHUMWAN
OLD FARANG
BANGRAK
SATHORN
Abhisek Dusit Throne Hall
Assemblée nationale
STATUE DE RAMA V
Wat Benchamapophit
ROYAL TURF CLUB
VICTORY MONUMENT
Victory Monument
Sanam Pao
Phaya Thai
Palais Suan Pakkat
Baiyoke Tower II
Ratchaprarop
Makkasan
PRATUNAM
MAISON DE JIM THOMPSON
Ratchathewi
S. Kasem San 1
S. Kasem San 2
Bangkok Art and Culture Center
Siam Centre
WORLD TRADE CENTER
GAYSORN PLAZA
AMBASSADE DE SUISSE
National Stadium
Siam
Chit Lom
Ploen Chit
Mah Boon Krong
BRITISH COUNCIL
UNIVERSITÉ DE CHULALONGKORN
Ratchadamri
ROYAL BANGKOK SPORTSCLUB
Wat Traimit
Soi Nana
Hua Lamphong
THAI HARBOUR DEPT.
St-Rosaire
RIVER CITY
SHERATON
AMB. DU PORTUGAL
AMB. DE FRANCE
Douanes
East Asiatic Company
Assomption
Sam Yan
FERME DES SERPENTS
Bangkokian Museum
Parc Lumphini
Si Lom
Sala Daeng
HIGHWAY CAR RENT
AMBASSADE DU CANADA
SILOM VILLAGE
Wat Maha Uma Devi
King Power Mahanakon
BANGKOK NUSING HOME
Lumphini
GOETHE INSTITUT
AMB. DU LUXEMBOURG
Alliance Française
Chong Nonsi
AMBASSADE DE BELGIQUE
Surasak
HÔPITAL ST-LOUIS
Saphan Taksin
WAT YANNAWA
YAWA
Sky Train
Thanon Nakhon Chraisi
Thanon Sukhothai
Rama V
Phet 5
Rama VI
Th. Kamphaeng Phet 5
Thanon Ratchawithi
Th. Phahon Yothin
BTS
Th. Sawankhalok
Ayutthaya
Thanon Yothi
Thanon Phitsanulok
Thanon Si Ayutthaya
Th. Rang Nam
Phayathai
Ratchaprarop
Krung Kasem
Th. Lan Luang
Thanon Phetchaburi
Th. Phaya Nak
Khlong Saeng Saep
Bamrung Muang
Th. Rama I
Th. Ploenchit
Th. Ratchadamri
Thanon Banthat Thong
Soi Chulalongkon 5
Th. Phayathai
Th. Henri Dunant
Witthayu
Th. Charoen Krung
Thanon Rama IV
Th. Sarasin
Th. Si Phraya
Th. Naret
Thanon Surawong
Silom
Th. Convent
Th. Pan
Thanon Narathiwat
Th. Si Vieng
Thanon Sathorn Nua
Sathorn Tai
Khlong Chong Nonsi
Soi St-Louis 3
S. Suanphlu
Soi Ngam Duphli
1
31
2
3
4
5
6
7
8
9
10
11
12
13
15
16
17

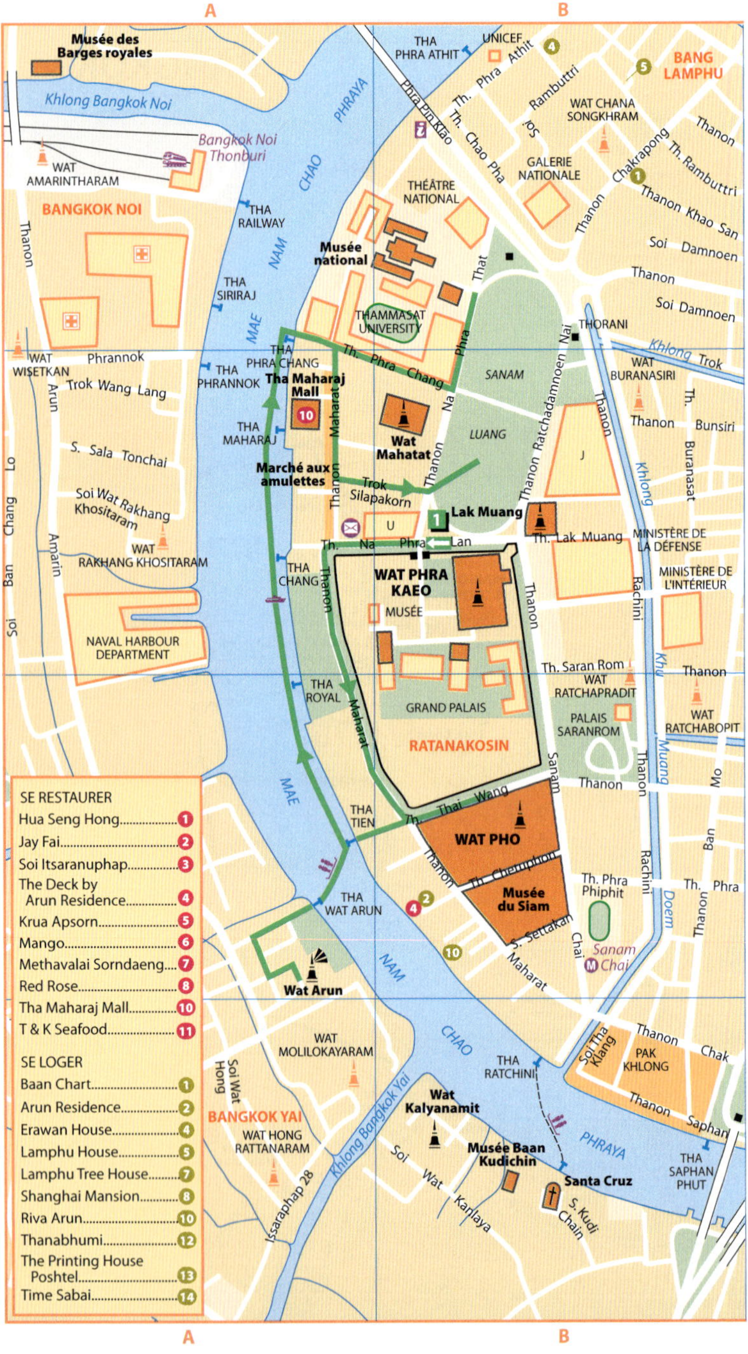
A
B
1
2
3
4
Musée des Barges royales
Khlong Bangkok Noi
Bangkok Noi Thonburi
WAT AMARINTHARAM
BANGKOK NOI
THA RAILWAY
THA SIRIRAJ
THA PHRANNOK
THA PHRA CHANG
THA MAHARAJ
THA CHANG
THA ROYAL
THA TIEN
THA WAT ARUN
THA RATCHINI
THA SAPHAN PHUT
THA PHRA ATHIT
Santa Cruz
NAM MAE CHAO PHRAYA
UNICEF
Th. Phra Athit
Phra Pin Klao
Th. Chao Pha
Rambuttri
Soi
WAT CHANA SONGKHRAM
BANG LAMPHU
Thanon Chakrapong
Th. Rambuttri
Thanon Khao San
Soi Damnoen
Thanon
GALERIE NATIONALE
THÉÂTRE NATIONAL
Musée national
THAMMASAT UNIVERSITY
Th. Phra Chang
Phra
That
THORANI
Khlong Trok
WAT BURANASIRI
Th. Bunsiri
Buranasat
SANAM
LUANG
Thanon Na
Thanon Ratchadamnoen Nai
Tha Maharaj Mall
Wat Mahatat
Thanon Maharat
Marché aux amulettes
Trok Silapakorn
Lak Muang
Th. Na Phra Lan
Th. Lak Muang
MINISTÈRE DE LA DÉFENSE
MINISTÈRE DE L'INTÉRIEUR
WAT PHRA KAEO
MUSÉE
GRAND PALAIS
RATANAKOSIN
Th. Saran Rom
WAT RATCHAPRADIT
PALAIS SARANROM
WAT RATCHABOPIT
Thanon Sanam Chai
Rachini
Khlong Muang
Th. Thai Wang
WAT PHO
Th. Chetuphon
Musée du Siam
Th. Phra Phiphit
Sanam Chai
Doem
Ban Mo
S. Settakan
Maharat
WAT WISETKAN
Phrannok
Trok Wang Lang
Arun
S. Sala Tonchai
Soi Wat Rakhang Khositaram
WAT RAKHANG KHOSITARAM
Soi Ban Chang Lo
Amarin
NAVAL HARBOUR DEPARTMENT
Wat Arun
WAT MOLILOKAYARAM
Soi Wat Hong
BANGKOK YAI
WAT HONG RATTANARAM
Khlong Bangkok Yai
Issaraphap 28
Wat Kalyanamit
Musée Baan Kudichin
Soi Wat Kanlaya
S. Kudi Chain
Soi Tha Klang
PAK KHLONG
Thanon Chak
Thanon Saphan
SE RESTAURER
Hua Seng Hong 1
Jay Fai 2
Soi Itsaranuphap 3
The Deck by Arun Residence 4
Krua Apsorn 5
Mango 6
Methavalai Sorndaeng 7
Red Rose 8
Tha Maharaj Mall 10
T & K Seafood 11
SE LOGER
Baan Chart 1
Arun Residence 2
Erawan House 4
Lamphu House 5
Lamphu Tree House 7
Shanghai Mansion 8
Riva Arun 10
Thanabhumi 12
The Printing House Poshtel 13
Time Sabai 14

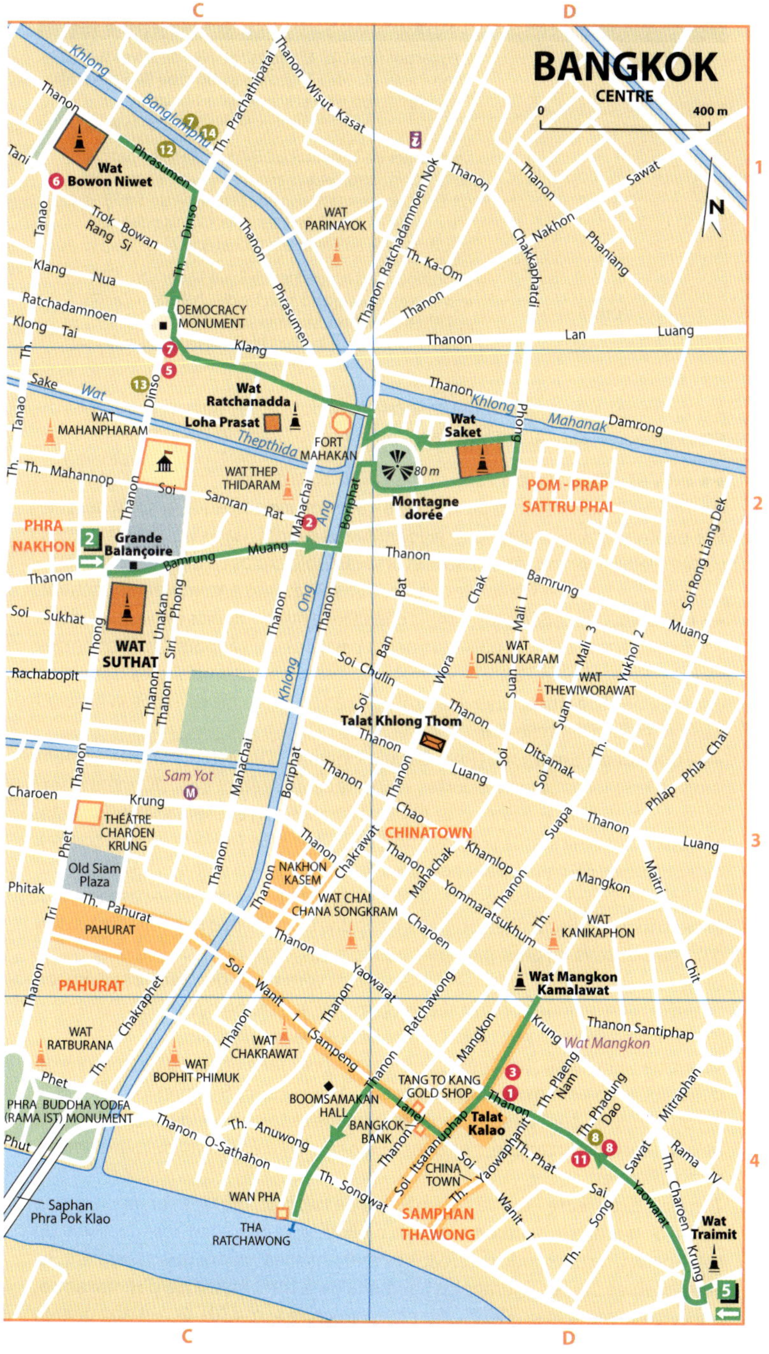
BANGKOK
CENTRE
0
400 m
N
C
D
1
2
3
4
Khlong Banglamphu
Thanon Phrasumen
Th. Prachathipatai
Thanon Wisut Kasat
Wat Bowon Niwet
Tani
Tanao
Trok Bowan Rang Si
Th. Dinso
Klang Nua
Ratchadamnoen Klang
Klong Tai
DEMOCRACY MONUMENT
WAT PARINAYOK
Thanon Ratchadamnoen Nok
Th. Ka-Om
Thanon
Thanon Nakhon Sawat
Thanon Chakkaphatdi Phong
Phaniang
Thanon Lan Luang
Thanon Phrasumen
Sake
Wat Thepthida
Wat Ratchanadda
Loha Prasat
WAT MAHANPHARAM
FORT MAHAKAN
Thanon Khlong Mahanak
Damrong
Wat Saket
80 m
Montagne dorée
POM - PRAP SATTRU PHAI
Th. Th. Mahannop
Thanon Soi Samran Rat
WAT THEP THIDARAM
Mahachai
Ang
Boriphat
PHRA NAKHON
Grande Balançoire
Bamrung Muang
Thanon
Soi Sukhat
WAT SUTHAT
Thong
Unakan
Siri Phong
Thanon Thanon
Thanon Bamrung Muang
Chak
Bat
Ban
Soi Chulin
Wora
Mali 1
WAT DISANUKARAM
Suan
Mali 3
Yukhol 2
Soi Rong Liang Dek
WAT THEWIWORAWAT
Rachabopit
Ti
Khlong Ong
Talat Khlong Thom
Thanon Luang
Soi
Ditsamak
Th.
Sam Yot
Charoen Krung
Phlap Phla Chai
Thanon Luang
THÉÂTRE CHAREON KRUNG
Phet
Old Siam Plaza
CHINATOWN
Chao
Chakrawat
Khamlop
Suapa
NAKHON KASEM
Mahachak
Yommaratsukhum
Mangkon
Maitri
Phitak
Th. Pahurat
PAHURAT
WAT CHAI CHANA SONGKRAM
Charoen
WAT KANIKAPHON
Tri
PAHURAT
Soi Wanit 1 (Sampeng
Yaowarat
Wat Mangkon Kamalawat
Chit
Chakraphet
Ratchawong
Thanon Santiphap
Krung
Wat Mangkon
WAT RATBURANA
WAT CHAKRAWAT
WAT BOPHIT PHIMUK
TANG TO KANG GOLD SHOP
Th. Plaeng Nam
Th. Phadung Dao
Mitraphan
Phet
PHRA BUDDHA YODFA (RAMA IST) MONUMENT
BOOMSAMAKAN HALL
Lane
Talat Kalao
Thanon Yaowaphanit
BANGKOK BANK
Phut
Thanon O-Sathahon
Th. Anuwong
Soi Itsaranuphap
CHINA TOWN
Th. Phat
Sawat
Rama IV
Th. Charoen Krung
Th. Songwat
Soi Wanit 1
Sai Song
Yaowarat
Saphan Phra Pok Klao
WAN PHA
THA RATCHAWONG
SAMPHAN THAWONG
Wat Traimit
1
2
3
5
6
7
8
11
12
13
14

Bangkok incontournable	
Jour 1	Le quartier royal *(p. 35)* et les temples des rives du Chao Phraya *(p. 46)*. Déjeuner au bord du fleuve *(p. 74)*. Flânerie l'après-midi et soirée dans Chinatown *(p. 75 et 77)*.
Jour 2	Le quartier de Thonburi *(p. 64)* et balade en bateau au fil des *khlong*. Déjeuner dans le quartier de Silom *(p. 73)*. L'après-midi, visite de la maison de Jim Thompson *(p. 58)*. En soirée, spectacle de danse traditionnelle au Théâtre national *(p. 77)*.
Jour 3	Shopping dans le quartier de Siam Square *(p. 77)* ou, le week-end, au grand marché de Chatuchak *(p. 66, p. 77)*. Massage traditionnel au Wat Pho *(p. 78)*. Dîner-croisière sur le Chao Phraya *(p. 74)*.

À gauche apparaissent le monumental *chedi* doré et les toits polychromes du Wat Phra Kaeo, sanctuaire bâti dans l'enceinte du Grand Palais.

★★★ Wat Phra Kaeo PLAN III B2 ET PLAN DU SITE

On franchit l'enceinte ouest du Wat Phra Kaeo par une porte que gardent des *yaksha*, démons chargés de repousser les mauvais esprits. Tuiles vernissées rouges, vertes, bleues et orange, mosaïques et ors : véritable explosion de couleurs, le sanctuaire le plus sacré de Thaïlande compose un somptueux ensemble architectural.

★★★ **Ubosot** – Précédée d'un autel, la chapelle royale abritant le fameux bouddha d'Émeraude s'entoure de plusieurs petits pavillons utilisés pour l'ordination des moines. Sous sa haute toiture irisée, le temple s'orne de mosaïques dorées, et une frise de **112 garuda**, divinités protectrices du royaume, souligne la base du bâtiment d'une dentelle d'or.

★★★ **Bouddha d'Émeraude (Phra Ratana Pimpha)** – Des lions de bronze gardent les escaliers menant aux trois portes – la porte centrale étant exclusivement réservée aux souverains –, toutes d'or et de nacre, qui ouvrent sur la salle du trône, luxueux écrin de la statue la plus vénérée de Thaïlande *(voir encadré ci-contre)*. Haut d'à peine 66 cm, ce petit bouddha de jade (et non d'émeraude !) se perche au sommet d'un impressionnant autel de 11 m de hauteur, véritable cascade d'or. Encadré par ses disciples en prière, le bouddha trône, vêtu d'une tunique, à l'abri d'un dais et sous un petit parasol à neuf étages. Trois fois l'an, au cours d'une cérémonie solennelle, le roi vient changer les vêtements de l'Éveillé : en été, on l'habille d'une tunique dorée ornée de diamants ; à la saison des pluies, d'une robe d'or émaillée de bleu ; en hiver, d'une robe aux mailles d'or pur.

Venus de toute l'Asie, les fidèles se pressent pour faire offrande de boutons de lotus, fleurs de jasmin ou bâtons d'encens. Aux murs, les **fresques**★★ relatant la vie du Bouddha, sont un séduisant témoignage de la vie quotidienne au Siam au 18e s. En sortant du temple, notez les huit *prang* alignés le long du mur oriental, de style khmer.

Terrasse extérieure – Sur le côté gauche de l'*ubosot*, dressés sur une terrasse dallée de marbre, le panthéon royal, la bibliothèque et le chedi d'or rivalisent de splendeur. Une multitude de créatures mi-humaines, mi-animales peuplent les lieux, statues dorées figurant les habitants de la forêt mythique d'Himavamsa, qui cerne le mont Meru *(voir « Art et architecture », p. 430)*. Quant aux géants

Le Wat Phra Kaeo (ou Temple du Bouddha d'Emeraude) dans l'enceinte du Palais Royal, statue d'une aponsi mi-femme mi-lion.
F. Guiziou/hemis.fr

et aux singes sur le socle des *chedi*, ils appartiennent à la légende du *Ramakien* *(voir « Littérature », p. 446)*.

★★ **Panthéon royal (Prasat Phra Thepbidom)** – *Au centre de la terrasse.* L'édifice en croix grecque est gardé par deux petits *chedi* dorés. Derrière ses murs de faïence bleue se cachent les statues grandeur nature des souverains de la dynastie Chakri *(non visibles)*. Ses portes, surmontées de couronnes en mosaïque d'or et de verre, ne s'ouvrent qu'une fois par an, le 6 avril, jour de la fête de la dynastie.

★★ **Bibliothèque (Phra Mondop)** – *Juste derrière.* Bâtie par Rama Ier, elle dresse son élégante colonnade devant des murs de porcelaine verte et conserve les

Refus d'obtempérer

En 1434, la foudre tomba sur un *chedi* de la province de Chiang Rai, dévoilant un bouddha de stuc couvert de feuilles d'or. Au bout de quelques mois, le stuc se craquela, révélant une ravissante statue de jade. Le roi de Chiang Mai, suzerain de Chiang Rai, ordonna qu'on lui apporte l'objet, mais l'éléphant qui le transportait prit obstinément le chemin de Lampang. Le roi interpréta cet entêtement comme une intervention divine, et la statue resta à Lampang pendant trente-deux ans. On lui attribua dès lors des pouvoirs surnaturels, et elle devint même la garante de la légitimité du royaume qui la possédait. Objet de multiples convoitises, le **bouddha de jade** séjourna au cours du 16e s. à Luang Prabang et à Vientiane, avant d'accompagner le roi Taksin à Bangkok. Installé d'abord au Wat Arun, à Thonburi, il trouva sa place définitive au Wat Phra Kaeo en 1784.

livres sacrés du bouddhisme. Les bouddhas de pierre marquant chaque angle s'inspirent du style javanais de Borobudur et dateraient du 14e s. Sur la droite, une **maquette du temple d'Angkor Wat★**, commandée par Rama IV, rappelle que le Cambodge fut autrefois vassal du Siam. Le souverain avait pensé déplacer la totalité du complexe afin de le faire admirer à ses sujets, mais l'ampleur de la tâche l'en dissuada. Des petits pavillons, dédiés aux éléphants blancs sacrés, symbole de la royauté, entourent la bibliothèque.

★ **Chedi d'or (Chedi Phra Si Ratana)** – *À l'extrémité de la terrasse.* Servant de reliquaire au sternum du Bouddha, il fut édifié par le roi Mongkut, avec pour modèle le Phra Si Sanphet d'Ayutthaya.

★★★ **Galerie du Ramakien** – Contournant le sanctuaire, elle s'orne de magnifiques peintures murales illustrant la version thaïe du *Ramayana* indien, véritable bande dessinée composée de 178 panneaux que séparent des piliers de marbre où s'inscrivent les vers de l'épopée (leur lecture se fait en partant de la gauche de la porte principale). La première fresque retrace les combats livrés par le roi Rama d'Ayutthaya et son allié Hanuman contre Ravana, roi du Lanka, qui avait enlevé la belle épouse de Rama. Exécutées sous le règne de Rama III en 1830 et entièrement rénovées en 1932, ces peintures offrent un passionnant témoignage sur la vie des Siamois au 19e s.

Aile nord – Trois édifices occupent l'aile nord du temple. La **bibliothèque auxiliaire (Ho Phra Montien Tham)**, où les novices préparaient leurs examens, abrite des écrits bouddhiques. À côté, le **Phra Wihan Yod**, aux portes couverts de porcelaine chinoise, cache des statues de Bouddha ; son décor passe pour être l'un des meilleurs exemples du style Ratanakosin (notez la beauté des ornements de nacre des portes). Vient enfin le **mausolée (Ho Phra Nak)**, écrin des urnes funéraires de la famille royale.

En continuant de longer le mur d'enceinte, on rejoint à l'opposé la porte sud qui ouvre sur le palais royal.

★ Grand Palais PLAN III B3 ET PLAN DU SITE

Le style occidental de certains bâtiments, cernés de jardins à la française, reflète la politique d'ouverture au monde extérieur prônée par les souverains siamois du 19e s. Le palais n'est plus habité, et seules quelques cérémonies officielles s'y tiennent encore. Côté gauche, des grilles laissent voir le **palais Borom Phiman**, élégant bâtiment néoclassique entouré des **jardins Siwalai** *(photos interdites)*. Construit en 1903, il accueille aujourd'hui les hôtes officiels du roi.

Côté droit, on accède au **Phra Mahamontien**, la « Grande Résidence » des souverains, composée de trois pavillons édifiés par Rama Ier. Sur la gauche, trois portes gardées par des statues chinoises ouvrent sur la salle du trône, **Amarindra Vinichai**, unique pièce de la résidence royale accessible au public. C'est dans ce décor de dorures que se déroulent les grandes cérémonies d'investiture et les réceptions officielles. À côté du trône, coiffé de son dais à neuf étages – symbole royal –, se dresse un autel en forme de navire. Derrière la porte close se cache la **salle Phaisan Taksin**, où le souverain recevait les insignes royaux lors de son couronnement. Après quoi, selon la coutume, il passait la première nuit de son règne dans le troisième pavillon, l'antichambre du palais Chakraphat Phiman.

L'allée principale débouche sur une pelouse plantée de vieux ébéniers taillés, avec une belle perspective sur le **palais Chakri Mahaprasat★** *(fermé au public)*. Conçu par un architecte anglais, ce bâtiment pastel combine avec originalité une toiture thaïe et une façade néoclassique. Monument à la gloire de la monarchie, il fut élevé par Rama V en 1867 pour célébrer le centième anniversaire de la dynastie Chakri et de la fondation de Bangkok. Le roi y vécut jusqu'au début du 20e s., avant de s'installer dans le palais Vimanmek, au nord de Bangkok *(fermé au public)* ; après sa mort (1910), les lieux n'accueillirent plus que les cérémonies officielles. À l'étage, une **urne en or** renferme les cendres des rois de la dynastie régnante ; les cendres des princes

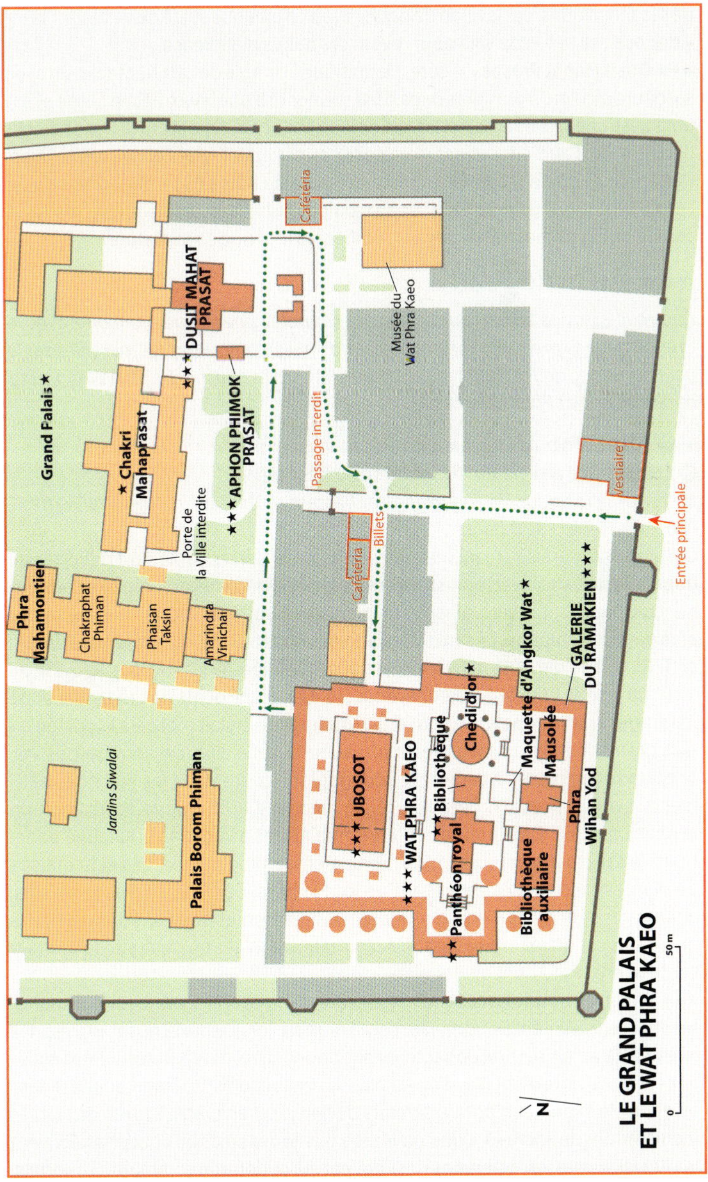

1

sont conservées dans les ailes adjacentes. Des escaliers mènent à la **salle du trône** et aux **salons de réception** où se tenaient les banquets officiels. C'est au bas des marches qu'a lieu la relève des gardes. À gauche du palais, une porte que seul le souverain pouvait franchir donnait accès à la **Ville interdite**, le harem *(fermé au public)*.

★★★ **Aphon Phimok Prasat** – *Revenir sur l'allée principale et franchir l'enceinte.* Chef-d'œuvre de l'architecture thaïe avec ses élégantes proportions et la finesse de ses mosaïques, ce pavillon de bois servait en quelque sorte de vestiaire : le roi y déposait sa tenue de ville pour revêtir ses habits d'audience.

★★★ **Dusit Mahat Prasat** – *À côté.* Magnifique exemple de l'art Ratanakosin avec sa toiture bicolore à plusieurs pans, il est surmonté d'une haute flèche dorée ayant pour base une spirale à neuf étages. Édifié en 1789, ce bâtiment cruciforme fit fonction de salle d'audience avant d'accueillir les cérémonies des obsèques royales. L'intérieur abrite le **trône**★★ incrusté de nacre de Rama Ier, un chef-d'œuvre de l'école de Ratanakosin. Lors de ses apparitions publiques, le souverain s'installait sous le petit porche dressé devant l'édifice, sa réplique en miniature.

★★★ Au fil de l'eau PLAN III ET PLAN DU SITE

Circuit 1 tracé en vert sur le plan III – Comptez une journée. Circulez avec le Chao Phraya Express. En sortant du Grand Palais, contournez les murailles sur la gauche, le long de Th. Maharat, puis prenez la 1re rue à gauche, Th. Thai Wang, pour rejoindre le Wat Pho (10mn à pied).

★★★ Wat Pho (WAT PHRA CHETUPHON) PLAN III B3 ET PLAN DU SITE

Circuit tracé en vert sur le plan du site (ci-contre).

Entrée principale sur Th. Thai Wang - débarcadère Tha Tien (nº 8) - www.watpho.com - 8h-18h30 - 300 bahts.

Derrière ses murailles blanches percées de seize portes (trois sont ouvertes au public), le plus ancien et le plus vaste temple du pays forme un complexe comprenant plusieurs bâtiments, ainsi qu'un monastère abritant 300 moines, de l'autre côté de Th. Chetuphon. Le sanctuaire originel, érigé au 16e s. et rénové par Rama Ier en 1781, prit sa dimension historique dans les années 1830, lorsque Rama III lui attribua un rôle éducatif majeur avec la création d'une **école de médecine et de massages traditionnels**. Ce souverain visionnaire voulait mettre à la portée du plus grand nombre un savoir réservé jusque-là à une élite. De nombreuses inscriptions et peintures à caractère pédagogique courent sur les murs des bâtiments, évoquant les arts de la guerre, l'archéologie, la littérature, l'astrologie ou la pharmacopée. De curieuses **collines miniatures** à vocation éducative ponctuent le sanctuaire, réunissant des spécimens géologiques et des échantillons de plantes médicinales provenant de tout le pays. Sur leurs flancs, des **rishis**, amusantes statuettes d'ermites, figurent les différentes positions du yoga, de la méditation et du massage curatif. Aujourd'hui, le Wat Pho demeure le premier centre d'enseignement de Bangkok.

★★★ **Wihan du bouddha couché** – *Juste après l'entrée principale.* La statue monumentale représentant Bouddha sur son lit de mort, longue de 46 m, sature l'espace intérieur du *wihan*, sur 15 m de hauteur. Faite de briques et de plâtre, l'œuvre est entièrement recouverte de feuilles d'or. Admirez les traits épurés du visage, dont le regard et le sourire expriment toute la sérénité devant le paranirvana. Les remarquables **incrustations de nacre**★★★ qui couvrent la plante des pieds du bouddha décrivent les 108 *lakshanas*, caractères qui distinguent le Bouddha du commun des mortels.

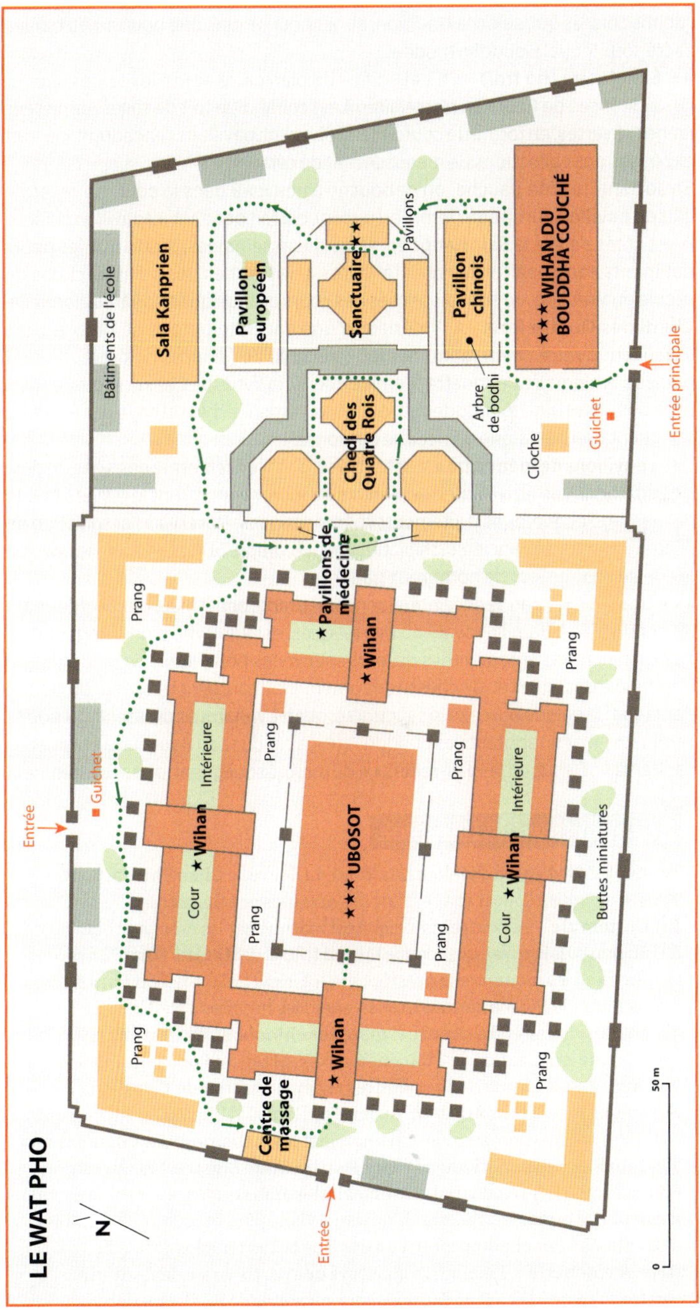
LE WAT PHO
N
0
50 m
Entrée
Entrée
Guichet
Entrée principale
Guichet
Centre de massage
★ Wihan
Prang
Prang
Prang
Prang
Cour
★ Wihan
Intérieure
Cour
★ Wihan
Intérieure
★★★ UBOSOT
Prang
Prang
Prang
Prang
★ Wihan
★ Pavillons de médecine
Buttes miniatures
Chedi des Quatre Rois
Cloche
Arbre de bodhi
Bâtiments de l'école
Sala Kanprien
Pavillon européen
Sanctuaire ★★
Pavillons
Pavillon chinois
★★★ WIHAN DU BOUDDHA COUCHÉ

1

Pavillon chinois – Il garde dans son enclos un arbre de *bodhi* au tronc ceint de rubans colorés qui, selon la tradition, aurait pour origine une bouture du banian sacré sous lequel Bouddha médita.

★★ **Sanctuaire (ho trai)** – Ce bel édifice de plan carré abrite les textes sacrés. Orné de frises de fleurs en porcelaine, il est coiffé d'un toit de tuiles vernissées jaunes et vertes, en forme de couronne. Trois petits pavillons l'encadrent, où sont exposées des collections de manuscrits et de céladons.

En sortant du côté gauche, on débouche à nouveau dans la cour, sur le jardin clos du **pavillon européen** *(fermé au public)*, qui fait pendant au pavillon chinois. À ses côtés s'élève la **Sala Kanprien**, siège des assemblées, tandis que les petits bâtiments adossés à l'enceinte extérieure du *wat* abritent les salles de classe de l'école du Wat Pho, où sont dispensés des cours de musique thaïe traditionnelle.

Chedi des Quatre Rois - À l'intérieur d'une enceinte percée de deux portes s'élancent quatre *chedi* monumentaux décorés de faïences colorées. Ils sont dédiés à la mémoire des quatre premiers rois de la dynastie Chakri. Protégés derrière des vitres, une multitude de bouddhas, ramenés d'Ayutthaya par Rama Ier, s'alignent dans la galerie d'enceinte du cloître.

Deux **pavillons de médecine★** leur font face, dont l'un renferme une série de dessins anatomiques gravés sur des plaques de marbre, montrant les divers points de massage et quelques traitements thérapeutiques. Réservé à l'association de l'École de médecine ancienne thaïlandaise, qui compte 500 praticiens, le pavillon accueille chaque jour de nombreux patients.

★★★ **Ubosot** – Sa grande enceinte jalonnée de **prang**, petits mausolées renfermant les cendres de la famille royale ou des reliques, est entourée d'une vingtaine de buttes miniatures agrémentées de leurs spécimens botaniques ou géologiques. L'harmonie des lignes et la richesse des ornements marquent l'intérieur du cloître. Ponctuant la galerie qui ceint le sanctuaire, **quatre wihan★** se dressent aux points cardinaux, chacun abritant des bouddhas rescapés du sac d'Ayutthaya et ramenés par Rama Ier. De superbes **bas-reliefs★★** de marbre soulignent la base du bâtiment

Les quartiers de Bangkok

Bangkok s'est d'abord développée autour du fleuve, le Chao Phraya, pour s'étirer ensuite à l'ouest et à l'est sur des dizaines de kilomètres.

Rive orientale – Le centre historique est marqué par les créneaux blancs de l'ancien palais royal, qui occupe l'îlot artificiel de **Ratanakosin**. Là se rassemblent les monuments prestigieux : le Grand Palais, le Wat Phra Kaeo, le Wat Pho et le Musée national, tous à quelques minutes à pied les uns des autres. Plus au sud se trouve le **quartier chinois**, et à l'ouest s'ouvre le quartier indien. L'artère de Thanon Rama IV, à l'est, divise la ville moderne en deux. Au sud, le quartier des affaires se déploie autour de **Thanon Surawong** et de **Thanon Silom**. Au nord de Rama IV, le quartier touristique réunit les centres commerciaux, les hôtels et les restaurants, notamment sur **Thanon Sukhumvit**, Thanon Phetchaburi et **Siam Square**. Plus au sud, on rejoint le quartier résidentiel et la plupart des ambassades. Au nord, le parc de **Dusit** abrite le palais Vimanmek, qui ne se visite plus, et près de l'Assemblée s'élève le Wat Benchamapophit, l'un des plus beaux temples de la ville.

Rive occidentale – Thonburi a conservé une partie de son lacis originel de canaux et reste à l'écart de l'atmosphère survoltée de la ville moderne.

Derrière ses murailles blanches, le Wat Pho.
lovelypeace/Getty Images Plus

1

central (l'*ubosot* même), retraçant l'épopée du *Ramakien*. Les portes, incrustées de nacre *(côté nord)*, ouvrent sur un riche décor : rythmée par deux rangées de huit piliers carrés, la salle, haute de plafond, révèle de magnifiques **peintures murales★★**.

Centre de massage traditionnel – *8h-18h*. Si vous disposez d'un peu de temps, offrez-vous une séance de massage, exécutée ici dans les plus pures règles de l'art. Tenu par l'association de l'École médicale de Thaïlande, le centre enseigne toutes les techniques traditionnelles, ainsi que l'herboristerie.

Ressortez du temple par l'entrée principale, sur Th. Thai Wang. Traversez Th. Maharat et prenez la petite rue en face, qui mène à l'embarcadère Tha Tien. L'imposante flèche du Wat Arun se découpe sur la berge opposée. Si vous disposez d'un peu de temps, vous pourrez vous écarter de l'itinéraire pour visiter le Musée du Siam voisin (comptez 1h).

Musée du Siam B3

4 Th. Sanam Chai - ✆ 02 225 27 77 - tlj sf lun. 10h-18h - 100 bahts.

Comment peut-on être Siamois ? C'est le thème de cette exposition qui invite les Thaïlandais à partir à la recherche de ce qui constitue leur identité : objets quotidiens, rites et traditions, habitudes alimentaires, loisirs… Tout au long du parcours, le visiteur devient acteur et est invité à revêtir des costumes traditionnels, composer une recette de cuisine, ou encore prendre place en tenue d'écolier dans une salle de classe.

★★ Wat Arun (WAT ARUN RATCHAWORARAM) A3

Du débarcadère du Wat Arun, prenez à gauche pour passer devant une série de petits bouddhas dédiés aux jours de la semaine ; traversez la pelouse et suivez l'allée à droite - 8h-18h - 100 bahts - tenue correcte exigée.

L'originalité et la majesté de ce temple en ont fait l'un des emblèmes de Bangkok : son image sert de logo à l'office national du tourisme et figure sur certaines pièces de monnaie.

Inspiré de l'architecture khmère, ce somptueux temple de porcelaine – don des habitants de Bangkok, maintes fois restauré – constitue l'unique exemple de ce type en Thaïlande. Son nom proviendrait d'Aruna, divinité du Jour : on disait en effet que ce **temple de l'Aube** était le premier édifice de la ville à recevoir la lumière du matin. Mais le monument apparaît aussi dans toute sa majesté au crépuscule, lorsque le soleil couchant éclaire ses faïences et ses porcelaines roses, vertes, bleues et jaunes, puis la nuit grâce à une belle mise en lumière. L'ensemble est d'une remarquable élégance avec ses dentelles de faïence, foisonnement de motifs floraux et de personnages.

L'immense **prang central★★** de style khmer (114 m de hauteur) figure le mont Meru, centre de l'univers. Ses trois terrasses, desservies sur chaque côté par un escalier raide, matérialisent les étages symboliques de la religion hindoue. Seul le 1er niveau est accessible, étroit palier que l'on parcourt dans le sens des aiguilles d'une montre ; l'étage central, domaine des dieux, est gardé par **Indra** monté sur Erawan, son éléphant tricéphale.

Quatre *prang* plus modestes marquent les angles du sanctuaire, flanqué de ses deux chapelles : images des quatre océans et des vents cardinaux, ils portent sur leur registre supérieur des personnages à cheval, effigies du dieu du Vent **Nayu**, et sont creusés de niches abritant des bouddhas figurant respectivement l'enseignement, l'illumination, la naissance et la méditation.

Traversez de nouveau le fleuve. Arrivé sur la rive opposée, reprenez le Chao Phraya Express jusqu'à l'embarcadère Tha Phra Chang.

★★★ Musée national B1

Th. Na Pra That - débarcadère Tha Phra Chang (nº 9) - ✆ 02 224 13 33 - 8h30-16h - fermé lun.-mar. - 200 bahts - plan du musée distribué à l'entrée.

☺ L'association des Volontaires du Musée National (NMV) propose de passionnantes visites guidées (2h) en français les merc. et jeu. à 9h30 (gratuit).

Fondé en 1874 par le roi Chulalongkorn (Rama V, fils de Mongkut) et entièrement rénové en 2023, le Musée national occupe les bâtiments du **palais du Devant** (Wang Na), ancienne résidence du vice-roi sous les règnes de Rama I à Rama V (1782-1885). Selon une tradition datant du 14e s., un palais du Devant était construit devant le Grand palais pour défendre la famille royale en cas d'attaque ennemie. Dans le jardin, les canons de bronze rappellent cette fonction défensive. Lorsque celle-ci fut supprimée, Rama V y déplaça les collections privées de son père, constituant le noyau du premier – et désormais plus grand – musée de Thaïlande. Parmi les plus riches de l'Asie du Sud-Est, il conserve de remarquables collections couvrant tous les grands courants artistiques du pays, de la préhistoire à la période de Ratanakosin (18e s.-20e s.). Sa visite constitue donc une excellente entrée en matière avant la découverte des cités anciennes de la Plaine centrale, de Sukhothai à Ayutthaya.

★ **Audience Hall** – Le premier pavillon que vous rencontrerez, l'ancienne salle des audiences, propose des expositions temporaires.

★★ **Chapelle Buddhaisawan** – *À droite du précédent.* Bâtie en 1795 dans le style Ratanakosin, la ravissante chapelle privée du prince héritier abrite le fameux **Phra Buddha Sihing★★** (15e s.), l'image de Bouddha la plus vénérée du pays après le

Histoire d'eau

La Venise de l'Orient

Naissance de la ville

En 1767, la chute d'Ayutthaya sous les assauts des armées birmanes poussa le roi Taksin à déplacer la capitale du Siam à Thonburi, important centre d'échanges commerciaux établi sur la rive droite du Chao Phraya. Mais, considérant que l'endroit était encore trop exposé à la menace birmane, son successeur, Rama Ier, décida de l'abandonner pour Bangkok, modeste bourg peuplé de négociants chinois et de paysans, occupant la rive opposée du fleuve. On bâtit la nouvelle cité sur une île artificielle, en forme de mangue, aménagée sur un méandre de la rivière isolé par un canal. Bientôt s'y élevèrent un palais et une chapelle royale abritant une statue sacrée qui donna son nom à l'île, Ratanakosin : la « demeure du bouddha d'Émeraude ».

Reflet de l'économie

La vie s'articulait autour du fleuve et d'un large réseau de canaux *(khlong)* sur lesquels s'alignaient les habitations, construites sur pilotis ou flottantes. Au 19e s., la ville devait faire le ravissement des voyageurs occidentaux, qui la surnommèrent la « Venise de l'Orient ». La première rue pavée, l'actuelle Thanon Charoen Krung *(New Road)*, n'apparut qu'en 1861. Dans les années 1950, Bangkok connut un essor économique sans précédent qui bouleversa sa physionomie : la plupart des canaux furent comblés et les immeubles remplacèrent progressivement les maisons traditionnelles. Aujourd'hui, Bangkok centralise toutes les activités politiques, économiques et culturelles du pays. C'est ainsi que la majorité des marchandises destinées à l'import comme à l'export transitent par le port de la ville, Khlong Toey.

Au rythme du fleuve

Dès le lever du soleil, les artères aquatiques de la capitale, les fameux *khlong (voir p. 65)*, sont animées par le va-et-vient des péniches chargées de sacs de riz, de produits frais pour les marchés du matin ou de sable pour la construction des maisons.
Le dédale formé par les petits canaux appartient quant à lui aux femmes : accroupies près de leur maison sur pilotis, les plus dévotes remplissent de riz les bols à aumône des moines qui passent, assis dans leur barque individuelle. À leur côté, les enfants font une rapide toilette dans les eaux polluées avant de se rendre à l'école par les trottoirs de bois qui relient les canaux à la terre ferme. D'autres femmes, à bord de leur sampan, pagaient vers le marché local pour vendre la production du jardin familial. Si les véritables marchés flottants de Bangkok ont disparu, on peut retrouver des réminiscences de l'ambiance d'autrefois en allant à celui de Taling Chan *(voir p. 66)*, peu éloigné du centre-ville, ou à celui de Damnoen Saduak *(voir « À proximité de Bangkok », p. 85)* qui offre un spectacle d'une activité étourdissante !

Marécages

Le pompage excessif de la nappe phréatique par les industries locales a provoqué un affaissement des sols et, bâtie sur des marécages, Bangkok s'enfonce de 3 cm par an. De nombreux quartiers se retrouvent ainsi au-dessous du niveau de la mer, de plus en plus à la merci des inondations.

bouddha d'Émeraude. Les **peintures murales★★** – les plus anciennes de Bangkok – forment une véritable bande dessinée évoquant la dernière vie de Siddharta Gautama, le bouddha historique.

En sortant, prenez l'allée principale. Vous débouchez sur un complexe de bâtiments.

★★ Pavillon rouge (Tamnak Daeng) – *À gauche.* Remarquable maison traditionnelle en bois de teck, construite au 18e s. pour abriter les appartements privés d'une des sœurs de Rama Ier, puis de la fille de celle-ci, qui y résida avec son fils, le futur Mongkut (Rama IV). Les pièces présentent des objets ayant appartenu aux enfants de la cour et des objets usuels : porcelaines benjarong, service à bétel.

★★★ Phra Wiman – *Entrée côté sud.* Le parcours de visite du palais du vice-roi débute dans l'impressionnante salle du Trône (où se trouvent trois trônes utilisés en diverses circonstances par le vice-roi), puis traverse l'ensemble des salles du rez-de-chaussée et permet d'accéder à des pièces à l'étage. On peut aisément imaginer la vie de cour au 19e s., entre salles d'apparat et appartements privés. Les présentations se succèdent par thèmes. La **salle des arts du théâtre et de la musique★** *(salle 605)* conserve un superbe ensemble de marionnettes et de masques de théâtre *khon*, version théâtrale du *Ramakien* *(voir « Théâtre », p. 444)*. La salle 606 abrite une collection exceptionnelle d'ustensiles incrustés de nacre et décorés de laque noire.

À l'étage de la salle 607 (instruments de musique) sont présentées des pièces du mobilier royal, dont un lit ayant appartenu à la reine Suriyendra, la mère du roi Mongkut. La salle 609 abrite une impressionnante série de **chaises à éléphant★** *(howdah)*, dont une nacelle en ivoire réalisée en 1878 et offerte en tribut au royaume du Siam par le Lanna. Les salles 611 à 613 présentent une splendide collection de costumes de cour : voyez une veste de cérémonie de maréchal français ayant appartenu à la garde-robe du roi Mongkut. À découvrir aussi, de précieuses céramiques Benjarong (porcelaine émaillée), réservées autrefois à la famille royale, et des ustensiles utilisés par les moines.

Ailes latérales – *De part et d'autre du palais du vice-roi.* Elles reprennent chacune sur deux étages les grandes périodes de l'histoire artistique du royaume du Siam avant qu'il ne prenne le nom de Thaïlande, en 1939.

Parmi les plus belles œuvres exposées dans l'aile sud, une impressionnante statue de Ganesh sur son piédestal décoré de crânes humains, et un buste du bodhisattva Avalokiteshvara en bronze finement sculpté de la période Srivijaya (8e-13e s.). À l'étage, vous découvrirez les premières images en pierre du Bouddha trouvées dans le pays et datant de la période de Dvaravati (6e-11e s.), d'impressionnantes statues de dieux hindous et de bodhisattvas, vestiges de l'art de Lopburi au temps où l'empire khmer avait étendu son influence jusque dans l'actuelle Thaïlande (9e-15e s.).

Dans l'aile nord, vous pourrez admirer, entre autres, l'inscription du roi Ramkhamhaeng, considéré comme le père fondateur de la nation et l'inventeur de l'écriture thaï, et l'excellente maîtrise du bronze des artisans sous la période de Sukhothai (13e-15e s.), dont l'emblématique **bouddha marchant ★★★** à la grâce infinie.

Ganesh, dieu omnipotent

En Thaïlande, le dieu-éléphant hindou est le patron des arts, fervent défenseur de la vie avec son pouvoir de franchir les obstacles, de repousser la mort et d'attirer le succès : les amulettes à son effigie sont extrêmement populaires.

Wat Suthat, galerie des Bouddhas.
J.P. Lescourret/hemis.fr

La salle d'Ayutthaya (14e-18e s.) donne un aperçu du faste et de la puissance de cette cité, autrefois port marchand et entrepôt international. Des images du Bouddha paré en majesté et une colossale tête de bouddha en bronze reflètent l'âge d'or de cette civilisation *(voir « L'ère d'Ayutthaya », p. 450)*.

★★ **Galerie des chariots funéraires** – *Dans le prolongement de l'aile nord.* Ce pavillon abrite d'impressionnants chariots en bois de teck doré et des palanquins datant du 18e s., utilisés lors des cérémonies de crémation royale. Le chariot de la Grande Victoire (sur votre gauche en entrant dans la salle), qui pèse 14 tonnes, a servi en 2017 à transporter l'urne de Rama IX du Grand Palais à la place Sanam Luang.

Au sud du musée, vous retrouvez Th. Phra Chang, belle avenue ombragée d'arbres. Sur le trottoir de gauche, une porte donne accès au Wat Mahatat.

Wat Mahatat B2

Entrée principale sur Th. Maharat - accès libre et gratuit.

Le sanctuaire doit son nom à la relique que conserve le *chedi* principal. Fondé sous le règne de Rama Ier, au 18e s., le « temple de la Grande Relique » est le siège de la plus grande **université bouddhique de Thaïlande**. Le roi Mongkut, alors prince héritier, y fit sa retraite religieuse avant de se retirer au Wat Bowon Niwet. Les écoles et les bâtiments monastiques qui encadrent le cloître font du Wat Mahatat une véritable cité religieuse, où sont notamment enseignées les techniques de méditation. Entre deux pavillons, une étroite allée conduit au **mondop**, la bibliothèque du domaine, élevée au milieu d'une délicieuse courette rafraîchie de bananiers et de plantes tropicales.

La crémation royale

Le souverain étant considéré comme un bouddha vivant, la cérémonie funéraire royale obéit à un processus très codifié. Enveloppé dans un linceul en soie tissée de fils d'or, le corps du monarque défunt est déposé dans une grande urne en argent où il restera toute une année (contre sept jours pour le commun des mortels). Une fois l'année écoulée, les restes de la dépouille seront recueillis dans une urne de bois de santal que l'on placera sur un chariot funéraire, symbole du mont Meru. Pendant trois jours, le cortège funèbre fera le tour des temples de l'île de Ratanakosin, le rituel s'achevant par la cérémonie de crémation sur le Champ royal (Sanam Luang).

Marché aux amulettes A2

Th. Maharat. La rue entière est investie par des marchands assis sur le trottoir et qui, coincés entre deux étals de confiseries ou des gargotes, exposent leurs collections d'amulettes. Armé d'une loupe, le chaland se penche sur les talismans pour en vérifier l'authenticité. Leur degré d'efficacité dépend de leur origine, et les amulettes ayant un pouvoir reconnu sont évidemment plus chères.

Sanam Luang (CHAMP ROYAL) B2

Cette vaste esplanade de pelouse marque le cœur du centre historique de la capitale. La place sert de siège aux cérémonies de crémation royale *(voir encadré ci-dessus)*.
À l'angle sud-est de l'esplanade *(de l'autre côté de Th. Ratchadamnoen Nai)* se dresse un petit temple très populaire abritant un *linga*, le **Lak Muang**, la borne de fondation de la cité. On lui attribue le pouvoir d'exaucer les vœux.

★★ Le centre de Bangkok PLAN III

Circuit 2 tracé sur le plan III – Comptez une demi-journée.

★★★ Wat Suthat C2

Th. Bamrung Muang - 8h-20h - 100 bahts.
C'est l'un des plus vastes temples de Bangkok, considéré aussi comme l'un des plus beaux du pays. Un chef-d'œuvre de l'art Ratanakosin (19e s.), à découvrir de préférence en fin d'après-midi, quand la lumière rasante souligne l'harmonie du site. Sa construction débuta en 1807 et s'acheva trente ans plus tard. Le temple se situait alors au cœur de Bangkok, matérialisant le centre de l'univers bouddhique et hindouiste. Symbole du syncrétisme religieux entre ces deux doctrines, le Wat Suthat était à l'origine dédié au dieu Indra, qui apparaît au-dessus de la porte principale, chevauchant l'éléphant tricéphale Erawan.
Pavillon chinois – L'édifice en pierre face à vous représente le Khao Mor, colline évoquant le mont Meru, cerné de sa forêt sacrée Himavamsa. Plusieurs *chedi* chinois s'élèvent sur la terrasse de la cour intérieure, toute de marbre blanc, gardée aux angles par quatre chevaux de bronze.
★★ **Wihan** – Immense, fermé par deux magnifiques portes en bois de teck, c'est le joyau du temple. La tradition veut que les portes aient été sculptées par le roi Rama II en personne ; celui-ci, trop fier de son œuvre, aurait fait jeter les outils dont il s'était servi pour que personne ne puisse la reproduire. À l'intérieur du temple se cache un remarquable bouddha en bronze doré, le **Phra Phutta Sakyamuni★★**, l'un des plus grands bronzes de Sukhothai (8 m de haut) qui nous soient parvenus,

parfait exemple de l'art de cette époque. Provenant du Wat Mahatat – le temple le plus important de Sukhothai *(voir p. 165)* –, la statue fait l'objet d'une grande vénération. Les superbes **fresques★★** qui couvrent les murs illustrent 28 des incarnations antérieures de Bouddha.

Contournez le bâtiment sur la droite.

Une porte latérale franchit l'enceinte pour conduire par une allée à l'**ubosot**, perpendiculaire au *wihan*. D'amusantes statues de *farang* (Occidentaux) flanquent ses portes : leurs visages expressifs et leurs costumes à double rangée de boutons garnis d'épaulettes évoquent les soldats coloniaux britanniques.

Grande Balançoire (GIANT SWING) C2

Face au Wat Suthat.

L'étonnant portique de teck rouge fait 27 m de hauteur. Chaque année, en janvier, se déroulait jadis une cérémonie en l'honneur de **Shiva** : rivalisant de témérité, les moines brahmaniques se balançaient alors sur ce portique – représentation du mouvement du dieu dans le ciel – pour tenter d'arracher avec leurs dents des sacs d'or accrochés au sommet. Le rituel, jugé dangereux, fut aboli en 1935. L'ouvrage a fait l'objet d'une reconstruction à l'identique, achevée en 2006.

Suivez Thanon Bamrung Muang, bordée dans sa première partie de boutiques et d'ateliers vendant statues de bouddhas et articles religieux en tous genres.

★ Montagne dorée (PHU KHAO THONG) D2

Th. Boriphat - 7h30-19h- 100 bahts.

Couronnée par une petite forteresse, cette colline artificielle, haute de 80 m, demeura longtemps le point culminant de Bangkok. En 1897, lord Curzon, vice-roi des Indes, offrit à Rama V des reliques du Bouddha, que le roi entreprit de conserver dans un *chedi* perché au sommet d'un tertre ; le terrain, trop meuble, ne cessant de s'affaisser, le projet rencontra bien des difficultés et il fallut recommencer l'ouvrage plusieurs fois. Mais son majestueux **chedi doré** s'élève finalement bel et bien au-dessus des remparts et l'ascension vaut la peine pour le **point de vue★★** qui s'offre sur la ville : le temple en contrebas, avec ses quartiers monastiques, le fleuve, le palais royal et les flèches du Wat Arun au loin. Chaque année sur le site, du 9 au 11 novembre, la Montagne dorée est en fête. Les fidèles montent en procession au sommet, tandis qu'une fête populaire prend place au pied de la colline

★ Wat Saket D2

Au-delà de la Montagne dorée, dans le même complexe.

Il est peu fréquenté par les touristes, mais vaut le détour. Le *wihan (en face)* conserve de superbes **peintures murales★★** aux tons rouges et or, et la chapelle abrite un remarquable bouddha debout, le **Phra Attharot★**, originaire de Sukhothai. De la cour intérieure, on jouit d'une belle vue sur la Montagne dorée.

Dirigez-vous vers le khlong *Ong Ang et franchissez le petit pont qui enjambe un canal animé, puis passez le fort Mahakan l'une des quatorze tours de guet qui renforçaient les remparts originels de la cité.*

Wat Ratchanadda (WAT RACHANATDARAM) C2

Th. Mahachai - 8h30-21h - gratuit (don suggéré).

Au bout d'une esplanade, bordé d'une double enceinte, le **Loha Prasat (palais de Métal)**, à droite du sanctuaire, fut érigé par Rama III au 19e s. Le monarque s'inspira d'un temple indien du 3e s., que la tradition voulait couvert d'or pur – d'où son nom.

L'ouvrage, dont le style rappelle les temples de Pagan en Birmanie, comprend quatre étages, chacun correspondant à une étape sur la voie de la connaissance. Leur superficie diminue en montant, comme pour signifier que plus on va haut, plus le nombre d'élus diminue. Le premier est dédié à la méditation en marche, le long de couloirs de 3 m, la distance idéale pour ce type d'exercice. L'étage au-dessus est voué à la méditation assise. Le troisième étage était celui des moines, au plus près du nirvana, que l'on atteint sur l'étroite plate-forme du dernier étage. À défaut de connaître cette félicité, vous découvrirez une belle vue sur le complexe monastique et la ville.
Pour rejoindre le Wat Bowon Niwet, passez par le Democracy Monument.

★ Wat Bowon Niwet (WAT BOWON NIWET WIHAN) C1

Th. Phrasumen (au nord du quartier de Banglamphu) - débarcadère Phra Athit (n° 13) - horaires : se rens. - gratuit.
Havre de paix, le temple se cache derrière des murailles blanches. Bordé par un canal, il conserve de jolies maisons pastel. Le roi Mongkut, temporairement écarté du trône, s'y retira à partir de 1824 pour vingt-sept ans de vie monacale. Nommé abbé, il fonda la stricte secte bouddhique Thammayut, dont le temple est resté le siège. Depuis, les futurs monarques ont coutume d'effectuer leur retraite ici avant d'accéder à leurs fonctions. Siège de la **deuxième université bouddhique** du pays, le Wat Bowon Niwet accueille en outre le patriarche suprême, chef du clergé, et le **Sangha**, le collège sacré. Le temple est devenu un centre de méditation renommé, très fréquenté par les étrangers.
Une seconde enceinte garde l'*ubosot (à droite après l'entrée)*, flanqué d'une terrasse où les moines prennent place lors des cérémonies d'ordination. L'édifice en T montre une architecture originale avec ses piliers carrés, précédés d'escaliers ornés de *garuda*. À travers la fenêtre centrale, sous le porche orné de faïences, on aperçoit le **Phra Puttha Chinasi★**, un bouddha de style Sukhothai (14e s.) qui fut rapporté de Phitsanulok en 1829. Voyez surtout les **peintures murales★★** du moine Khrua In Klong, qui introduisit la notion de perspective dans l'art thaï – un apport qui marque l'influence de l'art occidental à la cour du roi Mongkut.
Un **chedi doré** encadré de petits pavillons chinois s'élève à l'arrière. Une porte latérale, à gauche du *chedi*, conduit au charmant **quartier monastique★** cerné de canaux. Par un sentier à droite, on franchit un canal pour rejoindre de jolies maisons coloniales aux couleurs vives, tandis que d'autres allées bordées de frangipaniers et de bananiers conduisent à une série de maisons traditionnelles en bois clair, blotties au cœur d'une végétation luxuriante.
En quittant le temple, vous pourrez voir les derniers vestiges des fortifications qui entouraient l'ancienne cité de Ratanakosin.

★★ Le quartier de Dusit PLAN II

Circuit 3 tracé sur le plan II – Comptez 2h. De l'embarcadère Tha Tewet (n° 15), prenez un taxi.
Enthousiasmé par son voyage en Occident au début du 20e s., Rama V fit tracer dans le quartier de Dusit, site de la résidence royale, de larges boulevards bordés d'arbres, à l'image de ceux des grandes villes européennes. Aussi le quartier présente-t-il un visage aéré avec ses avenues ombragées, ses jardins et ses résidences privées cernées de verdure.
Fief du pouvoir politique, Dusit rassemble la plupart des ministères et des grandes administrations. Sur la longue **Thanon Ratchadamnoen Nok** (la Voie royale) se

Maison de Jim Thompson, démonstration de filature de soie.
F. Guiziou/hemis.fr

dresse l'élégante façade de style italien de l'**Assemblée nationale**, précédée par la statue de Rama V.

★★ Wat Benchamapophit C1

Th. Si Ayutthaya - 6h-18h - 50 bahts.

La majesté de ce temple se remarque de loin. Le marbre clair des murs, la toiture rouge à trois pans et les *chofa* dorés scintillant au soleil composent un tableau harmonieux. Fondé en 1899 par le prince Naris, demi-frère de Chulalongkorn (Rama V), ce temple cruciforme tient son surnom de « Marble Temple » du **marbre de Carrare** importé pour sa construction. Son architecture, que l'on doit à l'Italien Hercules Manfredi, combine avec grâce et originalité les styles européens et orientaux.

Deux hiératiques **lions de marbre★** gardent la porte centrale de l'*ubosot*. À l'intérieur, un imposant **bouddha** de style Lopburi prend la Terre à témoin ; son socle conserve les cendres de Rama V *(ne pas marcher sur l'estrade en face de l'autel, réservée aux moines)*. Remarquez les **vitraux**, inspirés des églises occidentales, avec des personnages bouddhiques.

Dans les galeries encadrant le cloître, le roi Chulalongkorn fit rassembler des reproductions de quelques-uns des plus beaux **bouddhas★** d'Asie pour montrer l'évolution et la variété des styles. Vous verrez ainsi des copies de statues de Sarnath, en Inde (style Gupta), de Lahore, au Pakistan (style Gandhara), de Pagan et de Mandalay, en Birmanie, du Japon, ainsi que des œuvres de Sukhothai, de Lopburi et d'Ayutthaya. Au centre de la cour se dresse un superbe **bouddha debout★** de style Dvaravati.

Un canal, à gauche du temple, sépare le sanctuaire des habitations des moines.

Tradition curieuse : au petit matin, ceux-ci ne partent pas en procession en quête de leur pitance, comme le veut la coutume. Ils s'alignent à l'extérieur de l'enceinte, où les fidèles viennent leur remettre leurs dons.

Palais Vimanmek (PHRA THINANG VIMANMEK) BC1

Ne se visite pas.
À l'écart de l'agitation de la ville, le palais se dresse au milieu d'un magnifique parc orné de parterres et de canaux. Monté sur l'île de Ko Si Chang avant d'être déplacé à Dusit en 1902, le **Palais céleste**, la résidence royale proprement dite, est un superbe bâtiment en bois de teck blond – le plus grand de ce genre au monde –, entièrement assemblé avec des chevilles de bois. Haut de quatre étages, il compte pas moins de 80 pièces dont le luxueux décor reflète tout le faste d'antan et l'influence occidentale alors en vogue.

★★ La ville moderne PLAN II

Circuit 4 tracé sur le plan II – Comptez une demi-journée.
L'idéal est de prendre le métro aérien (BTS), rapide et agréable, pour profiter du panorama sur la ville, qu'on croirait bâtie sur deux niveaux dans ce quartier.

Bangkok Art and Culture Centre (BACC) C2

939 Rama Ier rd - www.bacc.or.th - tlj sf lun. 10h-20h - gratuit.
Consacré à la création artistique contemporaine thaïlandaise et internationale, ce centre culturel accueille des expositions temporaires, mais aussi des spectacles (musique, danse, théâtre...). Le bâtiment cylindrique mérite qu'on s'y attarde : organisé autour d'un atrium central couronné d'un dôme de verre, il mêle harmonieusement des détails issus de l'architecture traditionnelle à des lignes modernes et fluides. Les premiers niveaux accueillent, en outre, quelques restaurants, cafés et boutiques arty.

★★★ Maison de Jim Thompson C2

Th. Rama Ier, Soi Kasemsan 2 - BTS National Stadium - ✆ 02 216 73 68 - www.jimthompsonhouse.com - 10h-17h - visite guidée seult (durée 40mn), en français : dép. ttes les 15mn - 200 bahts (-10 ans gratuit). Boutique de vêtements et objets en soie.
Nostalgique d'un Extrême-Orient de légende, ne manquez à aucun prix la visite de cette magnifique demeure traditionnelle, un univers de teck et de quiétude tout empreint du charme du passé. En contraste radical avec le béton qui l'entoure, la maison de Jim Thompson se niche au cœur d'un luxuriant jardin tropical, au bord d'un des rares *khlong* encore ouverts du quartier moderne. Le propriétaire, un citoyen américain du nom de Jim Thompson, s'installa en Thaïlande en 1945 avec l'ambition de relancer l'industrie de la soie, alors moribonde face à la concurrence de la soie chinoise et à l'avènement du synthétique. Sa brutale disparition, en 1967, au cours de vacances en Malaisie, reste un mystère. Outre la beauté de la résidence – un ravissant exemple de l'architecture traditionnelle thaïe, que Thompson conçut en assemblant six maisons anciennes –, vous découvrirez une extraordinaire collection d'objets d'art, parmi les plus belles que l'on puisse voir en Asie du Sud-Est.
Amateur éclairé d'art asiatique, Jim Thompson a rassemblé de véritables chefs-d'œuvre : **sculptures birmanes**, **porcelaines chinoises** de la dynastie Ming, objets de la vie quotidienne, etc. Sur les murs de son bureau s'étalent de précieuses **cartes du Siam** contemporaines de l'ambassade du chevalier de Chaumont, au 18e s.

Dans la salle à manger, une élégante table de mah-jong porte le sceau de Rama IX, tandis que l'ancienne cuisine abrite une remarquable série de **céramiques Bencharong**.
L'Américain avait adopté les coutumes siamoises : des panneaux ornés de *jataka* gardent la porte d'entrée, empêchant les mauvais esprits (qui ne se déplacent qu'en ligne droite) de pénétrer à l'intérieur. Les invités, qui arrivaient à l'époque par le canal bordant le jardin, étaient reçus dans le somptueux **salon ouvert★**, paré de portes chinoises du 19e s.
À la fin de la visite, profitez encore de ce havre de paix en prenant un verre ou le déjeuner dans l'un des charmants cafés et restaurants (certains ouverts le soir). En sortant, à droite, arrêtez-vous au **Jim Thomson Art Center** qui accueille des expositions temporaires d'art contemporain ou de photos - *(www.jimthompsonartcenter.org - 10h-18h - gratuit sur présentation du billet de la Maison de Jim Thomson)*.
Avant de reprendre le métro, vous pouvez faire un crochet pour quelques emplettes dans les centres commerciaux géants de **Mah Boon Krong** (MBK) et de **Siam Centre**, fief de la jeunesse dorée de Bangkok *(voir p. 77)*.

★★ Palais Suan Pakkat D2

Th. Si Ayutthaya - BTS Phaya Thai - ✆ 02 245 49 34 - www.suanpakkad.com - 9h-16h - 100 bahts.
Cette ancienne résidence princière tranche elle aussi avec ses alentours immédiats : huit petits **pavillons traditionnels** du 19e s., tout de bois sombre, reliés entre eux par des passerelles occupent un jardin tropical, enclave de verdure bienvenue dans ce quartier futuriste de verre et d'acier. Édifié par le prince et la princesse Chumbot dans les années 1950, le palais traduit tout le raffinement de ses propriétaires.
La maison 1 conserve de superbes **statues khmères**, dont un torse du dieu Uma du 7e s. et un bouddha assis de l'époque U-Thong (13e s.-14e s.), pièces maîtresses de l'exposition. Une passerelle mène à la maison 2, où meubles anciens (coffres incrustés de nacre, boîtes à bétel, etc.) et objets usuels illustrent la vie quotidienne à la cour au 19e s. La salle ouverte de la maison 3 offre une vue délicieuse sur le jardin. Sur les murs de la chambre, des **dessins français** du 17e s. représentent le Siam selon la perception occidentale de l'époque. Attenante à une chapelle royale où trônent de nombreux bouddhas, la maison 4 faisait office de salle à manger. La maison 7 abrite une série de **masques de théâtre khon** *(voir « Théâtre », p. 444)* accompagnés de panneaux explicatifs sur les techniques de fabrication. Consacrée à la préhistoire, la maison 8 conserve un important choix de pièces découvertes au village de Ban Chiang *(voir p. 275)*, notamment des **poteries à spirales rouges et blanches★★** datant du 3e millénaire av. J.-C. et des poteries de l'âge du bronze.
Le **pavillon de laque★★★** au fond du jardin *(à gauche - remarquez au passage la jolie barque de teck)* date du 17e s. Cette ancienne bibliothèque de monastère provenant d'Ayutthaya mérite à elle seule la visite : ses magnifiques **peintures sur laque★★★** noir et or constituent l'unique exemple en Thaïlande de l'art décoratif du 18e s., et comptent sans doute parmi les plus belles de Bangkok.
À une dizaine de minutes à pied du palais se dresse un tout autre bâtiment. La **Baiyoke Tower II** (1997), haute de 304 m, demeura la plus haute tour de Thaïlande jusqu'en 2016 *(voir ci-après)*. Aux 77e et 84e étages, les plateformes d'observation offrent un **point de vue** saisissant sur la ville *(https://baiyokesky.baiyokehotel.com - 10h-22h - 450 bahts, boisson incluse)*.

Parc Lumphini D3-4

Th. Rama IV - MRT Lumphini - 4h30-21h - gratuit.

Ne manquez pas l'occasion de prendre un bol d'air dans l'un des rares espaces verts de Bangkok. La statue de Rama VI en marque l'entrée, sa silhouette casquée se dressant au pied des parois vitrées du **Silom Center**, au-dessus des hordes de voitures qui se pressent sur l'avenue dans un orage de décibels. Pour retrouver un peu de paix, allez vous détendre sur les rives du lac artificiel. Ne soyez pas surpris de voir passer d'énormes, mais pacifiques, varans !

Vous pouvez aussi emprunter la passerelle de près de 1 km pour rejoindre, plus à l'est, le **Benjakitti Forest Park** (HORS PLAN) *(Ratchadaphisek Rd - MRT Sukhumvit - 5h-21h - gratuit)*, le plus vaste espace vert de Bangkok, qui forme désormais avec son voisin le poumon de la ville.

Quartier des affaires CD3-4

Accès par les deux stations de BTS Surasak et Sala Daeng.

Face à l'entrée du parc Lumphini s'étend le quartier des affaires, concentré entre Th. Silom et Th. Surawong (CD4). Des tours de verre bordent ces longues avenues, regroupant bureaux, banques, centres commerciaux et hôtels de luxe. C'est ici que se dresse l'un des plus hauts gratte-ciel de Thaïlande, le **King Power Mahanakon** (314 m), dont la silhouette originale paraît entourée d'un ruban de pixels évanescent. Le **belvédère** révèle des panoramas à couper le souffle sur la ville, et les plus vaillants pourront arpenter le sol de verre au tout dernier étage *(kingpowermahanakhon.co.th - 10h-19h - 880/1 080 bahts, 3-12 ans 350 bahts)*.

Cette façade d'une Bangkok high-tech ne parvient pas toutefois à dissimuler le vieux quartier voisin de **Patpong**. Tristement célèbre pour être aujourd'hui le territoire de la prostitution de la ville, les ruelles de Patpong recèlent une histoire centenaire, marquée par l'immigration chinoise, puis par la venue des GI pendant la guerre du Viet-Nam. Les militaires américains, envoyés ici pour prendre du bon temps entre les combats, changèrent la destinée de ce quartier.

À l'angle de Th. Silom et de Th. Pan, l'insolite silhouette du **temple de Maha Uma Devi★ (Sri Mahammarian Temple)** (C4) *(6h-20h, w.-end 6h-20h30 - gratuit - photos interdites)* affiche ses dômes bariolés et surchargés de divinités. Fondé en 1879 par des Tamouls venus du sud de l'Inde, ce sanctuaire est consacré à Uma Devi, déesse qui matérialise le syncrétisme entre hindouisme et bouddhisme.

L'envers du décor : le tourisme sexuel

Comment visiter Bangkok sans penser au tourisme sexuel ? Les enfants qui en font les frais viennent souvent de familles rurales pauvres du Nord et de l'Isan qui les ont vendus à des proxénètes de la capitale pour pouvoir survivre. Ces jeunes filles et garçons se retrouvent dans le quartier de Patpong, sur Th. Silom, succession de néons roses annonçant bars à strip-tease et autres lieux de triste réputation. Là fleurissent les salons dits de « massage » – qui n'ont rien à voir avec les centres de massage traditionnel : sombre alignement de vitrines derrière lesquelles une vingtaine d'adolescentes et adolescents attendent qu'un client les choisisse... La prostitution est toutefois illégale en Thaïlande depuis 1960.

Encadré p. 396.

Une rue de Chinatown.
aluxum/Getty Images Plus

Une grande animation règne dans la cour, où les visiteurs, aussi bien thaïlandais qu'indiens, se pressent pour déposer leurs offrandes et se recueillir auprès de la déesse ou du Bouddha. Dans un festival de couleurs, le bleu vif et l'or des statues répondent au jaune éclatant fleurs qui parent le *linga* de Shiva. Sur l'autel trône la statue d'Uma Devi, encadrée de Ganesh, de Kali et de Krishna, parmi d'autres divinités du panthéon indien.
Niché dans une petite rue tranquille, à l'abri d'un jardin, le **Bangkokian Museum**★ (C4) *(273 Saphan Yao Alley - 9h-16h - fermé lun. - gratuit)* offre une plongée dans la vie de la petite bourgeoisie thaïlandaise du 20e s. à travers la visite de trois maisons où trônent meubles d'époque, piano, magazines et photos de famille. Paisible et plein de charme.

★★ Chinatown PLAN III

Circuit 5 tracé sur le plan III – Comptez 3h.
Chassée de l'île de Ratanakosin par Rama Ier, qui entendait y installer son palais, la communauté chinoise de Bangkok se déplaça à l'est de la cité, hors les murs. Elle y établit un centre de commerce florissant, regorgeant bientôt de fumeries d'opium, de maisons de joie et de tripots de basse catégorie. Depuis, ces établissements ont fermé leurs portes, mais les Chinois ont gardé leur légendaire esprit d'entreprise et le quartier n'a rien perdu de son dynamisme. Le spectacle est dans la rue, théâtre d'une activité trépidante. Enveloppé par un bruit continu, des senteurs mêlées d'essence, de cuisine, d'épices et le parfum âcre des durians, vous êtes en Chine. Revenez-y le soir pour vous attabler dans l'un des innombrables restaurants qui s'installent sur les trottoirs de Yaowarat et dans les rues adjacentes.

Wat Traimit (GOLDEN BUDDHA) D4

À l'angle de Th. Charoen Krung et de Th. Yaowarat - 8h-17h - musée fermé le lun. - temple 100 bahts, musée 100 bahts.

Son imposant **bouddha★** de style Sukhothai en or massif, haut de 3 m, fut découvert lors de travaux le long du fleuve. Cette remarquable statue originaire d'Ayutthaya aurait été jadis recouverte de stuc pour la soustraire à la convoitise des armées birmanes. C'est aujourd'hui un lieu de pèlerinage très populaire : la foule est au rendez-vous tout au long de la journée, fidèles et touristes côte à côte. Sous la chapelle au sommet de laquelle trône le bouddha, un musée raconte l'histoire de l'iconographie de l'Éveillé à travers les siècles et celle du transfert du bouddha d'or à Bangkok.

★★ **Yaowarat Chinatown Heritage Center** – Le premier niveau du temple abrite une remarquable exposition consacrée à l'histoire de la communauté chinoise de Bangkok. La muséographie moderne, parfois spectaculaire, rend la visite particulièrement attrayante. Vous entrez à l'intérieur d'une jonque qui amena les premiers immigrants au 19ᵉ s. et partagez la traversée de ses occupants au fil des heures de la journée. Vous débarquez ensuite sur un quai où, sitôt arrivés, les Chinois étaient employés comme *coolies*. La suite de l'exposition relate le développement de la communauté chinoise de Bangkok au travers de ses rites, ses activités ou encore ses personnalités marquantes. Une **splendide maquette★★** de la rue Yeowarat dans les années 1930 conclut la visite : elle présente les édifices emblématiques du cœur de Chinatown. Vous pourrez en retrouver certains au cours de la promenade. Contre les murs de la salle, ne manquez pas l'hologramme montrant une représentation de théâtre chinois. Une visite indispensable avant de découvrir Chinatown.

Sur la place qui flanque le temple, une monumentale porte de style chinois marque l'entrée de Chinatown.

Empruntez Th. Yeowarat, au-delà de la porte.

★★ Thanon Yaowarat D4

C'est la première avenue du quartier chinois, percée en 1892. Les travaux ne durèrent pas moins de 8 ans, car il fallait éviter de démolir les quartiers déjà existants qui abritaient la vie de la communauté depuis plusieurs décennies. C'est pourquoi, au long de son parcours, l'avenue dessine de nombreux méandres. Cœur battant de Chinatown, elle abritait maisons de commerce, théâtres, hôtels et restaurants à la mode.

Depuis la fin des années 1960, la bourgeoisie chinoise et ses entreprises ont migré vers New Petchaburi. Yeowarat n'en a pas pour autant perdu son activité. C'est même le centre du commerce de l'or : plus d'une centaine de boutiques aux devantures rutilantes s'égrènent tout au long de l'avenue. À la vente au détail, s'ajoute le commerce international, notamment vers les pays du Golfe où l'on apprécie particulièrement l'or de Yeowarat, qui titre à 96,5 %.

De nombreux immeubles datant de la première moitié du 20ᵉ s., l'âge d'or du quartier, bordent l'avenue, notamment l'hôtel Chinatown *(n° 526)*, avec ses lignes arrondies typiques des années 1930, ou la bijouterie Chin Hua Heng *(n° 251)* et sa grandiloquente façade à l'italienne. Le soir venu, la rue se métamorphose : illuminés par des enseignes électriques en chinois, gargotes et restaurants de plein air colonisent la rue jusqu'au petit matin.

Prenez à droite dans Soi Itsaranuphap.

Soi Itsaranuphap D4

Cet étroit passage est le paradis des gastronomes. Tout au long, les étals proposent les ingrédients indispensables à la cuisine chinoise, épices, herbes, viandes ou produits plus étranges pour les palais occidentaux, comme les vessies de poisson frites ou les œufs de cent ans. Plusieurs petits restaurants permettent une halte gourmande, pour savourer par exemple de délicieux *dim. sum* *(voir p. 71)*.
Il débouche sur Th. Charoen Krung; traversez l'avenue pour entrer dans le temple en face.

Wat Mangkon Kamalawat (NENG NOI YEE) D3

Th. Charoen Krung.
Des colonnes rouges autour desquelles s'enroulent des dragons dorés annoncent l'entrée du temple. Considéré par la communauté chinoise comme l'un des plus importants de Bangkok, il relève d'une triple confession : taoïste, confucianiste et bouddhiste. Passé les vendeurs de fleurs qui campent à l'entrée, vous arrivez dans la cour intérieure, théâtre des allées et venues des moines et des fidèles. Dans un dédale de pièces saturées d'encens, des bouddhas bedonnants – l'embonpoint étant symbole de prospérité – trônent devant des autels chargés de bougies où chacun, toutes générations confondues, vient prier ses ancêtres.
Revenez sur vos pas dans Soi Itsaranuphap, traversez Yeowarat et prenez en face.
Apprêtez-vous à un bain de foule. Pour entrée en matière vous passez à gauche le **marché aux poissons (Talat Kalao).** Les étals alternent avec de gros sacs de jute débordant de champignons, de fèves et autres aliments séchés, entre lesquels les portefaix se frayent un chemin, les épaules chargées d'impressionnantes balles de marchandises.
Au-delà, engagez-vous à droite dans **Soi Wanit★ (Sampeng Lane)** (D3-4), un étroit boyau bordé d'étals proposant jouets, habits, ustensiles de cuisine et autres objets ménagers... Le croisement avec Th. Mangkon est marqué par deux bâtiments d'architecture européenne du 19e s. : la **Bangkok Bank** et le **Tang To Kang Gold Shop**.
La rue débouche ensuite sur Th. Ratchawong. Prenez cette dernière à gauche si vous souhaitez rejoindre l'embarcadère de Tha Ratchawong pour emprunter le Chao Phraya Express.
Soi Wanit se poursuit au delà de Th. Ratchawong. De ce côté, c'est le royaume du prêt-à-porter bon marché.
L'allée débouche sur un canal au-delà duquel s'ouvre le **quartier de Pahurat** (C4), fief de la communauté indienne de Bangkok. Son bazar animé regorge de boutiques de cotonnades et de soieries. Au cœur de ce dédale, se dresse un monumental *gurudwara*, le lieu de prière des Sikhs, reconnaissables à leur barbe et à leur turban.

Old Farang (« QUARTIER DES ÉTRANGERS ») PLAN II

▶ *Circuit 6 tracé sur le plan II – Comptez 2h.*
L'arrivée en bateau (tâchez de vous placer à gauche) donne le ton du quartier où étaient établis les étrangers depuis la fin du 18e s. Peu avant d'arriver au débarcadère de l'Oriental, vous apercevrez l'**église du St-Rosaire** *(voir plus loin)*, construite au 18e s. par les Portugais. Viennent ensuite l'**ambassade du Portugal** *(au pied du Sheraton)*, l'une des plus anciennes représentations diplomatiques au Siam, et la maison coloniale de l'ancien **bâtiment des douanes** *(juste avant le débarcadère)*, siège de la brigade anti-incendie de la police fluviale.
Face à l'embarcadère, le siège de l'**East Asiatic Company** (C4), belle maison coloniale dressée sur la rive du fleuve, compte parmi les derniers témoins du 19e s.,

époque à laquelle les premières sociétés européennes et leurs ambassades s'établirent au Siam pour développer les échanges commerciaux. Laissé à l'abandon, le bâtiment est en train d'être transformé en hôtel de luxe *(ouverture prévue en 2026)*.
Autre vestige du « quartier des Étrangers », le **Mandarin Oriental★** (C4), fondé en 1876 mais largement agrandi jusqu'en 1976, conserve le souvenir de célèbres écrivains voyageurs, tels Joseph Conrad ou Somerset Maugham. Ce dernier séjourna à l'hôtel pendant six mois pour écrire *Un gentleman en Asie*. Dans l'aile coloniale d'origine, le très chic salon des Écrivains n'a rien perdu de sa magie avec ses murs couverts de vieilles photos *(tenue correcte exigée)*.
De l'hôtel, une petite rue sur la droite débouche sur la place de l'**église de l'Assomption** (C4), lourde bâtisse rouge d'architecture éclectique, construite en 1910. L'intérieur montre le même mélange de styles, jusqu'au pur rococo : un plafond bleu nuit piqueté d'étoiles dorées se développe au-dessus de murs ocre et d'arcs romans aux pierres bicolores.
Revenez sur vos pas et prenez la rue en face, à l'angle de la belle **China House**, l'un des restaurants les plus huppés de Bangkok *(voir « Restauration » p. 74)*. À votre gauche, il reste de jolies **maisons coloniales** en bois aux tons pastel.
Tournez à droite pour rejoindre **Th. Charoen Krung**.
Prenez ensuite à gauche pour rejoindre le très chic (et très réfrigéré) *mall* de River City, au pied de l'hôtel Sheraton, le temps d'une pause lèche-vitrine dans ce lieu dédié au commerce des antiquités et des objets d'art.
Continuez dans la même direction jusqu'à l'**église du St-Rosaire** (C3). C'est à cet endroit que s'établirent les Portugais en 1786, après avoir été chassés d'Ayutthaya. L'église actuelle est la troisième à occuper le site ; elle a été consacrée en 1897 et sert aujourd'hui de chapelle à une école religieuse. À l'intérieur, vous pourrez découvrir les vitraux offerts à l'église par les notables de l'époque, riches marchands chinois chrétiens ou consul de France.
De l'église, on parvient rapidement à l'embarcadère de Harbour Dept pour retrouver le Chao Phraya Express, qui vous permet de revenir dans le centre historique ou de continuer sur Thonburi (de l'autre côté du fleuve).

★★★ Thonburi PLANS II ET III

Jumelle de Bangkok au 19e s., Thonburi est longtemps restée comme oubliée du temps. Épousant les courbes du fleuve, elle dessine le long de sa rive ouest un quadrillage de canaux, ancienne cité lacustre que le béton et la modernité grignotent peu à peu. Contrairement à Bangkok, qui a vu ses canaux comblés et systématiquement remplacés par des avenues, Thonburi conserve son réseau de *khlong* bordés de vieilles maisons sur pilotis.

Autour de l'église Santa Cruz PLAN III B4

De l'embarcadère Tha Ratchini (nº 7 - rive est), des navettes traversent le fleuve pour vous déposer devant l'église Santa Cruz.
Bâtie à la fin du 18e s., lorsque Thonburi était la capitale de la Thaïlande, l'**église Santa Cruz** est, avec son clocher jaune pastel, l'un des derniers témoins de la présence portugaise à Bangkok.
À deux pas, le **musée Baan Kudichin** *(9h30-17h30 - fermé lundi - gratuit)* retrace l'histoire des Portugais au Siam. Dans les ruelles du quartier, on trouve aussi des pâtisseries qui perpétuent la tradition portugaise.
Remontez vers le nord la promenade piétonne aménagée le long du fleuve.

Thonburi.
Andrey_Vasiliskov/Shutterstock

1

Vous longerez des maisons sur pilotis et un ravissant temple chinois aux boiseries ouvragées avant de rejoindre *(à env. 200 m)* le **Wat Kalyanamit★★** *(7h-17h - gratuit)*, un temple rutilant, ignoré des touristes. Fondé en 1825, il compte parmi les cinq temples que Rama III fit édifier à Bangkok. En pénétrant dans le jardin, vous verrez sous un pavillon blanc une énorme **cloche de bronze★**, la plus grande de Thaïlande. Le *wihan* principal cache un colossal bouddha assis. Le style du **chedi octogonal** et des nombreuses statues qui parsèment le sanctuaire témoigne du goût du roi pour l'art chinois.
En continuant à pied sur env. 400 m, vous rejoindrez le Wat Arun *(voir p. 50)*.

★★ Balade sur les khlong PLANS II ET III

Pour sillonner les khlong *librement, l'idéal est de louer un* long tail *(comptez env. 1500 bahts pour 1h) aux embarcadères Tha Tien ou Tha Phra Chang (rive est). En 1h, vous pourrez parcourir les* khlong *Bangkok Noi* (PLAN III A1), *Mon* (PLAN III A3) *ou Bangkok Yai* (PLAN III AB4).

« Bangkok est la Venise de l'Orient : on n'y entend que le bruit des rames, celui des ancres, le chant des matelots ou les cris des rameurs », écrivait l'explorateur Henri Mouhot. C'était en 1870 et l'évocation fait sourire devant l'actuelle Bangkok. Mais une balade sur les canaux de Thonburi ressuscitera quelques images de ce passé. Au fil de ce labyrinthe aquatique, vous découvrez un surprenant foisonnement de verdure, disparu de la ville moderne. Les immeubles de béton cèdent la place aux maisons sur pilotis et un temple esseulé se dresse çà et là au-dessus des derniers vieux toits de bois. Mais dépêchez-vous : le monde ancien disparaît très vite.

★★ **Musée des Barges royales** - PLAN III A1 - *Sur le quai du* khlong *Bangkok Noi - 9h-17h (sam. 17h30) - 100 bahts*. Cet immense hangar renferme plusieurs vaisseaux d'apparat de la flotte royale, jadis utilisés pour les cérémonies officielles. Trop fragiles, ces barges ne naviguent plus qu'à titre exceptionnel. Elles servirent pour la dernière fois lors de la célébration du 50e anniversaire du règne de Rama IX, le 7 novembre 1996. Les témoins de l'événement évoquent encore la magnificence de la procession : 50 barges rutilantes de pourpre et d'or entouraient la nef du souverain pour descendre le fleuve, manœuvrées par 2000 rameurs en tenue traditionnelle. Au centre de l'exposition, la **barge royale Suphannahong**★ (« le Cygne doré ») porte en figure de proue l'oiseau mythique Hamsa. Taillé d'une seule pièce dans un tronc de teck, le vaisseau mesure 46 m de long et nécessite 50 rameurs. Une autre barge arbore une proue dorée à la feuille en forme de *naga*.

Marché flottant de Taling Chan - HORS PLAN - *Sur le quai du* khlong *Chak Phra - sam., dim. et j. fériés 8h-17h*. Le week-end, nombre de locaux viennent déjeuner le long du canal, où quelques marchands cuisinent encore dans leurs barques.

★★ **Wat Suwanaram (Wat Ratchaworawihan)** - PLAN II A1-2 - *Plus loin, sur la berge gauche du* khlong. Au 18e s., sous le règne de Taksin, le temple fut le théâtre de l'exécution des prisonniers de guerre birmans. Restauré dans les années 1820, il accueillit les cérémonies de crémation de certains membres de la famille royale et de hauts dignitaires. Un bouddha assis tourne le dos au fleuve. Sous une toiture rehaussée de *garuda* et de mosaïques de verre, l'*ubosot* conserve de superbes **peintures murales**★★ du début du 19e s., relatant les vies antérieures de Bouddha.

Quartier de Sukhumvit PLAN I B3

Accès par les stations de BTS Asoke, Nana, Phrom Phong et Thonglor.

Cette longue artère, jalonnée de centres commerciaux, de luxueux immeubles, d'hôtels et de restaurants, est très prisée de la jeunesse dorée et des expatriés. On y vient pour son ambiance cosmopolite, chic et festive *(voir « Nos adresses »)*.

Chatuchak PLAN I

▶ *Accessible avec la ligne Sukhumvit du métro aérien (station BTS Mo Chit) ou la Blue line du MTR (stations Kamphaeng Phet ou Chatuchak Park).*

Ce quartier, situé au nord du centre-ville, est surtout célèbre pour son **marché** *(www.chatuchakmarket.org - merc.-jeu. 7h-18h (plantes seult), vend. 18h-0h, w.-end 9h-18h)* qui reçoit chaque week-end près de 200000 visiteurs. Visibles depuis le métro aérien, quelques 10000 étals forment le plus grand marché de Thaïlande.

Museum of Contemporary Art (MOCA Bangkok) PLAN III B4

499 Kamphaengphet 6 Rd - ✆ 02 016-5666 - mocabangkok.com - 10h-18h - fermé lun. - 280 bahts.

Fondé par le chef d'entreprise millionnaire et collectionneur Boonchai Bencharongkul, ce musée met à l'honneur l'art contemporain thaïlandais, exposé sur quatre des cinq niveaux de ce bâtiment moderne aux lignes sobres. Le rez-de-chaussée accueille également des expositions temporaires. Le dernier niveau est consacré à des artistes internationaux. Faisant exception dans ce musée d'art contemporain, la Richard Green Room présente les tableaux de peintres anglais réputés de la fin du 18e s. dans une salle reproduisant le décor de musées européens classiques, tels que le musée du Louvre à Paris ou la National Gallery à Londres.

Carnet pratique

PLAN I-AGGLOMÉRATION) (P. 36-37), PLAN II-CENTRE) (P. 38-39), PLAN III-ZONE HISTORIQUE (P. 40-41)

S'informer

Tourism Authority of Thailand – PLAN I C3 - *1600 Th. Phetchaburi - ☏ 02 250 55 00 ou 1672 - www.tourismthailand.org*. Antennes à l'aéroport Suvarnabhumi et sur Th. Ratchadamnoen Nok (PLAN III D1).

Bangkok Tourist Bureau – PLAN III B1 - *17/1 Th. Phra Athit - ☏ 02 225 76 12 à 14*.

Attention à ne pas confondre les bureaux d'information touristique officiels, portant le sigle **TAT**, et les agences de voyage, nombreuses à Bangkok.

Arriver/Partir

En avion

Aéroport international Suvarnabhumi (prononcez « Suwan-napoum ») – PLAN I D3 - *À 30 km à l'est de Bangkok - ☏ 02 132 18 88 - www.airportthai.co.th*. À l'arrivée, vous trouverez : bureaux de change, ATM, consigne ouverte 24h/24, guichets pour réserver un hôtel ou acheter une carte SIM, agences de location de voitures et bureau d'information touristique.

De l'aéroport au centre-ville – Des **taxis** stationnent à la sortie du hall des arrivées. Prenez un ticket qui vous donnera le numéro de plaque de votre taxi ; celui-ci a l'obligation de mettre en marche son compteur. Comptez 450 bahts. Pratique et rapide, le train de **Airport Rail Link** *(www.srtet.co.th)* rejoint le centre-ville et assure la liaison avec le MRT (Makkasan) et le BTS (Phaya Thai) *(voir p. 68)*. Aux heures de pointe, dép. ttes les 10mn du niveau inférieur (ttes les 15mn le w.-end), de 6h à 23h40 (dernier dép. de l'aéroport) ; comptez 15 à 45 bahts.

Plusieurs lignes de **bus publics** relient l'aéroport au centre-ville, mais cela s'avère peu commode et très long. Départ et arrivée au Transport Center de l'aéroport (navette depuis le terminal).

Du Transport Center, un **Shuttle Bus** *(gratuit sur présentation du billet)* assure la liaison entre les deux aéroports de la ville.

Du centre-ville à l'aéroport – Tous les hôtels et *guesthouses* proposent un transfert vers l'aéroport pour le prix d'un taxi. Si vous devez circuler aux heures de pointe, vous pouvez vous faire déposer en taxi à l'une des stations de l'**Airport Rail Link**.

Aéroport domestique et international Don Muang – PLAN I C1 - *À env. 20 km au nord de Bangkok - ☏ 02 535 12 53 - www.airportthai.co.th*. Assure les vols intérieurs (Nok Air, Air Asia) et les vols low-cost vers les pays voisins.

De l'aéroport au centre-ville – **Taxis** à la sortie du hall des arrivées *(comptez 400 bahts pour un trajet vers le centre)*. Au sous-sol, l'**Airport Rail Link** rejoint le centre-ville en une trentaine de minutes. De l'aéroport, une passerelle conduit à l'arrêt des **bus** urbains *(nº 59 de/vers Sanamluang, nº 504 de/vers Talat Bangkholaem, via Silom, A1 de/vers Chatuchak et A2 de/vers Victory Monument - comptez 2h)*. **Shuttle Bus** *(gratuit sur présentation du billet)* ttes les 30mn de 5h à 0h pour l'aéroport international Suvarnabhumi *(1h30)*.

En bus

Optez pour les bus climatisés (n'oubliez pas votre pull, il y fait un froid polaire !), beaucoup plus rapides que les bus ordinaires.

Northern Bus Terminal (Mo Chit Mai) – PLAN I B2 - *Th. Paholyothin (près de Chatuchak)*. Dessert les grandes villes du Nord et

1

de l'Isan, dont Phitsanulok *(8 dép./j. - 6h de route)* et Sukhothai *(3 à 6 dép./j. - 7h30)*. Env. 20 dép./j. vers Chiang Mai *(10h)* et Chiang Rai *(12h)*.

Eastern Bus Terminal (Ekamai Station) – PLAN I C3 - *Th. Sukhumvit, Soi 40 - BTS Sukhumvit*. Dép. tlj pour Pattaya *(2h30)*, Rayong *(3h)* et Chanthaburi *(4h)*.

Southern Bus Terminal (Sai Tai Mai) – HORS PLAN I PAR A2 - *Très excentré - comptez 45mn de taxi.* Bus pour le Sud : Phetchaburi *(2h)*, Hua Hin *(3h)*, Chumphon *(7h)*, Surat Thani *(11h)*, Ko Samui *(16h)*, Nakhon Si Thammarat *(12h)*, Krabi *(12h)*, Phuket *(14h)*.

En minibus privé

Proposés par les agences de voyage, ils sont intéressants pour les trajets courts, mais manquent de confort. Pour les longues distances, préférez les bus grand luxe (VIP).

En train

Bangkok Railway Station (gare de Hua Lamphong) – PLAN II C3 - *Th. Rama IV.* Aujourd'hui partiellement transformée en musée, la gare historique de Bangkok ne dessert plus que quelques destinations de banlieue et sites touristiques (Ayutthaya, Hua Hin, Lopburi).

Krung Thep Aphiwat Station (Bang Sue) – PLAN I B2 - *Chatuchak.* Depuis janvier 2023, la nouvelle gare principale de la ville dessert toutes les destinations importantes (Chiang Mai, Nong Khai, Surat Thani).

Bangkok Noi Station (gare de Thonburi) – PLAN III A1 - *Th. Arun Amarin.* Dessert Kanchanaburi et Prachuap Khiri Khan.

Se déplacer

Les avenues de Bangkok étant saturées à toute heure, la circulation devient vite un cauchemar. Le mieux est de circuler en métro ou par le fleuve dès que vous le pouvez.

Piétons, dans les quartiers modernes vous devez emprunter les *fly over*, passerelles et passages protégés, sous peine d'amende ; et les escalators y sont rares.

Métro aérien

Bangkok Transit System (BTS) – *www.bts.co.th - 6h-0h.* Le Sky Train est de loin le meilleur moyen de circuler entre Th. Sukhumvit, Siam Square et les quartiers environnants.

La **ligne Sukhumvit**, longue de 17 km, dessert la ville du nord au sud : Khu Kot, Mo Chit (gare routière nord), Victory Monument, Siam Square, Eastern Bus Terminal jusqu'à Kheha.

La **ligne Silom** circule au sud-ouest entre Bang Wa et National Stadium et dessert notamment Krung Thonburi, Sala Daeng (Silom, parc Lumphini) et Siam square.

Comptez de 17 à 47 bahts selon la distance. Jetons à l'unité et systèmes de *pass* prépayés. Connexion avec le MRT aux stations Chatuchak, Sukhumvit et Silom.

Métro

Voir plan sur le rabat arrière de couverture.

Mass Rapid Transit (MRT) – *www.bemplc.co.th - 6h-0h.* La **Blue Line** forme une boucle qui se prolonge jusqu'à Lak Song. Elle désenclave l'axe de Ratchadapisek et dessert la gare Hua Lamphong, le Thailand Cultural Center, le parc Lumphini et de nombreux hôtels. Cinq stations (Chatuchak Park, Phahon Yothin, Sukhumvit, Silom et Bang Wa) permettent une correspondance avec le Sky Train (BTS). Comptez de 16 à 43 bahts selon la distance. Jetons à l'unité et systèmes de *pass* prépayés.

La **Purple Line** dessert la banlieue nord-ouest (Nonthaburi) de Bangkok. Des travaux sont en cours pour prolonger la ligne vers le sud (en passant par Thonburi et Memorial Bridge).

La **Gold Line**, une ligne automatisée ouverte fin 2020, ne compte pour l'instant que 3 stations, entre Krung Thon Buri et Khlong San.

Bateau

Chao Phraya Express – *www.chaophrayaexpressboat.com*. Les bateaux font escale près des sites touristiques : Grand Palais, Wat Pho, quartier chinois, Oriental et Saphan Taksin (station du métro aérien). Sachez décoder la couleur des drapeaux : jaune (ligne Nonthaburi/Sathor - arrêt aux principaux embarcadères), orange (ligne Nonthaburi/Wat Rajsingkorn) ou vert (ligne Pakkred/Nonthaburi/Sathorn). Seule la ligne orange fonctionne en continu, de 6h à 19h (17h30 le w.-end) ; les deux autres opèrent uniquement en semaine le matin, de 6h à 8h, et de 16h à 18h. En pratique, le billet s'achète sur le ponton : vous annoncez votre destination et le préposé vous précisera la couleur de la ligne. Les noms des escales sont annoncés par de grands panneaux : impossible de se tromper. Comptez de 20 à 30mn entre deux passages et de 16 à 33 bahts par trajet.

Les bateaux ne s'arrêtent pas longtemps et les talons hauts sont déconseillés...

Chao Phraya Tourist Boat – *www.chaophrayatouristboat.com*. Cette ligne touristique (drapeau bleu) dessert les 9 escales les plus pratiques pour les visites entre Sathorn et Phra Arthit. Elle fonctionne de 8h30 à 19h15 (derniers dép. à 18h30 et 19h), avec un passage ttes les 30mn (forfait journalier illimité : 150 bahts ; trajet unique : 30 bahts). On gagne en confort (wifi, toilettes, guide anglophone à bord) ce que l'on perd en pittoresque.

Long tail taxi – Les bruyants *long tail* (ainsi nommés en raison de la tige, à l'arrière, qui relie l'hélice au moteur) embarquent surtout les touristes pour des balades sur le fleuve ou à la découverte des *khlong* de Thonburi. Ils s'arrêtent aux mêmes embarcadères que le Chao Phraya Express. Pour en louer un, comptez 1500 bahts/h pour 2 à 4 pers. (attention, les prix doublent à l'embarcadère Tha Oriental ou face au River City).

Bus urbains

Le réseau est très étendu et bon marché (excellent rapport qualité-prix pour les bus climatisés) mais, entre détours et embouteillages, le trajet est long : parfait pour prendre le pouls de la mégalopole, mais à éviter si vous avez peu de temps. Le ticket s'achète à bord. Pour se signaler à l'arrêt du bus, faire un signe de la main, paume vers le bas.

Taxi

Certes moins pittoresque que le *tuk-tuk*, le taxi est bien plus confortable et revient moins cher. Optez pour les *taxis meters* (compteur), en veillant à ce que le chauffeur le mette en route au départ de la course. La prise en charge est de 35 bahts, et il est rare qu'une course en centre-ville dépasse 100 bahts. Munissez-vous toujours de votre adresse ou d'une carte, écrite en thaï si possible (les chauffeurs lisent rarement l'anglais), ou montrez leur votre destination sur Google Maps. Prévoyez de la monnaie, car ils font rarement l'appoint. Désormais, les chauffeurs de taxi sont nombreux à travailler pour la plateforme **Grab** *(www.grab.com)*, qui est devenue le moyen le plus efficace d'obtenir un taxi rapidement.

Moto-taxi

Le moyen le plus rapide de se déplacer, mais au prix d'un véritable rodéo motorisé ! Les pilotes se repèrent à leur dossard de couleur. Négociez le tarif avant de monter.

Tuk-tuk

Version motorisée du pousse-pousse, mobiles et rapides, ces triporteurs sont encore disponibles aux abords des zones touristiques : à réserver aux trajets courts et à éviter aux heures chaudes (bain de pollution) et quand il pleut. La plupart des chauffeurs de *tuk-tuk* ne sachant pas lire, mieux vaut connaître le nom de votre destination en thaï. Négociez le tarif *avant* de partir et ne vous laissez pas embarquer dans une tournée des tailleurs et des bijouteries, un grand classique ! Les chauffeurs travaillant sans compteur, la course se négocie (en général minimum 100 bahts).

Voiture de location

Tarifs prohibitifs pour une voiture avec chauffeur, beaucoup moins élevés si vous conduisez vous-même. Ce qui n'est toutefois pas recommandé à Bangkok intra-muros et dans les environs proches où la circulation est anarchique. Avis, Hertz, Budget sont représentés à l'aéroport.

Adresses utiles

Santé

Bangkok compte un grand nombre d'hôpitaux et de cliniques de qualité. En cas de problème sérieux, demandez conseil à votre ambassade. Parmi les médecins anglophones agréés par l'ambassade de France :

Dr Iamjan Piyawat – *Samitivej Srinakarin Hospital - 488 Th. Srinakarin - ✆ 02 378 90 18.* Généraliste.

Dr Rojchiwin Wantana – *Samitivej Sukhumvit Hospital - 133 Sukhumvit 49 - ✆ 02 022 22 36.* Généraliste et pédiatre.

Sécurité

Bangkok figure parmi les villes les plus sûres d'Asie ; comme partout, respectez néanmoins les précautions élémentaires et sachez faire preuve de bon sens.

Tourist Hotline – *✆ 11 55 (24h/24).*

Ambassades

p. 481.

Visa

Immigration Bureau – PLAN I C1 - *Building B, Government Complex, Th. Chaeng Watthana - ✆ 02 141 98 89 - bangkok.immigration.go.th - lun.-vend. 8h30-12h, 13h-16h30.*

Agenda

Nouvel An – On le célèbre autour de l'esplanade de Sanam Luang.

Chakri Day – 6 avril. Jour commémoratif de la dynastie Chakri. Pèlerinage au temple du bouddha d'Émeraude pour rendre hommage aux souverains.

Songkran – 12-14 avril. Principales manifestations sur Sanam Luang, Th. Khao San et Th. Silom.

Coronation Day – 5 mai. Fête du Couronnement, célébrée dans la chapelle royale du Grand Palais.

Ploughing Day – Mi-mai. Cérémonie du « Labour royal », qui ouvre la saison du repiquage du riz. Sur l'esplanade de Sanam Luang, en présence du roi.

Nos adresses

PLAN I-AGGLOMÉRATION) (P. 36-37), PLAN II-CENTRE) (P. 38-39), PLAN III-ZONE HISTORIQUE (P. 40-41)

Restauration

Bangkok regorge de restaurants proposant toutes les cuisines du monde. La nourriture y est généralement excellente – mais commander du vin peut doubler l'addition. Le soir et le w.-end, dans certains endroits fréquentés ou renommés, il faut réserver.

Banglamphu

Débarcadère Phra Athit (n° 13). Dans ce quartier à l'atmosphère survoltée, la cuisine s'est internationalisée avec la clientèle et la gastronomie se montre rarement au rendez-vous. On y va surtout pour l'ambiance, particulièrement animée sur Th. Khao San où bars, boutiques et restaurants rivalisent de décibels. Pour une cuisine de rue, plus populaire et plus au calme, direction les *soi* s'ouvrant de part et d'autre de Th. Samsen, en particulier les Soi 2 et 4 : brochettes, grillades de viande ou de poisson et fruits frais joliment présentés *(16h-20h - 50/150 bahts).*

Premier prix

6 **Mango Vegetarian & Vegan Restaurant and Arts Gallery** – PLAN III C1 - *13 Th. Tanao - ✆ 06 14 12 63 25 - service continu - fermé merc. - plats 135/295 bahts.* Une carte exclusivement végétarienne et vegan, dans une petite salle chaleureuse aux murs bleu-verts.

Budget moyen

5 **Krua Apsorn** – PLAN III C2 - *169 Th. Dinso - ✆ 02 685 45 31 - service continu - fermé dim. - plats 220/600 bahts.* Une entreprise familiale devenue une véritable institution. On ne vient pas pour le cadre, mais pour l'assiette, avec une déclinaison du meilleur de la cuisine populaire de Bangkok : omelette aux crabes, soupes, curries de crevettes... Préparez-vous à attendre qu'une table se libère : l'endroit est très couru.

Pour se faire plaisir

7 **Methavalai Sorndaeng** – PLAN III C1-2 - *Th. 78/2 Ratchadamnoen Klang - ✆ 02 224 30 88 - service continu - plats 270/700 bahts.* Un restaurant élégant, un tantinet kitsch, où vous pourrez déguster une cuisine thaïe recherchée, bercé par les mélopées des chanteuses qui se succèdent au micro. Fréquenté essentiellement par la bourgeoisie de Bangkok.

Une folie

2 ❤ **Jay Fai** – PLAN III C2 - *327 Th. Mahachai - ✆ 02 223 93 84 - [carte non acceptée] - service continu - fermé dim.-mar. - plats 600/1 700 bahts.* Depuis l'obtention de son étoile, Supinya Junsuta a acquis une notoriété internationale. Comme depuis plusieurs décennies, elle est chaque jour à son poste, dans sa cuisine en plein air, bonnet sur la tête et lunettes d'aviateur qui lui mangent le visage, pour préparer sa fameuse omelette au crabe ou ses crevettes sautées. Pour arriver à dégotter un coin de table, passez au restaurant dès le matin : un registre de réservation pour le jour même est placé à l'entrée. Pour une réservation téléphonique ou par mail, comptez plusieurs semaines.

Chinatown

Débarcadère Tha Ratchawong (n° 5). De part et d'autre de Th. Yaowarat, des petites gargotes investissent le trottoir et les *soi*, à la nuit tombée. Atmosphère exotique pour un dîner tout simple mais savoureux !

Premier prix

3 ❤ **Soi Itsaranuphap (soi 16)** – PLAN III D4 - *Près du Talat Kalao - [carte non acceptée] - service continu - env.*

50/150 bahts. Dans cette allée, canards, poulets, pièces de viande, poissons frais ou séchés pendent au-dessus des tables surchargées de légumes. L'occasion de goûter à quelques spécialités chinoises, petits plats mijotant çà et là dans d'immenses poêles fumantes, savoureux *jiaozi* (des raviolis à la viande très populaires en Chine), ou traditionnelle soupe de nouilles. À accompagner d'une eau de noix de coco, énergétique et rafraîchissante.

Budget moyen

1 **Hua Seng Hong** – PLAN III D4 - *371 Th. Yaowarat - ✆ 02 441 04 90 - service continu - plats 250/2 700 bahts.* Depuis 1956, l'endroit régale ses clients du meilleur de la cuisine chinoise classique : *dim. sum*, canard laqué, crevettes sautées à l'ail.

11 **T & K Seafood** – PLAN III D4 - *à l'angle de Yaowarat et Phadung Dao - ✆ 02 223 45 19 - (pas de CB) - le soir seult - plats 200/1 050 bahts.* Un stand de *street food* qui ne désemplit pas. Les deux frères aux commandes proposent des plats de fruits de mer grillés ultra frais. Immanquable.

Pour se faire plaisir

8 **Red Rose** – PLAN III D4 - *479-481 Th. Yaowarat - ✆ 02 221 21 21 - le soir seult - plats 300/850 bahts, menus 1 500/1 800 bahts.* Le restaurant de l'hôtel Shanghai Mansion *(voir « Hébergement »)* propose, dans un cadre élégant, une cuisine chinoise revisitée aux présentations soignées : goûtez les crevettes au wasabi accompagnées de peau de canard laqué ou la poitrine de porc confite.

Siam Square

Budget moyen

1 **Ban Khun Mae** – PLAN II D3 - *458/6-9 Siam Square, Soi 8, Th. Rama Ier, Patumwan (à proximité du Novotel) - BTS Siam - ✆ 02 658 41 12 - www. bankhunmae.com - service continu - plats 260/520 bahts.* Beau décor de boiseries, typique de l'architecture traditionnelle, pour cet établissement servant des spécialités thaïlandaises. Plusieurs menus (pour 5 pers.) de 500 à 1 200 bahts/pers. Réserv. indispensable.

Pour se faire plaisir

2 **Ma Maison** – PLAN II D3 - *4 Soi Somkid - ✆ 02 655 47 73 - nailertgroup.com/en/ma-maison - midi et soir - plats 250/890 bahts - réserv. conseillée le soir.* Ne vous fiez pas au nom français, c'est une cuisine thaïlandaise raffinée que l'on savoure ici, dans le cadre exceptionnel des jardins Nailert. Goûtez au poisson cuit à la vapeur dans une feuille de bananier.

Sukhumvit

Premier prix

Tous les *malls* ont des *food courts* qui permettent de goûter à toutes les cuisines à prix doux.

Budget moyen

4 **The Commons Thonglor** – PLAN I C3 - *335 Sukhumvit Rd, Thonglor 17 - service continu.* Ambiance jeune et branchée dans cet espace sur plusieurs étages qui fourmille de restaurants, de stands et de bars. Même concept à Silom *(126 Soi Saladaeng).*

3 **Isao** – PLAN I, ZOOM - *5 Sukhumvit 31, Soi Sawatdi - ✆ 02 258 0645 -www.isaotaste.com - midi et soir - plats 350/800 bahts.* Préparés sous vos yeux, *sashimis, rolls, makis* et sushis sont d'une fraîcheur et d'une qualité exceptionnelles. Une adresse plébiscitée par les expatriés japonais du quartier

6 🍃 **Simple. Natural Kitchen** – PLAN I, ZOOM - *235/5 Sukhumvit 31, Soi Sawatdi - ✆ 02 662 25 10 - le soir seult - fermé*

lun. - plats 220/380 bahts. Une carte composée de plats simples mais bien travaillés, cuisinés avec des produits frais, bios et locaux.

Pour se faire plaisir

5 **Gaggan Anand** – PLAN I, ZOOM - *68 Soi Sukhumvit 31, Khlong Tan Nuea - ✆ 09 88 83 10 22 - gaggan.com - le soir seult - fermé lun.-merc. - menu 5 000 bahts.* Dans un bâtiment à la façade couverte de végétation, le chef star d'origine indienne concocte une cuisine moléculaire qui se traduit par un subtil mélange de *street food* et de saveurs du sous-continent. La carte se compose de nombreux plats et boissons présentés avec grand soin – n'hésitez pas à interroger le personnel qui se fera une joie de vous en expliquer les détails.

Silom, Surawong et Sathorn

Budget moyen

5 **Ban Chiang** – PLAN II C4 - *14 Th. Si Vieng - ✆ 02 236 70 45 - midi et soir - plats 210/360 bahts.* Jolie maisonnette de bois dans un quartier calme. Entouré d'une ravissante décoration années 1930, on remonte le temps en se régalant d'une savoureuse cuisine thaïe.

8 **Kha Gastrobar** – PLAN II D4 - *460 Th. Suanplu - ✆ 084 071 64 35 - 16h-0h - plats 220/570 bahts.* Une carte courte mais des plats classiques comme le *pad thaï* qui gagne ici ses lettres de noblesse. Une excellente adresse. Également des cocktails, bières artisanales et du vin au verre.

Pour se faire plaisir

13 **Plu** – PLAN II D4 - *3 Soi Phra Phinit - ✆ 062 642 22 22 - midi et soir - réserv. obligatoire - plats 1 000 bahts.* Commencez par l'un des cocktails signatures de ce restaurant chaleureux, installé dans une maison ancienne très joliment décorée, avant de poursuivre avec du porc braisé-oeufs mollets dans une soupe aux cinq épices. La poitrine de porc est tendre et juteuse et les œufs ne font que rehausser la saveur et la texture. Une belle adresse, très courue, qui implique de réserver !

4 **Baan** – PLAN II D3 - *139/5 Th. Witthayu - ✆ 02 655 89 95 - www.baanbkk.com - midi et soir - fermé mar. - plats 350/1 000 bahts.* Dans un cadre très contemporain, on cultive ici l'esprit cuisine de grand-mère avec un soin particulier apporté au choix des produits (élevage artisanal, pêche responsable). Essayez le bœuf braisé au curry vert, à faire précéder de plusieurs entrées à partager. Réservation indispensable.

9 **The Mango Tree** – PLAN II C4 - *Th. Surawong, 37 Soi Tantawan - (Soi 6 - continuité de Soi Silom 6) - BTS Sala Baeng - ✆ 02 236 28 20 - service continu - plats 400/1 500 bahts.* Ancienne demeure siamoise agrémentée d'une petite terrasse. Bercé par une musique traditionnelle, vous dégusterez de délicates spécialités thaïes ; goûtez le canard au tamarin.

2 **Issaya Siamese Club** – PLAN I B3 - *4 Soi Sri Aksorn, Chua Ploeng Rd - ✆ 02 672 90 40 - www.issaya.com - midi et soir - plats 350/900 bahts.* Cette maison en teck blottie dans un jardin tropical offre un réel dépaysement. On apprécie sa cuisine thaïlandaise revisitée. Chic et hors du temps.

10 **Aoi** – PLAN II CD4 - *132/10-11 Th. Silom, Soi 6 - BTS Sala Baeng - ✆ 02 235 23 21 - www.aoi-bkk.com - midi et soir - plats 250/950 bahts, bento box 600/800 bahts, menu 1 000/1 200 bahts.* La carte de ce restaurant japonais, qui compte des succursales à Siam Paragon et Emporium, donne envie de faire des folies !

1

Véritable institution dans le quartier, l'établissement a ouvert ses portes dans les années 1990. Superbe sushi-bar, où les *sashimi* règnent en maîtres incontestés. Preuve de succès, le restaurant est très fréquenté par les hommes d'affaires à midi. Service impeccable.

Une folie

11 **Le Celadon** – PLAN II D4 - *Hôtel The Sukhothai, 13/3 Th. Sathorn Tai - BTS Sala Baeng - ✆ 02 344 88 88 - www.sukhothai.com - le soir seult - plats 520/2 700 bahts, menu 2 600/2 800 bahts.* Dans une superbe salle aux murs en teck, entourée de bassins tapissés de fleurs de lotus, vous dégusterez toute une gamme de plats thaïlandais divins : un plaisir pour les papilles. Danses traditionnelles tlj à 19h30 et 20h30. Tenue correcte exigée.

Th. Charoen Krung

Premier prix

7 **Baan Phadthai** – PLAN II C4 - *21-23 Soi Charoenkrung 44 - ✆ 02 060 55 53 - www.baanphadthai.com - 11h-22h - pad thaï 190/320 bahts.* On vient ici pour le décor, une adorable maison traditionnelle à l'atmosphère un peu surannée, mais aussi pour le *pad thaï* (crabe, poulet, porc, crevettes ou végétarien), servi sur une feuille de bananier.

Budget moyen

3 🍃 **Broccoli Revolution** – PLAN II C4 - *55/6 Soi Charoenkrung 42/1 - ✆ 02 662 50 01 - www.broccolirevolution.com - service continu - plats 170/280 bahts.* Dans un cadre minimaliste, une cuisine végétale saine qui valorise des produits locaux et bios. Autres adresses : Sukhumvit 49 et dans le mall Central Embassy.

Une folie

12 **80/20** – PLAN II C3 - *1052-1054 Th. Charoen Krung - ✆ 02 234 28 22 - www.8020bkk.com - le soir seult - fermé lun.-mar. - menu 4200 bahts.* Décoration industrielle, cuisine ouverte sur la salle : le ton est donné, résolument moderne. Il se retrouve dans l'assiette avec des propositions inventives de cuisine traditionnelle renouvelée. Le tout avec le meilleur des produits locaux. Réservation indispensable.

Au bord du fleuve

Budget moyen

10 **Tha Maharaj Mall** – PLAN III A2 - *Th. Maharat.* Idéal pour une pause à la mi-journée lors d'une visite du quartier historique. Vous trouverez là une vingtaine de restaurants et de stands en plein air (rôtisseries, cuisine thaïe, fondues, pizzas). Certains établissements disposent d'une terrasse sur le fleuve.

4 **The Deck by Arun Residence** – PLAN III A2 - *36-38 Pratu Nokyung Alley - ✆ 02 221 91 58 - 11h-22h - plats 280/590 bahts.* Juste en face du Wat Arun, cette maison sur pilotis charme d'emblée, tout comme sa cuisine thaïe et internationale qui ne manque pas de saveurs. Le *rooftop* est très couru à l'heure du coucher du soleil (*voir aussi « Hébergement »*).

Une folie

6 ❤ **China House** – PLAN II C4 - *48 Th. Oriental, Soi Burapa - ✆ 02 659 90 00 - www.mandarinoriental.com/bangkok - le soir seult - fermé mar.-merc. - plats 700/3 900 bahts (abalone 7500 bahts) - réserv. indispensable.* Au cœur d'un jardin miniature, cette ancienne résidence privée de style colonial jouxte l'hôtel Mandarin Oriental, auquel elle appartient. Elle abrite l'un des restaurants les plus prestigieux de la capitale, au cadre exquis, rendez-vous de l'élite thaïe et occidentale de Bangkok. Excellente cuisine cantonaise (essayez les *dim. sum*).

Dîners-croisières

Yok Yor Marina – PLAN II B4 - *Th. Tha Din Daeng, Soi 20 - ✆ 92 638 90 91 - service continu.* Dîners-croisières en soirée.

Apsara Cruises – PLAN II C3-4 - *23 Soi Charoen Krung 24 (centre commercial River City) - www.banyantree.com.* À bord d'une ancienne barge à riz, un dîner thaï fusion *(dép. 20h - 2h15 de navigation)*. Menu ou buffet à partir de 2500 bahts.

Manohra – PLAN I, ZOOM - *Marriott Resort & Spa (côté Thonburi) - ✆ 02 476 00 22 - www.manohracruises.com.* Dép. à 16h30, 18h30 et 20h, pour un dîner-croisière *(2h de navigation)* à bord d'une ancienne barge à riz. Menu à 3900 bahts.

Petite pause

Cafés

La Montée – PLAN II B1 - *102 Th. Kamphaeng Phet 5 Rd - ✆ 02 619 89 85 - lamonteebkk.com - 7h-19h.* Une boulangerie-pâtisserie pour savourer une viennoiserie ou une tarte au citron.

Rub Ar Roon Café – PLAN II B3 - *312-314 Th. Maharat - ✆ 02 622 23 12 - 8h30-18h (horaires variables, se rens.).* La petite salle climatisée à l'arrière de la boutique est idéale pour se rafraîchir devant un smoothie après la visite du Wat Pho.

Salons de thé

Bangkok Baking Company – PLAN I, ZOOM - *Hôtel JW Marriott - 4 Th. Sukhumvit, Soi 2 - ✆ 02 656 77 00 - 6h-21h.* Pour savourer en terrasse un *bagel* au saumon fumé ou une tarte aux noix de macadamia.

The O.S.S. Room – PLAN II C2 - *Maison de Jim Thompson - ✆ 063 273 07 19 - jimthompsonrestaurant.com - 12h-17h.* Pour un *afternoon tea* chic dans un cadre feutré, avant ou après la visite de la maison de Jim Thompson.

The Verandah – PLAN II C4 - *Hôtel Mandarin Oriental, 48 Th. Oriental (au bord du fleuve) - ✆ 02 659 90 00 - www.mandarinoriental.com - 7h-0h.* L'élégant salon du Mandarin Oriental.

Boire un verre

Thanon Rama Ier, à Siam Square, est devenue le fief de la jeunesse étudiante locale : discothèques, bars et restaurants à la mode s'y succèdent.

Pubs

Scruffy Murphy's – PLAN I, ZOOM - *10/1 Soi Sukhumvit 23 - ✆ 02 661 74 17 - www.scruffymurphysbangkok.com - 12h-0h, w.-end 9h-0h.* Un pub irlandais (choix de whiskies et bières) qui diffuse les matchs de sport en direct et propose de la musique *live*.

Clubs de jazz

Saxophone Bar – PLAN II D1 - *Th. Phayathai, 3/8 Victory Monument - ✆ 02 246 54 72 - www.saxophonepub.com - 18h-1h30.* Un peu excentré, ce bar de jazz et de blues connaît un grand succès auprès des locaux comme des expatriés.

Smalls – PLAN II D4 - *186/3 Suan Phlu Soi 1 - MRT Lumphini - ✆ 089 666 54 29 - www.facebook.com/smallsbkk - 17h-22h - fermé mar.* Fondé par une légende de la vie nocturne à Bangkok, ce bar musical à l'ambiance intime est souvent considéré comme l'un des meilleurs de la ville.

The Bamboo Bar – PLAN II C4 - *Hôtel Mandarin Oriental, 48 Th. Oriental (au bord du fleuve) - ✆ 02 659 90 00 - www.mandarinoriental.com - 17h-1h, vend.-sam. 17h-2h.* Du jazz dans l'atmosphère feutrée et élégante de cette institution fondée en 1953.

Rooftop bars

De Silom à Nana, les *rooftops* se répandent partout, étendards d'une Bangkok branchée et moderne où la nuit se vit à la verticale.

Vanilla Sky – PLAN I, ZOOM - *Skyview hotel, 12 Sukhumvit 24 - ✆ 02 011 11 56 - www.skyviewhotel.com - 18h-1h30.* Au 35e étage du Skyview hotel, un panorama à 360° sur la ville. DJ set les vend. et sam.

Above Eleven – PLAN I, ZOOM - *38/8 Sukhumvit Soi 11 - ✆ 02 038 5111 - www.aboveeleven.com - 18h-2h.* Bar et restaurant à la cuisine fusion, entre le Japon et le Pérou (réserv. recommandée pour dîner), dans un cadre *trendy* dominant les gratte-ciel. DJ sets chaque soir. Tenue correcte exigée.

Vertigo – PLAN I, ZOOM - *Au 61e étage de l'hôtel Banyan Tree - 21/100 South Sathorn Rd - ✆ 02 679 12 00 - www.banyantree.com - 17h-22h30 - commande min. 800 bahts/ pers. au coucher du soleil.* Chic et en vogue, ce *sky bar* offre une vue vertigineuse sur Bangkok, aussi photogénique que le cocktail coloré Loud and Proud. Tenue correcte exigée. Dîner sur réservation.

Bars

Soi Nana, à Chinatown, compte une demi douzaine de bars qui sont devenus le repaire de la jeunesse branchée de Bangkok.

TOT Bar – PLAN II C3 - *76 Soi Nana - ✆ 089 144 43 81 - 18h-1h.* Une micro-salle pour siroter des cocktails maison. Essayez celui qui marie gin de Minorque et sauce de poisson.

Ba Hao – PLAN II C3 - *8 Soi Nana - ✆ 062 464 54 68 - www.bao-hao.com - 17h-0h, vend.-sam. 17h-1h.* Dans cette ancienne boutique chinoise, essayez le Harbin (vodka, poivre du Sichuan, blanc d'œuf). Si vous avez une petite faim, vous pourrez vous caler avec des raviolis de canard ou des nouilles au porc laqué. Loue aussi deux chambres.

❤ **TEP Bar** – PLAN II C3 - *69-71 Soi Ramaitri (perpendiculaire à Soi Nana) - ✆ 098 467 29 44 - 17h-0h, vend.-sam. 17h-1h.* Ce « bar culturel » s'abrite dans une splendide maison traditionnelle qui a conservé sa structure de bois. Chanteurs et musiciens jouent sur des instruments traditionnels et se produisent sur la micro-scène au contact direct des spectateurs. On y vient aussi pour déguster des cocktails d'anthologie, merveilles d'inventivité créées par le mixologue de la maison.

Shopping

Artisanat et antiquités

Golden Tortoise Deco – PLAN I, HORS ZOOM - *100 Th. Sukhumvit, Soi 49 - ✆ 081 899 77 91.* Mobilier asiatique en teck et bois de rose ; ancien et copie d'ancien.

Sop Moei Arts – PLAN I, HORS ZOOM - *104 Sukhumvit 49 (à l'angle de Soi Promsri et de Soi Klang) - ✆ 02 119 72 69 - www.sopmoeiarts.com - fermé dim.-lun.* Cet organisme caritatif vend des produits artisanaux, tissages et vanneries, fabriqués dans des villages du Nord. Très belle qualité, prix assez élevés.

Paya – PLAN I, HORS ZOOM - *203 Soi Ekkamai 5 - ✆ 02 711 44 57 - 9h-18h - fermé dim.* Mobilier en teck, tissus ethniques au mètre, coussins, tapis, vannerie et objets de décoration de grande qualité.

Centres commerciaux

Nombreux, ils sont généralement ouverts tous les jours de 10h à 20h ou 22h. Les prix sont sensiblement équivalents à ceux que l'on trouve en Europe.

Mah Boon Krong (MBK) – PLAN II C3 - *BTS National Stadium.* Sur huit niveaux, un gigantesque centre commercial qui rassemble

2 500 boutiques proposant de l'électronique, du prêt-à-porter et des souvenirs.

Siam Centre – PLAN II D3 - *BTS Siam.* Des boutiques de vêtements originaux et créatifs dans un décor qui vaut le détour.

River City – PLAN II C3-4. Antiquités, bijouterie, ventes aux enchères.

Gaysorn Village– PLAN II D3 - *BTS Chit Lom.* Articles de luxe, nombreux restaurants de qualité.

Siam Paragon – PLAN II D3 - *BTS Siam.* Les grandes enseignes occidentales, restaurants reconnus.

Terminal 21 – PLAN I, ZOOM - *BTS Asok.* Chaque étage est dédié à une grande ville du monde.

Icon Siam – PLAN I, B3 - *navette fluviale depuis BTS Saphan Thaksin - 9h-23h - 10 bahts.* Le plus futuriste et le plus luxueux *mall* de Bangkok, au bord du fleuve.

Galeries

Kathmandu Photo Gallery – PLAN II C4 - *87 Pan Rd - BTS Chong Nonsi - www.kathmanduphotobkk.com - mar., jeu. et sam. 11h-18h.* Dans cette jolie maison ancienne, le photographe Manit Sriwanichpoom, expose la scène photographique thaïlandaise. Espace librairie.

Livres

Asia Books – PLAN II D3 - *Siam Paragon - www.asiabooks.com.* Jolie sélection de livres en anglais, du roman au guide de voyage.

Kinokuniya – *Siam Paragon, EmQuartier et Central World.* Très grand choix de livres en anglais et rayon de papeterie japonaise.

Marchés

Chatuchak Weekend Market – PLAN I B2 - *BTS Mo Chit ou MRT Chatuchak - www.chatuchakmarket.org - merc.-jeu. 7h-18h (section plantes seult), vend. 18h-0h, w.-end 9h-18h.* Il mérite à lui seul une excursion : en semaine sont installés nombre d'antiquaires et de boutiques de déco. Le w.-end *(dès vend. 18h)*, place au plus grand marché de la ville ! Cerfs-volants, luminaires, bijoux, antiquités, vêtements, étoffes, sculptures sur bois, etc.

Khlong Thom – PLAN III D3 - *Entre Th. Worachak, Th.Chalermkrung et Th. Luang.* Gigantesque marché aux puces le sam. soir.

Pahurat – PLAN III C3 - *Entre Th. Chakrapet et Th. Pahurat - embarcadère Tha Ratchawong - 6h30-18h30.* Dans le quartier indien, nombreuses boutiques de cotonnades et de soieries.

Pak Khlong – PLAN III B4 - *Th. Chakpetch - embarcadère Tha Ratchini - 9h-17h.* Marché aux fleurs et aux fruits.

Soieries

Jim Thompson – PLAN II D4 - *9 Th. Surawong.* Superbes étoffes de soie et de coton, à des prix élevés toutefois.

1

En soirée

Le site *www.thaiticketmajor.com* recense les spectacles et concerts qui se donnent dans la capitale.

Concerts et spectacles

Théâtre national – PLAN III B1 - *4 Th. Rachinee (à côté du Musée national) - ✆ 02 221 01 71.* Spectacles de danses traditionnelles et concerts de musique thaïe.

Sala Chalermkrung Royal Theatre – PLAN III C3 - *66 Th. Charoen Krung (à l'angle de Th. Tri Phet) - ✆ 02 225 87 57 - www.salachalermkrung.com.* Représentations de *khon* (théâtre masqué). Programme en ligne.

Discothèques

Levels – PLAN I, ZOOM - *35 Sukhumvit, Soi 11 (6e étage du Aloft Hotel) - BTS Nana - ✆ 08 230 832 46 - www.levelsclub.com - 22h-2h.*

DJs et soirées thématiques attirent expatriés et touristes pour des soirées enflammées. Dress code : ni shorts, ni tongs.

Activités

Boxe thaïe

Sport national, le *muay thai* déchaîne les passions. Pour assister à un combat :

Lumpinee Boxing Stadium – PLAN I C2 - *Th. Ram Inthra (à côté de l'aéroport Don Muang) - ✆ 80 471 60 08 - www.muaythaistadium.com/lumpinee-stadium - horaires selon programmation.*

Rajadamnern Stadium – PLAN III D1 - *1 Th. Ratchadamnoen (près du TAT) - ✆ 02 281 42 05 - rajadamnern.com - horaires, se rens.*

Massages traditionnels

École de massage du Wat Pho – PLAN II B3 - *Th. Chetuphon - ✆ 086 317 55 62 - www.watpomassage.com - 8h-18h.* Le centre le plus réputé du pays. Vous pourrez y suivre des cours sous forme de stages d'une semaine *(voir p. 49).*

Let's relax – *www.letsrelaxspa.com - 10h-23h.* Avec une vingtaine de salons dans la capitale, vous ne serez jamais loin d'un excellent massage thaï ou à l'huile. Réserv. en ligne.

Taï chi chuan

Parc Lumphini – PLAN II D3-4 - *5h-22h.* Cet art martial chinois mêle méditation et gym douce.

Vélo

Velo Thailand – PLAN II B1 - *Th. Samsen Soi 4 - ✆ 02 628 86 28 - www.velothailand.com.* Excursions à VTT de 4h à 8h le long des canaux ou dans les vieux quartiers de la ville *(comptez de 1400 à 3400 bahts).*

Hébergement

Dans les hôtels de luxe, il faut ajouter 10 % de service et 7 % de TVA aux tarifs annoncés. En toute saison, les palaces proposent des tarifs promotionnels sur leur site Internet.

Banglamphu

Débarcadère Phra Athit (nº 13). Rendez-vous des voyageurs de toute la planète, le quartier de Banglamphu rassemble surtout des hôtels bon marché, mais quelques adresses confortables équilibrent l'offre. En toute saison, il est indispensable de réserver.

Budget moyen

(5) **Lamphu House** – PLAN III B1 - *Th. Chakrapong, 75-77 Soi Rambuttri - ✆ 02 629 58 61 - www.lamphuhousebangkok.com - ▤ ✕ - 60 ch. 514/950 bahts - ☕ 130 bahts.* On accède à l'hôtel par une petite impasse (juste après le 7 Eleven, face au temple), qui mène à une cour verdoyante. Évitez les chambres les moins chères, qui manquent d'air et partagent une salle de bains. Les plus chères, en revanche, jouissent de tout le confort. Savourez le petit-déjeuner au calme, à l'ombre des frangipaniers.

(4) **Erawan House** – PLAN III B1 - *Th. Phra Athit 17/1-2, Soi Chana Songkhram (accès depuis Soi Rambuttri) - ✆ 02 629 21 21 - ▤ ⊭ - 54 ch. 900/1 300 bahts.* L'entrée, discrète, se fait par l'agence de voyage du même nom. Ce bâtiment rénové dans un goût architectural moderne abrite des chambres bien décorées, toutes avec fenêtres, mais un peu petites. Pour le petit-déjeuner, vous trouverez pléthore de cafés sur le Soi Rambuttri.

(8) **Rajata** – PLAN II B1 - *46 Th. Samsen, Soi 6 - ✆ 02 281 89 77 - www.rajatahotel.com - ▤ ✕ P - 42 ch. 750/990 bahts - ☕ en suppl.* Toutes identiques, les chambres s'agencent au 1er étage

d'un bâtiment en U. Confortables et relativement grandes, elles constituent une bonne option dans le quartier, à l'écart de l'agitation de Th. Khao San *(5mn à pied).*

12 **Thanabhumi** – PLAN III C1 - *365/15 Th. Phrasumen - 02 011 03 31 - - 8 appart. 700/900 bahts.* Un bien joli point de chute, pour sa situation, au fond d'une ruelle paisible, et pour l'accueil fort sympathique de la famille, toujours prête à vous renseigner ou à vous donner un coup de main. Les chambres, fraîches et lumineuses, bénéficiant de tout le confort, donnent pour certaines sur un canal. Pas de petit-déjeuner, mais un copieux buffet de fruits, de gâteaux et de boissons chaudes disponible 24h/24.

13 **The Printing House Poshtel** – PLAN III C2 - *140 Th. Dinso - 02 226 20 02 - www.printinghouse poshtelbkk.com - - lit en dortoir à partir de 492 bahts; 15 ch. 984/2 300 bahts.* Installé dans une ancienne imprimerie, dans une rue commerçante, près de nombreux restaurants, l'établissement arbore une décoration industrielle plutôt réussie. Les chambres sont confortables et sans décoration superflue. Un bon point pour le *rooftop* où vous pourrez prendre un verre en admirant les illuminations de la ville.

14 **Time Sabai** – PLAN III C1 - *134/6 Th. Prachathipathai - 098 481 87 37 - www.timesabai.com - - lit en dortoir à partir de 425 bahts; ch. 850/2 500 bahts.* En bordure d'un paisible canal, mais à deux pas des endroits animés, l'endroit, mi hôtel mi auberge de jeunesse, propose des hébergements simples mais de qualité. Accueil décontracté et joli jardin intérieur pour se reposer ou papoter avec d'autres voyageurs.

Pour se faire plaisir

1 **Baan Chart** – PLAN III B1 - *98 Th. Chakrapong - 02 629 01 13 - www.baanchart.com - - 42 ch. 1 500/2 500 bahts - 360 bahts.* Donnant sur le Wat Chana Songkhram, cet hôtel propose, à deux pas de Th. Khao San, une option de bien meilleure qualité que les multiples *guesthouses* environnantes. La vie nocturne animée du quartier peut toutefois le rendre bruyant. Chambres joliment carrelées et décorées avec goût et simplicité, mini-piscine et spa sur le toit au 5e étage.

7 ❤ **Lamphu Tree House** – PLAN III C1 - *155 Th. Prachathipatai - 02 282 09 91 - www.lamphutreehotel.com - - 40 ch. 1 450/1 850 bahts - 300 bahts.* Excellent confort proche de l'hotel de luxe. Accueil professionnel, belle terrasse au bord d'un canal, et piscine pour se détendre après une journée de visite.

Chinatown

Débarcadère Tha Ratchawong (n° 5).

Budget moyen

3 **103 Bed and Brews** – PLAN II C3 - *103 Soi Nana - 02 102 88 56 - www.103bkk.com - 6 ch. 1 200/1 800 bahts - 150 bahts.* Une étape *trendy* à deux pas du cœur de Chinatown. Dans cette ancienne boutique de pharmacopée chinoise, la déco des parties communes marie savamment vintage et contemporain. Dans les chambres, de tout confort, la tendance est plutôt aux références chinoises du début du 20e s. Le soir venu, la Soi Nana regorge de bars branchés *(voir « Boire un verre »).* Mieux vaut réserver : l'endroit affiche régulièrement complet.

Pour se faire plaisir

8 **Shanghai Mansion** – PLAN III D4 - *479-481 Th. Yaowarat - 02 221 21 21 - www.shanghaimansion.com -*

- 76 ch. 2 383/3 264 bahts - 350 bahts. La façade de l'immeuble n'est qu'un avant-goût de ce que réservent les chambres : lits à baldaquin, fenêtres aux carreaux bariolés, paravents discrets et chinoiseries revues au goût du jour. Les suites sont de pures merveilles. L'ambiance feutrée et le cadre rétro vous plongeront dans un univers de délices et de tentations ! Personnel aux petits soins.

Autour de Siam Square

BTS Siam Square.

Budget moyen

6 **Patumwan House** – PLAN II C2 - *Th. Rama Ier, 22 Soi Kasemsan 1 - 02 612 35 90 - www.patumwanhouse.com - - 50 ch. 1200/2 500 bahts.* À deux pas du quartier animé de Siam Square et pourtant à l'écart de toute agitation, le Soi Kasemsan est une rue bien calme, et cet hôtel un havre de paix. Un code est nécessaire pour accéder aux vastes chambres. Certaines ont un parquet de teck, d'autres un bar américain.

Sukhumvit

BTS Nana, Asok, Phrom Phong et Thonglor, MRT Sukhumvit.

Un quartier d'affaires où les hôtels, souvent des chaînes internationales de standing, poussent aussi vite que les gratte-ciel.

Budget moyen

4 **La Petite Salil Sukhumvit Thonglor 1** – PLAN I C3 - *44/14-17 Sukhumvit 53 - BTS Thonglor - 02 662 54 80 - - 95 ch. 2 300 bahts.* Ambiance familiale dans cet établissement parfaitement tenu et fonctionnel. Mini piscine pour se rafraîchir et navette gratuite jusqu'au BTS. Deux autres Petite Salil : Sukhumvit 11 et Sukhumvit 8.

Une folie

Parmi les classiques du quartier : 1 **Ambassador Bangkok** *(www.ambassadorbkk.com)*, 3 **Bangkok Marriott Hotel Sukhumvit** *(www.marriott.fr)* et 6 **Rembrandt Hotel** *(www.rembrandtbkk.com)*. La chambre double y coûte entre 1700 et 12 400 bahts, le petit déjeuner entre 470 et 977 bahts.

2 **Lancaster** – PLAN I C3 - *1777 Th. Petchaburi - 02 262 80 00 - www.lancasterbangkok.com - - 231 ch. 3 700/5 000 bahts - 589 bahts.* L'un des anciens palaces de Bangkok. Chambres spacieuses et élégantes, raffinement oriental dans le soin apporté au confort des hôtes, piscine à débordement offrant des vues superbes sur la ville.

Silom, Surawong et Sathorn

Budget moyen

15 **G Boutique** – PLAN II C4 - *173/8-9 Th. Surawong - BTS Chong Nonsi - 62 248 84 47 - - 26 ch. 1 400/2 000 bahts - en suppl.* Un hôtel à taille humaine et au service impeccable. Les chambres sont charmantes, lumineuses et confortables. Les suites, véritables atouts, accueillent des familles dans un cadre moderne et sympathique.

Une folie

11 **The Sukhothai** – PLAN II D4 - *13/3 Th. Sathorn Tai - BTS Sala Daeng - 02 344 88 88 - www.sukhothai.com - - 210 ch. 7 900/14 000 bahts - 1531 bahts.* L'un des plus beaux hôtels de Bangkok : au milieu de bassins couverts de lotus, des petits pavillons d'architecture traditionnelle se dispersent dans un magnifique jardin, entourant le restaurant et l'immense hall de réception. Chambres et sdb montrent le même raffinement avec

leur délicat décor en teck. Service, lui aussi, plein de style.

16 **So/Bangkok** – PLAN II D4 - *2 North Sathorn Rd - MRT Lumphini - 02 624 00 00 - www.so-bangkok.com - - 237 ch. à partir de 6 000 bahts - 800 bahts.* Très bien situé, en face du parc Lumphini, cet établissement élégant et contemporain recèle des chambres lumineuses à la literie ultra confortable. Excellent petit-déjeuner et piscine avec vue fabuleuse sur la *skyline*.

17 **Banyan Tree** – PLAN II D4 - *21/100 South Sathorn Rd - MRT Lumphini - 02 679 12 00 - www.banyantree.com - - 312 ch. à partir de 5 500 bahts .* Chambres luxueuses à l'atmosphère feutrée. Les plus chères, en étage élevé, jouissent d'une vue fabuleuse sur la ville. Au 61e étage, *skybar* Vertigo *(voir « Rooftop bars »).*

Au bord du fleuve

Ces hôtels offrent un panorama superbe sur le Chao Phraya.

Pour se faire plaisir

2 **Arun Residence** – PLAN II B3 - *36-38 Pratu Nokyung Alley - 02 221 91 58 - - 2 ch. 3 700 bahts .* Séjournez dans l'une des deux chambres de la maison sur pilotis qui abrite The Deck *(voir « Restauration »)* avec vue imprenable sur le Wat Arun illuminé. Pas d'ascenseur, mais une déco et une atmosphère délicieusement surannée. Petit-déjeuner servi à l'hôtel Sala Arun, à quelques minutes à pied, qui constitue une autre option de charme avec ses sept chambres, dont quatre avec vue sur le Wat Arun.

Une folie

10 **Riva Arun** – PLAN III B3 - *392/25-27 Th. Maharat - 02 221 11 88 - www.rivaarunbangkok.com - - 25 ch. 4 500/5 900 bahts - en suppl.* Un hôtel élégant qui joue au palace tout en conservant une dimension humaine. Les chambres sont plutôt glamour, surtout celles (les plus chères) ouvrant sur le fleuve par leur baie vitrée et leur balcon. Agréable restaurant et bar en terrasse.

5 **Mandarin Oriental** – PLAN II C4 - *48 Th. Oriental - 02 659 90 00 - www.mandarinoriental.com - - 393 ch. 19 500/34 100 bahts - 2 000 bahts.* Les illustres voyageurs qui le fréquentèrent ont bâti sa légende et l'établissement remporte la palme de la meilleure prestation de services au monde ! Les chambres montrent un décor raffiné avec leurs tentures de soie et leur mobilier de teck et d'acajou, et il faut visiter le salon de la petite maison coloniale, dans le jardin, qui remonte au début du 20e s. Sacs à dos interdits.

10 **Shangri-La** – PLAN II C4 - *Th. Charoen Krung, 89 Soi Wat Suan Plu - 02 236 77 77 - www.shangri-la.com/bangkok/shangrila - - 802 ch. 7 500/11 400 bahts - 1 300 bahts.* L'établissement rivalise de raffinement avec son voisin : les chambres « luxe » réservent un décor fastueux de peintures siamoises, avec sdb donnant directement sur le fleuve.

The Siam – PLAN II B1 EN DIR. - *3/2 Th. Khao - 02 206 69 99 - www.thesiamhotel.com - - 39 suites 24 900/44 100 bahts ; villas à partir de 58 850 bahts avec piscine privée.* Un havre de paix en pleine ville : jardin luxuriant, lignes contemporaines reposantes chambres magnifiques.

À proximité de Bangkok ★

Si vous prolongez votre séjour à Bangkok et souhaitez échapper pour quelques heures à l'affolante agitation de la capitale, vous pouvez explorer ses abords en deux ou trois excursions d'une journée chacune. Une résidence royale hors du temps, un chedi sacré entre tous, un condensé de l'architecture thaïe version miniature vous attendent dans les environs proches – et si vous ne résistez pas aux images de carte postale, vous inclurez au programme de vos balades l'incontournable marché flottant de Damnoen Saduak, qui offre une vision, certes touristique, mais traditionnelle d'un village thaïlandais d'antan.

Se repérer

CARTE B1 (P. 32-33), PLAN I-BANGKOK AGGLOMÉRATION (P. 36-37).

Provinces de Bangkok et de Phra Nakhon Si Ayutthaya.

À ne pas manquer

Les répliques des monuments emblématiques de Thaïlande de Muang Boran.

Organiser son temps

Comptez 2 jours et demi pour découvrir les environs de Bangkok, en excursions à la journée ou à la demi-journée.

Excursions

PLAN P. 36-37 ET CARTE P. 32-33

Le long du Chao Phraya

Dès l'aube, le Chao Phraya devient le théâtre d'une circulation intense : une multitude de *hang yao*, les fameuses barques « à longue queue », mêlent leurs silhouettes effilées aux lourdes barges débordant de riz, aux jonques chargées de

Temples de Muang Boran.
Pierrick Lemaret/Getty Images Plus

touristes et aux péniches croulant sous le charbon. Le bruit strident des moteurs annonce de loin les bateaux transportant les riverains ; nettement plus rapides que les autres embarcations, ces pirogues jaune vif rencontrent un grand succès auprès des Thaïlandais, et il faut attendre la nuit pour que, ce va-et-vient ralentissant, le fleuve retrouve sa quiétude.
Le long des berges, les temples défilent, reflétant leurs toits dans les eaux brunes du fleuve. Peu à peu, les immeubles se font plus rares et cèdent la place aux traditionnelles maisons sur pilotis.

Nonthaburi PLAN P. 36-37 AB1-2

À 10 km au nord de Bangkok. Du terminus du Chao Phraya Express (arrêt n° 30), louez un bateau pour traverser le fleuve puis prenez une moto-taxi.
Agréable bourgade peuplée de Môns, de Chinois et de musulmans, Nonthaburi faisait jadis partie du royaume d'Ayutthaya.
En amont de la ville, sur la rive gauche du fleuve, se découpent les créneaux blancs du **Wat Chalerm Phra Kiat★** (B2). Ses murailles ont remplacé les fortifications d'origine en bois qui protégeaient la forteresse bâtie sous le règne de Naraï, au 17e s. Du débarcadère, une esplanade plantée d'arbres précède le *wat*. Une fois l'enceinte franchie, on débouche dans un **jardin★** coloré de lauriers-roses et de flamboyants. Entourant le sanctuaire, il est dédié à la mémoire des parents de Rama III (1824-1851). Des *naga* et des figures de céramique ornent les toits et les frontons des trois édifices, des dragons – symbole de bonheur et de fortune – rehaussent la balustrade soulignant le *chedi (sur la gauche)*. Des paysages chinois ornent les panneaux laqués de la porte du sanctuaire central.
Quelques kilomètres plus loin en amont du fleuve, toujours sur la rive gauche, un *chedi* blanc abîmé par les intempéries annonce **Ko Kret** (B1), un îlot formé par un bras du fleuve ; l'endroit marque les limites méridionales de la région d'adoption des Môns, cette communauté d'origine birmane qui s'établit au Siam en 1774, lorsque son roi, Môn Phya Jeng, en obtint l'autorisation royale.

★ Bang Pa-In CARTE P. 32-33 B1

À 50 km au nord de Bangkok. Accès en train depuis Bangkok et Ayutthaya (dép. ttes les 45mn jusqu'à 13h30 - trajet 15mn).

8h-15h30 (dernière entrée) - 100 bahts – tenue correcte exigée - possibilité de louer une voiturette électrique pour parcourir le complexe.

Cette résidence d'été royale, installée sur la rive droite du fleuve, fut sans doute bâtie au 17e s. par le roi Prasat Thong. Abandonnée après la chute d'Ayutthaya au 18e s., elle fut ensuite restaurée sous le règne de Mongkut, et certains bâtiments accueillent encore des cérémonies officielles.

Le curieux **clocher gothique** du Wat Niwet Tham Prawat, le temple du palais, érigé sur une petite île, attire le regard. Construit en 1878, ce sanctuaire bouddhique aux allures d'église reflète la vogue de l'époque pour l'architecture occidentale, composant avec les autres édifices du domaine un ensemble éclectique.

Passé l'entrée principale, une allée court le long d'un canal pour mener au cœur d'un vaste parc ombragé de manguiers. Un ravissant pavillon thaï, le **Phra Thinang Aisawan Thiphtaya★**, se dresse au milieu d'un plan d'eau cerné de gracieuses sculptures. Construit en 1876, c'est une réplique en miniature du Phra Thinang Aphon Phimok Prasat du Grand Palais de Bangkok *(voir p. 44)*.

En retrait, au bord de l'eau, le **Pratu Tevaraj Kanlai**, qui tenait lieu de hall de réception, découpe ses élégantes arcades d'inspiration russe.

Une galerie couverte, jadis empruntée par les femmes du harem royal pour rejoindre à l'abri des regards la partie privée du jardin, conduit au **Phra Thinang Warophat Phiman** *(à gauche - fermé au public)*, un pavillon de style colonial italien où se tiennent les cérémonies officielles.

À proximité, la silhouette élancée du **Ho Withunthasansa**, rehaussée de bandes ocre et pourpres, évoque un minaret. L'édifice servait d'observatoire d'astronomie au roi Mongkut. On le rejoint en passant devant un bâtiment mauve au porche Art nouveau, le **Phra Thinang Uthayan Phumisathian** *(fermé au public)*.

À l'arrière, un pavillon chinois, le **Phra Thinang Wehat Chamrung**, se veut la fidèle réplique d'un monument de l'empire du Milieu que de riches marchands chinois offrirent à la famille royale. Au rez-de-chaussée, les reliefs ornant le plafond de la salle du trône évoquent l'histoire des trois royaumes. L'étage, qui comprend les appartements royaux privés – encore utilisés de nos jours – abrite une profusion de meubles d'ébène, tous remarquablement travaillés avec leurs incrustations de nacre et d'ivoire.

La promenade s'achève par le joli **pont vénitien**, éclairé de réverbères, qui conduit au mémorial élevé en hommage à la première épouse de Rama V. Celle-ci se noya dans la rivière avec ses filles en 1881 ; l'étiquette interdisant tout contact physique avec une personne de sang royal, leur entourage ne put leur porter secours !

Cap au sud PLAN P. 36-37 C4

★★ Muang Boran (ANCIENT CITY)

À Samut Prakan, à 38 km au sud de Bangkok par la route 34. De Bangkok, bus n° 511 (Pinklao-Paknam) jusqu'au terminus, puis taxi (env. 200 bahts) ou minibus n° 36 qui passe devant l'entrée de Muang Boran.

296/1 Th. Sukhumvit - ✆ 02 323 40 94 - www.muangboranmuseum.com - 9h-19h - 400/700 bahts (enf. 200/350 bahts), suppl. de 400 bahts pour votre véhicule ; le billet d'entrée comprend le prêt de vélos et les promenades en tram et bateau.

Ce site original baptisé « Ville ancienne » embrasse l'ensemble du patrimoine architectural du pays : vous y retrouverez des édifices emblématiques de l'histoire thaïe, représentatifs tantôt d'un courant artistique, tantôt d'un trait culturel ou rappelant un événement majeur. Sur 80 ha plantés de bougainvilliers et

Marché flottant de Damnoen Saduak.
sukanya sitthikongsak/Getty Images Plus

de lauriers-roses, ponctués de romantiques pièces d'eau couvertes de lotus, le parc reprend en miniature la forme de la Thaïlande et y rassemble **109 répliques** des temples, palais et monuments comptant parmi les plus renommés du pays. Cet immense musée en plein air est l'œuvre d'un milliardaire philanthrope et amateur d'art. L'homme, qui engloutit toute sa fortune dans ce projet, s'entoura des meilleurs historiens pour reproduire chaque édifice le plus fidèlement possible – grandeur nature ou au tiers de ses dimensions réelles –, mais aussi pour restaurer les originaux dans tout le pays. Un projet grandiose qui permit de sauver nombre de monuments abandonnés, et qui relança également les métiers d'autrefois, offrant à nouveau du travail à de nombreux artisans dans les villages. Le musée consiste en une succession de maisons alignées le long d'une allée, illustrant l'habitat traditionnel et la vie quotidienne. Non loin, la réplique du **Dusit Mahat Prasat**, l'un des bâtiments du Palais royal de Bangkok, côtoie des copies conformes du Wat Mahatat de Sukhothai et du Wat Phra Si Sanphet d'Ayutthaya. Un **marché flottant** aménagé sur un bassin raconte le mode de vie lacustre dans la campagne d'antan. D'authentiques maisons sur pilotis furent déplacées à cet effet, pièce par pièce, pour être installées sur le domaine. Une série de sculptures évoquent des épisodes de l'histoire et de la mythologie thaïlandaises. Une promenade aussi agréable qu'instructive !

À l'ouest de Bangkok CARTE P. 32-33 B1

Pittoresque au marché flottant ou culturelle à Nakhon Pathom, ces visites comptent parmi les classiques des tours organisés autour de la capitale.

★ Marché flottant de Damnoen Saduak

À 84 km au sud-ouest de Bangkok. En bus, ligne n° 78 au Southern Bus Terminal de Bangkok (dès 6h20) et, à l'arrivée, rejoignez l'embarcadère pour prendre un bateau-taxi jusqu'au marché. Évitez les excursions organisées par les agences de voyage au départ de Bangkok : vous arriveriez avec la foule.

Phra Pathom Chedi, Nakhon Pathom.
MAGNIFIER/Getty Images Plus

C'est très tôt (de 6h à 9h) qu'il faut visiter le marché du village de Damnoen Saduak, avant la marée quotidienne des touristes. Vous profiterez bien plus du spectacle coloré de ces barques, serrées par dizaines les unes contre les autres, à bord desquelles les villageoises, coiffées de leur traditionnel chapeau en paille de riz, marchandent fruits tropicaux, légumes et poissons de bateau à bateau.
Louez ensuite les services d'un batelier pour vous faire sillonner les canaux adjacents, frangés par la mangrove. L'occasion de découvrir un mode de vie lacustre qui vous donnera une idée de ce qu'était Bangkok il y a à peine cent ans...

Nakhon Pathom

58 km à l'ouest de Bangkok par la route 338 (dir. Kanchanaburi). Accès en train depuis la gare de Thonburi, à Bangkok (dir. Kanchanaburi) en 1h30.

Cette cité commerçante et universitaire bourdonnante d'animation doit sa célébrité à son impressionnant *chedi*, le sanctuaire le plus ancien et le plus vénéré de Thaïlande, et le monument bouddhique le plus haut du monde : de ses 127 m, le Phra Pathom Chedi domine la ville tel un énorme dôme doré. Nouveau foyer de dévotion, de surcroît fort bien situé à proximité de la capitale et sur un axe routier important, ce *chedi* monumental confère à la ville un prestige toujours plus grand. Et la grande foire qui se déroule dans l'enceinte du temple à la pleine lune de novembre connaît un succès constant.

★★ **Phra Pathom Chedi** – *Dans l'enceinte du temple, tenue décente requise - se déchausser à l'entrée de chaque sanctuaire - soyez discret si vous prenez des photos.* Dès le 3e s. de notre ère, un édifice fut élevé pour commémorer l'arrivée des premiers missionnaires bouddhistes en terre siamoise, envoyés par le souverain indien **Ashoka** *(voir « Les royaumes indianisés », p. 428)*. Ce *stupa* de style khmer de 40 m de haut couvrait lui-même un sanctuaire primitif conservant une sainte relique apportée par les moines. Au 19e s., alors que la ville avait été délaissée depuis des siècles, le futur roi **Mongkut** s'y rendit en pèlerinage et, sensible à l'aura du sanctuaire, se mit en devoir de le restaurer pour en faire un monument phare du bouddhisme. Les travaux débutèrent en 1853, pour s'achever sous le règne du souverain suivant, Rama V (1868-1910). Le *stupa* d'origine fut alors coiffé d'un dôme colossal, couvert de tuiles vermeilles et surmonté d'une immense spire annelée.

Le *chedi* dresse sa masse colossale sur plusieurs terrasses successives que relie sur chacun des côtés une volée de marches. Quatre *wihan* abritant un bouddha marquent les points cardinaux de l'édifice, où des peintures murales *(sauf côté ouest)* retracent les principaux événements de la vie de l'Éveillé.

Côté nord, un large escalier de marbre gardé par des *naga* grimpe au **wihan principal**, qui renferme la statue la plus vénérée du *chedi*, un grand **bouddha debout★** de style Sukhothai. À ses pieds, sur sa gauche, un moine donne sa bénédiction aux fidèles, tandis que dans des petits pavillons, des nonnes proposent des fleurs de jasmin et de lotus pour les offrandes.

Faites le tour du monument par la gauche, dans le sens des aiguilles d'une montre.
Ponctuant l'enceinte, parmi les banians sacrés *(bo)* cerclés de rubans de couleur – signe de vénération – qui entourent le *chedi*, plusieurs niches abritent des bouddhas couverts de feuilles d'or. Sur la terrasse supérieure, cernant la base de l'édifice, de petits kiosques abritent des cloches que les pèlerins font sonner pour annoncer leur présence aux dieux.

Le **wihan est** renferme un bouddha dans l'attitude de l'Illumination. Il jouxte l'*ubosot (au sud)*, où trône un **bouddha★★** en quartzite, assis à l'occidentale dans une attitude de prédication. L'œuvre, majestueuse, reflète l'influence artistique de Dvaravati, caractérisée par des lobes d'oreille allongés, des boucles de cheveux serrées et une robe ample.

1

Le **wihan sud** garde un bouddha prêchant à ses cinq disciples. Sur la terrasse, une maquette représente le *stupa* primitif. Le dernier **sanctuaire**, côté ouest, héberge quant à lui un bouddha couché aux portes du nirvana.

Passez les arcades séparant le cloître de la plate-forme supérieure. La **galerie** qui cerne le *chedi* abrite des salles de classe destinées aux novices.

Phra Pathom Chedi National Museum – *9h-16h - fermé lun.-mar. et j. fériés - 100 bahts.* Il retrace l'histoire de la cité et conserve diverses œuvres Dvaravati retrouvées sur le site, bien mises en valeur : bas-reliefs provenant d'un *chedi*, têtes de stuc U-Thong (13e s.-14e s.), roues de la loi, poteries à usage domestique ou rituel.

« Aussi haut qu'un vol de colombes »

Des devins auraient prédit à **Phaya Kong**, roi de Nakhon Chaisi (ancien nom de Nakhon Pathom), qu'il mourrait de la main de son propre fils. Le seigneur décida alors de tuer l'enfant, mais sa mère s'en fut l'abandonner en secret dans la forêt, où une vieille femme du nom de Yai Hom le recueillit et l'éleva. Devenu adulte, le jeune **Phaya Pan** fut adopté par le roi de Ratchaburi, un vassal de Phaya Kong ; à ses côtés, il partit en guerre contre le suzerain, que tous dans la région considéraient comme un oppresseur. Il le tua et, suivant la tradition, épousa sa femme... sans savoir qu'il venait d'assassiner son propre père et d'épouser sa mère. Quand il apprit l'identité de son ennemi, de colère il fit mettre à mort sa tutrice Yai Hom. Accablé de remords, il alla consulter des moines qui lui conseillèrent de bâtir un *stupa* « aussi haut qu'un vol de colombes » pour expier ses crimes. Ainsi naquit le **Phra Pathom Chedi**.

Le Parc national de Khao Yai ★★

Océan vert de collines et de montagnes sauvages, le parc de Khao Yai, classé au Patrimoine mondial par l'Unesco, couvre une superficie de 2172 km². Vallées, prairies, plateaux et rochers y servent de refuge à plus de 300 espèces d'animaux, que l'on surprend du haut des tours d'observation ou que l'on croise au hasard des sentiers qui sillonnent le domaine. Khao Yai, premier parc créé en Thaïlande (1962), est un site de choix pour les amateurs de nature et de calme. Randonnée, rafting sur les rivières en saison des pluies, ascension des sommets, chacun trouvera l'excursion qui lui convient, jusqu'aux moins sportifs qui pourront se délasser dans l'eau fraîche de l'une des piscines naturelles creusées au pied de quelques cascades.

Les chutes d'eau du Parc national de Khao Yai.
geax2007/Getty Images Plus

Se repérer

CARTE CD1 (P. 32-33).
Provinces de Saraburi, Prachinburi, Nakhon Nayok et Nakhon Ratchasima.
À 209 km au nord-est de Bangkok.

Carnet pratique p. 90

Nos adresses p. 90

Randonnées dans le parc

CARTE P. 32-33

Accès en voiture ou par les transports publics (voir p. 90).
6h-18h - centre d'accueil, bureau du parc et campement : 8h-17h - 400 bahts (enf. 200 bahts) ; suppl. de 100 bahts pour votre véhicule. Comptez au moins une journée.

Le site comprend 14 sentiers pédestres balisés de 1 à 9 km. Si vous comptez effectuer une randonnée de plusieurs jours, faites connaître votre itinéraire aux *rangers* du parc et prenez un guide. L'œil exercé de ces derniers repère bien plus rapidement la faune environnante, et vous éviterez de vous perdre. Munissez-vous d'une boussole, et protégez-vous les pieds et les jambes, car les moustiques et les sangsues abondent, particulièrement en saison humide (mai et oct.). Entre nov. et fév., prenez des vêtements chauds : la température peut descendre jusqu'à 10 °.

À l'approche du parc, la route suit la **chaîne des Dongrek**, qui dresse sa crête sur le côté ouest du domaine. La forêt s'étend à perte de vue jusqu'au sommet du **Khao Khleo**, la bien nommée « Montagne verte », qui culmine à 1351 m. Il faut dire que le bassin de Khao Yai reçoit plus de 3 000 mm de précipitations par an, alimentant six cours d'eau qui vont ensuite irriguer la Plaine centrale et le bassin du Mékong.

Après avoir passé l'entrée principale, vous serez peut-être accueilli par un groupe de macaques ayant investi la route. Au bureau du parc national, une **exposition** présente un beau catalogue des espèces animales recensées dans le parc.

De la savane aux forêts d'arbres à feuilles caduques, divers types de végétation se côtoient, cachant une faune aussi abondante que variée : daims, cerfs sambars, gibbons, et, plus rares, des léopards et des chats sauvages, des ours, des gaurs (une espèce menacée de bœufs sauvages), des éléphants. Dans le parc résident également près de 320 espèces d'oiseaux – calaos, faisans, chouettes, coucous-éperviers –, que l'on aura plus de chances d'apercevoir à l'aube ou au crépuscule. Celles d'apercevoir un tigre sont très minces, car une vingtaine de félins seulement vivraient dans le parc.

Kong Kaeo-Haew Suwat *– 8 km - 3h de marche ou 20mn en voiture.* Le sentier de randonnée n° 1 conduit aux chutes d'eau de **Heo Suwat★**, impressionnantes pendant la saison des pluies (mai-oct.). Il s'enfonce sous le couvert végétal, baigné par le chant du calao dont l'écho se perd parmi les frondaisons de *Nypa fruticans*, le plus vieux palmier du monde ; le feuillage de ce dernier sert à fabriquer des paniers et le toit des maisons. Autre type de palmier présent sur le site, le sagoutier, dont les fécules entrent dans la composition de farines et de biscuits.

Haew Suwat-Khao Laem Grassland *– 3 km - env. 1h de marche.* Des chutes, le sentier n° 5 offre un majestueux **point de vue★★** sur le second sommet du parc, le **Khao Laem** (1328 m). Passant à travers la jungle, franchissant les rivières sur des ponts suspendus, le sentier grimpe sous les entrelacs de lianes et de rotangs épineux, une plante qui s'enroule autour des arbres pour se frayer un chemin vers le soleil. Peut-être apercevrez-vous des gibbons, ces singes dégingandés qui voltigent d'arbre en arbre.

D'autres sentiers balisés conduisent à des pierres à sel, rendez-vous des fauves et des éléphants sauvages.

Carnet pratique

S'informer

Khao Yai National Park – *Bureau du parc - ✆ 086 092 65 29 (Visitor Center) ou 086 092 65 31 (entrée nord) - www.dnp.go.th.* Brochure présentant les sentiers de randonnée avec distances, niveau de difficulté, topographie, consignes de sécurité.

Arriver/Partir

En bus

De Bangkok, les bus pour le parc de Khao Yai partent de la gare Moh Chit (Northern Bus Terminal). Descendez à **Pak Chong** *(env. 2h30-3h de trajet)*, à 7 km de l'entrée nord du parc, que vous rejoindrez en *songthaew (de 8h à 16h30)*. Vous devrez ensuite faire du stop pour gagner le *Visitor Center (14 km)*.

En train

De Bangkok, 10 trains/j. pour Khorat *(4h30 de trajet)* avec une halte à Pak Chong.

En voiture

De Bangkok, prenez l'A1 vers le nord jusqu'à Saraburi, puis l'A2 jusqu'à Pak Chong. De là, rendez-vous directement au *Visitor Center*, à 14 km de l'entrée nord du parc national.

Se déplacer

Moto

Vous pouvez en louer une à la demi-journée ou à la journée à Pak Chong *(env. 300 bahts/j.)* ou à l'entrée nord du parc *(env. 600 bahts/j.)*. Plus discrète que la voiture, la moto se prête mieux à l'observation des animaux sauvages.

Voiture

C'est, avec la moto, le meilleur moyen pour circuler dans le parc *(6h-18h)*.

Nos adresses

Hébergement/restauration

Dans le parc national

Budget moyen

Khao Yai National Park – *✆ 02 561 07 77 (ext. 1743, 1744) - www.khaoyainationalpark.com - chalets (2-8 pers.) 1 680/2 400 bahts - réserv. sur le site Internet du parc.* Vous pouvez passer la nuit dans le parc, à proximité du bureau des visiteurs, où sont regroupées toutes les infrastructures. Possibilité de camping (amenez votre matériel).

Sur la route de Pak Chong

Nombre d'hôtels jalonnent la route de Pak Chong jusqu'à l'entrée du parc national. La plupart d'entre eux organisent des randonnées.

Premier prix

Green Leaf Guest House – *52 Moo 6 Th. Thanarat (à 7,5 km de Pak Chong) - ✆ 04 493 63 61 - www.greenleaftour.com - ✕ ▭ - 21 ch. 300 bahts - réserv. conseillée.* Les chambres sont sommaires, mais bien tenues. Possibilité d'excursions guidées dans le parc.

Kanchanaburi et sa région ★★

Cernée de champs de canne à sucre et de montagnes aux tons fauves, « Kan'buri » s'étire sur les berges de la rivière Kwaï, rendue tristement célèbre par l'un des plus sombres épisodes de la Seconde Guerre mondiale. Avec ses pittoresques maisons flottantes, transformées en hôtels et en restaurants, la ville est devenue l'une des destinations favorites des habitants de Bangkok, qui viennent y profiter de la fraîcheur… Aussi aurez-vous du mal à échapper aux décibels des discothèques flottantes, même en semaine. Rassurez-vous, le calme règne en maître incontesté dans les somptueux parcs nationaux, qui regorgent de cascades et de grottes. Kanchanaburi est surtout un excellent camp de base pour explorer la région, superbe, qui s'étend jusqu'aux contreforts de la Birmanie.

Se repérer

CARTE A1 (P. 32-33), PLAN (P. 92), CARTE KANCHANABURI ET LA RIVIÈRE KWAÏ (P. 96).
27 816 habitants – Chef-lieu de la province de Kanchanaburi.
À 130 km à l'ouest de Bangkok. Vous ne vous éloignerez jamais vraiment de la rivière, qui allie beauté et centres d'intérêt.

À ne pas manquer

Le coucher du soleil sur la rivière Kwaï; un voyage sur la ligne de chemin de fer de Nam Tok; une journée au parc national d'Erawan.

Organiser son temps

Comptez au moins 2 jours, car la région mérite que l'on s'y attarde. Découvrez le pont sur la Kwaï le matin de bonne heure pour éviter les groupes de touristes venus de Bangkok.

Carnet pratique p. 97

Nos adresses p. 98

1

Se promener

PLAN P. 92

Comptez env. 3h à pied; le plus agréable pour cette balade est de louer un vélo.
Protégée à l'ouest par une barrière de collines boisées, Kanchanaburi occupe la rive orientale de la Kwaï, ses deux principales artères, parallèles, s'allongeant sur des kilomètres. La rive opposée reste le territoire des bananeraies, un cadre de verdure qui invite à une agréable promenade au coucher du soleil. À moins que vous n'optiez, après votre visite de la ville, pour une excursion en bateau sur la rivière (vers le sud) à partir du fameux pont qui l'enjambe.
La renommée du **pont de la rivière Kwaï** – en thaï *Khwae* – n'est plus à faire : qui ne se souvient pas de l'air sifflé par les prisonniers dans le film de David Lean (1957), tiré du roman de Pierre Boulle ? Mais ceux qui gardent cette image en tête seront déçus : le pont actuel, en métal, n'a pas la sveltesse du pont d'origine, en bois de teck, qui servit de modèle aux studios d'Hollywood. Soumis à de nombreux sabotages par ceux-là mêmes qui le bâtirent, il fut bombardé à maintes reprises par les forces alliées, et l'ouvrage actuel date de l'après-guerre.

Jeath Art Gallery A1

Th. Mae Nam Khwae - 8h30-18h - 50 bahts.

Ce musée privé rassemble des collections hétéroclites, parfois franchement kitsch comme la galerie de statues colorées représentant les principaux hommes

d'État de la Seconde Guerre mondiale : Churchill, Staline, Truman, De Gaulle et... Albert Einstein. Une section est consacrée à la guerre (débris de matériels, photos), tandis qu'à l'étage sont exposés une collection de bijoux et... les portraits en pied des miss Thaïlande depuis 1992 !

Prenez à droite Th. Mae Nam Khwae.

★ Thailand-Burma Railway Centre B1

73 Th. Jaokannun - ✆ 03 451 27 21 - www.tbrconline.com - 9h-16h30 - 160 bahts (7-12 ans 80 bahts).

Initiative privée d'un Britannique passionné, ce musée présente incontestablement le meilleur éclairage sur la construction de la célèbre ligne de chemin de fer et les conditions de vie des prisonniers de guerre : discours rigoureux, documentation précise, reconstitutions, objets d'époque... Une visite indispensable si vous vous intéressez à ce pan de l'histoire.

Kanchanaburi Allied War Cemetery B1-2

En face du musée - accès libre.

Dans ce vaste cimetière militaire reposent 6 982 prisonniers de guerre qui périrent pendant la construction de la voie ferrée *(voir encadré p. 94)*. Il est établi près de l'emplacement du principal camp de prisonniers durant la guerre.

Longez le côté ouest du cimetière et continuez vers le sud.

Lak Muang et la vieillle ville C2

Th. Pakprak était la rue principale de la ville au début du 20e s. Elle est encore bordée de vieilles maisons en bois, anciens commerces ou maisons de thé. Le long de la rue, des panneaux explicatifs en anglais rappellent l'histoire de chacune. À l'extrémité de Th. Pakprajk se dresse le pilier de fondation de la ville, le **Lak Muang**, un phallus recouvert d'or. Tous les soirs à partir de 18h, le quartier accueille un **marché de nuit** (nombreux stands de cuisine de rue).

Rejoignez la rivière et continuez vers le sud.

Jeath Museum C2 EN DIR.

Th. Songkwai - 8h-17h - 50 bahts.

Vous verrez là la reconstitution d'une hutte où était confinés les prisonniers de guerre. D'émouvantes photos, des objets d'époque, accompagnent le parcours. Le musée a été créé à l'initiative du monastère voisin qui en assure toujours la gestion.

Excursions

CARTE KANCHANABURI ET LA RIVIÈRE KWAÏ P. 96

★★ Sur le chemin de fer de Nam Tok

Trois trains (à 6h, 10h35, 16h20) partent tlj de la gare en centre-ville pour relier Nam Tok (env. 2h30 de trajet aller). Le dernier train de retour vers Kanchanaburi part à 15h30 - 100 bahts AS.

Il serait dommage de ne pas emprunter le train haut en couleur qui suit le cours de la Kwaï **(Khwae Noi)**. Du fond de la vallée aux champs de canne à sucre qui s'étagent vers les hauteurs, ce petit tortillard de bois traverse de ravissants **paysages★★**, avec en toile de fond la crête pourpre des montagnes alentour. À l'origine, cette ligne reliait Nong Padluk *(à 50 km de Kanchanaburi)* à Thanbyuzayat, située près du golfe de Martaban, en Birmanie. Mais il n'en reste à présent qu'un tronçon de 77 km, compris entre Kanchanaburi et Nam Tok. Par endroits, la voie

1

Une histoire mouvementée

Dans les années 1940, pendant la guerre, alors qu'il travaillait sur la voie ferrée traversant l'actuel parc de **Sai Yok**, un prisonnier hollandais du nom de Van Heekeren mit au jour les traces d'une civilisation remontant à 10 000 ans av. J.-C., et notamment des outils. Depuis, les chercheurs ont obtenu la confirmation que la province était en effet déjà peuplée en ces temps reculés.

Un dessein défensif

La région, de par sa situation aux portes de la Birmanie, attira très tôt les convoitises. Kanchanaburi n'entra, quant à elle, que tardivement dans l'histoire : fondée à la fin du 17e s. par Rama Ier, cette petite ville de garnison avait pour but d'assurer la défense des marches du royaume contre les invasions birmanes. Les troupes ennemies passaient en effet par le **col des Trois Pagodes**, à 220 km de là.

Le chemin de fer de la mort

Rapidité d'exécution

Au début de la Seconde Guerre mondiale, après leur victoire fulgurante en Asie du Sud-Est, les **Japonais** tentent de poursuivre leur progression jusqu'aux Indes britanniques, avec pour objectif de les envahir. Ils décident alors la construction d'une **voie ferrée** qui relierait la Thaïlande et la Birmanie par le col des Trois Pagodes. Longue de 415 km, cette ligne devait également faciliter l'acheminement des renforts et du matériel vers les troupes japonaises basées en Birmanie. Après la chute de Singapour en 1942, les Japonais expédient ainsi tous leurs prisonniers de guerre sur le chantier. Les travaux, d'une ampleur titanesque, débutent dès septembre 1942 et ne s'achèveront qu'en octobre 1943.

Pas moins de **60 000 prisonniers** et **270 000 travailleurs asiatiques** sont soumis à ces travaux forcés, dans des conditions inhumaines. Le bilan se révélera très lourd : plus de 12 000 prisonniers et 100 000 travailleurs asiatiques y laisseront leur vie ; pour deux traverses posées, on comptera un mort. Un sacrifice d'autant plus terrible et absurde que le chemin de fer, une fois terminé, ne restera opérationnel que deux ans, avant d'être démoli par les Alliés.

Et aujourd'hui ?

Le pont de la rivière Kwaï fut détruit par les bombardements alliés en 1945, puis reconstruit par les Japonais à titre de dommages de guerre. À l'image de ce pont, la ligne de chemin de fer fut démantelée pour des raisons stratégiques, notamment près du col des Trois Pagodes. Cependant, entre Kanchanaburi et Nam Tok, la voie est toujours utilisée par les chemins de fer thaïlandais, qui veulent ainsi promouvoir le tourisme historique. Cette ligne offre une succession de paysages sublimes sur 130 km environ *(voir ci-contre)*.

Parc historique du Prasat Muang Sing à Kanchanaburi.
ben-bryant/Getty Images Plus

est creusée à même la roche. Profitez du rapide passage sur le pont de la rivière Kwaï pour une photo-souvenir. Plus loin, le train passe sur un pont de bois surplombant une vallée encaissée, belvédère de choix d'où l'on profite d'une très belle **vue panoramique★**.
Arrivé à Nam Tok, enfin, vous pourrez prendre un taxi collectif pour rejoindre les majestueuses **chutes de Sai Yok Yai★** *(voir p. 97)*.

★★ Le long de la frontière birmane

▶ *Cette excursion, qui suit en grande partie la route 323 vers le nord-ouest, sera plus facile en voiture, mais vous pouvez aussi circuler en bus ou en train – Comptez une journée, deux pour profiter de tous les attraits du parc d'Erawan, où vous pourrez passer la nuit.*

★★ Parc historique de Prasat Muang Sing

▶ *À 43 km de Kanchanaburi. En train, descendre à la station Tha Kilen (50mn de Kannchanaburi) - 8h-18h (16h30 en hiver) - 100 bahts ; suppl. voiture 50 bahts.*
Protégé par des remparts, ce-poste de l'empire khmer servit sans doute également de relais commercial. Il n'en reste aujourd'hui qu'un vaste ensemble de ruines, datées du 13ᵉ s. Sur votre gauche s'élève le sanctuaire principal, le **Prasat Muang Sing**, auquel des murs aux gros blocs de latérite confèrent encore une allure imposante. Une antichambre ouvrant à l'intérieur de l'édifice abrite un **bodhisattva Avalokiteshvara**. Il ne reste en revanche pratiquement rien des autres bâtiments qui se dressaient au nord du domaine. Un **musée**, à l'entrée du parc, conserve des poteries, des objets religieux et divers bouddhas découverts sur le site.

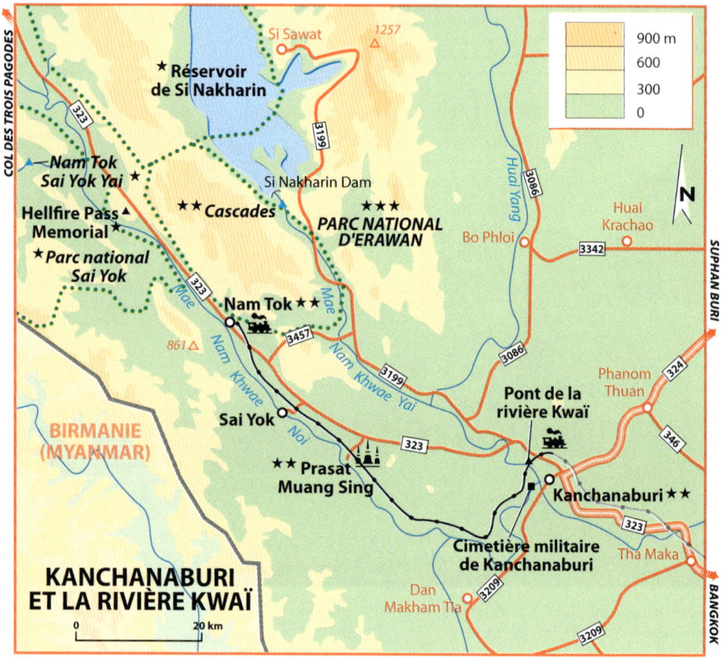

★★★ Parc national d'Erawan

À 65 km de Kanchanaburi. Suivez la route 323 puis bifurquez à droite vers la route 3199, ou prenez le bus n° 8170 à Kanchanaburi (2h de trajet - dép. ttes les 50mn à partir de 8h ; dernier retour à 16h).

03 457 42 34 - 8h-16h30 - 300 bahts (3-14 ans 150 bahts) - possibilité de dormir sur place.

Véritable chef-d'œuvre de la nature, le parc d'Erawan emporte sans conteste la palme d'une des plus belles **chutes d'eau★★** de Thaïlande. Dans une forêt magnifique, idéale pour fuir les chaleurs tropicales, plusieurs cascades ponctuent la rivière sillonnant le parc. On les découvre une à une au cours d'une superbe **randonnée** le long des berges, sans difficultés particulières (*comptez 2h AR avec de bonnes chaussures - prenez votre maillot de bain*). Du parking, un chemin de 2 km s'enfonce sous les frondaisons pour aboutir à une série de **piscines naturelles★** en escalier, délicieux bassins d'eau turquoise s'étageant dans la verdure. En amont, à partir du premier niveau de la cascade, le sentier suit les paliers successifs que franchit la cascade : on passe de petits ponts suspendus puis, après le 4e niveau, le chemin grimpe pour surplomber les **sept bassins naturels** qui se succèdent, rivalisant de beauté. Le parc doit d'ailleurs son nom à la dernière chute *(niveau 7)*, dont la forme fait penser à l'éléphant (*erawan* en thaï) à trois têtes de la mythologie bouddhiste.

Si vous êtes motorisé, faites un crochet jusqu'au **réservoir de Si Nakharin★** *(prenez la route à gauche à la sortie du parc sur 5 km)* : le lac, les îles et les montagnes environnantes composent un **paysage★★** d'une beauté époustouflante.

★ Hellfire Pass Memorial (MÉMORIAL DU COL DES FEUX DE L'ENFER)

À 80 km de Kanchanaburi. Bus n° 8203 depuis Kanchanaburi (2h de trajet - dép. ttes les 30mn à partir de 6h ; dernier retour 17h).

Dans un **cadre★** superbe, un sentier bétonné de 1 km vous mène, à l'ombre d'une bambouseraie, jusqu'à la **tranchée de Konyu (Hellfire Pass)**. Les prisonniers y travaillaient jadis sans interruption, nuit et jour, pour creuser des passages dans l'énorme chaos des rochers. Un travail harassant qui donna à l'un d'entre eux, lorsque les flammes des foyers perçaient la nuit, la vision des bouches de l'enfer... Un bloc de pierre colossal, coupé en deux, atteste la rudesse du travail des captifs, qui disposaient de surcroît d'outils rudimentaires. Au départ du sentier, un **musée** *(9h-16h)* très bien fait, géré par le gouvernement australien, rassemble explications et témoignages. Vous pouvez faire de belles randonnées en suivant le tracé de l'ancienne voie ferrée.

★ Parc national Sai Yok

À 104 km de Kanchanaburi. Bus n° 8203 de Kanchanaburi (2h30 de trajet - dép. ttes les 30mn de 6h à 18h30 ; dernier retour à 16h30) et arrêt au village de Sai Yok, où vous trouverez des minibus pour vous conduire à l'entrée du parc (à 3 km). ✆ 03 468 60 24 - www.dnp.go.th - 7h-17h - 300 bahts - possibilité de dormir sur place. Attention, ne confondez pas les modestes chutes de Sai Yok Noi, près de Nam Tok, avec le parc national et sa cascade de Sai Yok Yai.

Le parc, qui s'étend jusqu'à la frontière birmane, englobe les **anciens chantiers du chemin de fer**, avec des vestiges du campement de l'armée japonaise et des segments de voie. Le pont suspendu qui enjambe la Khwae Noi, au cœur du parc, offre une très belle vue sur les chutes d'eau de **Sai Yok Yai★**. À la base du pont, vous pouvez aussi louer un bateau *(env. 1500 bahts pour l'embarcation entière et 2h de promenade)* afin d'explorer les grottes creusées dans les falaises alentour, où habitent des **chauves-souris** minuscules, dites « kitti à nez de cochon » : mesurant à peine 3 cm, elles comptent parmi les plus petits mammifères du monde.

1

Carnet pratique

PLAN (P. 92)

S'informer

Tourism Authority of Thailand – C2 - *Th. Sangchuto - ✆ 03 451 12 00 - 8h30-16h30.* Anglophone et efficace.

Arriver/Partir

En bus

De Bangkok (Northern et Southern Bus Terminal), dép. pour Kanchanaburi ttes les 15mn de 5h à 22h *(3h de trajet, souvent davantage en raison du trafic)* ; de Kanchanaburi, dép. pour Bangkok, ttes les 20mn de 4h à 19h.

En minibus

Les agences de voyage proposent la jonction Bangkok-Kanchanaburi en minibus privé *(2h30 de trajet)*, ainsi que des transferts vers Ayutthaya *(3h)*.

En train

De Bangkok (gare de Thonburi), 2 trains desservent Kanchanaburi *(2h30 de trajet)*, avant de poursuivre en dir. de Nam Tok ; 2 retours/j. vers Bangkok *via* Kanchanaburi.

Se déplacer

OK Bike Rental – B1 - *Th. Mae Nam Khwae - ✆ 064 191 74 74.* Location de scooters *(250 bahts/j.)*, motos et voitures.

Adresses utiles

Police touristique – *Th. Saengchuto - ✆ 03 451 27 95 ou 11 55.*

Agenda

Marché de nuit – Tous les jours, sur Th. Pakprak.

River Kwai Bridge Week – Fin nov.-déb. déc. Spectacle son et lumière sur le pont pour commémorer les événements de la Seconde Guerre mondiale.

Nos adresses

PLAN (P. 90)

Restauration

Premier prix

5 **Gosak Boat Noodles** – B2 - *16 Th. Songkwai - ✆ 081 944 99 35 - 8h30-17h - plats 40/60 bahts.* Très apprécié des locaux, ce restaurant est spécialisé dans les *Kuai Tiao Ruea*, les « nouilles de bateau ». Ces nouilles riz servies en bouillon avec du bœuf, du porc, des boulettes et d'autres assortiments étaient à l'origine vendues depuis les bateaux naviguant sur les canaux de Bangkok.

6 **On's Thai Issan** – B1 - *36 Th. Mae Nam Kwae - ✆ 087 364 22 64 - service continu - plats 100/150 bahts.* Un accueil chaleureux et une cuisine thaïe végétarienne aux multiples saveurs : testez le riz sauté au curry, les tempuras de légumes ou la salade de fleurs de bananes. Vous pouvez aussi cuisiner votre propre plat en optant pour le cours de cuisine !

Budget moyen

1 **Taraburee** – C2 - *Th. Songkwai - ✆ 081 857 70 03 - service continu - plats 150/330 bahts.* C'est tout d'abord une belle terrasse surplombant la rivière. C'est aussi une table courue des gastronomes, qui viennent se régaler de plats traditionnels, comme les tiges de lotus aux crevettes ou le sanglier au curry rouge. En journée, une salle climatisée permet de se mettre à l'abri de la chaleur.

3 ❤ **Im Jung Mu Kratha** – B1 - *268/1 Th. Mae Nam Khwae - (pas de CB) - soir seult - plats 250/350 bahts.* Tous les soirs, un buffet gargantuesque est dressé sous un immense auvent. On y retrouve tous les produits du pays : viandes, fruits de mer, salades, légumes, fruits et un grand choix de desserts. On se sert à volonté et on s'installe à une table, sur laquelle deux plaques chauffantes permettent de faire griller viandes et fruits de mer. Immanquable.

4 **The River Kwai Floating Restaurant** – A1 - *425 Th. Mae Nam Kwae (en contrebas du pont) - ✆ 03 451 25 95 - service continu - plats 300/600 bahts.* Une véritable usine à touristes, servant cuisines thaïe et chinoise. N'y allez que si vous tenez absolument à manger près du pont. En dehors des heures de repas, la large terrasse est agréable pour prendre un verre.

Boire un verre

Pour boire un verre en soirée, allez faire un tour sur Th. Mae Nam Kwae, au niveau de l'hôtel Natee (B1). Vous y trouverez plusieurs bars avec terrasse et ambiance musicale.

Hébergement

Premier prix

1 **Sugar Cane Guesthouse I** – B1 - *Th. Mae Nam Khwae, 22 Soi Pakistan - 03 451 10 00 - - 30 ch. 550/895 bahts.* On se sent presque chez soi dans cette *guesthouse* ! De jolies chambres dotées de moustiquaires sont dispersées dans le jardin. D'autres sont installées dans des maisonnettes sur pilotis et offrent un plus grand confort, avec l'air conditionné et l'eau chaude. Vous profiterez d'une vue superbe sur la rivière. L'accueil cordial rehausse encore une atmosphère pleine de charme.

2 **Sugar Cane Guesthouse II** – A1 - *Th. Mae Nam Khwae, 7 Soi Cambodia - 03 451 49 88 - - 18 ch. 350/467 bahts.* Cadre comparable au Sugar Cane, avec certaines chambres flottantes mais avec vue sur le pont de la rivière Kwaï, distant de 1 km.

5 **Nita Raft House** – C2 - *27/1 Th. Pakprak - 03 451 45 21 - - 14 ch. (certaines avec sanitaires partagés) 233/350 bahts.* Une étape bien sympathique grâce à la courtoisie des propriétaires. Il faut d'abord descendre un escalier vers le fleuve pour arriver à l'établissement, en partie flottant. Les chambres sont toute simples, mais agréables pour qui ne recherche pas un confort standardisé. Un vrai coup de cœur pour la chambre 54 (la plus chère), avec son ponton privé donnant directement sur la rivière. Agréable restaurant en plein air.

Budget moyen

7 **Bamboo House** – A1 - *5/1 Soi Vietnam - 098 897 44 02 - - 18 ch. 880/1 200 bahts - 100 bahts.* Un ensemble plein de charme au bord de la rivière. Les différents types de logement s'ordonnent autour d'un vaste et agréable jardin : chambres dans le bâtiment central, bungalows ou huttes plus modestes, il y en a pour toutes les bourses. Les plus chers se trouvent en bordure de rivière. Accueil très sympathique.

3 **Kanchanaburi City Hotel** – A1 - *368 River Kwai Rd - New Zealand Alley - 03 451 23 33 - - 35 ch. 1121/1 800 bahts - 300 bahts.* À deux pas du célèbre pont, l'hôtel arbore un ton résolument design, des parties communes aux chambres : des lignes épurées et du blanc partout. Vous aurez le choix entre les chambres standards et les chambres japonaises avec futon, un peu plus chères. Prêt de vélos.

6 **Chez Bure** – B1 - *11/5 Th. Singapore - 081 561 50 55 - - 28 ch. 1 500/2 100 bahts - 200 bahts.* Une bien belle adresse : l'ensemble respire la propreté grâce à la patronne qui mène son petit monde à la baguette. Dans les parties communes, l'art contemporain voisine avec l'artisanat local et les chambres lumineuses offrent tout le confort. Bon petit-déjeuner, avec des produits frais, servis en terrasse. Location de vélos.

Une folie

4 **Natee The Riverfront** – B1 - *77/77 Th. Mae Nam Kwae - 03 451 87 77 - www.nateetheriverfront.com - - 55 ch. 2 500/4 500 bahts.* Luxe de standard international. Les chambres, spacieuses et confortablement aménagées dans un style contemporain, sont toutes dotées d'un balcon et d'un jacuzzi. Dans les plus chères, la baignoire ouvre sur la rivière par une baie vitrée d'angle. Les tarifs donnés ici sont ceux affichés par l'hôtel. En pratique, l'établissement propose presque toute l'année des promotions importantes (plus de 50 %) selon le remplissage. Allez faire un tour sur le site internet.

1

Phetchaburi ★★

À l'écart des grands flux touristiques, Phetchaburi, l'une des plus anciennes villes de Thaïlande, reste un secret bien gardé parmi les amateurs d'art et d'architecture religieuse. Elle est dominée par trois collines boisées dont celle du centre accueillit le palais royal de Rama IV. Les berges de la rivière éponyme conservent leur alignement de maisons traditionnelles en bois, tandis que les ruelles du centre-ville abritent des temples aux peintures magnifiques, gracieux mariage des traditions khmère et thaïe.

Phra Nakhon Khiri.
Ben Petcharapiracht/Shutterstock

Se repérer

CARTE B2 (P. 32-33).
21 647 habitants – Chef-lieu de la province de Phetchaburi.
À 160 km au sud-ouest de Bangkok.

À ne pas manquer

L'ascension du Phra Nakhon Khiri au petit matin ou en fin d'après-midi ; la découverte à pied des temples du centre-ville ; une excursion au parc de Kaeng Krachan.

Organiser son temps

Comptez une journée pour Phetchaburi et une autre pour le Parc national Kaeng Krachan.

Carnet pratique p. 104

Nos adresses p. 104

Se promener

Du haut du Palais royal de Phra Nakhon Khiri se dévoilent les secrets de Phetchaburi, plus familière aux Thaïlandais sous le nom de « Pethburi ». Vers l'ouest, la **vue★★** s'étend sur les reliefs sombres de la chaîne des Tenasserim, frontière naturelle avec la Birmanie, tandis qu'à l'est on devine les lueurs bleues du golfe de Thaïlande ; la mer n'est qu'à 20 km.

★★ Phra Nakhon Khiri (KHAO WANG)

À l'ouest de la rivière Phetchaburi - funiculaire (50 bahts) à l'ouest de la colline - accès à pied (ascension 15mn) par le sentier nord-est de la colline - 8h30-16h30 - 150 bahts. Évitez de prendre avec vous de la nourriture, qui attire les singes et les rend agressifs.

En 1858, séduit par la beauté du site, le roi Mongkut (1804-1868) fit construire un palais à proximité de la ville, perché sur les trois sommets du **Maha Samana**, pour en faire une résidence d'été et échapper à la chaleur étouffante de Bangkok. Outre le point de vue sans égal, l'endroit – surnommé par les Thaïlandais « Khao Wang », la « Cité céleste de la montagne » – offrait au roi un cadre idéal pour se livrer à l'une de ses passions : l'astronomie. Les bâtiments de ce palais néoclassique révèlent une variété singulière de styles architecturaux : thaï, occidental et chinois, témoins de l'ouverture d'esprit de Mongkut.

Reflets des fastes de la Cour, les pavillons blancs composant le palais servent d'écrin aux collections du **Musée national Phra Nakhon Khiri** *(sur le sommet le plus à l'ouest - 8h30-16h30 - photos interdites)*, bel ensemble de vaisselle, de céramiques et de meubles ayant appartenu à la famille royale. Le premier bâtiment, néoclassique, était réservé aux invités du roi ; le deuxième abritait les appartements royaux. Quant au **pavillon d'apparat★★** situé à l'arrière – le plus sophistiqué avec son *prang*, ses tourelles d'angle et ses frontons dorés –, il renferme une statue en pied du roi Mongkut en costume de cérémonie. À l'opposé se dresse l'**observatoire**, petite tour ronde où le souverain s'adonnait à ses études d'astronomie. De l'observatoire, en suivant le sentier ombragé de frangipaniers, on rejoint l'éminence centrale *(à droite, fléché)*, site du **Phra Tat Chomphet★**, un imposant *chedi* blanc dû à Rama V et offrant un beau point de vue sur le palais.

Puis on atteint la terrasse du **Wat Phra Kaeo Noi**, élégant édifice bâti à l'image du temple royal de Bangkok. Un curieux *prang* en grès ocre rouge se dresse à côté, accompagné d'un *chedi* de marbre gris et de trois pavillons d'une blancheur immaculée. La terrasse offre aussi un magnifique **panorama★★** sur les alentours.

★ Temples du centre-ville

Quantité de temples se dressent au cœur de la ville, tandis que, çà et là au détour d'une ruelle, s'élancent quelques *prang* esseulés, réminiscences des modes architecturales de l'empire khmer. Le long de la rivière, l'animation, baignée d'une atmosphère surannée, évoque la vie quotidienne d'antan et invite à la flânerie. La charmante **Thanon Khlong Krachaeng★** conserve, côté rivière, de belles maisons traditionnelles en teck, construites dans les années 1920, au lendemain du grand incendie qui ravagea Phetchaburi (1915). Des échoppes à l'ancienne colonisent la rue, leurs étals débordant de marchandises en tout genre, vanneries, articles de pêche, offrandes pour les pagodes, fruits tropicaux... Orfèvrerie, sculptures de bois, soieries indiennes : renommés depuis des siècles, le commerce et l'artisanat local restent de tradition à Phetchaburi. Assis sur le trottoir,

La cité du diamant

Phetchaburi tient son nom d'une légende selon laquelle on ramassait, jadis, des pierres précieuses dans le lit de la rivière. Image d'une réalité prospère, sans doute : sous le royaume de Dvaravati (7e s.-11e s.), la ville jouait déjà un rôle économique notoire, favorisé par ses échanges avec l'Inde et l'Occident. Son influence lui permit de devenir au 13e s. l'une des capitales régionales de l'empire khmer, puis la cité conserva sa prééminence comme comptoir commercial sous les royaumes de Sukhothai et d'Ayutthaya. Aux 19e et 20e s., elle gagna encore les faveurs des souverains Mongkut et Chulalongkorn, qui firent d'elle une somptueuse résidence royale.

les marchands débattent des dernières nouvelles, tout en jetant un regard à la fois distrait et curieux sur l'étranger de passage.

★ **Wat Mahatat Worawihan** – *Th. Damnoen Kasem.* Repérable à son impressionnant **prang blanc★**, haut de 40 m, le temple semble écraser de sa masse les frêles maisons alentour. Outre sa remarquable architecture, il vaut le détour pour l'agitation qui y règne. Les Thaïlandais y viennent en famille, du plus âgé au plus jeune, pour brûler des bâtons d'encens et ajouter des feuilles d'or à la statue du Bouddha. Probablement érigé à l'époque d'Ayutthaya (14e s.), le Wat Mahatat comprend cinq *prang* d'inspiration khmère. Les édifices qui l'entourent montrent sur leur façade une véritable dentelle de stuc ouvragé.

Un bouddha assis trône dans la cour intérieure. Il garde l'entrée du **Wihan Luang** (chapelle principale), rehaussé de belles **peintures murales★★**. Endommagées par endroits mais merveilleusement conservées dans d'autres, elles illustrent avec un grand réalisme la vie quotidienne au temps d'Ayutthaya, un témoignage unique rehaussé de détails sur la flore et la faune de l'époque. Entre ces scènes descriptives, des divinités rendent hommage à Bouddha, occupé à chasser les forces du mal *(mur d'entrée)*. Derrière une rangée de statues couvertes de feuilles d'or par les fidèles, une **roue de la loi★** précède un autel où trônent de hautes statues modernes du Bouddha accompagné de ses disciples.

Prenez la rue faisant face au temple et traversez la rivière. Tournez dans la 2e rue à gauche (Th. Panichjaroen), puis dans la 5e à droite (Th. Phongsuriya), avant de continuer tout droit.

★★ **Wat Yai Suwannaram** – *Th. Phongsuriya.* En pénétrant dans l'enceinte, vous croiserez sans doute un moine drapé dans sa robe safran, venu méditer à l'ombre d'un banian ou déambulant paisiblement à l'ombre des splendides **toits de bois★★** des pavillons. Bâti en 1660, le temple fut rénové par Rama V à la fin du 19e s. À droite, le **sala★★** (pavillon de repos) provient d'Ayutthaya et fut déplacé là lors du sac de la ville par les armées birmanes. L'une de ses superbes portes sculptées garde d'ailleurs le souvenir d'un assaut violent : l'entaille d'un coup de sabre. Dans le prolongement se dresse le sanctuaire principal, une construction en brique dépourvue de fenêtres et qui renferme des fresques anciennes montrant des créatures surnaturelles. Non loin, une petite **bibliothèque** *(ho trai)* tout en bois, siège des écritures bouddhiques, est installée sur pilotis au centre d'un bassin ombragé de cocotiers.

En sortant du temple, continuez sur Th. Phongsuriya ; à votre gauche, jetez un coup d'œil aux **Wat Borom** et **Wat Trailok**, deux pagodes qui ont conservé leurs dortoirs en bois sur pilotis.

Poursuivez votre chemin sur Th. Phongsuriya, puis prenez la 1re rue à droite, Th. Pho Karong.

★ **Wat Kamphaeng Laeng** – *Entrée par le sud du temple, dans la ruelle à droite.* Côtoyant un temple aux pignons bleu et or, qui jaillit derrière un bouquet de verdure à l'angle de la rue, ce sanctuaire fondé au 12e s. marque le point le plus méridional de la sphère d'influence khmère en Thaïlande. Dédié à l'origine aux divinités hindoues, il accueillit ensuite le culte bouddhiste. Cinq petits **prasat★**, des édicules de latérite aux lignes caractéristiques, longent l'allée principale, gardant encore la trace de leurs délicats ornements de stuc.

Reprenez la direction de la rivière en suivant Th. Phrasong. Un temple, le Wat Phra Song, forme un angle avec Th. Matayawong, que vous prendrez à gauche. Descendez-la sur 1 km, le temple est alors fléché à droite.

★★ **Wat Ko Kaew Sutharam** – *Th. Boripha.* Ce *wat* un peu excentré montre un ravissant ensemble de pavillons de bois sur pilotis. Il recèle de remarquables **peintures murales★★** du 18e s., d'une qualité rare, ayant pour thème les visites des missions européennes au royaume d'Ayutthaya. On y voit notamment un prêtre jésuite vêtu de la tunique des moines bouddhistes ou encore des marchands persans à cheval. Notez la délicatesse des visages, tous très expressifs. Sur le mur occidental, des scènes évoquent avec originalité la vie du Bouddha, dont sa victoire sur le démon du mal, Mara.

À proximité

CARTE P. 32-33

★★ Parc national de Kaeng Krachan A2

À 20 km au sud de Phetchaburi – Comptez une journée pour le parc et 2 jours si vous allez aux chutes. Le plus simple est de louer un taxi pour la journée (les motos sont interdites).

Visitor Center : ✆ 03 245 92 91 - 8h-17h - 300 bahts.

Fondé en 1981, ce parc national couvrant 2 920 km² constitue la plus vaste réserve naturelle de Thaïlande. Arrosé d'une multitude de rivières, il abrite une quarantaine d'espèces d'animaux sauvages, dont des éléphants, des tigres, des léopards, des ours, des gibbons et des daims.

La route traverse d'abord des terres agricoles aux tons rouges ; puis, dans un majestueux décor de collines boisées, elle atteint le **barrage** et le **lac** artificiel de Kaeng Krachan, une immense nappe d'eau cernée de montagnes. Constellé d'îlots, refuges temporaires de centaines d'oiseaux migrateurs, il s'étend sur une superficie de 45 km², énorme réservoir qui irrigue la plaine.

Mais les passionnés de grands espaces verront surtout là un vrai jardin d'éden : le lac et ses abords invitent en effet à toutes sortes d'activités « nature ». Vous pourrez ainsi explorer des grottes, gravir le **Phanoen Thung** (1 207 m), ou encore partir à la découverte des **cascades de Pala U**, de **Pala Noi** ou de **Pala Yai**. Les plus sportifs pourront également faire la descente en radeau de la Phetchaburi et de la Pranburi, les deux rivières qui traversent et irriguent le parc.

Si vous manquez de temps, optez pour la **promenade en bateau★★** : les lumières de la jungle jouant sur les eaux du lac et l'ombre de ses îles créent un paysage d'une saisissante beauté.

Parc national de Kaeng Krachan.
banjongseal324/Getty Images Plus

Carnet pratique

S'informer

Tourism Authority of Thailand – *500/51 Th. Phetkasem - ✆ 03 247 10 05.*

Arriver/Partir

En bus

Gare routière – *À 5mn à pied du funiculaire du Phra Nakhon Khiri.* Départs tlj pour Hua Hin *(1h)* et le terminal Sai Tai Mai (Southern Bus Terminal) de Bangkok *(2h - dép. ttes les 30mn).*

En train

Gare ferroviaire – *Th. Rotfai (à 1,5 km au nord-ouest du centre-ville).* Trains fréquents vers le nord pour Bangkok *(2 à 3h de trajet)* et vers le sud pour Hua Hin *(1h15)* et Surat Thani *(9h, point de départ pour l'île de Samui).*

Agenda

Phra Nakhon Khiri – En mars. Festival avec spectacle son et lumière en haut du palais.

Nos adresses

Restauration

Premier prix

Marché de nuit – *À l'angle de Th. Ratchavithi et Th. Rotfai - ⊠ - 17h-22h - plats env. 100/150 bahts.* Autour d'un petit carré de cuisines ambulantes qui servent soupes et *pad thaï* à consommer sur place, vous trouverez un beau choix de spécialités à emporter. C'est aussi l'occasion de découvrir les douceurs typiques de la région comme le *khanom mo kaeng*, crème à base de noix de coco, d'œufs et de sucre de palme, le *khao kriap*, délicieuse pâtisserie aux graines de sésame, au sucre de palme et à la noix de coco, ou encore le *kluai khai*, un dessert à base de banane.

Mon Dee – *Th. Wat Tho (à l'entrée du pont) - ✆ 03 289 32 22 - ⊭ - service continu - plats 150/300 bahts.* Dans l'arrière-cour d'une maison de bois surplombant la rivière Phetchaburi. Il propose une petite carte simple de salades, épicées ou non, de soupes et de curries. Sa terrasse au bord de l'eau est appréciable également pour un verre en fin d'après-midi. En revanche, pour dîner, venez tôt : les groupes de musique qui se produisent à partir de 20h ont la main lourde sur les décibels.

Rabiang Rim Nam – *Soi Rim Nam (à côté du pont Chom Klao) - ✆ 03 242 57 07 - service continu - fermé lun. - plats 100/250 bahts.* Caché au fond d'une ruelle au bord de l'eau, ce petit restaurant, installé dans une maison ancienne, propose une cuisine traditionnelle de qualité, que vous pourrez déguster dans l'agréable pièce boisée ouverte sur la rivière ou sur une petite terrasse à l'étage.

Hébergement

Budget moyen

White Monkey Guesthouse – *78/7 Th. Khlong Krachaeng - ✆ 090 325 38 85 - ▤ ⊭ - 12 ch. à partir de 750/850 bahts.* Ce bâtiment gris anthracite de deux étages abrite des chambres lumineuses et fonctionnelles, garantissant tout le confort. Quelques-unes, partageant des sanitaires communs et simplement rafraîchies par des ventilateurs, sont réservées aux petits budgets. Seul hic pour cette adresse au calme, près du Wat Phra Pha Chai, les chiens du voisinage ont tendance à donner de la voix.

Sun – *43/33 Moo 5 Baan-Mor Muang (à 100 m du funiculaire) - ✆ 03 240 00 00 - sunhotel.th-thailand.com - ▤ ✕ P - 52 ch. 782/1 000 bahts - ☕ 120 bahts.* Dressé face au flanc ouest de la colline du palais royal, cet immeuble sans grâce propose, sur trois étages sans ascenseur, des chambres carrelées très spacieuses et bien meublées (bureau, frigo). Les plus belles disposent d'un balcon avec vue sur le Phra Nakhon Khiri. Un bon rapport qualité-prix. Location de vélos.

Parc national de Kaeng Krachan

Budget moyen

Kaeng Krachan National Park – *Kaeng Krachan Sub-district, Amphur Kaeng Krachan, Phetchaburi - ✆ 03 245 92 93 - 45 ch. 1 800/2 400 bahts.* Les bungalows (4 couchages) sont assez éloignés du lac. Possibilité de camper.

1

Hua Hin ★

Cernée de collines rocheuses, la baie qui s'ouvre sur le golfe de Thaïlande donna son nom au village de pêcheurs d'origine : « hua hin » signifie en effet en thaï la « tête de pierre ». De nos jours, c'est une ville provinciale de taille moyenne. Encadrée de longues plages de sable blanc, elle dut son succès, au début du 20e s., à la haute société de Bangkok. En 1911, la construction de la première voie de chemin de fer nationale devait désenclaver la province en reliant Hua Hin à la capitale. Dès lors, le village devint une station balnéaire huppée dont on apprécie aujourd'hui la douceur désuète, qui imprègne encore le quartier de la gare et celui des pêcheurs. Destination mer le week-end pour les habitants de Bangkok, c'est aussi l'une des villes de Thaïlande dont se sont entichés nombre de retraités occidentaux.

Se repérer

CARTE B2 (P. 32-33).
65 983 habitants – Province de Prachuap Khiri Khan.
À 63 km au sud de Phetchaburi et 230 km au sud-ouest de Bangkok.

À ne pas manquer

Prendre un verre à l'ancien Railway Hotel ; une excursion au Parc national de Khao Sam Roi Yot.

Organiser son temps

Ne vous attardez pas trop à Hua Hin (2h tout au plus) : la ville ne peut rivaliser avec les plages du Sud. Comptez en revanche un jour pour le Parc national de Khao Sam Roi Yot.

Carnet pratique p. 109

Nos adresses p. 109

Se promener

La façon la plus agréable de découvrir Hua Hin est d'effectuer une promenade en ville, puis sur la plage. Cette cité balnéaire n'offre que peu de curiosités, et vous vous y déplacerez facilement à pied.

La rue qui longe le front de mer, **Thanon Naresdamri★**, reste l'une des plus traditionnelles de la ville. Cependant, victime de son succès touristique, elle est désormais occupée majoritairement par les restaurants et les pensions sur pilotis d'un côté, par les agences de voyage et les boutiques de confection de l'autre. Ce **vieux quartier** touchant aux quais, un lacis de ruelles bordées de maisons de pêcheurs sur pilotis, est peu à peu mangé par les constructions modernes. Les dernières demeures traditionnelles font pâle figure devant l'hôtel Hilton, énorme tour de béton qui barre l'extrémité de l'artère. C'est à gauche du Hilton, et à droite, au niveau du temple chinois, que vous trouverez les deux principaux accès à la plage.

Revenez vers le centre et le quartier du marché (Th. Petchkasem, Soi 74 à 72).

De jour comme en soirée, l'atmosphère est chaleureuse autour du **grand marché★**, qui se mue en marché de nuit dès 17h. Entre les boutiques de souvenirs et de prêt-à-porter s'installent alors des gargotes temporaires qui proposent de savoureux plats à déguster sur le pouce.

Hua Hin.
Tonygers/Getty Images Plus

Si vous n'êtes pas arrivé en train, ne manquez pas de faire un crochet par la **gare ferroviaire★** *(au bout de Th. Damnoen Kasem)*, un ravissant bâtiment traditionnel en bois de teck construit en 1926, peint de couleurs vives, et flanqué d'un pavillon royal de même style. L'endroit baigne encore dans le souvenir des grands voyages d'antan.
Vous pourrez ensuite aller siroter un thé à la terrasse du **Museum Coffee & Tea Corner** *(Centara Grand Beach Resort, voir « Petite pause », p. 110)*, autre vestige de la grande époque du chemin de fer. L'édifice a conservé sa réception 1920 : meubles coloniaux, vieilles photos aux murs, etc. Il a servi de cadre à certaines scènes du film *La Déchirure*, de Roland Joffé (1984).

Un peu d'histoire

Hua Hin eut la fortune – ou l'infortune – de gagner les faveurs de Son Altesse le prince Chakrabongse, frère de Rama VI, qui découvrit l'endroit en 1911 lors d'une partie de chasse. Le charmant village de pêcheurs devint rapidement une station balnéaire huppée. Dès 1922, le prince y fit construire un golf et un hôtel, le **Railway**, suivi en 1926 de sa résidence estivale, le **Klai Kangwon** ou « palais du Sans-Souci ». Ironie de l'histoire : c'est là qu'en 1932, le roi Rama VII devait apprendre le coup d'État qui mettait fin au régime de la monarchie absolue dans le pays. Hua Hin n'en devint pas moins un lieu prisé de l'aristocratie thaïlandaise, ainsi que des riches étrangers. Aujourd'hui, la famille royale se rend toujours dans son palais d'été, conférant un certain prestige à la plus vieille station balnéaire du pays.

Parc national de Khao Sam Roi Yot.
Mumemories/Getty Images Plus

À proximité

CARTE P. 32-33

★★ Parc national de Khao Sam Roi Yot B2

À 65 km au sud de Hua Hin. En voiture, prenez la route 4 jusqu'à Pranburi, puis tournez à gauche au km 286 et poursuivez sur 20 km.
Bureau du parc à Ban Khao Daeng - ✆ 03 282 15 68 - 8h-21h30 - 200 bahts.
La route qui mène au parc national traverse des plantations d'ananas, spécialité de la province. Puis le paysage se fait plus tourmenté : d'étranges masses rocheuses se découpent sur le ciel, impressionnante série de crêtes dentelées qui valent à l'endroit son nom : la « **montagne aux Trois Cents Pics** ». Jaillissant au-dessus d'une vaste savane, ces collines calcaires sculptées par l'érosion composent le décor presque lunaire du parc, qui s'étend sur une superficie de 98 km^2. Entre les mois d'août et d'avril, des **oiseaux migrateurs**, venus de Chine et de Sibérie, font étape dans les marais qui bordent le littoral, avant de reprendre leur route vers les côtes australiennes. Près de 300 espèces d'oiseaux peuplent également les lieux : hérons, cigognes et aigles impériaux qui partagent le territoire avec des cerfs, des loutres, des mangoustes et des varans. Sur un rivage de mangrove se succèdent de splendides plages désertes aux eaux limpides que vous pourrez rejoindre en bateau à partir du village de **Ban Phu** *(à 2 km de l'entrée du parc)*, installé au bord d'un canal.

Éclipse

Le 18 août 1868, le roi Mongkut, astronome émérite, arriva au parc de Khao Sam Roi Yot accompagné de toute sa cour et de visiteurs étrangers. Le souverain avait annoncé l'éclipse : ce fut la fin d'une vieille croyance selon laquelle un géant gourmand avalait de temps à autre le Soleil – la coutume étant alors de frapper sur des gongs pour le lui faire recracher.

★★ Plage de Laem Sala (HAT LAEM SALA) B2

Si vous optez pour la randonnée pédestre, vous serez récompensé par le **panorama★★** sur les îles et les plages environnantes. Le long du chemin, des petits macaques mangeurs de crabes vous accompagneront, cachés dans les arbres; on les reconnaît à leurs yeux cerclés de blanc. La plage apparaît ensuite, dans toute sa beauté sauvage.

Derrière une forêt de pins, un sentier assez raide conduit à la grotte calcaire de **Tham Praya Nakhon★★** *(comptez 1h de marche - mieux vaut prendre un guide).* Cette cathédrale naturelle cache d'étonnantes cascades pétrifiées. Plusieurs niveaux ouvrent successivement sur des arches et des gouffres, jusqu'à la dernière salle, où vous ferez une découverte insolite : un joli **pavillon thaï**, construit en 1890 et déplacé là sous le règne de Rama V.

Carnet pratique

S'informer

Municipality Tourist Office – *114 Th. Phetkasem (angle Th. Damnoen Kasem, non loin de la gare) - ✆ 02 250 55 00.*

Arriver/Partir

En bus

La plupart des bus s'arrêtent à l'angle de Th. Sasong et de Th. Dechanuchit, au marché central. De/vers Bangkok, départs ttes les 45mn de 5h à 22h *(3 à 4h de trajet).*

Hua Hin Bus Station – *Soi 96/1 (à 5 km au sud du marché central).* Liaisons pour Krabi, Phuket, l'aéroport Suvarnabhumi de Bangkok et Surat Thani (embarquement pour Ko Samui).

En train

Gare ferroviaire – *Au bout de Th. Damnoen Kasem - ✆ 03 251 10 73.* Trains pour Bangkok *(4h) via* Phetchaburi *(1h15)* et pour Surat Thani *(6-8h).*

Adresses utiles

Sécurité

Police touristique – *Th. Damnoen Kasem (juste avant la plage) - ✆ 11 55.*

Nos adresses

Restauration

Les restaurants situés autour de Th. Naresdamri, dans le vieux Hua Hin, sont très touristiques. Pour manger dans une cantine locale, vous trouverez plusieurs adresses sur Th. Naeb Khehars, notamment au croisement de Th. Chomsin.

Budget moyen

La Terrasse – *11/1 Th. Naresdamri - ✆ 03 251 13 93 - ▭ - service continu - plats 250/880 bahts.* L'établissement, posé sur des pilotis qui s'avancent dans la mer, propose un cadre un peu plus soigné que ses concurrents, également en terrasse et fonctionnant sur le même principe. On y sert des spécialités de la mer (crevettes, calamars...) ainsi que de la langouste.

1

Royal – *4/27 Th. Damnoen Kasem - ✆ 087 528 86 40 - ⊭ - service continu - plats 275/470 bahts.* Des crevettes, du mouton et du poulet mais ni bœuf, ni porc dans ce restaurant indien de tradition musulmane. *Biryani*, *tandoori* et *vindaloo*, on retrouve ici les saveurs du nord de l'Inde, qui font oublier la modestie du cadre.

Cool Breeze Café Bar – *62 Th. Naresdamri - ✆ 03 253 10 62 - www.coolbreezecafebar.com - service continu - plats 340/500 bahts.* Beau choix de tapas, certaines avec des produits d'importation espagnole (chorizo, fromages de la péninsule ibérique, *pata negra*), d'autres végétariennes ou aux fruits de mer. Plateaux d'assortiments et *paella* pour 2 à 6 pers. servis dans une jolie demeure traditionnelle aux murs de bois peints en blanc, agrémentée d'une cour au calme, à l'arrière.

Ogen – *250/131 Th. Petchkasem, Soi 94 - ✆ 085 838 91 53 - service continu - plats 320/650 bahts.* Une bonne cuisine méditerranéenne et moyen-orientale : houmous, assortiments de grillades, falafels…

Pour se faire plaisir

Marché de nuit – *Th. Dechanuchit - ⊭ - 18h-23h.* Dans la portion comprise entre Th. Saong et Th. Prapoklao (la rue de la gare), le marché de nuit concentre les étals de fruits de mer, devant la terrasse des restaurants qui en ont fait leur spécialité : crevettes géantes, crabe bleu, poissons grillés au barbecue et superbes langoustes. Vous pourrez même goûter la limule, un véritable fossile vivant.

Brasserie de Paris – *3 Th. Naresdamri - ✆ 099 002 72 35 - www.brasseriedeparis.net - service continu - plats 595/1 395 bahts, menu 995 bahts.* Comme son nom l'indique, ce restaurant propose une cuisine d'inspiration française (escargots, foie gras, châteaubriand). La salle dégage une atmosphère marine plaisante, avec ses grandes parois vitrées regardant le large et ses murs de bois bleu pastel. Carte de vins français et italiens.

Railway – *Restaurant du Centara Grand Beach Resort (voir « Hébergement ») - ✆ 03 251 20 21 - www.centarahotelsresorts.com - soir seult - fermé merc.-jeu. - plats 330/1 960 bahts.* Un cadre plein de nostalgie, la ravissante salle du restaurant reproduisant la gare de Hua Hin. Petit-déjeuner buffet et, le samedi soir en haute saison, un buffet français très apprécié.

Petite pause

The Museum Coffee & Tea Corner – *Centara Grand Beach Resort (voir « Hébergement ») - ✆ 03 251 20 21 - www.centarahotelsresorts.com - jeu.-dim. 11h-18h.* Les vitrines exposant de la vaisselle d'époque, l'antique horloge, le vieux standard téléphonique : tout fait revivre l'époque mythique de l'hôtel Railway, dans les années 1920. Un endroit délicieusement rétro pour un *afternoon tea* servi dans les règles de l'art.

Shopping

Mike & Co Tailor – *8/62 Th. Phetkasem (Soi 100, à 2,5 km au sud de la gare) - ✆ 03 251 51 54 - www.mikeandcotailor.com.* Vêtements et soieries haut de gamme, en prêt-à-porter ou sur mesure. La qualité des réalisations vaut largement le déplacement – d'autant qu'on viendra vous prendre à votre hôtel sur demande.

Activités

Gastronomie

Feast Thailand Food Tours – *10 Th. Naebkhehard - ✆ 03 251 02 07 - feastthailand.com - horaires, se rens.* Visite guidée à la découverte des spécialités culinaires de la ville (à partir de 1550 bahts pour 3h30 de promenade et de dégustation).

Golf

Royal Hua Hin Golf Club – *03 251 24 75 - www.royalhuahingolfcourse.com - 6h-18h.* Le cadre des distractions royales depuis 1924.

Hébergement

Les hôtels les plus proches de la mer voient leurs tarifs augmenter sensiblement en fin de semaine. Ceux construits sur pilotis le long de Th. Naresdamri s'interrogent sur leur avenir, des menaces de démolition pesant sur ce quartier ancien.

Premier prix

Sirima Guesthouse – *31 Th. Naresdamri - 03 251 10 60 - www.sirimaguesthouse.com - - 28 ch. 650/750 bahts - en suppl.* Construites de part et d'autre d'une longue passerelle s'avançant sur la mer, ses chambres aux cloisons de bois sont minuscules comme des cabines de bateau. Pour profiter au mieux de cette situation unique, vous pouvez choisir la chambre « familiale », qui donne sur la mer. L'hôtel voisin, à gauche, est lui aussi sur pilotis, mais la vue est moins plaisante. Terrasse sur l'eau, d'où l'on voit à droite le temple chinois.

Budget moyen

Fulay Guest House – *110/1 Th. Naresdamri - 03 251 31 45 - www.fulayhuahin.com - - 12 ch. 1 250/2 500 bahts - réserv. indispensable.* Pour s'endormir bercé par le bruit des vagues. Le Fulay adopte le même agencement que le Sirima, avec des chambres peintes en blanc et un cadre un rien plus soigné. Les prix augmentent à mesure que l'on se rapproche de la mer. L'ensemble reste néanmoins vieillot et, s'il ne manque pas de charme, l'entretien laisse à désirer. Grande et belle terrasse-bar plein large. Ne confondez pas cet établissement avec l'hôtel du même nom (de l'autre côté de la rue).

Pour se faire plaisir

White Sand Beach – *Th. Petchkasem (à 1 km de l'aéroport) - 03 252 04 10 - - 16 ch. 1 635/2 995 bahts .* Excentré à 6 km au nord du centre, un hôtel moderne aux chambres carrelées, confortables, dont les baies vitrées ouvrent sur le large (balcons pour celles du 1er étage). Kayaks et vélos à disposition. Un établissement à taille humaine pour un séjour au calme (2 à 5 nuits mini en haute saison).

Une folie

Centara Grand Beach Resort & Villas Hua Hin – *1 Th. Damnoen Kasem - 03 251 20 21 - www.centarahotelsresorts.com - - 207 ch. 4 500/12 100 bahts - 750 bahts; 42 villas à partir de 14 000 bahts .* Il occupe les murs du mythique hôtel Railway, fondé en 1923, sans doute la plus belle demeure de style colonial en Thaïlande. Derrière un escalier somptueux, la réception ouvre sur un parc tropical semé de sculptures végétales. Les chambres, superbes, sont entièrement de teck et de marbre. Accès direct à la plage et nombreuses activités, offertes (yoga, tai chi, aqua-gym) ou en sus (spa, cours de cuisine).

Chonburi et sa région

Bang Saen - Ko Si Chang - Pattaya

De Bangkok, la route qui file vers la côte orientale n'offre qu'une succession ininterrompue de complexes industriels, conséquence du projet gouvernemental Eastern Seabord Development Project : un programme de développement intensif de la région, initié dans les années 1980, destiné à décongestionner Bangkok. Voies ferroviaires, usines, ports et raffineries jalonnent ainsi une bonne partie du littoral. Mais ne vous laissez pas décourager : passé Chonburi, l'arrière-pays se distingue par sa luxuriance, et le relief tourmenté de la côte réserve de majestueux panoramas. En route vers le sud, la petite ville de Bang Saen, la plage de Chom Thian à Pattaya et l'île de Si Chang constitueront des étapes de charme, agréable transition pour les amateurs de nature, qui poursuivront ensuite leur voyage vers Ko Samet ou Ko Chang.

Se repérer

CARTE C1-2 (P. 32-33).
26 313 habitants à Chonburi – Province de Chonburi.
Chonburi est situé à 70 km au sud de Bangkok.

Organiser son temps

Comptez 3 jours. Pour explorer la région en toute liberté, louez un véhicule. Les w.-ends et j. fériés, évitez la plage de Bang Saen et l'île de Ko Si Chang, surpeuplées.

En famille

La réserve zoologique de Khao Khieo.

Carnet pratique p. 116

Nos adresses p. 116

Excursions

CARTE P. 32-33

Chonburi et ses alentours C1

À 70 km au sud de Bangkok - en voiture, comptez 1h par la route 34 ; en bus, prévoyez 1h45 (dép. fréquents du Southern Bus Terminal de Bangkok).

Difficile d'imaginer que Chonburi, devenue aujourd'hui une zone très urbanisée, était au siècle dernier le lieu de villégiature favori de la famille royale thaïlandaise. La ville est la capitale d'une province fertile où l'on cultive le manioc, la canne à sucre et la noix de coco. Mais elle a également su tirer un profit économique de sa situation en bord de mer, et son port en eau profonde, **Laem Chabang**, constitue le noyau d'une activité industrielle internationale. La région doit en outre une bonne part de sa prospérité à l'ostréiculture, comme en témoignent les nombreux parcs à huîtres s'égrenant sur le littoral.

Prenez la route vers le sud-ouest.

Dès la sortie de la ville, le paysage se révèle moins ingrat. Juché sur la **colline de Sam Muk**, un temple chinois moderne exhibe son décor foisonnant : divinités chinoises et dragons s'enroulent autour des piliers écarlates du sanctuaire et de ses pavillons secondaires. De la terrasse supérieure du bâtiment, on jouit d'un

beau **point de vue★** sur les environs : collines escarpées s'avançant sur la mer, dominant une nappe de verdure piquée de flamboyants rouges et de cocotiers.
En route vers Bang Saen, un chemin à droite mène à la « colline des Singes », elle aussi couronnée par un temple chinois. Le **Chao Mae Kao Samuk** fut élevé au 18e s. à la mémoire d'une jeune Chinoise qui mit fin à ses jours en se noyant, parce que ses parents avaient refusé qu'elle épouse son amant. La tradition populaire l'a élevée au rang de déesse, et le temple accueille une foule de Thaïlandais d'origine chinoise. Très présents sur le site, des singes viennent là sans crainte attraper la nourriture que leur distribuent les fidèles. La visite se révèle également pittoresque pour les multiples grottes alentour, peuplées de bouddhas.

Gourmandise

À Chonburi, des affiches montrent un singe coiffé d'un curieux couvre-chef. Message : ne pas les nourrir avec des noix de coco ! Une anecdote raconte en effet que deux jours furent nécessaires pour attraper un singe trop gourmand ; sa tête était restée prisonnière à l'intérieur du fruit, et l'animal, pris de panique, courait en tous sens.

Bang Saen C1

À 10 km au sud de Chonburi - accessible de Bangkok en bus (1h45 de trajet).
Avec son sable fin et ses cocotiers, la plage de Bang Saen pourrait inviter à quelque délicieux farniente… si ce n'étaient les ordures qui viennent s'y échouer au petit matin. La promenade du front de mer reste néanmoins très agréable avec son animation colorée. Le soir, quand la chaleur s'estompe, il fait bon flâner sous les cocotiers, entre les petites cantines et les marchands ambulants. On vient s'y restaurer et profiter de la brise marine, tandis qu'à l'horizon la silhouette de la petite île de Si Chang disparaît peu à peu.

Si Racha C1

À 18 km au sud de Chonburi - accessible de Bangkok en bus (2h de trajet).
Petite ville de pêcheurs, Si Racha ne manquait pas de charme, autrefois, avec ses maisons sur pilotis alignées sur le rivage. Mais le béton, là aussi, achève de défigurer le littoral, et la ville ne présente pas d'autre intérêt que de constituer le point de départ vers l'îlot de Si Chang.
Vous pouvez tout de même profiter de l'étape pour savourer quelques plats de fruits de mer agrémentés de la spécialité culinaire locale : une sauce pimentée portant le nom de *nam phrik Si Racha*.
Amarrées à l'embarcadère, composant un joli tableau, des barques de pêcheurs aux couleurs vives attendent de vous emmener sur l'île, en compagnie de quelques-uns des habitants du lieu.

Ko Si Chang C1-2

Au large de Si Racha. Les bateaux partent de la petite île de Ko Loi, reliée par un pont au front de mer de Si Racha (dép. ttes les h. de 6h à 20h ; de Ko Si Chang, dernier bateau à 19h - 45mn de traversée - 50/60 bahts).
Pour partir à la découverte de l'île, adoptez donc le moyen de transport local : de curieux tricycles motorisés, propulsés par l'avant d'une moto.
À 5mn à pied du port, faites une première halte au village de **Tha Bon**. Un chemin partant sur la droite conduit au temple chinois de **Sam Jao Phaw Khao Yai**, adossé

à la montagne. Un escalier assez raide grimpe vers un dédale de grottes ornées de dragons, où trônent des bouddhas riants et ventrus, symboles de fortune. La terrasse du temple livre une belle **vue★** sur le village et les collines de l'île.

Quittez le village par la route étroite qui file vers le sud, sur 1 km.

Quelques balustrades blanches, des bassins et des volées de marches ne menant nulle part : c'est tout ce qui reste de la résidence d'été en teck, le **Kao Chula Chom Klao**, que le roi Mongkut fit construire à Ko Si Chang à la fin du 19e s. En 1893, à la suite de l'occupation de l'île par les troupes françaises, le bâtiment royal fut en effet déplacé à Bangkok : c'est l'actuel palais Vimanmek *(ne se visite plus)*.

Des vestiges de la résidence d'été, un sentier pavé grimpe en pente douce jusqu'au sommet de l'île, que couronne le **chedi Asadang Nimit**, un édifice circulaire qui servait jadis de point de repère aux marins. L'endroit offre un superbe **point de vue★★** sur le littoral et sur les collines au vert profond, qui évoquent les paysages de Chine méridionale. Côté mer, le lent ballet des pétroliers et des supertankers rappelle l'activité industrielle de la région. L'île servit d'ailleurs longtemps de point de contrôle douanier pour les bâtiments se rendant à Bangkok.

La route descend ensuite en pente assez forte sur l'autre versant de l'île *(ouest)*, où vous attend le sable clair des plages de **Hat Sai Khaeo★** et de **Hat Tham Phang★**. Leurs flots cristallins invitent à d'agréables baignades, et les gargotes à l'entrée de Hat Sai Khaeo vous permettront de prendre un petit en-cas sur place.

Réserve zoologique de Khao Khieo C1

À 22 km au sud de Chonburi - suivez la route 7 - ☏ 03 831 84 44 - www.khaokheow.zoothailand.org - 8h-17h - 300 bahts - location de vélos et de voiturettes électriques à l'entrée.

Ce parc englobe une forêt tropicale de 500 ha, qui constitue un refuge pour les 130 espèces d'animaux évoluant là en semi-liberté. Son majestueux décor de collines verdoyantes invite à une promenade, à l'écart d'un littoral bétonné. Une route que l'on parcourt à pied, en voiture ou à bicyclette dessert plusieurs volières et des enclos abritant gibbons, girafes, daims, ours, rhinocéros et éléphants. Elle conduit ensuite vers un cirque de collines habité par des léopards et divers fauves, qui ne dorment que d'un œil dans leur cage.

Pattaya, une réputation sulfureuse

Jadis, Pattaya avait des airs de paradis, avec ses longues plages protégées par des caps rocheux. Ancien village de pêcheurs, le site attira ses premiers vacanciers dès 1950. Mais sa véritable métamorphose débuta dans les années 1970, avec la guerre du Vietnam. Basés à Sattahip, un camp militaire établi au sud, les soldats américains jetèrent leur dévolu sur les plages de l'endroit. Bientôt, on y installa des bungalows, et d'autres types de distractions virent le jour : année après année, le tourisme sexuel prit possession des lieux. Le village se mua ainsi en une grosse station balnéaire internationale sans âme, et son expansion incontrôlée acheva de ternir la beauté du cadre. Certes, le gouvernement thaïlandais, à travers la promotion d'un tourisme familial, tente de redonner à Pattaya un peu de respectabilité : l'excellente infrastructure hôtelière lui permet d'accueillir conventions et séminaires internationaux, et les passionnés de sports nautiques y trouvent une large gamme d'activités. Cependant, la tâche des autorités s'avère très difficile tant le passé et la réputation sulfureuse de Pattaya lui collent à la peau.

Pattaya C2

À 62 km au sud de Chonburi - accessible en bus de Chonburi ou de Bangkok.
Tourism Authority of Thailand – *609 Moo 10, Th. Prathamnak (sur la colline séparant le centre de Pattaya de Chom Thian) - 03 842 76 67.*
La cité de Pattaya offre sur Walking Street une concentration unique en Asie de bars à strip-tease, de night-clubs et d'hôtels de passe, d'où son surnom de « Patpong-sur-Mer », en référence à l'un des quartiers les plus chauds de Bangkok. La ville vit à la lumière de ses milliers d'enseignes au néon, et si la perspective de nuits sans sommeil vous laisse froid, rejoignez sans tarder Hua Hin *(voir p. 106)*, située de l'autre côté du golfe de Thaïlande, ou rendez-vous sur la belle île de Ko Chang *(voir p. 126)*, aux portes du Cambodge.
La ville s'articule en trois grands quartiers correspondant aux trois baies : Pattaya même et sa frénésie au centre, Na Klua et ses petites **plages★** au nord et l'immense écharpe de sable de Chom Thian, au sud, qui constitue le quartier familial de Pattaya.
Parallèle à Th. Pattaya Beach, l'artère principale montre une succession ininterrompue d'hôtels, de restaurants, de bars et de magasins. Cette « promenade des Anglais », ombragée de banians et d'acacias, épouse la baie centrale de Pattaya, longue de 3 km. Suivant toujours le front de mer, elle se poursuit vers la colline rocheuse qui ferme la baie et sépare la plage de Pattaya de celle de Chom Thian. En chemin, vous pouvez faire une halte au **Royal Cliff Beach Resort**, perché sur la colline, un hôtel au luxe tapageur qui se réserve les plus belles vues de Pattaya. De sa terrasse, on bénéficie d'un somptueux **panorama★★** sur la baie et les petites anses de sable en contrebas.
Dédiée au tourisme familial, la **plage de Chom Thian (Jomtien)** révèle une atmosphère bien plus sereine et calme que dans le centre de Pattaya : ici, pas de gogo-bars. Ombragée de palmiers, elle se déroule sur 14 km et accueille une multitude d'activités nautiques : balade en voilier, parachute ascensionnel, jet-ski, ski nautique ou planche à voile, etc. Vous aurez l'embarras du choix.
À l'horizon se découpent les silhouettes montagneuses des îles de **Ko Lan**, **Ko Lin** et **Ko Khrok**, qui offrent d'agréables excursions journalières et divers spots de plongée, si l'on fait abstraction de la vue sur les pétroliers du port de Bangkok... Sachez toutefois que les coraux, victimes du va-et-vient incessant des bateaux et des jet-skis, sont en mauvais état, et que les centres spécialisés dans cette activité à Chom Thian pratiquent des prix prohibitifs.

Bang Saray C2

À 79 km de Chonburi et à quelques kilomètres au sud de Pattaya par la route 3.
Loin du béton et de l'agitation de Pattaya, Bang Saray aligne ses maisons et ses restaurants le long d'une série de jolies plages de sable fin. Un havre de paix où il fait bon se poser pour déguster des fruits de mer.
Le village est aussi le point de départ d'excursions de pêche en haute mer, l'occasion de vous essayer à ferrer requins ou barracudas.

Carnet pratique

Arriver/Partir

En avion

U-Tapao International Airport – *À 30 km au sud de Pattaya - www. utapao.com*. Vols quotidiens de/vers Chiang Mai, Phuket et Samui.

En bus

La côte est bien desservie, par des bus nombreux, rapides et confortables. De Bangkok, départs réguliers vers les différentes villes de la côte orientale du golfe. Départs de la gare routière d'Ekamai (Eastern Bus Terminal) *(voir « Carnet pratique » à Bangkok, p. 67)* : comptez 1h45 de trajet pour Chonburi et 2h pour Pattaya.

Adresses utiles

Santé

Bangkok Pattaya Hospital – *301 Moo 6, Th. Sukhumvit - ✆ 03 825 99 99 - www.bangkok pattayahospital.com*. Médecins étrangers et interprètes.

En cas de problème sérieux, dirigez-vous plutôt vers les hôpitaux de Bangkok.

Sécurité

Police touristique - *609/1 Moo 10, Th. Prathamnak, Pattaya - ✆ 11 55.*

Nos adresses

Restauration

Pattaya

Pour se faire plaisir

Natan's – *406/333 Moo 12, Th. Jomtien Thappraya - Nongprue Banglamung - ✆ 03 825 12 50 - - soir seult - plats 280/890 bahts.* Tenu par des Français, il propose de la cuisine thaïe et française à un prix très raisonnable ainsi qu'une vaste sélection de tapas.

Hébergement

Bang Saen

Budget moyen

Bang Saen Heritage – *50/54 Bangsaen sai 1 - ✆ 03 839 98 99 - www.bs-heritagehotel. com - - 290 ch. 1 500/2 200 bahts - 299 bahts.* Confortables et claires avec leurs baies vitrées, les chambres sont cependant mal éclairées le soir. Les plus chères disposent d'une vue sur la mer. Le petit-déjeuner comme le dîner sur la terrasse du restaurant, face à la mer, sont un vrai plaisir. Tarifs dégressifs en basse saison et en hausse le w.-end.

Pattaya

Pour se faire plaisir

Birds and Bees Resort – *366/11 Moo 12, Soi 4, Phratamnak Rd - ✆ 03 825 00 35 - www. cabbagesandcondoms.com - - 59 ch. à partir de 2 500 bahts .* Dans un jardin luxuriant, au bord d'une plage préservée, cette adresse prisée des familles permet un séjour balnéaire paisible. Si le nom du restaurant peut surprendre, c'est seulement que le propriétaire a créé une association (Cabbages and Condoms) pour promouvoir la contraception et la prévention des IST.

Ko Samet ★

Au large de Rayong émerge la crête montagneuse de Ko Samet. Tout en longueur, l'île dessine une flèche s'étirant sur 6 km pour à peine 1,5 km de large. Jouissant d'un climat plus sec que l'ensemble de la région, elle est devenue le lieu de villégiature favori des Thaïlandais, qui s'y rendent en toute saison. Malgré son succès, Ko Samet garde une grande part de sa beauté sauvage : à l'exception de la côte nord-est, où se concentrent la plupart des bungalows et des restaurants, l'infrastructure touristique reste encore assez discrète, et les hôtels et boutiques sont nichés parmi les palmiers qui bordent les plages. Plus on file vers le sud, plus la foule se raréfie, et vous dénicherez même quelques criques ou plages quasi désertes. Quant à la côte ouest, que son relief tourmenté préserve de la cupidité des promoteurs, elle n'abrite qu'une seule plage, cachée entre les rochers... pour ceux qui ont l'âme d'un Robinson.

Se repérer

CARTE CD2 (P. 32-33), CARTE DE L'ÎLE (P. 118).
2 810 habitants – Province de Rayong. À 6 km au large de Rayong et 185 km au sud-est de Bangkok.

À ne pas manquer

Les plages de Hat Sai Kaew et d'Ao Thian; le coucher du soleil sur Ao Phrao.

Organiser son temps

Venez à Ko Samet le matin, avant l'affluence. Si vous aimez le calme, évitez les w.-ends et les j. fériés.

Carnet pratique p. 121

Nos adresses p. 121

Circuits conseillés

CARTE P. 32-33 ET CARTE DE L'ÎLE P. 118

★ Le tour de l'île CARTE DE L'ÎLE

Circuit marron tracé sur la carte de l'île – En deux-roues, comptez une journée, haltes comprises. Embarquement à Ban Phe, à 14 km au sud-est de Rayong. De Rayong, suivez la route 3 vers l'est, puis prenez à droite au km 231, sur 5 km. Départs en ferry ou en speed-boat depuis les embarcadères de Nuan Tip et Tarua Phe, ttes les h. de 8h30 à 17h - 100/200 bahts.

Soyez très prudent en deux-roues et évitez de circuler par temps de pluie. Préférez les plages méridionales, plus tranquilles.

La route qui mène à **Ban Phe**, port d'embarquement pour Ko Samet, longe une superbe **plage**★ bordée de pins, longue de 12 km. De nombreux embarcadères, témoins du succès de l'île, s'alignent face aux maisons des pêcheurs. Après 40mn de traversée, on accoste au port de **Na Dan**, ancien point de contrôle des jonques chinoises en route vers Bangkok.

De Na Dan à Ao Phutsa

Prenez à gauche face au débarcadère - à 200 m au sud du village, une pinède annonce l'entrée du parc national - 200 bahts.

1

La route s'enfonce dans l'intérieur de l'île pour rejoindre la côte sud-est. Elle débouche d'abord sur **Hat Sai Kaew★ (Diamond Beach)**, la plus belle plage de Ko Samet – mais aussi la plus fréquentée. Hôtels, pensions, restaurants et bars se succèdent sans trêve le long de la piste bordant la plage. Un site saturé, que les contraintes imposées par les autorités du parc n'ont pas réussi à sauvegarder. Certes, les bungalows et autres constructions ne franchissent pas la limite des arbres, mais ils convoitent les flancs des collines alentour. La plage elle-même reste néanmoins fort belle avec ses eaux claires et son sable immaculé. Profitez-en le matin, lorsqu'elle est encore déserte. La « plage aux Diamants » tient son surnom de la teneur très forte de son sable en silice, qui, avant la création du parc en 1981, servait à la fabrication du verre. Au centre de la plage trônent sur un rocher les statues kitsch du prince et de sa sirène, les deux héros de la plus célèbre épopée romantique thaïlandaise, le **Phra Aphaimani** *(voir encadré ci-dessus)*.

Un sable « poussière de cristal »

L'île doit son nom au *samet*, un arbre dont le bois est très utilisé en Asie dans la construction navale. Mais c'est le poète et dramaturge **Sunthorn Phu** (1787-1855) qui lui donnera son plus beau surnom : « l'île au sable semblable à la poussière de cristal ». Natif de la région de Rayong, l'homme de lettres se retira à Ko Samet pour composer ses œuvres. En faveur sous le règne de Rama II, Phu collabora avec le souverain à la rédaction d'une des versions du *Ramakien* et rédigea le *Phra Aphaimani*, une vaste épopée romantique qui compte aujourd'hui parmi les classiques de la littérature thaïe. Les statues présentes sur la plage de Hat Sai Kaew figurent d'ailleurs les deux héros du *Phra Aphaimani* : un prince, condamné par son père à vivre dans les profondeurs de la mer aux côtés d'un monstre, et une belle sirène qui interviendra pour le sauver. Histoire qui finira par un mariage, évidemment...

Plus au sud *(5mn de marche)*, au-delà des deux statues, vient la ravissante plage d'**Ao Hin Khok★★**, qui prolonge la première.

Puis on franchit un petit cap rocheux pour accéder à celle d'**Ao Phai★**, agréable quoique encore assez fréquentée et festive. Elle jouxte celle d'**Ao Phutsa**, nettement plus calme.

Au-delà, si vous continuez à pied, la promenade devient plus fastidieuse : des promontoires rocheux, parfois escarpés, séparent les plages, livrant en compensation quelques beaux **panoramas★**.

1

Vers la pointe de l'île

Vous pouvez aussi suivre la piste qui se poursuit au sud en passant par la jungle. Véritable îlot de sérénité, la petite crique solitaire d'**Ao Nuan★★** *(en reprenant à gauche vers la mer)* se cache derrière une avancée rocheuse.

Plus loin, de rocher en rocher, vos pas vous mèneront à la crique d'**Ao Cho**, une anse un peu plus grande, mais sans le charme de sa voisine : les coraux y sont bien abîmés, victimes de la pêche à la dynamite.

Cachée par un autre escarpement se déroule la grande plage d'**Ao Wong Duan** *(à 2,5 km de la plage d'Ao Phai)*, aussi peuplée et construite que celle de Hat Sai Kaew : second port d'embarquement de l'île, elle est défigurée par un môle qui la coupe en deux.

Reprenez plutôt le chemin à son extrémité : des marches conduisent à la plage d'**Ao Thian★ (Candle Light Beach)**, un havre de paix ignoré où vous ne trouverez que quelques pensions au confort très basique.

Plus au sud, enfin, la côte se fait plus sauvage, et il faut emprunter les sentiers à travers la jungle pour accéder aux plages d'**Ao Wai** puis d'**Ao Kiu Na Nok★★**, superbe étendue de sable isolée près de la pointe sud de l'île *(difficile d'accès : le mieux est de louer un bateau au départ de Ban Phe ou d'y aller en* songthaew*)*.

De la plage, en prenant la piste intérieure qui remonte tout droit vers le nord, vous pouvez achever votre tour de l'île côté ouest, pour admirer le coucher de soleil du haut des **falaises★** qui découpent le littoral.

Enfin, pour profiter de son cadre paisible, faites donc une dernière halte à la plage d'**Ao Phrao★** *(Paradise Beach – à 2,5 km de Na Dan ; de l'embarcadère, des* songthaew *vous y conduisent directement)*.

Une plage de Ko Samet.
ronemmons/Getty Images Plus

Au départ de Ban Phe CARTE P. 32-33

Circuit de 50 km au départ de Ban Phe, tracé en rouge sur la carte p. 32-33 – Comptez une demi-journée. Véhicule indispensable.

Du port de Ban Phe, suivez la route du littoral vers Laem Mae Phim : sur 25 km, la route 3 égrène de superbes **plages★** blanches ombragées de pins et de filaos. Passé la pinède de Suan Son *(à 5 km de Ban Phe)*, non loin du village de Tha Rua Klaeng, un **marché aux poissons** s'ouvre sur une plage. En compagnie des familles thaïlandaises, vous y dégusterez des produits de la mer d'une fraîcheur sans pareille, accompagnés de la sauce de poisson locale, le *nam pla*.

Suivez la route 3 jusqu'à la petite ville de Klaeng (km 274), puis prenez à gauche sur 12 km ; le parc est difficile d'accès si vous n'êtes pas motorisé.

★ Parc national de Khao Chamao D2

200 bahts. Bouteilles en plastique interdites. Agréable restaurant installé à l'entrée du domaine, dans la végétation. N'oubliez pas votre maillot de bain.

Englobant un vaste massif granitique couvert d'une luxuriante forêt tropicale, le parc de Khao Chamao abrite sur 80 km² une riche faune de mammifères – gibbons, cerfs sambars, tigres, gaurs, ours – et d'oiseaux.

À gauche du parking, un sentier aménagé grimpe au flanc de la montagne, qui culmine à 1 028 m. Il conduit aux chutes d'eau de **Khao Chamao★ (Nam Tok Khao Chamao)** qui, de cascade en bassin, s'étagent sur huit niveaux à travers un impressionnant chaos de rochers *(baignade interdite au 1er niveau ; le dernier est inaccessible pendant la saison des pluies)*.

À partir du 4e niveau, la progression devient sportive. Mais l'effort en vaut la peine : le niveau 7 *(sentier de 2 km à partir du parking)* forme une jolie piscine naturelle baignée d'eau claire, idéale pour se délasser, dans un paisible décor de verdure.

Carnet pratique

S'informer

Tourism Authority of Thailand à Rayong – *153/4 Th. Sukhumvit, Tambon Taphong - ✆ 03 865 54 20.*

Arriver/Partir

En bus – De Bangkok (Ekamai Bus Terminal) à Ban Phe, port d'embarquement pour l'île, env. 10 bus/j. directs *(env. 4h de trajet).*

Se déplacer

À chaque embarcadère de Ban Phe, location de bateaux privés pour gagner directement la plage de votre choix ou faire le tour de l'île *(à partir de 1800 bahts/pers.).*

Adresses utiles

Ko Samet Health Center – *Juste après le village de Ban Phe.* Petit centre médical.

Police touristique – *Th. Saikaew - ✆ 03 865 16 69* et *11 55.* Bureaux à Ban Phe et à l'entrée du parc, sur l'île.

Nos adresses

Hébergement/restauration

Ao Phai

Pour se faire plaisir

Silver Sand Resort – *92 Moo 4 - ✆ 03 864 43 01 - www.silversandsamed.com - - 50 ch. 2295/3 500 bahts.* Chaque bungalow de bois, peint en blanc, est installé dans un écrin de verdure où s'épanouissent fleurs, palmiers et frangipaniers. Les intérieurs sont simples et confortables et certains peuvent recevoir 4 personnes. Ambiance festive le soir avec musique et DJ.

Ao Wong Duan

Pour se faire plaisir

The C Samet Beach Resort – *22 Moo 4, Pae Muang - ✆ 03 864 42 65 - www.thecsamet.com - - 62 ch. 1990/3 700 bahts.* Grimpant sur la colline face à la plage, trois types de cottages, avec vue sur mer ou sur le jardin tropical, sont décorés avec goût, les plus chers avec plancher et mobilier de teck.

Vongdeuan Resort – *22/2 Moo 4 Mueang - ✆ 091 234 77 70 - www.vrsamed.com - 64 ch. 2 686/3 400 bahts.* L'adresse est intéressante pour les chambres de catégorie supérieure, aménagées dans de ravissants bungalows en bois à l'architecture thaïe traditionnelle.

Ao Phrao

Une folie

Ao Phrao Resort – *60 Moo 4, Tumbol Phe - ✆ 03 864 41 00 - www.samedresorts.com - - 58 ch. 7 900/10 100 bahts.* Noyés dans un ravissant jardin tropical, des bungalows raffinés, dotés de larges terrasses offrant de superbes vues sur la mer. Sports nautiques, plongée. Séjour mini 2 nuits en haute saison.

Chanthaburi et ses environs ★

Encerclée de montagnes bleutées, la bourgade s'étend au cœur d'une vaste plaine agricole, écrin de verdure dans lequel elle semble se fondre. Ici, le béton n'a pas encore sévi, et sur la berge de la rivière qui porte son nom, les maisons traditionnelles du quartier vietnamien de Chanthaburi reflètent toujours leurs pilotis. En fin de semaine, il faut faire un tour au marché aux pierres précieuses, rendez-vous des marchands venus du pays entier pour négocier les gemmes qui, depuis cinq siècles, font la renommée de la cité. Vous pouvez aussi siroter un rafraîchissement dans une de ces jolies maisons-boutiques au bord de la rivière. Une étape de charme donc, doublée d'un bon point de départ pour explorer la région et goûter aux attraits du littoral.

Se repérer

CARTE D2 (P. 32-33).

23 024 habitants – Chef-lieu de la province de Chanthaburi.
À 62 km au nord-ouest de Trat et 190 km au sud-est de Pattaya.

À ne pas manquer

Une balade dans le quartier vietnamien, autour de la cathédrale N.-D.-de-l'Immaculée-Conception ; le marché aux pierres précieuses ; une excursion à Laem Singh (si vous êtes en voiture).

Organiser son temps

Comptez 2h pour Chanthaburi. Si vous disposez d'un véhicule, vous pourrez explorer les environs en une journée.

Carnet pratique p. 125

Nos adresses p. 125

Se promener

Commencez par une promenade hors du temps dans le **quartier vietnamien★**, qui longe la rivière. Du pont qui l'enjambe *(en venant de la route 3, sur Th. Tha Luang)*, on jouit d'un ravissant point de vue sur les **maisons sur pilotis★** s'égrenant au bord de l'eau. Passé le pont, à votre gauche, jetez aussi un coup d'œil à la

Ville occupée, ville refuge

En 1769, Chanthaburi servit de bastion de résistance au roi **Taksin** après la chute d'Ayutthaya. Le monarque s'y retrancha lors de son combat contre les Birmans, avant de commencer sa reconquête du Siam. Bien plus tard, de 1893 à 1905, la ville fut occupée par les troupes françaises, alors en conflit avec la royauté siamoise sur les questions frontalières relatives au Laos et au Cambodge. Chanthaburi est toutefois surtout connue pour avoir constitué très tôt une terre d'asile pour les **chrétiens vietnamiens**, longtemps victimes de persécutions religieuses et politiques. Ceux-ci forment aujourd'hui la communauté chrétienne la plus importante de la ville (4 %).

Rubis sur l'ongle

Fondée sans doute au 3e s. av. J.-C., « la cité de la Lune » connut une grande prospérité à partir du 15e s. avec l'exploitation des gisements de pierres précieuses de la région. Aujourd'hui, ces mines sont presque épuisées, mais les manufactures de taille de rubis fonctionnent toujours, et la tradition du commerce demeure à Chanthaburi, où l'on vend désormais des pierres provenant de Birmanie et du Cambodge (la Thaïlande reste le plus important centre de vente de rubis au monde). Avec l'exploitation et le commerce des pierres, nombre de négociants étrangers viennent régulièrement grossir les rangs de la population de la ville, surtout en fin de semaine, ce qui confère au lieu une animation particulière. La tradition birmane, accordant comme bien d'autres des vertus aux pierres précieuses, considère que le rubis apporte l'invulnérabilité, la pierre annonçant en outre un danger lorsqu'elle change de couleur ou d'éclat.

petite boutique qui regorge d'articles de vannerie – cages à oiseaux, ustensiles de cuisine, paniers de toutes tailles, etc. –, un artisanat local réputé.

À proximité, un escalier grimpe au **Wat Bot Muang**, qui trône au sommet d'un tertre et dont la façade nord est entièrement couverte de peintures figurant divers épisodes de la vie du Bouddha.

Reprenez l'escalier pour tournez à droite sur Th. Rim Nam, qui suit la rivière.

Derrière leurs volets de bois ouvragé, de coquettes **maisons coloniales** abritent ici un salon de coiffure, là une épicerie, ailleurs des étalages d'articles religieux. Assis sur leur pas de porte, les occupants vous adresseront un sourire avant de retourner à leur ouvrage.

Plus loin, une colonne ornée d'un dragon précède un minuscule **temple**, emblème de la communauté chinoise de la ville. Cachées derrière les bananiers qui frangent le rivage, d'autres **maisons coloniales★** se succèdent, ornées de stucs et de bois sculptés (Th. Sukka Phiban), tandis qu'au large, quelques pêcheurs attendent le poisson dans leurs embarcations.

Passé 100 m, un petit pont franchit la rivière pour conduire à la **cathédrale N.-D.-de-l'Immaculée-Conception★**, dont l'imposante façade ocre-gris se détache sur l'encre des montagnes. Bâtie en 1711, la chapelle d'origine fut reconstruite par les Français au 19e s. pour devenir la plus grande église catholique de Thaïlande. De style néogothique, l'intérieur vaut le coup d'œil pour le plafond de teck, les vitraux européens, les voûtes en ogive et les statues ornées de fleurs de jasmin. Notez aussi l'escalier en colimaçon qui grimpe sur 15 m de hauteur.

Revenez sur vos pas et franchissez à nouveau le pont. Reprenez Th. Rim Nam sur la droite, puis la 1re rue à gauche, Th. Khwang, et encore à gauche (Th. Si Chang).

Si vous passez à Chanthaburi en fin de semaine, ne manquez pas le **marché aux pierres précieuses★ (Talat Phloi)**, qui occupe Th. Si Chang *(les tractations se déroulent surtout le matin, mais certaines boutiques restent ouvertes en fin d'apr.-midi)*. Dans les boutiques qui jalonnent la rue, les négociants indiens, thaïlandais ou cambodgiens discutent âprement, faisant cercle autour des tables couvertes de petits tas de saphirs ou de rubis.

Pour achever la balade, vous pouvez aller vous détendre dans la verdure du **King Taksin Park** *(en poursuivant tout droit vers l'ouest par Th. Khwang)*, un agréable jardin serti d'un lac artificiel où les familles et les amoureux aiment se promener. Sur la presqu'île trône une imposante statue équestre du roi Taksin.

Fruits du labeur

Située à proximité de la mer et protégée par de hautes collines, la plaine de Chanthaburi jouit tout le long de l'année d'une douce température, propice au développement de cultures variées. Vous verrez certainement des files ininterrompues de camionnettes, garées à la queue leu leu le long de la route, débordant de ces fameux petits fruits chevelus rouges : les **ramboutans**. Les paysans de la région improvisent ainsi leurs marchés, un peu partout au voisinage de leurs plantations, provoquant parfois de véritables embouteillages. D'autres véhicules disparaissent sous des pyramides de **durians**, le « roi des fruits » avec sa taille énorme et son écorce couverte de piquants. Son odeur forte le rend peu populaire auprès des Occidentaux, mais les Thaïlandais se régalent de sa chair doucereuse. À Chanthaburi et dans les villages alentour, une grande fête des fruits célèbre la saison de la récolte, au mois de mai. À cette occasion, des chars couverts de fleurs et de fruits colorent et animent toutes les rues de la ville.

À proximité

CARTE P. 32-33

Khai Noen Wong D2

À 5 km au sud de Chanthaburi. Suivez la route 3, puis prenez la route 3146 à droite sur 100 m.

Des **murailles** élevées par Rama III pour se protéger des invasions vietnamiennes (milieu du 19e s.), il ne reste plus qu'une modeste section de 50 m de long, sur laquelle s'alignent quelques canons ombragés de flamboyants.

En revanche, le **musée d'Archéologie sous-marine★ (National Maritime Museum)** *(9h-16h - fermé lun.-mar. - 20 bahts)* mérite une visite, autant pour la qualité des explications fournies que pour la reconstitution grandeur nature d'une **jonque★**. À travers elle, on découvre les conditions de navigation au cours des siècles, avec les méthodes de stockage des marchandises. Vous y trouverez également de passionnantes informations sur les techniques de fouilles archéologiques sous-marines, grâce auxquelles furent retrouvées, au fond du golfe de Thaïlande, des épaves contenant des terres cuites et des **céramiques de Sangkhalok** *(voir « Bronzes et céramiques », p. 434)*.

★ Vers Laem Singh (CAP DU LION) D2

À 25 km au sud de Chanthaburi. Accès en voiture par la route 3, puis prenez à droite la route 3147 sur 15 km.

La route file d'abord dans les cocoteraies, puis elle traverse un décor de champs de canne à sucre et de rizières dans lesquelles le ciel se reflète. Mais la spécialité de la région reste la crevette, que l'on élève dans des bassins équipés d'hélices servant à battre l'eau pour l'oxygéner.

À l'embouchure de la Chanthaburi, le village de pêcheurs de **Ban Pak Nam** offre une halte plaisante. Vous pourrez y prendre un en-cas dans l'une des gargotes installées sous les pins ombrageant la plage, plutôt belle. Au centre du village se dresse une grosse bâtisse rouge : elle abritait l'ancien quartier général du fort de Phitak Patchamit, occupé par des officiers français.

Au bout du village, à quelques encablures du quai et de son animation, se découpe le **Laem Singh** ou « cap du Lion » – en fait un îlot assiégé par une multitude de bateaux de pêche composant un ravissant tableau multicolore.

Wat Khao Sukim D2

À 30 km au nord-ouest de Chanthaburi. De la route 3, prenez la petite route 3322 vers le nord. En chemin, vous pourrez faire un arrêt au marché aux durians (route 3; à 20 km de Chanthaburi) : camions et stands y croulent sous d'imposantes piles de ces gros fruits verts.

Le temple de **Khao Sukim (Wat Khao Sukim)** compte parmi les plus populaires du pays. Récent (1966), cet immense sanctuaire abrite la résidence de Luang Pho Somchai, l'un des maîtres de méditation les plus révérés de Thaïlande. Le temple se perche au sommet du **mont Sukim**. On y accède par un funiculaire ou par un escalier, encadré tout le long par deux *naga* ondulants aux couleurs pimpantes. D'innombrables échoppes se serrent au pied de la colline, attestant (avec le parking !) la popularité du sanctuaire. Au sommet, un beau **point de vue★** s'ouvre sur les montagnes et la plaine alentour, immense velours de cocotiers.

Un musée annexe conserve quelques centaines de donations parfois insolites. Véritable cabinet de curiosités au charme désuet, il réunit pêle-mêle des statues en cire grandeur nature du moine, des bijoux, des poteries, des meubles de teck incrustés de nacre, des défenses d'ivoire et même des crânes de baleine.

Carnet pratique

Arriver/Partir

En bus

Au départ de Bangkok (Eastern Bus Terminal), bus ttes les 30mn *(4h de trajet)*.

Adresses utiles

Santé

Bangkok Chanthaburi Hospital – *25/15 Th. Tha Luang - ✆ 03 931 98 88.*

Agenda

Fruit Fair – En mai. Défilés de chars fleuris et divers spectacles culturels lors de cette « fête des Fruits ».

1

Nos adresses

Shopping

Marché aux pierres précieuses – Il s'adresse aux professionnels. Si vous comptez y faire des folies, faites-vous accompagner d'un expert, car gare aux arnaques. Boutiques ouvertes les vend., sam. et dim. uniquement.

Hébergement

Budget moyen

New Travel Lodge – *14/5 Th. Raksakchamoon - ✆ 03 930 18 88 - www.newtravellodgehotel.com -* ▤ ✕ ⛱ P *- 78 ch. 1 300/1 800 bahts* ☕. Les chambres font un peu bonbonnières. Bien que situé sur une rue très passante, l'hôtel est étonnamment calme. Excellent accueil.

Le Parc national maritime de Mu Ko Chang ★★

À 8 km au large de Trat, Ko Chang, l'« île de l'Éléphant », découpe sa silhouette évoquant – avec un peu d'imagination… – un troupeau de pachydermes. Elle doit en effet son nom au relief de petites collines serrées les unes contre les autres, qui inspira une légende locale. La plus haute d'entre elles, le Khao Salak Phet, culmine à 743 m, dominant la jungle qui recouvre toute l'île. Perdue aux confins du golfe de Thaïlande, aux portes du Cambodge, soulignée d'un trait de sable blanc, Ko Chang conserve une beauté sauvage qui a hélas cessé d'être un secret bien gardé : les resorts de standing s'y multiplient et l'île est devenue une destination touristique majeure, aussi bien pour les Thaïlandais que pour les étrangers. Deuxième île de Thaïlande par sa taille (460 km^2), elle veille sur un petit archipel d'une cinquantaine d'îlots, certains inhabités, et tous englobés dans le parc national maritime qui porte son nom.

Se repérer

CARTE D2 (P. 32-33),
CARTE DU PARC MARITIME (P. 128).
Province de Trat.
À 15 km au sud-ouest de Trat, 85 km au sud de Chanthaburi et 315 km au sud-est de Bangkok.
Longue de 30 km pour 14 km de large, l'île se découvre à moto ou à VTT : une route goudronnée de 24 km en fait le tour. Les marcheurs, eux, peuvent longer les plages du nord, et emprunter un chemin qui traverse l'île dans sa largeur, au départ de Ban Bang Bao (sud-ouest).

À ne pas manquer

La plage de Hat Khlong Phrao ; le village de pêcheurs de Ban Bang Bao et sa plage ; une plongée sur les massifs coralliens du parc maritime.

Organiser son temps

Comptez 3 à 4 jours pour profiter des plages.

Carnet pratique p. 130

Nos adresses p. 131

Circuits conseillés

CARTE DU PARC MARITIME P. 128

Circuit pourpre tracé sur la carte du parc.

Domaine protégé, Ko Chang et ses eaux sont le refuge d'une riche faune terrestre et aquatique : plus de 74 espèces d'oiseaux y ont été recensées, ainsi que de nombreux mammifères et reptiles. Avec un peu de chance, vous rencontrerez au hasard de vos randonnées des sangliers, des macaques, des cerfs, ou encore des varans d'eau, des pythons et autres cobras royaux. Encore recouverte à 70 % de forêt vierge, l'île ne compte que quatre villages, leurs habitants vivant principalement

Plage tropicale sur une île de Ko Chang.
Jon Arnold Images/hemis.fr

de la pêche. Au sud, de larges bassins sont dédiés à l'élevage des crevettes, tandis que de modestes plantations de cocotiers et d'hévéas parsèment le paysage. Les plus belles plages s'alignent sur la côte occidentale.

★★ La côte ouest

Du débarcadère de Tha Than Mayom (côte est), où accostent les bateaux venant de Laem Ngop, prenez la route qui remonte vers le nord en suivant la côte. Accès au parc national (8h30-16h30) : 200 baht (3-14 ans 100 bahts).

★ Hat Sai Khaeo (WHITE SAND BEACH)

À 5 km de Ban Khlong Son et à 14 km de Tha Than Mayom.

De la pointe nord de l'île, passé le petit débarcadère d'Ao Sapparot et le village de Ban Khlong Son, la route redescend vers la « plage de sable blanc ». Fief privilégié des vacanciers, qui y viennent le temps d'un week-end, le lieu concentre à peu près tout ce que l'île compte d'hôtels et de restaurants. Aussi, passez votre chemin si vous recherchez un havre de paix...

La plage n'en garde pas moins son cadre sauvage, avec ses collines abruptes et ses éperons rocheux qui s'avancent sur la mer. Mais les vagues, qui viennent se briser sur les coraux morts et les rochers, rendent parfois la baignade dangereuse *(attention en basse saison)*.

De Hat Sai Khaeo, vous pouvez partir plonger au large, sur les plateaux coralliens entourant les îlots voisins de **Ko Wai** et de **Ko Rang**, ou encore de **Ko Kut (ou Ko Kood)** et **Ko Mak**, encore très paisibles et authentiques, où vous pouvez même séjourner.

Continuez la route vers le sud durant 4 km.

★★★ Hat Khlong Phrao

C'est sans conteste la plus belle plage de l'île : le Khlong Phrao, un canal naturel en partie souterrain qui traverse l'île sur toute sa largeur, jaillit de la forêt pour se jeter dans la mer, formant de part et d'autre de son lit une étendue de sable immaculé de 2 km de long. Au bord du canal, un charmant village de pêcheurs rehausse encore le décor, avec ses maisons sur pilotis. Seul moyen d'aller d'un bout à l'autre de la plage : traverser le canal à gué. Quelques bungalows de bambou sur pilotis ont colonisé la plage, complexes hôteliers de luxe dont les aménagements, discrets, s'alignent à l'ombre des pins et des eucalyptus, face à un chapelet d'îlots déserts.

De la plage, un chemin s'enfonce dans la forêt pour conduire aux chutes de **Khlong Phu (Nam Tok Khlong Phu)**. Après une marche facile de 2 km, un bassin naturel vous attend au pied de la cascade, dont l'eau douce et fraîche invite à la baignade.

Prolongement de Hat Khlong Phrao, la plage de **Hat Khlong Hakok★** rivalise de beauté avec sa voisine, tout comme **Hat Kai Bae★** *(à 7 km de Hat Sai Khaeo)*, qui accueille cependant plus de monde.

Au-delà de Hat Kai Bae, la route s'élève et devient accidentée, épousant un littoral aux dénivelés importants. Beaucoup plus étroite, elle ne laisse place en largeur qu'à un seul véhicule. Redoublez de prudence, surtout si vous roulez à moto : les pentes sont raides et la visibilité réduite.

★★ Hat Thanam (LONELY BEACH)

Passé 3 km, la route littorale remonte vers cette bien nommée « plage solitaire » qui se déroule, à l'ombre de ses grands cocotiers, face à la mer semée d'îlots. Un petit air de paradis qui ne donne qu'une envie : louer pour une nuit l'un des bungalows qui s'égaillent sous les arbres – atout non négligeable, Hat Thanam est la seule plage qui, aux heures les plus chaudes de la journée, offre de l'ombre.
En progressant ensuite vers la pointe sud de l'île, à travers les cocoteraies, la route présente de superbes **points de vue★★** : succession de montagnes plongeant dans la mer et de petites criques (sans réelles plages).
Prenez la piste à droite.

★★ Ban Bang Bao

À 17 km de Hat Sai Khaeo.
Dans ce hameau de pêcheurs, on circule entre les maisons de bois peintes de couleurs claires sur des chemins de planches. Amarrés aux embarcadères, des bateaux colorés – bleus, verts ou orange vif – attendent de repartir en mer, tandis que les pêcheurs s'appliquent à réparer leurs filets, le visage couvert d'argile pour se protéger du soleil. Quelques pontons s'avancent loin sur les vagues pour conduire à des maisonnettes isolées, perchées sur leurs pilotis.
Profitez donc de cette halte pour déjeuner : la rue principale accueille des restaurants de fruits de mer. Après, vous pourrez embarquer à bord d'un des bateaux d'excursion pour une balade de quelques heures, voire d'une journée, autour des petites îles qui s'égrènent au sud de Ko Chang, dont **Ko Lao Nai**.

1

★★ Baie de Bang Bao (AO BANG BAO)

Environ 1 km plus loin.
La route, en s'élevant, découvre un ravissant **panorama★★** sur la baie et sa longue plage de sable blanc (qui disparaît presque entièrement à marée haute), colonisée par le village sur pilotis.
Quelques centaines de mètres plus loin, la route s'achève pour laisser place à la jungle. De là, les amoureux de nature sauvage pourront partir explorer le **cœur de l'île**. Mais prévoyez de bonnes chaussures, et ne partez surtout pas sans guide *(renseignez-vous dans votre hôtel)* : les rares sentiers disparaissent sous une végétation indomptée, et on a vite fait de s'y perdre.

La côte est

Avec ses criques rocheuses et ses plages couvertes de galets, la côte orientale invite moins à la baignade et au farniente. Ses rivages sont davantage dédiés aux pêcheurs, qui y ont installé leurs casiers à huîtres.
De l'embarcadère de Tha Than Mayom, une route s'achevant en chemin conduit à l'intérieur des terres vers les chutes d'eau de **Than Mayom (Nam Tok Than Mayom)** *(à 8 km)*, le pendant des chutes d'eau de Khlong Phu. De l'entrée, on atteint après 500 m le premier niveau de la cascade – le seul accessible pendant la saison des pluies (à partir de mai). Les deux autres niveaux se cachent au-delà, sous un épais couvert végétal. Rien de spectaculaire, mais les chutes s'inscrivent dans un beau décor de verdure.

Carnet pratique

S'informer

Tourism Authority of Thailand à Trat – *100 Moo 1, Th. Trat-Laem Ngop (au bout de la rue principale en venant de Trat, juste à côté du port de pêche de Laem Ngop) - ☎ 03 959 72 59.* Vend une carte de Ko Chang ; documentation générale sur l'île.

Un centre d'information installé à **Hat Sai Khaeo** propose des excursions en bateau dans les îles avoisinantes.

Le centre d'information en face des chutes d'eau de **Than Mayom** distribue une fiche sur le parc décrivant la faune et la flore locales.

Site des parcs nationaux – *http://portal.dnp.go.th.*

Arriver/Partir

En avion

La compagnie Bangkok Airways assure 2 vols/j. entre Bangkok et Trat.

En bateau

Laem Ngop compte 3 embarcadères principaux pour Ko Chang *(30 à 40mn de traversée - 80 bahts)* : l'un à 500 m du TAT, l'autre près du Center Point, 4 km plus loin. À l'ouest de Laem Ngop, beaucoup plus excentré, **Ao Tammachat** dessert Ao Sapparot.

De Laem Ngop, des bateaux vont à l'île de Ko Mak *(haute saison seult - 3h30 de traversée - 450 bahts - horaires au TAT).* De Ko Mak, le bateau fait une escale à Ko Kut.

Attention, les liaisons avec les îles sont beaucoup moins fréquentes pendant la saison des pluies.

En bus

De Bangkok (Northern Bus Terminal), bus pour Trat plusieurs fois par jour *(horaires, se rens. - 5 à 6h de trajet).* Arrivé à Trat, des *songthaew* vous emmèneront à Laem Ngop *(30mn - tarif inclus dans le billet du bateau),* port d'embarquement pour Ko Chang.

En minibus privé

Les agences de voyage de Bangkok et de Ko Samet (Ban Phe) proposent des liaisons AR tlj avec Laem Ngop *(à Bangkok, dép. de Th. Khao San).* Départ également depuis Ekkamai Eastern Bus Terminal.

En voiture

Vous pourrez embarquer votre véhicule à bord d'un des ferries desservant Ko Chang.

Adresses utiles

Banque/Change

À **Trat**, nombreuses banques avec distributeurs ATM sur Th. Sukhumvit, en centre-ville, autour du marché.

À **Ko Chang**, distributeurs ATM et bureaux de change.

Santé

Ko Chang Hospital – *À 8 km au sud-est de l'embarcadère Ao Sapporot - ☎ 03 958 61 31.*

Bangkok International Koh Chang Clinic – *White Sand Beach - ☎ 03 955 15 54.*

Sécurité

Police touristique de Trat – *2/3 Moo 6, Th. Laem Ngop - ☎ 03 955 73 82 et 11 55.*

Police touristique de Ko Chang – *23/4 Moo 4, Th. Ko Chang - ☎ 03 955 10 47 et 11 55.*

Nos adresses

Hébergement/restauration

En basse saison (mai-oct.), tous les hôtels proposent des réductions de 20 à 50 %. Les prix sont souvent plus élevés en fin de semaine.

Hat Sai Khaeo

Pour se faire plaisir

Grand View Resort – *9/3 Moo 4, Khlong Phrao Beach (à l'extrémité de la plage en allant vers Hat Khlong Phrao) - ☏ 03 955 11 40 - www.grandviewgroupresort.com - 52 ch. 2 000/6 600 bahts*. Disséminés sous les arbres, des bungalows avec terrasse ouvrant sur la mer abritent chacun deux chambres simples mais confortables. Un havre de paix, bercé par les chants des vagues, des geckos et des grillons. Excellent restaurant. Bon rapport qualité-prix. Les bungalows les moins chers, de l'autre côté de la route, bénéficient d'un décor bien moins agréable.

Banpu Resort – *9/11 Moo 4, Khlong Phrao Beach - ☏ 03 580 35 96 - www.banpuresort.com - 31 ch. 1 900/3 000 bahts*. Dans un jardin tropical, un bâtiment abrite de superbes chambres lambrissées de teck et équipées de belles sdb aux carreaux turquoise. Le cadre et le luxe justifient le prix, excepté pour les bungalows, surévalués.

Hat Khlong Phrao

Pour se faire plaisir

Centara Koh Chang Tropicana Resort – *Khlong Phrao Beach - ☏ 02 102 12 34 - www.centarahotelsresorts.com - 157 ch. à partir de 2 500 bahts*. C'est l'un des premiers resorts de luxe de l'île, mais il demeure une option très agréable, notamment en famille, avec ses bungalows disséminés dans un jardin au bord de la plage. Nombreux restaurants alentour.

Santhiya Tree Koh Chang Resort & Spa – *Khlong Phrao Beach - ☏ 084 721 59 39 - www.santhiya.com - 50 ch. 3 900/7 600 bahts*. Si les infrastructures sont modernes, l'architecture est traditionnelle avec de beaux toits de tuiles rouges. Les vastes bungalows abritent des chambres d'un grand raffinement. Mer et palmiers complètent le décor.

Hat Kai Bae

Pour se faire plaisir

Koh Chang Cliff Beach Resort – *36/4 Moo 4, Kai Bae Beach - ☏ 02 692 01 22 - www.kohchangcliffbeach.com - 46 ch. 1 200/2 400 bahts*. Sur une colline, ces luxueux bungalows offrent tout le confort attendu. Les plus proches de la route (peu passante) abritent des appartements ; une option pour un long séjour. Le restaurant panoramique livre un beau point de vue sur la baie.

Pour se faire plaisir

Sylvan Resort – *63 Moo 4, Kai Bae Beach - ☏ 03 955 28 88 - sylvankohchang.com - 130 ch. 2 800/5 400 bahts*. Au bord de la plage, dans un jardin tropical soigné, des bungalows s'étagent sur le versant d'une colline, ouvrant leur balcon sur la mer. Les chambres, spacieuses, sont décorées avec goût (parquet, sdb de pierre apparente).

Activités

Le centre d'information de Hat Sai Khaeo et les hôtels de luxe proposent des **excursions en bateau** autour des îles du parc. Tous les hôtels proposent des **excursions dans la jungle**.

1

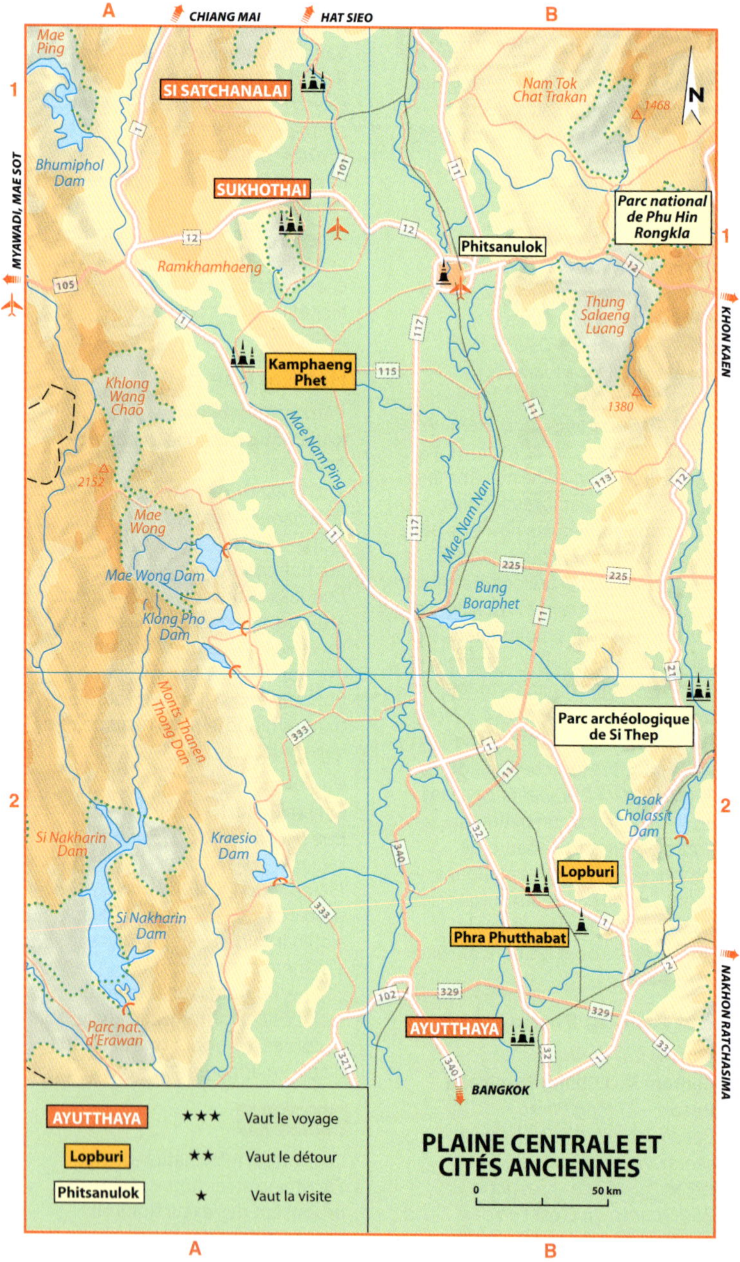
A
CHIANG MAI
HAT SIEO
B
1
2
MYAWADI, MAE SOT
KHON KAEN
NAKHON RATCHASIMA
BANGKOK
Mae Ping
Bhumiphol Dam
SI SATCHANALAI
SUKHOTHAI
Ramkhamhaeng
Phitsanulok
Nam Tok Chat Trakan
1468
Parc national de Phu Hin Rongkla
Thung Salaeng Luang
1380
Kamphaeng Phet
Khlong Wang Chao
2152
Mae Nam Ping
Mae Nam Nan
Mae Wong
Mae Wong Dam
Klong Pho Dam
Bung Boraphet
Monts Thanen Thong Dan
Parc archéologique de Si Thep
Pasak Cholassit Dam
Si Nakharin Dam
Kraesio Dam
Si Nakharin Dam
Lopburi
Phra Phutthabat
AYUTTHAYA
Parc nat. d'Erawan
1
12
101
11
105
117
115
113
225
21
333
32
340
329
102
321
2
33
AYUTTHAYA ★★★ Vaut le voyage
Lopburi ★★ Vaut le détour
Phitsanulok ★ Vaut la visite
PLAINE CENTRALE ET CITÉS ANCIENNES
0
50 km
A
B

2

Plaine centrale et cités anciennes

CARTE MICHELIN NATIONAL 751 AU 1/1 370 000

Ayutthaya ★★★

Phra Nakhon Si Ayutthaya

Inscrite au Patrimoine mondial de l'Unesco depuis 1991, Ayutthaya est une étape incontournable pour retrouver les traces des anciens royaumes siamois. Installée sur une île artificielle au confluent de trois cours d'eau, l'ancienne capitale royale conserve une myriade de vestiges. À son apogée, au 17e s., elle comptait quelque 500 temples couverts d'or, et l'île était quadrillée de canaux et de rues arborées, le long desquels s'alignaient boutiques, marchés et ateliers d'artisans. Établie à moins de 100 km du golfe de Thaïlande, centre politique majeur et plaque tournante du commerce international, la ville accueillait alors des navires venus d'Extrême-Orient et, parfois, d'Europe. Aujourd'hui, elle s'est étendue au-delà des rivages de l'île originelle, vers le nord-est. Si certains temples sont désormais noyés dans le tissu urbain, ses plus beaux monuments se concentrent toujours dans la partie ouest de l'île, au cœur d'un ensemble de pelouses ombragées de banians et de frangipaniers. Le plus plaisant est de les découvrir à l'occasion d'une excursion en bateau qui vous entraînera le long des maisons sur pilotis et des églises, parmi les lourdes barges chargées de riz.

Se repérer

CARTE B2 (P. 132),
PLAN DU PARC HISTORIQUE (P. 136).
20 008 habitants – Chef-lieu de la province d'Ayutthaya.
À 66 km au nord de Bangkok et 89 km au sud de Lopburi. Le parc historique jouxte la ville nouvelle, qui s'étend de l'autre côté de la rivière Mae Nam Pasak.

À ne pas manquer

Le Wat Ratchaburana et le Wat Phra Si Sanphet, sur l'île ; le Wat Chai Wathanaram, au bord du fleuve ; le Musée national Chao Sam Phraya ; le tour des temples en bateau en fin de journée.

Organiser son temps

Comptez une journée pour les temples de l'île, 2 jours si vous voulez voir tous les monuments, y compris les plus excentrés. Louez un vélo, garantie d'une totale liberté, surtout le soir venu, quand les *tuk-tuk* font cruellement défaut ; restez néanmoins vigilant, les routes sont très passantes.

En famille

Une journée au Kraal des éléphants.

Carnet pratique p. 145

Nos adresses p. 146

Découvrir le parc historique

PLAN P. 136

Ces superbes vestiges couvrent une superficie de 15 km², mais les temples les plus intéressants se concentrent dans l'ancienne cité et sur les rives du fleuve, ou dans un périmètre de 5 km à l'extérieur. L'idéal est de louer un vélo pour visiter la cité historique, puis d'emprunter un *tuk-tuk* pour vous rendre sur les sites périphériques.

Un bouddha à Wat Mahatat.
Preto_perola/Getty Images Plus

★★★ Sur l'île

Circuit tracé en vert sur le plan du parc historique – Comptez une journée.

Ne restez pas sur votre première impression de la ville, quadrillage sans âme d'avenues larges comme des autoroutes : outre le parc historique, côté ouest, l'île révèle des quartiers animés et agréables, en particulier autour du **marché de nuit**. Il est vrai qu'à l'arrivée, on peine à imaginer l'apparence de la « Venise de l'Asie » (surnom attribué ensuite à Bangkok) au 17e s. : elle était alors ceinte d'un rempart de brique long de 12 km, ponctué de 17 forts et percé d'une centaine de portes, et un réseau serré de canaux, de 140 km de longueur totale, sillonnait la ville, une myriade de ponts en bois servant à franchir ces *khlong*.

★ Wat Mahatat

Th. Naresuan - 8h-17h - 50 bahts.

Fondé en 1374 par le roi Borommaracha Ier, ce centre spirituel sacré accueillait à l'origine un monastère royal et le siège du Patriarche suprême, chef de la congrégation bouddhiste. De nombreux trésors ont été mis au jour, dont des boîtes d'orfèvrerie et des statuettes du Bouddha, aujourd'hui conservées au musée Chao Sam Phraya *(voir p. 140)*.

À droite de l'entrée principale, le style inhabituel du **chedi octogonal**, percé de niches stuquées, reflète des influences chinoises. Plus loin, l'emblème d'Ayutthaya attend paisiblement : les racines d'un banian – symbole de l'arbre *bo* de l'Éveil – retiennent prisonnière la **tête d'un bouddha★★**.

En poursuivant votre chemin, remarquez la taille monumentale du soubassement visible à l'arrière du premier sanctuaire : c'est tout ce qui reste d'un énorme *prang*,

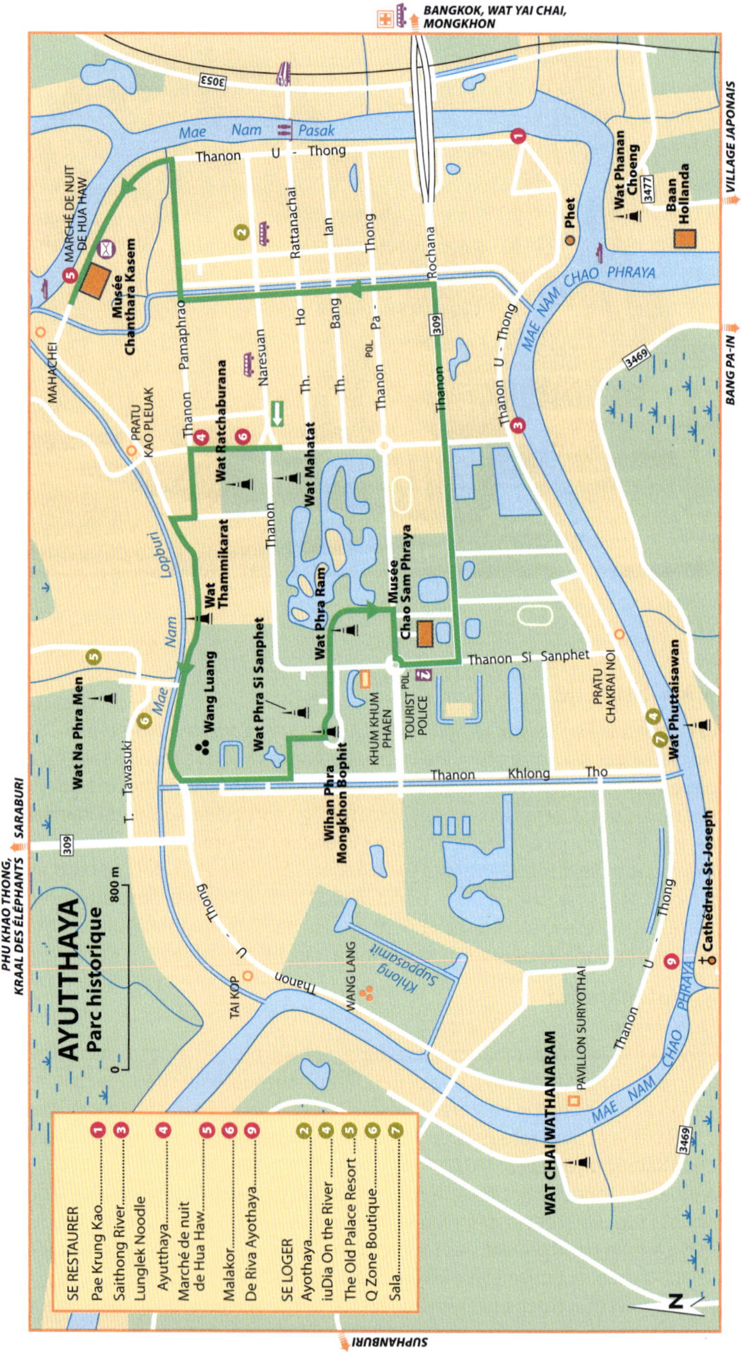
AYUTTHAYA
Parc historique
0
800 m
SE RESTAURER
Pae Krung Kao 1
Saithong River 3
Lunglek Noodle Ayutthaya 4
Marché de nuit de Hua Haw 5
Malakor 6
De Riva Ayothaya 9
SE LOGER
Ayothaya 2
iuDia On the River 4
The Old Palace Resort 5
Q Zone Boutique 6
Sala 7
BANGKOK, WAT YAI CHAI, MONGKHON
VILLAGE JAPONAIS
BANG PA-IN
SUPHANBURI
PHU KHAO THONG, KRAAL DES ÉLÉPHANTS
SARABURI
Mae Nam Pasak
Mae Nam Chao Phraya
Nam Lopburi
Mae
Thanon U - Thong
Thanon Rattanachai
Thanon Naresuan
Th. Ho Rattanachai
Th. Bang Ian
Thanon Pa - Thong
Thanon Rochana
Thanon Pamaphrao
Thanon Si Sanphet
Thanon Khlong Tho
T. Tawasuki
Khlong Suppasamit
3053
3477
309
3469
MARCHÉ DE NUIT DE HUA HAW
Musée Chanthara Kasem
MAHACHEI
PRATU KAO PLEUAK
Wat Ratchaburana
Wat Mahatat
Wat Thammikarat
Wat Phra Ram
Musée Chao Sam Phraya
Wang Luang
Wat Phra Si Sanphet
Wihan Phra Mongkhon Bophit
KHUM KHUM PHAEN
TOURIST POLICE
POL
PRATU CHAKRAI NOI
Wat Phuttaisawan
Wat Na Phra Men
Wat Phanan Choeng
Baan Hollanda
Phet
Cathédrale St-Joseph
TAI KOP
WANG LANG
PAVILLON SURIYOTHAI
WAT CHAI WATHANARAM
N

aujourd'hui écroulé, qui occupait le sanctuaire central. L'ampleur des terrasses donne une idée de l'aspect colossal de l'édifice, qui atteignait 50 m de hauteur. Une chronique rapporte qu'il aurait abrité une relique du Bouddha apparue là « par miracle ».

★★ Wat Ratchaburana

8h-17h - 50 bahts.

De l'autre côté de la route, un majestueux *prang* indique ce temple fondé en 1424 à la suite d'un duel de succession entre deux frères. L'issue du combat, qui se déroula à dos d'éléphant suivant le rituel traditionnel, fut fatale pour les deux protagonistes, et c'est le cadet qui monta sur le trône. Couronné roi sous le nom de **Borommaracha II** (1424-1448), celui-ci fit édifier deux *chedi* pour renfermer les cendres de ses frères, monuments funéraires qu'il compléta plus tard d'un temple et d'un *prang* khmer.

On accède au domaine en traversant le petit sanctuaire principal, de style khmer, tandis que, à l'arrière, le **prang★★** repose sur une large plate-forme encadrée de *chedi* et flanquée de beaux *garuda*. Des niches abritent des bouddhas montrant le geste de l'apaisement, tandis que des escaliers permettent d'accéder aux cryptes du monument. L'intérieur cachait de véritables trésors, exposés au musée Chao Sam Phraya : **bijoux en or massif**, armes, tablettes votives d'une très grande valeur. De là, un escalier très raide plonge dans les profondeurs vers deux étroites cellules gardant des peintures murales du 15e s. (en mauvais état) ; celles de la première crypte, aux tons rouge et or, relatent les 24 premières vies du Bouddha *(jataka)*.

Prenez à gauche en sortant du temple, puis encore à gauche pour suivre tout droit Th. U-Thong.

★ Wat Thammikarat

8h30-16h30 - gratuit.

Bien que très endommagé, ce temple tranquille conserve un *chedi* octogonal de la première époque d'Ayutthaya, encadré d'une série de magnifiques **singha★★**, hiératiques lions assis en brique stuquée. Un petit **wihan** attenant cache un beau bouddha couché, entièrement recouvert d'or.

Après le temple,continuez sur U-Thong puis tournez à gauche. L'enceinte du Wat Phra Si Sanphet est percée de deux entrées : à l'est, en face de la route, et une entrée principale en face du parking.

★★ Wat Phra Si Sanphet

8h-17h - 50 bahts.

Le majestueux alignement des **trois chedi★★** en forme de cloche témoigne avec force de l'importance du temple. Bâti en 1448 sur le domaine du palais, il doit son nom à un bouddha haut de 16 m, le **Phra Si Sanphet**. Cette statue entièrement recouverte d'or trônait à l'origine dans le sanctuaire principal que le roi Ramathibodi II fit édifier en 1500 ; dépouillée de son or par les troupes birmanes au cours du sac de la ville, l'œuvre a désormais trouvé refuge au Wat Pho (Wat Phra Chetuphon), le plus vaste temple du pays, situé à Bangkok.

À l'image du Wat Phra Kaeo de la capitale, le Wat Phra Si Sanphet tenait lieu de chapelle royale. Il comprenait de nombreux édifices que les souverains successifs ajoutèrent au fil des siècles. Marquant originellement le centre du cloître, les trois *chedi* conservent les cendres du roi Boromtrai Lokanat et de ses fils. D'inspiration cinghalaise, ils s'alignent sur un axe est-ouest, reliés entre eux par des *mondop* dont ne subsistent que les assises.

Le Wat Ratchaburana.
songsak chalardpongpun/Getty Images Plus

Il ne reste que peu de vestiges des autres bâtiments du temple. À l'est se trouvait le **sanctuaire principal**, qui abritait la statue du Phra Si Sanphet. Seules en subsistent des parties centrales en brique et des colonnes surmontées de chapiteaux en forme de lotus, le toit en bois ayant disparu. Quelques piliers de brique et des portions de murs signalent la **chapelle royale** voisine.

À l'ouest s'élevait un autre sanctuaire, de plan cruciforme, construit par le roi Phra Narai. C'est probablement dans cet édifice que l'on procédait aux crémations. Les petits *chedi* s'élevant le long du mur conservent les cendres d'autres membres de la famille royale.

Wang Luang (palais royal) – *Accès par le nord du Wat Phra Si Sanphet, derrière les trois* chedi *- même billet.* Fief du pouvoir, le **palais royal** occupait le nord de l'île. Derrière une enceinte de brique, ses cinq *chedi* et ses bâtiments de bois dorés, dont il ne reste que les soubassements, s'élevaient au cœur de jardins arborés et fleuris.

Wihan Phra Mongkhon Bophit – *Grand bâtiment sur votre droite en quittant le temple.* Bâti entre 1448 et 1601, il recèle l'une des statues les plus imposantes de Thaïlande, un monumental **bouddha assis★** revêtu de bronze qui remonterait au 15e s. et attire toujours une foule de fidèles. La statue mesure 17 m de hauteur.

Continuez tout droit en sortant du parking, puis tournez à droite.

★★ Wat Phra Ram

8h-17h - 50 bahts.

Le Wat Phra Ram, que l'on repère à son *prang*, aurait été bâti en 1369 par Naresuan sur les lieux de crémation de son père, le roi U-Thong. Le temple aurait ensuite bénéficié de plusieurs restaurations, l'une au 15e s., l'autre sous le règne de Boromakot, en 1741.

Une porte en arc brisé ouvre sur un petit **wihan** flanqué à sa gauche d'imposants **chedi**. Au centre s'élève le **prang★**, bâtiment en croix grecque que l'abbé de Choisy surnommait « la grande pagode ». L'édifice conserve une bonne partie de ses ornements de

Histoire d'une cité royale

La fondation d'Ayutthaya, datée de 1350, est l'œuvre d'U-Thong, un prince en exil qui a fui son fief ravagé par une épidémie de choléra. Le prince devient le premier suzerain de la cité sous le nom de **Ramathibodi Ier**, le « Maître suprême » *(voir aussi « L'ère d'Ayutthaya », p. 450).*

Un État guerrier

Établie sur un méandre du Chao Phraya et au confluent de deux rivières, Ayutthaya occupe une position stratégique. Le creusement d'un canal traversant la boucle du Chao Phraya achève de créer l'île sur laquelle la cité se bâtit. La jeune Ayutthaya s'épanouit alors très vite à la faveur d'un commerce florissant avec la Chine, et elle profite également de l'affaiblissement de l'empire khmer, en plein déclin. Aussi ne tarde-t-elle pas à étendre son influence et à montrer ses ambitions territoriales : dès 1402, ses armées envahissent l'empire d'Angkor, puis, en 1412, s'emparent de celui de Sukhothai. Ayutthaya tombe brièvement sous les coups du royaume birman de Pegu, mais le futur prince **Naresuan**, dès 1584, brise l'hégémonie birmane et rend son indépendance au royaume. Il part alors à la conquête du Cambodge et de Chiang Mai, affirmant bientôt sa suprématie sur l'ensemble du Siam.

L'âge d'or

Aux 16e et 17e s., Ayutthaya connaît un rayonnement sans précédent et compte plus d'un million d'habitants. Ville cosmopolite, elle accueille plus de 30 nations différentes. Les comptoirs commerciaux fleurissent, les marchands se pressant dans cet actif centre de transit, qui exporte ses richesses vers l'Europe.

Sous le règne de **Narai** (1656-1688), on assiste à une ingérence croissante de l'Occident dans les affaires du royaume siamois. Le souverain intensifie les rapports avec les puissances asiatiques et européennes, et il se fait seconder par un conseiller grec, **Constantin Faulkon**, qui jouera un rôle de premier plan dans l'histoire des relations franco-siamoises. Le roi de France **Louis XIV** envoie sur place plusieurs ambassades, dont la plus prestigieuse sera conduite en 1685 par le **chevalier de Chaumont**, et deux ambassades siamoises se rendront en retour à la cour de Versailles.

Avec les vaisseaux marchands arrivent dès le 16e s. les premiers missionnaires. Bouddhiste convaincu, Narai montrera tout au long de son règne une grande tolérance à l'égard des croyances étrangères.

Le crépuscule

La mort de ce souverain libéral, en 1688, met fin à l'ouverture au monde du Siam. La faction conservatrice de la Cour chasse tous les étrangers hors des frontières. En outre, les siècles de confrontations avec les armées birmanes aboutissent, en 1767, à la victoire de l'ennemi, qui sonne le glas d'Ayutthaya. Après 15 mois de siège, la prestigieuse capitale n'est plus que cendres : trésors pillés, ville ruinée et population massacrée. De cette terrible chute, Ayutthaya ne se relèvera jamais : le général Taksin, qui chassera enfin les Birmans à la fin du 18e s., lui préférera Thonburi, selon lui mieux protégée. Seul hommage rendu à l'ancienne cité royale, Rama Ier fera installer de nombreuses statues originaires d'Ayutthaya dans les temples de sa nouvelle capitale, Bangkok.

L'âge d'or d'Ayutthaya

Jacques de Coutres, un marchand venu de Bruges, visite Ayutthaya en 1593. C'est l'année de la victoire de Phra Naresuan sur les Birmans, et le roi célèbre l'événement en restaurant les temples de la ville. Le Brugeois témoigne : « Chaque pagode avait une très haute tour de pierres et de briques maçonnées. Elles étaient dorées depuis la flèche jusqu'au milieu et avaient quatre escaliers de plomb doré. Le roi conservait dans ces pagodes des idoles d'or et parées de bijoux. Il était seul à monter dans ces tours édifiées au milieu de très grandes cours carrées et carrelées. Chaque patio avait aux quatre angles un bassin orné de nombreux arbres. La tour était ceinte d'une petite balustrade maçonnée. Les murs étaient sertis d'escarboucles, de topazes et de beaucoup d'autres pierres moins précieuses. »

stuc : des statues de *garuda*, de *naga* et du Bouddha sculptent la partie inférieure, côté nord. À l'arrière, une pièce d'eau reflète les formes élégantes de l'édifice.
Reprenez la route et continuez tout droit jusqu'à Th. Rochana.

★★ Musée national Chao Sam Phraya (CHAO SAM PHRAYA MUSEUM)

Th. Rochana - ✆ 03 524 15 87 - mar.-dim. 9h-16h - 150 bahts - photos interdites.
Ce musée offre un riche panorama de l'histoire de l'art siamois. Au rez-de-chaussée sont exposés de remarquables **bouddhas de style U-Thong★★**, statues de bronze d'une grande noblesse avec leurs drapés rigides et leur visage carré. La plupart adoptent le geste de la victoire sur Mara, prenant la Terre à témoin. Les **statues de style Sukhothai★** *(2e vitrine à droite)* ne sont pas en reste. Sur le mur de gauche, de superbes **panneaux de porte★★** en bois du 16e s. figurent les gardiens du temple ; ces délicats ouvrages de style Ayutthaya sont les plus anciens qui nous soient parvenus. Au fond de la salle siègent des bouddhas de style Lopburi, assis en méditation sous la protection d'un *naga*.
Le 1er étage rassemble de nombreuses tablettes votives, mais surtout les **objets précieux★★★** qui furent découverts dans les cryptes principales du Wat Mahatat et du Wat Ratchaburana. La **salle du trésor★★★**, à droite, garde le fleuron du musée : un magnifique ensemble de pièces d'orfèvrerie provenant du Wat Ratchaburana.
Un bâtiment annexe renferme une collection de **céladons et de céramiques Bencharong**, témoins des échanges commerciaux entre le Siam et la Chine, ainsi que des céramiques de style Lopburi, Ayutthaya et Ratanakosin.
En quittant le musée par la droite, vous passerez devant une **maison traditionnelle thaïe**, que vous pourrez visiter.
Tournez à gauche dans Th. Rochana.

Musée Chanthara Kasem (CHANDRA KASEM MUSEUM)

Th. U-Thong (en face du marché de nuit) - ✆ 03 525 15 86 - tlj sf lun. 9h-16h - 100 bahts.
S'il vous reste du temps, allez voir ce musée qui se cache derrière les hautes murailles à créneaux blancs d'un ancien palais du 17e s., bâti pour le roi Naresuan. Entièrement détruit par les Birmans et abandonné, il fut restauré par Rama IV, qui en fit sa résidence d'été.
Divers bâtiments s'organisent autour d'une cour au fond de laquelle le **Phiman Rattaya**, une élégante rencontre entre les styles architecturaux chinois et européens, abrite des collections de porcelaines et d'armoires à manuscrits. À gauche

de la cour, le pavillon Chaturamuk arbore une architecture plus typiquement thaïlandaise. Il abritait la résidence royale et la salle du trône.

★★ Au fil de l'eau

Comptez de 1h30 à 2h selon la durée des arrêts (deux ou trois, à définir avec votre « pilote »). Les bateaux partent en face du musée Chanthara Kasem ainsi qu'au sud-est de l'île.

Idéal pour découvrir les temples jalonnant ses berges, le circuit proposé, qui descend la Mae Nam Pasak vers le sud, invite à une agréable promenade fluviale autour de la cité. Au fil de l'eau, le bateau semble remonter le temps. Sur les berges où s'alignent les traditionnelles maisons sur pilotis, ombragées de bambous ou de bananiers, des enfants se baignent et saluent votre passage d'un large sourire. Ayutthaya conserve ses anciennes habitudes : les riverains partent travailler ou faire leurs courses en bateau, et l'on croise à tout instant des petits sampans chargés de fruits ou des barges à riz ventrues, aux flancs noirs, qui descendent la rivière jusqu'aux entrepôts de Bangkok.

★★ Wat Phanan Choeng (SUM POR KHONG)

8h30-17h - 20 bahts.

Il fut érigé en 1324 au confluent du Chao Phraya et de la Pasak. À la manière des temples taoïstes, le temple comprend trois chapelles, dont un *wihan* central où trône un grand **bouddha assis★** en brique stuquée et entièrement recouvert d'or, prenant la Terre à témoin. Haute de 19 m, la statue, qui se dressait sans doute à l'origine à l'extérieur, en plein air, emplit tout l'espace intérieur, jusqu'au plafond. Une légende raconte que des larmes perlèrent de ses yeux lors de la prise de la cité d'Ayutthaya en 1769. L'éléphant à gauche de l'entrée principale aurait été installé pour lui tenir lieu de monture.

Protecteur des marins et des voyageurs, ce bouddha est particulièrement vénéré par les Thaïlandais d'origine chinoise, et il règne autour de lui une grande animation, notamment les week-ends. Les fidèles défilent au pied du colosse pour lui offrir d'immenses écharpes de tulle safran, de plusieurs mètres de longueur, qu'ils ont achetées à l'entrée du temple. Perché sur les cuisses du bouddha, un homme se charge toute la journée de lancer une à une ces étoffes sur les épaules de la statue ; un moyen pour les pèlerins d'acquérir des mérites.

Remarquez aussi les murs du sanctuaire : plus de 80 000 petites niches y sont creusées sur toute la surface, abritant autant de bouddhas miniatures.

L'emprise de l'empire

À l'opposé de Sukhothai, le royaume d'Ayutthaya montre une fascination pour l'empire d'Angkor, qu'il vient de conquérir. Aussi les rois siamois reprennent-ils nombre d'éléments de la culture khmère : la langue, les systèmes administratif et politique, la religion (bouddhisme mahayana pour les Khmers, bouddhisme theravada pour les Siamois) et l'architecture. Les premiers temples d'Ayutthaya reflètent ainsi nettement l'attachement à Angkor avec l'adoption du *prang*, imposante tour-sanctuaire en épi de maïs, dressée sur une base carrée ou polygonale. Son association avec le traditionnel *chedi* s'imposait comme le symbole de la suprématie d'Ayutthaya sur l'empire khmer et ses splendeurs.

Wat Phuttaisawan

8h30-16h30 - gratuit.

Le bateau parvient ensuite devant le Wat Phuttaisawan, repérable à son énorme **prang★** blanc, un gros pain de sucre qui paraît flambant neuf. Hormis cette tour, il ne reste que peu de choses du domaine d'origine (14e s.) où résida le roi U-Thong avant de fonder Ayutthaya. À l'entrée principale, regardant la rivière, cinq statues s'alignent sur un large piédestal, représentant cinq des grands rois de l'histoire siamoise : U-Thong, Naresuan et Ekathot Sarot, le frère cadet de Naresuan, et, aux extrémités, Phra Chom Klao et Taksin.

Si votre bateau marque l'escale, dirigez-vous vers la gauche pour gagner la résidence des moines, l'*ubosot* et le **cloître** protégeant le second *prang*, décoré tout le long de bouddhas dorés assis le long des murs. Un grand bouddha couché drapé d'une étoffe orange occupe quant à lui un sanctuaire à l'arrière du cloître.

Cathédrale St-Joseph

8h-17h.

Souvenir de l'ancienne présence européenne, la façade de la cathédrale se découvre au bord de la rivière. Le Français Lambert de La Motte fut à l'origine de sa construction, sous le règne de Phra Narai, à la fin du 17e s. Entièrement en bois, elle fut détruite après la chute de la ville, pour être reconstruite en dur au 19e s. Ses portes sont souvent fermées, mais si vous vous y présentez à l'heure des offices ou un dimanche, vous aurez tout loisir d'admirer son intérieur néoclassique.

★★★ Wat Chai Wathanaram

8h-17h - 50 bahts.

Escale incontournable, ce temple est l'un des joyaux architecturaux d'Ayutthaya. De la rivière, ses majestueux *prang* de brique rousse offrent un splendide spectacle, et leur noblesse confère au site une atmosphère de profonde sérénité, notamment au coucher du soleil.

Du débarcadère, une volée de marches conduit à l'**ubosot** où trônent, sur des socles de brique, quelques bouddhas restaurés. Le temple fut fondé en 1630 par le roi Prasat Thong pour célébrer son couronnement. Érigé peu de temps

Le grand bouddha couché du Wat Yai Chai Mongkhon.
Jack Suvarnabhumi/Getty Images Plus

après une nouvelle victoire siamoise sur le royaume d'Angkor, il s'inspire nettement de l'architecture khmère, dont témoigne son grand **prang central★★** hérissé d'antéfixes.
Conservant des reliques du Bouddha, l'édifice jaillit au centre de l'enceinte d'un **cloître★** ponctué de beaux bouddhas de pierre (érodée), chaque angle de l'enceinte étant marqué par un *chedi* conservant – chose rare – son plafond à caissons en bois, jadis recouvert de laque. Les murs extérieurs étaient quant à eux décorés de motifs en stuc figurant les *jataka*.

À voir aussi

Au nord de l'île

Boucle au nord et à l'extérieur de la ville. De Th. U-Thong, un pont puis une rue à gauche mènent au Wat Na Phra Men, qui se dresse en retrait de la rivière.

★ Wat Na Phra Men

8h30-17h30 - 20 bahts.
Protégé par une douve, ce temple fut construit au début du royaume d'Ayutthaya puis rebâti sous le règne de Prasat Thong (1629-1656). Une chronique rapporte que le roi birman y installa ses canons pour bombarder le palais mais que, blessé par ses propres armes, il se retira en Birmanie.
Sur le fronton du porche de l'**ubosot★**, admirablement travaillé, vous reconnaîtrez Vishnou chevauchant un *garuda*, lui-même assis sur un *kala*. À l'intérieur, deux rangées de colonnes écarlates, surmontées de chapiteaux en bouton de lotus, encadrent un superbe **bouddha paré★** prenant la Terre à témoin de sa victoire sur Mara, l'incarnation du Mal. La statue, recouverte d'or pur, affiche une allure insolite avec son costume royal serti de pierres précieuses.

Phu Khao Thong

À 5 km au nord de la ville. Prenez la route 309 vers le nord, puis à gauche la route 3060.
7h-17h - gratuit.

Ce **chedi de style birman**, surmonté d'une flèche dorée, domine les rizières environnantes : le Phu Khao Thong, ou « temple de la Montagne d'or », fut fondé en 1569 par les Birmans, lors d'une éphémère victoire sur les armées siamoises. En 1744, il fut restauré pour reprendre les codes de l'art thaï, ceux que l'on voit aujourd'hui.

À l'est de l'île

★ Wat Yai Chai Mongkhon

À 4 km à l'est de la cité historique, par la route 309.
8h-17h - 20 bahts.
De l'entrée, une allée à droite passe devant un **bouddha couché** (7 m de long) pour rejoindre un curieux petit autel, noyé sous une myriade de jouets. Les fidèles déposent ici ces objets à l'intention de l'esprit qui occupe le domaine.
À gauche, vous rejoindrez le cloître, écrin d'un imposant *chedi*. Des bouddhas drapés de tulle safran se succèdent tout autour, dans une parfaite symétrie. Au centre d'un beau jardin fleuri de bougainvilliers, un monument élevé en 1592 par le roi Naresuan commémore sa victoire sur les Birmans.

Au sud de l'île

Sur les rives du Chao Praya étaient établies plusieurs concessions étrangères. Le mieux est de les découvrir depuis le fleuve, comme jadis les navires de commerce, en affrétant un bateau que vous pourrez trouver au pied du Phet *(comptez env. 800 bahts pour 2h)*. Dans chaque village, un ponton permet de mettre pied à terre. Si vous êtes motorisé, il vous faudra emprunter le pont qui conduit à la ville moderne, puis suivre la rive gauche du fleuve depuis le Wat Phanan Choeng *(voir p. 141)*.

Phet

Th. U-Thong - accès libre.
Ce petit fortin surveillait le confluent de la Pasak et du Chao Praya. Il a été édifié en 1580 sur des plans établis par des Portugais, puis reconstruit au siècle suivant dans sa forme actuelle, sous la conduite d'un maître d'œuvre français. De là on découvre une jolie vue sur le fleuve où croisaient jadis les navires venus d'Asie et d'Europe.

Village hollandais (Baan Hollanda)

À 4 km de Phet - 9h-16h - fermé lun.-mar.
Sur le site de l'ancien village hollandais du royaume d'Ayutthaya, bâti au 17e s., un petit musée retrace l'histoire de la Compagnie néerlandaise des Indes orientales.

Village japonais

À 1,5 km au sud de Baan Hollanda - 8h-17h - 50 bahts.
Le monument commémoratif qui rappelle l'emplacement de la colonie japonaise abrite une intéressante exposition sur les communautés étrangères au temps du royaume d'Ayutthaya et leurs représentants les plus illustres. Vous y ferez notamment la connaissance de Maria Guyomar de Pinha, fille d'un Portugais et d'une Japonaise, épouse du Grec Constantin Phaulkon, et qui passe pour être la créatrice d'un fameux dessert aux œufs, le *farang kudichin*, toujours populaire aujourd'hui.

Village portugais

Sur la rive opposée ; à 1,5 km par la route : suivez la 3477, empruntez le pont qui franchit le fleuve puis tournez à droite.
9h-17h - accès libre.

Les Portugais étaient établis à Ayutthaya dès le début du 16e s. Dans leur concession ont été mis au jour les vestiges de l'église San Petro qui dissimulait près de 200 sépultures. Le bâtiment qui jouxte les ruines présente une jolie exposition sur la présence portugaise au Siam.

Si vous êtes motorisé, vous pourrez regagner le centre-ville (8 km) en suivant la rive du fleuve ; vous passerez en chemin le wat Phuttaisawan, la cathédrale St-Joseph et le wat Chai Wathanaram.

Carnet pratique

PLAN DU PARC HISTORIQUE (P. 136)

S'informer

Tourism Authority of Thailand (TAT) – *Th. Si Sanphet - ✆ 03 524 60 76.* Vous y trouverez un plan de la ville, des infos sur les temples, les horaires de bus ou de train, ainsi qu'une liste d'hôtels et restaurants. Accueil souriant et anglophone.

Arriver/Partir

En bus

Les grandes lignes font halte à la **gare routière de BKK (Northbound Bus Station)**, à 7 km à l'est de la vieille ville. Liaisons très fréquentes avec Bangkok et le nord. Les bus ne partent pas d'Ayuthhaya, mais y font escale pour déposer ou prendre leurs passagers.

La seconde gare se trouve au **centre-ville** : de là partent les minibus et taxis collectifs à destination des villes environnantes et de Bangkok.

☺ Plusieurs compagnies assurent une liaison entre Ayutthaya et Kanchanaburi *(3h de trajet - 400 bahts env.)* : le véhicule vient vous chercher à votre hôtel et vous dépose dans celui que vous aurez retenu à Kanchanaburi. Réserv. par l'intermédiaire de votre hôtel.

En train

Gare ferroviaire – *À l'est de la cité historique, de l'autre côté du canal.* Trains fréquents de/vers Bangkok *(1h30 de trajet)*. Env. 7 trains/j. pour Lopburi *(1h)* et 10 trains/j. pour Phitsanulok *(5h à 6h30)*. Pour Lampang et Chiang Mai *(10h à 12h30 de trajet)*, préférez le train de nuit.

Pour rejoindre le centre, prenez le bac *(ferry crossing - 5h-20h - 10 bahts)* au bout de la ruelle qui s'engage en face de la gare.

Se déplacer

Vous trouverez de nombreuses échoppes louant vélos *(50/100 bahts/j.)* et scooters *(250 bahts/j.)* de part et d'autre du petit embarcadère situé face à la gare ferroviaire. La plupart des *guesthouses* assurent également ce service.

Adresses utiles

Santé

Phra Nakhon Si Ayutthaya Hospital – *4 Th. U-Thong - ✆ 03 521 18 88.*

Sécurité

Police touristique – *Th. Si Sanphet (près de l'office de tourisme) - ✆ 03 524 23 52 ou 11 55.*

Nos adresses

PLAN DU PARC HISTORIQUE (P. 136)

Restauration

Plusieurs restaurants flottants bordent la rivière et sont accessibles de Thanon U-Thong ; ils font souvent partie de *guesthouses* ou d'hôtels. La plupart se regroupent sur la portion sud-est de l'île, à hauteur de la cathédrale St-Joseph et du Wat Phanan Choeng (tous deux sur l'autre rive). Attention, la ville s'endort tôt ; venez avant 20h.

Premier prix

4 **Lunglek Noodle Ayutthaya** – *Th. Shikun (en face du Wat Ratchaburana) - ⊭ - 8h-16h - plats 40 bahts.* Une grande cantine populaire, où l'on vous servira soupes de nouilles, brochettes de porc ou de poulet, riz sauté, etc. Très frais et savoureux, pour une adresse qui voit peu de touristes européens.

5 **Marché de nuit de Hua Haw** – *Th. U-Thong (devant les murailles du palais Chanthara Kasem) - à partir de 18h - ⊭ - plats 80 bahts.* Sur une vaste esplanade en plein air, de petites cantines présentent des produits frais à emporter (brochettes, sucreries, fruits) ou à consommer sur place (soupes, riz et nouilles sautées). La plupart des stands étant tenus par des musulmans, vous trouverez beaucoup de poulet et de canard au menu, mais pas de porc. Très apprécié des habitants d'Ayutthaya, l'endroit mérite également une étape pour son atmosphère animée.

6 **Malakor** – *Th. Shikun (face au Wat Ratchaburana) - ✆ 091 779 64 75 - service continu - plats 60/130 bahts.* Carte de salades (végétariennes, aux crevettes, épicées, etc.) et de préparations thaïes à base de poulpe ou de poulet et plats occidentaux, à déguster sur la grande terrasse d'une maison de bois et de bambou, face aux ruines.

Budget moyen

Grand Chaopraya – *42/1 Ban Run (à 6 km au sud de l'île) - ✆ 081 942 16 66 - grandchaopraya.com - 11h-22h - plats 180/680 bahts - réserv. conseillée le soir.* Depuis 2009, ce restaurant situé au bord de la rivière jouit d'une belle terrasse et sert une cuisine thaïlandaise préparée avec des ingrédients locaux, notamment du poisson pêché dans la rivière. Les crevettes de rivière grillées au curry d'ananas ou à la sauce tamarin sont des incontournables.

1 **Pae Krung Kao** – *K4 Moo 2, Th. U-Thong (au sud-est de l'île) - ✆ 088 649 1347 - service continu - plats 300/1 000 bahts.* Installé sur la terrasse sur pilotis au bord de la rivière Pasak, vous pourrez goûter une bonne cuisine thaïe, dont des crevettes géantes ou des boulettes de poisson au curry vert, deux des spécialités de la maison. L'endroit, touristique, est assez fréquenté ; mieux vaut donc réserver.

3 **Saithong River** – *45 Moo 1, Th. U-Thong (env. 1 km au sud du Wat Mahatat) - ✆ 087 121 39 36 - service continu - plats 120/900 bahts.* Pour savourer des spécialités de poisson sur une grande et belle terrasse donnant sur le Chao Phraya. Une excellente adresse, très prisée des locaux pour sa qualité.

9 **De Riva Ayothaya** – *15/1 Moo 6, Th. U-Thong - ✆ 083 006 89 28 - service continu - plats 300/550 bahts.* Une bonne table de cuisine traditionnelle. Venez plutôt le soir pour profiter de sa belle terrasse au bord de la rivière. La journée, elle est souvent fermée en raison de la chaleur.

Petite pause

❤ **Busaba Ayutthaya Cuisine** – *56/2 U-Thong - ✆ 084 026 26 57 - 10h-20h30 (jeu. 19h), w.-end*

9h-20h30. L'endroit idéal pour faire une pause durant une journée de visite. Une salle climatisée sans excès, un cadre lumineux et contemporain, de petits en-cas savoureux (salades de crudités, ailerons de poulet) et même des plats plus recherchés comme des crevettes d'eau douce aux spaghettis noirs. Belle carte de smoothies et de cafés frappés.

Activités

Kraal des éléphants – *À 6 km au nord de la ville ancienne - 080 668 77 27 - www.elephantstay.com -* . Plutôt que de faire un tour à dos d'éléphant comme on le propose aux touristes dans la ville ancienne, venez passer une journée dans ce village où vivent paisiblement environ 80 pachydermes. À votre arrivée, un animal vous sera assigné, charge à vous de vous en occuper tout au long de la journée. Programme d'une journée (*5 000 bahts/pers.*) de 9h à 17h, ou de 3 jours/2 nuits *(18 000 bahts/pers. en pension complète)*. Une expérience inoubliable.

Hébergement

Budget moyen

5 **The Old Palace Resort** – *1/35 Moo 5 Klong Srabua - 081 351 23 55 - - 10 ch. 630/972 bahts - 100 bahts.* Cet hôtel familial propose des chambres simples mais coquettes, aménagées dans des bungalows disposés dans un agréable jardin. Le cadre est reposant et l'accueil sympathique. Restaurant le soir uniquement. Location de vélos.

2 **Ayothaya** – *12 Th. Naresuan - 03 590 76 00 - www.ayothayahotel.com - - 117 ch. 1 100/1 200 bahts* . Un peu vieillissant, il offre la possibilité de loger en plein centre-ville. Les chambres ne sont pas gaies, mais propres et équipées du minimum nécessaire. Vérifiez l'état de la piscine avant de piquer une tête.

6 **Q Zone Boutique** – *65/1 T. Tawasuki - 089 696 43 38 - - 12 ch. 1 084/1 171 bahts* . On n' y parle pas beaucoup anglais, mais le personnel est particulièrement aimable et toujours prêt à vous rendre service. Chambres simples mais impeccables, chacune avec sa terrasse de plain-pied ouvrant sur le jardin. Pour un surcoût modeste, optez pour les chambres de catégorie supérieure avec leur coin-salon. Location de scooter.

Pour se faire plaisir

4 **iuDia On the River** – *11-12 Moo 4, Th. U Thong - 03 532 32 08 - www.iudia.com - - 13 ch. 2 800/4 800 bahts* . Hôtel de charme au bord de la rivière, avec ses chambres spacieuses et de grand confort. Elles disposent pour la plupart d'une terrasse. Ravissante piscine avec vue sur un temple et sa stupa blanche, bâtis sur l'autre rive. Prêt de vélos.

Une folie

7 ❤ **Sala** – *9/2 Moo 4, Th. U Thong - 03 524 25 88 - www.salaayutthaya. com - - 26 ch. 4 800/10 000 bahts* . Pour une étape de grand luxe dans le meilleur établissement de la ville. La décoration de l'ensemble est particulièrement réussie avec ses lignes contemporaines, rehaussées d'œuvres d'art et de touches ethniques. Les chambres sont à l'avenant. Les plus chères disposent d'une terrasse sur la rivière et, pour certaines, d'une micro-piscine privée. Côté restaurant, vous pourrez déguster une cuisine thaïlandaise raffinée sur la romantique terrasse au bord de l'eau, face au Wat Phuttaisawan.

2

Lopburi ★★

« Lopburi est au Siam ce que Versailles est à la France », s'exclamait, ébloui par les fastes de la cour siamoise, l'historien Nicolas Gervaise lorsqu'il accompagna l'ambassade de Louis XIV au Siam, en 1685. Depuis, la physionomie de cette grosse ville de garnison a évidemment bien changé avec son trafic agité et ses avenues tentaculaires. Ancien lieu de villégiature de la famille royale, la « ville des singes », comme on la surnomme aujourd'hui, conserve néanmoins quelques beaux fleurons de son noble passé, à découvrir à pied en sillonnant les rues du vieux centre-ville. Ses temples, notamment, qui mêlent styles siamois et influences occidentales, raviront les amateurs d'architecture, d'autant que la plupart s'inscrivent dans un agréable cadre de verdure.

Se repérer

CARTE B2 (P. 132), PLAN (P. 150).
22 299 habitants – Chef-lieu de la province de Lopburi.
À 89 km au nord d'Ayutthaya et 155 km au nord de Bangkok.

À ne pas manquer

Le Wat Mahatat ; le palais du roi Phra Narai et son musée ; le Prang Sam Yot ; le banquet offert aux singes de la ville, fin novembre.

Organiser son temps

Comptez un jour pour découvrir la ville et ses environs. Prévoyez l'excursion à Lopburi en train depuis Ayutthaya, car la ville manque de charme. Évitez de venir les lundi et mardi : les monuments sont fermés.

Carnet pratique p. 153

Nos adresses p. 154

Se promener

PLAN P. 150

Le centre historique

Circuit au départ de la gare, tracé en vert sur le plan – Comptez une demi-journée à pied.

★ Wat Phra Si Ratana Mahatat

Th. Nakala (face à la gare) - 8h30-18h - 50 bahts.

Dominé par un superbe *prang* central, ce temple réunit des bâtiments de styles et d'influences divers. Remarquez les fenêtres en ogive du grand **wihan** qui trahissent bien leur inspiration européenne. Fondé au 12e s., le *wat* fut restauré à plusieurs reprises et prit son aspect définitif sous le règne de Phra Narai, au 17e s., avec l'ajout de l'*ubosot*. Le **prang★★**, de style Lopburi, conserve sur ses linteaux de superbes **compositions stuquées★★**. Faites le tour de l'ancienne enceinte du cloître : de part et d'autre s'élèvent des chapelles aux toits en encorbellement, caractéristiques du style Sukhothai, ainsi qu'une série de *wihan* endommagés. Notez les ornements des **petits chedi** de style Ayutthaya qui longent l'enceinte. Au nord-ouest se dresse un beau **prang cannelé★** en forme d'épi de maïs, cerné d'anges assis.

En sortant du temple, prenez deux fois à gauche puis à droite dans Th. Sorasak pour longer sur votre gauche les murailles du palais.

Prang Sam Yot et ses singes.
nuwatphoto/Getty Images Plus

Une ville capitale

Sous le nom de « Lavo », Lopburi apparaît déjà dans l'histoire à l'époque Dvaravati (6e s.-12e s.) comme un important centre économique, politique et culturel. Capitale provinciale de l'empire khmer, et rebaptisée « Lavapura » – d'où dérive son nom actuel –, la cité devient le foyer d'un art local original, associant les styles môn et khmer. Son essor se poursuit en intégrant le royaume de Sukhothai, dès la fin du 13e s., mais le royaume d'Ayutthaya, un siècle plus tard, relègue la ville au rang d'État vassal. La cité connaît un rayonnement sans précédent sous le règne de **Phra Narai** (1656-1688) qui, attiré par la douceur du climat, en fait sa résidence estivale. Le monarque délaisse peu à peu Ayutthaya au profit de Lopburi, qu'il élève au rang de deuxième capitale du royaume. En 1685, il y reçoit l'ambassade du **chevalier de Chaumont**. Très influencé par **Constantin Faulkon**, un aventurier grec devenu son conseiller, le roi mène une politique d'ouverture vers l'Occident, permettant ainsi à une large communauté de religieux et de commerçants d'Europe, de Malaisie et de Perse d'établir des missions et des comptoirs commerciaux à Ayutthaya et à Lopburi. Mais en 1687, une seconde ambassade, royale cette fois, visant à imposer une « protection militaire » au Siam, achève d'irriter les traditionalistes de la Cour, qui déclenchent la déposition du roi. Le nouveau monarque rompt toute relation avec le monde extérieur et retourne à Ayutthaya, laissant Lopburi sombrer dans l'oubli jusqu'au 19e s. La ville devra son renouveau à Rama III, qui la restaurera et en fera sa capitale auxiliaire.

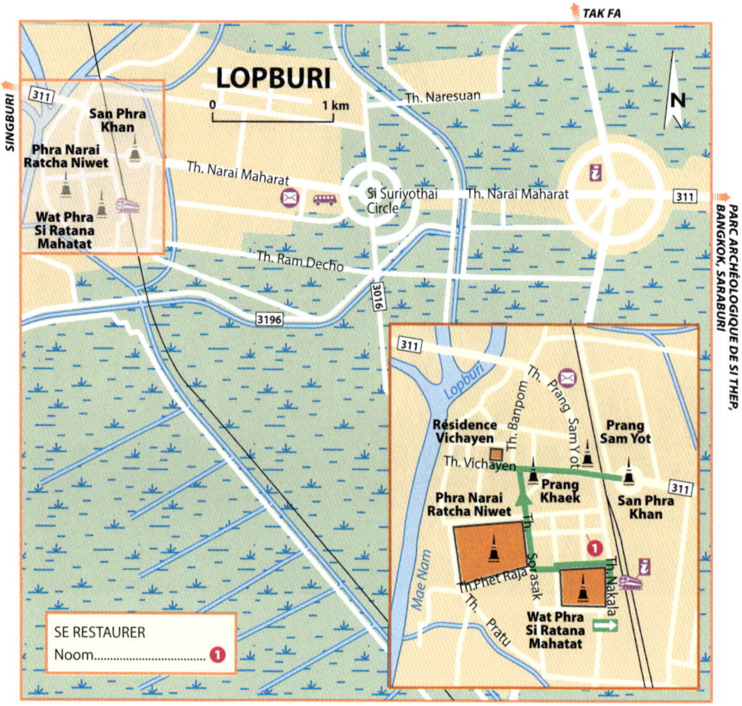

★★ Phra Narai Ratcha Niwet

Th. Sorasak (accès par la porte est) - merc.-dim. 8h30-16h30 - 150 bahts.

À la demande du roi Phra Narai, dont le règne, au 17e s., marqua l'âge d'or de la cité, des architectes français apportèrent leur concours à la construction de cette résidence royale. Ponctués de sept fortins, des remparts crénelés et percés de portes monumentales en ogive encadraient le domaine. Des toitures ornées de lotus coiffaient ces porches, reflétant l'architecture en vogue à l'époque de Narai. Ces murs protégeaient trois cours intérieures, chaque porte étant éclairée la nuit par des lanternes de cuivre. Des jardins agrémentés de fontaines et de bosquets d'arbres séparaient les divers bâtiments.

À l'origine, souverains, ambassadeurs et hauts dignitaires arrivaient au palais par la rivière Mae Nam Lopburi, côté ouest, en franchissant la **porte des cérémonies** (mais un bloc de maisons sépare désormais le palais de la rivière).

À votre gauche, dans la **cour extérieure**, se voit encore l'ancienne citerne qui approvisionnait en eau les divers pavillons du palais. Elle côtoie les ruines des entrepôts ou **pavillons des trésors**, à l'origine au nombre de douze, où les marchands d'étoffes de la ville stockaient leurs produits. À proximité, quelques murs de brique sont tout ce qui subsiste du **pavillon des étrangers**.

C'est de l'ancien **sanctuaire royal**, adossé aux remparts, que le régent Okphra Petratcha déposa le roi Narai et proclama sa prise du pouvoir, en 1688. Le long du mur séparant la cour extérieure de la cour centrale, quelques pans signalent les **écuries aux éléphants**.

En reprenant l'allée principale, on débouche ensuite dans la **cour du Milieu**, protégée par un muret creusé de niches abritant des lanternes.
En face s'ouvre le pavillon **Chantara Phisan★**, que garde un élégant bouddha en méditation, protégé par un *naga*. Bâti en 1665, il servit de résidence royale avant d'être reconverti en salle d'audience. Il renferme divers témoignages et correspondances évoquant les nombreux échanges entre les royaumes de France et du Siam.
À gauche, le pavillon **Phiman Mongkut** (19e s.), du nom du roi qui l'édifia, a été aménagé en un intéressant **musée★** *(9h-16h)* consacré aux courants artistiques et à la culture du Siam du 10e au 20e s. À l'étage, vous verrez également une reconstitution de la chambre du roi Mongkut.
À droite en sortant du musée s'étendent les restes du **Dusit Sawan Thanya Maha Prasat**, où se tenaient les audiences royales officielles. Le roi Phra Narai y rencontra notamment le chevalier de Chaumont et son ambassade. De la fastueuse salle du trône ne subsiste plus grand-chose. Difficile d'imaginer le luxe des lieux qui, jadis, éblouit tant les visiteurs étrangers : des miroirs rapportés de France par les ambassadeurs siamois garnissaient les murs, tandis que des fleurs d'or et des cristaux de Chine rehaussaient les plafonds. Au fond de la salle, en hauteur, se dressait le trône, flanqué d'escaliers menant à deux portes closes. Lors des grandes audiences, le roi apparaissait dans toute sa superbe par la fenêtre centrale, qui s'ouvre en hauteur dans le mur divisant la salle en deux.
En franchissant le porche à gauche, on rejoint par une allée pavée la **cour intérieure** et ses jardins, domaine privé du roi. Le pavillon de Sutthan Sawan, qui se dressait au centre *(disparu)*, abritait les luxueux appartements royaux, accessibles à un nombre très restreint de personnes. Quatre bassins marquaient les angles de la cour, où le souverain prenait ses bains, protégé par de riches tentures.
Quittez le palais par l'entrée principale, pour poursuivre à gauche sur Th. Sorasak.
L'avenue Sorasak débouche sur un petit carrefour où trône le **Prang Khaek**, un temple composé à l'origine de trois *prang* de brique. D'origine hindoue, ce sanctuaire fut fondé au 10e s., et Phra Narai se chargea de sa rénovation.
Au carrefour, tournez à gauche dans Th. Vichayen.

2

Résidence Vichayen

Ban Luang Rap Ratchahut - merc.-dim. 7h-17h - 50 bahts.
Trois portails monumentaux ouvraient sur ce domaine, dont les vestiges témoignent de la fortune et de la puissance du conseiller royal. Très ruinée, la

En l'honneur du singe

Le dieu hindou Rama voulut offrir une cité au singe **Hanuman**, son fidèle soldat, en récompense de sa fidélité. Il tira une flèche vers le ciel et, à l'endroit où celle-ci retomba, il posa la première pierre de la ville. Le dieu singe utilisa ensuite sa queue pour en construire les murs. Depuis, les primates ont investi le **Prang Sam Yot** *(voir p. 152)*, colonisant jusqu'aux poteaux électriques des rues environnantes, qu'ils s'amusent à secouer comme de véritables cocotiers ! Considérés comme les « enfants » du dieu, ces macaques font l'objet d'un certain respect, et malheur à qui leur ferait du mal. Leur présence contribue d'ailleurs pour une large part au succès touristique de Lopburi. En signe de gratitude, les habitants leur préparent chaque année, à la fin du mois de novembre, un **grand banquet** réunissant leurs friandises favorites : pastèques, ananas, œufs durs, concombres ou citrouilles. Un spectacle haut en couleur !

demeure, qui présente une architecture d'inspiration occidentale, aurait pu s'inscrire dans une ville européenne. Proche de la rivière Mae Nam Lopburi, elle comprenait de nombreuses dépendances et même une maison de bains alimentée par une citerne. C'est là que séjournèrent au 17e s. le chevalier de Chaumont et sa suite, ainsi que les jésuites de l'ambassade française. Une volée de marches conduit à une chapelle, tandis qu'à droite s'ouvrait le presbytère. Plus à l'est se tenait la salle d'audience, où l'on pouvait voir un portrait en pied de Louis XIV.
Prenez à gauche et continuez tout droit sur Th. Vichayen.

★★ Prang Sam Yot

Merc.-dim. 8h30-18h - 50 bahts.
Les majestueux bâtiments de ce temple marquent le cœur de la ville. Bon nombre de « descendants » d'Hanuman *(voir encadré p. 151)* escaladent sans vergogne cet édifice sacré : toute une population de singes vous accueille là, en effet, les plus effrontés n'attendant que de vous chaparder quelque chose d'intéressant. Seul refuge : l'intérieur des trois *prang*, où les macaques ne pénètrent jamais, de peur d'y rester enfermés ! Profitez-en pour admirer les plafonds des cellules, à l'origine en bois. Fondé probablement au milieu du 13e s., ce sanctuaire primitivement hindou offre un exemple typique du style Lopburi.
Poursuivez dans la même rue et passez le carrefour.

San Phra Khan

Accès libre. Autre sanctuaire prisé par les primates, ce petit temple est très populaire à Lopburi. Il ne reste presque rien de l'édifice originel, remontant au 10e s., mais une chapelle moderne conserve sur son linteau de pierre une belle représentation de Vishnou reposant sur un *naga*.

À proximité

CARTE P. 132

Ne manquez pas de faire une halte au Phra Phutthabat, l'un des temples les plus sacrés de Thaïlande, tout proche de Lopburi. Le week-end, une foule de fidèles envahit les lieux, leur conférant une grande animation. Son festival annuel, fin février, rassemble des pèlerins venus de tout le pays. En route vers les provinces du Nord, les ruines de l'ancienne cité de Si Thep, nichée dans un agréable parc, vous offriront quant à elles une halte détente. Deux édifices seulement valent vraiment le détour, mais la promenade est pleine de charme.

★★ Phra Phutthabat (Saraburi) B2

À 18 km au sud-est de Lopburi (63 km à l'est d'Ayutthaya) par la Highway 1.
Rasé par les armées birmanes, le temple originel, adossé à la montagne, fut reconstruit par Rama Ier au 18e s. pour devenir l'un des foyers majeurs du bouddhisme en Thaïlande. Témoins de la vivacité de cette ferveur, d'innombrables échoppes se serrent le long de la route qui mène au site, proposant nourriture et amulettes. Passé les **yaksha** (lions) qui gardent l'entrée du domaine, le fidèle fait tinter les **cloches de bronze** qui s'alignent sur le côté de l'esplanade, annonçant ainsi aux dieux sa venue. Au sommet de l'escalier flanqué de *naga*, un moine assis à l'ombre d'un banian purifie chaque pèlerin en l'aspergeant de quelques gouttes d'eau bénite.
On accède ensuite au **mondop★★** gardant la fameuse empreinte de pied du Bouddha *(voir encadré ci-contre)*, un magnifique bâtiment érigé sur une terrasse de marbre. Sous son toit de tuiles vertes, de superbes **portes★** noires incrustées

Pied divin

Au début du 17e s., des moines en mission au Sri Lanka apprirent, à la lecture d'une inscription en pali (langue indienne), l'existence au Siam d'une empreinte du Bouddha. De retour au royaume, ils se mirent en quête de ce trésor, mais leurs recherches restèrent infructueuses. La découverte revint finalement à un chasseur qui, au cours d'une chasse au cerf, mit au jour une vasque en forme d'empreinte de pied. Or, il se trouva que l'eau claire qu'elle contenait guérit les blessures de l'animal. L'homme lui-même, atteint d'une maladie de peau, s'y plongea à son tour, pour en ressortir aussitôt soigné. Il n'en fallait pas plus pour qu'on élevât un temple à cet endroit, le Phra Phutthabat *(voir aussi « Agenda », p. 506).*

de nacre ouvrent sur une salle aux murs rouges. Au centre, un **baldaquin** perché sur des piliers protège l'empreinte, devant laquelle les fidèles apportent des fleurs de jasmin, des pièces de monnaie, des billets de banque ou des feuilles d'or qu'ils collent sur la relique, en hommage au Bouddha et pour acquérir des mérites.
En suivant l'escalier qui grimpe sur la montagne, vous pouvez voir plusieurs **chedi**, mais l'ascension vaut surtout pour le **panorama★**. De là, un sentier mène à des **grottes** où se retiraient des ermites.

★ Parc archéologique de Si Thep B2

À 80 km au nord de Lopburi. Prenez la route 21 puis la bifurcation à gauche qui conduit à l'entrée du parc, 8 km plus loin (parc difficile d'accès par les transports en commun). 8h30-16h30 - 100 bahts.

Peuplé dès le 6e s., à l'époque Dvaravati, Si Thep devint un important centre économique sous l'empire khmer, jusqu'à la fin du 13e s. Un **pont de pierre** décoré de têtes de *naga* conduit à la cité.
Environ 2 km après l'entrée, la **chaussée royale★** s'étire jusqu'au Prang Si Thep, un sanctuaire du 11e s. érigé sur une base carrée. Le registre supérieur du *prang* de droite, orné d'un remarquable **linteau sculpté★** en grès, rappelle le style artistique khmer du Bayon, temple central de l'ancienne cité d'Angkor. Le *prang* a conservé ses poutres d'origine en bois, ainsi qu'une statue du dieu Vishnou, en bois également. Sa couronne de grès en forme de lotus gît à proximité, sur le sol.
À droite, le grand monticule de brique est tout ce qui reste d'un probable dépôt d'armes ou trésor, le **Kho Klang Nai**. Notez aussi, côté sud *(à l'arrière)*, une belle roue de la loi bien restaurée, ainsi que les étonnants **personnages de stuc★** qui courent le long du mur oriental, d'époque Dvaravati.

2

Carnet pratique

PLAN (P. 150)

S'informer

Tourism Authority of Thailand – *En face du Provincial Hall, loin du centre - antenne à la gare ferroviaire -* ✆ *03 677 00 96.* Plan de la ville.

Arriver/Partir

Mieux vaut arriver par le train, la gare ferroviaire étant en face des temples, que par le bus, car la gare routière est plus éloignée.

En train

Gare ferroviaire – *En face du Wat Phra Si Ratana Mahatat.* Départs fréquents de/pour Ayutthaya *(1h de trajet)*, Bangkok *(env. 2h30)* et Phitsanulok *(4 à 5h)*.

En bus

Gare routière – *Si Suriyothai Circle.* Départs ttes les 20mn de 5h à 20h pour Ayutthaya *(1h30 de trajet)* et ttes les 15mn pour Bangkok *(2h)*.

Adresses utiles

Police touristique – *732 Th. Naresuan - ✆ 03 642 45 15 ou 11 55.*

Agenda

Phra Narai Festival – Mi-fév. Pour la fête qui célèbre le règne du roi Narai (17e s.), les habitants défilent en costumes d'époque.

Banquet des singes – Dernier w.-end de nov. Les habitants de Lopburi offrent un grand banquet aux singes *(voir encadré p. 151)*.

Phra Phutthabat Festival – 2e quinz. de fév. Concerts de musique traditionnelle et spectacles de danse et de théâtre alternent avec les célébrations bouddhistes. Les pèlerins viennent de loin pour le festival annuel de l'Empreinte de pied sacrée *(voir p. 153)*.

Nos adresses

PLAN (P. 150)

Restauration

Premier prix

1 Noom Guesthouse & Restaurant – *15-17 Th. Phayakamjad - ✆ 03 642 76 93 - - 8h-22h - plats 50/350 bahts.* Cette adresse, mi-*guesthouse*, mi-restaurant, a installé sa terrasse d'angle entre la gare ferroviaire et le palais du roi Phra Narai. Elle propose toute une série de plats thaïs et occidentaux, avec quelques recettes végétariennes. Dispose d'env. 15 chambres pour petits budgets *(à partir de 500 bahts)*.

Petite pause

Baan Sahai Café – *Soi Sorasak (à l'angle du Wat Mahatat) - ✆ 090 924 71 47 - - 11h-22h (dim. 20h).* Pour une pause sucrée dans un décor étudié, salades de fruits frais, parts de gâteaux et une interminable liste de milk-shakes et de smoothies. Les appétits plus solides feront honneur à la carte de plats locaux et internationaux, à savourer en terrasse ou dans la salle climatisée.

Hébergement

Lopburi offre peu de choix en matière d'hôtels. Vous aurez tout intérêt à prévoir la visite de la ville en excursion depuis Ayutthaya. Si toutefois vous souhaitez y faire étape, sachez que les seuls établissements corrects sont dispersés dans la ville moderne. Évitez les pensions situées dans la vieille ville, autour des temples : ce sont souvent des hôtels de passe.

Premier prix

Hop Inn – *228 Moo 2, Ta Sa La - ✆ 03 659 28 99 - www.hopinnhotel.com - - 79 ch. 650/680 bahts.* Cet hôtel de chaîne propose des chambres simples, mais correctes pour une étape d'une nuit.

Privacy Residence – *Khao San Yot - ✆ 03 678 07 39 - - 54 ch. 590/1600 bahts.* Un cran au-dessus du précédent : chambres sans originalité, mais assez spacieuses et dotées d'un balcon.

Phitsanulok ★

Du passé glorieux de Phitsanulok, ancienne cité satellite de la puissante Sukhothai, seul subsiste un temple. Mais quel temple ! Installé sur les berges de la rivière Nan, le Wat Phra Si Ratana Mahatat compte parmi les plus renommés du pays. La ville, ravagée par un incendie en 1960, n'est plus guère qu'un lieu de passage. Située au centre d'un important réseau routier, commerçante et dotée d'une bonne infrastructure hôtelière, elle constituera pourtant une étape agréable et pratique pour rayonner vers les autres cités royales de la Plaine centrale, ou avant de poursuivre sa route vers les provinces du Nord.

Les peintures murales du Wat Phra Si Ratana Mahatat (voir p. 157).
P. Tisserand/Michelin

Se repérer

CARTE B1 (P. 132), PLAN (P. 156).

66 106 habitants – Chef-lieu de la province de Phitsanulok.
À 58 km à l'est de Sukhothai et 390 km au nord de Bangkok.

À ne pas manquer

Le Wat Phra Si Ratana Mahatat ; la fonderie de bouddhas ; le musée des Traditions populaires.

Organiser son temps

Comptez une demi-journée. Vous pouvez visiter la ville sans y faire étape en laissant vos bagages à la consigne de la gare ferroviaire. Vous pouvez aussi envisager une excursion à la journée depuis Sukhothai.

En famille

Le musée des Traditions populaires.

Carnet pratique p. 160

Nos adresses p. 160

Se promener

PLAN CI-DESSOUS

Le centre historique

Bordées de petites maisons et de restaurants flottants, les rives aménagées de la Nan invitent à une agréable promenade, qui repose un peu de la frénésie urbaine.

★★★ Wat Phra Si Ratana Mahatat

Th. Phuttha Bucha (face à la rivière) - 7h-17h - 50 bahts - shorts et jupes courtes interdits dans le Phra Phuttha Chinarat.

Près du **pont Naresuan**, sur la rive orientale, se dresse l'imposant *prang* doré du Wat Phra Si Ratana Mahatat, seul monument notoire de la ville.

La chronique attribue la fondation de ce temple, en 1357, au roi Li Thaï lui-même, mais son *prang* serait dû à Boromtrai Lokanat (fin du 15e s.), pour symboliser la puissance du royaume d'Ayutthaya. Protégé par ses dépendances, le *wat* fut épargné par l'incendie qui détruisit la majeure partie de la ville en 1960, ce qui ne fit que renforcer sa renommée et la ferveur des fidèles : les pèlerins y affluent de tout le pays.

Passé l'entrée principale s'ouvre une très belle perspective sur le temple, dominé par son majestueux *prang* et son **wihan★** à l'élégante toiture à trois pans. Le long du mur de droite s'alignent **sept petits bouddhas** couverts de feuilles d'or, dans diverses attitudes : ils représentent chacun un jour de la semaine, les fidèles adressant leurs prières au bouddha qui correspond au jour de leur naissance.

Intervention divine

Le souverain **Li Thaï** (1347-1368), désireux d'acquérir le plus beau bouddha du royaume, commanda trois statues à ses trois meilleurs sculpteurs. Deux des œuvres, Phra Chinasi et Phra Satsada, furent installées à Bangkok. La troisième, Phra Chinarat, bénéficia quant à elle de la touche personnelle du dieu Indra, ce qui éleva la statue au rang de chef-d'œuvre. C'est celle-ci que le souverain choisit pour trôner dans le sanctuaire de sa capitale, en 1357. La beauté et la finesse de ce bouddha de style Sukhothai en firent un modèle pour tous les artistes du pays, et une statue similaire siège dans le temple de Marbre, à Bangkok. Au fil des siècles, tous les souverains vinrent rendre hommage à l'**Éveillé de Phitsanulok** en le parant de feuilles d'or et en organisant de grandes festivités en son honneur.

En pénétrant dans ce bâtiment, attardez-vous sur les **panneaux de porte★★** en ébène incrustés de nacre, magnifique ouvrage de 1756. À l'intérieur, sous un plafond à caissons, des colonnes noir et or aux chapiteaux en bouton de lotus séparent l'espace en trois nefs, encadrant l'une des statues les plus vénérées de Thaïlande, le **Phra Phuttha Chinarat★★★** *(voir encadré ci-dessus)*. Ce magnifique bouddha prenant la Terre à témoin compte au nombre des grands chefs-d'œuvre de l'art de Sukhothai. Nimbé d'un halo de flammes et protégé par deux *naga*, il trône devant un mur bleu rehaussé de peintures dorées, entouré de ses disciples. De part et d'autre de la nef se tiennent des étals d'amulettes tandis que des urnes de verre attendent les dons des fidèles, qui inscrivent leur nom sur le livre d'or.
En sortant, remarquez les ravissantes **peintures murales★★** qui figurent l'illumination du Bouddha et sa renonciation au monde.
En quittant le *wihan*, prenez à droite pour pénétrer dans le **cloître**, galerie couverte conservant une série de bouddhas assis. Au centre, le *prang* d'inspiration khmère se dresse sur 36 m de haut. Hérissé d'antéfixes et couvert de mosaïques dorées, il est creusé, sur chacun des côtés, de niches abritant des bouddhas.

★ Buranathai Buddha Image Foundry (FONDERIE DE BOUDDHAS)

26/43 Th. Wisuthi Kasat (entre les Soi 15 et 17) - 8h-17h - gratuit.
Pour savoir comment sont réalisés les innombrables bouddhas de bronze qui parsèment le pays, ne manquez pas la visite de ces ateliers, où vous pourrez voir à l'œuvre, au fond du hangar, les artisans qui travaillent selon des techniques issues d'un très ancien savoir-faire, utilisant en particulier les procédés de la **cire perdue**. Prenez le temps de les observer, manipulant un à un des bustes de bouddhas en bronze – la plupart à l'image du fameux bouddha Chinarat – enfermés dans des filets. Aux murs sont décrites une soixantaine de postures canoniques que l'on retrouve dans la statuaire bouddhique thaïe.

★ Thai Bird Garden (JARDIN DES OISEAUX)

Th. Wisuthi Kasat - 8h30-16h30 - 100 bahts.
Derrière la fonderie, le jardin des Oiseaux renferme quelques espèces rares, calaos, pies bleues, perruches à moustache, dont certains spécimens comptent parmi les derniers dans le pays. Au total, une centaine d'oiseaux sont réunis dans ce lieu : les uns parlent, les autres présentent un plumage bariolé, les plus impressionnants étant des géants aux allures préhistoriques. Ne quittez pas les volatiles des yeux, le cadre manque en effet de charme !

La cité stratégique

Phitsanulok existait déjà à l'époque des Dvaravati (6e s.-12e s.), mais c'est bien avec l'avènement du royaume de Sukhothai que la ville entre dans l'histoire, lorsque le roi **Li Thaï** (1347-1368) installe dans la cité sa résidence royale. La ville connaît dès lors un grand essor artistique, politique et religieux, et sa réputation est telle que, même après la chute du royaume en 1378, le futur roi d'Ayutthaya, **Ramesuan** (1448-1488), s'y fait encore sacrer sous le nom de Boromtrai Lokanat. Phitsanulok obtiendra même l'honneur suprême de devenir la nouvelle capitale du jeune royaume, statut qu'elle conservera jusqu'à la mort du souverain. Elle jouera également un rôle stratégique dans la bataille contre le royaume rival du Lan Na, au nord, et ses habitants seront en outre souvent mis à contribution dans le combat opposant Ayutthaya aux armées birmanes. La cité tombera néanmoins sous le joug birman au 16e s., avant d'être annexée par le roi Taksin à la fin du 18e s.

★★ Sergent Major Thawee Folk Museum

(MUSÉE DES TRADITIONS POPULAIRES)

26/38 Th. Wisuthi Kasat (entre les Soi 10 et 12) - 8h30-16h30 - fermé lun. - 50 bahts - photos interdites.

Aménagé dans plusieurs pavillons dispersés dans un jardin, le musée se consacre au monde rural et à ses traditions. Une passionnante exposition retrace la vie quotidienne dans les campagnes siamoises depuis les temps les plus anciens. Le propriétaire de ce musée privé passa en effet une bonne partie de sa vie à parcourir le pays pour rassembler toutes sortes de pièces.

Le premier bâtiment, aux murs recouverts de bambou tressé et au plancher de teck, présente l'histoire de la ville à travers des photos.

De jolies maisons de bambou et de bois reconstituent les **intérieurs traditionnels** : la cuisine occupe le rez-de-chaussée, avec tous ses ustensiles, tandis que la pièce à vivre, où se réunit la famille, s'ouvre au-dessus. De vieux métiers à tisser évoquent la confection des étoffes, que l'on colorait avec des teintures naturelles issues de plantes. Des pièges à singes et à serpents, des costumes de paysans, des pressoirs à canne à sucre et des racloirs à noix de coco complètent ce panorama. La présentation des travaux des champs, elle, comprend un vieil araire et une **charrette à roues pleines**, tirée par un buffle grandeur nature. Des panneaux expliquent toutes les étapes de la plantation et de la récolte du riz, ou encore les techniques de castration des jeunes buffles.

À l'étage sont présentés des objets religieux, des céramiques, des armes, mais aussi des **jouets** et des instruments de musique. Une autre section est consacrée au matériel utilisé dans la médecine traditionnelle, ainsi qu'à des outils de tatouage. Le dernier pavillon présente le mode de vie des **Songs**, une minorité habitant la région.

À proximité

CARTE P. 132

Si vous disposez d'une bonne demi-journée et d'un véhicule particulier, profitez de l'étape à Phitsanulok pour faire un tour dans la campagne, côté est, vers Lom Sak ou jusqu'au parc de Phu Hin Rongkla. La **route★★** qui y mène grimpe progressivement sur les hauteurs, offrant un panorama grandiose sur les montagnes, dont le manteau de velours vert tranche sur la terre rousse des labours.

Lan Hin Riep, Parc national de Phu Hin Rongkla.
O. Protze/age fotostock

★ Parc national de Phu Hin Rongkla B1

À 120 km à l'est de Phitsanulok. Quittez la ville par la route 12, puis bifurquez à gauche pour prendre la route 2013 ; avant d'arriver à Nakhon Thai, prenez à droite la 2331 sur 31 km. ✆ 081 596 59 77 - 8h-16h30 - 500 bahts, voiture 30 bahts ; possibilité de loger sur place (à partir de 1 200 bahts la ch. double).

Situé à la fois à proximité de la frontière laotienne et à 300 km de la province chinoise du Yunnan, le massif du Phu Hin Rongkla fut le bastion du Parti communiste thaïlandais (PCT) de 1968 à 1982, ses hautes collines offrant un refuge idéal et une base de choix pour les entraînements à la guérilla. C'est également le territoire de la tribu des **Ban Maeo**, dont les villages se perchent à 1 000 m d'altitude. Le parc, qui couvre une superficie de 307 km², englobe tout le massif. De l'entrée, ouverte au sommet (1 500 m), la route principale conduit vers **Lan Hin Riep★**, un curieux plateau de gros rochers saillants qui strient sa surface d'une mosaïque de crevasses où poussent des lichens et des mousses. Un sentier permet de se promener à travers cet étrange paysage de « dalles », que le visiteur franchit par de petites passerelles *(prudence, regardez bien où vous mettez les pieds et ne vous éloignez pas des passerelles)*. L'excursion vaut aussi pour le spectaculaire **point de vue★★** qui s'étend à l'infini.

En regagnant la route et en poursuivant sur 2 km, vous arriverez au quartier général du parc, où se tient une petite exposition sur l'histoire des combattants du PCT, complétée par un **musée de plein air** évoquant leurs rudes conditions de vie.

Carnet pratique

PLAN (P. 156)

S'informer

Tourism Authority of Thailand (TAT) – *209/7-8 Surasi Trade Center, Th. Boromtrai Lokanat - ☏ 05 525 27 42.* Horaires des trains et des bus, plans de la ville et de la région, documentation sur Sukhothai et Phitsanulok.

Arriver/Partir

En avion

Aéroport de Phitsanulok – *Au sud-est de la ville.* 3 à 5 vols/j. de/vers Bangkok *(45mn de trajet)* avec les compagnies Nok Air *(www.nokair.com)* et Air Asia *(www.airasia.com)*; vols tlj pour Chiang Mai avec Air Asia.

En bus

Gare routière – *Terminal 1 à 2 km à l'est de la gare ferroviaire.* Dessert Sukhothai ttes les heures *(1h30 de trajet)* et les villes proches, dont Kamphaeng Phet. Plusieurs bus quotidiens pour Bangkok et Chiang Mai *(5 à 6h).*

En train

Gare ferroviaire – *Th. Ekathot Sarot.* Phitsanulok se trouvant sur la ligne Bangkok-Chiang Mai, la ville est parfaitement desservie. Trains réguliers et directs pour Chiang Mai *(6h de trajet)*, Lopburi *(4 à 5h)*, Ayutthaya *(5 à 6h)*, ainsi que pour Bangkok *(5 à 8h)*. Consigne à bagages *(7h-23h).*

Adresses utiles

Santé

Ruamphat Hospital – *224-30 Th. Boromtrai Lokanat - ☏ 05 521 93 07.* En cas de problème sérieux, prévoyez de revenir à Bangkok.

Sécurité

Police touristique – *Antenne dans l'enceinte du Wat Mahatat - ☏ 05 525 87 77 ou 11 55.*

Agenda

Boat Racing Festival – 3e sem. de sept. Des courses de bateaux sont organisées en face du Wat Mahatat.

Nos adresses

PLAN (P. 156)

Restauration

Au niveau du **marché de jour**, à deux pas de la gare, vous trouverez de nombreuses gargotes ouvertes jusqu'en fin d'après-midi.

Premier prix

2 Bazar de nuit – *Nai Mueang (le long de la rivière, au sud de Th. Naresuan) - ⊠ - dès 17h - env. 100 bahts.* C'est l'endroit idéal pour s'imprégner de l'atmosphère de Phitsanulok et découvrir la gastronomie régionale. Une multitude de stands proposent les spécialités locales – plutôt des snacks qu'une véritable restauration –, telles que les bananes sucrées ou le *thao mai luai*, un plat de légumes frits.

4 Dingly – *Th. Sailuthai - ⊠ - 17h-0h30 - à partir de 100 bahts.* Si vous ne trouvez pas votre bonheur au bazar de nuit, cette halle couverte (pas d'enseigne en anglais), avec tables et chaises, vous proposera les spécialités de la cuisine locale à petits prix. Particulièrement apprécié des locaux pour ses nouilles au poulet.

Pae PhuFa Thai Restaurant – *Th. Phuttha Bucha, au pied du pont Suphan Kanlaya - ✆ 05 528 43 61 - 10h-23h - plats 250/500 bahts.* Un restaurant flottant amarré en face du Wat Chan, au pied du pont. La carte est simple et les plats sont goûteux. Le cadre d'architecture traditionnelle, avec son jeu de toitures en bois, comblera les amateurs.

Petite pause

Veggie Café – *93/2 Th. Phayalithai (à côté du Lithai Guest House) - ✆ 080 899 24 91 - - 11h30-21h.* Pour prendre une soupe de légumes, un *club sandwich* ou un croissant au saumon fumé, une gaufre ou un croque-monsieur sur les grandes tables de bois de ce café à la déco mi-design, mi-industrielle.

Hébergement

Ville importante au niveau régional, Phitsanulok dispose d'un large parc hôtelier, convenant à tous les budgets.

Premier prix

4 **Lithai Guesthouse** – *73/1-5 Th. Phayalithai, Lithai Building - - 56 ch. 500/560 bahts.* Au cœur de la ville, proche de la gare ferroviaire, il propose des chambres carrelées et lumineuses réparties autour d'un patio, garant de calme. Menus variés pour le petit-déjeuner. Laverie.

Budget moyen

2 **The Grand Riverside** – *59 Th. Phra Ruang - ✆ 05 524 83 33 - www.tgrhotel.com - - 80 ch. 2 000 bahts.* Idéalement situé sur les rives de la Nan, face au bazar de nuit, cet hôtel rénové en 2021 allie calme et confort. Réparties sur 5 étages (ascenseur), les chambres sont meublées avec soin et bien équipées (minibar, coffre-fort). Navette gratuite de/vers l'aéroport.

7 **Topland** – *68/33 Th. Ekathot Sarot - ✆ 05 524 78 00 - www.toplandhotel.com - - 253 ch. 1 600/1 700 bahts.* Un hôtel de standard international, aux chambres décorées de boiseries mais un peu défraîchies. Occupant les étages 7 à 16, elles jouissent de belles vues sur les environs. Une raison supplémentaire de résider dans les hauteurs : la discothèque-karaoké du 4e étage se fait entendre jusque assez tard dans la nuit. Agréable espace bar dans le lobby pour prendre un verre en soirée.

Une folie

Pattara Resort – *349/50 Th. Chaiyanupap - ✆ 05 528 29 66 - www.pattararesort.com - - 64 ch. 4 700/5 900 bahts.* Une étape de grand luxe. Joli domaine avec son jardin et sa piscine et chambres de toute beauté dans un style contemporain qui allie sobriété et touches locales. L'hôtel dispose également de deux somptueuses villas, l'une sur pilotis, l'autre avec sa piscine privée *(9 750/15 600 bahts).*

Sukhothai ★★★

À l'ombre des frangipaniers, les bouddhas et les temples de Sukhothai se mirent dans des pièces d'eau fleuries de nénuphars rose vif. Une myriade de sanctuaires parsèment la plaine, jusque loin à l'extérieur des murs de la cité. Autant de vestiges évoquant la splendeur de la première capitale siamoise, du temps où son empire s'étendait bien au-delà des frontières de l'actuelle Thaïlande... Laissée à l'abandon pendant des siècles, Sukhothai vit peu à peu ses temples disparaître sous la végétation et ses joyaux pillés par les chasseurs d'antiquités. Sa renaissance débuta dans les années 1960, sous l'impulsion d'hommes comme Nikom Moosigakama, un archéologue thaïlandais qui obtint jusqu'au soutien du roi lui-même. Inscrite en 1991 au Patrimoine mondial de l'Unesco, avec les villes satellites de Si Satchanalai et de Kamphaeng Phet, Sukhothai a retrouvé son plan originel et une part de sa grandeur passée.

Se repérer

CARTE A1 (P. 132), PLAN DU PARC HISTORIQUE (P. 164-165), PLAN (P. 170).

35 713 habitants – Chef-lieu de la province de Sukhothai.
À 58 km à l'ouest de Phitsanulok, 326 km au sud de Chiang Mai et 427 km au nord de Bangkok.

À ne pas manquer

Le Wat Mahatat et le Wat Sa Sri, à l'intérieur de l'enceinte ; le Wat Si Chum, hors les murs côté nord, et le Wat Chetuphon, côté sud.

Organiser son temps

Explorez le site à vélo et tôt le matin pour éviter la chaleur et bénéficier de la meilleure lumière pour vos photos. Gardez la visite du musée pour les heures les plus chaudes. Faites de Sukhothai votre base pour visiter, en excursion à la journée, Kamphaeng Phet et Si Satchanalai, voire Phitsanulok : ces trois sites se trouvent chacun à env. 1h de route.

Carnet pratique p. 171

Nos adresses p. 172

Parc historique de Sukhothai.
PhanuwatNandee/Getty Images Plus

Se promener

Le site historique PLAN DU PARC HISTORIQUE P. 164-165

Circuit tracé en vert sur le plan du parc historique – Comptez une demi-journée pour la visite des temples intra-muros et une journée pour l'ensemble du site. Entrée principale à la porte est. Location de vélos sur le site (voir p. 172).

Le parc historique s'étend sur une superficie de 70 km² et comprend cinq secteurs : la **cité royale**, protégée derrière sa triple enceinte en brique, et les **temples hors les murs**, distribués au nord, à l'est, à l'ouest et au sud. Les vestiges les plus importants se concentrent à l'intérieur des murs, autour du Wat Mahatat, et à une distance maximale de 2 à 3 km à l'extérieur de l'enceinte.

2

★ Musée national Rama Khamhaeng

Porte est (avant l'entrée principale, en face de la billetterie) - 9h-16h - 150 bahts.

Situé derrière le **Wat Traphang Thong**, dont le petit *stupa* de brique fut édifié sur un îlot au centre d'un grand bassin et dont le *mondop* abrite une empreinte du pied du Bouddha sculptée au 14ᵉ s., le musée constitue une bonne introduction à la découverte du parc ou un excellent complément de visite aux heures les plus chaudes. Il regroupe des fragments de décors architecturaux provenant de Sukhothai, mais aussi de Si Satchanalai et Kamphaeng Phet, et sa collection de bouddhas montre l'évolution de l'art de Sukhothai et ses diverses influences.

Passé la 1ʳᵉ salle où s'alignent des photos aériennes du site, deux **bouddha marchant★★★**, gracieuses statues de bronze du 14ᵉ s., ouvrent la visite. La délicatesse de leurs lignes en font des œuvres majeures, représentatives aussi d'une innovation dans la technique de la sculpture, introduisant l'art de la ronde-bosse. Remarquez la fluidité des mouvements et l'élégance de la silhouette, caractéristiques de la période. À droite, se trouve une copie du bas-relief originaire du Wat Traphang Thong Lang *(voir p. 170)*. Vous verrez aussi une réplique de la **stèle du roi Rama Khamhaeng**, datée de 1292, mais dont l'authenticité est contestée par de nombreux chercheurs. Or, l'histoire de Sukhothai se fonde en partie sur ce texte évoquant un royaume idyllique. Témoignage ou propagande ? Telle est la question !

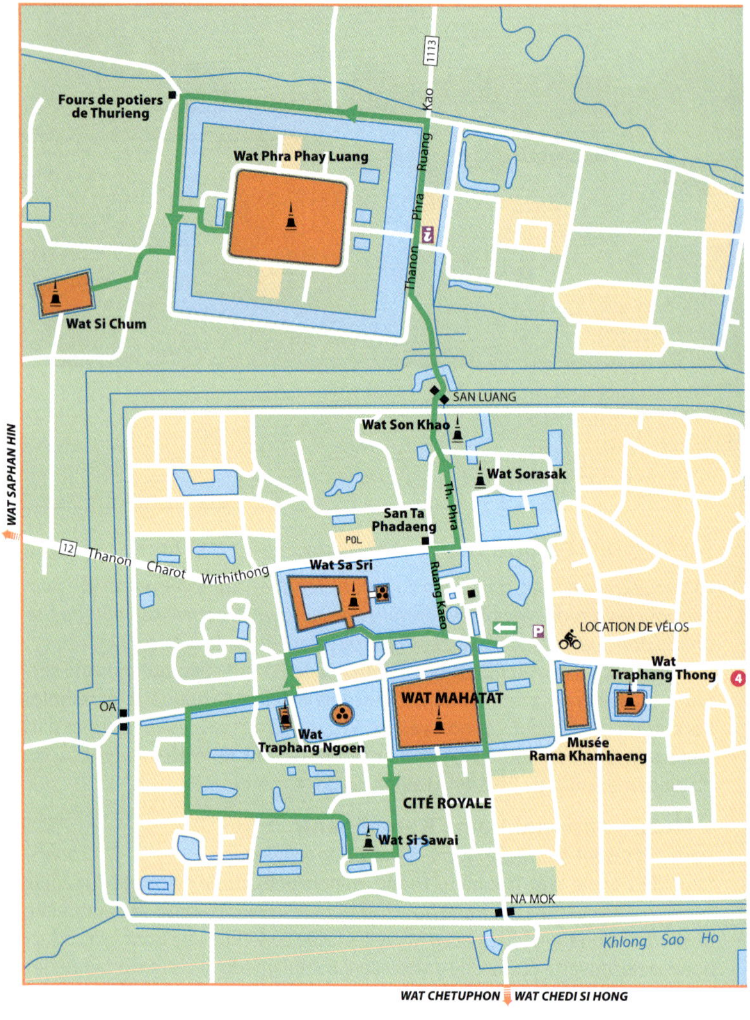

L'étage rassemble une collection de **jarres** des 14e et 15e s., différents types de **céramiques** (Bencharong, de Sangkhalok, bleu et blanc de Chine) et des céladons (13e s.-14e s.) aux douces teintes vert pâle ou crème renommées dans toute l'Asie. Près d'une fenêtre, un superbe **linteau de pierre★★** provenant du Wat Phra Phay Luang montre de curieuses créatures à tête d'homme, buste de femme, pattes d'oiseau et queue de paon. En face, les **panneaux de porte en bois★★** (17e s.-18e s.) sculptés d'anges protecteurs viennent d'un temple de Si Satchanalai. Vous verrez un peu plus loin un ravissant **wihan miniature★** en bois, de la fin du 19e s. Des statues du Bouddha, dont un beau bouddha paré en méditation, de style Ayutthaya, témoignent de la diversité des tendances : les styles d'U-Thong, de Sukhothai et de Lopburi sont illustrés ici.

Dans le **jardin**, reconstitution d'un four à céramiques et objets de la période de Dvaravati provenant du site archéologique de Si Thep, notamment une belle **roue de la loi★** (7e s.-11e s.). *Juste après le musée, on rejoint l'esplanade de l'entrée principale.*

★★★ Cité royale

Entrée porte est - 6h-18h - 100 bahts - supplément de 10 bahts pour les vélos. Passé les guichets, prenez un peu plus loin à gauche pour aller au Wat Mahatat.

★★★ **Wat Mahatat** – Cernée par des douves, une grande enceinte basse de plan carré, de 200 m de côté, protège le cœur spirituel de la ville. Fondé, selon une inscription, dans les premières années du royaume, vers 1240, et agrandi au cours des règnes suivants, ce temple était réservé aux dévotions de la famille royale. Le domaine comprenait, outre l'*ubosot*, dix *wihan* et pas moins de 200 *chedi* ! Sa configuration reflète la cosmogonie brahmanique, le *chedi* central symbolisant le mont Meru, demeure des dieux et axe du monde, tandis que huit *chedi* représentaient les petits Himalayas, entourés des quatre continents. Le plan carré du temple évoque le monde céleste, et ses douves, les océans.

À droite en entrant dans l'enceinte, sur une terrasse haute, se dressent les imposantes colonnes de latérite d'un **wihan**, précédées par les ruines d'un autre bâtiment où trône un grand bouddha assis. Le *wihan* abritait la statue la plus importante de Sukhothai : le **Phra Si Sakyamuni**, déplacé aujourd'hui au Wat Suthat de Bangkok *(voir p. 54)*.

À l'arrière se cache l'édifice principal, le **Si Mahatat★★**, un *chedi* monumental en forme de bouton de lotus, de pur style Sukhothai. Le roi Li Thaï l'aurait reconstruit pour y placer un cheveu et une vertèbre du Bouddha, rapportés du Sri Lanka. La base carrée de l'édifice comprend trois niveaux : remarquez la frise inférieure, en stuc, ornée de moines marchant en adoration. Signalant les points cardinaux, quatre tours d'angle en brique encadrent le *chedi*, accompagnées de chapelles en latérite de style khmer. Des stucs rehaussent les niches de ces petits *chedi* :

2

La structure du chedi

Tour-reliquaire, le *chedi* constitue le symbole majeur du bouddhisme theravada en figurant les principes de l'enseignement du Bouddha. Trois niveaux le structurent : une cloche surmontée d'un *harmika* cubique et d'une flèche spiralée, représentant de bas en haut l'Enfer, la Terre et le Ciel ; les sillons de la spirale reproduisant les 33 niveaux du Ciel. Mais la tradition veut aussi que l'édifice soit une image du Bouddha lui-même : la base du monument rappelle sa robe, le dôme, son bol d'aumône, et la spirale, son bâton.
À Sukhothai, on trouve trois types de *chedi* : le *chedi* en bouton de lotus, qui se compose d'un *stupa* en forme de *prang* posé sur trois socles carrés superposés ; le *chedi* rond de type cinghalais, reconnaissable à sa flèche annelée ; le *chedi* de style Srivichai, qui adopte, sur un soubassement, un haut corps cubique parfois percé de niches abritant des bouddhas.

ils retracent les diverses étapes de la vie de l'Éveillé ; au nord, de beaux bas-reliefs le représentent couché, aux portes du nirvana.
De part et d'autre de cet ensemble, deux **mondop** abritent deux imposants bouddhas de 9 m ; au nord *(côté droit)* s'étalent les vestiges de l'**ubosot**. En revenant par le sud de la terrasse, on passe devant un **chedi** flanqué de quatre bouddhas, qui conserve une belle **frise★** de stuc ornée d'éléphants et de divinités.
En quittant le temple, faites-en le tour par la droite et prenez un peu plus loin à gauche l'allée qui mène au Wat Si Sawai.
★ **Wat Si Sawai** – Au-dessus de sa double enceinte de brique et latérite jaillissent trois ravissants **prang★★** encore ornés de leurs stucs blancs. Fondé sous les Khmers au 12e s., ce sanctuaire dédié à Shiva demeura inachevé à leur départ : les *prang* ne furent terminés qu'au 15e s., à l'époque d'Ayutthaya. Orientés selon un axe est-ouest, ils ont conservé leurs délicats reliefs témoignant du raffinement du style Lopburi. Parmi les personnages, on reconnaît Vishnou et Shiva, et sur les deux épis latéraux apparaissent aussi de gracieuses *apsara* et des *naga*.
Poursuivez vers la droite.
★ **Wat Traphang Ngoen** – *À l'ouest du Wat Mahatat, par un chemin longeant une pièce d'eau couverte de lotus.* Le cadre lui a valu son nom de « temple du Lac d'argent ». Devant un *chedi* en bouton de lotus, creusé de niches abritant des bouddhas debout, un majestueux **bouddha blanc** prenant la Terre à témoin trône au-dessus des ruines du *wihan*. Son regard semble perdu dans la contemplation du lac, écrin romantique de l'*ubosot* qui s'élève en solitaire sur un îlot.
Prenez tout de suite à gauche.
★★ **Wat Sa Sri** – Une vaste pièce d'eau sert là aussi d'enceinte au sanctuaire. Entouré de banians et d'acacias, le temple compose un tableau ravissant, l'élégance de ses proportions et la beauté du site témoignant du souci esthétique des bâtisseurs. Après avoir franchi la passerelle en bois, le visiteur est accueilli par un gracieux **bouddha marchant** – posture symbolisant l'enseignement. En prenant à droite, on a une belle vue d'ensemble sur les bâtiments : les six rangées de colonnes du sanctuaire principal encadrent le **grand bouddha** de stuc, bien restauré, tandis qu'un ample **chedi** ferme la perspective avec son dôme en forme de cloche, d'influence cinghalaise.
Poursuivez votre route et tournez à gauche au bout de l'étang, vers la porte nord par Th. Phra Ruang Kaeo. Traversez la grande route 12 qui coupe le parc historique pour prendre en face une piste.

Une ville et une nation

Le nom de Sukhothai viendrait du pali *Sukha-Udaya*, l'« Aube du bonheur » : un présage de la gloire que connut le royaume du 13e au 15e s. Des racines indiennes que l'on retrouve dans la structure même de la cité.

La naissance d'un immense empire

La ville apparaît dans l'histoire sous l'empire khmer, dont elle est l'avant-poste le plus septentrional. Vers 1238, deux princes thaïs, Phra Muong et Bang Klang Thao, s'allient pour chasser l'occupant khmer. Bang Klang Thao se fait sacrer roi de Sukhothai sous le nom d'**Intharathit** et gouverne ce qui devient le premier État siamois indépendant. La situation stratégique de Sukhothai, sur la route commerciale entre la Chine et la péninsule indochinoise, fait rapidement la prospérité économique de la cité.
Le règne de **Rama Khamhaeng**, ou « Rama le Fort » (1279-1298), 3e fils de Bang Klang Thao, marque l'âge d'or du royaume : **première écriture thaïe**, expansion du bouddhisme theravada et développement d'un art nouveau, caractérisé par la sculpture et l'usage du bronze. Outre l'établissement de relations diplomatiques avec la Chine, le souverain affirmera sa puissance en étendant son empire sur un immense territoire, de la Birmanie au Laos et, au sud, jusqu'à la péninsule malaise.

Le temps du déclin

Le royaume entre dans un long déclin dès l'arrivée au pouvoir de ses successeurs, Loe Thaï (1317-1347) et surtout **Li Thaï** (1347-1368). Si l'empire se morcelle, la sculpture de Sukhothai, en revanche, s'impose comme un nouveau style. Les rois font venir du Sri Lanka des artisans qui introduisent de nouveaux motifs et de nouvelles techniques artistiques.
Bouddhiste fervent, Li Thaï rédigera aussi un traité de cosmologie bouddhique qui restera comme la première œuvre littéraire en thaï.
Mais devant la montée en puissance du jeune royaume d'Ayutthaya (1350), le souverain est contraint de se soumettre. Dès 1378, sous le règne de Mahathammarachat IV (1419-1538), Sukhothai devient l'ombre d'elle-même.

La ville-monde

L'organisation de Sukhothai obéit à des règles bien définies, fondées sur la cosmogonie brahmanique : le mont Meru marque le centre de l'univers, flanqué de quatre petites montagnes représentant les continents. De même, la cité-royaume s'entourait de quatre villes-États vassales, chargées de sa protection aux quatre points cardinaux de son territoire : une route reliait notamment Sukhothai à la ville jumelle de Si Satchanalai.
Le plan intérieur de la cité reprend le même principe : le Wat Mahatat occupait, avec le palais royal, le centre de la ville et trois enceintes concentriques percées de portes protégeaient la cité. Au sud-ouest de la ville, un réservoir alimentait en eau les habitants, par un savant réseau de canaux et de canalisations souterraines en terre cuite.
Grand foyer du bouddhisme theravada, Sukhothai s'afficha comme un centre religieux très actif et ouvert, où se côtoyaient brahmanisme et cultes animistes. Aussi la ville se couvrit-elle très vite d'une myriade de temples et, à son apogée, lorsqu'elle compta jusqu'à 300 000 habitants, elle détenait également nombre de monastères. Quantité d'édifices étaient toutefois en bois, et seuls demeurent aujourd'hui les sanctuaires religieux bâtis en latérite ou en brique.

San Ta Phadaeng – *Sur votre gauche.* Ce curieux bâtiment esseulé, à l'allure ramassée, formé d'une antichambre et d'une haute pièce carrée en latérite, tiendrait son nom d'une montagne sainte habitée par des esprits et des fantômes. Construit au 12e s., ce temple brahmanique est le plus vieil édifice khmer de la région. Il abritait des statues de divinités khmères, découvertes au cours de sa restauration.
Wat Sorasak – *Un peu plus loin à droite.* Beau *chedi* de style cinghalais entouré d'**éléphants cariatides★**. Une inscription indique qu'il fut élevé en 1412, sous le royaume d'Ayutthaya.
Quittez la cité royale et franchissez l'ancienne muraille (City Wall).

Hors les murs

Secteur nord

▶ *Accès par la porte San Luang.*
Au-delà des murs de la cité royale, les pelouses soignées du parc font place à une plate campagne plantée de haies de grands arbres. La route file vers le nord.
Dépassez le **Visitors Center** *(côté droit)*, vaste et rutilant ensemble d'architecture traditionnelle, laissez à gauche la passerelle qui mène au Wat Phra Phay Luang, et prenez le chemin suivant à gauche. Il passe par les vestiges des **fours de potiers de Thurieng** dont de modestes tertres sur le côté droit signalent l'emplacement. On y fabriquait jadis les fameuses céramiques de Sangkhalok, connues sous le nom de « céladons » *(voir encadré, p. 180)*.
Continuez à longer les douves qui ceinturent la double enceinte du temple.
★ **Wat Phra Phay Luang** – *6h30-17h30 - 100 bahts, vélo 10 bahts.* Érigé à la fin du 12e s. par le roi Jayavarman II, ce magnifique sanctuaire marquait le centre de la cité khmère, et son plan est le même que celui du Wat Mahatat. À l'origine, trois douves protégeaient les bâtiments, alimentées par un réservoir d'eau. Des linteaux ouvragés ornaient chacune de ses portes ; on peut en voir un au musée Rama Khamhaeng *(voir p. 163)*.
Le temple ne conserve qu'un seul de ses trois *prang* de latérite, mais celui-ci, presque intact, a gardé ses superbes **reliefs en stuc★★**, dont l'un, visible sur le fronton nord, montre un bouddha entouré de ses disciples. Du *wihan* principal ne subsistent que quatre rangées de colonnes alignées sur une terrasse, tandis qu'à l'arrière sont dispersées les ruines du *chedi*, creusé de niches abritant jadis des bouddhas assis. Quelques bouddhas sans tête décorent la base d'un mur et, sur la paroi encore debout du *mondop*, on distingue les contours d'un bouddha marchant, au pied duquel se dessinent les formes tout aussi évanouies d'un bouddha couché.
Quittez le temple pour prendre la route vers la gauche, puis tournez à droite.

L'organisation des temples

Les temples de Sukhothai sont tous orientés d'est en ouest. La salle d'assemblée des fidèles (le *wihan*), où trône une grande statue du Bouddha, précède l'élément principal du temple, qui peut être soit un *mondop* (édifice carré dont les quatre faces présentent Bouddha dans ses positions canoniques), soit un *prang* (tour d'origine khmère en forme d'épi de maïs), soit plus souvent un *chedi* (monument-reliquaire). Vient ensuite *l'ubosot*, ou hall des ordinations, entouré d'une enceinte ponctuée par huit bornes sacrées *(bai sema)*.

★★ **Wat Si Chum** – *7h30-17h -même billet.* Son *mondop* surgit tel un gros cube lisse, fendu en deux sur sa hauteur. Un colossal **bouddha assis**, haut de 14,70 m, apparaît dans l'ouverture. On ignore l'origine de l'ouvrage; seule une stèle du roi Rama Khamhaeng évoquerait la statue sous le nom de **Phra Achana**, « Bouddha impassible ». Creusé à l'intérieur du mur sud, un escalier donnait accès à un espace aménagé derrière la tête de la statue, chemin qui symboliserait l'ascension de l'Éveillé vers le nirvana. La tradition raconte que le roi Naresuan, en guerre contre les Birmans, emprunta cet escalier pour haranguer ses troupes; fort de cette voix semblant sortir de la statue, son discours eut un certain effet... Si les Khmers avaient coutume d'orner les galeries de leurs temples d'un foisonnement de bas-reliefs, les architectes de Sukhothai optèrent ici pour la sobriété : les seules scènes figurées, illustrant les *jataka* (vies antérieures du Bouddha), sont incisées au trait sur les dalles de schiste ornant la voûte de l'escalier; vous ne pourrez pas les voir sur place, mais les musées nationaux de Bangkok et de Sukhothai en exposent quelques panneaux.

Secteur ouest

Suivez Th. Charot Withithong (route 12) vers l'ouest, une agréable route qui sinue doucement vers les collines, puis, à 2 km, prenez à gauche sur 1 km.
100 bahts, vélo 10 bahts

Sous le règne de Li Thaï, des moines du Sri Lanka, appelés à la Cour par le souverain, habitaient les temples de la forêt. Ces « moines forestiers » observaient les règles austères de la congrégation bouddhiste Pansukulika, une secte fondée en Inde au 8e s. et qui prônait un ascétisme absolu. Les ermitages devaient être éloignés d'au moins 1 km du village le plus proche, isolés dans la jungle où les moines vivaient dans un total dénuement, consacrant leurs journées à la méditation et à la prière.

★ **Wat Saphan Hin** – *À 3 km de la cité.* C'est le plus intéressant des nombreux petits temples forestiers qui jalonnent la route. Ce « temple du Pont de pierre » doit son nom à son étrange rampe d'accès composée de grossières dalles d'ardoise. Au sommet vous attendent un imposant **bouddha en stuc** de 12,20 m de haut, le Phra Attarot, et une **vue**★ étendue sur la plaine de Sukhothai. Située à l'arrière du *wihan* en ruine, la statue s'adosse à un mur de brique, esquissant le geste de l'apaisement. On dit que le roi Rama Khamhaeng, monté sur un éléphant blanc, venait lui rendre hommage à chaque nouvelle lune.

Secteur sud

À 2 km au sud du mur d'enceinte - accès libre.

★★ **Wat Chetuphon** – L'emplacement de ce temple, éloigné des murailles de la ville, laisse supposer une vocation forestière. Fondé en 1417, il se distingue par son architecture, unique à Sukhothai : des douves, puis un mur de brique et enfin quelques traces d'une enceinte de schiste ceinturent le sanctuaire, tandis qu'un muret et un sol dallé d'ardoise entourent le *mondop*. L'utilisation de matériaux variés – schiste, ardoise, brique et stuc – montre la parfaite maîtrise des techniques de construction par les artisans de l'époque. Sur les quatre murs du *mondop* figure le Bouddha dans ses différentes positions : remarquez surtout le bouddha marchant *(façade est)* et le bouddha debout *(côté ouest)*. À l'extérieur des murs subsistent les ruines d'un *wihan*, bâti avec des panneaux d'ardoise.
De l'autre côté de la route, jetez un coup d'œil au **Wat Chedi Si Hong** : son *chedi* conserve à sa base une jolie frise de **bas-reliefs**★ en stuc, où l'on voit des éléphants

2

chevauchés par des lions, accompagnés de divinités portant des bols d'eau bénite et des vases de fleurs.

Secteur est

Revenez vers l'entrée principale et quittez les murs de la cité en suivant la route 12 sur 600 m environ. Prenez alors à gauche, le temple se trouve à l'arrière de l'hôtel Legendha.

★ **Wat Chang Lom** – *Accès libre.* Élevé au 14e s., le « temple entouré d'éléphants » fut un des premiers sanctuaires d'influence cinghalaise. Il doit son nom aux 36 éléphants cariatides qui flanquent son imposant *chedi*, représentation des pachydermes célestes de la mythologie indienne qui portent sur leur dos l'univers en forme de voûte. Dans le Siam ancien, cependant, l'éléphant symbolise également la révérence envers le bouddhisme et la puissance du pouvoir royal. D'où la prédilection pour ce type de *chedi*, que l'on retrouve à Si Satchanalai et à Kamphaeng Phet. Un *wihan*, à votre droite, prolonge l'ouvrage de huit *chedi* de brique.
Revenez sur la route 12 en direction de New Sukhothai et tournez à droite.

★ **Wat Traphang Thong Lang** – *À 2 km de l'entrée principale.* Pillé et saccagé par les chasseurs d'antiquités, il a perdu presque tous les bas-reliefs de stuc qui faisaient sa beauté. Les murs extérieurs du *mondop* conservent des reliefs du 14e s. très érodés : au sud Bouddha redescendu du ciel où il était allé prêché devant sa mère ; à l'ouest, Bouddha enseignant ; au nord, Bouddha apaisant l'éléphant Nalagiri.

New Sukhothai PLAN CI-CONTRE

À 12 km du parc historique, sur les rives de la Yom.

La ville nouvelle ne présente pas beaucoup d'intérêt. Tout au plus pourrez-vous flâner au **marché de jour** débordant de fruits et de légumes et point de rencontre de tous les paysans de la région, qui viennent y vendre leurs produits.

Non loin, le **marché de nuit**, tout aussi pittoresque et coloré, vous donnera l'occasion de goûter des tamarins confits, vendus en sachets, ou, pour les amateurs de curiosités culinaires, des sauterelles ou des larves de bambou grillées.

★ Musée Sangkhalok HORS PLAN

Rue principale - 8h-17h - 100 bahts.

Il est consacré à la céramique de Sangkhalok, dont la production, florissante de 1257 à 1557, fut l'un des facteurs essentiels de l'essor économique du royaume de Sukhothai. Une carte murale retrace les grandes routes maritimes empruntées par les jonques chargées de cette précieuse et fragile marchandise. Beaucoup d'entre elles firent naufrage, et certaines des pièces exposées proviennent d'épaves découvertes au fond du golfe de Thaïlande.

La première salle présente une collection hétéroclite de récipients (jarres à eau, bols, etc.), de figurines, de miniatures et de coffrets ouvragés en grès vernissé, ainsi que des céladons. Sur la vaisselle, on retrouve souvent le motif du poisson, probablement d'origine chinoise. La plupart de ces objets avaient un usage domestique ; d'autres, plus raffinés, étaient utilisés pour les cérémonies religieuses ou s'inscrivaient dans des décors architecturaux. La seconde salle expose les **fours de potiers★★** mis au jour sur le site 61, spécialisé dans la fabrication des céramiques architecturales de haute qualité, et illustre les techniques de cuisson.

Regagnez la route et continuez sur 2 km.

2

Carnet pratique

PLAN DU PARC HISTORIQUE (P. 164-165), PLAN (P. 170)

S'informer

Tourism Authority of Thailand (TAT) – *Th. Charot Withi Thong (sur la rte des ruines) - ✆ 05 561 62 28*. Documentation sur le parc historique mais aussi sur Kamphaeng Phet et Si Satchanalai.

Arriver/Partir

En avion

Aéroport – *À 27 km au nord de la ville*. Vol quotidien depuis Bangkok avec Bangkok Airways. Minibus pour New Sukhothai, Old Sukhothai et Si Satchanalai.

En bus

Gare routière – *À 2 km du centre, sur la rte 101*. Bus pour Kamphaeng Phet, Si Satchanalai, Phitsanulok, Tak, Chiang Mai *(5-6h)*, Chiang Rai, Mukdahan, etc. Pour Ayutthaya *(4-5h)* et Bangkok *(6-7h)*, env. 20 bus/j. *(dép. ttes les h le matin)*.

Old Sukhothai, la ville historique, est desservie par des lignes de bus circulant entre Bangkok et Chiang Mai *via* Ayutthaya.

Se déplacer

Bus – Un vieux bus de bois effectue la navette entre la ville nouvelle et

le parc historique de 6h à 17h30 *(30 bahts)*. Principal arrêt après le pont Pha Ruang à gauche.
Vélo – De loin la meilleure solution pour visiter le site et, surtout, les secteurs qui l'entourent. Nombreuses échoppes à l'entrée du parc historique *(50 bahts/j.)*.

Adresses utiles

Sukhothai Hospital – *Th. Charot Withithong (à 5 km de la ville, sur la rte des ruines) - ✆ 05 561 13 33.*

Agenda

King Rama Khamhaeng Day – 17 janv. Processions et cérémonies religieuses à la mémoire du roi.
❤ **Loy Krathong** – Pleine lune de nov.-déc. Commence 5 j. avant la 12e pleine lune ; spectacles de son et lumière dans le parc historique.

Nos adresses

PLAN DU PARC HISTORIQUE (P. 164-165), PLAN (P. 170)

Restauration

New Sukhothai PLAN

Premier prix

Café De Tree – *Pak Khwae (2 km au nord du centre) - ✆ 095 159 54 51 - - service continu - plats 200/380 bahts.* C'est l'endroit pour rencontrer la jeunesse branchée. Salades, plats de nouilles, mais aussi pâtisseries maison et grand choix de smoothies.

3 **Mai Pra Dit Coffee and Bistro** – *50/52 Th. Singhawat Rd - ✆ 05 535 56 44 - service continu - plats 70/120 bahts.* Tables en bois clair, mur carrelé et larges fenêtres composent le cadre agréable de ce café-bistro qui propose un large choix de plats divers (riz sautés, omelettes garnies, pâtes...) et de cafés, chocolats ou smoothies.

4 **Marché de nuit** – *Th. Ramkamhaeng - - sam. 17h-22h - plats 150 bahts.* Une halle carrelée regroupe une vingtaine de stands proposant chacun leur variante de la spécialité locale, le *pad thai sukhothai*, aux « chips » de nouilles.

Old Sukhothai

PLAN DU PARC HISTORIQUE

Premier prix

4 **Wat Traphang Thong Market** – *Rue principale, à 400 m de l'entrée du parc - 6h-20h30 - plats 100 bahts.* L'endroit le plus sympathique pour une pause-déjeuner : soupes et grillades à déguster dans un des stands installés sous la halle.

Budget moyen

3 **Chorphaka** – *À 1 km de l'entrée du parc - ✆ 088 885 51 88 - 16h-21h - plats 150 bahts.* L'agréable éclairage confère à la terrasse de cet établissement une ambiance un peu romantique, le temps d'un dîner thaïlandais. Goûtez les plats de curry rouge ou vert.

Sinvana – *Sur la rte principale, à 1 km de l'entrée du parc - ✆ 088 499 56 56 - - service continu - plats 120/250 bahts.* Ses petits pavillons de bois en retrait de la rue ménagent un espace agréable, faisant *coffee-house* d'un côté et restaurant de l'autre. Ce dernier sert des plats thaïs adaptés au goût des voyageurs européens, l'essentiel de sa clientèle.

Activités

Excursions – Presque tous les hôtels et les *guesthouses* de Sukhothai proposent des excursions à Kamphaeng Phet et Si Satchanalai.

Hébergement

La ville moderne (New Sukhothai) offre très peu d'intérêt. Mieux vaut de loin loger près du site historique (Old Sukhotai) dans un cadre paisible et dans des hébergements de qualité.

New Sukhothai PLAN

Budget moyen

5 **Ruean Thai** – *181/20 Th. Charot Withithong, Soi Pracha Ruammit - ✆ 05 561 24 44 - www.rueanthaihotel.com -* ▤ ✕ ⛱ 🅿 *- 28 ch. 1 100/1 200 bahts* ☕. Cette charmante maison se cache dans une ruelle calme. Les chambres, bénéficiant d'un décor original puisant dans les traditions locales, sont réparties autour de la piscine dans des bâtiments respectant l'architecture traditionnelle. Accueil charmant. Navette gratuite de/vers la gare routière et vélos à disposition.

Old Sukhothai

PLAN DU PARC HISTORIQUE

Budget moyen

2 ❤ **Sawasdee Resort** – *95/10 MooBan Hemalak - ✆ 088 559 90 89 - www.sawasdeesukhothai.com -* ▤ ⛱ 🅿 *- 15 ch. 1 300/1 900 bahts* ☕. Un rapport qualité-prix imbattable. L'ensemble est niché dans un joli parc impeccablement tenu, sur lequel donnent les chambres, spacieuses et douillettes, depuis leur terrasse privée. Une belle piscine est la bienvenue après une journée de visite. Excellent petit-déjeuner et accueil particulièrement cordial. Vous pourrez louer scooters ou vélos et la réception se chargera de vos réservations de bus.

3 **Thai Thai Guesthouse** – *C95/8 Moo3, Th. Napho- Khirimas - ✆ 084 932 10 06 -* ▤ ⛱ *- 31 ch. 990/1 200 bahts* ☕. Une étape confortable, bien tenue et conviviale. Chambres et bungalows sont répartis dans plusieurs corps de bâtiments. Location de vélos.

Pour se faire plaisir

1 **The Legendha Sukhothai** – *214 Moo 3, Tambon Muangkao - ✆ 05 569 72 14 - www.legendhasukhothai.com -* ▤ ✕ ⛱ 🅿 *- 65 ch. 2 400/5 600 bahts* ☕. Au cœur d'un parc charmant, les bungalows assurent tout le confort. La décoration, les meubles de teck, soieries et orchidées jouent le raffinement en osant quelques touches contemporaines comme les tons acidulés des coussins disposés ça et là. Petit-déjeuner raffiné pour commencer la journée et un plongeon dans la piscine pour se délasser après la visite du parc historique, situé à deux pas. Personnel efficace. Spectacle au restaurant chaque soir.

4 **Tharaburi Resort** – *321/3 Moo 3, Th. Napho-Khimiras - ✆ 05 569 71 32 - www.tharaburiresort.com -* ▤ ✕ ⛱ 🅿 *- 13 ch. 1 600/4 500 bahts* ☕. Les boiseries anciennes de la réception donnent le ton de cet hôtel de charme, dont les chambres, disposées autour d'un luxuriant jardin, adoptent des couleurs chaudes et apaisantes. La décoration ethnique soignée y voisine avec les équipements les plus modernes. Le restaurant privilégie les produits locaux pour proposer une cuisine traditionnelle raffinée.

2

Si Satchanalai ★★★

Ignorée par nombre de visiteurs, l'ancienne cité de Si Satchanalai, dont la plupart des édifices remontent au 14ᵉ s., n'a pourtant rien à envier aux splendeurs de sa voisine Sukhothai et compte parmi les plus beaux sites archéologiques de Thaïlande. Comme prête à engloutir à nouveau ses vestiges, la forêt qui la cerne ajoute encore à son charme : une atmosphère empreinte d'une grande sérénité règne dans les allées ombragées du parc, entre les temples majestueux sous les frangipaniers et les acacias. Inscrit au Patrimoine mondial de l'Unesco depuis 1991, le site fait, depuis, l'objet d'un vaste programme de fouilles et de défrichement.

Se repérer

CARTE A1 (P. 132), PLAN DU PARC HISTORIQUE (P. 176).

15 300 habitants – Province de Sukhothai.

À 56 km au nord de Sukhothai. Le parc historique est situé à 15 km au sud de la ville moderne de Si Satchanalai.

À ne pas manquer

Le Wat Mahatat à Chaliang et les fours de potiers de Ban Ko Noi ; le Wat Chang Lom et le Wat Chedi Chet Thaeo.

Organiser son temps

Logez à Sukhothai, où les infrastructures sont plus confortables, et faites une excursion d'une journée à Si Satchanalai. Débutez votre visite par les temples de Chaliang, continuez par l'ancienne cité, et terminez par les fours de potiers. Attention, le dernier bus pour regagner Sukhothai passe vers 16h30-17h.

Carnet pratique p. 181

Nos adresses p. 181

Se promener

PLAN P. 176

Circuit tracé en vert sur le plan du parc historique – Comptez 3h pour les temples à l'intérieur des murailles et une petite journée pour l'ensemble du site.

Les vestiges de l'ancienne cité de Si Satchanalai s'étendent sur 7 km². Pas moins de 137 édifices y ont été recensés, qui se répartissent en trois grandes zones : au **centre**, la cité à l'intérieur des remparts, construite sous le règne de Sukhothai (13ᵉ s.-15ᵉ s.) ; à l'**est**, le village de Chaliang, antérieur à la cité puisqu'il remonte à l'époque khmère ; à 13 km au **nord** des murailles, le long de la rivière, les vestiges des 200 fours de potiers des villages de Ban Ko Noi et Ban Pa Yang.

Chaliang

De la route principale 101, un pont de bois suspendu vous mènera au temple.

★★ Wat Phra Si Ratana Mahatat

7h-17h - 50 bahts.

Jaillissant au milieu des troncs élancés des palmiers à sucre, non loin de la rivière, un impressionnant *prang* haut de 60 m signale le temple. Du haut de l'escalier situé derrière le grand bouddha, on profite d'une **vue d'ensemble** sur la rivière et sur la gracieuse passerelle suspendue. Sans doute fondé au 14ᵉ s., puis restauré et

Temple de Wat Nang Phya au parc historique de Si Satchanalai.
coward_lion/Getty Images Plus

agrandi à l'époque d'Ayutthaya, ce temple mêle avec succès le style khmer et l'art de Sukhothai. Protégés par d'épaisses murailles faites d'orthostates (dalles de pierre debout) – témoins d'une possible origine fortifiée –, deux édifices orientés est-ouest encadrent l'imposant **prang★★** central.

2

On pénètre dans la cour par une **porte basse** surmontée d'un énorme linteau monolithique. Finement ciselé, le remarquable **relief en stuc★★** qui le décore, d'inspiration indo-khmère, figure les quatre faces de Brahma, surmontant des *apsara*.
À gauche, le **temple de l'Est★**, le plus massif, était dédié au dieu hindou Brahma. À droite, côtoyant le mur d'enceinte au nord-est, une petite structure carrée abrite un **bouddha en méditation★★** protégé par un *naga*, œuvre de style Lopburi.
Du **wihan** ne restent que quelques colonnes et des segments de murs, avec les mortaises où venaient s'encastrer les poutres du toit de bois. À l'extrémité de la terrasse de l'édifice, trois autres bouddhas s'alignent, marquant le fond de la nef ; placés ainsi, ils recevaient la lumière du soleil levant. Le bouddha central, assis, prend la Terre à témoin. Attardez-vous surtout sur le **bouddha marchant★★** *(à gauche)*, véritable chef-d'œuvre de l'art de Sukhothai.
Si la base du *prang* remonte sans doute à la période de Sukhothai, la **tour-reliquaire★★** elle-même aurait été érigée plus tard, sous la domination d'Ayutthaya. Son inspiration khmère reflète la prédilection des souverains pour ce style, que l'on retrouve d'ailleurs dans nombre de temples thaïs des 17e et 18e s. À l'origine, une galerie couverte entourait l'ensemble ; percés de lucarnes, ses murs extérieurs sont encore bien conservés et une porte latérale, à gauche, ouvre toujours sur le sanctuaire ouest.
Passé le gros *chedi* d'inspiration cinghalaise, on arrive au pied du **mondop**, où se tient un bouddha debout, le Phra Attarot. À l'ombre d'un banian qui connut

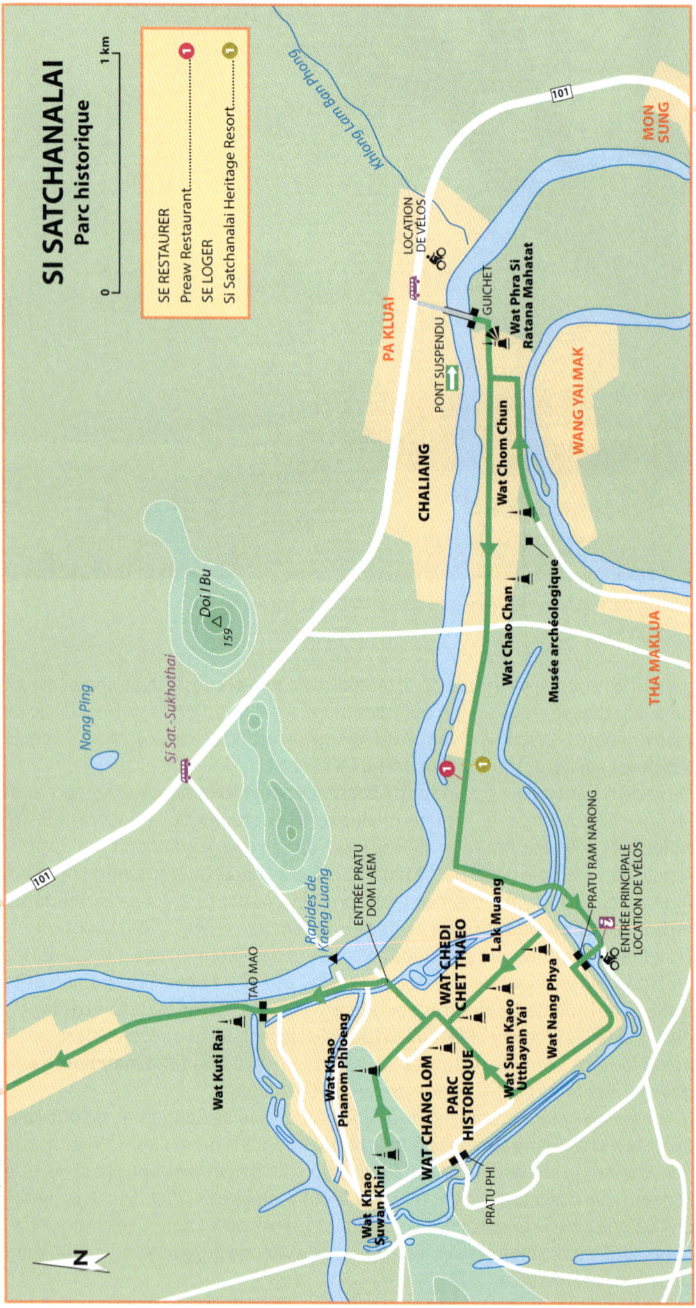
SI SATCHANALAI
Parc historique
0
1 km
SE RESTAURER
Preaw Restaurant........................1
SE LOGER
Si Satchanalai Heritage Resort..........1
Khlong Lam Ban Phong
101
MON SUNG
SUKHOTHAI, SAWAN KHALOK
LOCATION DE VÉLOS
PA KLUAI
GUICHET
Wat Phra Si Ratana Mahatat
PONT SUSPENDU
WANG YAI MAK
CHALIANG
Wat Chom Chun
Doi I Bu
159
Wat Chao Chan
Musée archéologique
THA MAKLUA
Nong Ping
Si Sat.-Sukhothai
SI SATCHANALAI (NOUVELLE VILLE), HAT SIEO
101
PRATU RAM NARONG
ENTRÉE PRINCIPALE LOCATION DE VÉLOS
Rapides de Kaeng Luang
ENTRÉE PRATU DOM LAEM
Lak Muang
WAT CHEDI CHET THAEO
TAO MAO
Wat Nang Phya
Wat Suan Kaeo Utthayan Yai
Wat Kuti Rai
Wat Khao Phanom Phloeng
WAT CHANG LOM
PARC HISTORIQUE
PRATU PHI
Wat Khao Suwan Khiri
MUSÉE SANGKHALOK, BOUTIQUES, PA YANG
KO NOI
N

La voisine de Sukhothai

Au 13e s., les Thaïs s'emparèrent de Si Satchanalai et en firent la résidence des vice-rois de Sukhothai, imposant ainsi leur hégémonie dans la région. Dès 1340, sous l'égide du roi **Li Thaï**, la cité allait s'afficher comme un grand centre artistique et religieux, au rayonnement sans précédent : le roi s'entoura de moines érudits, qui l'assistèrent notamment dans la rédaction de son traité de cosmologie bouddhique, le *Traiphum*. Elle connut aussi son heure de gloire grâce à la renommée de sa céramique, dont la production fut florissante jusqu'au 16e s. Au siècle suivant, pourtant, la cité subit le même sort que Sukhothai : réduite au rang de vassale d'Ayutthaya, elle déclina lentement. Au 18e s., épuisée par les guerres incessantes avec la Birmanie, la population déserta une ville ravagée par le feu, les massacres et les pillages.

peut-être le temple au temps de sa splendeur, deux bouddhas de latérite plaquée de stuc siègent dans la nef du *wihan*. À ses côtés, les petits *chedi* et les statues drapées d'étoffe jaune témoignent de la vénération que les fidèles portent encore au temple.
Longez le Wat Mahatat vers l'ouest puis prenez le sentier à gauche (fléché Wat Chom Chun).

Wat Chom Chun Archeological Museum

Au bord de la rivière, un *chedi* de style khmer, un *mondop* et une terrasse de latérite fichée de quelques colonnes signalent le **Wat Chom Chun**.
À sa gauche, un petit **Musée archéologique** *(8h30-16h30 - même billet que la cité ancienne)* expose quinze tombes mises au jour lors des fouilles. Datées du 5e s. ou du 6e s., elles remontent aux origines les plus anciennes de Chaliang, qui fut probablement occupé dès l'époque de Dvaravati (6e s.-12e s.). Notez les positions des corps, allongés sur le côté, les jambes repliées en position fœtale.
En sortant du musée, dépassez le Wat Chom Chun et continuez tout droit.
Les intempéries ont érodé les bouddhas du **Wat Chao Chan★**, leur modelant des visages aux traits épurés qui évoquent les statues des Cyclades. Amplement restauré, un **prang** érigé par Jayavarman VII s'élève à l'arrière des ruines du *wihan*. Des statues occupaient sans doute les niches creusées dans les trois fausses portes de l'édifice. À droite, un **mondop**, jadis couvert d'un toit de bois, conserve les restes d'un bouddha debout. Les archéologues supposèrent longtemps que l'édifice servait, sous l'empire khmer, de pavillon de repos pour les voyageurs. On sait maintenant qu'il était principalement destiné aux cérémonies religieuses.
Reprenez le chemin qui longe la rivière, entre bananeraies et gargotes, pour rejoindre l'ancienne cité.

★★★ Cité ancienne

L'entrée principale, Pratu Ram Narong, s'ouvre au sud-est du site (en face se trouve un centre d'information où sont exposés quelques photographies du site et divers objets trouvés sur place). Les vestiges les plus importants, à l'intérieur des murailles, se concentrent dans un périmètre restreint que l'on peut sillonner à pied ou mieux, à vélo (location à côté de l'entrée principale) - 8h-17h - 150 bahts.
Il ne reste que quelques traces des imposants remparts qui entouraient la ville, carré de brique de 800 m de côté, flanqué de douves larges de 12 m qu'alimentait l'eau du fleuve. Il n'en fallait pas moins pour protéger ce qui fut un centre politique,

administratif et religieux majeur, exemple typique du *muang*, c'est-à-dire de la cité-État version thaïe *(voir encadré p. 404)*. La population de la ville vivait en fait à l'extérieur des remparts et ne venait dans l'enceinte de la cité que pour effectuer des démarches administratives ou pour prier dans les temples.
Au centre, quatre sanctuaires s'alignent sur un axe nord-ouest/sud-est : le Wat Chang Lom et le Wat Chedi Chet Thaeo, suivis de deux temples plus petits, le Wat Suan Kaeo Utthayan Yai et le Wat Nang Phya.
À l'est, entre ces édifices et la rivière, subsistent quelques vestiges du palais du souverain, le Phra Ratcha Wang, que jouxte le Lak Muang, ou pilier de fondation de la ville. Au nord, enfin, deux temples couronnent les collines alentour.
Franchissez les murailles par la porte Ram Narong (billetterie) et prenez à gauche (fléché).

★★★ Wat Chang Lom

Il marque le cœur de la cité. Dans un de ses écrits, le roi Rama Khamhaeng s'attribue la paternité de ce temple, qu'il fit élever en 1290 pour conserver des reliques sacrées, et son petit-fils Li Thaï se serait ensuite chargé de sa restauration.
Les recherches archéologiques feraient cependant remonter le bâtiment au 15e s. Repérable à son dôme en forme de cloche, il offre en effet un prototype de l'architecture bouddhique theravada, d'influence cinghalaise – un modèle que l'on retrouvera ensuite dans certains temples de Sukhothai et de Kamphaeng Phet. Construits en briques de latérite recouvertes de stuc, **36 éléphants★** en ronde bosse, séparés par des piliers de latérite, entourent l'édifice, structuré sur trois niveaux. L'escalier central, que les fidèles empruntaient pour accéder à la terrasse supérieure, symbolisait le voyage entre la Terre et le Ciel, tandis que les niches abritant les bouddhas évoquent les grottes dans lesquelles les moines ascètes se retiraient pour méditer. Les quelques colonnes encadrant la terrasse sont tout ce qui reste de la galerie voûtée qui entourait l'étage supérieur. Au-dessus de l'*harmika* – la cloche du *stupa*, image du monde supérieur – repose un cube orné d'un haut-relief figurant des moines marchant, image de la procession des fidèles autour du *chedi*. D'autres colonnes signalent l'emplacement du **wihan** qui précédait l'édifice.
Passez de l'autre côté de la route.

★★★ Wat Chedi Chet Thaeo

Reflet du royaume de Sukhothai à son apogée, il apparaît au terme d'une majestueuse succession de *chedi*. Fondé aux alentours de 1340, ce temple doit son nom à ses sept rangées de *chedi*, encore en partie parés de leurs stucs, vraisemblablement destinés à abriter les reliques de la famille royale. Les *wihan* ont également conservé des portions de leurs beaux murs ajourés. Divers styles se côtoient, certains bâtiments rappelant les temples birmans de Pagan.
À l'image du Wat Mahatat de Sukhothai *(voir p. 165)*, le *chedi* principal reprend la forme caractéristique du bouton de lotus, représentant avec grâce la domination de la capitale sur l'ensemble du royaume. À ses côtés, le *chedi* central, plus modeste, garde encore un superbe **bouddha en méditation★** assis sur un *naga* qui le protège de son capuchon (côté ouest, face au Wat Chang Lom). Au registre supérieur subsistent quelques sculptures d'animaux mythiques – *kala*, *naga* et *makara* –, symboles de fertilité destinés à assurer au royaume une agriculture prospère. Le même type de compositions stuquées orne le tympan des petits *chedi* annexes, qui seraient les répliques exactes des sanctuaires des cités voisines.

On a retrouvé à l'arrière, dans le *mondop*, quelques fragments des seules peintures murales de style Sukhothai qui nous soient parvenues; elles représentaient les vies antérieures du Bouddha.
Prolongeant le *chedi* principal, les imposantes colonnes de latérite du *wihan* laissent imaginer la taille du bâtiment et le faste des cérémonies religieuses qui s'y déroulaient. *Prenez à droite.*
Vous passez devant les derniers vestiges du **Wat Suan Kaeo Utthayan Yai**, réduit à un *chedi* de brique et à quelques colonnes.
Poursuivez jusqu'aux remparts, puis à droite.

★ Wat Nang Phya

Le « temple de la Reine » a conservé ses remarquables **reliefs de stuc★★★** *(sur le mur sud)*, datés de la période d'Ayutthaya. Imitant la sculpture sur bois, ils reprennent avec la même délicatesse des motifs floraux inspirés de l'art septentrional du Lan Na. Bien conservés, ses murs ajourés donnent aussi une idée de l'élégance originelle du sanctuaire. Sur la terrasse élevée du *wihan*, on peut voir également un autre *chedi*, d'inspiration cinghalaise.
Revenez sur vos pas.
En chemin, jetez un coup d'œil à votre droite sur le **Lak Muang**, la borne de fondation de la cité, de style khmer.

★ Wat Khao Phanom Phloeng

Sur les hauteurs - accès par un escalier de 112 marches.
Insolite et majestueux, un arbre solitaire s'élance au centre de l'escalier monumental en latérite menant au temple qui coiffe l'une des deux collines dominant le site. Une chronique indique que l'édifice était dédié à la conservation du feu sacré. Le « temple de la montagne du Feu sacré » tient sans doute son nom des cérémonies d'incinération qui s'y déroulaient, et les ruines des petits *chedi* alignés sur le côté ouest renfermaient jadis les cendres de hauts dignitaires du royaume. Juché sur un autel en avant d'un *chedi* plus central, un **bouddha assis** prend la Terre à témoin, tandis qu'à ses pieds des fidèles viennent déposer des boutons de lotus et brûler des cierges.

★ Wat Khao Suwan Khiri

À l'arrière du mondop *du Wat Khao Phanom Phloeng, par une allée pavée de latérite qui descend dans la forêt pour remonter ensuite sur l'autre colline.*
L'imposant *chedi* se dresse sur une base carrée creusée à chaque angle d'une niche qui abritait jadis un bouddha. Au fond du sanctuaire s'élève un autre *chedi*, protégé par une petite enceinte aux blocs de pierre massifs et aux **portes** surmontées de sculptures de style chinois.
Revenez sur vos pas jusqu'au Lak Muang, puis prenez à gauche pour ressortir de l'enceinte par la porte Dom Laem. Tournez ensuite à gauche pour longer la rivière (à votre droite, un panneau indique les rapides de Kaeng Luang). Passez devant la porte Tao Mao et continuez sur 50 m.

Wat Kuti Rai

Juste à l'extérieur de l'enceinte du parc historique.
Il s'élève un peu plus loin sur la gauche, au bord de la route. Son *ubosot* de latérite, aux proportions légères et harmonieuses, présente une architecture atypique, imitant celle des édifices en bois. Remarquez son toit en encorbellement, une technique de construction très utilisée par les architectes de Sukhothai. Du *wihan*, en revanche, ne subsistent que les bases de quelques colonnes octogonales.

Céladons de Sangkhalok

Art royal, les céramiques étaient à l'origine fabriquées à Sukhothai. Mais lorsqu'on découvrit une argile de bien meilleure qualité à Si Satchanalai, nombre d'artisans y déplacèrent leurs fours. En 1292, au cours d'une de ses ambassades dans l'empire du Milieu, le roi **Rama Khamhaeng** fit également venir de Chine de talentueux potiers afin de former les artisans de son royaume. Très vite, un nouveau style s'épanouit, auquel la ville – rebaptisée Sawankhalok durant l'ère d'Ayutthaya – prêta son nom, déformé en « Sangkhalok ». Reconnaissables à leur couleur vert pâle, tendant parfois vers le bleu ou le beige, les céladons de Sangkhalok firent la réputation de la cité dans toute l'Asie : pendant trois cents ans, ils s'exportèrent à Bornéo, aux Philippines et au Japon, et les berges de la Yom comptèrent jusqu'à 200 ateliers de production. Depuis son apparition, en Chine, sous la dynastie des Songs (960-1279), le céladon passait pour avoir des vertus magiques : on disait qu'il se brisait ou changeait de couleur au contact d'un aliment empoisonné. Il était également recherché pour sa couleur qui rappelle celle du jade.

Quartier des potiers

Au nord du site ; continuez sur la même route jusqu'au village de Pa Yang (11 km).

Ban Ko Noi

Groupe n° 42. De petits tertres surmontés d'arbres signalent l'emplacement de plusieurs fours de potiers. Autour de leurs murs de brique incrustés de tessons de céramique, des centaines de fragments de bols et d'assiettes jonchent le sol d'une couleur vert d'eau, leur multitude montrant l'ampleur de cette industrie. Les archéologues ont recensé 19 fours de potiers sur ce seul site. Les fouilles ont mis en évidence les différentes techniques de fabrication au fil des siècles. Le four, aménagé au niveau du sol ou souterrain, se composait de trois sections : on posait les poteries au centre, sur un sol sablonneux ; le bois était placé dans le foyer, à l'une des extrémités ; un conduit de cheminée, à l'autre extrémité, permettait l'évacuation de la fumée. La fabrication était assez délicate. Mais la céramique de Si Satchanalai connaissait une telle renommée que l'on réussissait toujours à vendre les objets, même lorsqu'ils comportaient des malfaçons.

À proximité

CARTE P. 132

Hat Sieo

À 15 km au nord de Si Satchanalai par la route 101.

Dans le village de Hat Sieo, habité depuis le 19e s. par des Thaïs Puan, originaires du Laos, le **Sathon Gold Textile Museum** *(8h-17h - entrée payante)* renferme un bric-à-brac insolite d'antiquités exposées dans des vitrines de bois sculpté : vieux meubles, lampes, statues et objets religieux, sarongs et pièces de tissu à usage religieux, que l'on portait lors des cérémonies d'ordination, des mariages ou pour les parades à dos d'éléphant.

Carnet pratique

PLAN DU PARC HISTORIQUE (P. 176)

Arriver/Partir

En bus – De Sukhothai, 4 bus entre 6h30 et 11h *(1h de trajet)*; demandez au chauffeur de vous arrêter à « Si Satchanalai Muang Kao » (vieille ville), la ville nouvelle se trouvant 15 km plus au nord; arrêt face à la passerelle de bois qui mène à Chaliang. Retour de Si Satchanalai vers Sukhothai à 14h, 15h30 et 16h30 *(horaires susceptibles de varier, se rens.)*.

La majorité des hôtels de Sukhothai *(voir « Nos adresses » p. 172)* proposent des **excursions** journalières en minibus sur le site historique de Si Satchanalai.

Se déplacer

Vélo – Location à l'entrée principale du parc historique.

Nos adresses

PLAN DU PARC HISTORIQUE (P. 176)

Restauration

Premier prix

1 **Preaw Restaurant** – *À 1 km avant l'entrée du parc - 05 563 11 70 - 6h-22h (horaires variables) - plats 50/100 bahts.* Une adresse familiale à proximité immédiate du parc historique, qui sert une cuisine traditionnelle appréciée des visiteurs.

Shopping

Céramiques

À Pa Yang, en face du musée Sangkhalok, la route est bordée d'une suite ininterrompue de boutiques proposant des céramiques. Vous n'aurez que l'embarras du choix.

Tissus

À Hat Sieo, la boutique du **Sathon Gold Textile Museum** propose un choix de magnifiques cotonnades, de soies et de vêtements colorés, tissés localement.

Hébergement

Si vous tenez à faire étape près du parc historique, vous trouverez quelques *homestays* simples, à l'ambiance familiale, entre Chaliang et le parc. On n'y parle souvent que le thaï.

Premier prix

1 **Si Satchanalai Heritage Resort** – *99 Moo 6 (à moins d'1 km de l'entrée du parc) - 081 605 69 85 - - 18 ch. 675 bahts .* Une étape agréable, au milieu d'un beau jardin : chambres sans grande originalité mais propres et pratiques, chacune dotée de sa terrasse privée.

2

Kamphaeng Phet ★★

Troisième capitale du royaume de Sukhothai, Kamphaeng Phet longe la courbe de la rivière Ping. L'ancienne cité doit son nom, les « murailles de Diamant », aux imposantes fortifications qui l'entourent encore en partie – solides mais vains remparts contre les incursions birmanes. Sans exercer le même rayonnement que ses rivales Sukhothai et Si Satchanalai, Kamphaeng Phet compta néanmoins parmi les cités les plus florissantes du royaume, tant sur le plan administratif que religieux, supplantant même Sukhothai dès la fin du 14e s. Profitez de la modeste fréquentation du site pour vous promener au milieu des vestiges. La ville moderne, qui s'est développée au sud-est de la cité fortifiée, se révèle en revanche assez quelconque, mais l'atmosphère qui règne le long des berges verdoyantes de la Ping ne manque pas de charme. À la tombée du jour, les citadins s'y retrouvent en famille, avant d'aller savourer sur le marché de nuit la spécialité locale, le kluai khai, un savoureux plat de bananes à l'œuf.

Se repérer

CARTE A1 (P. 132),
PLAN DU PARC HISTORIQUE (P. 184).

28 817 habitants – Chef-lieu de la province de Kamphaeng Phet.
À 75 km au sud de Sukhothai, 130 km au sud de Si Satchanalai et 357 km au nord de Bangkok.

À ne pas manquer

Le Wat Phra Kaeo, à l'intérieur des remparts; les temples Arannyik, dans la forêt; le musée d'Artisanat régional.

Organiser son temps

Venez en excursion depuis Sukhothai. Visitez le site le matin pour profiter de la meilleure lumière. Débutez par la ville fortifiée, puis enchaînez avec les temples forestiers Arannyik, à 2 km au nord-ouest des murailles (la balade peut se faire avec son véhicule privé).

Carnet pratique p. 189

Nos adresses p. 189

Découvrir le site historique

PLAN P. 184

Circuit tracé en vert sur le plan du parc – Comptez une demi-journée. Billetterie principale sur Th. Ratchadamnoen (après avoir franchi le pont vers la rive orientale de la Ping); autre billetterie devant le Wat Phra Kaeo - 8h-16h30 - 150 bahts, voiture 50 bahts, vélo 10 bahts; billet combiné avec la visite du site Arannyik.

Inscrit au Patrimoine mondial de l'Unesco en 1991, le site, qui s'étire sur 16 km², bénéficie d'un programme de défrichement et de restauration. Pas moins de 80 temples ont été répertoriés de part et d'autre de la rivière, mais seuls quelques-uns ont été dégagés à ce jour. La cité s'étendait jadis au-delà de son secteur fortifié, mais la ville moderne, au sud-est, en a submergé les vestiges. Au nord-ouest, en revanche, la forêt cache toujours sous son couvert les temples retirés des moines Arannyik.

Kamphaeng Phet, le Wat Phra Kaeo.
F. Guiziou/hemis.fr

★★ Ville fortifiée

Percés de dix portes, les remparts dessinent un trapèze allongé de 2 km sur 500 m de large. Il est probable que la cité ne fut fortifiée que longtemps après sa fondation, lors des premières menaces birmanes. La conception de cet imposant ouvrage défensif, long serpent de brique jadis haut de 5 m, fait apparaître l'influence des voyageurs portugais. Alimentées par des canaux amenant l'eau de la rivière, des douves larges de 30 m entourent les murailles crénelées, elles-mêmes renforcées de fortins, tels ceux qui gardent les deux portes principales :

Pratu Chao Chan au sud et **Pratu Wat Chang** au nord. De cette dernière porte, une route royale tracée par Li Thaï, **Phra Ruang**, reliait la cité à Si Satchanalai et à Sukhothai.
À l'intérieur des murs s'élèvent deux des plus importants monuments de Kamphaeng Phet, deux temples dépourvus de quartiers monastiques, érigés selon un même axe, à l'image de ceux de Si Satchanalai. Il ne reste rien, en revanche, du palais royal en bois qui s'élevait au nord du Wat Phra Kaeo.
De l'entrée principale, prenez l'allée pavée qui longe une belle pelouse.

★ Wat Phra Tat

Les siècles et les intempéries ont remodelé le site : sous l'effet de l'humidité, les terrasses et les âmes de brique des structures ondulent telles des vagues.
Encadré par un muret composé de blocs de latérite verticaux, un *chedi* en forme de cloche, surmonté d'une spire annelée, repose sur une base carrée. Cette architecture, qui rappelle les *stupa* du Sri Lanka, traduit la combinaison des styles artistiques d'Ayutthaya, de Sukhothai et du Lan Na. Sur la flèche, on distingue encore quelques traces de stucs, tandis que des colonnes marquent l'emplacement du *wihan* qui le précédait. Une légende rapporte que celui-ci portait un décor d'argent massif… mais rien n'a jamais été retrouvé.
Longez l'édifice pour rejoindre le Wat Phra Kaeo.

★★★ Wat Phra Kaeo

Le temple le plus imposant du site reste un haut lieu de dévotion : ses superbes statues drapées de safran et les bâtons d'encens qui brûlent au pied des autels attestent la visite régulière des fidèles. Le temple doit son nom, identique à celui du sanctuaire bâti dans l'enceinte du palais royal de Bangkok, à une légende qui veut que le **bouddha d'Émeraude** y ait un temps séjourné *(voir « Bangkok », p. 42)*.
Deux massives plates-formes alignées composent l'édifice. Sur la première, on distingue d'abord la base d'un bouddha assis, puis un *mondop* à trois étages (restauré), qu'encadrent quelques fragments du mur d'enceinte. Un *wihan* précédait à l'origine le second soubassement, siège du *chedi* principal. Hormis de rares traces de stuc sur la flèche, le parement a disparu, et les seize niches qui l'encerclent ont perdu leurs bouddhas. Trente-deux lions en stuc entouraient également la terrasse, complétés d'un bouddha en latérite encore visible à l'arrière du monument : nombre de bouddhas sont ici taillés dans ces blocs monolithiques de latérite et les pluies ont donné à leurs visages des traits d'une pureté presque irréelle.
Mais le regard s'attarde surtout sur le groupe des deux **bouddhas assis★★** : entre les colonnes ruinées d'un autre *wihan*, cernés par de petits bouddhas rongés par le temps, ils veillent sur un magnifique **bouddha couché★★** dont le visage, empreint d'une parfaite sérénité, repose sur trois coussins de pierre. Une composition qui révèle le style Ayutthaya dans la forme carrée des visages. Notez également les yeux allongés : des artisans chinois seraient les auteurs de ces œuvres, auxquelles ils apportèrent leur touche personnelle.
Plus à l'ouest, à l'ombre d'un acacia, se dressent les vestiges de **trois chedi**, dont celui du milieu conserve de beaux **éléphants en stuc★★**. Enfin, dans l'axe du Wat Phra Kaeo, près de trois petits bassins, se trouvait le **Lak Muang**, le pilier de fondation de la cité, désormais abrité dans la pagode moderne à droite et objet d'une intense vénération.
Quittez la cité fortifiée par le nord (porte Saphan Kham), prenez à droite la route 101 puis la 2e à gauche pour rejoindre le groupe des temples Arannyik, 2 km plus loin au nord-ouest. Les temples s'alignent le long de la route.

★★★ Temples forestiers Arannyik

Originaire du Sri Lanka, une secte bouddhiste prônant l'ascétisme rencontra une grande popularité dans le royaume de Sukhothai. Témoin de cette ferveur religieuse, une multitude de temples est disséminée dans les forêts. Là, loin du tumulte des cités, se retiraient les moines Arannyik, afin de pratiquer la méditation dans la plus grande austérité.
Les divers sanctuaires de Kamphaeng Phet, bien conservés dans leur écrin végétal, ont été édifiés pour la plupart entre les 15e et 16e s. Le cadre forestier ne fait qu'ajouter à l'intérêt de leur architecture, offrant une superbe promenade.

★ Wat Phra Non

À l'entrée, de l'autre côté de la route, vous remarquez d'abord les ruines d'un pavillon, d'une salle d'eau et d'un bassin carré protégé par un muret de latérite. Les fidèles procédaient ici à des rituels de purification avant de se rendre au sanctuaire. Les vestiges du temple donnent encore une belle idée de ses proportions monumentales.
De l'entrée principale du Wat Phra Non, une volée de marches conduit à la terrasse de l'*ubosot*, dont seuls subsistent les imposants piliers de latérite, mêlés aux troncs des arbres. Derrière, les hauts murs percés d'étroites lucarnes signalent le *wihan*, où l'on devine le piédestal qui accueillait jadis un bouddha couché aux formes effacées. Les piliers massifs de l'édifice, larges de 1 m et hauts de 5 m, supportaient une toiture de bois; au sommet, on distingue les mortaises où venaient s'encastrer les poutres.
Reposant sur un socle carré, un grand **chedi★** octogonal se dresse à l'arrière du *wihan*. D'influence cinghalaise, il reprend la forme du bouton de lotus, surmonté d'une structure en cloche.

Une position stratégique

Au 11e s., fuyant les armées birmanes, le roi môn Chaigasiri quitte sa province du Nord pour s'établir sur la rive orientale de la Ping, où il fonde une cité à l'emplacement du village de Nakhon Chum. C'est là que le roi **Rama Khamhaeng** (1279-1298), près de deux siècles plus tard, établira sa propre capitale, Kamphaeng Phet, englobant dans ses murs la ville primitive. Aux portes de la Birmanie, à mi-chemin entre le nord de la Thaïlande et la Plaine centrale, la cité occupait une situation hautement stratégique, constituant un poste de défense avancé du royaume. Kamphaeng Phet connaît son apogée sous le règne du pieux **Li Thaï** (1347-1368), qui y poursuit son œuvre religieuse en fondant un grand nombre de sanctuaires. Avec lui, un art local s'épanouit peu à peu, mêlant au 15e s. la noble influence de Sukhothai à celle de la Birmane Moulmein, avant que ne prédomine l'art du Lan Na *(voir « Art et architecture », p. 432)*. Mais dès les années 1350, le roi d'Ayutthaya prend ombrage du rayonnement de Sukhothai et multiplie les attaques contre le royaume; en 1378, le roi de Sukhothai doit lui prêter allégeance; la ville perd dès lors son statut de capitale royale pour n'être plus qu'un simple poste de garnison sur la route du Nord et du royaume du Lan Na. Au 18e s., les armées birmanes traversent à nouveau la ville, cette fois pour atteindre Ayutthaya : en 1767, épuisée par les guerres successives, la population désertera la cité, pour n'y revenir qu'un siècle plus tard.

Wat Chang Rob.
Casper1774Studio/Getty Images Plus

★★ Wat Phra Si Iriyabot

Env. 50 m plus loin.

Son grand **bouddha debout★** marque l'emplacement du *mondop*, à l'arrière du temple. Haut de 9 m, il révèle des traits de pur style Sukhothai, que vous retrouverez dans les quatre statues en haut relief qui encadrent l'édifice, adossées à ses quatre pans incurvés. À l'origine du nom du temple, elles représentent l'Éveillé dans ses positions canoniques – assis, debout, couché et marchant –, un type de représentation souvent associé aux temples forestiers et caractéristique de l'art de Sukhothai.

Dans les quartiers des moines, on distingue encore la salle d'eau, avec sa base de latérite couverte d'une dalle de pierre grise.

Poursuivez votre chemin vers le nord.

★★★ Wat Chang Rob

L'éclat des flamboyants s'ajoute à la beauté de ce temple, le joyau du site. Sur une base carrée, un imposant *chedi* de style cinghalais s'entoure de **68 éléphants★**, construits en ronde bosse à partir de briques de latérite puis recouverts de stuc. Tels des atlantes, ils supportent l'édifice, qui symbolise ici le mont Meru, centre de l'univers bouddhique. Des motifs de stuc ou de terre cuite – arbres de l'Éveil, démons et *apsara* –, dont il reste quelques fragments, séparaient les animaux ; sur le côté gauche, les pachydermes conservent même leurs parures d'origine : colliers et bracelets. Des motifs floraux figuraient également la forêt de Himaphan qui, dans la symbolique brahmanique, cerne la montagne mythique.

Gardés par des lions de pierre *(singha)*, quatre escaliers aux marches raides mènent à la terrasse supérieure, où les pèlerins effectuaient leur déambulation rituelle.

Un *chedi* en forme de cloche et prolongé d'une flèche s'élevait au centre, tandis que le grand *wihan*, à gauche, garde sa plate-forme, où s'asseyaient les moines. À proximité s'ouvre la carrière (aujourd'hui transformée en bassin) d'où furent extraites les pierres de l'édifice.
Rejoignez votre point de départ pour visiter les musées.

À voir aussi

PLAN P. 184

★ Musée national

À proximité du Wat Phra Tat - ✆ 05 57115 70 - 9h-16h - fermé lun.-mar. - 100 bahts.
Une agréable cour vous accueille, agrémentée de bougainvilliers et de frangipaniers. À droite, les deux superbes **éléphants de stuc★** que vous verrez, entièrement restaurés, proviennent du Wat Chang Rob. Les collections retracent les grandes époques de l'art thaïlandais, de la préhistoire à la période contemporaine. La 1re salle réunit les trouvailles faites à proximité des temples de Kamphaeng Phet, dont un **bouddha marchant★★**, un bronze de style Sukhothai des 15e s.-16e s. aux traits délicats.
La 2e salle conserve des statues hindoues, dont un remarquable **buste de Vishnou★★** et, à côté, la statue en pied d'une déesse que l'on pense être **Lakshmi★★**, tous deux datés du 16e s. Devant eux se dresse la statue en pied d'un beau **Shiva★★** de bronze, du royaume d'Ayutthaya, qui reflète l'art khmer du Bayon (temple central de l'ancienne cité d'Angkor, au Cambodge). Son socle porte une inscription proclamant le règne des dieux sur les hommes et les animaux. Vous pourrez également voir une intéressante collection de céramiques et de terres cuites (14e s.-18e s.) comprenant d'élégantes **jarres de Sangkhalok** (15e s.) et des fragments de stucs.
La 3e et dernière salle présente les minorités ethniques hmong, lisu, mien et karen qui vivent dans la région.

★★ Musée d'Artisanat régional (THAI HOUSE MUSEUM)

À côté du Musée national - 9h-16h - fermé lun.-mar. - 100 bahts.
Aménagé dans un ensemble de maisons traditionnelles, ce musée original offre un excellent aperçu des traditions et des coutumes régionales.
À l'étage de la première maison, des maquettes montrent l'architecture d'une **habitation traditionnelle** et les techniques de construction d'un *chedi*, avec son échafaudage de bambou. Des **diaporamas** relatent l'histoire de la Thaïlande.
Le pavillon de gauche est consacré aux **minorités du pays**, présentées dans leurs costumes et leur environnement. De nombreuses ethnies vivent en effet dans la région de Kamphaeng Phet, principalement originaires du Laos, mais aussi de Phetchaburi (Lao Songs) et de Birmanie (Karens et Lisus).
Un troisième pavillon présente les grands festivals thaïlandais, dont la très populaire **fête de la Banane** (Wan Sart Festival) de Kamphaeng Phet (la culture de la banane représente un tiers de l'agriculture régionale).

Carnet pratique

PLAN DU PARC HISTORIQUE (P. 184)

Arriver/Partir

En bus

Gare routière – *À 200 m à droite sur la rte de Tak, passé le pont. De là, des samlor vous conduisent au site historique.* Liaisons régulières avec Sukhothai *(1h)*, Phitsanulok, Tak *(1h)*, Mae Sot *(3h)* et Bangkok *(5h)*. Si vous venez de Sukhothai et demandez à descendre au parc historique *(Old City* ou *Muang Kao)*, on vous déposera devant l'entrée nord.

La majorité des hôtels de Sukhothai *(voir « Nos adresses » p. 173)* proposent des excursions d'une journée à Kamphaeng Phet.

Se déplacer

Points de location de vélos aux principales entrées du parc.

Agenda

Thai Sart Festival – Fin sept.-début oct. Lors de cette grande fête de la Banane, les habitants dégustent la spécialité de la ville, le *kluai khai* (bananes à l'œuf).

Nos adresses

PLAN DU PARC HISTORIQUE (P. 184)

Restauration

Premier prix

1 **Whats Your Name Cafe & Craft Beer** – *667 Rachadumnoen 1 - 8h-22h - plats 80 bahts.* Une adresse au décor industriel moderne et branché, parfaite pour un déjeuner simple et efficace ou pour une pause café sucrée.

2 **Phochana** – *Th. Kamphaeng Phet (au niveau de la tour de l'Horloge) - ✆ 05 571 42 47 - fermé le soir - plats à partir de 55 bahts.* Passé les vitrines où pendent poulets, canards, couenne de porc et bottes de légumes, vous attend une salle ventilée, spacieuse mais sombre, aux grandes tables de bois verni. Une belle variété de plats thaïs et chinois, tous d'une grande fraîcheur. L'enseigne est en thaï, tout comme le menu, mais l'établissement est connu et tous les habitants de la ville sauront vous l'indiquer.

3 **Marché de nuit** – *Sur la rivière - - 18h-22h - env. 100 bahts.* La meilleure option pour dîner si vous résidez à l'hôtel Phet.

4 **Mae Ping River Side** – *47 Nakhon Chum - ✆ 05 579 94 56 - - 10h-23h - 200/400 bahts.* Pour prendre un verre ou un déjeuner tardif. Sa terrasse, sur la berge sud, est régulièrement animée par des orchestres locaux en soirée. Petite carte toute simple.

Petite pause

Coffee Today – *3-45 Th. Kamphaeng Phet (face au rond-point de la tour de l'Horloge) - ✆ 05 571 46 03 - - 8h-18h.* Smoothies, gâteaux, timbales de chocolat et snacks en tous genres dans cette *tea-coffee house* aux fauteuils confortables.

Hébergement

Kamphaeng Phet n'offre pas un grand choix en matière d'hébergements, les rares touristes n'y venant souvent qu'en excursion.

2

Chiang Mai, le temple Wat Phra Sing Luang, moines novices.
J.-P. Lescourret/hemis.fr

3

Chiang Mai et le Nord

CARTE MICHELIN NATIONAL 751 AU 1/1370000

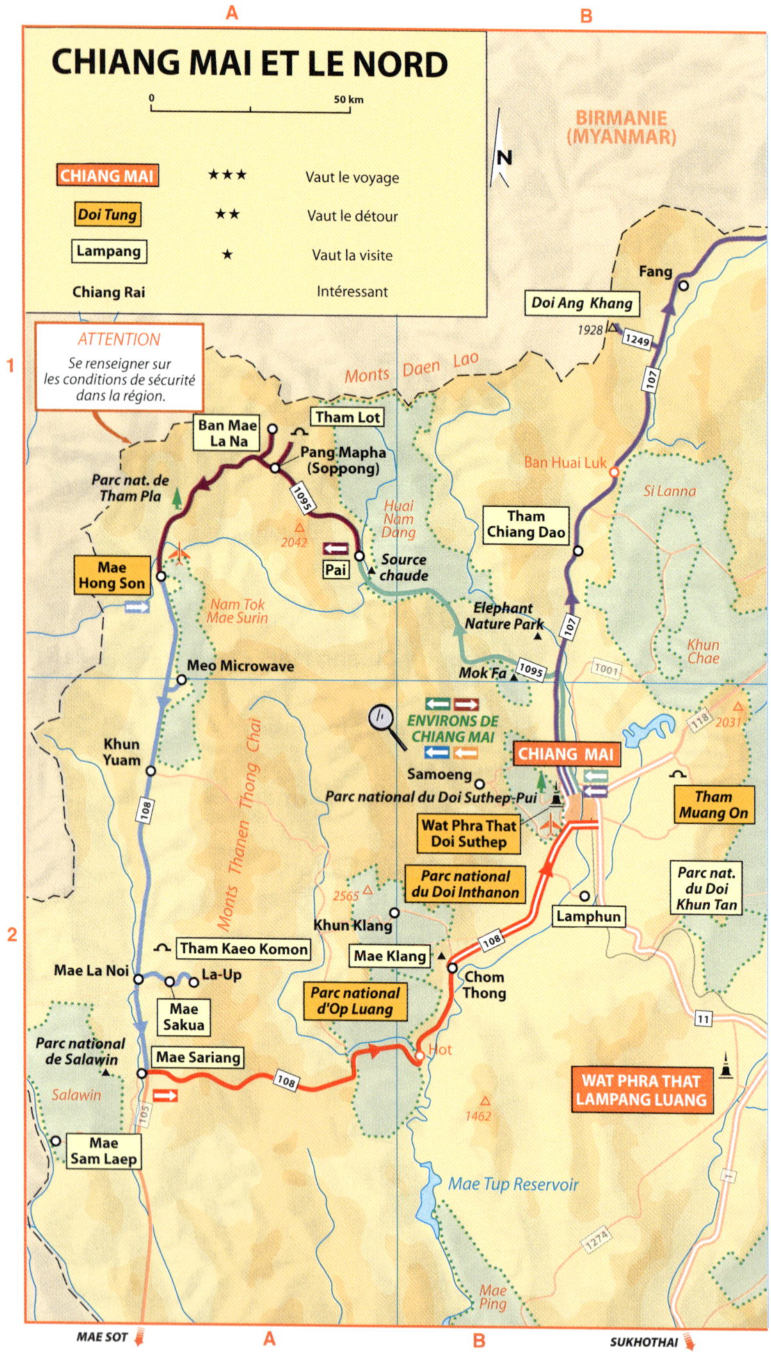

A
B
CHIANG MAI ET LE NORD
0
50 km
CHIANG MAI ★★★ Vaut le voyage
Doi Tung ★★ Vaut le détour
Lampang ★ Vaut la visite
Chiang Rai Intéressant
N
BIRMANIE (MYANMAR)
ATTENTION
Se renseigner sur les conditions de sécurité dans la région.
1
2
Fang
Doi Ang Khang
1928
1249
107
Monts Daen Lao
Ban Mae La Na
Tham Lot
Pang Mapha (Soppong)
Parc nat. de Tham Pla
1095
Ban Huai Luk
Si Lanna
Huai Nam Dang
2042
Pai
Source chaude
Tham Chiang Dao
Mae Hong Son
Nam Tok Mae Surin
Elephant Nature Park
Khun Chae
Meo Microwave
Mok Fa
1001
ENVIRONS DE CHIANG MAI
CHIANG MAI
118
2031
Khun Yuam
Samoeng
Parc national du Doi Suthep-Pui
Tham Muang On
Monts Thanen Thong Chai
108
Wat Phra That Doi Suthep
Parc national du Doi Inthanon
2565
Parc nat. du Doi Khun Tan
Lamphun
Khun Klang
Tham Kaeo Komon
Mae Klang
Mae La Noi
La-Up
Chom Thong
Mae Sakua
Parc national d'Op Luang
11
Parc national de Salawin
Mae Sariang
Hot
Salawin
WAT PHRA THAT LAMPANG LUANG
1462
105
Mae Sam Laep
Mae Tup Reservoir
1274
Mae Ping
MAE SOT
SUKHOTHAI

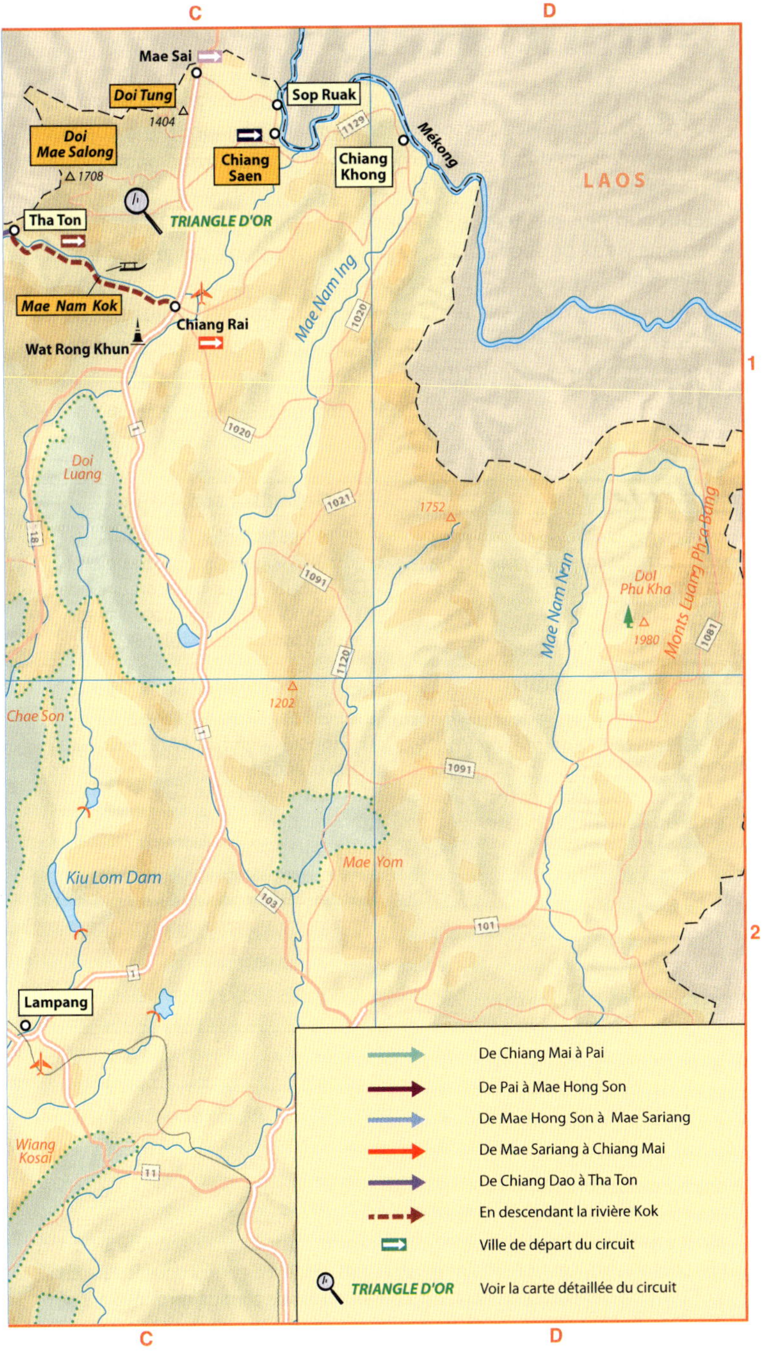
C
D
Mae Sai
Doi Tung
1404
Sop Ruak
Doi Mae Salong
1708
Chiang Saen
Chiang Khong
Mékong
1129
LAOS
Tha Ton
TRIANGLE D'OR
Mae Nam Kok
Chiang Rai
Wat Rong Khun
Mae Nam Ing
1020
1
2
Doi Luang
1021
1752
18
1091
Mae Nam Nan
Doi Phu Kha
1980
Monts Luang Phra Bang
1081
1120
1202
Chae Son
Mae Yom
Kiu Lom Dam
103
101
Lampang
Wiang Kosai
11
De Chiang Mai à Pai
De Pai à Mae Hong Son
De Mae Hong Son à Mae Sariang
De Mae Sariang à Chiang Mai
De Chiang Dao à Tha Ton
En descendant la rivière Kok
Ville de départ du circuit
TRIANGLE D'OR
Voir la carte détaillée du circuit

Chiang Mai ★★★

Centre névralgique de la région Nord et passage obligé vers les confins du Triangle d'or, la ville s'est considérablement développée en quelques années. Mais en dépit d'une urbanisation et d'un trafic anarchiques, la Rose du Nord continue de séduire, car elle reste à échelle humaine. Beaucoup plus petite que Bangkok mais dotée de 300 sanctuaires, certains vieux de sept siècles, Chiang Mai n'a rien à envier aux trésors de la capitale. La ville doit sa popularité à son authenticité et à une vie culturelle intense et ses temples comptent parmi les plus beaux de Thaïlande. Cette étape incontournable au nord du pays, entre montagnes et rizières, saura charmer les amateurs de randonnées, mais aussi les romantiques, qui apprécieront les berges de la rivière, pour une douce promenade au clair de lune.

Se repérer

CARTE B2 (P. 192-193), PLAN (P. 198-199).
127 240 habitants – Chef-lieu de la province de Chiang Mai.
À 720 km au nord de Bangkok - alt. 300 m.

À ne pas manquer

Le Wat Phra Singh ; le délicat *wihan* du Wat Phan Tao ; l'énorme *chedi* du Wat Chedi Luang ; flâner au marché de Warorot ; dîner dans les restaurants en plein air au bord de la rivière.

Organiser son temps

Visitez les temples tôt le matin pour jouir d'une plus belle lumière. Dans la cité ancienne, promenez-vous à vélo ; hors des murs, optez plutôt pour le scooter ou le *tuk-tuk*.

En famille

Les expositions du Chiang Mai Historical Center, de l'Arts & Cultural Centre et du Lanna Folk Life Museum ; les costumes des minorités montagnardes au Musée ethnographique.

Carnet pratique p. 205

Nos adresses p. 206

Se promener

PLAN P. 198-199

★★ À l'intérieur des douves : la cité ancienne

Circuit tracé en vert sur le plan – Comptez une demi-journée.
L'itinéraire comprend les principaux temples de la ville, tous dans l'ancienne cité, intra-muros. Malgré le va-et-vient des *tuk-tuk* et des *samlor*, les rues de la vieille cité conservent une atmosphère sereine, contrastant avec la frénésie du trafic hors des murs. Il faut s'y balader en deux-roues, à moteur ou à pédales, meilleur moyen de s'arrêter à son gré devant chaque *wat*. Car le cœur historique de Chiang Mai compte, à lui seul, pas moins de 36 temples. C'est dire qu'il vous faudra choisir. Prenez le temps de les découvrir, connus ou moins connus, en pénétrant au fil de votre itinéraire dans ces cours paisibles où tintent les clochettes accrochées

Fête des Lumières à Chiang Mai.
501room/Getty Images Plus

aux corniches. De ses fortifications de brique, la vieille ville n'a conservé que ses bastions d'angle et ses portes (en fait reconstruits), mais les **douves** dessinent toujours leur carré parfait, non loin de la courbe de la Ping.
On franchit cette enceinte d'eau par la porte est, la **porte Tha Phae** (C2), transformée en esplanade piétonne *(pour pénétrer en voiture ou en deux-roues dans la vieille ville, il faut faire le tour par la gauche).*

3

Lanna Architecture Center B2

117 Th. Ratchadamnoen - tlj sf lun. 9h-16h - 120 bahts.
Avant d'explorer les temples de la vieille ville, vous pourrez faire une halte pour visiter cette splendide réalisation de l'Université de Chiang Mai : la réhabilitation soignée d'une maison de maître de la fin du 19e s. Son allure générale trahit l'influence de l'architecture occidentale. L'intérieur abrite une exposition sur les techniques de construction. Si vous aimez l'architecture vernaculaire, ne manquez pas de visiter le Lanna Traditional House Museum *(voir p. 201)*.

★★ Wat Phan Tao B2

Th. Phra Pho Klao (à l'angle de Th. Ratchadamnoen) - 8h-17h - gratuit.
En retrait de l'artère principale, le petit temple de Phan Tao, qui héberge une dizaine de moines, offre aux passants la façade de son remarquable **wihan**★★★ de style Lan Na, tout en bois de teck, fort bien conservé. Sous sa **toiture**★★ à cinq niveaux, le **fronton**★★ s'orne d'un paon bleu et or, symbole solaire birman. Les **boiseries dorées**★★ des linteaux, véritable dentelle de bois, présentent un exemple typique de la tradition Lan Na. À l'intérieur, entre les piliers qui soutiennent la charpente, des fenêtres à balustres s'ouvrent dans les panneaux de bois des murs, dessinant des rais de lumière

Les temples passés

Stucs, peintures, nacres, émaux et surtout boiseries – le travail du bois domine – rendent compte de la richesse du syncrétisme artistique de Chiang Mai. Hélas, peu de temples présentent encore un pur témoignage du style Lan Na, du fait des rénovations et remaniements successifs, parfois discutables. Les restaurations dirigées par le moine **Khruba Srivijaya** dans les années 1930 pour « revitaliser » le style officiel de Bangkok, alors sur le déclin, ont par exemple beaucoup altéré le décor original. Un bel exemple de fresque murale se trouve néanmoins au Wat Phra Singh.

sur le majestueux **bouddha de style Lan Na** trônant sur l'autel, accompagné de ses disciples.

★★ Wat Chedi Luang B3

20 m plus loin - 8h-17h - 50 bahts.

Dans le vaste **wihan★** se dresse un bouddha debout haut de 8 m, le **Phra Attharot★** (1437), belle statue de style Sukhothai, entouré de ses nombreux disciples.

En sortant de la chapelle, à votre droite *(à gauche de l'entrée principale)*, vous remarquerez un **arbre de l'Éveil** au tronc ceint d'une multitude de rubans colorés – signe d'une grande vénération. Une croyance veut en effet que la ville dure aussi longtemps que ce gommier vivra. L'arbre ombrage le **pilier de fondation de la cité** (Lak Muang), un édicule qui marque l'endroit précis où le roi Mengraï trouva la mort, frappé par la foudre.

Une surprise vous attend ensuite au fond de la cour : caché par le *wihan*, un impressionnant **chedi en ruine★★** se dresse tel un énorme gâteau de brique, de 60 m de haut. Principal édifice (et intérêt) du temple, ce reliquaire monumental, bâti en 1391, mesurait à l'origine 90 m, mais un tremblement de terre réduisit sa taille en 1545, et sa restauration, partielle, ne fut achevée qu'en 1992. L'ouvrage n'est pas sans rappeler les somptueux bâtiments du site birman de Pagan : le *mondop* (le *chedi* proprement dit) trône sur une puissante assise de brique et de grès, tandis que des **naga★** colossaux gardent les escaliers qui s'adossent sur chacun des côtés. En haut des marches, aux quatre points cardinaux, un bouddha en méditation s'abrite au creux d'une niche, dominant les **éléphants cariatides★** qui entourent la base de l'édifice (cinq d'entre eux subsistent, certains reconstitués). Avec le pilier de fondation de la cité, ce *chedi* géant, qui passe pour avoir hébergé un temps le fameux **bouddha d'Émeraude** *(voir « Bangkok », p. 42)*, place le Wat Chedi Luang au rang des temples les plus vénérés de Thaïlande.

★★★ Wat Phra Singh A2

Th. Phra Singh (appelée aussi Th. Ratchadamnoen) - 8h-17h - gratuit.

Avec en toile de fond la crête bleutée des montagnes alentour, le « temple du Bouddha-Lion » compose un majestueux tableau. Fondé en 1345 par le roi Pa Yo pour recueillir les cendres du roi Kham Fu, c'est le temple le plus important de la ville ancienne, et le plus riche : ses divers bâtiments, véritables chefs-d'œuvre de l'architecture Lan Na, offrent autant d'exemples du talent des ébénistes locaux. Autre charme des lieux : l'animation joyeuse qui envahit la cour, où se croisent écoliers et fidèles, tandis que résonne la sourde oraison des moines, en prière dans le **wihan★**. Commencez là votre visite, en admirant son beau fronton en bois sculpté et doré, qui se découpe sur une mosaïque de verre bleu.

Bouillon de cultures

La « Rose du Nord »

Mengraï, roi de Chiang Rai, est à l'origine de Chiang Mai, la « Ville nouvelle », en 1296. Sous son règne, la cité devint rapidement le nouveau centre économique et religieux du royaume. Bénéficiant de la protection du puissant souverain de Sukhothai, le monarque s'attacha à ce que sa nouvelle capitale soit aussi belle et dynamique que possible : des temples aux somptueux décors émaillèrent la ville, encadrant le palais royal et les résidences raffinées de l'aristocratie locale, le tout protégé par un large carré de murs et de douves.
Mengraï régna ainsi pendant vingt ans, posant les bases de la dynastie puissante et prospère du **royaume du Lan Na Thai** (« Million de rizières »), qui domina les territoires du Nord pendant deux siècles. Cette période vit aussi le grand épanouissement du bouddhisme theravada, dont Chiang Mai deviendra un important foyer. En 1477, sous le règne de Tilokarat, qui marqua l'apogée du royaume, la ville accueillit le huitième concile bouddhique, commémoration du deuxième millénaire du bouddhisme theravada, et se couvrit pour l'occasion d'une multitude de nouveaux temples. La ville subit néanmoins les assauts répétés du roi d'Ayutthaya et des **Birmans** : après une première incursion au 11e s., ces derniers prirent la ville en 1556, inaugurant deux longs siècles d'occupation qui marqueront Chiang Mai d'une forte empreinte culturelle, notamment artistique.

Une fenêtre sur le Siam

La chute de sa capitale, Ayutthaya, en avril 1767, entraîna l'éclatement du royaume du Siam. Dès lors, le général **Taksin** se lança à la reconquête des territoires pris par les Birmans et se consacra à la restauration de la puissance siamoise. Dans le même temps, exaspérée par le joug d'une administration birmane de plus en plus dure, la population de Chiang Mai se souleva contre l'oppresseur et, en 1775, Taksin, sacré roi à Thonburi, reprit la ville aux Birmans et en fit un État vassal du Siam.
Cependant, épuisée par des siècles de guerre, la population déserta la ville. Elle n'y revint qu'en 1796, lorsque Rama Ier installa sur le trône de la cité le souverain de Lampang, Kavila. Ce fut le début d'un nouvel essor, Chiang Mai devenant un important centre de négoce du teck et un foyer renommé d'artisanat. L'État resta néanmoins longtemps isolé, et il fallut attendre la fin des années 1920 pour que le chemin de fer relie Chiang Mai à la capitale siamoise. Enfin, en 1939, le Nord rejoignit la jeune nation thaïlandaise.

Dans le respect du patrimoine

Aujourd'hui, si le tourisme a succédé au négoce, Chiang Mai garde son âme colorée d'ancien carrefour commercial et de grand centre artisanal, cette dernière activité traditionnelle s'étant d'ailleurs parfaitement adaptée au nouveau marché du tourisme « ethnique » et « nature ». Aussi l'urbanisation sauvage que la ville a subie dans les années 1990 semble-t-elle se ralentir au profit d'un mouvement de sauvegarde plus respectueux du patrimoine architectural : en 1996, le 700e anniversaire de Chiang Mai fut l'occasion de rénover et de restaurer temples et bâtiments historiques, signe tangible d'une volonté de repenser l'identité et l'avenir de la cité.

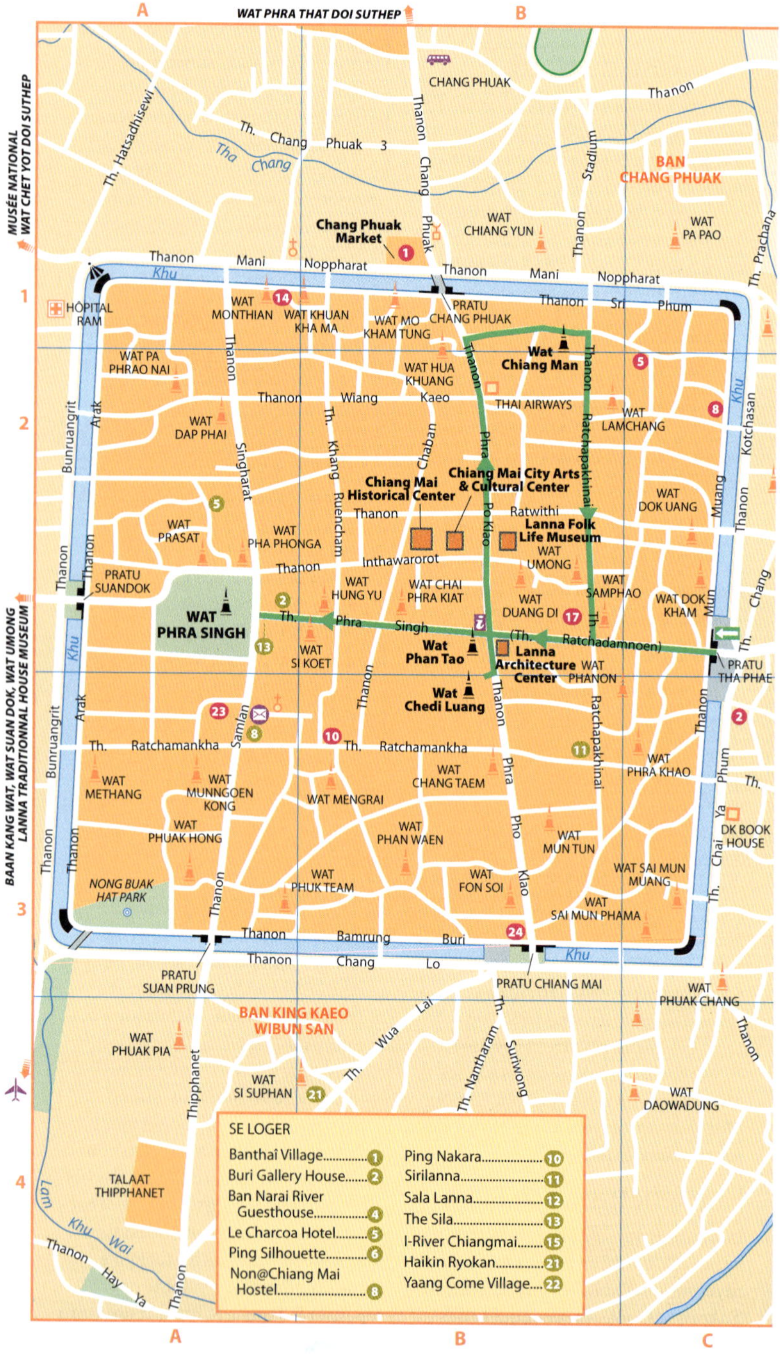

WAT PHRA THAT DOI SUTHEP
MUSÉE NATIONAL
WAT CHET YOT DOI SUTHEP
BAAN KANG WAT, WAT SUAN DOK, WAT UMONG
LANNA TRADITIONNAL HOUSE MUSEUM
CHANG PHUAK
Thanon
Th. Chang Phuak 3
Tha Chang
Th. Hatsadhisewi
Thanon Chang Phuak
Stadium
Thanon
BAN CHANG PHUAK
Chang Phuak Market
WAT CHIANG YUN
WAT PA PAO
Th. Prachana
Thanon Mani Noppharat
Thanon Mani Noppharat
Khu
HÔPITAL RAM
WAT MONTHIAN
WAT KHUAN KHA MA
WAT MO KHAM TUNG
PRATU CHANG PHUAK
Thanon Sri Phum
WAT PA PHRAO NAI
Thanon
WAT HUA KHUANG
Wat Chiang Man
Thanon Wiang Kaeo
THAI AIRWAYS
WAT LAMCHANG
Thanon Ratchapakhinai
Khu
Kotchasan
Bunruangrit
Arak
WAT DAP PHAI
Singharat
Th. Khang Ruencham
Chaban
Phra Po Kiao
Chiang Mai City Arts & Cultural Center
Chiang Mai Historical Center
Thanon Ratwithi
Lanna Folk Life Museum
WAT DOK UANG
Muang
Thanon
WAT PRASAT
WAT PHA PHONGA
Thanon Inthawarorot
WAT UMONG
WAT SAMPHAO
Thanon
Thanon
PRATU SUANDOK
WAT HUNG YU
WAT CHAI PHRA KIAT
WAT DUANG DI
WAT DOK KHAM
Mun
Chang
WAT PHRA SINGH
Th. Phra Singh
(Th. Ratchadamnoen)
Th.
Khu
WAT SI KOET
Wat Phan Tao
Lanna Architecture Center
WAT PHANON
PRATU THA PHAE
Thanon
Wat Chedi Luang
Thanon Phra Pho Klao
Ratchapakhinai
Thanon
Bunruangrit
Arak
Samlan
Th. Ratchamankha
Th. Ratchamankha
WAT PHRA KHAO
Phum
Th.
WAT METHANG
WAT MUNNGOEN KONG
WAT MENGRAI
WAT CHANG TAEM
Chai Ya
Th.
DK BOOK HOUSE
WAT PHUAK HONG
WAT PHAN WAEN
WAT MUN TUN
Thanon
Thanon
NONG BUAK HAT PARK
WAT PHUK TEAM
WAT FON SOI
WAT SAI MUN MUANG
WAT SAI MUN PHAMA
Thanon
Thanon Bamrung Buri
Khu
Thanon Chang Lo
PRATU SUAN PRUNG
PRATU CHIANG MAI
WAT PHUAK CHANG
BAN KING KAEO WIBUN SAN
Th. Wua Lai
Th. Nantharam
Suriwong
Thanon
WAT PHUAK PIA
Thipphanet
WAT SI SUPHAN
WAT DAOWADUNG
TALAAT THIPPHANET
Lam Khu Wai
Thanon Hay Ya
Thanon
A
B
C
1
2
3
4
SE LOGER
Banthaî Village 1
Buri Gallery House 2
Ban Narai River Guesthouse 4
Le Charcoa Hotel 5
Ping Silhouette 6
Non@Chiang Mai Hostel 8
Ping Nakara 10
Sirilanna 11
Sala Lanna 12
The Sila 13
I-River Chiangmai 15
Haikin Ryokan 21
Yaang Come Village 22

CHIANG MAI
0
500 m
N
C
D
E
1
2
3
4
(ARCADE TERMINAL) CHIANG RAI, WAT DOI SAKET
MAIIAM
SE RESTAURER
Chang Phuah Market 1
Aroon (Rai) 2
Anusarn Night Market 3
Blue Diamond 5
Night Bazar 6
Ginger and Kate
The Good View 9
Huen Phen 10
Jia Tong Heng 11
Mae Ping River Cruise 12
Khao Soi Islam 13
Khao Soi Khun Yai 14
The Riverside 15
At Khualek 16
Ruen Tamarind 17
Pakorn's Kitchen 21
Raming Tea House 22
SP Chicken 23
Talat Pratu Market 24
Warorot Market 25
Rattanakosin
Th. Rattanakosin
Rattana
Samut
Muang
Thanon
Pa
Ton
MAE NAM PING
Faham
WAT CHETUPHON
Thanon Chetuphon
Nawarat
THAI TRIBAL CRAFTS
Kaeo
WAT SI KHONG
Thanon Witchayanon
Thanon
Th. Tai Wang
WAT KET KARAM
Charoen
Th.
Sitthiwong
Moi Kao
Ratchawong
VILA CINI
SOP MOEI ARTS
Chang Moi
Warorot market
Witchayanon
Rat
WAT CHETAWAN
WAT SAEN FANG
BOOK ZONE
Thanon Tha Phae
Wat Buppharam
Saphan Nawarat
Th. Chang Khlan
Marché de nuit
WAT PHAN TONG
WAT LOI KHRO
Din
Mae Kha
WAT CHANG KHONG
Loi Khro
Th. Loi Khro
Iron Bridge
Khlong Mae Kha
Prathet
Th. Anusan Sunthon
WAT SI DON CHAI
TALAAT ANUSARN
Kamphaeng
Thanon Si Don Chai
Chiang Mai - Lamphun
ALLIANCE FRANÇAISE
WAT CHAI MONGKHON
Samphan
Khlan
Cha
Phra
Rakaeng
Chang
Th.
Thanon
CATHÉDRALE DU SACRÉ-COEUR
WAT MUANG KAI
Rat Uthit

Femme confectionnant un parapluie en bois traditionnel, Chiang Mai.
Gargolas/Getty Images Plus

Bâti au 19e s., l'édifice reflète le style Ratanakosin avec sa structure fermée, ses murs de brique et sa toiture élevée.

Mais attardez-vous surtout sur la **bibliothèque★★** (HO TRAI) *(à droite)*, délicat ouvrage de bois dressé sur un soubassement de brique stuquée, orné d'anges en moyen relief.

À l'arrière de la chapelle principale, il faut voir l'**ubosot★**, tout de bois sculpté.

Sur sa gauche se dresse le **Phra Wihan Lai Kam★★★**, le joyau du temple avec son **pignon de bois★★** magnifiquement travaillé. Édifié au début du 19e s. dans le style Lan Na tardif, il renferme le très vénéré **bouddha Phra Singh★★**, ravissante statue de bronze dans le style Sukhothai. Des **fresques murales★★**, superbes quoique très abîmées par endroits, couvrent ses murs. Dues à l'artiste local Jek Seng, elles montrent un émouvant panorama de la vie quotidienne dans le nord de la Thaïlande au 19e s. Prenez le temps d'observer les personnages : ici des femmes occupées à tisser ou à bavarder derrière des paravents, là des jeux d'enfants ou encore des amoureux cachés derrière un buisson. La représentation minutieuse des maisons et des palais offre de précieux témoignages sur l'habitat régional de cette époque.

En sortant du grand *wihan*, jetez encore un coup d'œil au **chedi**, à l'arrière de l'*ubosot*. Ceinturé d'un large ruban safran en signe de dévotion, il conserve ses éléphants cariatides en stuc, d'inspiration cinghalaise.

★ Les musées de la ville B2

Th. Phra Po Klao - www.cmocity.com - 8h30-16h30 - fermé lun.-mar. - 90 bahts chaque musée ou billet groupé 180 bahts pour les trois. Comptez un minimum de 2h pour l'ensemble.

De part et d'autre de la place centrale de la vieille ville, ces trois musées offrent l'occasion d'une copieuse et séduisante visite culturelle grâce à une muséographie moderne et attrayante. Si vous n'avez le temps que pour une seule découverte, optez pour le musée d'histoire. Et si la visite des musées ne figure pas dans votre agenda, jetez un œil sur la façade du Centre des Arts, l'ancien hôtel de ville, dont l'architecture mêle les influences du Lan Na et de l'Occident dans un style un peu grandiloquent.

Sur la place se dresse le symbole de Chiang Mai, le **monument des Trois Rois**. Cette sculpture monumentale réunit les trois souverains qui, selon la légende, œuvrèrent à la construction de la ville : Mengraï, Ramkamhaeng, maître de Sukothai, et Ngam Muang, roi de Payao.

Chiang Mai Historical Center – Vaste panorama de l'histoire du royaume, de sa naissance jusqu'au 19e s. Les présentations sont particulièrement réussies, notamment une évocation de la jungle des origines qui séduira les enfants. À la fin du parcours de visite, on découvre des vestiges de ce qui était sans doute la chapelle royale aux premiers temps de la ville.

Arts & Cultural Center – La partie la plus intéressante détaille les principes astrologiques et religieux qui présidèrent à la construction de la ville. On peut y voir également une stèle inscrite du 16e s. commémorant sa fondation. Une section est dédiée à l'histoire de la présence des Occidentaux qui s'installèrent sur la rive gauche de la rivière dès la seconde moitié du 19e s.

Lanna Folk Life Museum – Les enfants seront ravis de voir des reconstitutions de scènes de village par hologramme. Les présentations passent ensuite en revue les arts traditionnels du La Na : habits, peintures murales, laque, vannerie... Là encore, la muséographie est particulièrement soignée.

★★ Wat Chiang Man B1-2

8h-17h - gratuit. Occupant l'ancien emplacement du fort royal, le temple le plus ancien de Chiang Mai (13e s.) fut sans doute construit par Mengraï lui-même, le roi fondateur, mais aucun élément d'origine ne subsiste. L'élégante façade de l'**ubosot★** est décorée de verroteries colorées et de dorures. À l'intérieur, de beaux piliers de teck sculptés encadrent un bouddha de bronze prenant la Terre à témoin. À droite du bâtiment, un petit **wihan** de style Lan Na conserve deux très anciennes statuettes, sans doute déposées au temple lors de sa fondation, et soigneusement rangées depuis dans un cabinet près de l'autel. La plus ancienne, **Phra Setang Khamaṇi**, taillée dans du cristal de roche, mesure à peine 10 cm. Sculptée, selon la tradition, à Lavo (Lopburi) il y a 1800 ans, elle aurait le pouvoir de faire venir la pluie et de chasser les mauvais esprits ; le 1er avril, les habitants la promènent en procession à travers la ville. La plus récente, **Phra Sila★** (8e s.), est un petit bas-relief de marbre représentant un bouddha marchant, bel exemple du style en vigueur sous la dynastie des Palas, maîtres du nord-est de l'Inde entre le 8e et le 12e s. Des moines du Sri Lanka l'auraient offerte au roi Mengraï. Vous verrez entre les fenêtres des fresques illustrant les *jataka* (vies antérieures du Bouddha) et, au-dessus, d'autres panneaux relatant les épisodes majeurs de la vie du Maître. À l'arrière de l'*ubosot* se dresse un **chedi★** du 15e s., probablement reconstruit à l'image du monument originel, avec un escalier flanqué de *naga*. Couvert d'une fine couche de cuivre et cerné d'éléphants cariatides, il reflète l'influence du Sri Lanka. Derrière, une **bibliothèque★★ (HO TRAI)** au milieu d'un bassin, toute de bois finement ouvragé, révèle la grande habileté des ébénistes du Nord.

Quittez les murs par la porte est.

★ La cité hors les murs

Comptez au moins une demi-journée, plutôt en scooter ou en tuk-tuk.

À l'extérieur des douves, d'autres temples méritent une visite. Et si les talents des artistes et des artisans de Chiang Mai vous ont séduit, ne manquez pas les collections du Musée national. Prévoyez aussi de consacrer du temps à la ville elle-même, avec ses boutiques, ses ateliers et ses marchés.

3

Wat Buppharam C2

Th. Tha Phae (côté droit).

Les passionnés d'architecture thaïe pousseront jusqu'à ce temple dont le **wihan★** de style Lan Na est vieux de trois siècles : sa façade en bois de teck s'orne de superbes motifs floraux en stuc, incrustés de miroirs de couleur.

Warorot Market D2

Angle de Th. Chang Moi et Th. Witchayanon - 4h-18h.

Il mérite un détour si vous êtes en quête d'authenticité. L'intérieur du marché, qui s'adresse davantage aux Thaïlandais qu'aux touristes, regorge de sacs débordant d'épices, de noix d'arec ou de poisson séché. Vous trouverez là aussi de la vannerie, des sacs de fruits secs, des offrandes et mille et un articles du quotidien qui feront autant de souvenirs originaux.

À l'extérieur du bâtiment se succèdent les étals de fruits exotiques. Face à la rivière, la section des fleurs, coupées ou en colliers pour les temples, est particulièrement plaisante à voir.

Marché de nuit D3

Th. Chang Khlan - 17h-0h.

Le soir, après la découverte des temples, ne manquez pas de faire une visite au marché de nuit qui envahit le quartier à l'est de la vieille ville. Dès 18h, l'endroit se métamorphose : la circulation est stoppée et les trottoirs de Th. Chang Khlan se couvrent de stands, qui colonisent également les ruelles adjacentes. Ravissement des yeux même s'il est devenu très touristique, avec de nombreux produits *Made in China* (gare aux contrefaçons), le marché de nuit présente encore de l'**artisanat régional**, notamment de magnifiques étoles de soie, mais aussi toutes sortes d'objets en bois de teck. Pour le plaisir des papilles, les brochettes semblent se multiplier dans une farandole de gargotes ! La musique de quelque spectacle éphémère de danse ou de théâtre rythme la marche des curieux.

★ Wat Chet Yot A1 EN DIR.

À 2 km au nord-ouest de la cité ancienne par Th. Huay Kaeo, puis à droite l'autoroute qui contourne la ville en dir. de Lampang - accès libre.

Peu fréquenté par les touristes, ce temple possède un grand charme avec sa cour ombragée d'aréquiers et de palmiers. D'après les chroniques, il fut fondé par le roi Tilokarat en 1455, et il accueillit le huitième concile bouddhique (1477). Fidèles aux canons de l'architecture birmane de Pagan, ses bâtiments entourent un **chedi★★** d'une conception singulière : inspiré du temple Mahabodhi de Bodhgaya (Inde), où Bouddha atteignit l'illumination, le monument se libère du modèle indien pour imposer une architecture tout à fait originale, unique en Thaïlande. Le soubassement, un socle rectangulaire de latérite recouvert de stucs rosés, renferme une chambre voûtée en berceau où siège un bouddha. Au-dessus – référence au temple indien –, sept flèches s'élancent vers le ciel pour symboliser les sept années que le Bouddha passa en Inde avant d'atteindre l'Éveil. Faites le tour de l'édifice pour admirer ses **bas-reliefs de stuc★★**, certains en assez bon état, notamment ceux de la façade ouest (meilleur éclairage en fin d'après-midi) : 70 gracieuses divinités, d'une remarquable finesse, s'égrènent sur les quatre côtés, debout ou assises en lotus, superbe témoignage du raffinement de l'art du Lan Na à son apogée.

Attardez-vous aussi autour des trois *chedi* voisins : celui du centre, le **Phra Chedi★**, restauré, abrite les cendres du roi Tilokarat. Sur une base à gradins de latérite, le reliquaire est couronné d'une cloche prolongée par une flèche annelée, et il conserve ses niches et ses pilastres rehaussés de stucs.

★ Musée national A1 EN DIR.

1 km au-delà du Wat Chet Yot ; reprenez le boulevard circulaire à gauche et continuez vers le nord.

05 322 13 08 - 9h-16h - fermé lun.-mar. - 100 bahts.

Installé dans un bel ensemble de bâtiments blancs, le musée de Chiang Mai renferme d'intéressantes collections représentatives de l'art du Nord, mais aussi de l'art siamois à diverses époques, de la préhistoire à la période de Ratanakosin (19e s.-20e s.).

Dans le hall d'entrée, à gauche près de l'escalier, une superbe **tête de bouddha★** en bronze accueille le visiteur. Datée du 15e s., cette pièce maîtresse – à laquelle on attribue encore des pouvoirs magiques – traduit à merveille la délicatesse du style artistique du Lan Na. Imaginez la taille de l'œuvre, cette tête étant tout ce qui reste d'une statue colossale, sans doute l'un des plus grands bouddhas fabriqués en Thaïlande.

Dans l'aile de droite sont présentés successivement une **collection de tablettes votives**, dont la diversité des styles (Inde, Birmanie, Lopburi) témoigne de la place de carrefour culturel et commercial que tenait Chiang Mai ; de beaux **meubles ouvragés** destinés notamment à abriter les manuscrits sacrés ; de splendides **céramiques** provenant des fours du Lan Na ou encore de Chine (bleu et blanc ming). Une seconde section expose les trouvailles archéologiques effectuées dans la région.

L'étage abrite une très belle **empreinte de pied du Bouddha★★** en bois, exécutée en 1727, parée de feuilles d'or et incrustée de nacre sur fond rouge. On peut également y voir des costumes d'apparat des derniers princes de Chiang Mai.

★★ Musée ethnographique (HILL TRIBE MUSEUM) CARTE DES ENVIRONS P. 218

À 4 km au nord de Chiang Mai. De la porte Chang Phuak, prenez tout droit la route 107 (Th. Chang Phuak, puis Th. Chotana) en dir. de Mae Rim et tournez à droite à la flèche « Government Center ».

05 321 08 72 - 9h-18h, w.-end 10h-18h - 50 bahts - diaporama en français sur demande (15mn).

Installé dans le superbe **parc Rama IX Lanna** (SUAN ROR GAO), sur une avancée au milieu d'un grand lac, ce musée invite à une passionnante découverte des ethnies qui peuplent le nord de la Thaïlande, et plus particulièrement la région de Chiang Mai. Son parcours pédagogique, présentant les neuf principales tribus montagnardes, révèle la diversité ethnique qui fait la spécificité de cette partie du pays et constitue une excellente introduction à un trekking dans les hauteurs environnantes ou à une excursion plus au nord-ouest, vers Mae Hong Son. C'est en effet dans ces contrées que se concentrent la plupart de ces minorités, venues de Chine, du Tibet ou de Birmanie au 19e s.

À l'étage, des couples de mannequins vêtus de **costumes traditionnels★** présentent pour chaque ethnie les couleurs, les motifs, les coiffes et les ornements qui la caractérisent. De bonnes fiches explicatives en anglais permettent de se familiariser avec les origines de ces tribus, leur type d'habitat, leur structure sociale et leurs rites religieux.

Une grande place est faite aux **étoffes★★**, la plupart des femmes de ces minorités étant passées maîtres dans l'art du tissage. Vous verrez de beaux exemples de costumes de cérémonie et surtout une ravissante **robe de mariée yao★★**. Le dernier étage est consacré aux travaux et projets entrepris pour aider les populations locales, ainsi qu'aux nombreuses visites du roi dans la région.

★★ Wat Suan Dok A2 EN DIR.

À 1 km à l'ouest de la cité ancienne par Th. Suthep.
5h-21h - gratuit.

Un endroit charmant pour finir la journée : au coucher du soleil, la lumière sur les *chedi* blancs, qui projettent leur ombre sur la façade dorée du *wihan*, est de toute beauté. Profitez aussi de l'animation : le temple attire beaucoup de monde, fidèles et jeunes moines, qui n'hésitent pas à jouer au football dans l'enceinte sacrée. Protégé par de hauts murs blancs, ce temple, édifié en 1383, a plutôt des allures de monastère fortifié que de « jardins de fleurs » – son nom en thaï, car il occupe l'emplacement des anciens jardins royaux de Mengraï.

La **porte d'entrée monumentale★**, un bâtiment à part entière, typique des anciens sites religieux, s'inspire des *gopura*, ces pavillons qui composaient l'entrée des temples hindous. À la fois porte d'entrée et sanctuaire, ils abritaient les divinités gardiennes des lieux, le temple étant alors considéré comme la demeure des dieux. Derrière un immense *wihan* moderne se dresse un imposant **chedi★** du 14e s. *(à votre droite en arrivant)*, de style cinghalais : encadré de petites flèches, il reprend le traditionnel *stupa* en forme de cloche et surmonté d'une flèche, qui inspira aussi les architectes de Sukhothai. Seule note discutable : les faïences multicolores de l'*harmika* (entre la cloche et la spire) ajoutées plus tard. Le monument abrite une sainte relique ramenée par un moine de Sukhothai, Sumana, à qui l'on doit l'introduction du bouddhisme theravada au royaume du Lan Na. À proximité, une série de **chedi mineurs**, édicules commémoratifs ou reliquaires conservant les cendres de la famille royale, composent un étrange ensemble.

En suivant l'allée qui passe devant le *wihan* principal, on rejoint le petit *wihan* où trône un magnifique **bouddha de bronze★★** (PHRA CHAO KAO TU) de style Lan Na, vieux de 500 ans. Entouré de ses disciples, l'Éveillé prend la Terre à témoin.

★ Lanna Traditional House Museum A2 EN DIR.

À 2 km à l'ouest de la cité ancienne par Th. Suthep. Du Wat Suan Dok, reprenez Th. Suthep vers l'ouest (à gauche) sur 800 m, puis tournez à dr. dans la large Th. Chonprathan. Le musée se trouve du côté droit de l'avenue (si vous êtes motorisé, vous devrez continuer au-delà pour faire demi-tour).
8h30-16h30 - 100 bahts. Un parcours fléché permet de faire le tour du domaine.

Dans un grand parc soigneusement entretenu ont été minutieusement remontées huit maisons traditionnelles de la région, chacune étant accompagnée d'une notice en anglais expliquant son histoire. La première est une demeure coloniale précédée de sa véranda. C'est la seule maçonnée, toutes les autres sont en bois et construites sur pilotis. Au cours de la visite, vous découvrirez des maisons de notables, de paysans, ou une plus humble maisonnette provenant d'un quartier populaire de Chiang Mai. On peut pénétrer dans la plupart d'entre elles, ce qui rend la visite d'autant plus attrayante.

En sortant, prenez à gauche Th. Chonprathan, continuez sur 1 km au delà de Th. Suthep puis à droite ; le Wat Umong se trouve 600 m plus loin.

Wat Suan Dok.
davidionut/Getty Images Plus

Wat Umong A2 EN DIR.

Th. Suthep.

Ce « temple du souterrain », fondé en 1296 pour quatre moines cinghalais, passe pour être l'un des plus vieux de Chiang Mai. S'il ne reste rien des bâtiments d'origine, le temple vaut le détour pour son atmosphère sereine et pleine de fraîcheur : on se promène au cœur d'un bois agrémenté d'un plan d'eau.

En prenant le chemin tout droit puis à droite, vous déboucherez au bas d'un promontoire où sont creusées trois galeries conduisant à des **cellules de méditation**. Centre religieux actif, comme l'attestent les sentences de Bouddha, signes moralisateurs accrochés sur chaque tronc d'arbre, le temple accueille les bouddhistes européens. Ceux-ci pourront assister à des sermons en anglais prononcés par les moines ou même y faire une retraite.

Continuez dans la même direction sur 1 km.

3

Baan Kang Wat A2 EN DIR. ET CARTE DES ENVIRONS P. 218

Th. Suthep - tlj sf lun. 10h-18h.

Ce village d'artisans d'art regroupe une vingtaine de créateurs qui exposent leur production et, pour certains, font démonstration de leur savoir-faire. Toute la gamme des techniques traditionnelles est présente (textile, bois, céramique, laque, orfèvrerie), mais elles sont mises au service de formes et de design très contemporains. Voyez par exemple, **Saprang**, la boutique- atelier d'une créatrice de bijoux qui a acquis une certaine notoriété, ou encore le **Studio Bookoo** et ses réalisations en bois ou en céramique. Cafés et restaurants cosy complètent le tableau. 300 m plus loin, un second village rassemble une dizaine de restaurants plutôt trendy.

Carnet pratique

PLAN (P. 198-199)

S'informer

Tourism Authority of Thailand – D3 - *105-1 Th. Chiang Mai-Lamphun - ✆ 05 324 86 04.* Accueil soigné et renseignements de qualité, personnel anglophone.

Arriver/Partir

En avion

Aéroport international – A4 EN DIR. - *À 3 km au sud-ouest de la ville - ✆ 05 277 78 97 - www.chiangmaiairportonline.com.* Plus de 30 vols tlj pour Bangkok avec Thai Airways *(www.thaiairways.com)*, Bangkok Airways *(www.bangkokair.com)*, AirAsia *(www.airasia.com)*, Nok Air *(www.nokair.com)*. Vols quotidiens pour Ko Samui, Udon Thani, Krabi et Phuket. Nombreux vols pour les grandes villes d'Asie (Singapour, Hanoï, Da Nang, Shanghai). Comptez 150 bahts pour rejoindre le centre-ville en taxi.

En bus

La ville compte deux gares routières.

Arcade Terminal – E1 EN DIR. - *À l'est de la ville, sur la route de Chiang Rai.* C'est la plus importante. Elle dessert toutes les destinations hors de la province de Chiang Mai. De Bangkok, nombreux bus au départ du terminal nord (Moh Chit Mai ou Northern Bus Terminal).

Chang Phuak – B1 - *Th. Chang Phuak.* Dessert les environs de Chiang Mai et toutes les villes de la province.

En train

Gare ferroviaire – E3 EN DIR. - *À l'est de la ville (près de la poste principale).* Dessert Bangkok et toutes les grandes villes du pays. Le train de nuit est conseillé pour le trajet Bangkok-Chiang Mai *(env. 14h).*

Se déplacer

Location de véhicules

Vous trouverez des agences de location partout en ville ainsi qu'à l'aéroport. Vérifiez soigneusement l'état du véhicule et les clauses du contrat d'assurance, qu'il s'agisse d'une voiture ou d'une moto.

Conduire en Thaïlande (y compris un scooter de petite cylindrée) nécessite d'être en possession d'un permis international, présenté conjointement avec votre permis national. En pratique, aucun loueur de deux-roues à Chiang Mai ne demande à voir vos documents. Mais la police, si. Elle est même particulièrement présente sur les boulevards qui entourent la vieille ville et arrête systématiquement les étrangers montés sur deux-roues. Faute du permis international, vous devrez acquitter une amende de 500 bahts. Elle vous donne en revanche le droit de circuler pendant 3 jours. Veillez à conserver le récépissé pour le présenter au prochain contrôle.

Moto ou voiture

La circulation à Chiang Mai suit une logique particulière : deux rues principales font le tour de la cité ancienne, à l'intérieur et à l'extérieur des douves, chacune dans un sens unique. À l'intérieur des douves, la circulation est à main gauche, dans le sens inverse des aiguilles d'une montre. À l'extérieur des douves, elle est à main droite.

Songthaew

C'est le type de transport le moins onéreux *(env. 30 bahts/trajet).*

Pratique pour une excursion dans les environs de la ville. Départs fréquents et depuis de nombreux points.

Tuk-tuk

Idéal pour traverser Chiang Mai sans être trop tributaire des embouteillages *(50 bahts en moyenne)*. Bien plus agréable ici qu'à Bangkok !

Vélo

Pratique et bon marché, c'est le moyen le plus pratique pour sillonner la vieille ville. Extra-muros, la circulation anarchique vous dissuadera de tenter l'exploit !

Adresses utiles

Culture

Alliance française – D3 - *138 Th. Charoen Prathet - ✆ 05 327 52 77 - facebook/Alliance Française de Chiang Maï - 9h30-12h, 14h-18h30, sam. 9h-12h - fermé dim.* Ouvrages et magazines à consulter sur place. Fait aussi office de consulat honoraire.

Santé

Ram Hospital – A1 - *8 Th. Bunruangrit - ✆ 05 200 46 99.*

Sécurité

Police touristique – D2 - *un bureau à l'aéroport, un autre en ville, à côté du marché de nuit - ✆ 05 320 73 18* et *11 55.*

Visa

Bureau d'immigration – A4 EN DIR. - *Th. Mahidon (juste avant d'arriver à l'aéroport) - ✆ 05 320 17 55 - lun.-vend. 8h30-12h, 13h-16h30.*

Agenda

Loy Krathong – Nov.-déc. (12e pleine lune). Des lanternes sont disposées dans les temples et les maisons de la ville puis emportées dans les airs par des ballons. Un spectacle enchanteur !

Nos adresses

PLAN (P. 198-199)

Restauration

À l'intérieur des douves

Premier prix

10 **Huen Phen** – B3 - *112 Th. Ratchamankha - ✆ 05 328 11 00 - www.baanhuenphen.com - ⊭ - service continu - plats 50/85 bahts.* Une excellente cuisine du Nord, soignée et authentique. Le déjeuner est servi dans une grande salle sans âme, mais le dîner a lieu dans le bâtiment adjacent, qui bénéficie d'un cadre beaucoup plus raffiné ; les prix sont alors nettement plus élevés (environ le double). Venez tôt, l'endroit, renommé, attire beaucoup de monde. À ne pas manquer.

14 ❤ **Khao Soi Khun Yai** – A1 - *Th. Sri Phum Soi 8 - fermé le soir et dim. - ⊭ - plats 50/70 bahts.* L'endroit passe pour servir le meilleur *khao soi* de la ville, une soupe de nouilles au bœuf ou au poulet dans un bouillon au lait de coco, le plat emblématique de Chiang Mai. Attention : c'est relevé. L'endroit est très couru ; il faut souvent attendre qu'une place se libère.

5 **Blue Diamond** – C2 - *35/1 Th. Mun Muang, Soi 9 - ✆ 05 321 71 20 - fermé dim. - plats 250/350 bahts.* En retrait de la rue principale, dans un lacis de ruelles au nord-est du cœur historique, ce petit restaurant au jardinet charmant propose des pains et des gâteaux

3

maison ainsi que des plats végétariens locaux (légumes bio). Faites une infidélité au riz blanc le temps d'un repas et essayez le riz complet ! Jus de légumes, café des minorités montagnardes : l'accent est mis sur une nourriture saine autant que goûteuse.

23 **SP Chicken** – A3 - *Th. Samlan, Soi 1 - ⊭ - 10h-17h - plats 50/190 bahts.* Pour se régaler, sans façon, du meilleur poulet grillé de la vieille ville.

Budget moyen

8 **Ginger and Kafe** – C2 - *199 Th. Mun Muang - ✆ 05 328 76 81 - www.thehousebygingercm.com - service continu - plats 155/550 bahts.* Un bistro chic pour déguster, dans un cadre cosy, une savoureuse cuisine thaïe, préparée à partir de produits locaux. Les présentations soignées sont mises en valeur par le joli choix de vaisselle. On y trouve aussi une carte de plats occidentaux. Laissez-vous tenter par le curry de moules à l'ananas.

Autour des douves

Premier prix

2 **Aroon (Rai)** – C3 - *45 Th. Kotchasan - ✆ 05 327 69 47 - ⊭ - fermé dim. - plats 90/150 bahts.* Aussi populaire auprès des habitants que des touristes, ce restaurant propose une bonne cuisine, locale et chinoise. Si le cadre ne paie pas de mine, la réputation de ses curries n'est plus à faire et sa spécialité de grenouilles séduit plus d'un amateur. Cette salle ouverte face aux douves est une adresse parfaite pour le déjeuner.

13 **Khao Soi Islam** – D3 - *Th. Charoen Prathet, Soi 1 - ✆ 082 392 01 42 - ⊭ - fermé le soir - plats 60/120 bahts.* Cette vieille maison du quartier musulman fait figure d'institution. Des générations d'habitants s'y sont attablés devant un *khao soi* d'anthologie ou un plat de brochettes.

21 **Pakorn's Kitchen** – C2 - *35/4 Th. Si Don Chai - le soir seult - fermé vend.-sam. - plats 90/250 bahts.* Une petite adresse qui propose une cuisine thaïe bien réalisée pour des prix peu élevés.

Autour des marchés de nuit

Chiang Mai est un paradis pour tester la cuisine de marché : on fait son choix, on s'installe au coin d'une table, et on déguste d'authentiques spécialités thaïlandaises. Ces marchés se tiennent le soir uniquement, de 17h à 0h. Plutôt que de vous installer devant la même table pour la soirée, essayez plusieurs stands pour passer de surprise en surprise. Comptez de 50 à 200 bahts la portion, selon les produits.

Premier prix

1 ❤ **Chang Phuak Market** – B1 - *Th. Mani Noppharat.* Un des hauts lieux de la *street food*. Les autochtones y côtoient les touristes – majoritairement asiatiques –, pour déambuler de stand en stand, goûter ici des fruits de mer grillés, là un durian, ou encore les jarrets de porc *(Khao kha mu)* du stand vedette du marché, celui de la *cow-girl*, invariablement coiffée de son Stetson.

6 **Night Bazar** – D3 - *Th. Loi Khro (entre Tha Phae Soi 1 et Th. Chang Khlan).* Cet espace mi-hall, mi-mall, rassemble une multitude de bars, restaurants en plein air et cuisines ambulantes qui côtoient les boutiques de souvenirs, de tissus et d'artisanat. Côté gastronomie, vous y trouverez une gamme étendue de saveurs : cuisine végétarienne, indienne, halal, coréenne, occidentale et même thaïe. Un espace avec des tables permet de manger sur place. Essentiellement fréquenté par les touristes.

3 **Anusarn Night Market** – D3 - *Th. Anusarn (à l'angle de Th. Anusarn et Th. Chang Khlan) - 17h-23h30.* Aussi animé et touristique que le Night Bazar voisin, il fonctionne selon le même principe, les boutiques jouxtant les terrasses de bar et de restaurant.

24 **Talat Pratu Market** – B3 - *Th. Bamrung Buri - 16h-2h.* Autre grand marché de nuit, avec notamment de nombreux stands de fruits de mer.

25 **Warorot Market** – D2 - *À l'angle de Th. Chang Moi et Th. Witchayanon - 8h-17h.* Sans doute le plus authentique des marchés de nuit de Chiang Mai. Les habitants y sont largement majoritaires. Peut être parce qu'ici, il n'a pas de table et qu'on doit déguster ses brochettes debout.

22 ❤ **Raming Tea House** – C2 - *158 Th. Tha Phae - ✆ 05 323 45 18 - fermé le soir - plats 145/185 bahts.* Cette belle demeure centenaire de type colonial, avec petit jardin à l'arrière, offre un cadre frais et raffiné. Sa petite carte invite à un déjeuner sain et léger, avec des soupes de poulet au lait de coco ou de crevettes aux champignons, des rouleaux de printemps bio, des curries aux longanes et du riz jasmin. La compagnie, qui cultive ses propres thés depuis un demi-siècle, sert également de délicieuses pâtisseries et l'endroit se transforme en salon de thé l'après-midi (14h-18h). Petite boutique où acheter du thé mais aussi très belle expo-vente d'objets en céladon.

Pour se faire plaisir

11 **Jia Tong Heng** – D3 - *193/2 Th. Si Don Chai - ✆ 05 382 08 60 - www.jiarestaurant.com - service continu - plats 120/2 200 bahts.* Ce restaurant chinois traditionnel, avec ses imposantes tables rondes au plateau tournant, régale les amateurs depuis 1957. Il sert des spécialités de canard et de cochon de lait laqués, des ailerons de requin, des huîtres frites, des boulettes de crabe, etc. Ambiance un peu froide toutefois.

Au bord de la rivière

Premier prix

15 **The Riverside** – D2 - *9-11 Th. Charoen Rat - ✆ 05 324 32 39 - www.theriversidechiangmai.com - le soir seult - fermé mar. - plats 200/450 bahts.* L'établissement s'étage sur 3 niveaux, avec terrasse au bord de la rivière et salle tout en bois côté rue. Cuisine thaïe et internationale à la carte, dans une ambiance des plus animées. Le week-end, c'est plein comme un œuf, et on fait la queue dehors en attendant qu'une table se libère. Musique live au rez-de-chaussée, devant le bar. Pour plus de tranquillité, vous pouvez opter pour un repas-croisière *(réserv. conseillée)* : on embarque à 19h15, on passe commande, puis le bateau largue les amarres à 20h pour 75mn de promenade sur la rivière).

Budget moyen

9 **The Good View** – D2 - *13 Th. Charoen Rat - ✆ 099 271 06 66 - le soir seult - plats 160/790 bahts.* De toute cette rive très animée le soir, c'est l'un des endroits les plus bondés. Ambiance de fête garantie, où se rencontrent Occidentaux et Thaïlandais (musique live à partir de 19h45). La salle est immense, mais en fin de semaine, on refuse du monde. Carte thaïe, chinoise et internationale.

16 **At Khualek** – D3 - *2 Th. Chiang Mai-Lamphun (proche du pont de fer) - ✆ 099 269 26 23 - service continu - plats 125/160 bahts.* Installée au bord du fleuve, la terrasse de ce restaurant offre un cadre très agréable avec vue sur le pont métallique. La carte affiche une

3

diversité de plats thaïs et internationaux (brochettes, riz sauté, *tempuras*, etc.).

Phuang Thong – D4 EN DIR - *Th. Chang Klang - ✆ 05 382 03 78 ou 08 594 05 41 - le soir seult - fermé dim. - plats 150/450 bahts - réserv. fortement recommandée.* Un restaurant familial traditionnel très apprécié. Les plats sont tous savoureux ; parmi les spécialités de la maison, essayez les crevettes au citron ou les côtes de porc braisées. Soyez prêts à patienter un peu avant d'être servis.

Pour se faire plaisir

17 ❤ **Ruen Tamarind** – B2 - *50 Rachadamnoen Rd Soi 1 - ✆ 05 341 88 96 - plats 200/550 bahts - réserv. recommandée.* Même si vous ne séjournez pas au Tamarind Village, allez dîner dans cet établissement de charme. La terrasse au bord de la piscine est idyllique et on se régale d'une cuisine thaïlandaise raffinée et parfumée.

12 **Mae Ping River Cruise** – D3 - *133 Th. Charoen Prathet ; embarcadère à l'arrière du Wat Chai Mongkhon - ✆ 05 327 48 22 - www.maepingrivercruise.com - 550 bahts.* Pour un déjeuner (2h avec un arrêt dans une ferme traditionnelle) ou un dîner (1h30 de navigation), le temps d'une promenade en bateau. Comme souvent dans ce genre de formules, l'agrément de la balade et du cadre l'emportent sur la qualité de la cuisine. Départs toutes les heures de 9h à 17h. Pour le dîner, réservez avant 17h le jour même pour un départ du bateau à 18h30.

Hors du centre

À l'ouest de la ville, le quartier moderne de Nimmanhaemin est un pôle d'animation, avec ses hôtels, ses bars et ses restaurants. Le périmètre le plus vivant se trouve entre les soi 3 et 7 de Th. Nimmanhaemin.

Premier prix

Cherng Doi – A1 EN DIR. - *2/8 Suk Kasame, Th. Nimmanhaemin - ✆ 081 881 14 07 - fermé lun. - plats 45/95 bahts.* La spécialité de la maison : le poulet grillé servi avec ses sauces. À accompagner de la traditionnelle salade de papaye. On y rencontre surtout une clientèle locale.

Une folie

❤ **Le Coq d'Or** – E4 EN DIR - *Th. Koh Khlang, Soi 2 - ✆ 05 314 15 55 - www.lecoqdorrestaurant.com - le soir seult - fermé mar. - plats 600/1 250 bahts.* Aux fourneaux, un chef thaï orchestre avec brio les cuisines du monde : soupe aux truffes, langouste du Maine, bouillabaisse, *angus* australien, tartare de saumon norvégien... et desserts français. Les tables sont impeccablement dressées dans un pavillon blanc dont les grandes baies vitrées donnent sur un vaste parc aux pelouses à l'anglaise. Musique classique à partir de 19h (sf mar.). Pour un dîner d'exception dans une atmosphère romantique.

❤ **Blackitch** – A1 EN DIR. - *27/1 Nimmanhaemin, Soi 7 - ✆ 093 695 64 64 - www.blackitch.com - midi et soir - menu 2 600 bahts.* Le chef Black Bulsuwan est une étoile montante de la scène gastronomique thaïlandaise. Dans son micro restaurant de Chiang Mai (pas plus de 12 couverts), il propose une cuisine innovante – un brin cérébrale –, élaborée dans un esprit moderne avec des produits rares, comme ces herbes qu'il fait cueillir dans la jungle tropicale. Il vient expliquer chaque plat à votre table.

Petite pause

À l'intérieur des douves

Akha Ama Coffee La Fattoria – A2 - *Th. Ratchadamnoen (à côté du Wat Phra Singh) - 8h-17h30.* Que vous optiez pour un café classique ou un café glacé à l'écorce d'orange et au miel, la qualité et le goût seront au rendez-vous. Une pause appréciable, dans la salle climatisée au décor branché ou en terrasse.

Au bord de la rivière

❤ Nakara Jardin Patisserie & Bistro – D4 - *11 Soi 9, Th. Charoen Prathet - ✆ 061 370 64 66 - www.pingnakara.com - 11h-19h.* Le salon de thé de l'hôtel éponyme *(voir « Hébergement »)* est un délicieux havre de fraîcheur, avec sa grande terrasse en bois aux parasols blancs surplombant la rivière, dans un cadre verdoyant. *Afternoon tea* pour 2 pers. *(1150 bahts)* avec tartelettes, *carrot cake*, *scones* et toasts au saumon. En soirée, c'est aussi un restaurant, plutôt tourné vers la gastronomie française (bœuf bourguignon, confit de canard).

Boire un verre

À l'intérieur des douves

Nomad Loft – C2 - *199 Th. Mun Muang - ✆ 05 328 76 81 - www. thehousebygingercm.com - 17h-0h.* Le coin lounge du restaurant Ginger and Kafe *(voir « Restauration »)*, idéal pour se relaxer en fin de journée. Ambiance cosy, DJ aux platines et belle carte de cocktails. Parmi les créations maison, essayez le *Moonmuang Soi 7* (gin, citron vert, coriandre, vanille, blanc d'œuf).

Nophaburi Bar – A3 - *75/1 Th. Samlan - ✆ 096 665 16 65 - 18h-0h - fermé merc.* Ce petit bar est spécialisé dans les cocktails thaïlandais. Apprécié des locaux, il peut vite être pris d'assaut.

Au bord de la rivière

Rooftop Sala Lanna – D2 - *37-49 Charoen Rat - ✆ 05 324 25 88 - 18h-23h30.* Le bar sur le toit de l'hôtel Sala Lanna *(voir « Hébergement »)* est peut être l'endroit le plus romantique pour siroter un cocktail, avec vue à 360° sur la ville. Au choix, grands classiques ou créations du mixologue maison : tentez le *On the ping river* (vodka, lychee, lemongrass, citron vert).

Shopping

Voir aussi le village de créateurs de Baan Kang Wat (p. 205) et « Autour de Chiang Mai » (p. 223).

Artisanat

Thai Tribal Crafts – E1 - *208 Th. Bumrungrat - ✆ 05 324 10 43 - www.ttcrafts.co.th - 9h-17h - fermé dim.* Depuis 1973, cette boutique se consacre à la diffusion d'objets d'artisanat réalisés par les minorités montagnardes de la région et tente, par le biais d'un commerce équitable, d'œuvrer en faveur des populations qui les fabriquent. Beaucoup de jolies choses (textiles, sacs, accessoires, bois, jouets et petits objets) à des prix attrayants.

Saa Paper & Umbrella Handicraft Center – *99/16 Baan Nongkong - Th. San Kamphaeng - Bo Sang (9 km à l'est de Chiang Mai) - ✆ 05 333 84 14 - 8h-18h.* Vous pourrez suivre sur place tout le processus de fabrication des ombrelles en papier de mûrier, peintes à la main. Le grand entrepôt attenant vend en outre une multitude d'objets d'artisanat joliment présentés. Service de livraison en Europe.

OTOP Center – *25 Moo 6, Th. San Kamphaeng - Bo Sang - ✆ 05 333 01 00 - 9h-17h.* Textiles, petite décoration, produits alimentaires garantis sans MSG (glutamate) : vous y découvrirez toutes les productions de l'artisanat régional. Objets de qualité.

Vanneries – C2 - *Angle Th. Chang Moi Kao et Th. Chang Moi - 9h-18h.*

À cet endroit, vous trouverez trois boutiques aux enseignes en thaï vendent paniers, nasses, chapeaux, balles de *takraw* et mille objets en rotin tressé main.

Centre commercial

One Nimman – A1 EN DIR - *Th Nimmanhaemin - 11h-22h.* L'architecture de briques, combinant espaces ouverts et fermés, évoque un village européen. Les boutiques sont assez chères, et on vient surtout ici pour le cadre étonnant ainsi que les restaurants.

Design et décoration

Sop Moei Arts – D2 - *150/10 Th. Charoen Rat - ✆ 064 490 70 00 - www.sopmoeiarts.com - 10h-17h - fermé dim.-lun.* Une boutique de grand luxe créée par un designer américano-suédois. Objets d'art et d'artisanat de toute beauté, le tout dans une démarche de commerce équitable.

Livres

The Lost Book Shop – C3 - *34/3 Th. Ratchamankha (près du Taste from Heaven) - ✆ 05 201 01 84 - 8h-18h.* L'antre du livre d'occasion, avec un solide rayon de poches en français.

Soie

Vila Cini – D2 - *30-34 Th. Charoen Rat - ✆ 05 324 62 46 - www.vilacini.com - 8h30-18h.* Une belle maison déclinant la soie de luxe en étoles, châles ou cravates. À l'étage, on vous montrera les différents types de soie produits en Thaïlande et on vous expliquera (en anglais) leurs spécificités. Choix raffiné.

Tailleur

CM Custom Tailor – B2 - *212 Th. Ratchapakhinai (en face du Wat Chiang Man) - ✆ 086 657 54 81 - 8h30-19h30.* Réalise des costumes et des tailleurs jupe ou pantalon sur mesure, d'après des modèles en catalogue ou suivant le patron que vous apporterez. Comptez de 4000 à 15000 bahts selon la qualité du tissu choisi et prévoyez 48h, avec deux essayages. Peut aussi réaliser des chemises de coton et de soie.

Activités

Vous trouverez dans les quartiers touristiques (intérieur des douves et Th. Loi Khro en particulier), ainsi que dans la grande majorité des hôtels et des *guesthouses*, pléthore de points d'information touristique qui font office d'agences d'excursions. Au programme : trekkings, sorties aux alentours de la ville, activités nature, découverte des minorités montagnardes dans leur village, etc. La plupart d'entre eux louent aussi vélos et scooters et assurent toutes sortes de services, de la laverie à la réservation de billets d'avion ou d'hôtels.

Cours de cuisine

Chiang Mai Thai Cookery School – C2 - *47/2 Th. Mun Muang (en face de la porte Tha Phae) - ✆ 05 320 63 88 - facebook/Chiang Mai Thai Cookery School - à partir de 1450 bahts pour une journée.*

Cours de massages

Thai Massage School Shivagakomarpaj - Old Medicine Hospital – B2 - *238/8 Th. Wourlai, Soi Siwaka Komarat (en face du Chiang Mai Cultural Center) - ✆ 096 259 88 74 - www.oldmedicine.org.* Sessions de formation de 5 jours (30h) pour env. 6000 bahts.

Hébergement

En pleine saison (juillet-août, Noël et fin d'année), tâchez de réserver le plus longtemps possible à l'avance.

À l'intérieur des douves

Budget moyen

(8) **Non@Chiang Mai Hostel** – A3 - *154/15 Th. Ratchamanka - ✆ 087 829 94 26 - ▤ - 5 ch. 900 bahts.*

Déco contemporaine style loft, accueil sympathique et bonne literie. Les ingrédients pour une étape réussie à bon marché. Toutefois, les chambres au premier prix ne disposent pas toutes d'une fenêtre vers l'extérieur et partagent les sanitaires. Pas de petit-déjeuner, mais boissons chaudes et biscuits à disposition 24h/24.

Pour se faire plaisir

2 **Buri Gallery House** – A2 - *102 Th. Ratchadamnoen - ✆ 05 341 65 00 - www.burigallery.com* - ▤ ✕ ⛱ P - *25 ch. à partir de 2 100 bahts* ☕. Presque en face du Wat Phra Singh, il adopte un style traditionnel Lan Na. Toutes les chambres sont différentes, certaines avec lit à baldaquin, d'autres avec un balcon ou une immense terrasse, d'autres encore tendues de soieries... Les chambres au premier prix ne disposent pas d'une fenêtre extérieure.

13 **The Sila** – A2 - *3/11 Th. Samlan - ✆ 05 327 36 58* - ▤ - *10 ch. 3 300/7 400 bahts* - ☕ *300 bahts*. En face du Wat Phra Singh, cet hôtel tout pimpant dispose de plusieurs types de logements : des chambres de diverses catégories, mais aussi des suites pouvant accueillir 4 personnes et deux villas complètes avec 8 couchages *(à partir de 3 700 bahts)*. Un bon point pour l'accueil souriant.

Une folie

5 **Le Charcoa Hôtel** – A2 - *24/1 Soi 3 Inthawarorot Rd - ✆ 092 924 44 52 - www.lecharcoa.com* - ▤ ✕ ⛱ - *19 ch. 6 100/13 000 bahts* ☕. Dans le cœur touristique, mais offrant calme et repos, cette maison de charme atypique abrite des chambres bien tenues, certaines avec balcon.

11 **Sirilanna** – B3 - *89/3 Th. Ratchapakhinai - ✆ 05 327 91 07* - ▤ ✕ ⛱ P - *21 ch. 6 100/12 600 bahts* ☕. Ode au style architectural Lan Na, cet hôtel cosy revêt des airs de palais de maharadjah : lit à baldaquin, jacuzzi privé, bas-reliefs, plafond à caissons, meubles de teck en font une adresse de charme, assurément. Navette gratuite pour l'aéroport.

Autour des douves

Pour se faire plaisir

21 **Haikin Ryokan**– B4 - *142-144 Th. Wua Lai - ✆ 091 784 41 30 - www.haikincnx.com* - ▤ ✕ P - *14 ch. à partir de 2 500 bahts - ☕ en suppl.* Les jolies chambres de cet hôtel de style japonais sont meublées avec soin dans un style épuré. Bien équipées, elles disposent de salles de bains agrémentées notamment d'une baignoire en bois. L'hôtel dispose par ailleurs d'un *onsen* (bain chaud) agréable, d'un sauna et d'un restaurant. Le petit-déjeuner bentô est délicieux.

Près des marchés de nuit

Pour se faire plaisir

22 ❤ **Yaang Come Village** – D3 - *90/3 Th. Si Don Chai - ✆ 05 323 72 22 - www.yaangcome.com* - ▤ ✕ ⛱ P - *42 ch. 3 300/9 900 bahts* ☕. Ce superbe complexe propose des chambres magnifiquement décorées, avec boiseries et peintures murales dans un style traditionnel, et donnant sur un grand jardin arboré. Les salles de bains sont particulièrement remarquables. L'ensemble respire le calme et le bon goût. Spa, bibliothèque et organisation d'excursions. Personnel charmant.

Une folie

1 **Banthaï Village** – CD3 - *19 Th. Tha Phae, Soi 3 - ✆ 05 325 27 89 - www.banthaivillage.com* - ▤ ✕ ⛱ P - *41 ch. 4 900/10 700 bahts* ☕. Cet hôtel caché derrière le Wat Buppharam

3

semble loin de la rumeur de la ville et pourtant, il est situé à deux pas du marché de nuit. Son ensemble moderne respecte parfaitement l'architecture du nord de la Thaïlande. Ses chambres spacieuses, dotées de salles de bains originales avec baignoires carrées et sol de béton ciré, se révèlent d'un excellent rapport qualité-prix.

Au bord de la rivière

Budget moyen

15 **I-River Chiangmai** – D3 - 28 *Th. Chiang Mai Lamphun (proche du pont de fer) - ✆ 091 074 22 41 - ▤ ✕ ⛱ P - 6 ch. 1500 bahts ☕.* Situé à une dizaine de minutes à pied du Night Bazar, cet hôtel plaisant, aux chambres joliment meublées, jouit d'un cadre verdoyant ravissant. On apprécie particulièrement la terrasse et la piscine au bord de la rivière.

4 ❤ **Ban Narai River Guesthouse** – D3 - *Th. Charoen Prathet, Soi 2 - ✆ 094 612 11 12 - ▤ - 6 ch. 1 900/2 000 bahts - ☕ en suppl.* Un pur délice : les chambres, simples mais confortables, ouvrent sur une belle véranda prolongée par un jardin avec ses transats pour se prélasser face à la rivière qui coule au pied de la propriété. Accueil particulièrement sympathique, et parfaitement anglophone. Le patron organise des sorties sur la rivière en *stand-up-paddle* : une autre façon de découvrir la ville. Si vous ne souhaitez pas prendre le petit-déjeuner complet, boissons chaudes et gâteaux sont disponibles gratuitement. Une adresse de charme à tout petit prix.

Pour se faire plaisir

6 **Hotel Ping Silhouette** – D2 - *181 Th.Charoen Rat - ✆ 05 324 99 99 - ▤ ⛱ - 19 ch. à partir de 2 900/7 200 bahts ☕.* Une architecture résolument contemporaine et un intérieur qui cultive la zen attitude avec une décoration épurée subtilement rehaussée de touches asiatiques (quelques meubles anciens, bonsaïs et porcelaines). Chambres de grand confort, donnant sur la rivière pour certaines, agréable jardin et belle piscine.

10 **Ping Nakara** – D4 - *135/9 Th. Charoen Prathet - ✆ 05 355 29 99 - www.pingnakara.com - ▤ ✕ ⛱ P - 19 ch. 3 300/7800 ☕.* Pour un séjour de charme : une belle maison de style colonial, un jardin qui se prolonge jusqu'à la rivière, de somptueuses parties communes qui annoncent des chambres à l'avenant (tapis et meubles de prix, literie douillette, balcon)... Le Spa est le bienvenu après une journée de visite.

Une folie

12 **Sala Lanna** – D2 - *37-49 Charoen Rat - ✆ 05 324 25 88 - www.salahospitality.com - ▤ ✕ ⛱ P - 16 ch. 4 200/6 100 bahts ☕.* Grand confort dans un style contemporain. Plusieurs catégories de logements : au-dessus des « standard », les chambres jouissent d'un balcon ou d'une terrasse ouvrant sur la rivière. Restauration de qualité au bord de l'eau et bar sur le toit.

Autour de Chiang Mai ★★

Au cœur d'une des plus belles régions de la Thaïlande, Chiang Mai est devenue depuis les années 1970 le camp de base des amateurs de trekking : les montagnes et les vallées alentour, alternance de forêts de tecks et de rizières en damier, composent un somptueux décor naturel, propice aux excursions. Pour un jour ou plus, divers circuits permettent d'explorer les sentiers des parcs nationaux et d'admirer les trésors qui s'y cachent. À travers la jungle, de vallée en sommet, ils vous conduiront ici aux portes d'un temple, là dans quelque village isolé. Car les hauteurs de Chiang Mai sont aussi le refuge de minorités montagnardes aux traditions originales. Accordez-vous un peu de temps, et vous tomberez sans nul doute sous le charme des richesses naturelles et humaines de la province de Chiang Mai.

Se repérer

CARTE AB2 (P. 192-193), CARTE DES ENVIRONS (P. 218).

Provinces de Chiang Mai et de Mae Hong Son.

Mae Rim se trouve à 23 km au nord de Chiang Mai, San Kamphaeng à 20 km à l'est.

À ne pas manquer

Le temple de Doi Suthep ; une balade dans le Parc national du Doi Inthanon ; le belvédère de la forêt de Samoeng ; les grottes de Muang On.

Organiser son temps

Logez à Chiang Mai et louez une moto, le meilleur moyen de transport pour explorer les environs : vous pourrez ainsi rayonner dans la région en excursions d'une demi ou d'une journée. Pour le Doi Inthanon, prévoyez un pull, car il fait frais dans les hauteurs.

En famille

Le Maerim Elephant Sanctuary.

Carnet pratique p. 223

Nos adresses p. 223

3

Excursions

CARTE DES ENVIRONS P. 218

★★ Wat Phra That Doi Suthep

À 16 km au nord-ouest de Chiang Mai. Songthaew *réguliers, privés ou publics au départ de la porte Chang Phuak (60 bahts AS).*

6h-20h - 100 bahts ; funiculaire (mêmes horaires) 60 bahts AR.

En quittant Chiang Mai vers le nord-ouest, la route grimpe en lacets sur les flancs boisés du **Doi Pui**, dont le sommet se dresse à 1685 m d'altitude. Elle découvre tout le long de beaux **points de vue**★ sur la ville qui se dessine en contrebas. Puis on arrive au majestueux Wat Phra That Doi Suthep, caché au milieu des arbres, à 1000 m de hauteur. Le temple compte parmi les plus vénérés du nord du pays, et les Thaïlandais s'y rendent en masse en pèlerinage – animation haute en couleur qui contribue au charme des lieux. À gauche du parking, gardé par deux

L'éléphant montre la voie

À la fin du 14e s., un moine du nom de Sumana rapporta à la cour du roi Ku Na (1335-1385) de saintes reliques du Bouddha. Celles-ci, conte la légende, furent aussitôt placées sur le dos d'un éléphant blanc, dans un palanquin. Puis on laissa l'animal errer à sa guise, le roi et sa cour à sa suite. L'éléphant entreprit alors l'ascension du **Doi Pui** mais, peu avant d'atteindre le sommet, il s'arrêta sur une éminence nommée **Wasuthep**, un site réputé avoir accueilli un ermite légendaire. Le pachyderme se mit alors à barrir, tourna trois fois sur lui-même, s'agenouilla, puis expira sur-le-champ. À l'emplacement que l'animal avait indiqué en s'effondrant, le souverain fit bâtir un *chedi*, où il enchâssa les reliques sacrées.

impressionnantes têtes de **naga**, un long escalier de 360 marches conduit aux portes du temple, mais vous pouvez aussi opter pour le funiculaire.
Parvenu sur l'esplanade, un beau **panorama★** vous attend, qui, par temps clair, s'étend très loin au-delà de Chiang Mai. Le silence n'est rompu que par le son des quatre **cloches de bronze** que les fidèles font tinter à leur arrivée pour attirer l'attention des divinités.
Fondé en 1383, le temple conserve deux *wihan* et un cloître datant du 16e s., maintes fois restaurés par les souverains successifs. Mais la principale attraction des lieux est son **chedi★★** d'origine, remarquable ouvrage de style Lan Na embelli en 1478. Sur 24 m de hauteur, ses plaques d'or scintillent au soleil, tandis que quatre ombrelles ornementales en soulignent les angles. Dans une joyeuse cacophonie, les fidèles se pressent au pied du monument pour se faire prendre en photo, avant d'entamer une circumambulation rituelle en famille, en serrant entre leurs mains un bouton de lotus. Sur chaque côté du socle trône un bouddha sur un autel, devant lequel il convient de se recueillir. Le **bouddha de Verre** est une réplique du bouddha d'Émeraude de Bangkok.
Les deux **wihan** ne manquent pas non plus d'attrait avec leurs murs et leurs pignons superbement décorés, l'intérieur du sanctuaire principal abritant un beau bouddha du Lan Na. Pour finir, faites le tour du **cloître★**, la galerie d'enceinte qui encercle le temple : des bouddhas s'alignent devant de belles **peintures murales★** illustrant les principaux épisodes de la vie de l'Éveillé.

Bhubing Palace

4 km plus loin, en dir. du sommet du Doi Pui.
05 322 30 65 - 8h30-16h30 - 50 bahts - tenue correcte exigée (pas de short) - les bâtiments royaux sont fermés au public, seuls les jardins se visitent.
Une agréable promenade en altitude vous conduira jusqu'aux jardins à l'anglaise du Bhubing Palace, la résidence d'hiver du roi. Sur des pelouses à faire pâlir d'envie tous les jardiniers du monde s'épanouissent rosiers, bougainvilliers, orchidées et hibiscus.

MAIIAM

À 18 km à l'est du centre-ville en direction de San Kamphaeng.
05 208 17 37 - www.maiiam.com - vend.-lun. 10h-18h - 150 bahts (-12 ans gratuit).
Cet audacieux édifice abrite les collections d'art contemporain thaïlandais réunies par le critique d'art Jean-Michel Beurdeley, à la tête de son musée depuis son ouverture en 2016. L'occasion de découvrir la scène artistique thaïlandaise, mais le MAIIAM présente aussi régulièrement des expositions consacrées à des

Temple de Doi Suthep.
LWilk/Getty Images Plus

artistes du monde entier. Pour prolonger le plaisir, vous pourrez vous attabler dans l'excellent restaurant du lieu (*tlj sf jeu. 10h-18h*).

★★ Maerim Elephant Sanctuary

À 30 km au nord de Chiang Mai par la route 107.

085 616 20 02 - www.maerimelephantsanctuary.com - se rens. pour les horaires - visite organisée depuis Chiang Mai (avec prise en charge à votre hôtel et transfert inclus) 1600 bahts la 1/2 journée ou 2 000 bahts la journée complète.

Ici, les éléphants ne sont pas considérés comme des animaux de cirque et les visiteurs ne sont pas invités à monter sur leur dos. Les pachydermes vivent là paisiblement, dans leur réserve, et les guides vous permettent de les approcher au plus près afin de découvrir leurs occupations quotidiennes. Vous serez convié à les nourrir, à jouer avec eux et, si vous le souhaitez, à plonger dans la mare en leur compagnie pour un bain de boue inoubliable. N'oubliez pas maillot de bain et serviette !

Également recommandé pour une rencontre authentique avec les éléphants : **Elephant Nature Park** (*à 55 km au nord de Chiang Mai - www.elephantnature-park.org - 2 500 bahts la 1/2 journée, prise en charge à votre hôtel et transfert inclus*).

★★ Parc national du Doi Inthanon

À 84 km au sud-ouest de Chiang Mai. Prenez la route 108 vers le sud, dir. Chom Thong (57 km), et, juste avant le bourg, tournez à droite (route 1009) pour atteindre le parc (31 km). Comptez au moins une journée, trajet AR compris.

05 328 67 29 - 5h30-18h30 - 300 bahts.

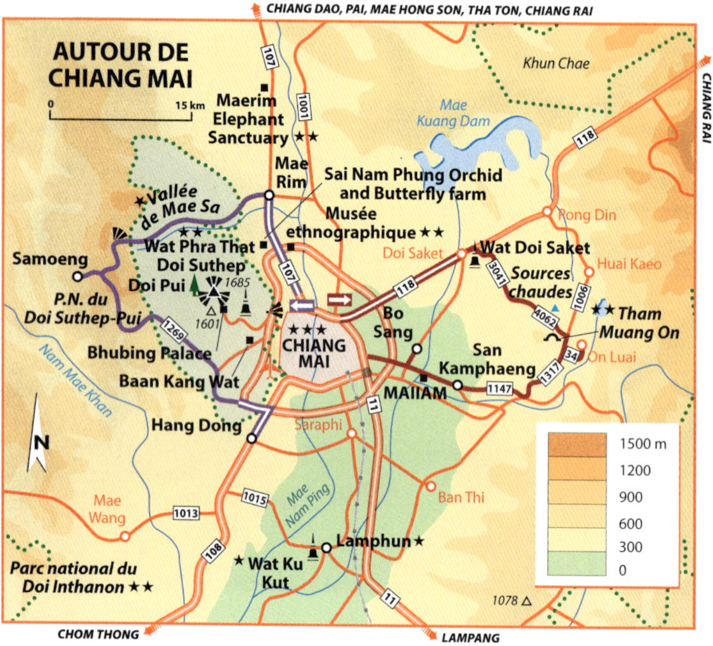

Point culminant de la Thaïlande, le Doi Inthanon dresse son sommet à 2 565 m d'altitude, caché par les brumes qui s'accrochent souvent à la crête des **Thanon Tongchai**. Ce massif granitique, couvert de forêts aux essences exotiques les plus variées – conifères, arbres à feuilles caduques, orchidées, fougères –, sert de refuge à des milliers d'oiseaux. Cette **réserve naturelle ornithologique** est renommée dans toute l'Asie du Sud-Est, et attire les amateurs de *birdwatching* venant du monde entier.

Le parc national du Doi Inthanon invite à de magnifiques randonnées pédestres *(voir « Trekking autour de Chiang Mai », p. 223)*, de grotte en cascade, dans le chaos des rochers ou sous le couvert des arbres, jusqu'aux belvédères des hauteurs. Quelques villages traditionnels, hmongs ou karens, occupent encore le territoire, mais la plupart de ces populations montagnardes ont été déplacées plus à l'ouest lors de la création du parc, vers des zones agricoles moins fragiles.

Parmi les chutes d'eau qui ponctuent le parc, trois sont faciles d'accès et offrent d'agréables haltes pour une sieste ou un pique-nique : **Mae Klang★** (la plus populaire auprès des Thaïlandais, surtout le week-end), **Vachiratarn** et **Siriphum**, plus près du sommet.

À 2 km de ces dernières se niche le village karen de **Khun Klang**, cerné par un impressionnant tapis de serres destinées à des cultures maraîchères.

En chemin vers le sommet du Doi Inthanon, enfin, ne manquez pas les deux élégants **chedi royaux★**, tout en marbre, érigés en 1989 en hommage à la royauté thaïe. Du sommet, où siège une station radar, le **panorama★★★** s'ouvre sur les montagnes et les forêts, se perdant à l'horizon.

Circuits conseillés

CARTE DES ENVIRONS CI-CONTRE

★★ La route verte

Circuit d'env. 70 km, de Mae Rim à Hang Dong, tracé en mauve sur la carte des environs. Comptez une journée.

Entre les villages de **Mae Rim**, au nord de Chiang Mai, et de **Hang Dong**, au sud, la route fait une boucle par l'ouest, contournant le Doi Pui : elle offre l'un des plus jolis parcours autour de Chiang Mai, à travers de majestueux paysages de montagnes.

Après le marché de Mae Rim, tournez à gauche et suivez la route 1096 sur 3 km.

Sai Nam Phung Orchid and Butterfly Farm

05 329 87 71 - 9h-17h - gratuit.

Vision étrange que ces fleurs roses, mauves, blanches, bleues ou d'un rouge flamboyant qui s'alignent en rangs serrés, suspendues entre ciel et terre. Si les orchidées nécessitent beaucoup de soins (en plus d'un taux d'humidité de 80 %), ces plantes épiphytes n'ont en effet pas besoin de terre pour pousser : à l'état naturel, elles s'accrochent aux troncs des arbres de la jungle, se nourrissant de leur sève. On en dénombre une dizaine de milliers d'espèces, toutes dotées de six pétales et qui fleurissent à diverses périodes de l'année.

Poursuivez vers l'ouest par la route 1096.

La route longe une succession de luxueux complexes hôteliers, avec de confortables bungalows de bois semés dans des jardins tropicaux : ils sont surtout destinés aux hommes d'affaires de Bangkok, qui y organisent des séminaires.

★ Vallée de Mae Sa (MAE SA VALLEY)

Après un virage en épingle à cheveux, la route 1096 s'enfonce au cœur du **parc national du Doi Pui**, sinuant entre deux montagnes ou s'élevant pour surplomber quelque vallée tapissée de rizières. Elle offre de superbes **panoramas★★**.

Toutes sortes de sites ponctuent les rives de la Mae Sa, la plupart dédiés au tourisme de masse : fermes aux serpents, jardins botaniques, pépinières d'orchidées, centres de dressage d'éléphants où le bien-être des animaux n'est pas toujours assuré. Si vous voulez voir des pachydermes, rendez vous plutôt au Maerim Elephant Sanctuary *(voir p. 216)*.

3

Serpentant entre les maisons traditionnelles de plusieurs villages hmongs – une minorité d'origine chinoise – la route grimpe jusqu'au **point de vue★★** de la **forêt de Samoeng** *(à 25 km de Mae Rim)*, qui domine la vallée.

Au-delà de Samoeng *(à 35 km de Mae Rim)*, la route 1269 redescend vers la route 108. Prenez-la vers la droite pour rejoindre le village de **Hang Dong** *(à 15 km au sud de Chiang Mai)*, connu pour son bel artisanat traditionnel : vannerie, céramiques et objets de bois sculpté.

★★ À l'est de Chiang Mai

Circuit en boucle d'env. 80 km, tracé en grenat sur la carte des environs – Comptez une bonne journée. Quittez Chiang Mai par Th. Kaeo Nawarat et le pont de Saphan Nakhon Ping, et continuez sur la route 118 vers Chiang Rai, jusqu'au Wat Doi Saket, à 30 km de Chiang Mai.

La campagne à l'est de Chiang Mai cache, elle aussi, quelques trésors, certains méconnus, pour ceux qui veulent sortir des sentiers battus.

Wat Doi Saket

Le temple domine une colline d'où l'on profite d'un beau **point de vue★**. Égayé par de superbes bosquets de bougainvilliers, véritables cascades fluorescentes tombant des tonnelles, le domaine se révèle accueillant.

En pénétrant à l'intérieur du **wihan**, notez la **peinture★** au-dessus de l'entrée principale : elle représente l'armée des désirs attaquant Bouddha en méditation. Dans la salle, les gongs, les cloches et les horloges, dont les aiguilles fonctionnent en sens inverse, symbolisent la fuite du temps et l'éphémère destinée des hommes sur la Terre.

À l'arrière de la chapelle, un *chedi* blanc ajouré, en forme de **stupa**, figure les trois « constituants » du bouddhisme : le *bouddha* (le corps), le *dharma* (la parole, la communauté des êtres) et le *sangha* (l'esprit). Il abrite un énorme bouddha assis au pied duquel brûlent des bougies : ces dernières évoquent le phare qui guide l'homme hors de la nuit de son ignorance et de sa souffrance.

Prenez vers le sud-est les routes 3041 et 4062 sur 18 km.

★ Sources chaudes de San Kamphaeng

7h-18h - 100 bahts.

Sur un horizon de montagnes, de spectaculaires geysers hauts de plusieurs mètres jaillissent çà et là. Ils s'inscrivent au cœur d'un **parc★** où les jardiniers ont élaboré de magnifiques parterres de fleurs. Les lieux attirent de nombreux touristes thaïlandais, qui viennent déjeuner ou prendre un bain d'eau thermale chaude. La température s'élevant à plus de 80 °C, les habitants du village viennent y faire cuire des œufs ou du riz.

Poursuivez vers le sud-est par les route 4041 et 1317.

★★ Grottes de Muang On (THAM MUANG ON)

À 5 km au sud des sources - 8h-17h - 20 bahts.

Dans un superbe décor de montagnes, ignoré de la plupart des visiteurs, un escalier très raide escalade une falaise. Il débouche à l'entrée d'une grotte, où l'on vous louera une torche pour descendre les quelque 700 marches abruptes. Deux grandes salles abritent d'impressionnantes **concrétions calcaires★**, écrin de quelques statues du Bouddha (les grottes constituent de hauts lieux de dévotion

À faire et à ne pas faire

La plupart des minorités ethniques de la région pratiquent l'**animisme** ; chaque village possède son chef, chargé des affaires courantes, et son chaman, médiateur entre le monde des hommes et celui des dieux. Vous remarquerez, à l'entrée de chaque village, une sorte de porche grossier, fait de branchages ou de poteaux : il est dédié aux esprits, et il est absolument interdit de le franchir. Ne pénétrez pas dans une maison sans y être invité et demandez la permission avant de prendre une photo. Lors des cérémonies, restez à distance, à moins qu'on ne vous invite à participer. Si l'on vous convie à un repas, ne vous servez jamais vous-même. Gardez une tenue décente et évitez les démonstrations d'affection en public. Si vous tenez à offrir quelque chose, remettez-le au chef du village, qui fera lui-même la distribution. Mais sachez que vos dons encouragent la mendicité. Enfin, ne donnez pas de médicaments, les habitants n'ont pas l'habitude d'en consommer.

Parc national du Doi Inthanon.
Casper1774Studio/Getty Images Plus

pour les bouddhistes, la Terre étant un symbole de sérénité propice à la méditation). En ressortant, attardez-vous devant le **point de vue★★** imprenable sur les montagnes alentour et sur le lac qui s'étale en face.
Suivez les routes 1317 et 1147 qui ramènent à Chiang Mai (38 km).
En chemin, arrêtez-vous à **San Kamphaeng**, réputé pour ses tissages et ses soieries. Le village fournit en vêtements et tissus tous les marchés de Chiang Mai. Vous pourrez également faire halte au **MAIIAM**, le musée d'art contemporain *(voir p. 217)* ou à **Bo Sang**, surnommé le « village des ombrelles » *(voir aussi la rubrique « Shopping » à Chiang Mai, p. 223)* : ses habitants se consacrent à la fabrication de ces délicats articles de soie ou de coton depuis le 17e s.

Randonnée

CARTE DES ENVIRONS P. 218

★★ Trekking autour de Chiang Mai

Comptez de une à trois journées.
Région verte et protégée, où s'ouvrent plusieurs parcs nationaux, les alentours de Chiang Mai attirent en nombre les amateurs de nature qui, en partant à la découverte des **minorités montagnardes**, souhaitent retrouver un parfum d'aventure. Les plus beaux secteurs à découvrir sont Samoeng, Mae Sa, le parc national du Doi Inthanon et Mae Chaem *(à 60 km au sud-ouest de Chiang Mai)*. Les alentours de Mae Taeng et de Chiang Dao, respectivement à 40 et 80 km au nord de Chiang Mai, ne sont pas non plus en reste : ils accueillent une multitude d'ethnies, et si cette région attire 60 % des trekkeurs, le territoire se révèle suffisamment vaste pour que les marcheurs ne se concentrent pas tous dans les mêmes sites.

Des éléphants dans la jungle de Chiang Mai.
LAMBERTO JESUS/Getty Images Plus

Mais soyez d'emblée averti : vous ne serez pas seul ! Le succès massif de ces excursions en a notablement altéré le caractère aventureux, et les minorités ethniques elles-mêmes, confrontées chaque année à plus de visiteurs, perdent peu à peu de ce qui faisait leur singularité. Il faut en effet savoir que le gouvernement thaïlandais, en collaboration avec les organisateurs de trekkings, a sélectionné pour leurs circuits une quarantaine de villages, où se retrouvent tous les randonneurs. L'occasion de réfléchir à l'érosion culturelle de ces villages, qui survivent par et pour le tourisme, mais pour combien de temps ? On est loin de l'époque où l'arrivée d'un étranger provoquait l'étonnement et l'attroupement des villageois. Beaucoup d'entre eux ont troqué leur costume traditionnel pour le jean et le T-shirt, et si certains arborent encore leurs magnifiques vêtements ancestraux, le pas entre tradition et folklore pour touristes est devenu bien ténu.
Si ces trekkings ont beaucoup perdu de leur âme pionnière, ils offrent néanmoins la seule façon d'aller à la rencontre de ces minorités isolées et de leur culture. Restent, aussi, la beauté sauvage des paysages, de la jungle, des montagnes et des vallées, et le charme, pour les marches de plusieurs jours, d'un hébergement rustique.

Carnet pratique

Se déplacer

Moto

Le moyen de transport idéal, pratique et pas cher *(env. 200 bahts/j.)*. Mais soyez très prudent sur la route et, en dépit des habitudes locales, portez un casque ! En cas de crevaison, vous ne resterez pas longtemps au bord de la route : une voiture s'arrêtera vite pour vous emmener jusqu'au garage le plus proche.

Songthaew

De Chiang Mai, selon le circuit que vous souhaitez suivre, vous pouvez utiliser les *songthaew* privés ou publics de la ville. Pour les escapades hors des grands axes, la voiture ou la moto s'impose.

Adresses utiles

Sécurité

En cas de problème, appelez le **Tourism Authority of Thailand** de Chiang Mai *(✆ 05 324 86 04)* ou la police touristique *(✆ 11 55)*.
Ne partez jamais seul faire un trekking, un guide est indispensable : les montagnards peuvent être tentés par de l'argent vite gagné, et tous les villages ne sont pas forcément disposés à accueillir des étrangers.

Nos adresses

Shopping

« Shopping » à Chiang Mai, p. 211.
La route 108, au sud de la ville, traverse de nombreux villages d'artisanat, tels **Hang Dong** et **Ban Wan**. Chacun a sa spécialité : meubles, objets en bois ou céramiques, et on y trouve aussi des pièces anciennes. C'est à **Ban Thawai**, le plus gros centre d'artisanat de la région (qui fournit les grossistes de Bangkok), que l'on trouve le plus grand choix d'articles : en rotin, bambou, teck ou bois de manguier, de bonne qualité et à des prix très intéressants.

Activités

Trekkings

Il est délicat de recommander une agence d'excursions pour effectuer un trekking, car la qualité du service peut varier au fil du temps. Sachez qu'elles pullulent dans le centre historique de Chiang Mai : discutez, posez des questions pour vous faire votre propre idée du sérieux du prestataire. Les prix sont fluctuants pour une même prestation *(2 500/6 500 bahts pour 3 j.)*. L'agence doit garantir tout le transport jusqu'au lieu de départ du trek, 3 repas/j. (boissons non incluses), un sac de couchage et une consigne pour garder les affaires que vous n'emportez pas.
Les treks les plus populaires, de 1 à 3 j., suivent tous le même type de programme : une courte randonnée de village en village *(de 2 à 4h/j.)*, une promenade à dos d'éléphant et une descente de rivière en radeau. Ces expéditions requièrent, bien sûr, une bonne condition physique, mais le rythme reste modéré, et les guides proposent une pause après chaque ascension un peu éprouvante. Le confort reste sommaire, et au vu du prix de la prestation, on peut regretter que les minorités ethniques de la région ne profitent que d'une part infime des bénéfices.
Pour tous les détails relatifs à l'organisation d'un trek, voir aussi « Randonnée », p. 493.

Lamphun et Lampang ★

Au sud-est de Chiang Mai, deux petites villes chargées d'histoire restent ignorées des itinéraires touristiques. Même si leur patrimoine n'est pas comparable avec la richesse de Chiang Mai, Lamphun et Lampang abritent quelques beaux exemples de l'architecture du Nord. Nombre d'habitants de la capitale du Nord aiment d'ailleurs s'y rendre pour profiter du calme, le temps d'un week-end. De Lampang, il faut absolument aller voir le Wat Phra That Lampang Luang, l'un des plus beaux temples du royaume.

Se repérer

CARTE BC2 (P. 192-193).
11 925 hab. à Lamphun - 52 124 hab. à Lampang – Chefs-lieux respectifs des provinces de Lamphun et Lampang.
Lamphun est situé à 30 km au sud de Chiang Mai, Lampang à 106 km au sud-est de Chiang Mai.

À ne pas manquer

À Lampang, une balade en voiture à cheval ; le majestueux Wat Phra That Lampang Luang.

Organiser son temps

Comptez 1 jour ou un jour et demi avec une randonnée au parc du Doi Khun Tan. Visitez Lampang plutôt le matin. Vous pouvez aussi visiter ces deux villes en excursion d'une demi-journée (Lamphun) ou d'une journée (Lampang) au départ de Chiang Mai.

Carnet pratique p. 227

Nos adresses p. 227

Découvrir

CARTE P. 192-193

Ponctuez votre route de haltes « nature », le temps d'un arrêt en bord de route pour acheter aux maraîchers de la région une grappe de longanes *(lam yai)*, ces juteux cousins du litchi.

★ Lamphun B2

À 30 km au sud de Chiang Mai par la route 11.
Il faut prendre le temps de flâner dans les rues du petit cœur historique enserré dans ses douves avant de visiter le **Wat Phra That Hariphunchai★★**, un temple vieux de près de 1000 ans (1044), qui se dresse à la sortie de la ville moderne *(à gauche en allant vers Chiang Mai)*. Soigneusement restauré dans les années 1930 grâce aux efforts du très populaire moine Khruba Siwichai, il conserve deux *chedi* anciens, hautement vénérés, ainsi que deux **bouddhas★** qui attirent en nombre les fidèles. Sur le côté du grand *wihan*, vous pourrez voir aussi, abrité sous un pavillon rouge, un énorme **gong de bronze**. Au fond du sanctuaire, notez aussi un joli petit *ubosot* de style Lan Na.
Le petit **Musée national Hariphunchai** *(tlj sf lun.-mar. 8h30-16h30 - 20 bahts)*, situé en face du temple côté ouest, renferme quelques remarquables bouddhas et des objets provenant des royaumes de Dvaravati, de Hariphunchai et du Lan Na.

Le parent du litchi

Chef-lieu de la minuscule province éponyme, Lamphun fut la puissante capitale de la principauté de Hariphunchai (8e s.-13e s.), qui parvint longtemps à conserver son indépendance vis-à-vis des Khmers et de Chiang Mai. Il ne reste plus beaucoup de traces de ce prestigieux passé. De nos jours, Lamphun doit surtout sa réputation aux longanes *(lam yai)*, ces fruits savoureux et juteux, cousins du litchi. La région en regorge, et, chaque été, au mois d'août, se déroule la **fête des Longanes**, durant laquelle les rues de la ville s'animent de défilés de chars débordant de fruits. On procède même à l'occasion à l'élection d'une Miss Longane !

À 1,5 km à l'ouest du musée, sur la route 1015 (ici Th. Chamathewi), le **Wat Ku Kut★ (Wat Chamathewi)** intéressera les amateurs d'histoire de l'art. À côté de bâtiments modernes, on peut en effet voir deux **chedi★★** de forme originale, qui remonteraient au 8e s. Restaurés au 12e s., ils seraient les derniers *stupa* de style Dvaravati encore debout. Le premier, en latérite, de plan carré, se présente comme une pyramide de 21 m de haut, dont chacun des cinq étages est creusé de douze niches abritant chacune un bouddha debout en terre cuite. Le *chedi* Ratana, plus petit et de forme octogonale, s'orne lui aussi de nombreux bouddhas debout.
De Lamphun, suivez la route 11 sur environ 25 km et poursuivez à gauche sur env. 20 km pour gagner le parc national de Doi Khun Tan.

★ Parc national du Doi Khun Tan BC2

Accès possible en train depuis Chiang Mai (descendre à Khun Tan, à 1,3 km des bureaux du parc) - ✆ 081 032 63 41 - lun. 8h-16h, mar.-dim. 6h-18h - 100 bahts.
Forêt de bambous, fleurs sauvages et collines couvertes de tecks composent le décor de ce parc national, qui attire un grand nombre de Thaïlandais le week-end. De nombreux sentiers le sillonnent, bordés d'orchidées, l'un d'eux conduisant à la **cascade de Tat Moei**.
Revenez sur la route 11 et poursuivez à gauche pour gagner Lampang.

★ Lampang C2

À 106 km au sud-est de Chiang Mai.
Commencez votre promenade sur Th. Bunyawat, une artère de la ville à l'animation colorée. À pied ou en voiture à cheval, la ville se parcourt aisément, quoique les distances soient assez longues.
Installée le long des berges verdoyantes de la Wang, ce chef-lieu de province bourdonne d'activité. Son architecture peu élevée et ses rues aérées lui confèrent cependant un certain attrait, et vous y apprécierez une Thaïlande moins touristique qu'à Chiang Mai. Au milieu d'une circulation automobile fort dense se faufilent les traditionnelles voitures à cheval *(400 bahts/h)* – ce transport public local fut introduit par le souverain de la ville en 1929.
Fondée au 7e s., à l'époque Dvaravati, Lampang est devenue au début du 20e s. un important centre commercial grâce à l'exploitation du teck. Dans la ville, de nombreux temples – en teck, bien sûr – témoignent de sa prospérité et révèlent le savoir-faire des artisans et architectes birmans de la fin du 19e s.
Bhumi Lakhon – *Th. Thakhrao Noi (en face de la tour de l'Horloge) - ✆ 05 423 72 37 - lun.-vend. 8h30-16h30 - gratuit.* Ce musée moderne retrace l'histoire de la ville aux 19e et 20e s., en insistant sur l'exploitation forestière qui fit la fortune de Lampang et l'âge d'or que connut la ville jusque dans les années 1950.

Suivez Th. Bunyawat vers l'est puis franchissez la rivière par le pont Ratchada Phisek (en béton blanc), qui dessert la rive nord de la ville. Juste après le pont, prenez à gauche Th. Pha Mai, c'est la 6e maison sur la gauche.

★ **Baan Sao Nak** – *10h-17h - 50 bahts.* La « maison aux 116 piliers », vaste demeure en teck bâtie en 1895, entièrement sur pilotis (d'où son nom), a été transformée en musée : l'occasion de découvrir un authentique intérieur birmano-thaï d'autrefois, avec tous ses meubles, bibelots et ustensiles d'origine. Après la visite, l'hôtesse, charmante, vous propose un thé sur la terrasse du salon.

Revenez sur Th. Phra Kaeo pour poursuivre vers le nord (à gauche) sur 400 m, puis à droite.

★ **Wat Phra Kaeo Don Tao** – *8h-17h - 40 bahts.* Les toits du temple s'élèvent derrière un mur blanc. Dans la cour ombragée de grands arbres, de jeunes moines vous accueillent d'un chaleureux « Hello ». Ce vaste temple compte parmi les plus vénérés de la ville pour avoir conservé pendant trente-deux ans, au 15e s., le fameux bouddha d'Émeraude, aujourd'hui rapatrié à Bangkok *(voir p. 42)*. Sur la gauche se dresse le *chedi* principal, d'influence Hariphunchai. Sa couverture d'or rivalise d'éclat avec les mosaïques de verre du *mondop* voisin, de style birman, élevé en 1909. Derrière, le majestueux *wihan* exhibe son beau **pignon★** ouvragé, tandis que, sur le côté, une galerie abrite une intéressante **collection★** d'objets de style Lan Na : mobilier religieux, sculptures, etc. Attardez-vous aussi sur le petit *ubosot* à droite de l'entrée, et sur ses beaux détails d'ornements de stuc et de bois.

Les passionnés d'architecture pourront poursuivre avec deux temples de style birman de la fin du 19e s. : le **Wat Si Chum** *(rive sud de la rivière, sur la rue du même nom)* et le **Wat Si Rong Meuang** *(Th. Thakhrao Noi, un peu à l'écart à l'ouest de la ville, non loin de la gare ferroviaire)*. Le **Wat Pong Sanuk Tai** *(rive nord, en poursuivant vers l'ouest après la maison aux 116 piliers)* offre, quant à lui, un bel exemple d'architecture Lan Na.

★★★ Wat Phra That Lampang Luang B2

▶ *À 18 km au sud-ouest par la Highway 1 (sortie Ko Kha), ou en* songthaew *- gratuit.*

Ce joyau de l'architecture Lan Na fait forte impression lorsqu'on arrive, avec son majestueux escalier flanqué de deux longs **naga** blancs. Passé la magnifique **porte au Naga★★** au linteau ouvragé, le **wihan Luang★★** s'offre tout de suite au regard, bouchant toute perspective. Certains spécialistes voient dans ce remarquable ouvrage du 15e s., principal bâtiment du sanctuaire, la plus ancienne construction en bois du pays. Ses puissants piliers de teck soutiennent un élégant **triple toit★** entièrement en bois et couvert de tuiles rouges.

Juste derrière, un grand *mondop* abrite un **bouddha★** vieux de 450 ans. Il précède un **chedi★** de style Lan Na, à peine plus ancien que le *wihan*, particulièrement imposant avec ses 45 m de hauteur. Dans un sanctuaire situé à côté, comme dans le *wihan* principal, des panneaux de bois peints *(très endommagés)* représentent les *jataka*.

Deux autres *wihan* occupent la cour, dont le petit **wihan Phra Phut** *(à gauche du* chedi *principal)*, le plus ancien bâtiment du *wat*, daté du 13e s. Interdit aux femmes, il renferme une empreinte du pied du Bouddha *(rien d'intéressant)*. Prenez plutôt le temps de vous promener à l'extérieur de l'enceinte, en la quittant par la porte de gauche : passé un banian coloré de rubans et supporté par des étais de bambou, d'autres bâtiments vous attendent, dont certains très anciens également, cachant quelques belles pièces de mobilier bouddhique.

Carnet pratique

S'informer

Tourism Authority of Thailand (TAT) à Lampang – *358 Th. Baan Chiangrai - ✆ 05 422 22 14.* Plan de la ville, bon accueil.

Arriver/Partir

En avion

Aéroport de Lampang – *À 2 km au sud-ouest du centre.* 4 liaisons quotidiennes de/vers Bangkok avec Nok Air et Bangkok Airlines.

En train

Gare de Lamphun – *Au nord de la ville.* Plusieurs trains/j. de/vers Chiang Mai *(20mn)* ou Bangkok *(env. 13h).*

Gare de Lampang – *Au sud-est de la ville - ✆ 05 431 86 48.* 6 trains/j. de/pour Chiang Mai *(2h)* et Bangkok *(9 à 12h).* De Bangkok, prenez l'un des 3 trains de nuit vers Chiang Mai ; vous arrivez à Lampang vers 5h du matin.

En bus

Gare routière de Lamphun – *Au sud de la ville.* Des bus pour Chiang Mai partent du Musée national ttes les 30mn jusqu'à 17h.

Gare routière de Lampang – *À 2 km à l'ouest du centre-ville.* Départs ttes les h pour Chiang Mai *(2h)* et Bangkok *(8h).* Pour Lamphun *(1h)*, prenez le bus local qui se rend à Chiang Mai.

Agenda

Walking Streets – Lampang. Chaque sam. et dim. soirs, Th. Ratanatan et Th. Talat Kao deviennent piétonnes et accueillent des spectacles de danse et de musique folkloriques, des stands d'artisanat régional et des étals de gastronomie locale. Atmosphère bon enfant.

Nos adresses

Restauration

Lamphun

Premier prix

Khao Mum Gai Visawa – *En sortant du musée, tournez à droite et tout de suite à gauche - [carte non acceptée] - fermé le soir et dim. - plats 35/60 bahts.* Proche du Lumphun Ice, il s'adresse à ceux qui veulent manger plus « local ». Comme son nom l'indique, il se spécialise dans le riz au poulet, qui vous sera servi dans une salle ouverte sur la rue.

Lampang

Premier prix

Aroy One Baht – *Th. Suandawg (angle Th. Thip Chang et Th. Suandawg) - ✆ 05 421 92 33 - [carte non acceptée] - 16h-23h - 100/200 bahts.* Les mets sont classés par catégories : sautés, au wok, en salade ou en soupe. Vous notez sur un papier le numéro des plats choisis et le remettez au serveur. Les tout petits prix pratiqués permettent de goûter à un peu de tout, installé sur l'une des deux terrasses ou en salle, derrière la cuisine ouverte. Une formule originale qui fait recette auprès de la population de Lampang : l'endroit ne désemplit pas, mais le service n'en souffre pas.

Budget moyen

The Riverside – *328 Th. Thip Chang (à 3mn à pied de la Riverside Guesthouse) - ✆ 05 422 18 61 - [carte non acceptée] - service continu - pizza 250/370 bahts.* Sur les terrasses de bois dominant la rivière, on se

3

retrouve entre voyageurs logeant dans les *guesthouses* de la ruelle d'à côté. De la pizza à la saucisse vietnamienne en passant par la soupe coco et le burger, vous n'aurez que l'embarras du choix parmi les 260 et quelques plats de la carte. Groupes de musiciens à partir de 19h30.

Hébergement

Au parc du Doi Khun Tan

Premier prix

Doi Khun Tan National Park – *À l'entrée du parc national - ✆ 05 354 63 35 - www.dnp.go.th - ✕ - 21 ch. à partir de 500 bahts.* Bungalows pour 2, 6 et 9 personnes. Petite restauration sur place mais il est prudent de prévoir quelques provisions de bouche.

Lampang

Premier prix

Asia Lampang – *229 Th. Bunyawat - ✆ 05 422 78 44 - www.asialampanghotel.com - ▤ ✕ P - 71 ch. 702/726 bahts ☕.* Un hôtel bien situé, sans charme particulier mais moderne, propre et confortable. Ses chambres spacieuses, fonctionnelles et pourvues d'un balcon, assurent un bon rapport qualité-prix.

Budget moyen

The Riverside Guesthouse – *286 Th. Talat Kao - ✆ 05 422 70 05 - www.theriverside-lampang.com - ▤ - 18 ch. 800/2 500 bahts.* Cette pension centrale se niche dans la verdure, sur la rive paisible de la Wang. Les bungalows, tout en bois et sur pilotis, sont exigus mais propres et charmants, et certains jouissent d'une agréable terrasse sur la rivière. Bon accueil, en français quand le patron est là ; nombreux services (infos, location de deux-roues), excellents petits-déjeuners servis toute la journée, même pour les non-résidents.

Wienglakor – *138/38 Th. Phaholyothin - ✆ 05 431 64 30 - ▤ ✕ P - 100 ch. 1600 bahts ☕.* L'un des hôtels les plus luxueux de la ville. Pour 300 bahts de plus, optez pour les chambres *Deluxe*, qui ont l'allure de petites suites et se trouvent dans une partie plus agréable de l'établissement. Pour les familles, chambres communicantes en duplex. Les tarifs ont l'avantage de rester stables toute l'année. N'hésitez pas à venir boire un verre au restaurant, autour du ravissant bassin, à l'arrière du bâtiment. Ascenseur (6 étages).

Vers la frontière birmane ★★

La route de Mae Hong Son

Au nord-ouest de Chiang Mai, la route qui rejoint la frontière birmane traverse de magnifiques paysages de montagne plantés de forêts de tecks, dominant les rizières en terrasses que cultivent les Shans et les Karens. Puis elle longe la frontière pour passer par Mae Hong Son et Mae Sariang, découvrant une région encore sauvage, imprégnée de culture birmane, qui offre un avant-goût du pays voisin, notamment dans l'architecture des maisons et des temples. Ses montagnes verdoyantes préservées attirent nombre de touristes circulant à moto, de voyageurs en quête d'émotions sportives – trekking ou rafting –, et tous ceux qui souhaitent aller à la rencontre des minorités locales, dont les villages ont conservé ici plus d'authenticité qu'autour de Chiang Mai ou dans le Triangle d'or.

Se repérer

CARTE AB1-2 (P. 192-193), PLAN DE MAE HONG SON (P. 232).
7 325 habitants à Mae Hong Son – Province de Mae Hong Son.
Au départ de Chiang Mai, vous pouvez rejoindre Mae Hong Son (240 km) par le nord, *via* Pai (130 km), ou par le sud (280 km), *via* Mae Sariang (190 km). Nous avons privilégié ici la route du nord, la fin du circuit pouvant se faire plus rapidement. Il est également possible de prendre l'avion à Mae Hong Son si vous n'avez pas le temps de suivre la boucle complète.

À ne pas manquer

Une balade autour de Pai et à Mae Hong Son ; les grottes de Lot, au nord ; le parc d'Op Luang, au sud ;
la découverte des villages des Shans, des Hmongs et des Karens.

Mise en garde

Actuellement, il est fortement déconseillé de se rendre à la frontière birmane, en raison de la situation politique en Birmanie.
Avant toute excursion, renseignez-vous sur les conditions de sécurité et sur l'état des routes dans cette zone *(www.diplomatie.gouv.fr)*.
Pour être alerté en cas de crise et signaler votre présence, inscrivez-vous sur le site Ariane *(pastel.diplomatie.gouv.fr)*.

Organiser son temps

Comptez au moins 4 jours. Meilleure saison : de nov. à mars. Louez une moto ou une voiture à Chiang Mai.

Carnet pratique p. 237

Nos adresses p. 237

Circuits conseillés

CARTE P. 192-193

L'ensemble des circuits proposés, tracés sur la carte, forment une boucle d'env. 850 km au départ de Chiang Mai.

3

De Chiang Mai à Pai

Circuit de 130 km, tracé en turquoise sur la carte. Comptez une demi-journée. Quittez Chiang Mai tôt le matin, prenez la route 107 plein nord en dir. de Mae Rim ; à env. 30 km de Chiang Mai, bifurquez à l'ouest à Mae Malai pour emprunter la route 1095, sinueuse et jalonnée de quelques sites naturels. À 18 km de la bifurcation, une route sur la gauche mène aux chutes (à 1,5 km).

Chutes d'eau de Mok Fa B1

8h-17h - 200 bahts.

Elles font partie du **parc national du Doi Suthep-Pui**. Un sentier (*20mn à pied AR depuis le parking*) mène à travers la forêt à cette jolie cascade chutant sur 350 m de hauteur.

Revenez sur la route 1095 et poursuivez vers l'ouest.

La route s'élève ensuite parmi de splendides paysages couverts de bambous, tecks et arbres tropicaux. 8 km avant Pai, une source chaude, **Tha Pai** (*7h-18h - 300 bahts, voiture 30 bahts*), mérite une courte pause. Un peu plus loin, 1,5 km avant Pai, vous apercevrez un **temple** parmi les flamboyants.

★ Pai A1

Pour toute information pratique sur l'organisation d'un trekking, voir « Randonnée » (p. 493) et « Nos adresses » dans la région autour de Chiang Mai (p. 223).

Située à 480 m d'altitude, cette petite ville cosmopolite comptant 3 000 habitants est non seulement la résidence des Shans, des Lahus, des Lisus, mais aussi celle des Chinois, des Européens, des Américains... et même de quelques Thaïlandais, tous se côtoyant apparemment dans une certaine harmonie. Pai est en outre devenu le lieu de prédilection de voyageurs désireux de se mettre au vert, de randonner dans les environs ou encore de s'initier à l'une des nombreuses activités que proposent les habitants : stages de cuisine, massages, balades à moto, rafting, méditation, musique, etc.

Au cœur de cette petite cité à l'ambiance très baba cool, les trottoirs de la rue principale se transforment en un marché pittoresque, avec ses sauterelles à griller, ses crapauds à la broche, le tout sur fond de bonzes en scooter couvrant le son du muezzin de la mosquée locale. Le bourg abrite en effet une petite communauté musulmane, très vivante, dont la plupart des membres sont originaires de Chine. Malheureusement, ces dernières années ont vu le tourisme se développer de façon effrénée, et le nord de la ville n'est plus qu'une succession d'hôtels, de bars et de restaurants. Vous retrouverez un peu plus d'authenticité du côté du grand marché. Pai reste toutefois une bonne base pour explorer les environs, mais si vous voulez loger en pleine nature, passez votre chemin et faites étape un peu plus loin.

★★ De Pai à Mae Hong Son

Circuit d'env. 150 km tracé en grenat sur la carte – Comptez une petite journée. De Pai, suivez la route 1095 (dir. nord-ouest) jusqu'à Pang Mapha (à 55 km de Pai).

Pang Mapha (Soppong) A1

Fuyant l'agitation touristique de Pai, vous trouverez autour de Pang Mapha, parfois désignée sous son ancien nom de Soppong, de quoi assouvir votre soif de nature. Ce village-carrefour peuplé de Lisus s'étire de part et d'autre de la route 1095.

★ **Grottes de Lot** (THAM LOT) – *À 8 km au nord de Pang Mapha par une petite route partant à côté de l'hôtel Little Eden - visite guidée (1h30) - 8h-17h30 - 600 bahts*

Grottes de Lot.
NirutiStock/Getty Images Plus

pour 1 à 3 pers. comprenant le prêt d'une torche, la visite de 3 grottes et le passage en bateau de l'une à l'autre. Sachez qu'au plus fort de la saison des pluies (juil.-août), la rivière reliant les grottes est impraticable : la visite se limite alors à la 1re des trois (30mn - 300 bahts). Dans une végétation luxuriante s'ouvre une vaste grotte creusée par la rivière Lang, à voir pendant la saison sèche quand la rivière est navigable. Une galerie peuplée de chauves-souris précède un dédale de salles sculptées de belles concrétions calcaires. On y a découvert des **peintures rupestres**, qui laissent supposer une occupation humaine remontant à la préhistoire (autour de 7000 av. J.-C.).
Revenez à Pang Mapha et poursuivez vers l'ouest sur 10 km. Prenez alors à droite la route de Ban Mae La Na (6 km), qui passe par un village lahu encadré de superbes paysages karstiques.

3

★ Ban Mae La Na A1

On découvre d'en haut, niché au pied de montagnes couvertes de forêts, ce village shan typique, que dominent les toits à étages de son grand **temple★** de bois, gardé par des statues naïves.
De Ban Mae La Na, plusieurs sentiers forestiers permettent de rejoindre des villages lahus et des grottes, intéressantes quoique moins renommées que celles de Lot *(demandez un guide à Ban Mae La Na, la grotte la plus proche étant à 4 km du village).*
Revenez sur la route 1095 pour continuer vers le sud-ouest.
Passé 5 km, vous arriverez à un beau **belvédère★★** aménagé au bord de la route. La 1095 offre ensuite plusieurs points de vue magnifiques sur les montagnes, reboisées d'eucalyptus et d'acacias. De nombreuses minorités s'y sont établies,

formant une véritable mosaïque de traditions originales : Lahus, Lisus et Hmongs, mais surtout Shans et Karens, dont les **Padaungs** (ou Kayans), connus pour leurs « femmes-girafes ».

Poursuivez votre route sur 33 km.

Parc national de Tham Pla

À 16 km au nord de Mae Hong Son - 8h30-16h30 - 100 bahts.

Ce site naturel permet une halte bien agréable, d'une petite heure, sur la route de Mae Hong Son. Un sentier de 500 m y suit le cours d'un ruisseau au milieu d'une prairie. Il mène à la **grotte aux Poissons** (THAM PLA), qui a donné son nom au parc. Ancien sanctuaire animiste, cette grotte abrite un autel surmonté de la statue d'un curieux personnage, qui attire les dévotions de nombreux Thaïlandais. À proximité, d'énormes carpes sacrées évoluent dans un étang, où les visiteurs jettent de la nourriture.

★★ Mae Hong Son PLAN CI-CONTRE

Voir « S'informer ».

Lovée dans un superbe site de montagnes boisées (alt. 240 m), à 110 km à l'ouest de Pai, la bourgade shan de Mae Hong Son coule des jours tranquilles, offrant à ses visiteurs une agréable étape pour séjourner et profiter des attraits des alentours. Mais sachez que le climat varie énormément selon la saison : chaude de mars à juin, la température devient fraîche, voire froide, de novembre à février.

La ville fut intégrée au royaume de Chiang Mai au 19e s., époque qui marqua le début de son essor économique. Une richesse due d'abord à l'exploitation forestière et à la capture d'éléphants, mais aussi au sulfureux trafic des barons de la drogue de Birmanie. Pour contrer le fléau, la province fait aujourd'hui l'objet de plusieurs projets de développement, qui ont pour objectif d'encourager les populations locales à délaisser la culture du pavot au profit d'une agriculture plus licite et diversifiée. Aussi les marchés accueillent-ils de nombreux villageois des tribus montagnardes, venus en ville pour écouler leurs produits agricoles et artisanaux. Autre manne : le tourisme, en pleine expansion, a fait de Mae Hong Son l'un des principaux camps de base des randonneurs et des amateurs de rafting.

Situé en plein cœur de la cité, le **lac Nong Chong Kham★★**, cerné de jardins fleuris, de bâtisses traditionnelles en bois et de temples soulignés d'or, offre un ravissant décor invitant à la flânerie et au repos.

Partageant la même enceinte, deux temples reflètent dans ses eaux leurs *chedi* blanc et or. Le plus intéressant, le **Wat Chong Klang★★** *(8h-18h)*, abrite dans son *wihan* 180 peintures birmanes sur verre *(mur de gauche)* qui décrivent les vies antérieures du Bouddha. Une salle à gauche renferme une trentaine de statuettes de bois finement sculpté, achetées aux Birmans en 1869. Ces œuvres représentent des personnages du *jataka* de Vessantara dont le récit est conté par les tableaux accrochés aux murs. Elles illustrent à merveille l'art birman, tout comme les bols laqués, dorés et incrustés d'éclats de miroirs, les manuscrits en pali sur feuilles de latanier et les marionnettes qui occupent ce véritable petit musée.

À côté se dresse le **Wat Chong Kham★**, un vaste monastère shan reconstruit après un incendie qui le détruisit en 1970. Sa toiture à étages lui donne une allure majestueuse. Le sanctuaire situé à côté abrite un bouddha de 5 m de haut particulièrement vénéré. Le complexe est très photogénique en fin d'après-midi, lorsque le soleil semble se fondre à ses dorures.

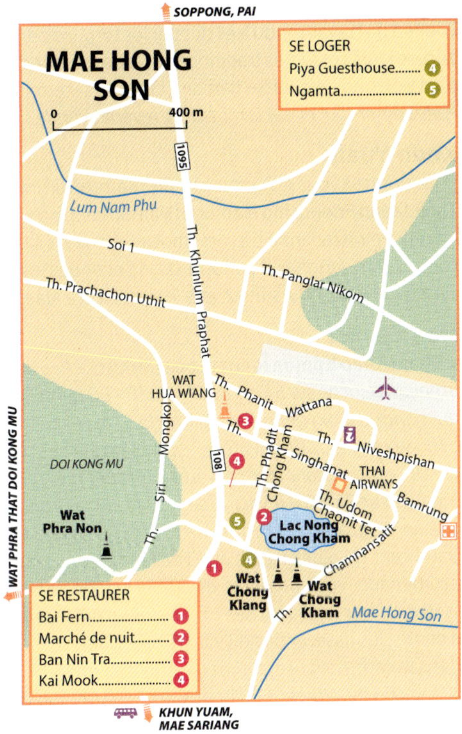

Sur la colline à l'ouest de la cité se découpent les deux *chedi* shans du **Wat Phra That Doi Kong Mu★★** *(accès par une route longeant le côté ouest du Wat Phra Non ou à pied par un long escalier)* érigés en 1860 et en 1874. À l'arrière du *wat* se dresse un bouddha debout à la silhouette élancée tandis que deux imposants lions de pierre gardent le *wihan* de style birman. L'endroit offre une magnifique **vue panoramique★★** sur la vallée et la ville. Au pied du Doi Kong Mu se niche le **Wat Phra Non** qui garde deux bouddhas monumentaux de style birman, l'un assis, l'autre couché, ainsi que deux lions de pierre aux gueules effrayantes au pied d'un grand escalier.

★ De Mae Hong Son à Mae Sariang

Circuit d'env. 250 km, tracé en bleu clair sur la carte – Comptez une journée. Vous trouverez de l'essence à Mae Hong Son, Khun Yuam et Mae Sariang. Quittez Mae Hong Son par la route 108 en dir. du sud.

Peu après la sortie de Mae Hong Son, la route domine un paysage de rizières émaillé de villages shans reconnaissables aux toits de leurs temples. Territoire privilégié des minorités shans, karens, lawas et hmongs, ce secteur constitue un excellent site de randonnées. Notre circuit retient trois villages traditionnels (hmong, lawa et karen), mais n'hésitez pas à en découvrir d'autres sur votre chemin. Ils se trouvent dans les hauteurs, de part et d'autre d'une route tout en virages qui traverse des paysages boisés et vallonnés entrecoupés de bosquets de bambous, de bananiers, de plantations de maïs et de soja.

Au km 32 de la route 108, suivez vers l'est (à gauche) la petite route qui, en 9 km, conduit au village. La route, très étroite et offrant une visibilité réduite, se parcourt plus aisément à moto qu'en voiture.

Meo Microwave A1

La route grimpe à travers une forêt de tecks et de pins avant d'arriver aux cultures (choux, tomates, maïs) sur des parcelles à flanc de colline. Ce modeste hameau hmong doit son nom étrange au relais de télévision construit sur la colline qui le domine. Vous ne vous attarderez probablement pas parmi ces paysans farouches,

voués à un travail rendu très dur par les terrains pentus. Certains enfants portent encore leurs costumes traditionnels : jupes plissées et hauts brodés pour les filles, pantalons indigo pour les garçons. La route se termine 2 km plus loin aux antennes.
Faites demi-tour et, sur la route 108, revenez vers le sud jusqu'à Khun Yuam (35 km).

Khun Yuam A2

Vous pourrez vous restaurer à Khun Yuam, où un imposant bâtiment gris abrite le **Thai-Japan Friendship Memorial Hall** *(au centre de la localité - 8h-17h - 100 bahts)*, un musée retraçant à travers photos, vieux treillis, armes et matériel militaire l'occupation japonaise au cours de la Seconde Guerre mondiale.
De Khun Yuam, poursuivez vers le sud jusqu'à Mae La Noi (65 km).

Mae La Noi A2

★ **Tham Kaeo Komon** (GROTTE DU DIAMANT) – *Peu avant l'entrée dans Mae La Noi, prenez à gauche sur 5 km - 8h30-16h30 - 80 bahts. Visite limitée à 20mn en raison du manque d'oxygène dans la grotte.* D'assez petite taille, cette grotte doit son nom aux cristaux de calcite qui scintillent sur ses parois et au plafond.
La-Up – *Entrez dans Mae La Noi et bifurquez plein est (à gauche) par la route 1266, à suivre sur 25 km. Le village se trouve sur la droite.* Construit sur la crête d'une colline, ce gros village-rue lawa n'offre rien d'extraordinaire, la population s'apparentant de plus en plus aux Thaïlandais des plaines. Mais au hasard de votre promenade, vous passerez devant la crèche, le pittoresque bureau de poste et la station-service, avec ses pompes d'un autre temps. Sous les maisons de bois à pilotis, les tisserandes du village travaillent sur commande de la famille royale, dans le cadre des projets liés au développement rural.
À la sortie du village, à 800 m de là, jetez un coup d'œil au joli **temple** perché sur une colline.
Revenez sur vos pas sur la route 1266 et arrêtez-vous au-dessus du village karen (12 km, sur la droite, pas de signe en anglais).
★ **Mae Sakua** – *Garez votre véhicule au bord de la route principale et allez-y à pied (env. 10mn), le chemin d'accès étant vraiment très étroit.* Passez à Mae Sakua en

La vie dans la montagne

Deux minorités cohabitent dans les montagnes : les Shans et les Karens. Fuyant le nord de la Birmanie en 1850, les **Shans** représentent aujourd'hui la moitié des habitants de la région. Leur mode de vie, leur type d'habitat, leur style vestimentaire s'assimilent à ceux de la société thaïlandaise, et leur intégration s'est faite sans heurt. Les **Karens** ont commencé, quant à eux, à s'implanter dans la région dès le 18ᵉ s., cherchant refuge de l'autre côté de la frontière. Ils sont à présent plus de 400 000 en Thaïlande (près de 4 millions en Birmanie), constituant la plus importante population de réfugiés. La tribu karen comprend plusieurs sous-groupes, dont les **Pa-Os**, les **Padaungs** et les **Kayahs**, qui représentent moins de 3 % de ce peuple, les deux communautés majoritaires étant les **Sgaws** (ou Karens blancs) et les **Pwos** (ou Karens rouges). Leur intégration a été relativement aisée, mais les traditions singulières des Padaungs, dernier groupe de réfugiés installé dans la région, ont tendance à faire d'eux une attraction touristique : les bracelets de cou de leurs fameuses « femmes-girafes », coutume qui tombe pourtant en désuétude en Birmanie, retrouve ici de sa vivacité pour satisfaire la curiosité des visiteurs.

Rizières, Mae Sariang, province de Mae Hong Son.
Somrerk Kosolwitthayanant/Getty Images Plus

fin d'après-midi, lorsqu'une belle lumière dorée éclaire le village avec, en toile de fond, les cocotiers et les tecks. Dans ce village karen aux jolies bâtisses de bois sur pilotis, coiffées de toits de palmes, des femmes aux dents laquées, vêtues de leurs traditionnels sarongs et tuniques aux coloris fuchsia ou orangés, vaquent aux tâches quotidiennes ; les unes passent le riz au tamis, les autres nourrissent des porcs noirs, tandis que les adolescents jouent au *takraw,* un jeu présentant des similitudes avec le volley-ball. Quant aux vieux sages, ils fument de longues pipes en observant toute cette agitation.
Revenez vers Mae La Noi et reprenez la route 108 plein sud durant 30 km.

★ Mae Sariang A2

Cette paisible cité, dont les maisons de bois bordent la rivière Yuam, possède deux temples birmans intéressants : fondé en 1896, le **Wat Chong Sun** (Wat Uthayarom) comprend trois grands *chedi*. Juste à côté s'ouvre le **Wat Bun Ruang** (1939), un monastère à la joyeuse animation. Dans une belle bâtisse de bois, on peut discuter avec les jeunes moines, ravis de mettre en pratique leur anglais avec les visiteurs de passage. Le *wihan* carré, avec son toit à étages et ses fines sculptures, montre un bel exemple d'architecture birmane.

Parc national de Salawin A2

À 7 km de Mae Sariang, en dir. de Mae Sam Laep - ✆ 05 361 29 82 - www.dnp.go.th - 6h-18h - 100 bahts.
Il est situé sur la rive de la rivière Salween, qui marque la frontière entre la Thaïlande et le Myanmar. Un sentier interprétatif de 2 km séduira les amateurs d'ornithologie. Une petite expo à l'entrée aide à identifier la flore et la faune locales.

De Mae Sariang, prenez la route 1194 vers le sud-ouest sur env. 50 km (1h15 de route, en mauvais état sur le dernier tronçon, impraticable sans 4x4 après de fortes pluies).

★ Frontière birmane A2

Peu visitée, cette belle région vit surtout au rythme des tensions et des affaires transfrontalières (*p. 229*). Entre les Birmans et les Thaïlandais, le commerce des buffles et des vaches complète toutes sortes d'autres trafics moins avouables, dont celui de la drogue.

La route que vous empruntez traverse cependant de somptueux paysages de rizières, dominées par des cocotiers. Elle s'enfonce ensuite dans la forêt pour déboucher plus loin, aux portes de la Birmanie, à **Mae Sam Laep★**, un village important aux maisons sur pilotis qui s'étire le long de la Salween. Dans l'attente de trouver où s'établir, des réfugiés s'y concentrent : Shans, Karens et minorités musulmanes venant de Birmanie, les plus jeunes profitant de l'école improvisée pour apprendre le thaï. Sur place, on vous proposera des promenades en bateau sur la Salween.

★ De Mae Sariang à Chiang Mai

Circuit de 188 km, tracé en rouge sur la carte – Comptez une demi-journée. Faites le plein d'essence avant de quitter Mae Sariang, la station suivante se trouve à Hot (103 km). De Mae Sariang, dirigez-vous vers l'est par la route 108 jusqu'au parc national d'Op Luang (à 86 km de Mae Sariang).

Ce long parcours traverse quelques champs de tournesols et de vastes forêts de pins.

★★ Parc national d'Op Luang AB2

8h-16h30 - 200 bahts.

Surnommé parfois un peu pompeusement le « Grand Canyon de Thaïlande », ce site naturel offre l'occasion d'une belle promenade entre nature aménagée et vestiges archéologiques. Des ossements d'animaux associés à des outils primitifs y ont été mis au jour et révèlent la présence d'une communauté de chasseurs-cueilleurs, il y a 20 000 ans. Peu avant notre ère, l'endroit accueillit aussi un cimetière et de nombreux objets funéraires ont été retrouvés, parmi lesquels des bracelets de bronze. Une équipe d'archéologues franco-thaïlandaise a également découvert des **motifs rupestres** gravés sur des blocs de granit.

Le sentier fléché traverse d'abord l'étroite **gorge** creusée par la rivière Chaem, puis il grimpe à flanc de colline, vous menant d'une tombe à des abris sous roche où, parmi les peintures rupestres, vous reconnaîtrez des animaux (éléphant).

Du parc d'Op Luang, reprenez la route 108 jusqu'à la ville de Hot, à 17 km. Continuez jusqu'à Chom Thong (30 km), sur la route de Chiang Mai.

Chom Thong B2

Au centre du bourg, sur la droite, vous ferez une halte pour admirer le **Wat Phra That Si Chom Thong★** *(ferme vers 16h)*. Un *chedi* blanc de style birman précède l'étincelant *chedi* du 15e s. de style Lan Na et le **wihan★★** du 16e s. aux pignons très travaillés et aux boiseries noir et or décorées au pochoir. À l'intérieur, de massives colonnes peintes supportent le toit. L'autel, grand reliquaire doré précédé de défenses d'éléphant, renferme de belles statues en bois du Bouddha.

De là, poursuivez jusqu'à Chiang Mai (57 km) par la même route.

La bifurcation pour le parc national du Doi Inthanon *(voir « Autour de Chiang Mai », p. 217)* se trouve à gauche à la sortie du bourg, sur la route 1009. Ceux qui disposent d'une ou deux journées supplémentaires pourront y faire une randonnée avant de revenir à Chiang Mai.

Carnet pratique

PLAN (P. 233)

S'informer

Tourism Authority of Thailand (TAT) à Mae Hong Son – *4 Th. Ratchathamphithak - ✆ 05 361 29 82.* Informations et police touristique.

Arriver/Partir

En avion

Aéroport de Mae Hong Son – *Accessible en* tuk-tuk *ou à pied.* Liaisons quotidiennes avec Bangkok (Nok Air) et Chiang Mai (Bangkok Airlines).

En bus

Gare routière de Pai – *Th. Chai Song Kram (dans le quartier touristique).* Un bus local à 8h30 et un mini-van à 7h et à 12h30 pour Mae Hong Son *(3-4h de trajet) via* Soppong *(1h30 de trajet).* Mini-van ttes les 2/3h. de 7h à 17h pour Chiang Mai *(4h de trajet).*

Gare routière de Mae Hong Son – *À 2 km au sud-ouest du lac Nong Chong Kham.* Les liaisons Chiang Mai/Mae Hong Son se font par la route du sud *(3 bus/j. - 9h de trajet* via *Khun Yuam et Mae Sariang)* ou par la route du nord *(1 bus/j. et mini-van ttes les h. de 7h à 15h - 7h de trajet* via *Pai).*

Adresses utiles

Mae Hong Son

Sri Sangwan Hospital – *Th. Singhanat Bamrung (excentré à l'est de la ville) - ✆ 05 204 96 69.*

3

Nos adresses

Restauration

Pai

Premier prix

❤ **Chew Xin Jai** – *222 Moo 4, Th. Wintai - ✆ 085 717 36 28 - 8h-19h - ⊭ - env. 50 bahts.* Le restaurant ressemble à une pagode chinoise et sert une cuisine majoritairement *vegan* (végétalienne). De la soupe aux nouilles jaunes ou blanches aux rouleaux de printemps, en passant par le riz aux champignons et le burger au soja, la carte fourmille de suggestions originales.

Earth Tone – *Th. Mae Hong Son 4024 - ✆ 093 307 66 86 - 9h30-16h30 - fermé sam. - ⊭ - plats 140/270 bahts.* Reconnaissable à son toit de paille et à son enseigne colorée, ce restaurant propose une cuisine vegan et *healthy*, à base de produits majoritairement locaux et bios. Sous le joli toit de bois cerné par la végétation, on déguste un *buddha bowl*, un *pad thaï*, un sandwich au *tempeh*...

Budget moyen

❤ **Silhouette** – *476 Moo 8, Th. Viengtai (à env. 5 km du centre) -*

05 369 98 70 - www.reveriesiam.com - service continu - plats 135/495 bahts. C'est l'adresse chic de Pai. Son cadre élégant et raffiné cultive un style suranné avec ses bibliothèques de livres anciens, ses gramophones et son mobilier rétro. La terrasse donne sur un charmant jardin planté de papyrus et de jasmin. Vous aurez le choix entre tapas froides et chaudes, planches de fromage ou de charcuterie pour deux, pâtes, pizzas ou plats inventifs. Sélection importante de vins du monde entier. L'adresse étant très excentrée, appelez et l'on viendra vous chercher à votre hôtel. Propose aussi 20 ch. luxueuses au Reverie Siam *(4500/6600 bahts).*

Mae Hong Son

PLAN (P. 233)

Premier prix

2 Marché de nuit – *Th. Phadit Chong Kham - - à partir de 17h - env. 100 bahts.* Il s'installe sur les berges ouest et sud du lac dès que le soleil décline. Vous y trouverez poissons de la rivière en croûte de sel, brochettes en tous genres, soupes, beignets de légumes frits et fruits frais. Votre choix fait, vous irez vous asseoir sur les nattes disposées sur le trottoir au bord du lac où des mini-tables basses sont disposées pour l'occasion.

1 Bai Fern – *87 Th. Khunlum Praphat - 05 361 13 74 - - midi et soir - plats 120/150 bahts.* C'est l'une des meilleures adresses de la ville, jouissant d'un cadre verdoyant et chaleureux dans plusieurs salles tout en bois. Vous aurez le choix entre une cuisine thaïlandaise, chinoise ou européenne. Goûtez surtout les plats locaux du Nord : soupe de pousses de bambou, saucisses aigres-douces ou pimentées, porc façon shan, etc. Service attentionné et quelques vins chiliens. Une adresse cependant très touristique. Musique *live* à partir de 18h30.

Budget moyen

3 Ban Nin Tra – *35 Th. Singhanat Barm Rung - 081 646 56 48 - service continu - plats 250/450 bahts.* Entre le lac et l'aéroport, ce restaurant propose une cuisine variée thaïe, vietnamienne et chinoise. Les plats, assez copieux, sont servis dans la jolie salle boisée ou en terrasse. Également très fréquenté à l'heure du petit-déjeuner.

4 Kai Mook – *Th. Udom Chaonit Tet - 05 361 20 92 - - service continu - plats 120/290 bahts.* Vous le trouverez entre la route principale et le lac, à 100 m de l'hôtel Ngamta. Il sert une cuisine régionale élaborée : le canard rôti au miel, le sanglier, le poisson entier et les recettes mêlant poisson et porc figurent au rang des spécialités. Nombreuses préparations à base de tamarin et de *shiitaké*, un petit champignon parfumé qui pousse dans la région.

Mae Sariang

Premier prix

Loomwiang – *Santong Rd (à proximité du Wat Saen Thong) - 096 264 64 42 - 8h-16h - fermé merc. - plats 100/250 bahts.* Un peu à l'extérieur du centre-ville, ce restaurant réserve une belle surprise à ceux qui s'y arrêtent. Les plats sont délicieux, cuisinés avec des produits frais, et le cadre enchanteur. Déjeunez à l'intérieur de cette très belle maison ou sur la terrasse abritée, face au paysage des rizières et des montagnes. Également un grand choix de cafés et de boissons fraîches.

Coriander in Redwood – *12 Moo 2, Th. Lang Panich (à côté du River House Resort) - 05 368 33 09 - www.riverhousehotelgroup.com - - service continu - plats*

280/590 bahts. Une carte internationale et thaïe sans grand relief, n'offrant pas vraiment de spécialités, mais vous y déjeunerez dans un joli cadre, la grande salle tout en teck donnant sur un petit carré d'herbes aromatiques.

Dans le quartier des hôtels et des *guesthouses.*

Intira – *170/1 Th. Wiang Mai - ✆ 05 368 15 29 - ▤ - service continu - plats 150/200 bahts.* Ce restaurant, central et accueillant, sert une bonne cuisine sino-thaïlandaise. On y apprécie la fraîcheur des ingrédients – le marché aux fruits et légumes est à deux pas. Carte en anglais et service rapide.

Activités

Autour de Pai

Le quartier touristique de Pai (la rue piétonne longeant la gare des bus et sa parallèle) regorge d'agences d'excursions proposant aux mêmes tarifs les mêmes programmes : sorties à la journée ou à la demi-journée vers les temples environnants, sources chaudes, grottes et cascades ainsi que des trekkings *(2 j.)* vers les villages des minorités montagnardes. Vous trouverez partout scooters et vélos à louer pour découvrir les environs à votre guise.

Pang Mapha (Soppong)

Cave Lodge – *15 Moo 1 - ✆ 05 361 72 03 - www.cavelodge.com.* Loin de la route principale mais à 5mn à pied de Tham Lot par des chemins de traverse, il propose kayak, descente en radeau, spéléologie, excursions vers les villages et les grottes alentour. Dispose de dortoirs *(150 bahts)* et d'une vingtaine de chambres très rustiques *(400/700 bahts)* attirant un public de jeunes voyageurs.

Autour de Mae Hong Son

Plusieurs agences d'excursions sur la rive ouest du lac proposent rafting sur des radeaux de bambou, bains de boue près des sources chaudes et les traditionnels trekkings vers les villages des minorités ethniques.

Tour Merng Tai CBT – *87 Th. Khunlum Praphat - Rens. au Fern Resort - ✆ 086 311 56 31 - www.tourmerngtai.com.* Excursions dans les régions de Mae Hong Son et de Pang Mapha, sorties d'observations ornithologiques et randonnées à pied ou à vélo.

Hébergement

Pai

Pour se faire plaisir

Rim-Pai Cottage – *99/1 Moo 3, Th. Vingtai - ✆ 05 369 91 33 - www.rimpaicottage.com - ▤ P - 19 ch. 1 800/2 400 bahts ☕.* Les vastes bungalows individuels de bois sont disséminés sous d'immenses bougainvilliers, dans une végétation luxuriante. Certains donnent sur le jardin, d'autres, plus chers, ouvrent sur la rivière, tous avec de belles terrasses privatives. Chambres et sdb sont spacieuses et joliment meublées. Une adresse de charme.

Pang Mapha (Soppong)

Premier prix

Little Eden – *295 Moo 1 (sur la rte principale, à droite) - ✆ 089 952 88 70 - www.littleeden-guesthouse.com - ▤ ✕ ⛱ ⛔ P - 13 ch. 780 bahts ☕.* Cette agréable pension jouit d'un joli jardin, d'un bar-restaurant et d'une piscine qui donnent aux lieux une atmosphère conviviale. De la pièce basique dans un chalet de bois à la vaste chambre claire ou à la familiale, il y en a pour tous les styles et tous les budgets. La plus chère, un duplex avec balcon, est magnifique. Kayak, randonnée.

3

Mae Hong Son

PLAN (P. 233)

Premier prix

4 **Piya Guesthouse** – *Soi 3, 1/1 Th. Khunlum Praphat - 05 361 12 60 - - 14 ch. 770/825 bahts.* Des chambres standard mais bien aménagées, disposées autour d'un jardin. L'intérêt majeur de cette pension reste sa situation, en bordure du lac, avec une vue magnifique sur les temples voisins, et le marché de nuit à sa porte. Un bon rapport qualité-prix.

Budget moyen

5 **Ngamta** – *5/9 Th. Khunlum Praphat - 05 361 27 93 - - 20 ch. 1 375/1 488 bahts.* Cinq de ses chambres jouissent d'une belle vue sur le lac, les autres donnent sur rue mais sont deux fois plus spacieuses. Cette adresse fonctionnelle à la décoration kitsch bénéficie d'une petite terrasse commune au 3e étage (sans ascenseur). Vélos à disposition.

❤ **Fern Resort** – *64 Moo 10 Phabong (à 9 km au sud-ouest de Mae Hong Son, à l'extrémité du parc national de Mae Surin) - 05 368 61 10 - www.fernresort.info - - 30 bung. 1 600/2 200 bahts.* Voici un paradis pour les amoureux de la nature. Dans un cadre magnifique, ses bungalows en bois de style shan, confortables et chaleureux, sont disséminés dans un luxuriant jardin agrémenté d'une piscine. Leurs chambres, tout en bois et bien meublées, invitent à prolonger le séjour. Les propriétaires ont banni la télévision et le téléphone. Plusieurs activités proposées. Excellent accueil. Navette gratuite vers le centre-ville 4 fois/j.

Mae Sariang

Premier prix

Mitaree 1 – *256 Moo 2 (sur la route principale 1194, au centre de la ville) - 05 368 11 10 - - 30 ch. 600 bahts.* Carrelées du sol au haut des murs, ses chambres kitsch sont typiques d'un hôtel à la chinoise. Les plus chères, avec eau chaude, sont éclairées par de grandes baies vitrées et ont un petit balcon. Six d'entre elles occupent trois bungalows, plus cosy mais donnant sur le parking.

Budget moyen

Riverhouse Hotel – *77 Th. Lang Panich - 05 368 23 23 - www.riverhousehotelgroup.com - - 12 ch. 1 100/1 500 bahts - en suppl.* L'hôtel est installé dans une belle maison en teck au bord de la rivière. Demandez absolument l'une des chambres avec terrasse donnant sur la Yuam, la jolie vue compensera les petits désagréments tels que le plancher qui craque et un accueil un peu désinvolte. Ne pas confondre avec le *resort* du même nom, à 50 m de là, plus cher et n'apportant rien de plus, hormis davantage de béton, ni avec les nombreuses *guesthouses* et *homestays* de la rue, qui s'appellent toutes River House.

Chiang Dao, Tha Ton et les rives de la Kok ★

Le nord de Chiang Mai offre aux amateurs de trekking une multitude d'options, de la découverte de somptueuses vallées verdoyantes à la rencontre des minorités ethniques. Chiang Dao offre une plongée au cœur de ces peuples et, aux portes de la Birmanie, d'autres sentiers forestiers attireront les marcheurs en quête d'un peu plus de solitude. Au fil du circuit, les forêts de pins alternent avec les collines pelées, dues à la politique de déforestation des dernières décennies. Proche du Triangle d'or, la région est le cadre d'un vaste trafic de drogue que le gouvernement thaïlandais tente d'endiguer avec peine. Encouragés par la famille royale, des projets de développement agricole parviennent à s'imposer peu à peu, pour que l'opium cède la place au riz ou au maïs. C'est donc là une région en devenir, où le touriste a lui-même un rôle à jouer, en tenant compte de tous les paradoxes que véhicule sa propre présence.

Se repérer

CARTE BC1-2 (P. 192-193).
Provinces de Chiang Mai et de Chiang Rai.
À 92 km au nord-ouest de Chiang Rai et 184 km au nord-est de Chiang Mai.

À ne pas manquer

Les grottes de Chiang Dao ; la descente de la Kok en bateau.

Organiser son temps

Comptez au moins 2 jours. Meilleure saison : de nov. à mars. Faites étape à Tha Ton, le meilleur endroit pour loger dans la région.

Carnet pratique p. 244

Nos adresses p. 244

3

Circuits conseillés

CARTE P. 192-193

Circuits totalisant env. 240 km, tracés sur la carte. De Chiang Mai, vous emprunterez les routes 107 puis 1089 jusqu'à Tha Ton. De là, vous pouvez soit descendre la Kok en bateau jusqu'à Chiang Rai, soit poursuivre par la route 1089 jusqu'à Mae Chan avant de rejoindre Chiang Rai, un peu plus au sud par la Highway 1.

De Chiang Mai à Tha Ton

Circuit d'env. 220 km au départ de Chiang Mai, tracé en violet sur la carte – Comptez 2 jours. Tôt le matin, quittez Chiang Mai vers le nord par la route 107 et filez jusqu'aux grottes de Chiang Dao (à 75 km de Chiang Mai).

★ Grottes de Chiang Dao (THAM CHIANG DAO) B1

8h-17h - 20 bahts - visite libre de la 1re salle, guide (200 bahts pour 5 pers.) et lanterne (200 bahts à nouveau) obligatoires à partir de la 2e salle - tenue correcte requise.

Cachées parmi de vastes plantations de tecks, plusieurs grottes sont creusées dans les flancs du **Doi Luang Chiang Dao**, le troisième sommet du pays (2182 m). Ces cavités naturelles, reliées entre elles par une série de galeries, composent un véritable labyrinthe souterrain sur 14 km à l'intérieur de la montagne. Seules cinq grottes sont ouvertes au public – d'accès plus ou moins facile –, habitées par des colonies de chauves-souris et remplies de statues du Bouddha. Comme la plupart des grottes en Thaïlande, celles de Chiang Dao sont sacrées, et les Shans viennent régulièrement y déposer leurs offrandes.

La première salle, avec ses **formations calcaires★★** rehaussées par la présence de quelques bouddhas de style birman, est la plus impressionnante. Un escalier flanqué d'un long *naga* grimpe vers une salle obscure où siègent d'autres statues, l'une d'elles représentant l'Éveillé à son nirvana (couché).

En ressortant, jetez un coup d'œil au vieux **chedi birman** qui se dresse au coin du temple. Vous pouvez flâner un moment autour de l'étang voisin, avant de faire un tour au petit **marché aux plantes médicinales**, où vous trouverez aussi quelques gargotes pour vous restaurer.

Reprenez la route 107.

La route traverse des paysages de forêts de tecks avant de déboucher sur un décor de pitons rocheux étrangement sculptés, évoquant ces magnifiques dessins chinois ou les rochers de la baie de Ha Long, au Vietnam.

16 km avant d'arriver à Fang, à gauche (fléché), la route 1249 conduit vers l'ouest au sommet du mont **Doi Ang Khang★** *(à 26 km de l'embranchement)*. Les hauteurs du massif profitent d'un climat plus tempéré, propice à la culture de fruits et de fleurs et la route sinue à travers un beau paysage de campagne.

Revenez sur la route 107 et poursuivez vers le nord jusqu'à Fang (à 50 km au nord de Chiang Dao).

Fang B1

Grosse bourgade animée conservant encore quelques jolies maisons de bois à étages, Fang fut fondée en 1268 par le roi Mengraï. La ville conserve sa vocation commerciale d'origine, malgré les affres de l'histoire. Détruite par les Birmans au début du 19e s., Fang se releva très vite grâce au trafic de l'opium, avant de devenir

Champs de riz devant le Doi Luang Chiang Dao.
enviromantic/Getty Images Plus

un prospère centre d'artisanat. Fang, non touristique, vaut une brève halte pour ses **marchés★** de jour et de nuit, où les minorités montagnardes viennent vendre leurs produits.
Poursuivez au nord de Fang par les routes 107 et 1089.

★ Tha Ton C1

Petite localité commerçante où se mêlent Shans et touristes, Tha Ton est le point de départ privilégié des amateurs de trekking et, surtout, de la croisière sur la rivière Kok. Juste avant le pont, vous trouverez sur votre droite l'embarcadère d'où partent les bateaux pour Chiang Rai, tandis qu'à gauche, perché sur une colline, le très kitsch **Wat Tha Ton★** fait flotter au vent ses bannières sacrées. Le *chedi* central, que l'on visite par un long corridor en spirale, renferme d'intéressantes sculptures et statues, dont de remarquables **bouddhas birmans★** en bois doré incrustés de brillants. Mais le site vaut surtout pour le **point de vue★★** exceptionnel sur la rivière, la ville et toute la vallée en contrebas *(meilleure lumière en fin d'après-midi)*. Certains moines proposent des cours de méditation aux étrangers. De part et d'autre du pont, une multitude de *guesthouses* invitent à prolonger le séjour. La plupart organisent des randonnées vers les hameaux isolés de la région.

★★ En descendant la rivière Kok C1

▶ *Circuit de 55 km au départ de Tha Ton par la Kok, tracé en marron sur la carte – Comptez une demi-journée par la rivière, 2h en voiture (92 km).*
Les meilleurs mois pour la descente en bateau sont novembre et décembre, au sortir de la saison des pluies, lorsque le niveau de l'eau est le plus haut. Autrefois très prisée des voyageurs à petit budget, la descente de la **Mae Nam Kok** jusqu'à Chiang Rai à bord d'un *long tail* est devenue l'attraction majeure de la région, proposée par toutes les agences de tourisme locales. L'excursion reste néanmoins fort plaisante. On peut aussi effectuer le trajet en sens inverse, en remontant le cours de la rivière à partir de Chiang Rai ; une solution intéressante si vous laissez votre voiture ou votre moto à Chiang Rai, par exemple, et qui offre l'avantage d'être moins touristique.
Le manque de confort des pirogues à moteur est vite compensé par la beauté des **paysages★★**, alternance de forêts et d'épais massifs de bambous entre lesquels

surgissent des habitations aux toits de palmes. Des gamins s'ébattent au bord de la rivière, quand ce ne sont pas des éléphants, paisiblement occupés à s'arroser avec leur trompe.
Les bateaux municipaux font généralement une escale de 15mn à **Ban Ruammit**, un village peuplé de Karens et devenu très touristique, d'où un accueil quelque peu perverti. À l'entrée, la pancarte « village traditionnel karen » donne le ton, comme l'éléphant avec lequel on vous presse de poser pour une photo. L'idéal, si vous avez du temps, est de vous échapper vers les hameaux voisins, plus authentiques.
En arrivant à Chiang Rai, les bateaux accostent à 2 km à l'est du centre-ville. À votre arrivée au débarcadère, attendez-vous, là aussi, à être accueilli par une nuée de guides, de conducteurs de *tuk-tuk* et de rabatteurs pour les pensions et les agences de la ville...

Carnet pratique

Arriver/Partir

En bateau

Plus de services réguliers depuis le Covid, mais possibilité de louer un *long tail boat* pour aller de Tha Ton à Chiang Rai *(env. 2200 bahts pour un bateau d'une capacité de 6 pers.)*; la descente dure entre 3 et 5h.
Si vous êtes à moto, vous pouvez l'embarquer à bord.

En bus

De la gare routière de Chang Phuk, à Chiang Mai, bus ttes les 30mn pour Fang et Tha Ton.

Nos adresses

Restauration

Tha Ton

Budget moyen

Maekok River Village Resort – *284 Moo 3 (dans l'hôtel du même nom) - ✆ 05 305 36 30 - service continu - 400/500 bahts.* On y vient aussi bien pour le cadre que pour la cuisine. Joliment aménagée et ornée de plantes vertes, sa terrasse donne sur la rivière et sur le jardin hydroponique où le restaurant cultive ses propres légumes bio. Ne manquez pas ses spécialités de cuisine shan birmane où les saveurs thaïes se mêlent harmonieusement avec celles venues d'Inde. Carte de vins chiliens et sud-africains.

Hébergement

Autour de Chiang Dao

Vous trouverez une vingtaine de *guesthouses* pour petits budgets sur la route à proximité des grottes.

Budget moyen

Malee's Nature Lovers Bungalows – *144/2 Moo 5, Chiang Dao (1,5 km après les grottes, prenez à gauche à la bifurcation) - ✆ 081 961 83 87 - www.maleenature.com - ✕ ⛱ P - 12 ch. 700 bahts ☕ - réserv. conseillée.* Des bungalows aux murs de bambou tressé, bien tenus et charmants, attendent dans la verdure, loin de tout. Les plus chers, construits en dur, sont isolés à l'extrémité du grand jardin et disposent d'une agréable terrasse.

Bon accueil et calme garanti. Camping possible. Organise des randonnées et loue des vélos et des scooters.

Chiang Dao Nest 1 et 2 – *144/4 Moo 5, Ban Tham (à 1,5 km et 500 m du temple où se trouve la grotte) - ✆ 05 345 66 12 - www.chiangdaonest.com -* - *24 ch. 695/1 495 bahts.* Dans un jardin soigné, des bungalows de facture simple, au mobilier de rotin, fréquentés par des touristes du monde entier. Les petites différences entre les deux « nids » se situent surtout au niveau des services proposés : piscine, air conditionné ou ventilateur, restaurant (un peu cher) thaï ou européen.

Royal Ping Garden & Resort – *110/2-14 Moo 3, Ban Pao (en retrait de la route 107, entre Mae Taeng et Chiang Dao, à droite en venant du sud) - ✆ 081 980 25 25 -* - *58 ch. 810 bahts.* C'est surtout pour ses jardins et son cadre verdoyant que l'on apprécie cette adresse sur la berge de la Ping. Les chambres, elles, souffrent d'un net manque d'entretien et les matériaux mériteraient d'être remplacés.

Tha Ton

Budget moyen

Saranya River House – *232 Moo 3 (face à l'embarcadère) - ✆ 089 851 70 72 -* - *20 ch. 2 900/3 100 bahts.* Idéalement situé, c'est l'option chic de ce quartier où pullulent les *guesthouses* bon marché. Les chambres, impeccables, certaines avec une petite terrasse privée, sont décorées avec sobriété dans les tons gris et blanc. Celles du rdc ouvrent de plain-pied sur la piscine mais, avec leurs grandes baies vitrées, elles manquent d'intimité. Vous serez plus tranquille à l'étage. Agence d'excursions.

Pour se faire plaisir

Maekok River Village Resort – *Sur la route de Chiang Rai, 1 km après le pont, sur la droite - ✆ 05 305 36 28 - www.maekok-river-village-resort.com -* - *36 ch. 2 200/4 200 bahts.* Le seul établissement de luxe de Tha Ton. Agréablement agencées dans un jardin près de la rivière, les chambres sont délicieuses, avec tout le confort rêvé (cafetière, chaussons, écran plat, etc.) et de belles salles de bains garnies de plantes vertes et de galets en guise de sol de douche. Les villas et les suites, avec pièces communicantes et situées en retrait de la rivière, ont été conçues pour accueillir des familles. Piscine, aires de jeux, restaurant et bar complètent le confort. Organisation de sorties à pied, à vélo, en kayak (initiation sur place) ou en rafting, mise à disposition de cartes des environs, cours de cuisine, de massage ou de méditation, etc. En basse saison, la 3e nuit est offerte. Une très belle adresse.

Chiang Rai et le Triangle d'or ★★

Région mythique, le Triangle d'or a fait rêver plus d'un voyageur. Mais si l'exploration de l'extrême nord de la Thaïlande demeure toujours populaire, une bonne part de son mystère s'est envolée avec les dernières volutes d'opium : la culture et le commerce du pavot, qui firent longtemps la richesse du Nord et lui forgèrent cette identité si marginale, sont aujourd'hui en nette régression, et les trekkeurs remplacent les trafiquants. Pourtant, un parfum d'aventure souffle encore sur cette contrée qui abrite une singulière mosaïque de minorités ethniques - populations au destin fragile, soumis à celui des trois nations qui heurtent ici leurs frontières. Malgré son animation, Chiang Rai ne vous arrêtera pas longtemps. Les charmes de la région se dévoilent en poursuivant au nord, vers les portes de la Birmanie, et vers l'est en suivant le cours tranquille du Mékong.

Se repérer

CARTE C1 (P. 192-193), PLAN (P. 248), CARTE DU TRIANGLE D'OR (P. 251).
77 672 habitants à Chiang Rai - Province de Chiang Rai.
Chiang Rai se trouve à 92 km au sud-est de Tha Ton et 198 km au nord-est de Chiang Mai.

À ne pas manquer

Le village chinois de Mae Salong et le Doi Tung ; une descente en bateau sur le Mékong ; les villages frontaliers de Chiang Saen et Chiang Khong.

Organiser son temps

Comptez 4 jours. Meilleure saison d'octobre à février Louez un véhicule à Chiang Rai : en bus, vous perdrez beaucoup de temps. En hiver, prenez des vêtements chauds.

Carnet pratique p. 255

Nos adresses p. 256

Se promener

PLAN P. 248

Circuit tracé en vert sur le plan de ville - Comptez 2h.

★ Musée des Tribus montagnardes (HILL TRIBE MUSEUM)

620/1 Th. Thanalai - ✆ 05 374 00 88 - 8h30-18h, w.-end 10h-18h - 50 bahts - photos interdites.

Pendant du Musée ethnographique de Chiang Mai *(voir p. 203)*, celui de Chiang Rai se révèle tout aussi instructif. Relais de la PCDA (Population Community and Development Association), l'organisme chargé du soutien et de l'instruction des tribus montagnardes, il présente avec beaucoup d'objectivité et d'impartialité les diverses minorités ethniques de la région dans leurs contextes écologique, politique et sociologique. Plusieurs sujets sont ainsi traités sans détour : on apprend notamment que la **déforestation** en Thaïlande est moins due à la traditionnelle agriculture sur brûlis qu'aux lobbies industriels.

Plantation de thé sur les pentes du Doi Mae Salong.
Jon Arnold Images/hemis.fr

Concernant la **politique d'intégration** des minorités initiée par le gouvernement, on découvre aussi que ce dernier, paradoxalement, attribue rarement la citoyenneté thaïe à ces peuples montagnards, la raison officielle invoquée étant un risque d'« hémorragie » migratoire des tribus voisines de Birmanie ou du Laos. Autre sujet évoqué : l'**impact du tourisme** dans la région, son développement trop rapide menaçant la survie des cultures locales. Quelques documents relatent également la très intéressante **histoire de l'opium**. Un **diaporama** accompagné de commentaires en français *(20mn)* achèvera de vous familiariser avec la culture des différentes ethnies régionales.

Le samedi après-midi, la rue qui part au sud face au musée est fermée à la circulation automobile et se transforme en un immense **marché gastronomique** : idéal pour découvrir maintes spécialités culinaires de la région.

★ Wat Phra Kaeo

Th. Trairat - 7h-17h - gratuit.

Le temple doit sa renommée à la découverte du fameux **bouddha d'Émeraude**, en 1434 *(voir p. 42)*. Selon la légende, la statue la plus vénérée de Thaïlande se cachait en effet dans le *chedi* du sanctuaire. Après maintes tribulations, le célèbre bouddha a fini par élire domicile dans le temple éponyme de Bangkok.

Dans la cour centrale fleurie d'orchidées, l'**ubosot**★ (1890) exhibe son élégante façade de bois décorée de panneaux sculptés or et vermeil. À sa gauche, remarquez les somptueux **bâtiments de bois**★ sombre, rehaussés de statues dorées à l'effigie du moine fondateur et de ses successeurs.

On accède ensuite au **Ho Phra Kaeo**★★, encadré de verdure et précédé d'un bassin où s'ébattent quelques tortues d'eau. Ce *wihan* récent, véritable réussite, marie

Une ancienne capitale

L'avènement de Chiang Rai tient de la légende : le roi **Mengraï**, à la recherche de son éléphant préféré qui s'était échappé, découvrit une empreinte du pied de l'animal sur la berge de la Kok. Enchanté par la beauté du site, le souverain décida d'y fonder une ville, qu'il nomma Chiang Rai, l'« Empreinte de l'éléphant ». La première capitale du royaume du Lan Na était née (1262) et allait très vite prospérer. Trente ans plus tard, cependant, le souverain l'abandonnait au profit de Chiang Mai, moins exposée aux tourments des frontières. Aux portes du Laos et de la Birmanie, Chiang Rai conserva néanmoins son statut d'important carrefour commercial, puis sombra dans l'oubli au 19e s. Peuplée d'à peine 10 000 habitants dans les années 1970, la ville s'est découvert depuis quelques décennies une vocation touristique, facteur d'une nouvelle prospérité. Capitale de la province, elle s'affiche désormais en rivale de Chiang Mai grâce à la beauté de son environnement naturel. Elle ne possède pas pour autant le charme de sa voisine, sa longue histoire n'ayant hélas laissé aucun vestige.

SE RESTAURER
- Kunda Cafe 1
- Cabbages & Condoms 2
- Barrab 4
- Nakhon Pathom 5
- Por Jai 6

SE LOGER
- Le Patta 6
- Golden Triangle Palace 7
- The Legend Resort & Spa 8

avec goût les canons de l'architecture classique et des lignes modernes; notez en particulier les originaux *chofa*, en forme de trompe d'éléphant. L'édifice abrite une copie contemporaine du bouddha d'Émeraude, réalisée par un artiste chinois.

Wat Phra That Doi Chom Thong

Th. At Amnuay - 6h-17h - gratuit.

Perché au sommet d'un tertre, le temple vaut surtout pour le panorama qu'il offre sur la plaine. Selon la tradition, c'est du haut de cette éminence que le roi Mengraï aurait décidé de fonder la cité. Au centre du domaine s'élève un *chedi* de style Lan Na remontant au 10e s.

À proximité

CARTE P. 251

★ Wat Rong Khun (TEMPLE BLANC)

À 13 km au sud-ouest de Chiang Rai - 8h-17h - 100 bahts.

Création de l'artiste thaï Chalermchai Kositpipat, ce temple bouddhiste immaculé (1997) n'est pas un lieu de culte, mais une sorte de délire architectural aussi surprenant que kitsch, où l'on croise des images du Bouddha mais aussi de Michael Jackson et de… Superman ! Une véritable curiosité.

Circuits conseillés

CARTE P. 251

★★ Le Triangle d'or

Circuit de 166 km, tracé en rouge sur la carte du Triangle d'or. Comptez une journée.

Dessinant un triangle, la région des Trois Frontières couvre une superficie de 200 000 km², territoire englobant la zone nord-ouest de la Birmanie, le nord de la Thaïlande (Chiang Mai inclus) et l'ouest du Laos. À l'origine, la monnaie d'échange de l'opium était l'or, d'où le surnom de la région, qui reste le premier producteur et exportateur mondial d'héroïne. Le trafic, perpétué par des bandes rivales, principalement des tribus ou des descendants des membres du Kuo Ming Tang, se déroule pour l'essentiel à la frontière sino-birmane.

3

★★ Sur les pentes du Doi Mae Salong

De Chiang Rai, prenez la Highway 1 vers le nord, puis, à Mae Chan (30 km), prenez à gauche la route 107 (qui devient immédiatement après la 1089), dir. Fang.

Plusieurs **villages yaos** jalonnent le parcours, jolis ensembles de maisons de chaume d'où jaillissent des grappes d'enfants, pour vous saluer de leurs lumineux sourires. Plus loin, une église, tout en bois, dresse son clocher miniature au cœur d'un hameau. Des femmes akhas ne manqueront pas de vous proposer quelques objets artisanaux (tissus, coussins, etc.).

Après 17 km, quittez la route de Fang pour suivre à droite la route 1089 (fléchée) qui grimpe en lacet. À la 1re bifurcation, prenez à gauche, puis encore à gauche à la bifurcation suivante.

On atteint bientôt *(33 km d'une bonne route)* le village chinois de **Mae Salong★** (alt. 1 367 m), connu également sous le nom de Santhi Khiri, la « montagne de la Paix ». Ses temples taoïstes et ses maisons blanches, typiques de l'architecture chinoise, épousent la crête de la montagne. À voir les denrées vendues au marché

Réfugiés ou renégats ?

L'histoire du village de **Mae Salong** se révèle bien mouvementée : lorsque le parti communiste prit le pouvoir en Chine en 1949, un des régiments de l'armée nationaliste du Kuo Ming Tang, combattant dans ces montagnes (qui appartenaient alors à la province méridionale chinoise du Yunnan), se trouva isolé des troupes de Chang Kaï Chek, alors en fuite vers Taïwan. Le régiment s'établit dans les hauteurs et entreprit pour survivre de cultiver le pavot avant de se livrer à la contrebande. Le site de Mae Salong constitua ainsi une enclave du Kuo Ming Tang pendant près de vingt ans. La position stratégique du village, à la frontière de la Birmanie, encouragea le gouvernement thaïlandais à tolérer cette présence étrangère, estimant qu'elle pouvait faire barrage à d'éventuelles infiltrations communistes. Aujourd'hui, les descendants de ces soldats nationalistes parlent toujours le dialecte du Yunnan. Mais la grande époque des seigneurs de l'opium s'est achevée, et la guérilla a cédé la place au tourisme.

local, les habitants n'ont pas rompu les liens avec leur patrie d'origine : les sacs de champignons secs arrivent directement de la province chinoise du Yunnan. Quant au thé, il vient des plantations qui couvrent les versants des collines. L'occasion de goûter à quelques spécialités locales, aux appétissantes saveurs sino-thaïes, dans l'une des gargotes du village.

À Mae Salong prenez à droite la route n° 1130 pour revenir en boucle vers la Highway 1, au niveau de Ban Pa Sang.

En redescendant de Mae Salong, la **route**★★, superbe, vaut à elle seule le voyage, dominant un magnifique paysage champêtre. Passé 16 km, un chemin à droite conduit à **Ban Phu Dua**. Après s'être livré à la culture du pavot à grande échelle dans les années 1960, ce village yao s'est reconverti dans le tourisme. Assises devant leurs maisons de bambou tressé, les femmes trient le grain ou brodent des coussins pour les visiteurs.

Revenez sur la Highway 1 vers le nord (à gauche).

La route file au pied du massif du **Khunnam Nang Nong**, la « montagne de la Femme endormie », dont la forme évoqua sans doute à quelques voyageurs poètes la silhouette d'une femme couchée sur le dos. En hiver, la route aux abords de Mae Sai est bordée d'étals chargés de fraises et de quantité de produits dérivés : vin de fraise, fraises confites...

Poursuivez vers le nord sur la Highway 1, puis au village de Huai Khrai (10 km), tournez à gauche pour prendre la route 1149 (fléché).

★★ Doi Tung Royal Villa

À 15 km de la bifurcation (56 km de Chiang Rai) - ✆ 05 376 70 15 - www.doitung.org - 8h-17h - villa 110 bahts, jardins 110 bahts - audioguide en français - tenue correcte exigée.

En 1988, la reine mère participa activement à la nouvelle politique agricole. Face à la déforestation, qui atteignait un niveau critique dans la région, elle encouragea un programme de réhabilitation des sols et, pour superviser les travaux de reboisement, elle décida de résider sur place, près des versants montagneux, alors entièrement rasés. Une auguste présence qui contribua également à la pacification de la région. Perché sur un éperon rocheux à 1000 m d'altitude, l'immense **chalet** qu'elle fit construire présente une image atypique, évoquant quelque paysage savoyard.

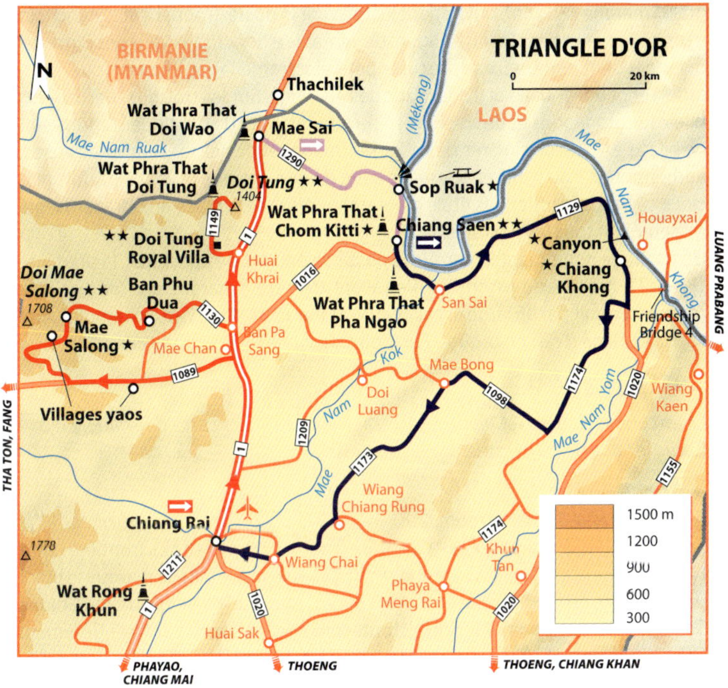

De fait, le long séjour que la reine fit en Suisse lui inspira cet étonnant nid d'aigle, ainsi qu'un magnifique **jardin botanique★**. Du chalet, en bois de pin et de teck, les fenêtres délivrent de **belles vues★** sur les terres birmanes.

★★ Doi Tung

À env. 10 km au nord de la Doi Tung Royal Villa.

Premiers contreforts de la longue étendue montagneuse des Himalayas, le Doi Tung marque les portes de la Birmanie, dominant la vallée du Mékong du haut de ses 1404 m. La route qui sinue sur ses flancs dévoile de magnifiques **panoramas★★** de crêtes bleutées se fondant sur l'horizon. Dans les années 1960, cette province très excentrée bénéficiait d'un statut semi-autonome qui favorisa le trafic de la drogue. Le roi fut le premier à s'intéresser à cette région, dans la décennie qui suivit, initiant un programme de développement de cultures de substitution : le pavot fait désormais place aux choux, au maïs et aux fraises.

La route grimpe ensuite jusqu'au **Wat Phra That Doi Tung** *(à 7 km du Doi Tung)*, perdu à 1404 m d'altitude. Haut lieu de pèlerinage des bouddhistes shans, ce temple du 10e s. doit son nom de « mont du Drapeau » à la bannière que le roi de Chiang Saen ordonna de planter pour indiquer l'emplacement du temple qu'il projetait de fonder. Beau panorama.

Mae Sai

À 35 km du Doi Tung via Huai Khrai (76 km au nord de Chiang Rai par la Highway 1).

Ville frontière entre Thaïlande et Birmanie, Mae Sai a peu à offrir au visiteur, sinon son animation bourdonnante, liée à sa position entre deux pays. Faites un tour au

grand **marché** *(7h-18h)*, qui se tient juste avant le poste-frontière et s'étend loin dans les rues avoisinantes. Il fait figure de véritable eldorado aux yeux des Birmans, qui y viennent nombreux se procurer petit électroménager, électronique, prêt-à-porter et une foule d'articles fabriqués en Chine. Sur les trottoirs, derrière les piles de cotonnades et de soieries, se serrent quantité de boutiques regorgeant de bijoux en jade originaires des mines birmanes et de pierres semi-précieuses, authentiques... ou synthétiques. Les soirs d'hiver, lorsque le vent – parfois glacial – se met à souffler, les étals de marchandises font place aux braseros, qui rassemblent tous les riverains.
Un portique monumental marque le poste de douane de **Thachilek**, la première ville de l'autre côté de la frontière. Peu avant, derrière le marché, une rue à gauche *(ouest)* conduit par un large escalier au **Wat Phra That Doi Wao**, un temple juché sur une colline d'où l'on profite d'un **point de vue★** sur la Birmanie.

★★ Cap à l'est

Circuit de Mae Sai à Chiang Saen, tracé en rose sur la carte du Triangle d'or – Comptez une demi-journée.

★ Sop Ruak

À 27 km de Mae Sai par la route 1290.

Situé au confluent du Mékong et du Ruak (l'autre nom de la Kok), frontière naturelle commune à la Thaïlande, à la Birmanie et au Laos, le village marque le point de rencontre de ces trois pays. Improprement appelée « Triangle d'or » (Golden Triangle) – le terme nommant en fait toute la région –, l'étape vaut essentiellement pour le beau **point de vue★** sur le Mékong, et pour les résonances mythiques de l'endroit. Mais ce n'est pas là que vous croiserez les seigneurs de l'opium, armés jusqu'aux dents ; ceux-ci mènent leurs affaires plus au nord, dans des coins plus discrets au cœur de la jungle.
Face à vous s'étire la **rive laotienne**, tandis qu'à gauche *(ouest)*, la **rive birmane** dessine une bande de sable entre les deux fleuves. L'imposant casino au luxe tapageur attire surtout une clientèle thaïe, le jeu étant illégal en Thaïlande.

Des hauts et des « ba »

Le commerce lucratif de l'héroïne fait aussi la part belle au trafic des amphétamines : de nombreux laboratoires clandestins, protégés par de puissantes milices armées, sont installés dans la jungle birmane, le long de la frontière thaïlandaise. Dotés de toute la logistique nécessaire au transport de la drogue, ces centres écoulent leurs marchandises sans rencontrer d'obstacle. Et les amphétamines connaissent un inquiétant succès auprès de la population thaïe, notamment des étudiants et des hommes d'affaires de Bangkok, très friands d'une pilule énergisante appelée « **Ya Ba** » (de *ya*, « pilule », et *ba*, « fou »), réputée donner une résistance hors norme. Le gouvernement tente depuis quelques années de mettre fin à ce fléau. Sur la route entre Chiang Rai et la frontière, des patrouilles et des barrages policiers ont été mis en place afin de rechercher et de bloquer les stocks. Mais la tâche s'avère difficile et dangereuse : l'ancien Premier ministre Thaksin, qui accusa le gouvernement birman d'encourager ce trafic, faillit ainsi périr dans l'explosion de son avion privé alors qu'il s'apprêtait à embarquer.

Un temple sur les bords du Mékong à Sop Ruak.
urf/Getty Images Plus

Musée de l'Opium (HALL OF OPIUM) – *Peu avant l'entrée du bourg, en face de l'hôtel Anantara - tlj sf lun. 8h-16h - 200 bahts.* Il présente une intéressante histoire de l'opium, depuis son apparition en Occident jusqu'à son importation en Asie : déjà mentionné dans *L'Iliade*, l'opium fut en effet utilisé par le médecin grec Hippocrate comme médicament, puis apporté en Orient lors des conquêtes d'Alexandre. Vous pourrez suivre le processus de fabrication de la drogue, depuis la récolte du pavot jusqu'à la production de l'opium pur, la consommation étant illustrée par une impressionnante collection de pipes à opium. Le musée évoque les trafiquants illustres, avec notamment un portrait de Khun Sha, un Birman d'origine shan rendu aux autorités de son pays en 1996 et mort en 2007.
De Sop Ruak, on peut suivre le cours du Mékong vers l'est par la route 1290, qui traverse un ravissant paysage. Un petit embarcadère à côté du Sri Wan Café *(1,5 km avant Sop Ruak)* propose des excursions d'une à deux heures sur le Ruak et le Mékong *(8h-18h - de 500 à 1000 bahts)*. Une navigation haute en couleur : accompagné par les barques colorées des pêcheurs laos, le *long tail* file à grand bruit sur le fleuve bordé de charmants villages aux maisons de bois, au pied desquelles les pêcheurs s'affairent à réparer leurs filets.

★★ Chiang Saen

À 11 km du village de Sop Ruak sur la route 1290.
Située au bord du Mékong, Chiang Saen offre une atmosphère tranquille. Difficile d'imaginer l'importance que cette modeste bourgade revêtit dans le passé : de ses 140 temples ne subsistent plus que quelques *chedi* en ruine, et seuls ses remparts, récemment restaurés, témoignent un peu de son ancienne puissance.

Un géant d'eau douce

Comme l'indique son prénom scientifique *gigas* (en grec, « géant »), le pangasianodon, ou **poisson-chat**, a fière allure : il peut peser jusqu'à 300 kg à l'âge adulte pour une longueur de 2 ou 3 m. Appelé *pla buk* par les Thaïs et les Laos, ce monstre quitte chaque année, en avril-mai, le lac Tonlé Sap, au Cambodge, pour aller se reproduire dans les eaux pures du Yunnan où il a vu le jour. À son passage dans les eaux du Mékong, il devient la proie des pêcheurs, et la population des *pla buk* s'est ainsi gravement appauvrie. Les élevages piscicoles de Chiang Khong et Ban Hat Khrai tentent de lutter contre son extinction.

Chiang Saen fut officiellement fondée en 1328 par un petit-fils du roi Mengraï, Phra Chao Saen Phu. Mais des fouilles archéologiques attestent l'existence d'une cité dès le 10e s. Grand foyer religieux et alliée du royaume de Chiang Mai, la ville tomba sous le joug birman en 1558, et il lui fallut attendre jusqu'en 1804 pour recouvrer sa liberté, avec le roi Rama Ier. Afin de la soustraire aux convoitises birmanes, le monarque ne trouva pas mieux que de la raser, et Chiang Saen ne se releva de ses cendres qu'en 1881, quand l'un des princes de Lamphun décida de sa reconstruction.

★ **Musée national** – *702 Th. Phaholyothin (à côté du Wat Chedi Luang ; prenez la 3e rue à droite, en face de l'embarcadère ; un poste de police marque le début de la rue) - 9h-16h - fermé lun.-mar. - 100 bahts.* Il rassemble les objets mis au jour lors des fouilles archéologiques effectuées dans les environs, dont de belles pièces représentatives de l'art de Chiang Saen. Les superbes **bouddhas★★** des 14e s.-15e s. dressés dans le hall d'entrée, caractéristiques du courant artistique du Nord, rappellent pour une part l'art indien de Pala. Notez aussi les splendides **masques de stuc★**, découverts sur le site du Wat Pa Sak.

Jouxtant le musée, un imposant *chedi* de brique s'élève sur 45 m de haut : c'est tout ce qui reste du **Wat Chedi Luang**, élevé au 13e s.

Prenez à gauche en sortant de l'enceinte et franchissez les remparts par la porte Pratu Chiang Saen pour longer les murailles par la droite sur 200 m.

★★ **Wat Pa Sak** – *8h-17h - 50 bahts.* Relégué à l'extérieur des remparts de l'ancienne ville, le « temple de la Forêt de tecks » doit son nom aux 300 tecks que l'on planta lors de sa fondation, en 1295. Le sanctuaire n'a conservé qu'un **chedi★★★** pyramidal, mais l'édifice, très bien restauré, est un véritable joyau d'architecture Lan Na, combinant à la perfection les trois styles artistiques de Pagan, Hariphunchai (Dvaravati) et Sukhothai. Couronnée d'un *stupa* circulaire, cette tour-reliquaire est délicatement rehaussée de sculptures de fleurs et d'animaux mythiques (*kala*, *makara* et *garuda*).

Poursuivez sur la même route sur 1 km en longeant les murailles jusqu'à leur angle nord-ouest, puis tournez à gauche.

★ **Wat Phra That Chom Kitti** – *Sur une colline à 2 km du temple précédent - gratuit.* Plutôt que de suivre la route, empruntez le majestueux **escalier★** d'une centaine de marches : vous franchirez ainsi ses magnifiques **portiques khmers★** ornés de stucs. Selon les chroniques, le temple fut bâti vers le 10e s. et restauré à maintes reprises. Au sommet, un beau *chedi* à redents, bâti en latérite, trône au centre de l'esplanade, élançant vers le ciel une fine spire annelée recouverte de plaques de bronze. Sur chacun des côtés s'ouvre une niche abritant un bouddha de style Sukhothai.

Reprenez la route 1129 vers le sud, le long du Mékong, sur 6 km.

Wat Phra That Pha Ngao – *Sur la droite (indiqué), route d'accès à l'intérieur du wat situé au pied de la colline.* Le *chedi* blanc, moderne, couronne une colline ; de la terrasse, on jouit d'un **panorama★★★** grandiose sur le Mékong bordé de plantations de tabac, et sur les montagnes laotiennes.

★★ Au fil du Mékong

Circuit de 55 km de Chiang Saen à Chiang Khong, tracé en bleu sur la carte du Triangle d'or – Comptez 2h en voiture.

Poursuivez votre voyage le long du fleuve, soit par bateau, soit par la route 1129. La route sillonne une belle campagne où alternent rizières et plantations de tabac ou de maïs, mosaïque aux tons dorés contrastant avec le Mékong.

Juste avant d'atteindre **Chiang Khong★** *(55 km à l'est de Chiang Saen)*, le fleuve s'enfonce entre les parois abruptes d'un **canyon★** de 60 m de profondeur, que ses eaux ont creusé. Un cadre superbe, rehaussé par le va-et-vient coloré des bateaux laos.

Comptant parmi les points d'entrée au Laos, la petite ville de Chiang Khong accueille nombre de voyageurs. C'est de là, en effet, que l'on peut rejoindre **Luang Prabang**, en suivant le cours du fleuve. La cité est également connue pour le *pla buk*, un énorme poisson-chat servi dans les restaurants locaux *(voir encadré ci-contre)*.

De Chiang Khong, vous pouvez revenir à Chiang Rai en empruntant les routes 1174, 1098 puis la 1173 dir. sud-ouest (env. 100 km - comptez 2h). Pour un circuit plus long (190 km - comptez 3h env.), prolongez votre parcours le long de la frontière jusqu'à Wiang Kaen, 40 km plus à l'est. De là, prenez les routes 1155 et 1021 jusqu'à Thoeng (sud), puis la route 1020 qui revient à Chiang Rai (145 km). Vous pouvez aussi rejoindre Lampang (env. 300 km) et y faire étape (voir p. 225).

3

Carnet pratique

PLAN DE CHIANG RAI (P. 248)

S'informer

Tourism Authority of Thailand (TAT) à Chiang Rai – *448/16 Th. Singhakhai - ✆ 05 371 74 33.* Fournit (en anglais) les informations élémentaires sur la ville et sur les randonnées. Plan de la ville.

Arriver/Partir

En avion

Aéroport de Chiang Rai – *À 10 km au nord de la ville.* Nombreux vols tlj de/vers Bangkok *(1h15)*.

En bateau

Port fluvial de Chiang Rai – *Au nord-ouest de la ville.* Départ tlj à 10h30 pour la remontée de la rivière Kok *(4-5h)*.

En bus

Gare routière de Chiang Rai – *Th. Prasopsuk, près du marché de nuit.* Dessert les environs proches, le Triangle d'or et Chiang Mai (bus fréquents). Départs ttes les 30mn pour Chiang Khong et la frontière laotienne. Bus fréquents pour Chiang Saen. Deux départs en fin d'apr.-midi pour Bangkok *(env. 12h de trajet)*.

Les autres bus interprovinciaux (ainsi que d'autres compagnies de bus à destination de Bangkok) partent du Terminal 2, à 8 km au sud de la ville.

Gare routière de Mae Sai – *Th. Phaholyothin (au sud de la ville).* Liaisons avec Chiang Rai *(2h de trajet)* et Chiang Mai *(5h)*. Départ des *songthaew* pour Mae Chan et Chiang Saen.

Se déplacer

Il est préférable de disposer de son propre véhicule pour explorer le Triangle d'or. Nombreuses agences de location de voitures et de scooters à Chiang Rai, en particulier dans les rues situées entre Th. Chet Yot, la gare routière et le marché de nuit.

Adresses utiles

Santé à Chiang Rai

Overbrook Hospital – *17 Th. Singhaklai - ✆ 05 391 01 00.*

Sécurité à Chiang Rai

Police touristique – *À env. 10 km au sud de la ville - ✆ 11 55.*

Visa

On peut passer la frontière birmane à **Mae Sai** à condition d'être en possession d'un visa birman. De là, il faut se rendre à l'aéroport de Kengtung pour prendre un avion. Il est possible d'obtenir une autorisation d'entrée au poste-frontière birman de Thachilek *(6h30-18h30)*, qui permet de visiter la ville. Vous devrez acquitter une taxe de 500 bahts, et laisser votre passeport au poste frontière.

Nos adresses

Restauration

Chiang Rai

PLAN DE CHIANG RAI (P. 248)

Premier prix

4 Barrab – *897/60 Th. Phaholyothin - ✆ 094 812 66 70 - - fermé merc. - plats 100/300 bahts.* Une courte sélection de plats simples et d'une grande fraîcheur. Vous y trouverez un poulet aux noix de cajou ou au curry jaune, des salades chaudes de porc émincé, une spécialité du Nord, tout comme le curry doux de porc au gingembre. Plats végétariens.

5 Nakhon Pathom – *Th. Phaholyothin - - 7h-14h - plats 150/200 bahts.* Soupes, nouilles et riz sont servis dans cette cantine populaire auprès des habitants de Chiang Rai. Vente à emporter dès le matin.

6 Por Jai – *T1023/2 Moo 4, Th. Chet Yot (en face du grand bâtiment blanc et brique de l'hôtel Wang Tom) - ✆ 05 371 29 35 - - 7h-15h30 - plats 50 bahts.* Ne cherchez pas l'enseigne en anglais, il n'y en a pas. Le lieu, fréquenté exclusivement par une clientèle d'habitués du quartier, ne désemplit pas. Vous pointerez du doigt nouilles, saucisses, soupes aux crevettes et lait de coco avant de prendre place dans la grande salle. Une authentique cuisine thaïe et un dépaysement garanti.

Budget moyen

1 Kunda Cafe – *372 Th. Trairat - ✆ 082 886 63 01 - www.kundacafe.com - 11h-19h - fermé lun. - plats 140/360 bahts.* Dans une ambiance douce et chaleureuse, la sympathique propriétaire des lieux sert une cuisine végétale d'inspiration occidentale qui ravit les papilles. Le burger Kunda fait l'unanimité.

2 **Cabbages & Condoms** – *620/1 Th. Thanalai (juste à côté du musée) - ✆ 05 371 91 67 - www.cabbagesandcondoms.net - ⊭ - service continu - plats 170/320 bahts.* Des années après le scandale du premier restaurant de ce nom ouvert dans la capitale thaïlandaise, l'équipe travaille toujours pour le développement du planning familial. Musique *live* à 14h et à 21h.

Moom Mai – *64 Th. Sankhongluang - ✆ 05 371 64 16 - service continu - plats 270/450 bahts.* Légèrement excentré, il vaut le détour autant pour son cadre – un véritable musée du nain de jardin dans une maison traditionnelle en bois aux extérieurs fleuris – que pour ses spécialités de gastronomie du Lan Na. Quelques recettes intéressantes comme les têtes-de-serpent (un poisson carnivore), les grenouilles à la noix de coco ou au basilic, l'omelette aux huîtres ou les oreilles de porcelet. En dessert, tentez la noix de ginkgo à la mousse de taro.

Sop Ruak

Budget moyen

Sriwan – *1290 Tambon Wiang (sur la rivière) - ✆ 05 378 40 25 - 10h-21h - plats 350/550 bahts.* Sa terrasse jouit d'une situation unique à la confluence du Ruak et du Mékong. De là, vous verrez à droite les montagnes du Laos et à gauche, au-delà des toitures rouges du casino, celles de Birmanie. La carte, assez restreinte, affiche quelques classiques comme le *tom kha gai* (soupe poulet-coco), ou un riz sauté présenté dans un ananas évidé, ainsi qu'une belle sélection de poissons du fleuve. Des menus pour deux permettent de goûter à des assortiments de spécialités.

Pour se faire plaisir

Sala Mae Nam – *1 Soi San Tan Lueang 2 (restaurant de l'hôtel Anantara) - ✆ 05 378 40 84 - www.anantara.com - service continu - plats 320/3 500 bahts.* Sa grande terrasse panoramique somptueusement décorée offre un cadre unique. Le soir, la carte propose exclusivement de la cuisine thaïe, dont une belle sélection de spécialités du Lan Na. Jolie carte des vins du monde entier. Un plus : les plats sont garantis sans MSG (glutamate). Vous pouvez aussi venir y prendre un petit-déjeuner *(buffet, 6h30-10h30)* en présence de l'éléphanteau venu bénir les convives chaque matin.

Chiang Saen

Premier prix

Cuisines du bord du fleuve – *Au nord du poste de police, au bord du fleuve - ⊭ - 9h-20h30 - plats 100/250 bahts.* Des cuisines ambulantes se succèdent sur 500 m et installent tables et chaises en plastique sur le trottoir, face au Mékong, dès le milieu de la matinée. Sans doute la meilleure « adresse » de Chiang Saen, assez pauvre en véritables restaurants. Plus animé le soir.

Chiang Khong

Premier prix

Rim Khong – *Th. Wiang, Soi 9 (non loin de la Custom House) - ✆ 05 379 11 05 - ⊭ - service continu - plats 130/220 bahts.* Un petit restaurant en terrasse sur le Mékong, en contrebas de la rue principale. Il sert une cuisine locale simple et délicieuse.

Jam House – *Th. Wiang (à 5mn du port) - ✆ 05 365 56 46 - service continu - env. 100 bahts.* Sur l'une des tables en bois de ce restaurant ouvert sur la rue, vous apprécierez une cuisine traditionnelle délicieuse dans une atmosphère authentique. Propose également des logements.

3

Petite pause

Chiang Rai

Nangnon Coffee – *1025/6 Th. Chet Yot - ✆ 087 661 14 77 - 8h-17h.* En vente ou à consommer sur place, le café vient de l'exploitation familiale près de Mae Sai. Sert aussi des petits-déjeuners à toute heure dans une jolie salle aux tables et bancs de bois.

Boire un verre

Chiang Rai

Le Petit Café & Wine Club – *194/5 Th. Sankhongnoi - ✆ 05 375 67 61 - ▤ - vend.-sam. 19h-0h.* En fin de semaine, cette charmante maisonnette de bois se transforme en bar à vins avec musique *live* dans la salle climatisée.

Cat Bar – *1013/1 Th. Chet Yot - ✆ 062 952 67 98 - 14h-2h.* Un bar sympathique pour finir la soirée : musique *live* à partir de 22h. Billard. Si vous souhaitez une autre ambiance, vous aurez le choix entre les nombreux autres bars qui se succèdent dans la même rue.

Activités

Excursions en Birmanie

À Mae Sai, des agences proposent des excursions d'une ou de plusieurs journées en Birmanie, à la rencontre des minorités shans et akhas.

Hébergement

Chiang Rai

PLAN DE CHIANG RAI (P. 248)

Premier prix

7 **Golden Triangle Palace** – *590 Th. Phaholyothin - ✆ 093 448 75 76 - ▤ ✕ P - 30 ch. 522/667 bahts ☕.* Cet hôtel bénéficie d'une situation relativement centrale. Ses chambres aux tommettes cirées et aux sdb avec baignoire s'agencent sur deux étages en U autour d'un patio verdoyant. Infos sur la région et location de voitures à côté de l'hôtel.

Pour se faire plaisir

8 **The Legend Resort & Spa** – *124/15 Th. Koloi - ✆ 05 391 04 00 - www.thelegend-chiangrai.com - ▤ ✕ ≋ P - 76 ch. 2 300/5 200 bahts ☕.* Un *resort* de grand standing dans un vaste espace arboré au bord de la rivière, à l'écart du centre. L'ensemble a de l'allure : peinture à la chaux, boiseries, brique et pierre, voilages de lin, etc. Les villas les plus chères possèdent un jacuzzi et une petite piscine privée. Le lieu abrite en outre deux restaurants, l'un de cuisine thaïe et européenne, l'autre de spécialités italiennes. Petit embarcadère pour des balades en bateau. Spa, location de vélos, navettes pour le marché de nuit et l'aéroport.

6 **Le Patta** – *610 Th. Phaholyothin - ✆ 05 360 06 80 - www.lepattachiangrai.com - ▤ ✕ ≋ P - 40 ch. 2 700/5 400 bahts ☕.* Réparties sur 3 étages avec ascenseur, toutes les chambres, spacieuses (30 m²) et modernes, disposent de grandes baies vitrées et d'un balcon. Seule la vue sur la piscine explique la différence de prix entre les unes et les autres. Accueil prévenant, navette gratuite pour l'aéroport et la gare routière. Location de vélos.

Mae Salong

Ce village touristique compte une dizaine d'hôtels, souvent sans grand charme mais propres et fonctionnels.

Budget moyen

Maesalong Villa – *5 Moo 1 (à l'entrée du village) - ✆ 05 376 51 14 - ▤ ✕ P - 70 ch. 800 bahts ☕.*

Évitez le bâtiment central et optez pour l'un des bungalows en dur étagés dans un grand jardin. Quoique dépourvus de charme comme de décoration, ils sont confortables et leurs beaux balcons partagés délivrent un panorama imprenable sur la vallée et les cultures de thé à flanc de colline.

Chiang Saen

Budget moyen

Gin's Maekhong View – *225 Moo 8, Th. Rimkhong (à 1 km au nord de la ville, dir. Sop Ruak) - ☏ 05 365 08 47 - ▤ ✕ ⛱ 🅿 - 19 ch. 1300 bahts ☕ (en haute saison).* Ses bungalows s'alignent devant les champs de tournesols qui occupent les berges du Mékong dès que le niveau de l'eau redescend. Confortables, avec parquet, ils sont pourvus d'une terrasse avec cheminée pour les soirées d'hiver. Moins chères et plus spacieuses, des chambres aux grandes baies vitrées occupent un bâtiment en dur de l'autre côté de la piscine.

Siam Triangle – *267 Moo 9 (à la sortie sud de la ville, dir. Chiang Khong) - ☏ 05 365 11 15 - www.siamtriangle.com - ▤ ✕ ⛱ 🅿 - 52 ch. 1 400/2 400 bahts - ☕ en suppl.* Seule la vue distingue les chambres *superior* (donnant sur rue) des *Deluxe* (vue sur le fleuve). Toutes présentent les mêmes aménagements, d'une propreté presque clinique, et bénéficient d'une jolie terrasse. Ascenseur.

Sop Ruak

Une folie

Anantara Golden Triangle Elephant Camp & Resort – *1 Soi San Tan Lueang 2 (à 2 km au nord de Sop Ruak, dir. Mae Sai) - ☏ 05 378 40 84 - www.anantara.com - ▤ ✕ ⛱ 🅿 - 55 ch. 46 400/48 100 bahts en pension complète (haute saison).* Cet établissement de très grand luxe pratique exclusivement des formules de pension complète incluant des activités, dont une balade à dos d'éléphant. Décoré d'antiquités birmanes, avec des aménagements d'un goût exquis, il propose des chambres avec terrasse donnant sur la triple frontière. Une adresse exceptionnelle.

Chiang Khong

Budget moyen

Nam Khong Riverside – *174/176 Moo 8 (sur la rue principale, au centre de la localité, côté fleuve) - ☏ 05 379 18 01 - www.namkhongriverside.com - ▤ ✕ 🅿 - 40 ch. 1 400 bahts ☕.* En tous points identiques, les chambres et leur balcon donnent sur le jardin ou, pour 200 bahts de plus, sur le Mékong. Petites, carrelées, propres mais sans génie, elles conviendront pour une étape d'une nuit. Organise les transferts vers Huayxai (Laos) d'où partent les bateaux pour Luang Prabang. Joli buffet au petit-déjeuner.

Pêcheuse utilisant un filet de pêche traditionnel.
Goldquest/Getty Images Plus

4

L'Isan et les rives du Mékong

CARTE MICHELIN NATIONAL 751 AU 1/1370 000

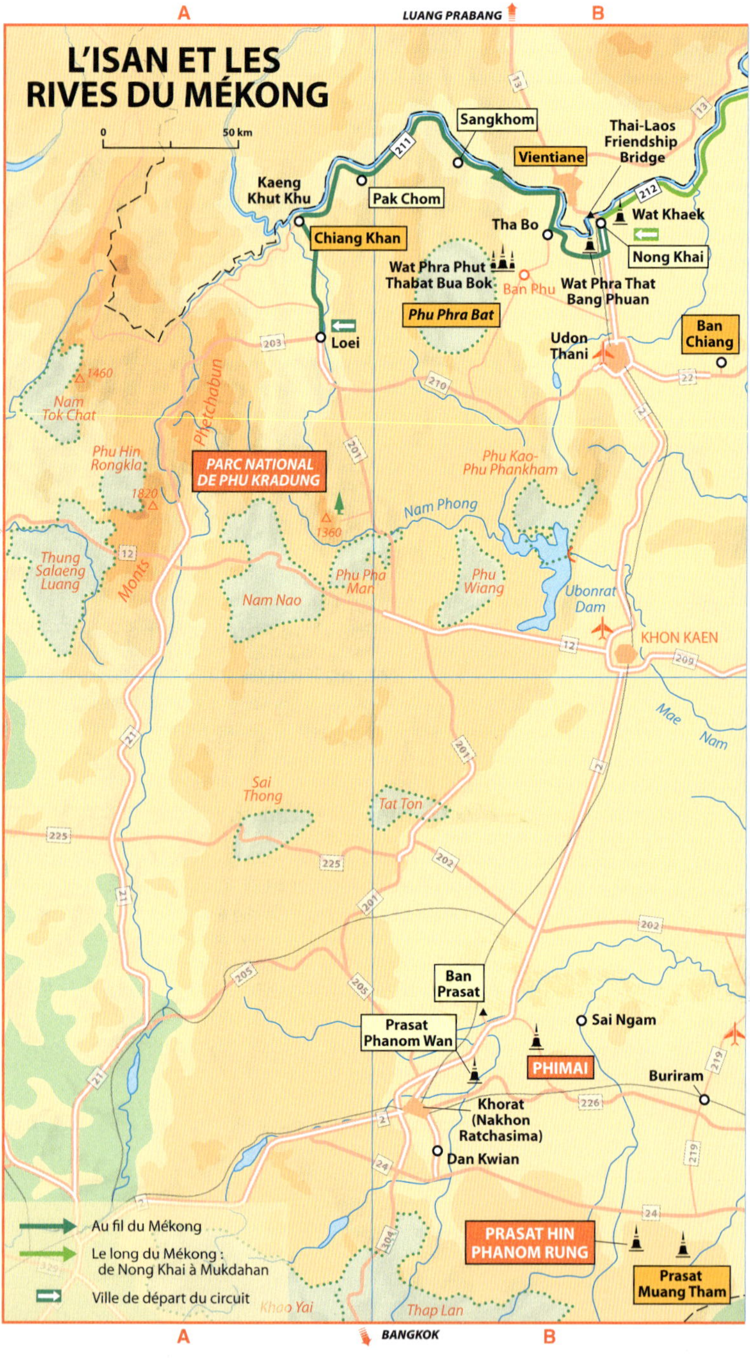

L'ISAN ET LES RIVES DU MÉKONG
0
50 km
A
B
1
2
LUANG PRABANG
BANGKOK
PHITSANULOK
NAKHON SAWAN
Sangkhom
Vientiane
Thai-Laos Friendship Bridge
Kaeng Khut Khu
Pak Chom
Chiang Khan
Tha Bo
Wat Khaek
Nong Khai
Wat Phra Phut Thabat Bua Bok
Ban Phu
Wat Phra That Bang Phuan
Phu Phra Bat
Loei
Udon Thani
Ban Chiang
Nam Tok Chat
1460
Phetchabun
Phu Hin Rongkla
PARC NATIONAL DE PHU KRADUNG
1820
1360
Phu Kao-Phu Phankham
Nam Phong
Thung Salaeng Luang
Monts
Nam Nao
Phu Pha Man
Phu Wiang
Ubonrat Dam
KHON KAEN
Mae Nam
Sai Thong
Tat Ton
Ban Prasat
Prasat Phanom Wan
Sai Ngam
PHIMAI
Buriram
Khorat (Nakhon Ratchasima)
Dan Kwian
PRASAT HIN PHANOM RUNG
Prasat Muang Tham
Khao Yai
Thap Lan
Au fil du Mékong
Le long du Mékong : de Nong Khai à Mukdahan
Ville de départ du circuit

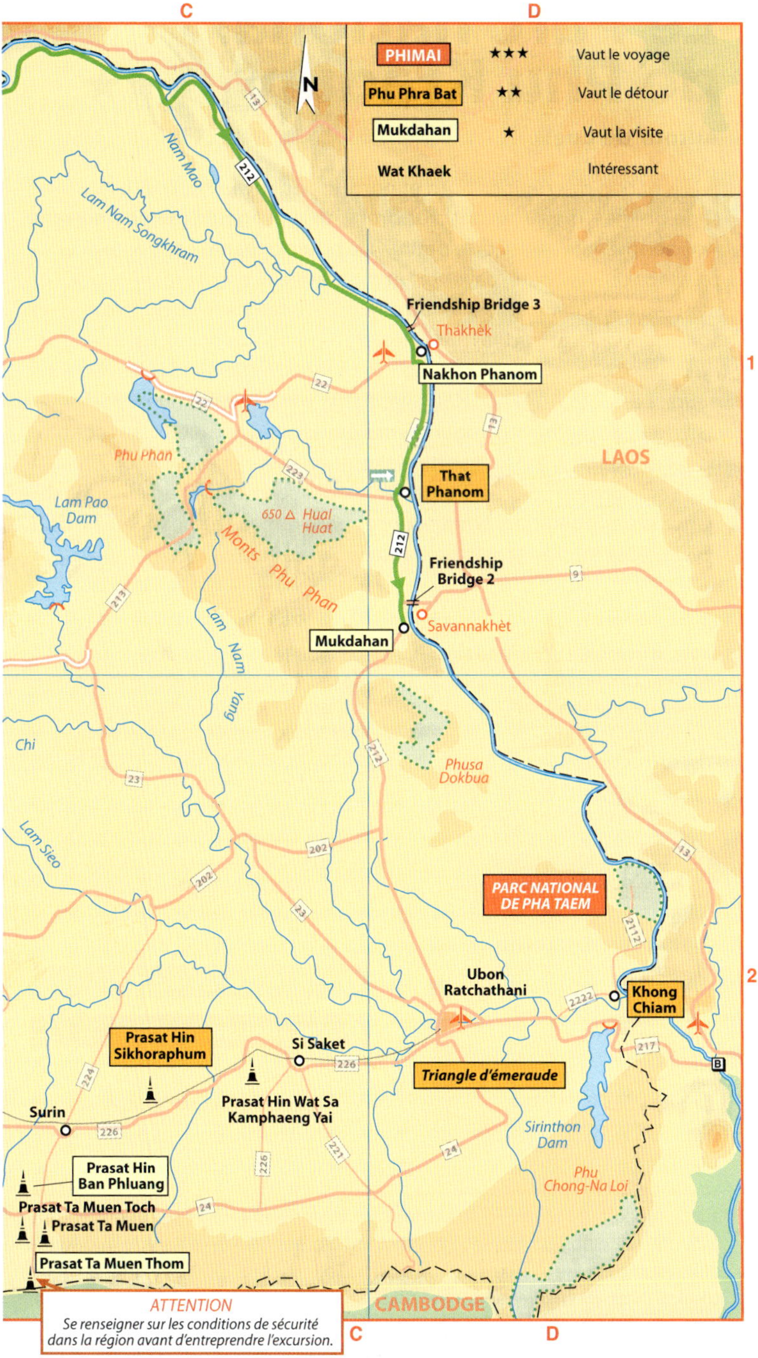
C
D
PHIMAI ★★★ Vaut le voyage
Phu Phra Bat ★★ Vaut le détour
Mukdahan ★ Vaut la visite
Wat Khaek Intéressant
N
Nam Mao
Lam Nam Songkhram
Friendship Bridge 3
Thakhèk
Nakhon Phanom
1
LAOS
Phu Phan
That Phanom
Lam Pao Dam
650 Hual Huat
Monts Phu Phan
Friendship Bridge 2
Savannakhèt
Mukdahan
Lam Nam Yang
Chi
Phusa Dokbua
Lam Sieo
PARC NATIONAL DE PHA TAEM
Ubon Ratchathani
2
Khong Chiam
Prasat Hin Sikhoraphum
Si Saket
Triangle d'émeraude
Prasat Hin Wat Sa Kamphaeng Yai
Surin
Sirinthon Dam
Prasat Hin Ban Phluang
Phu Chong-Na Loi
Prasat Ta Muen Toch
Prasat Ta Muen
Prasat Ta Muen Thom
CAMBODGE
ATTENTION
Se renseigner sur les conditions de sécurité dans la région avant d'entreprendre l'excursion.
C
D

Le Parc national de Phu Kradung ★★★

Autour de Loei

À la jonction des régions nord et nord-est du royaume, Loei est le passage obligé – mais souvent très bref – des voyageurs qui poursuivent leur périple vers l'est. Cette petite ville bourdonnante contraste avec la province qui l'entoure, pays vert et montagneux constellé de villages et hameaux évoquant la Thaïlande d'hier. De Loei, les rives du Mékong ne sont pas loin, et au sud, la route file vers l'un des plus beaux sites naturels du pays, le parc de Phu Kradung. Un paradis vert attend là les randonneurs. Le poète Angkhan Kalyanaphong, à la fin des années 1960, loua dans le « Lam nam Phu Kradung » ces paysages somptueux : « À chaque coucher du soleil, à la falaise de Makduk je m'asseyais/Pour contempler les rais de lumière colorée/Percer les nuages et embraser le ciel. » La luxuriance de la végétation, la majesté des panoramas, l'atmosphère un brin mystérieuse imprégnant le site : autant d'invitations à la contemplation...

Se repérer

CARTE A1 (P. 262-263), CARTE DU PARC NATIONAL CI-CONTRE.

20 446 habitants à Loei – Province de Loei.
Loei se trouve à 148 km à l'ouest d'Udon Thani, à 540 km au nord de Bangkok et à 650 km au sud-est de Chiang Mai.

À ne pas manquer

Chiner au marché de Loei ; un trekking d'un ou plusieurs jours dans le parc et l'ascension du Phu Kradung.

Organiser son temps

Louez une voiture ou armez-vous de patience si vous optez pour les transports locaux. Comptez au moins une journée, le mieux étant de consacrer 2 ou 3 jours à la visite du parc, en dormant sur place. Pour l'ascension du Phu Kradung (meilleure saison : nov.-avr.), partez dès l'aube pour profiter des heures fraîches et, si vous effectuez le périple dans la journée, veillez à redescendre avant 16h, car la nuit tombe très rapidement.

Carnet pratique p. 267

Nos adresses p. 267

Découvrir

CARTE DU PARC NATIONAL CI-CONTRE

Loei

La cité de Loei s'étale dans une boucle de la rivière éponyme. Si elle ne possède aucun monument vraiment remarquable, ses espaces verts et son plan d'eau en font une halte non dénuée d'agrément, qui vous immergera dans le quotidien du royaume côté province. Comme à Udon Thani *(voir p. 275)*, quelques anciens combattants américains se sont établis sur place : des bars américains, au cœur de la ville, attestent leur présence.

Loei est connue comme centre de production et de commerce du coton. Au **marché**, il vous faut goûter la spécialité culinaire locale, les œufs à la broche. Près du plan d'eau se dresse le pilier de fondation de la ville, le **Lak Muang**, un autel bouddhique jouxtant un temple chinois. Mais pour vous, Loei sera surtout le point de départ vers les parcs nationaux alentour : Phu Rua, Phu Luang et surtout Phu Kradung.

★★★ Parc national de Phu Kradung

À 75 km au sud de Loei par la route 201 - en bus, descendre au village de Phu Kradung, puis prendre un taxi jusqu'à l'entrée du parc.

04 287 13 33 - centre d'accueil : 7h-15h - fermé juin-sept. (saison des pluies) - 400 bahts.

Le parc de Phu Kradung n'englobe en fait qu'une montagne, sur 350 km² de superficie. Point culminant de la province, la montagne Cloche *(voir encadré p. 266)* – Phu Kradung en thaï – se dresse à 1360 m d'altitude, son sommet formant un immense plateau de grès de 60 km², semé de collines, où le climat tempéré (20° en moyenne) a donné naissance à une flore unique en Thaïlande : pins, hêtres, chênes, plantes carnivores et rhododendrons alternent avec des prairies, composant un décor inclassable et féerique. Cinquante kilomètres de chemins sillonnent le parc, très bien balisés, conduisant de cascade en falaise

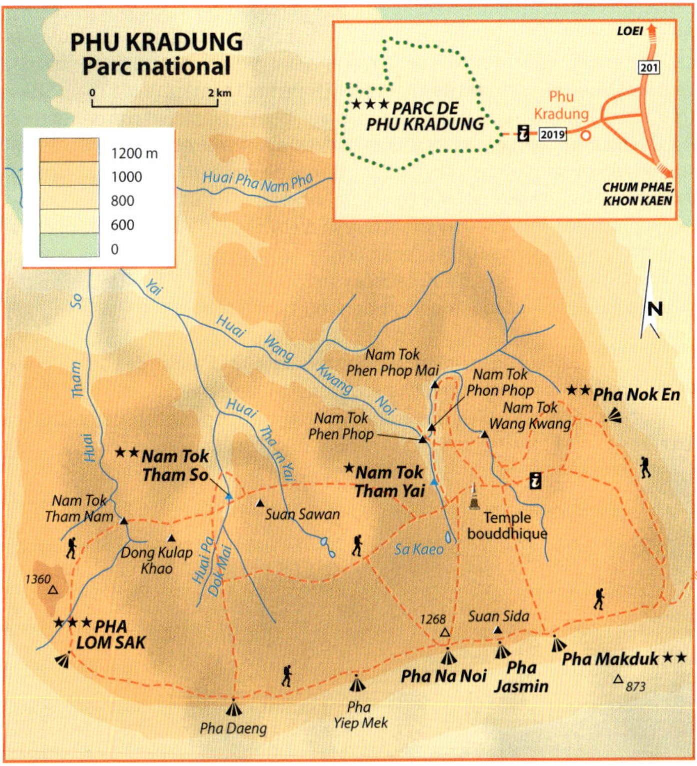

vers des points de vue plus grandioses les uns que les autres.

Randonnée jusqu'au sommet – *Un sentier de 6 km conduit au sommet. Comptez au moins 3h de montée, le dénivelé étant de plus de 1000 m. L'ascension requiert une bonne condition physique. Couvrez-vous bien, car la température est fraîche (jusqu'à 0° en hiver).* Le sentier monte d'abord doucement entre les arbres, livrant de beaux **panoramas★★**. Puis, à mi-chemin, la pente s'accentue, mais on grimpe désormais à l'ombre d'une épaisse forêt de mousson, mêlant massifs de bambous serrés et diverses espèces d'arbres à feuilles caduques ou persistantes. Les derniers 100 m, très escarpés, se révèlent beaucoup plus sportifs ; des échelles de bois et des escaliers permettent de franchir les passages les plus abrupts.

Son de cloche

D'où le Phu Kradung tient-il son curieux nom ? Deux légendes s'affrontent : la première raconte qu'on entendit un jour résonner du sommet le tintement de la cloche du dieu **Indra**. La seconde veut tout simplement que la montagne sonne comme une cloche quand on la frappe avec un bâton.

Arrivé au sommet, vous pouvez entreprendre une boucle en suivant le rebord du plateau, avec plusieurs incursions à l'intérieur : le matin, commencez sur le rebord oriental par **Pha Nok En★★**, la falaise des Hirondelles, où nichent quantité de ces oiseaux.

On rejoint ensuite le centre d'accueil du parc *(informations, hébergement et restauration)*, près duquel se dresse un insolite temple bouddhique. De là, plusieurs cascades valent le coup d'œil, à découvrir en allant vers le nord ou bien en poursuivant vers l'ouest. Les **chutes de Tham Yai★ (Nam Tok Tham Yai)** et de **Tham So★★ (Nam Tok Tham So)**, en particulier, sont magnifiques dans leur écrin de verdure. Puis le chemin bifurque vers les spectaculaires falaises du rebord sud du plateau, succession de surplombs délivrant des points de vue extraordinaires : **Na Noi**, **Jasmin** et surtout **Makduk★★**, à l'extrême sud-est.

Si vous disposez de plusieurs jours et que vous envisagez de dormir sur le plateau, nous ne saurions trop vous inciter à sillonner les moindres sentiers : ils mènent à d'innombrables chutes d'eau cachées, autour desquelles vous débusquerez peut-être un écureuil, quelques gibbons ou sambars, voire un chacal ou... un ours noir.

Au crépuscule, il faut absolument aller (ou retourner) à la **falaise de Lom Sak★★★ (Pha Lom Sak)**, un surplomb rocheux découvrant un panorama époustouflant, surtout au coucher du soleil. *Be careful tigers* : au retour, des panneaux signalent la présence d'éléphants, de tigres ou d'ours, mais ils sont bien cachés...

Carnet pratique

S'informer

Parcs nationaux de Thaïlande – *www.dnp.go.th.*

Arriver/Partir

En avion

Aéroport de Loei – *À 6 km au sud de la ville.* 2 vols/j. depuis Bangkok avec Nok Air.

En bus

Gare routière de Loei – *À 1 km au sud du centre - route d'Udon Thani sur la gauche, peu avant Big C.* 4 bus/j. jusqu'à 16h30 pour Udon Thani *(3h)* ; 1 à 2 bus/j. de/pour Phitsanulok *(4h, bus de nuit)*, 1 bus à 6h pour Nong Khai *(6h)* et env. 10 bus/j. pour Bangkok *(8 à 10h)*.

Se déplacer

De Loei, nombreux **songthaew** pour les environs, dont Chiang Khan *(1h - dép. ttes les 15mn de la gare routière)*.

Adresses utiles

Sécurité

Police touristique de Loei – *23 Th. Maleewan - ☎ 04 286 11 64 ou 11 55.*

Agenda

Flower Festival – En janv. À Loei, on célèbre le printemps avec des défilés de chars débordant de coton.

Nos adresses

Restauration

Loei

Premier prix

À 50 m du rond-point central, la rue piétonne reliant Th. Chumsai au plan d'eau, près du Lak Muang, est entièrement occupée par des stands servant toutes sortes de spécialités locales midi et soir. Un must de la cuisine de rue !

Hébergement

Loei

Budget moyen

Loei Palace – *167/4 Th. Charoen Rat - ☎ 04 281 56 68 - www.mosaic-collection.com/loeipalace - ▤ ✕ P ⛱ - 156 ch. à partir de 1000 bahts ☕.* Près d'un parc public et disposant d'un grand jardin à l'arrière, un hôtel tout confort aux standards internationaux, quoiqu'un peu vieillissant. Piscine au 2e étage et nombreux services.

Dans le parc de Phu Kradung

Budget moyen

Phu Kradung National Park – *Moo 1 - Ban Si Than - Amphur Phu Kradung - ☎ 04 281 08 34 - ▤ ✕ - 28 ch. à partir de 1800 bahts.* Hébergement sous tentes ou dans des bungalows au pied de la montagne (seuls quelques-uns n'ont pas de sdb privée).

De Loei à Nong Khai ★★

En longeant le Mékong

De Loei, filez vers le nord pour suivre le cours paisible du grand Mékong. Traçant la frontière entre Thaïlande et Laos, la « Mère des eaux » traverse une harmonieuse région de forêts et de rizières, et ses rives sont bordées de villages-rues aux maisons de bois. Images d'une Thaïlande rurale préservée… Sur la berge d'en face se dessinent les montagnes du Laos, irrésistible invitation à une petite incursion à Vientiane, sa capitale au caractère si provincial. La douceur de cette région invite à s'y attarder, comme le font certains voyageurs en quête de sérénité et d'authenticité, appréciant ses innombrables temples et son atmosphère baignée de ferveur. Refuges de nombreux Laotiens et Vietnamiens, les paisibles villages de Pak Chom et de Chiang Khan constitueront deux étapes de choix pour vous ressourcer avant de poursuivre l'aventure vers le levant.

Se repérer

CARTE AB1 (P. 262-263).

47 524 habitants à Nong Khai – Provinces de Loei et de Nong Khai. Nong Khai est à 55 km au nord d'Udon Thani et Loei à 148 km à l'ouest.

À ne pas manquer

Flâner à Chiang Khan ou à Sangkhom ; dîner en terrasse dans l'un des villages du Mékong, face aux paysages du Laos ; le Parc historique de Phu Phra Bat ; une escapade à Vientiane, au Laos.

Organiser son temps

Comptez au moins 3 jours.
Faites route vers l'est plutôt l'après-midi, pour une meilleure lumière.
Comptez une journée et demie pour les excursions.

Carnet pratique p. 273

Nos adresses p. 274

Circuit conseillé

CARTE P. 262-263

★★ Au fil du Mékong

Circuit d'env. 240 km au départ de Loei, tracé en vert foncé sur la carte – Comptez 2 jours. Quittez Loei par le nord et prenez la route 201 dir. Chiang Khan.

★★ Chiang Khan A1

À 43 km au nord de Loei.

Chiang Khan Information Center – *Th. Chaikhong, Soi 21 (sur le fleuve) - ✆ 095 670 51 78.* Officine privée fournissant plan de la localité et liste des hôtels.

Sur la rive du fleuve, dans une vallée encadrée de verdoyantes collines, ce gros village constitue une étape très prisée par les touristes thaïs. Des **habitations traditionnelles en bois**, maisons-boutiques ou restaurants, bordent les deux grandes rues parallèles au Mékong.

Kaeng Khut Khu.
banjongseal324/Getty Images Plus

Çà et là émergent quelques temples de teck, beaux exemples d'architecture laotienne dont les persiennes et les colonnades révèlent l'influence française, qui marqua l'ancienne Indochine voisine. Le **Wat Mahatat★** *(Th. Chiang Khan, Soi 14 à 15)*, le plus vieux temple de la ville, garde un *ubosot* du 17e s. orné de belles peintures murales représentant la vie du Bouddha. Même façade à colonnades au **Wat That Kok** *(face au fleuve, Soi 21)*, décoré d'un plafond peint, et surtout au **Wat Pa Klang★** *(Th. Chiang Khan, Soi 11 à 12)*, édifié au 19e s., dont le jardin sert de cadre à un imposant bouddha blanc aux traits chinois. Notez les portes en bois sculpté de son **ubosot★**.

Kaeng Khut Khu A1

À env. 3 km à l'est de Chiang Khan.

À Kaeng Khut Khu, le cours du Mékong se resserre brutalement, formant une série de rapides *(kaeng)* spectaculaires en saison sèche (le reste de l'année, ils sont recouverts par les flots). Le site, aménagé en parc, offre un cadre plaisant pour pique-niquer.

Suivez la route 211 vers l'est jusqu'à Pak Chom.

★ Pak Chom A1

À 38 km de Kaeng Khut Khu.

Entre terre et eau, ce village tout en longueur, établi au confluent du Mékong et du Nam Chom, invite à de délicieuses excursions, à pied ou à vélo, le long du fleuve ou vers les villages voisins. Rien de plus, sinon une atmosphère tranquille qui donne envie de se poser. Le village dut sa (brève) croissance au passage de nombreux réfugiés laotiens venus du camp américain voisin de Ban Winai, notamment des

Hmongs ayant fui en 1975 le Laos devenu communiste. Depuis la fermeture du camp en 1992, la plupart ont été contraints de repasser la frontière.
Poursuivez sur la route 211.

★ Sangkhom B1

À 60 km de Pak Chom.
Autre village-rue bordé de belles maisons de bois, Sangkhom attire lui aussi les voyageurs, qui s'y attardent pour contempler les superbes **panoramas★★** sur les eaux rouges du Mékong et l'île laotienne de **Don Klang Khong**, petit vaisseau de verdure posé sur le fleuve. De charmants sites naturels vous y attendent, telles les **chutes de Tan Thip** (NAM TOK TAN THIP) *(14 km à l'ouest par la route 211 puis 2 km par une petite route)*, en eau jusqu'en janvier.
Reprenez la route 211.
La route traverse la bourgade commerçante de **Si Chiang Mai** puis celle de **Tha Bo**, peuplée de nombreux Vietnamiens. Profitez-en pour aller faire un petit tour au **marché**, très animé avec ses vendeuses de fruits et légumes, ses commerces et ses gargotes.
Passé Tha Bo, poursuivez la route 211 sur env. 20 km.

Wat Phra That Bang Phuan B1

À 75 km de Sangkhom.
Les amateurs d'architecture feront une halte au Wat Phra That Bang Phuan *(donation)*. Son antique *stupa* indien (restauré en 1978) en a fait l'un des hauts lieux de pèlerinage en Isan. L'ouvrage s'apparente au *stupa* du Phra Pathom, à Nakhon Pathom *(voir « Les environs de Bangkok », p. 86)*, mais sa date de construction reste imprécise ; la légende veut cependant qu'il renferme des reliques du Bouddha, et les historiens placent sa toute première construction autour du 1er s. de notre ère. Plusieurs *chedi* laotiens du 16e s. l'accompagnent, abritant pour certains un bouddha, et le site comprend aussi les ruines d'un *wihan* où trône un grand bouddha. Baigné d'une quiétude toute religieuse, l'endroit invite à une promenade plaisante.
Poursuivez sur la route 211 jusqu'à l'intersection avec la route 2, qui relie Udon Thani à Nong Khai. Tournez alors à gauche pour remonter vers le nord.

★ Nong Khai B1

À 25 km du Wat Phra That Bang Phuan.
Principale ville du Nord-Est sur la frontière avec le Laos, Nong Khai est le passage obligé des voyageurs qui franchissent le fleuve pour aller visiter Vientiane. La ville a pris beaucoup d'ampleur depuis l'ouverture en 1994 du **Thai-Laos Friendship Bridge** qui enjambe le fleuve, favorisant les relations culturelles et commerciales entre les deux pays. Elle a su néanmoins conserver son charme provincial et, très prisée des Occidentaux, constitue un camp de base commode pour rayonner dans la région.
Carrefour des cultures de la péninsule « indochinoise », le **Talat Indojin** *(le long du fleuve, près de Tha Sadej)* rassemble tout ce qui se fait en matière d'artisanat de cette région de l'Asie. L'occasion entre toutes d'acheter de belles étoffes, à bon prix.
Parmi les nombreux temples dont les *chedi* laotiens ponctuent la ville, le **Wat Pho Chai** *(à côté de la gare routière)* mérite une visite malgré sa restauration un peu clinquante. On y accède par un imposant escalier flanqué de redoutables *naga* et de lions de pierre peinte. Son *wihan (7h-15h)* abrite l'un des

Sculptures du Sala Kaeo Ku, aux environs de Nong Khai.
brize99/Getty Images Plus

bouddhas les plus vénérés de la région, le **Luang Pho Phra Sai★**, délicate statue de bronze du 16e s., dotée d'une tête en or massif couronnée par une flamme incrustée de rubis.
Le **Phra That Nong Kai** *(à l'est de la ville)*, le « Chedi sacré du milieu du fleuve », a glissé dans le Mékong en 1847, et son sommet n'émerge qu'à la saison sèche.

Excursions

CARTE P. 262-263

★ Autour de Nong Khai

Sala Kaeo Ku (Wat Khaek) B1

À 3 km au sud-est de Nong Khai, dir. Beung Khan (accès à vélo ou en songthaew) *- 8h-18h - 20 bahts.*
Ce curieux « parc religieux » fut créé en 1978 par un artiste mystique originaire du Laos. L'auteur a aménagé un parc similaire, le parc de Bouddha, côté Laos *(voir p. 272)*. À la manière d'une bande dessinée en trois dimensions – ou de l'œuvre d'un Facteur Cheval oriental –, une multitude de statues monumentales en ciment bariolé racontent les grands mythes hindous et bouddhiques, ainsi que quelques légendes locales. On se promène de scène en scène à travers un vaste jardin, l'occasion d'une balade culturelle insolite pour comprendre en images quelques notions phares de la très complexe mythologie hindo-bouddhique.
Poursuivez au sud de Nong Khai par la route 2, puis prenez la route 2021 à droite jusqu'à Ban Phu. De là, suivez la route 2266 sur 12 km.

Les ponts de l'amitié

Parachevant la route de l'Amitié (Friendship Highway), qui relie Bangkok à Vientiane, le **pont de l'Amitié** lao-thaïlandaise (Thai-Laos Friendship Bridge) qui franchit le Mékong est un symbole en soi. Fierté régionale et nationale des deux côtés du fleuve frontière, cet immense arc tendu annonce aussi le jeune et fragile renouveau économique du Laos. Long de 1240 m, l'ouvrage fut inauguré en 1994. Depuis 2007, le Friendship Bridge 2 enjambe également le Mékong entre Mukdahan et Savannakhet, au Laos. Plus haut sur le fleuve, le Friendship Bridge 3 relie depuis 2011 Nakhon Phanom à Thakhèk au Laos. Un 4e pont de l'Amitié relie Chiang Khong (province de Chiang Rai) à Huayxai (Laos) depuis 2013. Deux autres ponts sont en projet, entre Beung Khan (nord-est) et Pak Sane (province laotienne de Bolikhamxai) et Ubon Ratchathani et Saravan.

★★ Parc historique de Phu Phra Bat B1

À 62 km au sud-ouest de Nong Khai - 8h-16h30 - 100 bahts.

Le parc présente sur 580 km² un surprenant paysage hérissé de formations rocheuses en grès sculptées par l'érosion. Le plan distribué à l'entrée détaille les parcours et signale les curiosités que relient des sentiers balisés, serpentant à travers des sous-bois de bambous et de tecks, dans un décor empreint de mystère et de sacré où chaque grotte, chaque rocher a pris valeur de sanctuaire. Et ce depuis la nuit des temps : on y a en effet découvert des **peintures rupestres★** qui témoignent d'une présence humaine vieille de sept à huit mille ans.

À l'ouest du parc, des bovidés ornent les parois de **Tham Wua**, tandis que **Tham Khon** révèle huit figures humaines exécutant une danse rituelle. Dans la partie est, niché au milieu d'un remarquable ensemble de boulders, le beau bouddha assis de **Tham Phra** est entouré de roches aménagées en sanctuaires où les fidèles continuent de déposer des offrandes.

Sortez du parc et prenez à droite au niveau de la billetterie pour gagner le **Wat Phra Phut Thabat Bua Bok**, le temple du « Lotus terrestre », qu'entoure un véritable chaos de rochers ; son *chedi* blanc, coloré de mosaïques, imite le Wat Phra That Phanom *(voir p. 279)*. Plus loin se trouve une autre grotte ornée de peintures rupestres, le **Tham Non Saoeh**.

★★ Escapade au Laos

Vientiane (VIANGCHAN) B1

À 20 km de la frontière, par le pont de l'Amitié. Comptez env. 1h30 de trajet en venant de Nong Khai (plus aux heures de pointe, surtout vers midi quand il y a foule à la frontière). Visa pour le Laos : voir ci-contre.

Avec ses dimensions modestes et son atmosphère sereine, la capitale du Laos a plutôt des allures de tranquille bourgade de province. Dans les rues jalonnées d'échoppes, les traditions laos – telles ces belles soieries noires décorées de fines broderies – rappellent à chaque instant au visiteur qu'il est de l'autre côté de la frontière. Mais la ville garde aussi l'empreinte de son passé colonial, mêlant sur ses boulevards arborés le charme désuet des résidences françaises du 19e s. à la froideur de quelques façades d'immeubles d'architecture soviétique.

Entre ces vieilles maisons coloniales aux volets délabrés, vous découvrirez quelques-uns des temples locaux, à peu près tous regroupés dans le centre-ville.

Vientiane recèle en effet d'innombrables sanctuaires bouddhiques qui, avec ceux de Luang Prabang, comptent parmi les plus beaux du Laos. Le **Wat Ongteu★**, notamment, mérite un détour pour son monumental bouddha de bronze. Jetez aussi un coup d'œil au **Wat Si Saket★★**, seul sanctuaire rescapé de la destruction de la ville par les Siamois en 1828. Plusieurs milliers de bouddhas de bronze, de bois ou de terre cuite occupent les niches de l'enceinte du cloître. Arrêtez-vous aussi devant la belle façade du **Ho Pra Keo★★★**, l'ancien temple royal, aujourd'hui transformé en un remarquable musée d'art religieux où sont rassemblées des statues de toute beauté. Le sanctuaire le plus remarquable reste le fascinant **Pha That Luang★★★** (GRAND STUPA), un peu excentré au nord de la ville. Ce temple flamboyant, site sacré entre tous dans le pays, est devenu un emblème de la nation lao. Vous achèverez votre escapade par une balade au **parc de Bouddha★★** (XIENG KHOUAN), près de la ville, pendant laotien de celui que l'on visite près de Nong Khai. Il renferme des sculptures tout aussi excentriques dont une étonnante citrouille percée d'un escalier.

Le soir venu, profitez de la douceur de l'atmosphère sur les rives aménagées du Mékong, un peu à l'ouest du centre.

Voir aussi le Guide Vert Cambodge & Laos

Carnet pratique

Arriver/Partir

En bateau

De Chiang Khan – On peut rejoindre Pak Chom par le fleuve, en louant un *long tail (durée 6h - env. 3 000 bahts)*.

En bus

De Chiang Khan – Les départs des bus pour Loei *(1h de trajet)* et les alentours se font près de la station Shell. Pour Nong Khai *(5h de trajet)*, par la route 211, le service est très irrégulier, excepté le matin.

Gare routière de Nong Khai – *Th. Praesem, près du marché Pho Chai.* Tous les jours, nombreux bus pour les villes de la région, dont Udon Thani *(1h de trajet)*, Loei *(4h)* et Bangkok *(9h)*.

En train

Gare de Nong Khai – *À 2 km à l'ouest de la ville, vers le pont de l'Amitié.* De Bangkok, 2 trains de nuit/j. Un train gagne le Laos par un court tronçon (3 km), mais laisse les voyageurs à env. 20 km de Vientiane.

Adresses utiles

Visa

Vous obtiendrez un VOA (visa on arrival), valable 30 jours, auprès du poste de douane, côté Laos, sur présentation de votre passeport (dont la durée de validité doit dépasser d'au moins 6 mois le temps du séjour), moyennant une photo d'identité et 35 $.

Agenda

Wan Awk Phansa – En oct. Pour la fête de la Fin des pluies, à Chiang Khan, chaque temple accueille une reproduction en cire sculptée d'un *prasat* (lieu saint), tandis que le fleuve devient le théâtre de régates animées.

Nos adresses

Restauration

Chiang Khan

Premier prix

Huen Luang Prabang – *156 Th. Chaikhong, Soi 12 - ✆ 089 009 43 45 - midi et soir - 130/300 bahts.* Une jolie terrasse en bordure du Mékong pour déguster une cuisine traditionnelle savoureuse (essayez notamment la salade de papaye et le porc sauce galanga).

Nong Khai

Premier prix

Deang Namnuang The Terrace – *525/527 Th. Rimkhong (rue piétonne longeant le fleuve) - ✆ 04 241 19 61 - www.daengnamnuang.net - service continu - 180/320 bahts.* Un excellent restaurant vietnamien dont la réputation a dépassé les frontières de la ville. Belle terrasse donnant sur le Mékong. L'établissement propose aussi de la vente à emporter, d'où les longues files d'attente dans la rue.

Hébergement

Chiang Khan

La rue bordant le Mékong regorge de pensions familiales établies dans des maisons traditionnelles en bois. La plupart ne proposent qu'un hébergement sommaire, avec sdb commune. Les hôtels plus récents, assurant plus de confort mais moins de charme, sont construits en béton. Liste disponible à l'Information Center.

Budget moyen

River Mountain Resort – *451 Moo 1 (à 1,5 km sur la rte de Tha Li) - ✆ 04 282 21 91 - www.chiangkhanrivermountain.com - - 46 ch. 1 400/1 800 bahts.* C'est sans conteste l'établissement le plus confortable de la ville. De plain-pied ou en étage, chaque chambre dispose d'une terrasse privative, les *Deluxe* donnant directement sur le Mékong. Balancelles sur des pelouses à l'anglaise, parterres de fleurs... Le calme absolu et la vue en font une étape plus que plaisante.

Pak Chom

Une folie

Mekong Villas – *96 Moo 6 Leab Mekong River Rd - ✆ 02 222 12 90 - - 2 ch. et 2 cottages 4 000/5 000 bahts.* Une halte dans un cadre enchanteur : donnant sur le Mékong, des maisons de bois traditionnelles au milieu d'un jardin luxuriant. Chambres et cottages confortables avec salle de bain.

Nong Khai

Premier prix

Mut Mee Guesthouse – *1111/4 Th. Kaeworawut - ✆ 04 246 07 17 - www.mutmee.com - - 28 ch. 450/800 bahts.* Nichée au milieu d'un jardin en surplomb du Mékong, cette pension est le lieu de séjour favori des voyageurs s'apprêtant à gagner le Laos. Elle propose un vaste choix de chambres au confort inégal ; voyez-en plusieurs. Excellent restaurant végétarien dans le jardin. Location de vélos.

Budget moyen

Pantawee – *1049 Th. Haisoke (r. perpendiculaire au Mékong, à l'angle du Village Weaver Handicrafts) - ✆ 04 241 15 68 - www.thailand.pantawee.com - - 45 ch. à partir de 550 bahts.* Disposées sur deux étages, les chambres assurent un confort maximum : bonne literie, ordinateur, lecteur DVD, minibar, etc. Certaines disposent d'une baignoire et d'un balcon, mais aucune n'a vue sur le fleuve, à deux rues de là. Spa, massages, bar.

Udon Thani et Ban Chiang ★★

Loin des circuits touristiques et moins riche d'attraits, la région d'Udon Thani attire surtout les férus d'archéologie ou d'histoire, qui s'y retrouvent autour des vestiges protohistoriques de Ban Chiang, inscrits au Patrimoine mondial de l'Unesco depuis 1992. La province, où les traditions locales du textile et de l'agriculture côtoient les nouvelles industries, compose un excellent tableau de la Thaïlande d'aujourd'hui et de ses paradoxes.

Se repérer

CARTE B1 (P. 262-263).
130 531 habitants à Udon Thani – Province d'Udon Thani.
Udon Thani est situé à 148 km à l'est de Loei et 50 km au sud de Nong Khai).

Organiser son temps

Prévoyez de dormir à Ban Chiang plutôt qu'à Udon Thani, grosse ville bruyante et sans charme.

Carnet pratique p. 276

Nos adresses p. 277

Découvrir

CARTE P. 262-263

Udon Thani B1

Petite capitale provinciale née au 19e s., Udon Thani a connu une métamorphose brutale dans les années 1970, lors de la guerre du Vietnam, avec l'implantation d'une garnison américaine. Les bars, les discothèques et les salons de massage qui bordent toujours les grandes artères de la ville rappellent cette occupation occidentale et confèrent au lieu une atmosphère singulière, peu typique de la région. Quoi qu'il en soit, cette situation entraîna un essor économique sans précédent, ce qui vaut aujourd'hui à la ville d'être le principal foyer commercial de la région. Seul intérêt de l'étape : les berges verdoyantes et calmes du **lac Nong Prajak**, au nord-ouest, où il fait bon se détendre un moment.

★★ Ban Chiang B1

À 50 km à l'est d'Udon Thani. Prenez la route 22 vers l'est sur 44 km ; à Nong Mek, tournez à gauche (fléché) et poursuivez sur 6 km.

En 1966, la découverte fortuite d'objets anciens vint bouleverser la chronologie jusqu'alors en vigueur, qui plaçait l'origine de l'âge du bronze en Mésopotamie. Des fouilles entreprises immédiatement sur le site du **Wat Pho Si Nai** mirent au jour une nécropole vieille de six millénaires, réunissant 52 squelettes humains, entiers ou partiels, allongés ou repliés en position fœtale, ainsi que des jarres contenant des dépouilles de nourrissons. Nombre d'objets accompagnaient ces sépultures : des poteries, mais aussi des bijoux, des armes et des outils en bronze. Ce matériel, exceptionnel pour l'époque, fait de Ban Chiang l'une des plus anciennes civilisations au monde à maîtriser cet alliage.

L'origine de ce peuple reste inconnue, mais les archéologues ont distingué sept niveaux de cultures différents, s'échelonnant de 3600 av. J.-C. à 500 apr. J.-C.

Ces strates révèlent une société d'agriculteurs très organisée, dont les membres logeaient dans des maisons sur pilotis, cultivaient le riz, pratiquaient l'élevage et la chasse. Les objets mis au jour montrent combien ces hommes étaient d'habiles artisans : outre les objets en bronze, ils ont laissé de superbes poteries peintes aux décors ocre rouge originaux et raffinés : volutes, spirales et motifs « cordés », mais aussi figures animales et humaines, dont les symboles – s'il y en a – demeurent inconnus. La beauté de ces pièces a donné naissance à un nouvel artisanat local et, grâce au tourisme, les villages de potiers se sont multipliés dans la région ; une balade à vélo vous permettra d'en découvrir quelques-uns.
Le **Musée national de Ban Chiang** *(9h-16h - fermé lun.-mar. - 150 bahts - photo sans flash)* raconte le quotidien et l'évolution de ce site préhistorique, explicite le travail des archéologues et rassemble la plupart des trésors exhumés : haches, fers de lance, restes humains et animaux, pointes de flèche, bracelets et colliers en perles de verre, ainsi qu'une remarquable collection de **poteries peintes★**.
Traversez ensuite le village aux maisons de bois pour gagner le **Wat Pho Si Nai** *(à 500 m - 9h-16h - fermé lun.-mar. - même billet)* où a été reconstituée la première nécropole découverte. Les fouilles archéologiques se poursuivent dans les villages alentour.

Carnet pratique

S'informer

TAT Udon Thani – *16/5 Th. Mukhamontri (autre entrée sur Th. Tesar, rive est du lac Nong Prajak) - ✆ 04 232 54 07.*

Arriver/Partir

En avion

Aéroport d'Udon Thani – *À 6 km d'Udon Thani.* Nombreux vols quotidiens de/vers Chiang Mai et Bangkok avec Nok Air, Thai Airways, Thai LIon Air...

En bus

Udon Thani Terminal n° 1 – *Près de Th. Sai Uthit (au sud-est du centre).* Centralise les bus pour Nakhon Phanom *(ttes les 2h - 5h de trajet)*, Ubon Ratchathani *(4 à 5 bus/j. - 6h)*, Khorat *(Nakhon Ratchasima - ttes les h - 4h)*, Khon Kaen *(ttes les h - 2h)* et Bangkok *(matin et soir - 8h)*.

Udon Thani Terminal n° 2 – *Au nord-ouest.* Bus de/vers Nong Khai *(ttes les 30mn - 1h de trajet)*, Loei *(ttes les h - 3h)*, Nakhon Phanom *(ttes les h - 5h)*. Quelques bus pour Chiang Mai *(8h de trajet)*.

Pour rejoindre Ban Chiang – Du terminal n° 2, prendre un bus pour Sakon Nakhon *(ttes les h - 1h30 de trajet)* et descendre à Nong Mek d'où un *tuk-tuk* vous conduira au village *(6 km)*.

En train

Gare ferroviaire d'Udon Thani – *À l'est du centre-ville.* 5 trains/j. pour Nong Khai, 3/j. pour Khorat et 3 trains de nuit de/pour Bangkok.

Se déplacer

Location de voitures

Budget – *À l'aéroport - ✆ 04 224 68 05 - www.budget.co.th.*

Adresses utiles

Hôpital international Aek Udon – *555/5 Th. Pho Si, Udon Thani - ✆ 04 234 25 55 - aekudon.com.* Le meilleur hôpital de la région. Médecins anglophones.

Police touristique – *55/55 Th. Naresuan, Udon Thani - ✆ 11 55.*

Nos adresses

Restauration

Udon Thani

Premier prix

Rabiang Patchani – *1155/9 Th. Prajak Silpakorn - ✆ 04 224 15 15 - - service continu - plats env. 150 bahts.* Un restaurant réputé auprès des habitants, très bien situé sur la rive est du lac. Servie en terrasse ou dans la salle climatisée, une savoureuse cuisine thaïe et chinoise.

Seam Hai – *54 Th. Makkang (en face de l'hôtel Ton Koon) - ✆ 04 222 26 10 - service continu - plats à partir de 250 bahts.* Excellent restaurant chinois, proposant une carte variée dans une grande salle climatisée. Il a gardé la tradition des tables de bois au plateau central tournant.

Ban Chiang

Premier prix

Au marché, au bout de la route principale, soupes et brochettes jusqu'en fin d'après-midi. Le soir, rendez-vous face au musée où plusieurs gargotes installent tables et chaises pour vous servir une cuisine locale à tous petits prix. Vous trouverez également ici une épicerie générale.

Hébergement

Udon Thani

Budget moyen

Ton Koon – *50/1 Th. Makkang - ✆ 088 557 06 90 - - 115 ch. 1 100/1 500 bahts.* Un établissement bien tenu, au confort standard, qui jouit d'une réputation méritée. Dotées de grandes fenêtres et d'une bonne literie, les chambres s'avèrent plaisantes.

Pour se faire plaisir

Centara Hotel & Convention Center – *277/1 Th. Prajak Silpakorn - ✆ 04 234 35 55 - www.centarahotelsresorts.com/centara/cud - - 259 ch. 1800/2 500 bahts.* Un grand hôtel chic, bien situé dans un quartier commercial, à côté du Charoensri Complex. Chambres spacieuses et bien équipées, avec moquette. Piscine au 5e étage, restaurants et discothèque.

Ban Chiang

Les nombreux *homestays* du village constituent une meilleure option que les hôtels urbains et peu conviviaux d'Udon Thani. Vous en trouverez sans peine autour du musée, dans de charmantes maisons traditionnelles, signalés par des enseignes en thaï avec la mention « homestay » en anglais.

Budget moyen

Home Stay Stc Bed And Breakfast – *207 Moo 11, Th. Udon-Nong Bua (à l'entrée de Ban Chiang, à droite en venant de Nong Mek) - ✆ 086 863 69 15 - - 3 ch. et bungalows à partir de 750 bahts.* Au fond d'un jardin, cette demeure en bois décorée avec soin vous réserve une étape au calme. Accueil prévenant, en thaï exclusivement.

Aux confins orientaux de l'Isan ★

De Nong Khai à Mukdahan

Dans ce ravissant décor de verdure et de quiétude que forment les confins orientaux de l'Isan, le temps semble parfois s'être arrêté. Ici, la tradition demeure, le respect du sacré aussi, comme à That Phanom, haut lieu de pèlerinage où convergent par milliers les fidèles thaïlandais et laotiens. Dans les petites villes au bord du Mékong, la proximité du Laos se fait sentir sur les marchés avec leurs échoppes de vannerie, leurs vêtements et leurs textiles aux motifs traditionnels, mais aussi dans les maisons de bois et les temples. Un appel à franchir le fleuve, ou bien à descendre son cours à la découverte d'une région méconnue.

Se repérer

CARTE BCD1 (P. 262-263).

Provinces de Nong Khai, Nakhon Phanom et Mukdahan.
Nakhon Phanom est situé à 296 km au sud-est de Nong Khai et 240 km à l'est d'Udon Thani.

À ne pas manquer

Le prestigieux Wat Phra That Phanom ; à Mukdahan, une balade en fin de journée sur les berges du Mékong.

Organiser son temps

Durant le That Phanom Festival *(1 sem. en fév.-mars)*, réservez impérativement votre hôtel ou logez à Mukdahan.

Carnet pratique p. 280

Nos adresses p. 280

Circuit conseillé

CARTE P. 262-263

Le long du Mékong

Circuit de 420 km au départ de Nong Khai, tracé en vert clair sur la carte – Comptez deux jours.

De Nong Khai, pour continuer vers l'est, vous avez le choix entre deux chemins. Le plus rapide (296 km) consiste à passer par Udon Thani en empruntant l'axe principal (route 22) ; le second suit la **route 212**, qui longe le Mékong jusqu'à Nakhon Phanom (320 km). Hors des sentiers battus, cette route buissonnière passe à travers une campagne qui, si elle n'offre rien d'extraordinaire, vous plongera dans le quotidien de la vie rurale dans l'Isan, au rythme des buffles d'eau et du travail dans les rizières, et surtout loin, très loin de la frénésie urbaine.

★ Nakhon Phanom D1

Avec ses espaces verts, ses larges rues arborées et son atmosphère tranquille, la « ville des Collines » (26 307 hab.) offre une étape agréable. Des berges, on découvre de très belles **vues★★** sur le Mékong et les montagnes laotiennes, tandis que les rives aménagées du fleuve – avec même, au sud de la ville, une plage de sable en saison sèche ! – invitent à la détente et à la promenade.

L'influence de sa population cosmopolite (venue de toute la péninsule indochinoise), dont une forte communauté catholique, se mêle à celle de l'Occident, visible dans certains édifices : la **tour-horloge** qui marque le cœur de la cité, à deux pas de la berge du Mékong, ou la **Bibliothèque nationale** *(derrière le TAT)*, un bâtiment d'inspiration française. Le **Wat Okat Si Bua Ban** *(sur la rive)*, construit au 17e s., conserve des stucs et de belles peintures murales.

Le **Friendship Bridge 3** *(à 8 km au nord de la ville)*, qui relie Nakhon Phanom à Thakhèk, est une invitation à faire une incursion au Laos.

Poursuivez votre voyage vers le sud par la route 212. Elle traverse de beaux paysages de rizières irriguées.

★★ That Phanom D1

À 54 km au sud de Nakhon Phanom.

Les vieilles maisons de bois du centre confèrent un charme désuet à cette petite bourgade (10 302 hab.) qui doit sa renommée au **Wat Phra That Phanom★★**, un temple hautement vénéré par les bouddhistes de l'Isan et du Laos. Son *chedi* central, un ouvrage de brique et de stuc de style cham-khmer, remonte au 10e s. Haut de 53 m, l'édifice s'écroula à la suite de pluies violentes, mais sa reconstruction en 1979 lui redonna toute sa majesté. Sa base carrée sert de support à des panneaux sculptés racontant la légende des cinq hommes à qui l'on doit la fondation du temple, tandis que des pierres précieuses et des anneaux d'or sertissent la base de la flèche, elle-même ornée de lotus d'or figurant le chemin vers l'illumination. Ne manquez pas de faire le tour du **cloître★**, enceinte basse ornée de délicats motifs floraux et d'innombrables bouddhas assis, devant lesquels les fidèles déposent fleurs de lotus, offrandes de riz et bâtons d'encens dans un incessant défilé.

Quittez That Phanom par la route 212, qui longe la frontière laotienne.

★ Mukdahan D1

À 52 km au sud de That Phanom.

Reliée depuis 2007 par le Friendship Bridge 2 à la ville de Savannakhet, établie juste en face sur la rive laotienne, Mukdahan (34 041 hab.) a vu sa population quintupler en quelques années et poursuit son développement économique grâce à l'ouverture des frontières, qui favorise de plus en plus les échanges commerciaux entre les deux pays.

Sur la berge du Mékong, le **marché indochinois (Talat Indojin)** vend tout ce que l'Isan, le Laos et le Vietnam comptent de trésors : cotonnades et soieries, chapeaux coniques et statues religieuses, copies d'ancien et gadgets de Chine.

À proximité, caché parmi les banians centenaires de l'avenue, le **Wat Si Mongkon Thai** abrite un impressionnant bouddha assis de style lao.

Au sud de la ville, la moderne **église Songkhom** compte parmi les plus vastes de toute l'Asie. Elle accueille la tombe de sept martyrs.

Carnet pratique

S'informer

Tourism Authority of Thailand à Nakhon Phanom – *Th. Sunthon Wijit (sur le fleuve) - ℘ 04 251 34 90.*

Arriver/Partir

En avion

Aéroport national de Nakhon Phanom – *À 16 km du centre-ville.* 1 vol/j. pour Bangkok avec la compagnie Nok Air.

En bus

Gare routière de Nakhon Phanom – *Au sud-ouest du centre.* Liaisons fréquentes avec That Phanom *(1h)*, Mukdahan *(2h)* et Udon Thani *(5h)*. Trois bus le matin pour Nong Khai *(6h)* et 4 pour Ubon Ratchathani *(5h)*. De 16h à 19h, départs ttes les 30mn pour Bangkok *(12h) via* Khorat. 8 bus/j. pour Thakhèk (Laos).

Gare routière de That Phanom – *Sur la route principale (à env. 500 m du grand chedi).* Bus ttes les h de/vers Mukdahan *(1h)*, Nakhon Phanom *(1h)*, Ubon Ratchathani *(5h)* et Khorat *(6h30)*. Bus de nuit pour Bangkok *(11h)*.

Gare routière de Mukdahan – *Sur la route 212 (à 300 m du centre commercial Big C).* Liaisons fréquentes avec That Phanom *(1h)*, Nakhon Phanom *(2h)*, Ubon Ratchathani *(3h)* et Savannakhet *(Laos - 45mn)*. 9 bus/j. pour Khorat *(6h)*, 4 à 6 bus/j. pour Bangkok *(10h)*.

Adresses utiles

Santé

Mukdahan International Hospital – *Th. Don Tan - ℘ 04 261 12 22.*

Agenda

That Phanom Festival – Pleine lune de fév.-mars. Durant une semaine, ce festival de pagode se tient autour du *chedi* le plus sacré du pays. Les pèlerins affluent de tout le pays et même du Laos.

Lai Rue Fai Festival – Pleine lune d'oct.-nov. Toutes les nuits durant une semaine, spectaculaires processions de bateaux illuminés.

Nos adresses

Restauration

That Phanom

Premier prix

Guinguettes du Mékong – *Sur le fleuve - 8h-23h - ⊭ - plats 150/250 bahts.* Au milieu du quai se succèdent une dizaine de terrasses de guingois montées sur pilotis. Elles servent une cuisine lao-sino-thaïe variée que pèlerins et touristes autochtones arrosent abondamment de Mékong (le whisky local). La soirée s'avançant, le karaoké prend du service. Vérifiez votre addition.

Mukdahan

Premier prix

Bao Pradit – *Th. Samran Chai Khong Fang Tai - ℘ 04 261 13 35 - service continu - plats 250/600 bahts.* Au bout d'un petit chemin qui part de la route principale, un peu au sud du centre-ville, ce restaurant au bord du Mékong sert une authentique cuisine de l'Isan. La musique *live* le soir complète l'ambiance agréable.

Good Mook – *Th. Song Nang Sathit (non loin du Wat Si Mongkon Thai) - ℘ 04 261 20 91 - ⊭ - fermé lun. - plats env. 100 bahts.* Ce *Traveller Café* est le rendez-vous des *farang* (étrangers) de passage qui retrouvent là, dans une ambiance bobo branchée, les classiques de la cuisine thaïe adoucis et adaptés aux palais occidentaux, mais aussi *T-bone* et pavé de saumon grillé. Location de vélos.

Petite pause

Mukdahan

Mongnee Cafe – *Th. Phitak Phanom - ✆ 092 868 25 07 - 8h-20h - fermé lun.* Un café qui propose essentiellement des *bubble tea* aux parfums variés.

Shopping

Nakhon Phanom

Marchés – Le marché indochinois de jour *(près de la tour de l'Horloge, face au fleuve)* et celui de nuit *(3 blocs à l'ouest de la tour de l'Horloge)* vendent toutes sortes d'objets insolites. Ambiance « interrégionale ».

That Phanom

Marché laotien – *Lun. et jeu 6h-17h.* Orchidées, vêtements, vaisselle : un peu de tout dans une atmosphère pittoresque.

Tissus/Soieries – Dans le centre, un choix intéressant de tissus traditionnels, notamment laos, et de vêtements en soie.

Mukdahan

Marchés – Comme à Nakhon Phanom, ville frontalière, le marché indochinois promet une ambiance haute en couleur.

Activités

Nakhon Phanom

Mekong River Cruise – *Devant le marché indochinois - horaire de départ se rens. - env. 50 bahts/pers.* Balade sur le fleuve *(1h)*.

Hébergement

Nakhon Phanom

Budget moyen

Nakhon Phanom Fortune River View – *Rte de That Phanom (à 2 km au sud du centre) - ✆ 04 252 23 34 -* ▤ ✕ ⛱ P *- 122 ch. à partir de 1900 bahts* ☕. Les petits bâtiments alignés face au fleuve disposent de terrasses privatives tandis que les chambres de l'édifice principal jouissent d'une superbe vue sur le Mékong. Confort et entretien corrects.

That Phanom

Vous trouverez un grand nombre d'hôtels au bord de la rivière, à proximité du sanctuaire. Durant le festival de That Phanom, pensez à réserver bien à l'avance.

Mukdahan

Premier prix

Submukda Grand Hotel – *72 Th. Samut Sakdarak - ✆ 04 263 34 44 -* ▤ P *- 100 ch. à partir de 500 bahts.* Un hôtel central aux chambres confortables, spacieuses et lumineuses pourvues de balcons : bref, un excellent rapport qualité-prix. Ascenseur.

Budget moyen

River City – *28 Don Tan Rd (à 400 m au sud du centre) - ✆ 04 261 54 44 -* ▤ ✕ ⛱ P *- 200 ch. à partir de 1200 bahts* ☕. Bon accueil dans cet hôtel bien tenu et proposant de nombreux services (massage, sauna, karaoké, etc.). Restaurant au 10e étage, livrant une vue panoramique sur la ville et sur le Mékong. À défaut de charme, vous y apprécierez un zeste de luxe.

Ubon Ratchathani et le Triangle d'émeraude ★★

Porte orientale de l'Isan, Ubon Ratchathani marque le cœur du Triangle d'émeraude, point de rencontre des frontières de la Thaïlande, du Cambodge (à 50 km au sud) et du Laos. Cette région, bien moins connue que le Triangle d'or, doit son nom à la couleur de ses forêts, qui raviront les amateurs de solitude et de nature. Carrefour des influences lao, khmère et thaïe, Ubon, treizième ville du pays, garde peu de vestiges du passé et ressemblerait à toutes les cités modernes thaïlandaises si ses maisons de teck, en bordure de la Mun, ne lui conféraient un charme suranné. Cette bourgade au cachet provincial sera surtout votre point de départ pour les parcs nationaux cachés plus à l'est, tout près de la frontière.

Se repérer

CARTE D2 (P. 262-263).
74 977 habitants à Ubon Ratchathani – Province d'Ubon Ratchathani.
Ubon Ratchathani est situé à env. 315 km à l'est de Khorat et 150 km au sud de Mukdahan. Traversant la ville du nord au sud, la route 212 dessert le nord de l'Isan.

À ne pas manquer

À Ubon Ratchathani, le Musée national et, à la pleine lune de juillet-août, la fête des Bougies ; une balade sur la rivière au départ de Khong Chiam ; les peintures rupestres et la promenade sur les falaises du Parc national de Pha Taem.

Organiser son temps

Louez un véhicule à Ubon Ratchathani pour visiter la région frontalière en 2 jours. Posez vos valises à Khong Chiam pour explorer les environs. Meilleure saison : de nov. à mars.

Carnet pratique p. 286

Nos adresses p. 286

Se promener

★★ Musée national

Th. Khuan Thani (juste au sud du grand parc) - ✆ 04 525 10 15 - 9h-16h - fermé lun.-mar. - 100 bahts - se déchausser à l'entrée.
Installé dans une belle demeure du début du 20e s., ce petit musée expose, autour des deux patios centraux, l'une des plus riches collections d'œuvres d'art du Nord-Est. La période préhistorique y est illustrée par un imposant **tambour de bronze★** daté du début de notre ère et, surtout, par une **reproduction des peintures rupestres de Pha Taem** (vers 2000 av. J.-C.), dont on admirera les originaux dans le parc du même nom *(voir p. 284)*.
Vous y suivrez l'évolution de l'art siamois à travers de belles pièces de la période indianisée de Dvaravati (6e s.-9e s.) et de l'époque préangkorienne. Rare en Asie du

Parc national de Pha Taem.
Westend 61/hemis.fr

Sud-Est, la représentation d'**Ardhanarishvara**★★ constitue le fleuron du musée ; datée du 9e s., l'œuvre montre l'union mystique de Shiva et d'Uma, son épouse. Non loin, un **linteau**★★ de grès rose (8e s.-9e s.) illustre les neuf divinités hindoues avec Indra au centre. Remarquez aussi le **lion**★ de grès, qui remonte à la période du Baphuon (11e s.). Un ensemble de **statues bouddhiques** offre un bel exemple du syncrétisme culturel lao-thaï : on y reconnaît l'influence artistique des écoles de Vientiane (18e s.-19e s.) et de Ratanakosin (19e s.-20e s.).
La visite s'achève avec une section ethnographique qui rassemble une intéressante collection d'objets de la vie quotidienne régionale : soieries brodées, boîtes à bétel, vannerie, palanquins, etc.

Les temples de la ville

Parmi la dizaine de temples que compte la ville, deux méritent une attention particulière.
Wat Thung Si Muang – *Th. Luang (au nord du TAT et de la poste centrale).* Joyau du temple, un **sanctuaire**★★ **(HO TRAI)** de bois trône au centre d'un bassin de lotus, reflétant dans l'eau une ravissante toiture à pans superposés. Bâti au 19e s. et très bien restauré, l'édifice doit son élégance à l'harmonieux mariage entre la tradition siamoise et l'art lao.
Wat Supatanaram – *Th. Promptep (au bord de la Mun).* Il fut bâti en 1853 et l'éclectisme de son architecture traduit bien le goût de l'époque. Initiateur de sa construction, le roi Mongkut, insatiablement curieux du monde extérieur, s'inspira des styles étrangers les plus divers, khmers, dvaravati et occidentaux, qui se mêlent ici à la tradition thaïe, comme avec ces *chofa* figurant des *naga* sur les toitures de tuiles.

Une cité relativement récente

Intégrée au royaume khmer au 10e s., la province fut ensuite contrôlée par le royaume d'Ayutthaya au 18e s. Mais ce n'est qu'à la fin de ce siècle que naquit la « cité royale du Lotus », Ubon Ratchathani. Fondée par des **princes laos** en exil sur les rives de la Mun, la ville devint rapidement le plus gros centre économique à l'est du Siam. Dans les années 1970, cependant, elle vécut des temps troublés en servant de base militaire aux GIs américains. Mais elle sut tirer parti de leur présence, et connut après la guerre un grand essor, jusqu'à la crise économique de 1997.

À voir aussi

Wat Nong Bua

À 3 km au nord de la ville par la route 212 dir. Nakhon Phanom ; un panneau indique le temple à gauche (à 800 m).
Th. Chayangkul - 6h-18h - gratuit.
Érigé lors de la célébration du 25e s. bouddhique en 1957, le Wat Nong Bua se veut la réplique du **chedi Mahabodhi** du temple de Bodhgaya (Inde), la ville sainte où Bouddha reçut l'illumination. Le monument, sorte de grand cône à quatre faces entièrement couvert de stucs et de dorures, ne possède ni l'attrait ni l'animation de l'original, mais son architecture, singulière dans le paysage thaïlandais, mérite une courte visite.

À proximité

CARTE P. 262-263

★★ Khong Chiam D2

À 75 km à l'est d'Ubon Ratchathani.
Un majestueux décor de montagnes sert de cadre au paisible village de Khong Chiam, installé sur les rives du fleuve et très prisé des Thaïs le week-end et en période de fêtes.
Aux portes de Khong Chiam s'unissent les eaux brunes du Mékong et les eaux vertes de la Mun, donnant naissance à la **Mae Nam Song**, la « Rivière aux couleurs ». Les deux cours d'eau, chargés de limons différents, se côtoient sur quelques dizaines de mètres avant de se mêler pour entamer ensemble une odyssée qui les conduira 800 km en aval, à la mer de Chine méridionale.
Une excursion en bateau *(comptez 1h30 AR)* vous permettra de voir de plus près le phénomène, particulièrement saisissant en avril, avant de remonter la Mun vers le **parc national de Kaeng Tana**, pour une promenade fluviale fort agréable : on accoste sur un îlot sablonneux planté au milieu des **rapides de Kaeng Tana★**, le principal attrait du parc. Les bateliers peuvent aussi vous conduire au marché laotien, sur l'autre rive.
En quittant Khong Chiam par le nord, faites un petit tour au **Wat Tham Khuha Suwan**. Juché sur une hauteur, il surplombe le fleuve : particulièrement plaisant en fin d'après-midi, le **panorama★★** est splendide sur la rive laotienne, en face, avec le Mékong qui se perd à l'horizon.

★★★ Parc national de Pha Taem D2

À 16 km de Khong Chiam. À la sortie de la ville, prenez la route 2134 sur 7 km, puis à droite la route 2112, de nouveau sur 7 km ; là, un panneau à droite indique l'entrée du parc, 2 km plus loin. 5h-18h - 400 bahts.

La falaise fait face au Mékong : c'est donc le matin que vous aurez la meilleure lumière sur ces peintures. Pensez à prendre de l'eau : le soleil tape dur.
Ce parc naturel englobe un superbe paysage rocheux, où l'on a découvert des peintures rupestres de l'âge du bronze – d'où son nom de « Falaise peinte ».
À 500 m de l'entrée du parc s'ouvre d'abord le site de **Sao Chaliang★**, qui concentre de curieuses **formations rocheuses★** en forme de champignons, blocs de grès sculptés par des millénaires d'érosion.
Environ 2 km plus loin, les **falaises de Pha Taem★** dominent le Mékong sur 200 m de hauteur *(du parking du Visitors Center, boucle de 4 km - 2h - fléché « Painting Cliff »)*. Du belvédère, aussi prisé au lever qu'au coucher du soleil, une centaine de marches inégales descendent au pied de la falaise. Là, on a retrouvé toute une série de **peintures rupestres★★★** en excellent état : sur les parois de grès rose, elles se développent sur quelque 30 m de long. Peintes d'un rouge sombre fait de pigments de fer et de cuivre, rendues indélébiles par une substance à base de résine et de graisse, diverses scènes de la vie quotidienne, animées de personnages aux lignes très stylisées, évoquent la chasse et la pêche.
Le sentier se poursuit jusqu'au parking, tantôt en contrebas des falaises, tantôt sur le plateau, offrant des **vues★★** inoubliables sur le Mékong et le majestueux paysage de montagnes de la rive laotienne.

Carnet pratique

S'informer

TAT – *264/1 Th. Khuan Thani (à 400 m à l'est du musée) - ✆ 04 524 37 70 ou 16 72.* Bon accueil, informations sur la province et plan de la ville.
Parcs nationaux de Thaïlande – *http://park.dnp.go.th.*

Arriver/Partir

En avion

Aéroport national d'Ubon Ratchathani – *À 2 km au nord du centre-ville.* Une quinzaine de vols/j. pour Bangkok *(1h de vol)* avec Nok Air, Air Asia et Thai Lyon Air. De l'aéroport, des taxis vous emmènent en centre-ville pour env. 100 bahts.

En bus

Gare routière d'Ubon Ratchathani – *À 3 km au nord de la ville (à côté du centre commercial Big C).* Dessertes pour Bangkok *(nombreux bus matin et soir - 8h).* Liaisons avec Mukdahan *(ttes les h jusqu'à 15h - 3h)*, Nakhon Phanom *(3h)* et Udon Thani *(6h)*. Un bus tôt le matin pour Khong Chiam *(2h)*.
Gare routière de Khong Chiam – *À l'entrée du village (sur la place du marché).* Un bus le matin et un autre en fin d'apr.-midi pour Bangkok *(env. 10h)*, 2 bus tôt le matin pour Ubon Ratchathani *(2h)*.

En train

Gare d'Ubon Ratchathani – *À Warin Chamrab (à 4 km au sud du centre ; accès en* tuk-tuk *ou en bus n° 2).* Trains vers Bangkok *(11h)*, certains de nuit. La ligne dessert Si Saket, Surin, Buriram et Khorat.

Se déplacer

Location de voitures

Ubon Car Rental – *Th. Suriyatra - ✆ 089 629 94 18 - www.uboncarrent.blogspot.com.* À partir de 1000 bahts/j.

Adresses utiles

Santé

Sappasit Prasong Hospital – *122 Th. Sappasit (face à la police) - ✆ 04 531 92 00.*

Sécurité

Police touristique – *Th. Suriyatra ✆ 11 55.*

Agenda

Ubon Ratchathani Candle Festival – À la pleine lune de juil.-août. Célèbre la fin du carême bouddhiste. Défilé de splendides bougies géantes, véritables sculptures de cire exécutées à la main, qu'on promène en ville sur des chars avant de les déposer en offrandes dans les temples.

Nos adresses

Restauration

Ubon Ratchathani

Premier prix

Fern Hut – *19/2 Th. Ratchathani (dans une impasse derrière la poste secondaire Chaeng Sanit, au nord-ouest du centre) - ⊭ - service continu - plats 150/250 bahts.* La classe aisée et branchée s'y retrouve au déjeuner ou au dîner dans une salle climatisée à la décoration étudiée (tout en bois, avec des murs surchargés de gravures et de dessins). La carte affiche quelques plats occidentaux simples et les classiques de la cuisine thaïe, et surtout une belle page de desserts maison. Bon accueil.

Pour se faire plaisir

Hong Fah – *448 Th. Thep Yothi (sur la route de l'aéroport) - ✆ 04 526 35 46 - service continu - plats 400/900 bahts.* Un établissement réputé pour sa cuisine chinoise et servant des plats raffinés tels que porcelet laqué, soupe d'ailerons de requin, etc. Ouvert depuis 1969, c'est une institution dans la ville.

Khong Chiam

Premier prix

Rim Khong – *37 Th. Klaew Pradit - sur le Mékong - ✆ 094 285 63 22 - service continu - plats 130/280 bahts.* Le petit restaurant du *resort* du même nom. Vous y trouverez une cuisine simple dans un cadre reposant avec une terrasse donnant sur la promenade du fleuve.

Boire un verre

Ubon Ratchathani

Acetylene – *295/4 Th. Suriyat - ✆ 082 753 84 11 - 11h30-0h.* Un bar sympathique à l'ambiance industrielle et conviviale où se produisent des groupes de musique locaux. Propose également une petite restauration.

Ubon Tap Taste House – *212 Th. Pichit Rangsan Rd - ✆ 089 625 82 00 - 17h-0h.* Un bar au décor moderne soigné qui fera les délices des amateurs de mousses et autres cervoises : grande sélection de bières du monde entier (la plupart artisanales), à la pression ou en bouteille. Organise régulièrement des concerts.

En soirée

Ubon Ratchathani

Nevada Multiplex – *Th. Chayangkul (en face du Nevada Grand Hotel, au nord de la ville) - ✆ 04 531 33 52.* Sept salles projettent des films en majorité américains, certains en version originale.

Activités

Excursions sur le Mékong

À Khong Chiam, les pêcheurs vous attendent sur la rive pour une promenade sur le Mékong et vers les rapides de Kaeng Thana *(à partir de 800 bahts/h pour le bateau)*. Partez tôt le matin; à l'aube, la lumière est magnifique.

Excursions au Laos

Pour passer au Laos, rendez-vous à **Chongmek**, village frontalier à 25 km de Khong Chiam sur la route 217. Vous y obtiendrez un VOA *(visa on arrival)* valable 30 jours. Douane ouverte tlj 8h30-16h30. Au village, ne manquez pas de visiter le marché, toujours très animé.

Massages traditionnels

Ubonvej Thai Traditional Massage - *Th. Thepyothi (à 2 rues de l'hôtel Laithong) - ✆ 04 526 03 45 - 9h30-22h.* Un centre sérieux, à distinguer des innombrables lieux de prostitution de la ville déguisés en *massage parlours*.

Hébergement

Ubon Ratchathani

Budget moyen

Laithong – *50 Th. Pichitrungsan (à 3 rues au nord-est de la poste centrale) - ✆ 04 524 14 01 - www.laithong.com - ▤ ✕ ⛱ P - ch. à partir de 1000 bahts ☕.* Un hôtel de très bon standing aux chambres spacieuses et bien tenues. Vous apprécierez l'agréable mini-piscine au 3e étage et le personnel attentionné. Navette gratuite avec l'aéroport. Boutique.

Bluemoon Riverside Resort – *250 Moo 5, rte 2222 - ✆ 062 904 44 41 - ▤ ✕ ⛱ P - 9 ch. et cottages à partir de 950 bahts ☕.* Un petit resort moderne et confortable, qui offre différentes options de logements (cottages, chambres aménagées dans d'anciens conteneurs...), toutes très bien équipées. Vélos à disposition.

Khong Chiam

Premier prix

Thosawan Resort – *743 Moo. 1 - ✆ 087 459 16 53 - ▤ P - 4 ch. 700/1 000 bahts.* Un petit hôtel familial bien situé, proche des fleuves, et qui vous réserve un accueil chaleureux. Les chambres sont propres et confortables. Pas des restauration sur place, mais nombreuses options à proximité.

Budget moyen

Ban Rim Khong Resort – *37 Th. Klaew Pradit (sur le Mékong) - ✆ 08 9283 98 25 - ▤ ✕ P - 14 ch. à partir de 1300 bahts.* Noyés sous les bougainvilliers, de coquets bungalows de bois carrelés, propres et bien équipés, avec balcon et canapé, dans un jardin joliment aménagé (trois d'entre eux donnent sur le Mékong).

Dans le parc de Pha Taem

Budget moyen

Pha Taem National Park – *210 Huay Pai Sub-district - Amphur Khong Chiam - ✆ 04 531 80 26 - www.dnp.go.th - ▤ - 10 ch. 1200/2 000 bahts - réserv. conseillée.* Bungalows simples disséminés dans le parc pour apprentis Robinsons motorisés (véhicule indispensable) en quête de calme absolu. Possibilité de camping *(225 bahts/j.)*. Pas de restauration sur place.

Les temples khmers

★★

De Si Saket à Buriram

Couleur de steppes en saison sèche, virant au vert tendre avec la mousson, d'immenses rizières tapissent le sud de l'Isan. Sur la route, des *songthaew* bariolés passent à toute allure, chargés d'écoliers en uniforme. Soudain, un troupeau de buffles ralentit le « trafic », le temps de traverser paisiblement la chaussée vers quelque marécage. Dans ce coin de l'Isan, à mille lieues de l'opulente Plaine centrale, la campagne est émaillée de temples khmers comptant parmi les plus prestigieux du pays.

Se repérer

CARTE BC2 (P. 262-263), PLAN DE PHANOM RUNG (P. 295).

Provinces de Surin et de Buriram. Si Saket est situé à 65 km à l'ouest d'Ubon Ratchathani ; Surin à 103 km à l'ouest de Si Saket et 54 km à l'est de Buriram ; Buriram à 124 km à l'est de Khorat.

À ne pas manquer

Le Prasat Hin Sikhoraphum, le Prasat Muang Tham et le Prasat Hin Phanom Rung ; la fête des Éléphants à Surin.

Organiser son temps

Meilleure saison : de nov. à mars. Visitez les sites tôt le matin ou en fin d'après-midi, la lumière est nettement plus belle, et vous éviterez la foule. Faites étape de préférence à Surin, mieux équipée et plus centrale sur le circuit des sites khmers. Circulez en voiture, car peu de bus desservent les temples.

Carnet pratique p. 297

Nos adresses p. 298

Preah Vihear, le temple de la discorde

La Thaïlande et le Cambodge se disputent âprement, depuis des décennies, un coin de jungle sur les bords d'un plateau du massif des Dongrek, où se dressent les ruines somptueuses du temple de Preah Vihear, construit entre les 9e et 12e s. et dédié à Chikharecvara, le « seigneur de la Cime ». La Thaïlande clame que la région appartenait à son territoire au moment de la fondation du royaume d'Ayutthaya, au 14e s., le Cambodge rétorque que ces terres ont toujours été celles du grand empire khmer. Le contentieux tourne au conflit armé en 2008, quand l'Unesco inscrit le temple de Preah Vihear sur la liste du Patrimoine mondial de l'humanité, puis en 2011, où il exacerbe les crispations politiques entre Chemises jaunes et partisans de Thaksin. Des échanges de tirs survenus aux abords du temple se sont alors soldés par plusieurs morts et ont endommagé l'édifice. Saisie du dossier, la Cour internationale de justice de La Haye a statué en 2013 et attribué au Cambodge le territoire contesté, que l'on ne peut donc plus visiter depuis l'Isan.

Le festival annuel des éléphants à Surin.
F. Guiziou/hemis.fr

Découvrir

CARTE P. 262-263

Sur la route de Si Saket à Surin C2

Prasat Hin Wat Sa Kamphaeng Yai

Prenez la route 226 dir. Surin sur 21 km jusqu'au village de Prasat Hin Wat Sa Kamphaeng Yai ; le temple est *indiqué à gauche dans le village. Accès libre.*

Dans l'enceinte d'un *wat* moderne, ce grand sanctuaire khmer du 11e s., d'allure puissante et massive, porte bien son nom thaï : le « temple des Grands Murs ». Dédié à l'origine au culte du dieu Shiva, il fut reconverti au bouddhisme theravada au 13e s. De style Baphuon, il a bénéficié d'une restauration importante qui lui redonne toute sa majesté.

Protégée par une enceinte en gros blocs de latérite, une **galerie** percée de fenêtres à balustres encadre les édifices du sanctuaire. Une volée de marches mène au *gopura* est, tandis que l'entrée principale s'ouvre face au temple moderne. Une inscription en khmer ancien, gravée à gauche du mur du pavillon d'accès, mentionne la découverte d'une relique de nature inconnue sur le domaine.

Au centre de la cour, le **sanctuaire** comprend quatre *prang* de grès et latérite (l'un d'eux a disparu), flanqués de deux bibliothèques de brique, très restaurées. Des **sculptures**★, certaines fragmentaires, ornent les registres supérieurs des portes et des fausses portes, le **prang central** offrant les **frontons**★★★ les mieux conservés ; celui de la façade sud montre Shiva chevauchant le taureau Nandi, symbole de la fertilité de la Terre.

★★ Prasat Hin Sikhoraphum (SI KHONPHUM)

À 66 km à l'ouest de Si Saket par la route 226 dir. Surin ; le temple est fléché à droite (env. 800 m). 7h30-18h - 50 bahts.

Au centre d'une vaste pelouse, cet ensemble compte parmi les plus belles réalisations khmères de la région. Ses proportions parfaites lui confèrent une atmosphère pleine de charme et de sérénité.

Cerné de douves, le temple, édifié au 12e s., trône sur une plate-forme de blocs de latérite. Tout de grès rose, ses cinq *prang* s'élèvent en quinconce, à l'image d'Angkor Wat, configuration de la cosmogonie hindoue qui était réservée aux temples d'État *(voir p. 430)*.

Les petits *prang* marquant les angles de la terrasse sont assez endommagés, mais le **prang central★** conserve son magnifique **décor sculpté★★**, d'inspiration lao. Admirez son toit à redents, reconstruit entre les 15e et 16e s., ainsi que le **linteau★★★** de la porte orientale : on y voit Shiva dansant sur un piédestal porté par trois *hamsa*, évocation du caractère céleste de la danse. Sur le registre supérieur, jaillissant d'une guirlande de fleurs, quatre dragons révèlent une influence chinoise, tandis que l'art khmer s'exprime pleinement dans les **bas-reliefs★** soulignant la base des colonnettes encadrant la porte, où des *dvarapala* (gardiens) côtoient des *apsara*, les gracieuses danseuses célestes khmères.

Poursuivez sur la route 226 pour atteindre Surin, à env. 40 km.

Aux alentours de Surin C2

Surin (39 179 hab.), la capitale provinciale, est un point de départ tout désigné pour découvrir de petits bijoux khmers de la période d'Angkor, éparpillés dans une campagne aux allures de savane. Si certains sites ont été épargnés par les affres de l'histoire, d'autres, en revanche, plus proches de la frontière cambodgienne, conservent le sanglant souvenir des combats qui opposèrent les Khmers rouges aux troupes gouvernementales.

Si vous êtes passionné de temples, sachez qu'en partant de Surin tôt le matin, et à condition de disposer de votre propre véhicule, vous pouvez enchaîner la visite des deux temples aux environs de Surin, de Muang Tham *(voir p. 292)* et de Phanom Rung *(voir p. 293)* pour dormir le soir à Buriram *(voir p. 299)*.

★ Prasat Hin Ban Phluang

À 32 km au sud de Surin par la route 214. Arrivé à Ban Phluang, tournez à gauche et poursuivez sur 600 m. 8h-18h - 50 bahts.

Éléphants 100 % naturels

Si vous achetez un cadeau en Thaïlande, sachez que le papier d'emballage doit beaucoup au pachyderme : un centre de protection de l'éléphant, installé dans le nord du pays, s'est en effet spécialisé dans le recyclage de leurs excréments pour en faire du... papier décoratif. Cette opération a par ailleurs l'avantage de régler le problème d'évacuation de ces déchets « éléphantesques », une préoccupation non négligeable pour tous les centres de dressage, qui doivent s'en débarrasser quotidiennement. Certains ingénieurs ont même trouvé comment exploiter en « gaz naturel » les « vents » émanant de cet avatar des dieux !

Un succès qui ne trompe pas

Dieu des Arts et de la Vie quand il s'appelle Ganesh, symbole royal quand il est blanc, l'éléphant a toujours tenu une place de choix, dans le Siam d'antan comme dans la société thaïlandaise actuelle. Au quotidien, le pachyderme a été relégué au rang des souvenirs. Mais il fascine les étrangers, et sa popularité chez les Thaïlandais eux-mêmes ne s'est pas altérée. Preuve en est l'hommage haut en couleur que lui rend chaque année la ville de Surin, son foyer emblématique. Si vous n'avez pas la chance d'assister au célèbre festival, le **Surin Elephant Roundup**, qui se tient en novembre *(voir p. 297)*, vous ne manquerez pas, au détour d'une rue, de rencontrer l'un de ces éléphants qui attendent le chaland pour une promenade.

Jaillissant au milieu d'une pelouse digne d'un jardin anglais, l'unique **chedi★** en grès de ce temple (11e s.) paraît bien seul sur sa large terrasse cruciforme, encadrée de quatre bassins. De fait, cette dernière devait sans doute recevoir d'autres bâtiments mais, pour une raison inconnue, les travaux ne furent jamais achevés. Les ornements du prang, d'un extrême raffinement, montrent des linteaux et des frontons finement ouvragés, surmontant l'entrée et les trois fausses portes. À l'est surtout, un **linteau★★** représente Indra, dieu du Levant, du Ciel et de la Pluie, accompagné d'autres sculptures, dont une à l'effigie de Krishna. À gauche du *prang*, le *baray* (canal) est encore utilisé par le village voisin.

Complexe de Ta Muen

À 62 km au sud du Prasat Hin Ban Phluang. À 15 km au sud du Prasat, prenez à droite dir. Phanom Dong Rak sur 35 km (route 224) puis à gauche dans le village ; les temples sont à 12 km, au bout de la route.

L'accès à Ta Muen reste assujetti à la qualité des relations entre Cambodge et Thaïlande. Même si la situation politique s'est améliorée, rendant possible la visite, ne vous éloignez pas des sentiers : le sol cache encore des **mines**, indécelables, et la zone frontalière, ancien bastion des guérilleros cambodgiens, reste le théâtre de trafics en tout genre. Évitez le site à la tombée du jour.

En suivant l'ancienne voie khmère, le voyageur a l'impression de remonter le temps : loin de tout, vous ne croisez guère que des fermiers, juchés sur leurs petits tracteurs chargés de cannes à sucre ou marchant sur les bas-côtés de la route, le visage couvert d'un passe-montagne pour se protéger du soleil ou coiffés de ces chapeaux de paille typiques de l'Isan. Çà et là, des plans d'eau couverts de lotus roses dessinent quelques taches de couleur au milieu des rizières et des champs de manioc, tandis que des buffles ruminent dans l'ombre rare d'un banian esseulé. Plus que pour son intérêt architectural, c'est surtout pour son atmosphère que le site mérite la visite. Rendus à la nature et au silence, ses murs disloqués et noircis évoquent ces anciennes photographies ou gravures illustrant les premières découvertes d'Henri Parmentier ou de Francis Garnier, deux explorateurs français du 19e s. Avec le chant de la forêt en plus : tout autour des ruines, les frondaisons bruissent d'une vie invisible, celle des oiseaux et des insectes. Une poignée de militaires désœuvrés tuant l'ennui au milieu des ruines achèvent de leur donner un supplément d'étrangeté...

Le district de Ta Muen rassemble les vestiges de trois monuments khmers de style Bayon, remontant au règne de Jayavarman VII (1181-1218). Ils se dressent le long de l'ancienne **route royale**, qui reliait Angkor à Phimai. Jadis pavée de dalles de latérite sur toute sa longueur, cette voie de communication jouait un rôle commercial et militaire essentiel entre les deux cités, formant un lien stratégique entre l'empire et ses provinces. Pas moins de 17 *dharmasala* jalonnaient cet axe, temples-auberges destinés aux pèlerins et aux marchands. Leurs ruines sont aujourd'hui dispersées dans un paysage champêtre aux tons miel, strié de chemins de terre rouge.

Prasat Ta Muen – *Sur la gauche.* Le premier sanctuaire comptait parmi ces pavillons de repos établis le long de la route. Seule en demeure une chapelle de latérite, les bâtiments de bois destinés aux pèlerins et aux voyageurs ayant disparu.

Prasat Ta Muen Toch – *200 m plus loin, sur la droite.* Il faisait office d'hôpital *(arogayasala).*

★ **Prasat Ta Muen Thom** – *Env. 800 m plus loin, au bout de la route - laissez une pièce d'identité à l'entrée - gratuit.* C'est de loin le plus impressionnant des édifices du complexe de Ta Muen, avec ses gros blocs de grès rose se détachant sur la jungle. Cerné de figuiers centenaires, il s'élève sur les hauteurs d'une rivière, marquant la frontière entre la Thaïlande et le Cambodge. À l'origine, le temple gardait sans doute l'entrée de la chaîne des Dongrek, que la voie royale franchissait ici. Resté intact pendant des siècles, il subit malheureusement les pires outrages perpétrés par les Khmers rouges, qui en firent leur base jusque dans les années 1980 : le temple fut l'objet d'innombrables pillages, ses occupants n'hésitant pas à faire sauter ses murs à la dynamite pour en extraire les linteaux, vendus à des marchands d'antiquités peu scrupuleux.

Construit sur un socle rocheux, ce temple de style Baphuon s'ouvrait au sud, regardant vers le temple d'Angkor. Un imposant escalier de latérite *(longez le temple par la droite)* conduit au *gopura* sud, pavillon d'accès au **prasat** proprement dit (le sanctuaire), qui garde ses murs en gros blocs de grès.

L'intérieur abrite un *svayambhu*, un *linga* posé sur un piédestal à degrés entièrement taillé dans la roche. De même, on peut encore voir le *somasutra*, canal par lequel les eaux de libation s'écoulaient à l'extérieur : il est creusé le long d'une fissure naturelle qui relie le *mandapa* (antichambre) au mur de la galerie nord-est.

Au sud de Buriram B2

★★ Prasat Muang Tham

À 66 km de Buriram. Suivez vers le sud la route 219, qui rejoint la nationale 24, jusqu'à Prakhon Chai, puis la petite route qui mène au site.

8h-18h - 100 bahts ; billet combiné avec Phanom Rung 150 bahts.

Muang Tham, ou « le temple de la Ville basse », séduit par la paix qui y règne et par le raffinement de son architecture. Établi au pied de la montagne de Phanom Rung, le village actuel occupe l'emplacement de la communauté des ouvriers et des serviteurs qui, au temps de l'empire khmer, étaient chargés de l'entretien des temples.

En arrivant *(200 m au nord)*, vous verrez sur votre gauche un *baray*, bassin d'irrigation aménagé par les Khmers pour alimenter un immense réseau de canaux. Palliant ainsi les précipitations trop irrégulières de la région, celui-ci continue toujours d'irriguer les plaines alentour. Au nord court un canal artificiel de 20 km de long.

Dédié à Shiva, comme l'atteste le *linga* retrouvé dans le sanctuaire, Muang Tham aurait été élevé au 11e s. pour accueillir le siège du gouverneur de la province. On y retrouve une architecture fidèle à la cosmogonie hindoue, mais si le temple

Le temple de Phanom Rung.
banjongseal324/Getty Images Plus

reprend le plan traditionnel khmer, son organisation se révèle unique avec ses quatre **bassins★** en L que soulignent des « rampants » (balustrades) en forme de *naga*. Joliment couverts de lotus, ils confèrent au site un charme romantique. La **cour intérieure★★** abrite cinq tours de brique et deux bibliothèques, le **prang central★** figurant le mont Kailasa, demeure du dieu Shiva.

Au centre, deux enceintes de latérite protègent les bâtiments sacrés, chacune dotée de ses quatre *gopura* aux superbes fenêtres à balustres. Remarquez aussi les **linteaux★**, les colonnettes et les piédroits des portes, aux ornements raffinés, propres aux styles du Baphuon et de Khleang.

Autour du temple, quelques bosquets de tecks sont les derniers vestiges de l'épaisse forêt qui cernait autrefois le domaine.

★★★ Prasat Hin Phanom Rung PLAN P. 295

À 7 km de Muang Tham (c'est fléché). De Buriram, suivez la route 218, qui rejoint la nationale 24, et à Nang Rong, continuez au sud vers Pa Kham.
7h-18h - 100 bahts ; billet combiné avec Muang Tham 150 bahts.

Un puzzle grandeur nature

Achevée en 1988, la restauration de Phanom Rung nécessita 17 ans de travaux. Experts thaïs et étrangers adoptèrent la méthode de l'anastylose, habituellement pratiquée pour les temples khmers : on démantèle entièrement le monument, pierre par pierre, chacune d'elles étant soigneusement numérotée, avant de remonter le tout suivant les techniques d'origine, en complétant avec les pierres anciennement détachées de l'ouvrage.

Le temple du guerrier

Quand les Khmers colonisent la province, au 10e s., le site de Phanom Rung est déjà connu depuis 300 ans comme un haut lieu de culte de diverses sectes religieuses. Une inscription datée de 987 atteste la présence khmère dans la vallée de la Mun. Si l'empire laisse une certaine autonomie à ses provinces siamoises, il y fonde plusieurs sanctuaires, satellites du temple mère d'Angkor qui apparaissent comme autant d'emblèmes de l'emprise khmère sur le Siam. Phanom Rung, dont la construction a débuté au 10e s., est l'un d'eux. Une douzaine d'inscriptions ont été retrouvées sur le site, véritable mine d'informations sur l'origine du temple et son évolution. La plus importante, datée de 1150, évoque l'histoire du seigneur **Narendraditya**, qui restaura et agrandit l'ouvrage. L'homme participa à de nombreuses campagnes aux côtés de Suryavarman II (1113-1150), le fondateur d'Angkor Wat. Gouverneur de la province, il se retira dans un monastère pour devenir yogi (ascète). Son fils **Hiranya** consigna son histoire par écrit, commanda une statue de son père et, selon la coutume, fit élever une stèle dédiant le temple au culte shivaïte.

Juché sur un éperon rocheux culminant à 350 m au-dessus de la plaine, le temple coiffe un ancien volcan – d'où son nom, Phanom Rung, la « Grande Montagne ». À mi-chemin entre Angkor Wat (Cambodge), au sud, et Phimai, au nord-ouest, il occupait un emplacement stratégique, complété par le temple bas de Muang Tham, établi au pied de la montagne.

Orienté selon un axe est-ouest, il obéit aux codes du symbolisme architectural de l'art khmer, hérité de l'Inde : son magnifique *prang* central figure le mont Meru *(voir « L'héritage khmer », p. 430)*. Commencée au 10e s., la construction de Phanom Rung s'étala sur trois siècles. De restauration en agrandissement, le temple marie divers styles artistiques, de celui du Baphuon (10e s.) à celui d'Angkor Wat (12e s.). Chaque année, le **13 avril**, les rayons de l'aube franchissent une à une les 15 portes du temple, qui se succèdent en enfilade derrière l'entrée principale ouverte au levant. Un spectacle mystique célébré lors du festival de **Songkran**, qui anime le site de nombreuses réjouissances.

★★ **La Voie sacrée** – De la première terrasse s'ouvre une majestueuse perspective sur le temple, perché en haut d'un escalier monumental, au bout d'une longue chaussée dallée. La scène est particulièrement photogénique en début de matinée. Ombragée de tecks et de frangipaniers, cette voie processionnelle symbolisait la distance spirituelle séparant la Terre du monde céleste. Longue de 160 m et large de 7 m, elle est bordée de piliers-bornes de grès, couronnés d'un bouton de lotus stylisé.

En chemin, on passe devant le **pavillon des Éléphants** *(à droite)*, un bâtiment de grès et de latérite élevé au 10e s. La tradition veut qu'il ait abrité l'écurie royale, mais sa véritable fonction demeure inconnue.

L'accès au sanctuaire – La chaussée aboutit au **pont aux nagas★★★**, magnifique terrasse suspendue, aux sculptures d'une grande finesse. De là, on gravit les marches raides du grand escalier menant à l'**esplanade du temple**, ornée de quatre **bassins carrés** ; autrefois protégés par un toit de bois, ils figurent les quatre rivières sacrées de la tradition hindoue.

Devant l'enceinte du sanctuaire, un deuxième **pont aux nagas★**, plus petit que le précédent, précède le **gopura★★**, ou porche principal. Levez les yeux vers les

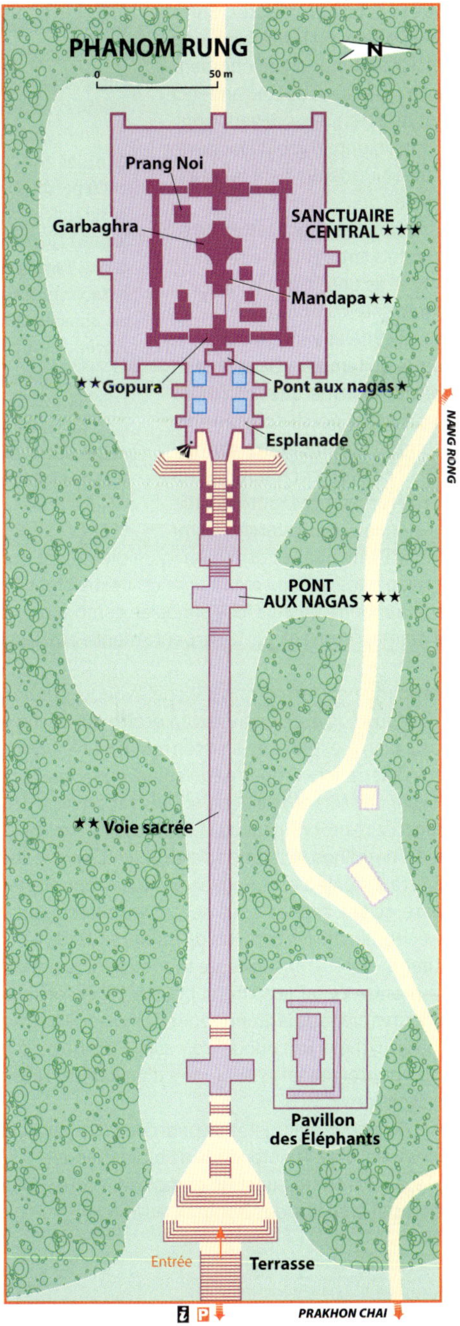
PHANOM RUNG
N
0
50 m
Prang Noi
Garbaghra
SANCTUAIRE CENTRAL ★★★
Mandapa ★★
★★ Gopura
Pont aux nagas ★
Esplanade
NANG RONG
PONT AUX NAGAS ★★★
★★ Voie sacrée
Pavillon des Éléphants
Entrée
Terrasse
PRAKHON CHAI

ornements de la façade, d'une délicatesse admirable ; entouré de ses danseurs célestes, Shiva apparaît en ascète suprême sur le **fronton★★** de la porte centrale. La tradition angkorienne identifiant le souverain au dieu, sans doute s'agit-il ici du roi Narendraditya (12e s.), alors devenu yogi. Le fronton en retrait, volontairement inachevé, symboliserait quant à lui le dénuement qu'impliqua sa vie d'ascète.

Seuls les dignitaires franchissaient cette porte : le commun des mortels empruntait les entrées adjacentes. Ponctuée de quatre pavillons d'entrée, la galerie d'enceinte comprend plusieurs cellules destinées aux fidèles venus méditer.

★★★ Dans l'enceinte du temple – Dans la cour, un troisième pont aux *naga* marque l'entrée du **mandapa★★**, au ravissant porche cruciforme, qui sert d'antichambre au **sanctuaire central★★★**. Daté du 12e s., ce dernier compte parmi les chefs-d'œuvre de l'art khmer. L'entrée s'orne d'un **fronton★★** sur lequel Shiva Nataraja, le « roi de la danse », exécute une danse cosmique. Ici, le dieu revêt non pas l'image d'un chef monastique mais celle du créateur et du destructeur. Le **linteau★★★** du registre supérieur montre quant à lui Vishnou en compagnie de son épouse, Lakshmi, et de Brahma, reposant sur le serpent Ananta au-dessus de l'océan primordial.

Une sculpture très abîmée, sur le fronton à gauche, évoque le rituel de la puberté : à l'adolescence, la jeune fille était confiée à un prêtre qui déchirait son hymen à l'aide d'un *linga* de pierre, exprimant ainsi son mariage avec Shiva. À la base du pilastre de droite, un **bas-relief★★** montre également une jeune femme acceptant une offrande faite par une serveuse à genoux, illustration du rituel de la fertilité. Vient ensuite le sanctuaire proprement dit, ou **garbaghra**, exclusivement réservé au roi. À l'intérieur trône le **linga**, symbole du dieu Shiva. La **porte sud★★** conserve son gardien de pierre. Orientée vers Angkor, elle était sans doute l'entrée principale du sanctuaire, ce que confirme son décor, nettement plus riche que celui des autres côtés, et qui illustre les batailles du roi Narendraditya.

Autour du sanctuaire – En sortant, faites le tour du sanctuaire pour admirer la perspective sur le **prang★★★** qui le coiffe, et pour détailler son foisonnant **décor sculpté★★★**, aux figures tirées de la grande épopée indienne du *Ramayana (côtés nord et ouest)* et de la mythologie hindoue *(côté sud)*. S'étageant sur cinq niveaux, il se termine par un bouton de lotus couronné d'un *kalasa*, vase d'abondance symbolisant la prospérité.

À l'angle sud-ouest de la cour, enfin, jetez un petit coup d'œil au délicat **Prang Noi** (10e s.-11e s.) de grès rose, qui faisait fonction de bibliothèque.

Derrière le temple, à l'extrémité ouest du complexe, s'offre un beau **point de vue★★** sur les rizières et la chaîne des Dongrek, au loin.

Vishnou en goguette

Le linteau de Vishnou compte parmi les plus célèbres œuvres d'art de Thaïlande. Il fut volé dans les années 1960, et on perdit sa trace pendant de longues années, jusqu'à ce qu'un Thaïlandais le reconnaisse dans un musée de Chicago. Après de multiples réclamations et tractations, le fameux linteau retrouva sa place originelle à Phanom Rung, en 1988.

Carnet pratique

S'informer

TAT à Surin – *Th. Thesban 1 - ✆ 04 451 44 47.* Brochures sur la région, plan de la ville.

Arriver/Partir

En avion

Aéroport de Buriram – *À 34 km au nord-est du centre-ville.* 3 liaisons quotidiennes avec Bangkok *(1h de vol)*, assurées par Nok Air et Thai AirAsia.

En bus

Gare routière de Si Saket
À 3 blocs au sud de la gare ferroviaire. Bus fréquents, surtout l'apr.-midi, pour Ubon Ratchathani *(1h30)* et Surin *(2h)*. Des bus font aussi la liaison avec Khorat *(5h30)*. et Bangkok *(env. 8h)*.

Gare routière de Surin – *En centre-ville (à côté de Th. Chit Bamrung, non loin du Petchkasem Grand Hotel).* Bus ttes les heures pour Buriram *(1h)*, Si Saket *(1h30)*, Khorat *(4h)*. Pour Bangkok, nombreux bus matin et soir *(env. 9h)*.

Gare routière de Buriram - *Th. Thani (à 1 km à l'ouest du centre-ville).* Bus ttes les 30mn pour Surin *(1h de trajet)* et pour Khorat *(2h30)*. Bus fréquents le matin et le soir pour Bangkok *(env. 6h)*.

En train

Gare de Si Saket – *En centre-ville.* 10 trains/j. de/vers Ubon Ratchathani *(1h de trajet)*, à l'est, et vers Surin et Buriram, à l'ouest de la ligne.

Gare de Surin – *En centre-ville (au bout de Th. Tanasan, à deux pas des restaurants et des hôtels).* Une dizaine de trains/j. de/vers Si Saket *(1h30 de trajet)* et Ubon Ratchathani *(2h30)*. La ligne continue vers Buriram *(1h)*. De Bangkok, 9 trains/j. *(7 à 9h de trajet)*.

Si vous comptez venir à Surin en novembre, pour le rassemblement annuel des éléphants, réservez au moins 10 j. à l'avance.

Gare de Buriram - *Face à la tour de l'Horloge.* 9 trains/j. pour Bangkok *(6/8h de trajet en express ou en rapide)*. Comptez 1h pour Surin, 2h30 pour Si Saket et 3h30 pour Ubon Ratchathani. 12 liaisons/j. avec Khorat *(2h)*.

Se déplacer

Location de véhicules

Surin Motorcycle Rental – *Th. Suriyakarn, Surin - ✆ 061 932 14 54.* Location de moto *(300 bahts/j)*.

Buriram Expats Car & Motorbike Rental - *✆ 081 070 47 50 - www.buriramexpats.com.* Motos *(250 bahts/j)* et voitures *(1500 bahts/j)*.

Adresses utiles

Santé

Hôpital provincial – *Tambon Nai Muang (au sud-est de la ville), Surin.*

Agenda

Surin Elephant Roundup – 3e sem. de nov. Cette fête rassemble quelques centaines de bêtes. Les pachydermes participent à des jeux, courses ou reconstitutions de scènes de bataille.

Nos adresses

Restauration

Surin

Premier prix

Marché de nuit – *Th. Krung Sinai (à 2 blocs au sud du gros rond-point et de la poste) - 17h-22h.* Particulièrement haut en couleur, il aligne ses gargotes ambulantes entre les étals de vêtements et d'accessoires en tous genres. À consommer sur place ou à emporter, brochettes, *pad thaï*, soupes et, pour les plus téméraires, hannetons et sauterelles grillés.

TumKraToei Restaurant – *353/7 Th. Thetsaban - ✆ 04 406 05 98 - 10h30-21h - plats 150/350 bahts.* Une cuisine thaïe traditionnelle (salade de papaye au crabe et poisson mariné, poulet frit...), servie dans une salle climatisée simple mais agréable. Le service est soigné et efficace.

Buriram

Budget moyen

Klim Kitchen – *1/114-115 Th. Nasathani (face à la gare, au nord de la voie ferrée) - ✆ 04 460 19 89 - midi et soir - plats 199 bahts.* Plats occidentaux et cuisine thaïe ou chinoise. Des étoiles et des petits piments vous indiquent les recommandations du chef (salade de saumon, moules) et le degré de piquant du plat. Une salle aux lignes contemporaines dans le goût européen, près d'une belle piscine. Petite carte de vins sud-américains. Propose également des chambres.

Bamboo Bar – *14/13 Th. Romburi (à l'angle de Th. Thani, entre la tour de l'Horloge et le marché de nuit) - ✆ 04 462 55 77 - service continu - plats 270/600 bahts.* Plaisante salle ouverte sur la rue, où l'on sert des plats européens (steak, poisson grillé). L'endroit a la faveur des expatriés, qui s'y retrouvent le soir autour d'une bière ou d'un verre de vin, dans une ambiance musicale des années 1980.

Boire un verre

Surin

Les noctambules iront flâner autour de la gare des bus et de l'hôtel Thong Tarin *(voir « Hébergement »)*. Devant l'hôtel, on trouve notamment un agréable *beer garden*, sur une terrasse entourée de verdure.

Shopping

Surin est renommée pour la qualité de sa soie. Dans les villages alentour, **Ban Khwao Sinarin** et **Ban Chok** *(prenez au nord la route 214, puis à droite au km 14-15 et poursuivez sur 4 km)*, on tisse de superbes soieries et on vend de jolis bijoux, en argent ou en perles. Les commerçantes vous réserveront un bon accueil.

À 14 km au nord-est par la route 226, dans le village de **Ban Thum**, vous trouverez aussi quelques articles en vannerie, paniers ou boîtes à bétel.

Hébergement

Rien de bien folichon en la matière à Si Saket. Surin n'est certes pas non plus une étape de rêve, mais le choix y est tout de même plus attrayant. Attention, pendant le festival de Surin les prix des hôtels s'envolent littéralement... Réservez impérativement au moins 10 jours à l'avance.

Si Saket

Premier prix

Kessiri – *1102/1105 Th. Khukhan (perpendiculaire à la voie ferrée, dans le centre) - ✆ 086 461 64 85 -*

- 100 ch. à partir de 350 bahts - 100 bahts. Pas très guillerets, les couloirs aux moquettes grises et aux parois de contre-plaqué... Mais les chambres sont propres et assurent un confort suffisant pour une brève étape.

Surin

Premier prix

Pirom & Aree's House – *326 Th. Thung Pho, 55 Soi Arunee (au nord de la voie de chemin de fer, à l'ouest de la ville ; prenez le 2e soi après l'antenne de télécommunications) - 04 451 51 40 - - 10 ch. à partir de 200 bahts.* Dans un cadre bucolique, la demeure se cache au milieu d'un beau jardin. Douches communes mais grandes chambres avec parquet. Habitué à recevoir des touristes, le patron fournit nombre de renseignements pratiques et peut aussi servir de guide pour des excursions nature, artisanat ou temples dans la région. Petite restauration possible. C'est l'une des adresses les moins chères de la ville mais attention, à partir de 22h30, vous trouverez porte close.

Budget moyen

Petchkasem Grand Hotel – *104 Th. Chit Bamrung (entre la gare ferroviaire et le centre commercial Plaza Petchkasem) - 08 6468 01 44 - - 162 ch. à partir de 450 bahts.* Situé dans le centre de la ville, à proximité de la gare de bus, cet hôtel moderne réserve un accueil de qualité. Les chambres, qui ont bénéficié d'une rénovation en 2020, sont spacieuses, confortables et bien équipées.

Thong Tarin – *60 Th. Sirirat (non loin de la gare routière, derrière le TAT) - 04 451 42 81 - www.thongtarinhotel.com - - 217 ch. 1 450/1 600 bahts.* Un hôtel de très bon standing. Sur 10 étages, les chambres vous garantissent un confort international aseptisé. Les chambres d'angle, bénéficiant d'une double exposition, sont les plus plaisantes. Réductions, même en haute saison, et excellent buffet au petit-déjeuner.

Buriram

Budget moyen

Thepnakorn – *139 Th. Jira (à 2 km au sud-est, dir. Surin) - 04 461 34 00 - - 167 ch. à partir de 1 200 bahts.* Son confort ainsi que l'effort porté à la décoration en font un bon établissement. Pour une différence de prix raisonnable, les chambres *VIP* sont deux fois plus grandes que les *standard*. Possibilité de chambres communicantes. Un hôtel prisé par les hommes d'affaires locaux. Spa, massages.

Muang Tham

On ne trouvera pas d'hôtel à Muang Tham, mais plusieurs *homestay* très accueillants autour du temple.

Premier prix

239 Homestay – *à 200 m derrière le temple - 080 282 82 39 - - 3 ch. 800 bahts.* Ce *homestay* ressemble presque à un hôtel : l'accueil y est très soigné et chaleureux. On apprécie l'ambiance décontractée de cette maison aménagée avec élégance, entre styles traditionnel et occidental. Les chambres sont confortables et le petit-déjeuner délicieux.

Khorat (Nakhon Ratchasima)

Plus connue sous son petit nom de Khorat, Nakhon Ratchasima est une capitale provinciale, nœud de communication incontournable entre le nord, l'ouest et le centre du pays. Sixième ville de Thaïlande, Khorat connut un essor économique sans précédent quand les Américains s'y installèrent pendant la guerre du Vietnam. Étape obligée de tous les voyageurs qui se rendent dans l'Est, à la découverte des plus beaux temples khmers du pays, la ville elle-même ne vous retiendra pas longtemps. Mais, puisque vous y logerez sûrement, prenez le temps, le soir, de déambuler sur Thanon Chumphon, la grande avenue centrale, au cœur d'un quartier commerçant et animé.

Se repérer

CARTE B2 (P. 262-263), PLAN CI-CONTRE.
126 391 habitants – Chef-lieu de la province de Nakhon Ratchasima. À 256 km au nord de Bangkok.

Organiser son temps

Comptez 3h pour visiter la ville. Logez près du mémorial de Thao Suranari : c'est le quartier le plus agréable de Khorat.

Carnet pratique p. 302

Nos adresses p. 303

Se promener

PLAN CI-CONTRE

Centre-ville

À la limite occidentale de la ville ancienne, encore circonscrite par ses douves, le **mémorial de Thao Suranari** marque le croisement de Th. Ratchadamnoen et de Th. Chumphon. Point de repère central, cette statue de bronze dressée sur une esplanade de marbre rend hommage à une héroïne nationale, Thao Suranari, aussi appelée Khun Ying Mo. En 1827, épouse du gouverneur, elle organisa la résistance contre l'armée lao, alors aux portes de la ville ; attirant les soldats dans un piège, elle les enivra jusqu'au sommeil puis les fit massacrer. La statue, toujours parée de colliers d'orchidées, fait l'objet d'une profonde vénération : pas un habitant de Khorat ne passe à proximité sans s'arrêter un instant à ses pieds pour se recueillir, d'autant qu'elle protégerait, dit-on, des dangers et des maladies.
De là, en descendant sur Th. Ratchadamnoen vers le sud, vous trouverez le tout petit **Musée national Maha Wirawong** *(9h-16h - fermé lun.-mar. - 50 bahts)*, aménagé à côté du Wat Sutha Chinda. On peut y voir quelques belles pièces khmères provenant des fouilles archéologiques opérées dans la région.

Wat Sala Loi

À 1 km au nord-est du centre-ville - gratuit.
Petite curiosité, le temple fut édifié en 1973 pour abriter les reliques de l'héroïne de Khorat. Évoquant une jonque chinoise, ce « temple du Pavillon flottant »

SE RESTAURER
ChakaFair 1
Chez Andy 2

SE LOGER
Korat 7

4

représente un navire emportant les fidèles au nirvana : une architecture novatrice, en marge des édifices religieux thaïlandais. L'*ubosot*, lui, reprend des lignes un peu plus traditionnelles avec sa toiture élancée à pans multiples. Des bas-reliefs de terre cuite ornent les murs, illustrant des épisodes de la vie du Bouddha : œuvres des potiers du village de **Dan Kwian** *(à 15 km au sud-est de Khorat)*, ils offrent un bel exemple de l'artisanat local.

À proximité

CARTE P. 262-263

★ Prasat Phanom Wan B2

À 20 km au nord-est de Khorat. Prenez la route 2, dir. Khon Kaen et Phimai ; après 15 km, un panneau à droite indique le temple, 5 km plus loin. Accès libre.
Très peu visité, ce **sanctuaire khmer** méconnu a été fouillé et restauré par l'École française d'Extrême-Orient. Érigé entre les 9e et 11e s., il fut un important centre religieux, comme l'attestent les *baray* (bassins rituels et d'irrigation) cernant le domaine. Une enceinte carrée, constituée de blocs massifs et percée de quatre portes *(gopura)*, protège un **prang central** en cours de reconstitution. À l'intérieur se dresse un bouddha de pierre inondé de lumière émanant des fenêtres à balustres du *mandapa*. Côté nord, un linteau de la période du Baphuon (10e s.) rappelle la vocation première du temple : originellement dédié au dieu hindou Shiva, il fut converti au bouddhisme au 13e s. et l'enceinte est désormais occupée par une communauté monastique.

Carnet pratique

PLAN (P. 301)

S'informer

Tourism Authority of Thailand – *2102/2104 Th. Mittraphap (à l'angle de Th. Mukhamontri) - ✆ 04 421 36 66.* Excentré à l'ouest, entre le bureau de poste et l'hôtel Sima Thani *(accès en* tuk-tuk *ou en bus nos 2, 3 et 6).* Infos pratiques sur la région et bonne carte de la ville ; accueil en anglais.

Arriver/Partir

En bus

Khorat compte deux gares routières.

Terminal n° 1 – *En centre-ville.* Dessert les alentours immédiats et Bangkok.

Terminal n° 2 – *À 3,5 km au nord de la ville.* Dessert Phimai *(bus n° 1305 - dép. ttes les 30mn - 1h30)*, Bangkok *(nombreux trains - 24h/24 - 4h)*, Nong Khai, Ubon Ratchathani *(7 bus/j. - 5h)* et Chiang Mai *(env. 3 bus/j. - 13h)*.

En train

Gare ferroviaire – *À l'ouest du centre-ville.* 11 trains/j. pour Ubon Ratchathani *(6h) via* Buriram, Surin et Si Saket ; pour Bangkok *(4 à 6h) via* Pak Chong *(accès au Parc national de Khao Yai)* et Ayutthaya ; et pour Nong Khai *(6h) via* Khon Kaen et Udon Thani.

Se déplacer

Location de voitures

Budget – *719/5 Mittraphap Rd (à l'ouest du centre-ville) - ✆ 02 203 92 22 - www.budget.co.th - 8h-20h.*

Adresses utiles

Santé
Plusieurs hôpitaux et centres médicaux dans cette ville importante, dont le **Bangkok Ratchasima Hospital** - *✆ 04 401 59 99 - Th. Mittraphap.*

Sécurité
Police touristique – *Th. San Pasit (dans le centre-ville) - ✆ 11 55.*

Agenda
Fête de Thao Suranari – Du 23 mars au 3 avr. Chants, danses et spectacles de théâtre commémorent l'héroïne de Khorat.

Nos adresses

PLAN (P. 301)

Restauration

Premier prix

1 **ChakaFair** – *Changphuak Rd - ✆ 096 256 37 78 - 6h30-14h - fermé lun. - plats 100/200 bahts.* Le lieu tout désigné pour un petit-déjeuner copieux ou un déjeuner. Des plats thaï, vietnamiens et des *dim. sum* chinois à déguster sur une belle terrasse.

Pour se faire plaisir

2 **Chez Andy** – *5 Th. Manat - ✆ 04 428 95 56 - service continu - plats 500/1 000 bahts.* Un restaurant suisse pour apaiser les papilles en manque de tartare, de fondue bourguignonne ou de raclette ! Attention, les prix flambent dès qu'il s'agit de plats préparés avec des produits d'importation.

Shopping
Thatsani – *Th. Ratchadamnoen.* Large choix de soieries, la spécialité de la ville.

Hébergement

Budget moyen

7 **Korat** – *191 Th. Asadang - ✆ 04 434 13 45 - P - 104 ch. à partir de 1 400 bahts.* Un hôtel moderne aux chambres sans génie, correctes sans plus. Leur taille augmente avec le prix. Petit plus pour les familles : certaines chambres communiquent. Copieux petit-déjeuner.

Sima Thani – *2112/2 Th. Mittraphap (à l'ouest de la ville, à côté du TAT) - ✆ 04 421 31 00 - www.simathani.com - P - 265 ch. 1 400/1 800 bahts.* La décoration reproduit des bas-reliefs khmers de la région. Chambres confortables, vastes et très calmes, parfaitement entretenues. Personnel prévenant et piscine agréable. Nombreux services : salle de gym, massages, boutiques, etc.

Le Parc historique de Phimai ★★★

La route reliant Khorat à Phimai a acquis depuis longtemps ses lettres de noblesse : ancienne voie royale, tracée au 12e s., elle conduisait aux portes d'Angkor, la prestigieuse capitale de l'empire khmer. Ce que l'on sait moins, c'est que le principal sanctuaire d'Angkor Wat prit pour modèle un temple plus ancien : celui de Phimai, alors le plus important de la région. Niché aujourd'hui au cœur d'une tranquille bourgade, ce joyau de l'architecture khmère, admirablement restauré dans les années 1960, compte parmi les plus belles réalisations de l'époque classique, au même titre que le temple de Phanom Rung. Un incontournable à savourer en toute sérénité !

Se repérer

CARTE B2 (P. 262-263), PLAN DU PARC HISTORIQUE CI-CONTRE.
Province de Nakhon Ratchasima. À 59 km de Khorat (Nakhon Ratchasima) par la route 2, puis la 206 à droite sur 10 km.

Organiser son temps

Comptez deux bonnes heures.

Visitez le site dès l'ouverture ou en fin d'après-midi : vous éviterez la foule, et la lumière est splendide. La ville se parcourt idéalement à pied ou à vélo (location dans les échoppes autour du parc).

Carnet pratique p. 309

Nos adresses p. 309

Découvrir le site

PLAN CI-CONTRE

Établie sur une île formée par le confluent de la Mun et du Khlong Chagrai, que relie un canal, l'ancienne cité de Phimai occupait par ses défenses naturelles une situation stratégique entre Angkor et les territoires de l'empire. Alimentées par la rivière, des douves protégeaient la ville, doublées d'une enceinte percée d'une porte aux quatre points cardinaux. Seuls subsistent les vestiges de l'entrée principale *(au sud)*, la **porte de la Victoire (Pratu Chai)**, que l'on franchissait en arrivant d'Angkor, et le temple, bien sûr, unique ouvrage bâti en pierre dans la cité ancienne.

★★★ Temple

7h30-18h - 100 bahts.

Trônant au centre de la ville, au milieu d'un paisible parc planté de flamboyants et d'acacias, le **Prasat Hin**, ou « château de Pierre », suit le plan traditionnel des sites khmers : il constitue l'axe central du *mandala*, le schéma de l'univers hindou. Image du mont Meru, centre du monde et demeure des dieux, son *prang* central est encadré de montagnes et des quatre océans cosmiques, représentés par les douves. Fidèle au plan type des « temples-montagnes » *(voir « Art et architecture », p. 430)*, il comprend une première enceinte rectangulaire percée de quatre portiques, protégeant une seconde ceinture de murs autour du sanctuaire principal. En revanche, au lieu de respecter l'orientation usuelle est-ouest, le temple montre un axe nord-sud, pour regarder vers Angkor.

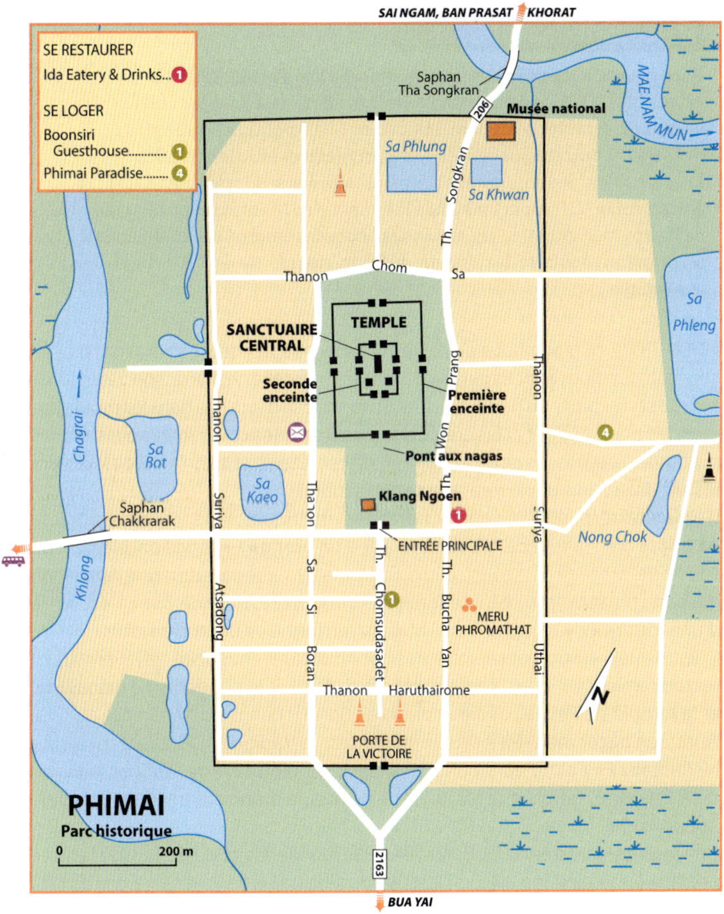

De l'entrée aux enceintes – En pénétrant dans le parc, par la porte sud, vous laissez d'abord sur la gauche un petit pavillon rectangulaire, le **Khlang Ngoen**, qui était probablement dédié aux cérémonies rituelles. Une volée de marches flanquées de majestueux lions *(singha)* conduit à la terrasse précédant le temple, dite **« pont aux nagas★ »**.

Cette plate-forme donne accès à la **première enceinte★**, galerie couverte percée de part en part de superbes fenêtres à balustres de pierre. De l'entrée principale, formée d'un pavillon cruciforme *(gopura)*, s'encadrent en enfilade les portes du sanctuaire, jusqu'à celle du *prang* central. Des piliers massifs soutiennent la structure d'un toit qui ne fut sans doute jamais achevé.

Vous franchissez ensuite la **seconde enceinte★**, une belle galerie aux murs de grès rose sur lesquels se détachent le grès blanc des portiques et les balustres des fenêtres. Elle ferme une vaste cour abritant le sanctuaire.

★★★ **Sanctuaire central** – Desservi par une chaussée de pierre, il se dresse au centre de la cour. Achevé au début du 12e s., sous le règne de Jayavarman VI

Histoire d'une ville relais

Fondée au 8e s., la cité de Phimai connut son âge d'or aux 11e et 12e s. Au début du 11e s., le delta siamois était en effet passé sous le contrôle d'**Angkor**, et la cité de Phimai, important relais politique et religieux de l'empire, entretenait des relations privilégiées avec la capitale khmère. Deux des plus grands souverains khmers, Suryavarman II et Jayavarman VII, appartenaient à la dynastie de Mahidarhapura, originaire de la province. Au 14e s., cependant, la chute de l'empire, sous les coups de son ennemi séculaire, le royaume du Siam, entraîna le déclin de la cité et de son temple.

(1080-1107), ce magnifique ouvrage annonce les splendeurs d'Angkor Wat, qui sera bâti quelques années plus tard. Véritable dentelle de pierre, son décor s'inspire du style khmer du Baphuon. Tout un monde se découvre dans les motifs floraux, les personnages et les créatures mythologiques couvrant les pilastres, les portiques à degrés, les doubles frontons et les linteaux, et jusqu'aux *naga* formant les antéfixes, tous d'une rare finesse d'exécution.

De plan carré, flanqué de quatre porches symétriques, le sanctuaire central se compose d'un *mandapa*, d'un *antarala* et d'un **prang★★★**, principal élément de l'ouvrage, précédé d'un avant-corps. Sa forme arrondie constitue une innovation qui caractérisera ensuite toute l'architecture khmère. Haut de 28 m, il est coiffé d'une **toiture★★★** en ogive à cinq niveaux, en forme de bouton de lotus.

Si les Khmers associaient les cultures bouddhiste et hindouiste, Jayavarman VII fut le premier souverain à embrasser officiellement le bouddhisme mahayana, et le temple de Phimai, dédié à l'origine à Shiva, changea d'obédience au 12e s. Aussi son décor mêle-t-il les deux influences : la tradition hindoue se révèle sur les **linteaux★★★** extérieurs, où se déclinent divers épisodes de l'épopée indienne du *Ramayana*, tandis que les linteaux intérieurs montrent une iconographie bouddhique.

Une inscription datée de 1108, gravée sur le mur de droite du *gopura* de l'entrée principale, mentionne d'ailleurs l'installation de la statue de Vajrasatva, une divinité qui, selon la légende, tenta de convertir le dieu Shiva au bouddhisme tantrique. Ce dernier figure sur les bas-reliefs des piédroits encadrant la porte principale, surmontée d'un tympan où apparaît Shiva dansant, symbole de la renaissance continuelle de l'univers.

À l'intérieur du *mandapa*, sur le registre supérieur de la porte de l'*antarala*, figure Bouddha prenant la Terre à témoin, assailli par les armées de Mara. On le voit

Une famille tirée par les cheveux

Un jour, le dieu **Kamsa** et son armée de démons provoquèrent tant de troubles sur la Terre que les dieux s'en inquiétèrent, craignant pour l'ordre du cosmos. La déesse de la Terre monta se plaindre auprès de Vishnou sur le mont Meru. Ce dernier, après avoir écouté ses doléances, s'arracha deux cheveux, qui devinrent aussitôt ses fils : **Krishna** et **Balarama**, avatars du dieu qu'il missionna sur Terre pour tuer Kamsa. Les sculptures de Phimai relatent les épisodes de la guerre sans merci que se livrèrent alors les forces du mal et du bien, le linteau du portique nord montrant la victoire finale de Vishnou.

Le parc historique de Phimai.
wuttichok/Getty Images Plus

également, en méditation, au-dessus de la porte du *garbaghra*, la salle principale du sanctuaire, tandis qu'au centre trône un gracieux **bouddha★** protégé par un *naga*. Ce bel exemple de style Bayon, représentation en grande faveur au Siam, inspira toute la production khmère à l'époque d'Angkor.
À droite, vous pouvez voir le **somasutra**, canal qui drainait à l'extérieur l'eau sacrée que l'on versait sur la statue. Sur le **linteau du portique nord★★**, enfin, le dieu Vajrasatva et ses danseurs symbolisent la victoire du bien sur les forces de l'ignorance et du mal.
En quittant le sanctuaire – Les trois **chapelles** de latérite qui jouxtent l'édifice, construites au 12e s., restèrent sans doute inachevées. Le **Prang Phromathat**, à gauche *(est)*, conserve une copie du buste du roi Jayavarman VII, le dernier grand souverain de l'empire khmer *(l'original se trouve au Musée national de Phimai)*.

★★ Musée national

Th. Songkran (au nord-ouest de la ville, à 300 m du temple sur la route 206, juste avant la rivière) - 9h-18h - 100 bahts.
Passionnant et bien agencé, ce musée se consacre à l'héritage culturel de l'Isan, avec une très riche collection de pièces retrouvées dans les temples de la province. Au rez-de-chaussée, ne manquez pas la **statue de Jayavarman VII★★★**, un remarquable portrait du souverain, pièce unique qui souligne l'importance des rapports entre Phimai et le Cambodge du 13e s. Les magnifiques **pièces d'orfèvrerie★★** exposées en vitrine – objets de cérémonie et ornements en or – sont quant à elles révélatrices de la prospérité de l'empire khmer aux 11e et 12e s. Attardez-vous également sur les éléments d'architecture, **linteaux★★★** et **frontons★★★** ornés de reliefs ; ces derniers sont exceptionnels, tant par leur finesse que par leur qualité narrative.

Tous les chemins mènent à Angkor

Les souverains khmers accordaient une grande importance aux voies de communication – essentielles pour maintenir la cohésion entre les 90 provinces de l'empire qui, entre les 8e et 14e s., s'étendait du bassin du Mékong à Vientiane et de la Birmanie à la péninsule malaise. De la capitale, des routes pavées de latérite partaient en étoile pour sillonner tout le territoire, jusqu'à ses marches les plus lointaines. Outre la construction de ponts, **Jayavarman VII** fit installer à intervalles réguliers des pavillons de repos et un grand nombre d'hôpitaux.

Le 1er étage rassemble des objets illustrant les croyances religieuses et leur évolution depuis la préhistoire et retrace les diverses étapes de l'histoire de l'art dans le royaume. On peut aussi admirer de belles **statues★** de divinités khmères.

À proximité

CARTE P. 262-263

Sai Ngam, le « beau banian » B2

À 3 km au nord-est de Phimai, par la Highway 206. Passez le musée et le pont, puis prenez la 1re route à droite (fléché).

Cette curiosité naturelle fait la fierté des habitants de la région : le gigantesque **banian★★** se dressant sur un îlot, entre la rivière et l'un de ses affluents, a, dit-on, atteint l'âge vénérable de 350 ans ! Des passerelles permettent de circuler à travers ses multiples ramifications, et l'endroit offre une halte très populaire pour pique-niquer.

★ Site préhistorique de Ban Prasat B2

À 15 km de Phimai. De Phimai, prenez la Highway 206 dir. Khorat, puis empruntez à gauche la route 2 sur 1,5 km.

La fertilité du plateau de Khorat, irrigué par le Mékong et les rivières Mun et Shi, favorisa l'implantation humaine dès la préhistoire. Le site de Ban Prasat met au jour les traces d'un habitat vieux de 3 000 ans. Un petit **musée** présente les résultats des fouilles archéologiques, à travers une exposition de poteries et de divers outils trouvés sur place.

Carnet pratique

PLAN DU PARC HISTORIQUE (P. 305)

Arriver/Partir

En bus

Gare routière – *À 1,5 km au sud-ouest du centre (après le pont, prenez la route 206 à gauche).* Liaisons fréquentes avec Khorat *(jusqu'à 19h)*. Plus pratique, une petite station informelle au bas de Th. Chomsudasadet : départs pour Khorat ttes les 30mn de 4h à 18h.

Agenda

Phimai Festival – 2e sem. de nov. Danses traditionnelles et spectacle pyrotechnique dans le parc historique.

Nos adresses

PLAN DU PARC HISTORIQUE (P. 303)

Restauration

Premier prix

1 **Ida Eatery & Drinks** – 7/1 Th. Bucha Yan - *✆ 92 665 56 94 - soir seult - fermé dim. - plats 170/450 bahts.* Dans sa haute salle au décor branché, ce restaurant sert une cuisine thaïe appréciée. Également une sélection de bières diverses (dont des belges !) et un beau choix de cocktails.

Boire un verre

Rabieng Mai – *En face de l'hôtel Paradise (voir « Hébergement ») - ✆ 081 760 96 42 - 17h-0h.* Ses tables de bois disposées à l'ombre des frangipaniers, sous les palmes en éventail d'un arbre du voyageur, sont bien tentantes pour une bière à la fraîche ou un apéritif.

Hébergement

Premier prix

1 **Boonsiri Guesthouse** – *228 Th. Chomsudasadet - ✆ 089 424 99 42 - www.boonsiri.net - - 16 ch. 500 bahts.* On apprécie les parquets anciens de cette pension de famille modeste, bien aimée des jeunes voyageurs, même si certaines chambres ont des fenêtres aveugles et que la literie a vécu. Grande terrasse commune. Appréciable petit plus, l'adresse propose de nombreux services : laverie, location de vélos, petite restauration, lits en dortoir.

4 **Phimai Paradise** – *Th. Samairuchi, Moo 100 - ✆ 04 428 75 65 - www.phimaiparadisehotel.com - - 42 ch. 550 bahts.* À deux pas du parc historique, cet hôtel moderne impeccablement entretenu assure le meilleur rapport qualité-prix de la localité avec des chambres spacieuses, d'une propreté irréprochable. Certaines manquent de lumière, mais ce peut être un atout par grosse chaleur. Les plus chères disposent d'un mini espace salon et les transats autour de la belle piscine invitent au farniente.

Phimai Inn – *333/1 Th. By-pass, Moo 14 (à 2 km au sud-ouest, non loin de la gare routière) - ✆ 081 266 90 58 - - 70 ch. 450 bahts.* Ce bâtiment moderne aux chambres carrelées présente un bon rapport qualité-prix malgré son mobilier défraîchi. Visitez avant de choisir votre chambre et préférez celles en étage, avec vue sur la piscine (les autres donnent sur la nationale et celles du rdc sont sombres).

4

La plage d'Ang Thong.
Viktor_Gladkov/Getty Images Plus

5

Le Sud

CARTE MICHELIN NATIONAL 751 AU 1/1370 000

LE SUD
0
50 km
N
A
B
1
2
Ko Tao
Ko Phangan
KO PHANGAN
Ko Samui
KO SAMUI
Parc national de Mu Ko Ang Thong
GOLFE DE THAÏLANDE
(GOLFE DU SIAM)
BANGKOK
Chumphon
41
4
401
44
415
Surat Thani
Mae Nam Tapi
Tai Romyen
Monts
Khao Luang
1835
Kaeng Krung
Khlong Lang Suan
Ranong
BIRMANIE (MYANMAR)
Monts Phuket
1395
Si Phangnga
Chieo Lan Dam
Khao Sok
1077
Phang Nga
Khuraburi
Laem Son
Kadetkyi Kyun
MER D'ANDAMAN
Parc national de Mu Ko Surin
Parc national de Mu Ko Similan

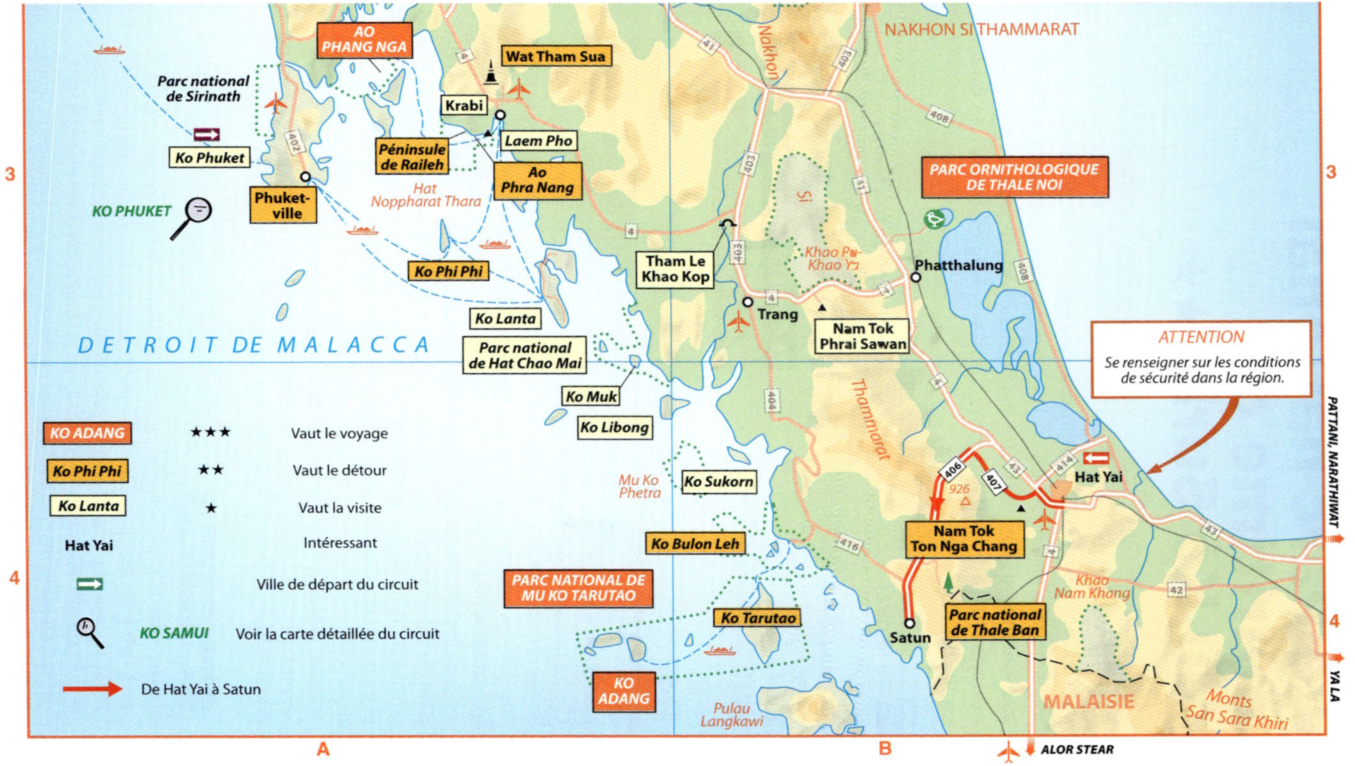
NAKHON SI THAMMARAT
PARC ORNITHOLOGIQUE DE THALE NOI
AO PHANG NGA
Wat Tham Sua
Parc national de Sirinath
Krabi
Laem Pho
Ko Phuket
Péninsule de Raileh
Ao Phra Nang
Hat Noppharat Thara
Phuket-ville
KO PHUKET
Nakhon
Si
Khao Pu-Khao Ya
Phatthalung
Tham Le Khao Kop
Trang
Nam Tok Phrai Sawan
Ko Phi Phi
Ko Lanta
Parc national de Hat Chao Mai
DETROIT DE MALACCA
ATTENTION
Se renseigner sur les conditions de sécurité dans la région.
Ko Muk
Ko Libong
Thammarat
Hat Yai
PATTANI, NARATHIWAT
Mu Ko Phetra
Ko Sukorn
926
Nam Tok Ton Nga Chang
Ko Bulon Leh
PARC NATIONAL DE MU KO TARUTAO
Khao Nam Khang
Ko Tarutao
Satun
Parc national de Thale Ban
YA LA
KO ADANG
Pulau Langkawi
MALAISIE
Monts San Sara Khiri
ALOR STEAR
KO ADANG ★★★ Vaut le voyage
Ko Phi Phi ★★ Vaut le détour
Ko Lanta ★ Vaut la visite
Hat Yai Intéressant
Ville de départ du circuit
KO SAMUI Voir la carte détaillée du circuit
De Hat Yai à Satun

Le Parc national maritime de Mu Ko Surin ★★

L'archipel de Ko Surin, situé à la lisière de la Birmanie, comprend cinq îles. Une magnifique forêt dense tapisse les collines, refuge d'une faune variée. Le massif corallien alentour a souffert du blanchiment consécutif au réchauffement des eaux. Afin de permettre à ce trésor naturel de se régénérer, les autorités interdisent l'accès aux plongeurs à certaines périodes de l'année. Renseignez-vous avant de mettre le cap sur les eaux cristallines de Ko Surin.

Se repérer

CARTE A1 (P. 312-313).
10606 habitants – Province de Phang Nga.
À 53 km de Khuraburi.

Organiser son temps

Le parc est fermé du 1er mai au 31 oct. (saison des pluies).

Carnet pratique ci-contre

Nos adresses ci-contre

Découvrir les îles

CARTE P. 312-313

Ouv. de mi-oct. à mi-mai - droit d'accès au parc 500 bahts. Emportez une lampe torche, des jumelles, un masque, un tuba, un tapis de sol et quelques vivres.

Contrairement à beaucoup d'îles thaïlandaises, livrées au tourisme de masse, Ko Surin respire la paix : aucune construction privée n'y est autorisée et le flux des visiteurs y est géré avec rigueur. Vérifiez toujours, au moins deux semaines à l'avance, auprès du bureau du parc national maritime, s'il reste de la place sur les deux îles principales de l'archipel, **Surin Neua** (au nord) et **Surin Tai** (au sud). C'est sur la première île, la plus grande (5 km de diamètre), que se concentrent les aménagements du parc : le bureau d'accueil, complété d'un restaurant, de tentes et de bungalows. Ils occupent la **baie d'Ao Mae Yai**, où accostent les bateaux. À part cela, rien d'autre : ni téléphone, ni banque, ni boutiques, un accès limité à Internet ; la plupart des visiteurs se contentent du camping.

Quant à l'île la plus méridionale, elle abrite une petite communauté de **gitans de la mer** (Chao Le), un peuple de pêcheurs, autrefois nomades, qui vivent là dans

Nature en danger

Les fonds sous-marins des îles du sud de la Thaïlande sont menacés par le réchauffement des eaux et la surfréquentation touristique. Au plus fort de la saison, certains spots étaient si encombrés que les autorités ont décidé de fermer régulièrement l'accès aux lieux les plus menacés. Renseignez-vous sur les interdictions en cours avant de chausser vos palmes sous peine d'une forte amende.

une extrême pauvreté. Évitez de visiter leur village, surtout si vous ne parlez ni thaï ni chao le.

L'étroit **chenal** qui sépare les deux îles, d'à peine 2 m de profondeur à marée haute, se révèle étonnamment riche en faune et flore sous-marines. La plage où l'on campe, en forme d'éperon, borde le chenal, et il suffit d'enfiler maillot de bain, masque et tuba pour aller assister à l'éveil du monde aquatique : un spectacle unique.

Carnet pratique

S'informer

Mu Ko Surin National Park – *Près de l'embarcadère de Khuraburi - www.dnp.go.th - ☏ 07 647 21 45.*

Arriver/Partir

En bus – Vous devrez passer la nuit qui précède votre départ pour les îles à Khuraburi (entre Takuapa et Ranong). Dép. ttes les h. de 7h à 18h pour Takuapa *(45mn de trajet)*, Phang Nga *(2h)*, Phuket *(3h)*, ainsi que Ranong et Chumphon ; 3 bus/j. pour Krabi *(3h)* ; 8 bus/j. pour Bangkok *(terminal Mo Chit - 13h)*.

En bateau – L'embarcadère pour Mu Ko Surin se trouve à **Ban Hin Lat**, à 6 km au nord-ouest de Khuraburi. De là, on peut emprunter le bateau du parc *(3h - 1500 baht)* ou un speed boat *(1h - 2500 baht/pers.)*.

Adresses utiles

Banque/Change – Pas de change sur l'île : munissez-vous d'espèces.

Santé – Aucun centre de soins sur l'archipel.

Nos adresses

Restauration

Premier prix

Restaurant du parc national – *www.dnp.go.th - 7h30-14h, 18h30-20h30 - à partir de 150 bahts.* Étonnamment bon, il est l'unique endroit où vous pourrez vous nourrir sur l'île. Il existe des formules repas, suffisantes pour 2 personnes, à commander à l'avance. Le service est toujours très long. Il fait aussi petite épicerie, mais les pénuries sont fréquentes.

Activités

Snorkeling

L'archipel est un lieu idéal pour la plongée avec masque et tuba. Location de matériel sur place. Tous les jours, un circuit en bateau *(9h-12h, 14h-17h)* vous emmène de site en site, avec une halte plongée d'au moins 30mn à chaque fois.

Hébergement

Budget moyen

Mu Ko Surin National Park – *Khura Sub-district - Amphur Khuraburi - ☏ 07 647 21 45 - www.dnp.go.th - mi-oct.-mi-mai - ▤ ✕ - 16 bung. 2000 bahts.* C'est le bureau du parc national qui gère l'hébergement, consistant en quelques bungalows très simples pour 2 pers. Attention, ils sont souvent réservés plusieurs semaines à l'avance. Vous pouvez aussi louer une tente *(300 bahts)* et camper sur la plage destinée à cet usage.

Ko Samui ★

Au large de Surat Thani se profile un chapelet d'îles dont Ko Samui est la plus grande. Presque ronde, avec une vingtaine de kilomètres de diamètre, elle découpe sur le ciel ses collines, que domine un imposant cône de 630 m de haut. La végétation mêle forêts et plantations de cocotiers jusqu'aux plages de sable fin, encadrées de rochers. En tête du hit-parade touristique depuis plusieurs décennies, l'île attire en masse les vacanciers, thaïlandais comme étrangers.

Se repérer

CARTE B1-2 (P. 312-313), CARTE DE L'ÎLE (P. 319).

70 059 habitants – Province de Surat Thani.

À 1h de bateau au large de Surat Thani et à 496 km de Bangkok. L'île occupe une superficie de 247 km^2 et est soumise à un climat tropical très humide. Le port d'embarquement vers Ko Samui et Ko Phangan se trouve à **Don Sak**, à 68 km de **Surat Thani**, une grosse bourgade sans charme sur les rives de la Tapi, plaque tournante entre côte est et côte ouest de la péninsule méridionale.

À ne pas manquer

Explorer l'intérieur de l'île en Jeep.

Organiser son temps

Meilleure saison : de fév. à juin. Fortes pluies en oct.-déc. Louez un véhicule pour visiter les plages : passé 18h, les *songthaew* se font rares et chers.

En famille

Un après-midi sur la plage tranquille de Choeng Mon, au nord de l'île.

Carnet pratique p. 322

Nos adresses p. 323

Circuits conseillés

CARTE DE L'ÎLE P. 319

Le tour de l'île

Circuit d'env. 50 km au départ de Na Thon, tracé en vert sur la carte de l'île – Comptez une journée. Une route circulaire fait le tour de l'île en 75 km.

Longtemps, les habitants de l'île ont vécu de la pêche et de l'exploitation des cocotiers. Aujourd'hui, avec plus de 2 millions de visiteurs par an et une cinquantaine de vols quotidiens arrivant de Bangkok ou la province, de Hong Kong, de Singapour, de Malaisie ou de Chine, Ko Samui est devenue la principale destination touristique du Sud, pendant oriental de Phuket. Entre les villages, métamorphosés en stations balnéaires et commerciales, une myriade d'hôtels et de restaurants ont colonisé le littoral, alignant sur des kilomètres leurs bungalows à l'ombre des cocotiers.

Chaque plage a sa spécificité, les unes dédiées au farniente et aux vacances en famille, les autres aux boîtes de nuit et aux bars à filles. Shopping, activités sportives, excursions dans les parcs maritimes alentour, vie nocturne animée : vous trouverez à Ko Samui tout ce qu'il faut pour un séjour en circuit fermé… mais aussi en communauté.

Parc national maritime de Mu Ko Ang Thong.
Creative-Family/Getty Images Plus

Na Thon

En provenance de Surat Thani, de Ko Phangan ou de Ko Tao, les ferries qui desservent l'île accostent à Na Thon, le port principal, où se concentrent banques, magasins et agences de voyage. Rien d'exceptionnel dans ce petit bourg, mais si vous avez un quart d'heure, flânez donc dans la ruelle parallèle à l'avenue qui longe le front de mer et la plage d'Ang Thong : de vieilles **maisons chinoises** en bois de teck évoquent les charmes de la Ko Samui d'antan.

★ Mae Nam

À 14 km au nord-est de Na Thon.

Malgré le tourisme, le village de Mae Nam conserve une atmosphère paisible, à caractère plutôt familial. S'égrenant sur la longue plage de sable clair, les hôtels les plus luxueux y côtoient quelques ensembles de bungalows rustiques. À quelques kilomètres au nord-ouest, ne manquez pas la plage de **Ban Thai**, qui demeure isolée et tranquille.

Bo Phut

À 4 km à l'est de Mae Nam.

Fait rare à Ko Samui, Bo Phut appartient encore à ses habitants et non aux spéculateurs venus de Bangkok, d'où une authenticité et une simplicité qui lui confèrent un charme à part sur l'île. Cette douceur a d'ailleurs décidé bon nombre de Français à s'établir sur place, faisant de la côte nord un secteur francophone où se multiplient les boulangeries « comme à la maison ». Ne manquez pas le retour de la pêche, chatoyante flottille qui anime le port.

Bo Phut possède une jolie **plage★** de sable doré aux eaux calmes, arrondie en anse. Le quartier touristique de **Fisherman's Village** s'est développé en son centre. En bordure de plage se succèdent de délicieux restaurants de poissons, tandis que les cocotiers cachent des ensembles de bungalows à la décoration soignée. Sur la route de Choeng Mon, une surprise vous attend : édifié sur une presqu'île, un énorme bouddha assis jaillit au-dessus des cocotiers. Haut de 15 m et couvert d'or, ce **Big Bouddha** fut élevé en 1972. Grande attraction de l'île, il a donné son nom à la plage qu'il domine.

★ Choeng Mon

À 9,5 km à l'est de Bo Phut.

Juste après le grand bouddha doré, trois petites anses isolées se succèdent sur la péninsule, calmes et romantiques à souhait. Sable clair et fin, mer turquoise sertie d'un îlot accessible à pied à marée basse : tous les éléments du décor appellent à la rêverie sur une chaise longue.

Très abritées, les criques de Choeng Mon se révèlent idéales pour la baignade en toute quiétude, pour les petits et les grands. Les familles y trouveront toutes sortes de bungalows, des plus rudimentaires aux plus sophistiqués, tous dotés d'un restaurant, invitant à un séjour en autarcie quasi complète. Et la plage commerçante de Chaweng n'est qu'à 10mn de là.

Chaweng

À 4,5 km au sud de Choeng Mon.

L'importante population touristique attire les pickpockets, toutes nationalités confondues. Rien de bien méchant si vous restez vigilant et ne laissez pas vos affaires sans surveillance. Attention également aux vols à l'arraché (sacs, bijoux). Sachez aussi qu'avec la montée des eaux, la plage se réduit à marée haute à un mince cordon de sable.

L'immense courbe de sable qui creuse toute la côte est constitue la partie la plus urbanisée de l'île, succession infinie de boutiques de souvenirs, d'agences de voyage, de magasins de sport, d'hôtels, de bars et de restaurants, qui barrent tout le front de mer. De bout en bout, on peut arpenter l'interminable artère commerçante sans jamais entrevoir le moindre grain de sable. Seule solution pour rejoindre la mer : pénétrer dans un hôtel pour en ressortir côté plage !

L'ambiance rappelle Ao Patong, à Ko Phuket *(voir p. 353)* : le jour, Chaweng appartient aux amateurs de shopping et de jet-ski ; la nuit, la station s'illumine des néons d'innombrables bars et pseudo-salons de massage, lieux de prostitution à peine déguisés. La station ne s'éveille ainsi que vers 17h, au son des klaxons des *songthaew* pris dans les embouteillages et de la cacophonie des musiques sortant des bars, où des centaines de touristes commencent leur soirée. Car Chaweng ne dort

Pavillon bleu

La tendance actuelle est de faire de l'île une grande station thermale, avec des hôtels de plus en plus luxueux, proposant saunas et bains bouillonnants, massages, soins de peau, repas diététiques et cures de vitamines. Un nouveau tourisme qui amène peu à peu une clientèle plus familiale et plus âgée. Avec le nettoyage plus systématique des plages, souvent mazoutées après les grandes tempêtes, Ko Samui retrouvera peut-être un peu de son passé de paradis.

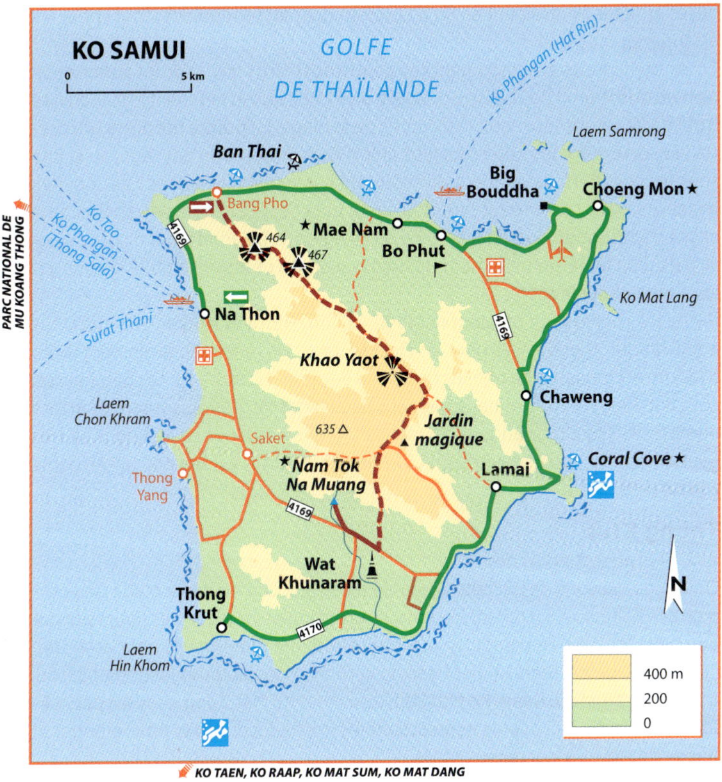

jamais, et le silence en est absent. Sauf peut-être au petit matin, entre le lever du soleil et 10h, lorsque les noctambules sont allés se coucher : c'est le moment de se baigner et de profiter de la plage, d'un calme olympien.

★ Coral Cove (AO THONG YANG)

À 6,5 km au sud de Chaweng.

Protégées par de gros rochers gris-or, deux minuscules anses s'ouvrent sur la mer, plages de sable bordées de verdure où s'égaillent quelques bungalows. Bref, un site de choix pour des vacances au calme. Des groupes d'amis se sont d'ailleurs donné le mot, qui s'y retrouvent d'année en année.

Principale activité de l'endroit, hormis la sieste : explorer les coraux alentour, qui attirent de nombreux poissons. Amateurs de **snorkeling**, prenez masque et tuba.

5

Lamai

À 5 km au sud-ouest de Coral Cove.

C'est à Lamai qu'échouèrent les premiers vacanciers de Ko Samui, dans les années 1980. La plage était alors déserte, et le village ne comptait que quelques maisons de pêcheurs. Depuis, Lamai s'est agrandie, et ses maisons abritent désormais boutiques, restaurants, bars et discothèques : c'est la plage la plus animée le soir après celle de Chaweng. Un **ring de boxe thaïlandaise** s'y est même installé,

où les athlètes s'entraînent en fin d'après-midi (matchs réguliers, cours pour les étrangers).
Côté hôtellerie, les établissements au centre du bourg conviendront aux oiseaux de nuit, que le bruit des bars ne dérange pas. Ceux qui recherchent la tranquillité trouveront refuge aux deux extrémités de la plage. La **pointe nord**, encore préservée, concentre les hôtels les plus chics. Bien intégrés au paysage, au calme sous les cocotiers, ils donnent directement sur la plage et la mer. Les activités mises en avant concernent plutôt la santé et la beauté : bains de vapeur, massages traditionnels ou à l'huile, soins du visage, etc. La **pointe sud** dispose pour sa part d'un hébergement moins luxueux, avec ses petits ensembles de bungalows plantés sur le sable.
Parmi les rochers qui bordent la plage veillent **Hinta et Hinyai** – Grandfather and Grandmother's Rocks pour les Occidentaux. On reconnaît facilement Hinta à sa forme éloquente de phallus dressé, près duquel il faut ensuite chercher son conjoint. Rien d'extraordinaire dans ces deux blocs de grès qui attirent pourtant nombre de visiteurs asiatiques, Thaïlandais, Chinois et Japonais. Les deux pierres sont en effet réputées favoriser la fertilité, et l'endroit est devenu un véritable lieu de pèlerinage.

Thong Krut

À 12,5 km au sud-ouest de Lamai.
Quelques maisons de pêcheurs, peu de touristes, une modeste plage peu propice à la baignade. En revanche, vous pourrez louer sur place des *long tail* pour une belle journée de balade en mer : il suffit d'une demi-heure pour atteindre l'île voisine de **Ko Taen**, un petit caillou vert ceint de quelques jolies plages, ou, à peine plus loin, **Ko Raap**, **Ko Mat Sum** et surtout **Ko Mat Dang**, réputée pour ses **fonds marins★**. Les pilotes connaissant les meilleurs endroits pour plonger et nager, fiez-vous à leur choix.
Pour revenir à Na Thon, comptez 15 km.

★ L'intérieur de l'île

▶ *Circuit d'env. 20 km au départ de Ban Pho, tracé en rouge sur la carte de l'île – Comptez 1/2 journée en scooter/Jeep, une journée à pied. Piste parfois endommagée, avec des portions très raides et impraticables après les pluies. Prévoyez de l'eau, de l'écran solaire et des chaussures de marche.*
Loin de la concentration touristique des plages, l'intérieur de l'île révèle une nature sauvage, avec de magnifiques paysages de cocoteraies et de jungle s'étageant sur les 600 m de dénivelé des montagnes. L'air y est plus frais que sur la côte, la

Un cadavre exquis

Vers la fin de sa vie, un riche habitant de Ko Samui fit vœu de pauvreté et devint moine. On raconte qu'il avait prédit lui-même la date exacte de sa mort, et demandé que son corps soit alors placé dans un cercueil transparent. L'homme mourut à la date annoncée, en 1973, à l'âge de 79 ans, et sa dernière volonté fut respectée. Or, depuis 1973, sa dépouille refuse de se décomposer : les bouddhistes y voient une preuve que la méditation permet de dépasser les lois de la nature. Une preuve macabre qui connaît aussi un franc succès auprès des touristes se rendant au Wat Khunaram.

Gare aux cocos !

Ko Samui détient le record mondial de la plus forte densité de cocotiers au kilomètre carré ! Mais attention, car au premier coup de vent un peu vif, les noix chutent. Cela constitue un danger réel pour les promeneurs, le poids du fruit, ajouté à la vitesse et à la hauteur de la chute, pouvant être mortel. C'est d'ailleurs l'une des raisons pour lesquelles les coloniaux portaient un casque...

piste va de belvédère en point de vue, chacun plus beau que le précédent, et vous ne rencontrerez quasi personne.
Première étape contemplative, le **Mountain Viewpoint**, perché à 464 m d'altitude. De là, on rejoint le **Best Mountain Viewpoint** (467 m), où se niche un petit restaurant. Puis après 2h de plongée dans le grand vert, le long de la piste principale, on parvient au **Khao Yaot Viewpoint**, d'où, en tournant à gauche, on atteint le **Jardin magique (Secret Buddha Garden)** *(8h-17h - 80 bahts)*. En fait de jardin, l'endroit, qui fait penser à quelque création kitsch du Facteur Cheval, réunit une cinquantaine de bouddhas de moins de 1 m de hauteur.
La piste sinue ensuite vers les **chutes de Na Muang**★ *(indiqué - comptez 1h - accès libre)*, une majestueuse cascade de 79 m de haut cachée dans la verdure. De là, une piste à droite rejoint la route principale et le **Wat Khunaram**, un haut lieu de pèlerinage connu pour son moine momifié *(gratuit - tenue correcte exigée et photographies à éviter)*.

Excursion

CARTE P. 312-313

★★ Parc national maritime de Mu Ko Ang Thong B1

À env. 30 km des côtes de Ko Samui (1h env.) - 8h-16h - fermé 20 oct.-20 déc. - 300 bahts. Comptez une journée et prévoyez des chaussures de marche.
Le parc de Mu Ko Ang Thong englobe un archipel d'une quarantaine d'îlots, magnifique ensemble de pitons rocheux posés sur la mer. Au pied de ses pains de sucre couverts d'une luxuriante végétation s'étalent de petites plages désertes, où l'on vient accoster le temps d'un bain, d'un pique-nique ou d'une balade. Totalement inhabité, le parc conserve une nature intacte, vestige protégé de la forêt originelle.
Une journée typique à Ang Thong comprend un mouillage dans un lagon pour une première baignade dans des eaux cristallines, un déjeuner sur le bateau, puis une escale à **Ko Pa Luey**★, la plus grande île du parc.
Les sportifs pourront faire l'ascension du piton qui domine la plage où l'on accoste. Dans un chaos de rochers noyé dans la végétation (où vous apercevrez peut-être des singes), un sentier escarpé monte en une petite heure au sommet, à 240 m d'altitude *(attention, il est assez difficile, surtout en fin de parcours, quand il faut grimper sur des rochers coupants)*. À l'arrivée, vous serez récompensé de vos efforts par un splendide **point de vue**★★ sur l'ensemble de l'archipel.
Puis le bateau poursuit à travers les îles, pour une dernière étape baignade près de quelques grottes naturelles, creusées dans la roche par le ressac.

Carnet pratique

S'informer

Tourism Authority of Thailand à Surat Thani – *5 Th. Talad Mai - ✆ 07 728 88 19.* Plan de la ville et horaires des bateaux.

Tourism Authority of Thailand à Ko Samui – *Na Thon, 370 Moo 3 (derrière l'embarcadère, fléché) - ✆ 07 742 05 04.*

Arriver/Partir

En avion

Aéroport de Ko Samui – Env. 20 vols/j. entre Bangkok et Ko Samui. Bangkok Airways assure 3 vols directs/j. avec Phuket et 1/j. avec Krabi.

En bus

De Bangkok – Billets combinés bus-bateau *(10-14h de trajet).*

Talat Kaset 1 – *Au centre de Surat Thani.* Bus urbains de/vers la gare ferroviaire et le New Bus Terminal.

Talat Kaset 2 – *À 100 m du Talat Kaset 1.* Bus et minivans fréquents pour Krabi *(3h30 de trajet)*, Phuket *(4h30) via* Phang Nga *(3h30)*, Trang *(3h30)*. Deux bus/j. pour Hat Yai *(5h30) via* Phattalung *(4h30).*

New Bus Terminal – *À 8 km au sud-ouest de Surat Thani.* Bus pour Bangkok *(env. 12h de trajet).*

En train

Gare de Surat Thani – *À Phun Phin, à 14 km à l'ouest de la ville (navettes).* La ligne sud relie Bangkok à la frontière malaise (Padang Besar) *via* Hua Hin, Surat Thani *(11 trains/j. - 8h30 à 11h30 de trajet)*, Trang, Hat Yai.

En bateau

Vers Ko Samui – Départs de l'embarcadère de **Don Sak** *(68 km au nord-est de Surat Thani).* Comptez 1h de bus de Surat Thani à Don Sak puis 1h30 de bateau. Achat des billets combinés bus-bateau à Surat Thani. Également un cargo de nuit (confort très basique) : départ à 23h de l'embarcadère situé sur la rivière Tapi, au centre de Surat Thani, arrivée à l'aube.

De Ko Samui – Liaisons tlj entre Na Thon et Don Sak (Surat Thani) ; liaisons avec Ko Phangan et Ko Tao au dép. de Na Thon, Mae Nam et Dangrak. Principales compagnies : Seatran Discovery *(www.seatrandiscovery.com)*, Lomprayah *(www.lomprayah.com)*, Songserm *(www.songserm.com).*

Se déplacer

Moto – Nombreux loueurs à Na Thon, dans les rues qui partent de l'embarcadère, ainsi que dans ttes les localités touristiques de l'île.

Songthaew – Ils desservent toutes les plages de l'île de 6h à 18h ; tarif 60 à 100 bahts selon la distance.

Voiture – On peut louer des véhicules, notamment des Jeep, à l'aéroport de Ko Samui et dans ttes les localités touristiques de l'île.

Adresses utiles

Agence de voyage

Phantip – *293/6-8 Th. Talad Mai, Surat Thani - ✆ 07 727 22 30 ; Na Thon - ✆ 07 742 12 21 - www.phantiptravel.com.* Des tarifs compétitifs sur les billets de train, bus, avion, ainsi que des transferts entre l'aéroport de Surat Thani et Ko Samui *(3h30 à 5h - 490 baht jusqu'au débarcadère de l'île ou 640 bahts jusqu'à votre hôtel).*

Santé

Si le problème médical peut attendre Bangkok, mieux vaut patienter. Sinon, plusieurs centres médicaux et hôpitaux à Surat Thani et sur l'île :

Thaksin Hospital – *309/2 Th. Talad Mai, Surat Thani - ✆ 07 727 87 77.* Personnel anglophone.

Bangkok Hospital Samui – *À Chaweng - ✆ 07 742 95 00 ou 1719 (urgences).* Caisson hyperbare.

Samui Government Hospital – *À Na Thon - ✆ 07 742 12 32.*

Sécurité

Police touristique – *✆ 07 743 00 18 ou 11 55.*

Nos adresses

Restauration

Surat Thani

Premier prix

Marché de nuit – *Tonpo Alley (entre le Wat Sai et le Coliseum Shopping Mall) - P payant - soir seult - plats env. 100 bahts.* Un marché de nuit particulièrement riche en propositions gastronomiques : curries, brochettes, soupes, fritures... Stands de vente à emporter et cuisines avec tables et chaises.

Budget moyen

Sum Gradang Nga – *31/57-59 Soi Donnok 8/1 - ✆ 07 721 65 28 - 11h-22h - plats 150/300 bahts.* Installé dans une charmante maison entourée d'arbres ylang-ylang, ce restaurant est très apprécié des locaux pour sa cuisine thaïlandaise du sud. Prenez, par exemple, le curry de crabe servi avec des vermicelles, des légumes frais et une salade de concombre aigre-douce, à déguster dehors sous les arbres ou à l'intérieur, dans un décor rose pastel.

Tapi Seafood – *Th. Surat Paknam (à côté de l'embarcadère Tha Thong, à 6 km au nord-est de Surat Thani) - ✆ 089 729 38 08 - service continu - plats 100/500 bahts.* Excentré, il passe pour être le meilleur restaurant de fruits de mer de la ville, à savourer en regardant la rivière depuis sa grande terrasse couverte. Une adresse très populaire en fin de semaine.

Na Thon

Budget moyen

Starry Seafood – *Rte de Bang Pho (à 3,5 km au nord de l'embarcadère) - ✆ 062 608 83 04 - P - service continu - plats 400/800 bahts.* Un restaurant de cuisine sino-thaïe où le poisson, le crabe et la langouste, présentés dans les viviers à l'entrée, se vendent au poids. Cadre informel, avec de grandes tables de bois massif installées sous un auvent en bord de route, et une terrasse surplombant une petite plage. Le patron, qui parle anglais, réserve à tous ses clients un accueil charmant.

Mae Nam

Premier prix

Trehouse Silent Beach Restaurant – *12/2 Moo 1 - ✆ 06 22 40 43 05 - www.tree-house.org - service continu - plats 99/130 bahts.* Une très jolie terrasse au bord de la plage. La carte, variée, propose une cuisine thaïe typique, des plats internationaux (falafels, quesadillas...), des cocktails.

Budget moyen

Bao Bao Cafe & Eatery – *203/4 Moo 1 - ✆ 98 831 76 57 - baobao.cafe - fermé lun. - plats 100/140 bahts.* À la croisée des cuisines thaïe, japonaise et vietnamienne, ce restaurant propose notamment une grande variété de *baos* qui font l'unanimité. Le mobilier en bois clair, les murs végétalisés et les larges fenêtres composent un cadre moderne et décontracté. Nombreuses options vegan.

Bo Phut

Pour se faire plaisir

Zazen – *177 Moo 1 - ✆ 07 742 50 85 - www.samuizazen.com - service continu - plats 350/750 bahts.* Le cadre est délicieux. On traverse un jardin tropical impeccable pour gagner la salle en terrasse sur la mer, entre cuisine ouverte et piscine. Plats végétariens, gastronomiques et diététiques, cuisine thaïe et cuisine méditerranéenne. Le tout, comme l'endroit, fait montre d'un grand raffinement.

Une folie

Chez François – *Rte 4171 (à gauche en sortant du Fisherman's Village) - ✆ 096 071 18 00 - soir seult - fermé dim.-lun. - plats 845 bahts, menu 2 295 bahts - réserv. indispensable - fermé fin janv.-début fév.* Une salle minuscule où l'on prend place en toute convivialité à la longue table commune. Pas de carte mais un menu unique de dégustation, avec entrée, plat de fruits de mer ou de volaille et dessert. Le raffinement de la cuisine, l'esthétique de la présentation remportent les suffrages des gourmets de l'île.

Chaweng

Premier prix

Chaweng Night Market - *(cartes de crédit non acceptées) - 17h-23h - plats à partir de 100 bahts.* Au menu, toutes les spécialités locales aux saveurs épicées, à déguster sur le pouce : *tom kakaï* (soupe au poulet), *som tam* (salade de papaye relevée), *tom yam* (soupe aux crevettes), etc.

Budget moyen

Malee Kitchen – *17/58 Moo 3 - ✆ 99 232 92 36 - service continu - plats 200/620 bahts.* Une authentique cuisine thaïe, qui fait la part belle aux produits frais et locaux (les légumes proviennent en partie du jardin du restaurant). Vous pourrez choisir si vous souhaitez votre plat peu (ou pas) épicé, ou au contraire bien épicé.

Lamai

Budget moyen

Baobab – *Sur la plage - ✆ 084 838 30 40 - (cartes de crédit non acceptées) - 8h30-18h - plats 170/750 bahts.* Connu comme « Chez Greg », ce restaurant de plage sert une cuisine franco-thaïe de qualité. Merguez, steak et tartare de thon rouge, filet de barracuda, gnocchis maison ou copieuses salades, il y en a pour tous les appétits. Transats gratuits sur la plage devant le restaurant. Accueil francophone.

Petite pause

Hippocampe Bakery – *Dans la rue sans nom prolongeant l'embarcadère de Na Thon - ✆ 092 553 36 76 - 7h-17h.* Pain et pâtisseries faits maison par un artisan boulanger français installé sur l'île. Sert d'excellents petits-déjeuners toute la journée. Sandwiches et panini à emporter pour vos excursions.

Boy's Organic Coffee – *30/5 Ban Thongkrut, Taling-Ngam - ✆ 089 169 93 96 - 8h-17h.* Au sud de l'île, face à une marina, on apprécie la jolie terrasse et l'accueil, tout autant que les délicieux cafés et thés.

Boire un verre

Jungle Club – *Chaweng Noi Beach, Soi Panyadee - ✆ 081 894 23 27 - www.jungleclubsamui.com - 10h-21h - réserv. indispensable.* Dans une ambiance lounge, installés sur des poufs rouges, on déguste un cocktail et on picore des tapas aux notes méditerranéennes avec une splendide vue panoramique sur la baie de Chaweng.

Dr Frogs – *Sur la route Chaweng-Coral Cove - ✆ 07 744 85 05 - www.drfrogs.com - 7h-23h.* Ce bar-grill dispose d'une formidable terrasse

d'où la vue embrasse au nord toute la baie de Chaweng Noi.
Happy Elephant – *79/1 Moo 1, Fisherman's Village (au centre du village), Bo Phut - ✆ 07 742 72 22 - 11h-22h.* Une salle au mobilier de teck où paradent des dizaines d'éléphants de toutes tailles et de toutes couleurs, et une belle terrasse ouvrant sur la mer turquoise : le cadre s'annonce séduisant pour une glace ou un cocktail en fin d'après-midi.

Activités

Boxe thaïe

Phetch Buncha Stadium – *Th. Chaweng-Choeng Mon, Chaweng - ✆ 084 772 67 39 - se rens. pour la programmation.* Combats de *muay thai*.

Golf

Samui Golf Club & Driving Range – *45/21 Moo 3, Bo Phut - ✆ 089 874 27 35 - www.samuigolf.net - 10h-22h.*
Minigolf International – *Chaweng - ✆ 081 787 91 48 - www.minigolfsamui.com - 9h-19h.*

Massages traditionnels

Tamarind Springs – *205/7 Thong Takian, Lamai - ✆ 098 963 64 49 - www.tamarindsprings.com - 10h-18h - réserv. conseillée.* En pleine verdure, bains de vapeur parfumés dans un rocher creux et massages raffinés.

Plongée sous-marine

France Plongée – *Rue principale, Bo Phut - ✆ 900 670 394 - franceplongee.com.* Une agence francophone réputée à Koh Samui et à Koh Phangan, pour les débutants comme les confirmés.

Sports nautiques

Samui Ocean Sport – *123/117 Moo 1, Bo Phut - ✆ 081 940 19 99 - www.sailing-in-samui.com.* Location de planches à voile, de catamarans et de canoës.
Blue Stars – *Chaweng - ✆ 07 730 06 15 - www.bluestars.info.* Location de kayak *(2 600 bahts pour le tour)*, excursions en bateau et sorties snorkeling.

Hébergement

Surat Thani

Budget moyen

Wang Tai – *1 Th. Talat Mai - ✆ 07 728 30 20 - - 238 ch. à partir de 1150 bahts .* Le rapport qualité-prix reste imbattable, même si le passage des ans se fait sentir dans les infrastructures de l'établissement. Les chambres situées entre le 7e et le 10e étage bénéficient d'une vue spectaculaire sur la rivière. Les *Deluxe*, concentrées au 2e étage, ont une moins belle vue mais sont vraiment spacieuses, disposant d'un agréable coin salon.

Na Thon

Premier prix

Jinta City – *Th. Chonwithi, 310 Moo 3 (sur le front de mer, au sud du débarcadère) - ✆ 07 723 63 69 - www.jintahotel.com - - 30 ch. à partir de 780 bahts.* Bien situé, il conviendra aux petits budgets peu regardants sur le soin apporté au cadre. Inégaux, les chambres et les bungalows, dont les plus beaux disposent de larges baies vitrées, sont agencés autour d'une pelouse arborée.

Mae Nam

Budget moyen

Lolita Bungalows – *Sur la plage (fléché) - ✆ 07 742 51 34 - www.lolitakohsamui.com - - 20 ch. à partir de 1000 bahts.* Du bungalow économique avec ventilateur au fond d'un jardin fleuri au chalet VIP posé sur la plage,

5

l'établissement s'adresse à toutes les bourses. Gestion familiale et entretien sérieux, agréable salle de restaurant rafraîchie par la brise, sous les cocotiers.

Une folie

❤ **Santiburi Beach Resort & Spa** – *12/12 Moo 1, Tambol Mae Nam - ✆ 07 742 50 31 - www.santiburi samui.com* - ▤ ✕ P ⛱ - *65 villas et 12 suites à partir de 11 900 bahts* ☕. Idyllique ! Ce magnifique hôtel se compose d'élégants pavillons blanc, vert et bois, à l'architecture aussi raffinée que la décoration intérieure, exceptionnelle. Le jardin, un coin de paradis, abrite une piscine tout aussi belle. Spa, restaurant gastronomique, sports nautiques en libre accès, beau programme d'activités incluses... Un sans-faute dans le grand luxe.

Bo Phut

Budget moyen

Samui Mermaid Resort – *34/1 Moo 4 (à 4,5 km à l'est de Bo Phut) - ✆ 07 796 26 30 - www.samui-mermaid.info* - ▤ ✕ ⛱ P - *76 ch. 780/3 500 bahts - ☕ 240 bahts.* Ses bungalows entourent deux petites piscines au bord de la plage de Bangrak, d'où l'on voit se dessiner à droite la silhouette dorée du Big Buddha. Nombreux services touristiques, navette gratuite avec l'aéroport tout proche (on entend les avions).

Pour se faire plaisir

The Lodge – *91/1 Moo 1, Fisherman's Village (au centre du village) - ✆ 07 742 53 37 - www.lodgesamui.com* - ▤ ✕ - *14 ch. à partir de 3 200 bahts* ☕. Dans une superbe maison en front de mer, des chambres avec parquet, dont deux *pent hut* spacieuses. Toutes disposent d'un balcon avec vue sublime sur la mer et les îles. Les petits budgets pourront bénéficier de la plage de l'hôtel en logeant dans l'annexe, à 1mn à pied : double sans vue à 900 bahts.

Une folie

Peace – *Sur la plage - ✆ 07 742 53 57 - www.peaceresort.com* - ▤ ✕ ⛱ P - *122 ch. à partir de 7 800 bahts* ☕. Des bungalows individuels avec terrasse, des villas avec piscine privée pour un séjour tout confort : plusieurs piscines, salons de massage climatisés ou à l'air libre, gym et yoga inclus, navette gratuite, espace de jeux enfants. Tous les services sont disponibles dans le complexe, qui comprend aussi des agences de voyage et de plongée.

Chaweng

Budget moyen

Pamoni – *À côté du temple chinois (à l'extrémité sud de l'aéroport) - ✆ 093 004 84 23* - ▤ ⛱ P - *10 ch. à partir de 2 000 bahts.* Les chambres entourent la petite piscine sur laquelle ouvrent leurs baies vitrées. Toutes équipées d'une cuisinette, elles constituent une option pratique pour les séjours prolongés ou les vacances en famille. À 10mn à pied de la plage et à 1 km de l'aéroport.

Lamai

Budget moyen

Three Trees – *438/76 Moo 1, Th. Maret - ✆ 099 303 63 03* - ▤ ⛱ P - *19 ch. à partir de 1 300 bahts - ☕ 250 bahts.* Des bungalows simples ou doubles sur pilotis, chacun doté d'une terrasse et équipé de kitchenette. Au calme en contrebas de la route, ils donnent sur une petite plage de sable blanc. L'adresse, très calme, est connue et appréciée. Réserv. conseillée.

Ko Phangan ★

Avec sa silhouette bombée et son manteau de forêt, Ko Phangan ressemble à sa voisine Ko Samui, mais en plus petit... et en plus paisible. Même décor de cocoteraies, de récifs coralliens et de plages baignées d'eaux peu profondes – un délice d'exotisme que l'absence d'aéroport et le nombre réduit de routes asphaltées préservent d'une métamorphose trop rapide. Et si la fameuse Full Moon Party attire les jeunes de tous les horizons sur le sable de Hat Rin, les autres plages de Ko Phangan conservent leur beauté tranquille.

Se repérer

CARTE B1 (P. 312-313), CARTE DE L'ÎLE (P. 328).

7 464 habitants – Province de Surat Thani.

À 15 km de Ko Samui (45mn de traversée). L'île couvre une superficie de 191 km².

À ne pas manquer

Le lever du soleil à Thong Nai Pan Yai.

Organiser son temps

Meilleure saison : de fév. à juin.

Saison des pluies : oct.-janv.

Pour vous baigner, préférez les petites criques au nord de Hat Rin.

Carnet pratique p. 330

Nos adresses p. 330

Circuit conseillé

CARTE DE L'ÎLE P. 328

Le tour de l'île

Circuit d'env. 40 km vers le nord au départ de Thong Sala, tracé en bleu sur la carte de l'île – Comptez 2 jours minimum pour profiter des plages.

Les plus jolies plages se rassemblent plutôt dans la partie nord de l'île, en particulier sur la **côte nord-est**★. Mais le littoral au sud de Thong Sala cache lui aussi de beaux rubans de sable, le long desquels s'égrènent quelques charmants ensembles de bungalows, notamment la plage de Bantai. Au-delà de Bantai, la route fait penser à de véritables montagnes russes, comme pour isoler Hat Rin et sa folie au bout de l'île... Sachez aussi que les plages disparaissent quasiment à marée haute.

Thong Sala

Une ville sans réel intérêt, où l'on ne fait que passer en attendant son bateau. Bien pratique pourtant, elle concentre les services, magasins et banques notamment. Son marché de nuit vaut un petit détour.

La route qui suit la côte ouest de l'île dessert quelques jolies plages comme **Hat Yao** et **Hat Salad**, à l'atmosphère tranquille et aux eaux calmes.

★ Ko Ma

À 14 km au nord de Thong Sala. Accessible à pied à marée basse.

Minuscule île située en face de Mae Hat, Ko Ma réjouira tous les amateurs de **snorkeling**★★. Un des plus beaux sites de Ko Phangan.

Chaloklum

À 2,5 km à l'est de Ko Ma. Comptez env. 30mn de Thong Sala en songthaew.
Bordée de maisons et de petits commerces, la rue principale de ce paisible village de pêcheurs s'étire face à la plage, plaisant ruban de sable clair ombragé de casuarinas (filaos), devant laquelle viennent s'ancrer les *long tail* et les chalutiers, dans un chatoiement de couleurs vives. Les touristes sont plutôt rares dans la localité ; seuls quelques habitants se prélassent sur le sable. Certains ont le visage enduit d'une curieuse pâte jaune pâle - le *tanaka*, un masque végétal visant à les protéger du soleil ; ce sont des Birmans, qui ont conservé cette tradition typique de leur pays.

Bottle Beach

À 20mn de Chaloklum en bateau. Les bons marcheurs pourront s'y rendre par la piste, qui n'est praticable qu'en 4x4 et en saison sèche. Partez tôt pour ne pas vous faire surprendre par la nuit.
En arrivant par la mer, la plage se révèle au détour d'un grand rocher noir. Une rangée de bungalows, deux restaurants, pas de route et juste quelques heures d'électricité par jour... Bref, un petit havre tranquille, où il fait bon se retrouver entre amis ou en amoureux.
Pour rejoindre Thong Nai Pan Yai depuis Bottle Beach, le plus simple est de prendre un *long tail (comptez 1h).*
Les bons marcheurs pourront choisir la voie terrestre, plus sportive *(env. 2h)* : la piste de terre rouge s'enfonce dans la jungle, traverse plusieurs cours d'eau et grimpe parfois sérieusement. N'entamez pas le trajet passé 15h, encore moins

s'il pleut : les pentes, sévères, deviennent extrêmement glissantes, de même que les cailloux qui tapissent le lit des ruisseaux (sans parler de l'eau qui monte jusqu'aux genoux).
De Chaloklum, revenez à Thong Sala par la route de l'intérieur (26 km) et remontez sur la côte est.

★★ Bantai Beach

Une plage d'une blancheur presque aveuglante, au pied de ses majestueux cocotiers.

★★ Thong Nai Pan Yai

À environ 13 km au nord de Bantai par une route asphaltée.
Cernée de collines couvertes de végétation, cette anse de sable pâle s'oriente face au levant. La mer, accueillante, ourle la grève d'un bleu pur, invitant à de délicieuses baignades. Quelques hôtels s'alignent sur le rivage et, à l'extrémité nord, un restaurant tout en bois s'accroche dans les hauteurs, ouvrant sur un somptueux **panorama★★**. Profitez donc des bungalows voisins pour y passer la nuit et contempler le lever du soleil le lendemain.
Revenez au carrefour de Thong Nang et tournez à gauche. Poursuivez sur env. 15 km.

★ Hat Than Sadet

Classé parc national, ce petit bout de la côte est rassemble quelques cascades autour d'une charmante plage, encadrée de gros rochers et ombragée par les cocotiers. Relativement tranquille, Than Sadet accueille quelques bungalows de bambou pour un séjour rustique.
De Thong Nang, reprenez la route asphaltée qui *rejoint la côte sud à env. 12 km.*

Hat Rin

À la pointe sud-est de l'île, à 7 km de Bantai.
Bars, boutiques de tatouages et autres cafés aux couleurs bariolées se serrent le long de ce qui fut sans doute l'un des plus beaux sites de Ko Phangan. Hélas, la **Full Moon Party** en a fait une station balnéaire pour noctambules, principalement réservée aux Occidentaux. Bain de foule assuré, accueil froid dans les hôtels : on est loin, très loin de la quiétude du nord de l'île... et de la Thaïlande. Pour retrouver un peu de la beauté des paysages, venez hors de la période de pleine lune.
Pour revenir à Thong Sala, comptez 9,5 km.

Full moon party : à quel prix ?

Imaginez une superbe plage de sable fin, baignée d'une eau transparente à souhait, encadrée par deux promontoires rocheux. On fera abstraction des hôtels bondés et des restaurants médiocres qui la jalonnent : assis sur le sable, face à la mer, on peut les ignorer. Imaginez maintenant qu'afflue soudain une foule de jeunes étrangers, comptant jusqu'à 20 000 personnes. Tous se sont donné rendez-vous pour voir la pleine lune. En réalité, l'astre lunaire n'est qu'un prétexte pour participer à une vaste *rave* où, entre deux danses, on célèbre les vertus de toutes sortes de drogues. Imaginez enfin la plage, les jours suivants, jonchée de détritus : la Full Moon Party, une fois par mois, métamorphose Hat Rin en poubelle.

Carnet pratique

Arriver/Partir

En bateau

Liaisons quotidiennes *(30 à 45mn de traversée)* entre **Na Thon** (Ko Samui) et Thong Sala, entre **Bo Phut** et Hat Rin, ainsi qu'avec Ko Tao *(2h)*. Principales compagnies : Seatran *(www.seatrandiscovery.com)*, Lomprayah *(www.lomprayah.com)*, Songserm *(www.songserm.co.th - activité temporairement suspendue, se rens.)*.

De Surat Thani – Départs de **Don Sak** *(68 km au nord-est)*. Achat des billets combinés bus-bateau à Surat Thani. Trajet : 1h de bus et 2h30 de bateau.

Adresses utiles

Hôpital – *À 2 km au nord du port de Thong Sala.*

Nos adresses

Restauration

Les hôtels de l'île disposent tous d'un restaurant, généralement correct.

Thong Sala

Premier prix

Phantip Night Market – *Th. Talat Mai - [pas de carte de crédit] - 16h-23h - 100/200 bahts.* Un marché de nuit qui s'aventure vers les cuisines du monde (indienne, mexicaine, française, italienne) en plus des spécialités thaïes, à manger sur place ou à emporter.

Si Thanu

Budget moyen

L'Alcôve – *15/1 Moo 6 - ✆ 094 579 37 69 - www.alcovephangan.com - 18h-0h - fermé lun., de mai à mi-juin, de nov. à mi-déc. - plats 320/600 bahts.* Posé sur la plage de Hin Kong, quelques kilomètres avant Si Thanu, un restaurant de cuisine française au cadre sympathique, avec ses nappes et ses plantes en pot entre les tables de bois. Confit de canard, carpaccio de bœuf, tartare de thon, plateau de fromages et une large sélection de vins au verre. Spectacles les vend. et dim. soir (danse, chansons et *fire show*). Dispose aussi de chambres.

Hat Yao

Budget moyen

Locco's – *53/15 Moo 8 - ✆ 64 723 41 97 - service continu - pizzas 180/420 bahts, plats 330/740 bahts.* Pizzas et autres plats italiens sont servis dans un cadre ouvert agréable. Ambiance chaleureuse, animée par de la musique *live*. Options vegan.

Hat Salad

Premier prix

Ying Ying's Kitchen – *Rte principale - ✆ 095 924 74 33 - [pas de carte de crédit] - service continu - plats env. 100 bahts.* Dans ce restaurant de poche, la patronne, anglophone, prépare rouleaux de printemps, noix de cajou grillées, salades de papaye... Une restauration locale simple et goûteuse, où les végétariens trouveront aussi leur bonheur.

Pour se faire plaisir

Peppercorn – *58/28 Moo 8 - ✆ 087 896 43 63 - [pas de carte de crédit] - 16h-23h - fermé sam. - plats 310/630 bahts.* Perché sur une petite hauteur en bord de route, entre les plages de Hat Tian et Hat Salad, un restaurant spécialisé dans les steaks et les salades. En ragoût, en goulasch ou simplement grillées, d'alléchantes préparations de bœuf et d'agneau importés de Nouvelle-Zélande. Belle vue depuis la terrasse.

Petite pause

Mai Pen Rai – *Sur la plage de Than Sadet - ✆ 093 959 80 73 - www.thansadet.com - service continu.* Des en-cas et des plats standards que vous pouvez choisir en version végétarienne : un prétexte pour vous attabler les pieds dans le sable avec le doux murmure du ressac en fond sonore. Gère aussi quelques bungalows de bambou basiques sur la plage.

Boire un verre

Three Sixty Bar – *À l'extrémité nord-ouest de l'île, à l'entrée de l'hôtel Utopia - ✆ 082 561 98 74 - 11h-22h, lun. 16h-20h.* Un must au soleil couchant. Au sommet d'une colline, il délivre un panorama époustouflant, notamment sur Ko Ma et son cordon de sable. Sert des cocktails, avec ou sans alcool, à siroter installé à une table de bambou, les yeux perdus au large.

Activités

Fitness

Diamond Muay Thai – *145/8 Moo 1, rte de Hat Si Thanu, Thong Sala - ✆ 082 287 80 64 - www.diamondmuaythai.com - 8h-18h.* Cours de boxe thaïe pour étrangers, programmes de remise en forme et sessions de yoga. Formules avec hébergement possible sur réserv. au moins 2 mois à l'avance.

Plongée sous-marine

Nombreux centres PADI sur l'île. À titre indicatif, le certificat *open water (4 j.)* coûte env. 13 000 bahts. Parmi les plus sérieux, avec moniteurs francophones :

Haad Yao Divers – *84/31 Moo 8, Hat Yao - ✆ 083 135 62 61.*

Chaloklum Diving School – *25/29-30 Moo 7, Chaloklum - ✆ 086 120 64 61 - www.chaloklum-diving.com.* Plongées en petits groupes, atmosphère conviviale.

Lotus Diving – *57/6 Moo 7, Chaloklum - ✆ 07 737 41 42 - www.lotusdiving.com.* Bon matériel et prix très corrects.

Vélo

Phangan Bicycle Tours – *99/121 Moo 1, rte de Bantai, Thong Sala - ✆ 089 593 97 32 - www.phanganbicycletours.com.* Tours d'une demi-journée, de 13 à 20 km, avec découverte des traditions de l'île : plantation d'hévéas, cocoteraie, jardin d'herbes médicinales, marchés, etc.

Hébergement

Chaloklum

Budget moyen

Phangan Utopia Resort – *Entre Mae Hat et Chaloklum - ✆ 07 737 40 93 - www.phanganutopia.com - - 34 ch. 1200/3 050 bahts.* Au sommet d'une colline, ses bungalows avec vue mer ou montagne délivrent tous une vue à couper le souffle. Bien agencés, ils garantissent un séjour au calme. Belle piscine à débordement, plage à 10mn à pied (escaliers), navette gratuite pour les plages voisines. Agréable malgré un certain manque d'entretien des parties communes.

Pour se faire plaisir

Rose Bungalows – *60/1 Moo, Hat Salad Beach - ✆ 080 327 52 51 - - 16 ch. à partir de 2 000 bahts.* De petits bungalows en brique soignés avec moustiquaire, coin cuisine et terrasse, se répartissent sur une pelouse sous les cocotiers. Accueil chaleureux, location de scooters et agence de voyage sur place.

Si Thanu

Budget moyen

Seetanu Bungalows – *81/3 Moo 8, village d'Ao Chao Phao - 07 734 91 13 - www.seetanu.com - - 18 ch. à partir de 1300 bahts.* Des bungalows propres et spacieux, bien tenus, nichés dans un jardin foisonnant qui s'étire en bordure de plage. Le restaurant-bar sert une savoureuse cuisine thaïe et occidentale privilégiant les préparations maison. Équipements pour les familles avec jeunes enfants. Accueil sympathique et francophone.

Bottle Beach

Budget moyen

Haad Khuad Resort – *Sur la plage - 07 744 51 53 - www.haadkhuaresort.com - - 14 ch. 500/2600 bahts.* Loger sur cette plage, qui n'est accessible que par bateau ou trek dans la forêt, séduira les âmes à la Robinson. Le bout du monde a ses contraintes : mobilier limité au strict minimum, ni wifi ni réfrigérateur, ni eau chaude...

Bantai Beach

Budget moyen

Phangan Orchid Resort – *118 Moo 4 (sur la plage) - 099 356 45 95 - - 20 ch. à partir de 1400 bahts.* Des bungalows en dur, carrelés, meublés sobrement et éclairés par une grande baie vitrée. Leur terrasse donne sur le joli jardin, et les plus belles chambres ont les pieds dans le sable, tout au bout de la plage de Bantai. Le restaurant, une grande terrasse couverte, fait face à la mer. Les prix doublent pour la pleine lune.

Pour se faire plaisir

Dew Shore – *99/1 Moo 1 - 062 061 25 62 - www.dewshore.com - - 23 ch. 2500 bahts.* Des bungalows spacieux et soignés, confortablement meublés, dans un jardin fleuri ravissant, le tout sur la belle plage de sable blanc. Les plus confortables (et les plus chers) sont orientés vers la mer. Cuisine familiale. Quatre nuits minimum lors des Full Moon Parties.

Thong Nai Pan Yai

Pour se faire plaisir

Havana Beach Resort – *Sur la plage - 07 744 51 62 - www.phanganhavana.com - - 50 ch. 2900/4 000 bahts.* Ses bungalows spacieux se font face et descendent jusqu'en bordure de plage. Très calme, l'endroit conviendra à ceux qui ne redoutent pas un certain isolement (véhicule indispensable). Un effort pourrait être fait sur l'entretien général. Minimum 3 nuits en période de Full Moon Party.

Une folie

Buri Rasa Village Phangan – *Sur la plage - 07 795 60 75 - www.burirasa.com/phangan/- - 65 ch. à partir de 6800 bahts.* Un havre de paix à la déco contemporaine, qui fait la part belle au bois et au bambou. Les chambres, spacieuses, sont à deux pas d'une plage de sable blanc préservée. Service impeccable, spa et excursions sur demande.

Ko Tao ★★

Une tortue modelée par des collines : ainsi apparaît Ko Tao, une île qui doit son nom à cette forme. Ses trésors ? La transparence extraordinaire de ses eaux – pour peu que l'on s'éloigne des plages les plus loties –, royaume des requins-baleines et autres raies manta. Là est tout l'attrait des lieux : un magnifique spot de plongée, pour la bouteille ou le tuba. Plus d'une cinquantaine de centres se sont ouverts dans l'île pour répondre à une demande toujours croissante. Débutants ou plongeurs chevronnés, jeunes ou moins jeunes, tous ceux que le monde du silence fascine trouveront ici leur bonheur.

Koh Nang Yuan, Koh Nangyuan, Surat Thani.
AvigatorPhotographer/Getty Images Plus

Se repérer

CARTE B1 (P. 312-313),
CARTE DE L'ÎLE (P. 334).
2 240 habitants – Province de Surat Thani.
À 47 km (1h30 en bateau) au nord de Ko Phangan. L'île couvre 21 km².

À ne pas manquer

Nager avec les requins-baleines à Ao Thianok ; pique-niquer à Ko Nang Yuan.

Organiser son temps

Meilleure saison : de fév. à juin, surtout mai pour la plongée.

Carnet pratique p. 336

Nos adresses p. 336

Circuit conseillé

CARTE DE L'ÎLE CI-DESSOUS

De plage en plage

Vous pouvez rayonner en scooter à partir de Ban Mae Hat ou vous déplacer d'une baie à l'autre en bateau – Comptez une journée.

Île prison jusque dans les années 1950, Ko Tao s'est ensuite embellie progressivement de plantations de cocotiers, avant que masques, palmes, bouteilles et compresseurs ne signent sa nouvelle vocation. Réputée proposer des plongées parmi les moins chères du monde, l'île de la Tortue attire en nombre considérable les amoureux du grand bleu, même si les coraux, mutilés par les ancrages sauvages, le réchauffement des eaux et les méfaits d'El Niño indien (Indian Ocean Dipole), ont désormais disparu.

La côte ouest, la plus prisée des plongeurs, est peu à peu envahie par le béton, mais la façade sud-est reste encore relativement sauvage.

Ban Mae Hat

Après quelques heures de traversée, à partir de Chumphon, Ko Samui, Ko Phangan ou Surat Thani, le bateau accoste sur la longue jetée de l'unique port de l'île, un petit village animé que prolonge (au sud) une jolie bande de sable fermée de rochers.

Plus on s'éloigne du port, plus la plage est belle. Boutiques, écoles de plongée et hôtels tous budgets : Ban Mae Hat offre un lieu de séjour agréable et pratique, mais ses plages pâtissent de l'excessive circulation maritime et la transparence de l'eau à cet endroit s'en ressent.
Avant de chausser vos palmes, prenez le temps d'explorer un peu l'intérieur des terres, souvent injustement négligé : les chemins de randonnée dans la verdure livrent quelques somptueux **points de vue★★**.
Vous reviendrez de toute façon bien vite aux rivages sablonneux et aux criques rocheuses (côte est, surtout) – autant de petits paradis à découvrir, sachant que plus vous vous éloignez de Ban Mae Hat, moins la foule se fait dense.

Hat Sai Ri

À 1,5 km au nord de Ban Mae Hat.
Juste au nord du village se trouve la plus longue plage de l'île. Desservie par un chemin *(accessible aux piétons et aux deux-roues seulement)* jalonné sur plus d'un kilomètre de centres de plongée, de bars-restaurants et de boutiques de plage, elle constitue le lieu de vie nocturne d'une clientèle touristique plutôt jeune et fêtarde. Pour vous baigner, éloignez-vous de l'embouchure du petit *khlong*.

★ Ao Chalok Ban Kao

À 2 km au sud de Ban Mae Hat par la route de l'intérieur.
Encaissée entre deux avancées rocheuses, la baie d'Ao Chalok Ban Kao égrène ses rochers entre les casuarinas. L'endroit est le rendez-vous des jeunes qui, après la plongée, se retrouvent autour de barbecues.

★ Ao Thianok

À 1 km d'Ao Chalok Ban Kao.
Ceinte de rochers, cette petite plage offre aux nageurs ses beaux fonds coralliens, où musent de petits requins inoffensifs.
Plus au large, c'est de mars à mai puis en septembre et en octobre que vous aurez le plus de chances d'apercevoir des **requins-baleines**, ces tranquilles géants des mers qui se nourrissent essentiellement de plancton.
Vous pourrez ensuite siroter une eau de noix de coco verte à la terrasse d'un des *viewpoint restaurants*.
Au-delà, la route fait place à une piste raide et accidentée grimpant à l'**Eagle View**, un petit bar-restaurant construit sur une hauteur.

★ Ao Tanot

À env. 5 km au nord-est d'Ao Thianok par une route très pentue.
L'extraordinaire limpidité de l'eau – la visibilité sous-marine peut atteindre ici 30 m ! – fait la réputation de cette anse au décor de surcroît fort beau : des rochers clairs et scintillants y alternent avec des taches de sable clair. À vos masques et tubas !

★★ Ko Nang Yuan

À 20mn de bateau de Ban Mae Hat.
Vous pourrez gagner en *long tail* ces trois îlots unis par un banc de sable. Idéal pour une journée de détente avec pique-nique – mais sachez que vous n'y serez pas seul.

Carnet pratique

Arriver/Partir

En avion

De l'aéroport de Chumphon, vols directs de/vers Bangkok avec Nok Air *(www.nokair.com)* et AirAsia *(www.airasia.com)*.

En bateau

Nombreuses liaisons entre Ko Tao et Chumphon *(sur la côte)*. 3 ou 4 dép./j. vers Ko Phangan et Ko Samui et 2 dép./j. vers Surat Thani. Billets combinés bateau-bus pour Krabi, Phuket, Hua Hin et Bangkok.

Se déplacer

Nombreuses locations de scooters dans toutes les localités de l'île. Désormais asphaltées sur presque toute l'île, les routes sont particulièrement pentues. Soyez prudent à moto. Portez impérativement un casque et des chaussures fermées.

Adresses utiles

Santé – À Ban Mae Hat, deux pharmacies assurent les premiers soins 24h/24.

Nos adresses

Restauration

Ban Mae Hat

Premier prix

995 Roasted Duck – *Au bout de Sai Ri Beach - ⊭ - 9h-21h - 100/150 bahts.* Les amateurs de *street food* ne s'y trompent pas et plébiscitent cet endroit, spécialisé dans les *pad thaï* et les soupes de nouilles au canard ou au porc. Un service sans chichi, une salle qui tient plus du hangar que du restaurant, mais les plats sont un délice.

La Carotte qui rit – *Th. Mae Hat - ✆ 087 141 75 31 - ⊭ - service continu - plats env. 100 bahts.* Un restaurant *vegan* (ni œufs ni produits laitiers) où vous êtes sûrs de ne pas trouver de MSG (glutamate) dans votre plat. Beaucoup de choix en salades de fruits et de légumes, soupes, légumes sautés et quelques plats sortant de l'ordinaire comme les rouleaux d'algues ou la purée de potiron.

Petite pause

Eagle View – *Sur la route qui part de Thianok, en face du Jamahkiri - ✆ 090 421 66 19 - 10h-22h.* Un endroit fantastique pour assister au coucher du soleil, allongé sur des coussins. La cuisine est correcte. Ambiance jeune et branchée : musique électro et jeux de lumière.

Activités

Plongée sous-marine

À Ko Tao, la vie tourne quasi exclusivement autour de la plongée. Prenez le temps de trouver une école dont la taille et l'ambiance vous conviennent, les prix pratiqués étant les mêmes sur toute l'île (Ko Tao est l'un des spots les moins chers du pays).

Deux écoles parmi les mieux cotées, toutes deux avec des instructeurs francophones :

Asia Divers – *Ban Mae Hat - ✆ 07 745 60 55.*

Crystal Dive – *Ban Mae Hat - ✆ 081 911 80 19 - www.crystaldive.com.*

Hébergement

Tous les établissements de standing offrent à leurs clients un service de navette de/vers l'embarcadère.

Ban Mae Hat

Une folie

Sensi Paradise – *27 Moo 2 (sur la plage Mae Hat) - ✆ 07 745 62 44 -* ▤ ✕ ⛱ P *- 72 ch. à partir de 3500 bahts* ☕. Niché sous une épaisse végétation, à 10mn à pied du débarcadère, des bungalows de bois mêlant simplicité, confort et discrétion, harmonieusement intégrés au cadre environnant. La plupart sont conçus pour recevoir des familles. Le restaurant dispose d'une belle terrasse en avancée au-dessus de l'eau, avec vue sur l'animation de la jetée de Ban Mae Hat. Bien situé, le Sensi pâtit cependant de la proximité du débarcadère et les eaux de la plage manquent de limpidité.

Ao Chalok Ban Kao

Une folie

View Point Resort – *27 Moo 3 (sur le cap, à l'ouest de la plage d'Ao Chalok) - ✆ 07 745 64 44 - www.viewpointresortkohtao.com -* ▤ ✕ ⛱ P *- 27 ch. à partir de 3 000 bahts* ☕. Un choix de bungalows en bois, en bambou ou en dur, tous d'un bon rapport qualité-prix. Les chambres, chacune dotée d'une terrasse, ouvrent sur une vue magnifique ou sont noyées dans la végétation. Juché sur pilotis, le restaurant en bambou surplombe la mer. Nombreuses activités (plongée, pêche, escalade, cours de cuisine...). Plage à 10mn à pied pour un séjour loin de l'agitation urbaine : le village se trouve à 2,5 km par des routes pentues.

Ao Thianok

Pour se faire plaisir

Taatoh Seaview – *Shark Bay - ✆ 07 745 65 02 - www.taatohseaview.com -* ▤ ✕ *- 12 ch. à partir de 3 500 bahts* ☕. Ses bungalows en bois et en bambou, certains vitrés, d'autres avec grande terrasse, s'étagent sur le flanc d'une colline escarpée, en surplomb de la plage. D'entretien assez sommaire, ils bénéficient cependant d'une jolie situation. Plusieurs sont aménagés pour les familles.

Une folie

❤ **Jamahkiri** – *21/2 Moo 3 - ✆ 07 745 64 00 - www.jamahkiri.com -* ▤ ✕ ⛱ P *- 35 ch. 5 400/5 900 bahts -* ☕ *470 bahts.* Un très bel hôtel à l'architecture et à la décoration raffinées. Un dédale d'escaliers dessert les « pavillons » aux baies vitrées panoramiques et les chambres, spacieuses, toutes avec balcon surplombant la mer turquoise. Au bas des marches, petite anse rocheuse aux eaux cristallines. Bateau privé pour le snorkeling, club de plongée, spa, massages.

Ao Tanot

Budget moyen

Montalay Beach Resort – *Sur la plage - ✆ 07 745 64 88 -* ▤ ✕ ⛱ P *- 54 ch. 1800 bahts* ☕. D'agréables bungalows en bois et en dur éparpillés dans un jardin, au cœur d'une superbe baie, et des chambres réparties dans deux bâtiments de 2 étages chacun, un peu en retrait de la plage. Centre de plongée à côté de l'hôtel. L'endroit est idéal pour les amateurs de calme et de snorkeling.

Krabi et la baie d'Ao Phra Nang ★★

Krabi désigne à la fois une province et sa capitale, une ancienne bourgade de pêcheurs, qui s'étend le long des berges de la rivière éponyme, dans un décor de forêts hérissées de pitons karstiques. N'étant pas au bord de la mer, cette petite ville échappe au tourisme de masse et constitue une étape agréable pour découvrir toutes les beautés de la région : temples cachés, plages, îlots paradisiaques... Sans grand charme, mais plus authentiquement « thaïe », elle est à mille lieues de l'effervescence de la station balnéaire d'Ao Phra Nang.

Se repérer

CARTE A3 (P. 312-313).

32 644 habitants à Krabi – Province de Krabi.
À 814 km de Bangkok, 160 km au sud-ouest de Surat Thani. La baie compte trois belles plages sur la péninsule de Raileh : la plus belle, Raileh Ouest, est encadrée par Tonsai et Raileh Est.

À ne pas manquer

Du snorkeling à Ko Poda ; le Wat Tham Sua au lever du soleil ; une baignade à Railey dans le lagon du Hat Tham Phra Nang.

Organiser son temps

Meilleure saison : de janv. à avr. Si vous ne logez pas à Railey, vérifiez l'horaire des bateaux pour rentrer à Krabi : le dernier part en général à 18h.

Carnet pratique p. 340

Nos adresses p. 340

Découvrir

CARTE P. 312-313

★ Ville de Krabi et ses environs

Encore préservée du tourisme de masse, Krabi est une bourgade attachante avec son animation tranquille le long de la rivière, de l'embarcadère de Chao Fah et de la rue parallèle au quai. Elle compte une multitude d'échoppes, quelques hôtels, un marché de nuit haut en couleur et en parfum. Ne manquez pas sa gracieuse pagode blanche, **Wat Kaew★**, sur Th. Maharaj.
Le gros **crabe noir**, imposante sculpture posée sur la promenade piétonne, au bord de la rivière, est vite devenu l'emblème de la ville. Si Krabi s'est en effet spécialisée dans la production de ces crustacés, abondant dans les zones de mangrove, son nom n'a rien à voir avec les crabes (*poo* en thaï).
La côte, elle, offre une tout autre atmosphère : ses plages et ses extraordinaires paysages d'éperons calcaires, aux flancs rongés comme du vieux bois, drainent une foule de touristes.

★★ Wat Tham Sua (TEMPLE DU TIGRE)

À 9 km à l'est de Krabi par la route 4. Desservi par les songthaew *rouges (arrêts sur la rue centrale de Krabi).*

Plage de Raileh.
laughingmango/Getty Images Plus

Si vous ne devez visiter qu'un temple dans la région, ce sera celui-là, de préférence juste avant le lever du soleil. Prenez toutefois votre souffle : il faut en effet grimper un escalier de 1236 marches pour découvrir l'**empreinte de pied du Bouddha** qui s'imprime au sommet d'une colline abrupte. Mais le spectaculaire **point de vue★★** vous récompensera de vos efforts. Un magnifique paysage de forêt se déploie, servant d'écrin au Wat Tham Sua.

Le temple proprement dit se cache non loin des premières marches de l'escalier, dans un cirque de verdure. Troglodytique, il consiste en fait en une multitude de petits sanctuaires et de cellules de méditation, tous aménagés dans les grottes qui creusent les flancs des rochers calcaires. Prenez le temps de vous promener à travers le domaine, sous le couvert des arbres ; certains d'entre eux, énormes, passent pour être vieux de plus de 1000 ans.

★★ Les plages de la côte

Comptez au moins 2 jours pour profiter des plages et des sports nautiques.

★ Laem Pho Fossil Shell Beach

À 18 km au sud-ouest de Krabi par la route 4203, desservie par les songthaew *blancs depuis Krabi et Ao Phra Nang - 8h-16h30 - 200 bahts.*

Les curieux de géologie iront voir ce cimetière des coquillages. Au bas d'une falaise, des plaques sombres parsèment le littoral, tels des fragments d'asphalte. En vous approchant, vous découvrirez de larges **tables de fossiles★**, formées de coquillages vieux de 75 millions d'années. Un site géologique exceptionnel, dont on ne compte que deux autres exemples dans le monde (au Japon et aux États-Unis).

★★ Baie d'Ao Phra Nang

À 18 km à l'ouest de Krabi. Desservie par les songthaew *blancs.*

Longue et étroite étendue de sable encadrée par d'impressionnants rochers, la belle anse d'Ao Phra Nang connaît un immense succès touristique. Gros hôtels sans charme, kyrielle de bars et restaurants populaires, centres de plongée et agences d'excursions en mer s'y succèdent sans interruption, nuisant cruellement à la beauté du site. Pour vous en faire néanmoins une idée, essayez de faire abstraction des bâtiments en ne regardant que la mer. Et pour vous baigner, préférez sans hésitation la bande de sable qui la prolonge à l'ouest, **Hat Nopparat Thara** : bien que plus étroite, elle a le mérite d'être quasiment déserte. Trois îlots la côtoient, que l'on peut rejoindre à pied lorsque la mer est basse. À son extrémité, vous trouverez l'embarcadère d'Ao Phra Nang d'où partent des navettes pour Raileh Ouest, Krabi et Phuket.

★★ Péninsule de Raileh

À 17 km à l'ouest de Krabi. Accès par bateau uniquement (150 bahts depuis le Chao Fah Pier, 100 bahts depuis l'embarcadère d'Ao Phra Nang).

Ce spectaculaire promontoire calcaire n'est accessible qu'en bateau depuis la ville de Krabi ou Ao Phra Nang *(à 3 km au nord)*. La plage orientale, **Raileh Est**, où abordent les bateaux de Krabi, est peu propice à la baignade, contrairement à la superbe plage de **Raileh Ouest★★**, où accostent les bateaux depuis Ao Phra Nang. Vous n'y serez pas seul et serez parfois agacé par le bruit incessant des moteurs des *long tail boats*, mais le paysage se révèle grandiose, entre plages, forêts et falaises.

À 20mn à pied de là, ne manquez pas la plage de **Phra Nang★★** : son impressionnant piton offre sa paroi déchiquetée aux varappeurs et son lagon de toute beauté est un écrin paradisiaque pour se baigner.

Approchez-vous aussi du **Tham Phra Nang Nok★★**, ou « grotte de la Princesse », dans laquelle les pêcheurs apportent des phallus en bois de toutes tailles pour demander fertilité et prospérité.

★ **Viewpoint Lagoon** – *(comptez 40mn - 8h-16h30 - n'y allez pas en tongs !)* Avant d'arriver à la plage de Phra Nang, vous verrez l'entrée d'un sentier menant vers un lagon caché. Attention, ce sentier périlleux serpente à l'intérieur d'un éperon creux et implique de faire de l'escalade à l'aide de cordes.

★ **Tham Phra Nang Nai** (DIAMOND CAVE) – *8h-17h - 200 bahts.* Entre les plages de Railey Ouest et Railey Est, cette grotte se compose d'une grande caverne accessible *via* une passerelle étroite. On y observe d'immenses stalactites et stalagmites, ainsi qu'une colonie de chauves-souris pendues à ses parois.

Au nord de Raileh Ouest, **Tonsai★** doit à sa relative difficulté d'accès d'être beaucoup plus calme que sa voisine. À marée basse, on peut contourner à pied le petit promontoire séparant les deux plages. À marée haute, on emprunte le sentier escarpé qui s'amorce à l'extrémité de la plage et se faufile dans la forêt *(15mn à pied)*. Tonsai bénéficie elle aussi d'un cadre spectaculaire entre falaises et pitons rocheux au large. Vous y trouverez des embarcations pour vous emmener à l'**île de Hong★**, à 1h de bateau. Il s'agit en fait d'un petit groupe d'îles dont les lagons se prêtent à merveille au snorkeling et au kayak de mer. Certaines recèlent des plages invitant au farniente, dans un cadre resté sauvage.

Carnet pratique

S'informer

Tourism Authority of Thailand à Krabi – *292 Th. Maharat (à 3,5 km au nord du Chao Fah Pier) - ✆ 07 562 21 63.* Excentré. Les nombreuses officines informelles du centre-ville vous en apprendront tout autant.

Arriver/Partir

En avion

Aéroport de Krabi – *133 Moo 5, Nhuakhlong (à env. 30 km d'Ao Phra Nang).* Env. 10 vols/j. de/vers Bangkok. Liaisons avec Samui et Chiang Mai ; vols internationaux pour de nombreuses villes en Chine, Singapour, Kuala Lumpur et Doha. *Songthaew* blancs pour Krabi-centre et Ao Phra Nang. En taxi comptez 800 bahts.

En bus

Gare routière – *À Talat Kao (à 5 km au nord de Krabi).* Bus ttes les h. de/vers Phang Nga *(1h30)*, Phuket *(3h)*, Trang *(2h)* et Hat Yai *(4h)*. Bus matin et soir pour Bangkok *(11h)*. *Songthaew* rouges pour le centre-ville *(50 bahts)*.

En bateau

Chao Fah Pier – *Th. Kongkha, Krabi.* Départs réguliers pour la péninsule de Raileh *(150 bahts)*.

Khlong Chilat – *À 3 km au sud de la ville.* 4 bateaux/j. vers Ko Phi Phi et 1/j. pour Ko Lanta *(www.phiphi-ferry.com)*. Les lignes sont parfois interrompues en saison des pluies.

Se déplacer

Liaisons régulières en *songthaew* entre Krabi et Ao Phra Nang, et, depuis ces deux endroits, avec l'aéroport et la gare routière.

Adresses utiles

Santé – Plusieurs centres de soins. Les pharmacies, nombreuses, vous fourniront leurs coordonnées.

Krabi Hospital – *325 Th. Uttarakit - ✆ 07 562 67 00.*

Police touristique – *Rte 4203 (à l'extrémité ouest d'Ao Phra Nang) - ✆ 11 55.*

Nos adresses

Restauration

Krabi

Premier prix

Marché de nuit – *Esplanade du Chao Fah Pier - ▭̸ - à partir de 17h - env. 100 bahts.* Ce grand marché en plein air est entièrement dédié à la cuisine : soupes, brochettes, poissons grillés, fruits pressés, crêpes locales *(roti)*, etc. Dès la fin de l'après-midi, tables et chaises sont disposées en un alignement soigné entre deux rangées de cuisines ambulantes.

Budget moyen

Bay Toey – *79 Th. Kongkha (à 500 m au sud du Chao Fah Pier) - ✆ 07 561 15 09 - service continu - plats 139/299 bahts.* Spécialités de poisson et de fruits de mer servies dans une salle carrelée de bleu ouverte sur la rivière Krabi. Un peu à l'écart du quartier touristique, sa terrasse attire une clientèle essentiellement thaïe.

❤ **Gecko Cabane** – *1/36-37 Soi Ruam Jit, Th. Maharaj - ✆ 081 958 59 45 - soir seult - fermé en saison des pluies - plats 200/800 bahts.* Une excellente surprise que cette petite adresse de gastronomie fusion thaïe-française.

Régulièrement affiché à l'ardoise, son *massaman* d'agneau remporte un franc succès. Beau cellier de crus français pour accompagner une assiette de charcuterie, un magret de canard ou des fruits de mer à l'ananas. Agréable terrasse au mobilier de bois brut et une salle cosy où il fait bon s'attarder.

Ruen Mai – *117 Sai Thai, entre Krabi et Ao Nang - ✆ 089 288 32 32 - 10h30-15h et 17h-21h - plats 200/380 bahts.* Certes excentré, ce restaurant vaut le déplacement tant pour son décor (élégantes paillotes en bambou dans un jardin tropical) que pour son authentique et parfumée cuisine thaïlandaise (gare aux piments !).

Ao Phra Nang

Pour se faire plaisir

Cru – *328/3 Ao Nang - ✆ 07 569 51 52 - www.crukrabi.com - 11h-23h - plats 280/1090 bahts.* Pour changer des *pad thaï* : tapas, burgers, pizzas, boeuf australien ou ceviche de saumon. Que du « comfort food » (aliment-réconfort), très bien exécuté, dans un cadre zen et contemporain.

Péninsule de Raileh

Premier prix

Railay Family Restaurant – *354 Moo 2 - 9h30-22h - plats 80/250 bahts.* Non loin de Diamond Cave, cette petite cantine populaire et sans prétention sert une cuisine thaïe classique, ainsi que des plats occidentaux. Poulet et poissons au barbecue, grillés sous vos yeux.

Boire un verre

Krabi

The River – *Th. Uttarakit (à 200 m au nord du Chao Fah Pier) - ✆ 097 978 50 09 - 💳 - 12h-22h.* Sa terrasse amarrée sur la rivière est bien tentante pour prendre un rafraîchissement en fin d'après-midi, avec vue sur la mangrove et le va-et-vient des bateaux.

Ao Phra Nang

Reeve – *31/1 Moo 2 - ✆ 093 631 75 99 - 8h-0h.* Terrasse chic et branchée pour boire un cocktail *(290 bahts)* au coucher du soleil face à la mer. Ambiance musicale et spectaculaire *fire show* vers 19h30.

Shopping

Krabi

Pakarang – *151 Uttarakit Rd - 19h-21h.* Véritable caverne d'Ali Baba, cette boutique fourmille de souvenirs, de vêtements et d'objets déco plus originaux qu'ailleurs. Agréable café-librairie attenant.

Ao Phra Nang

Andy The Tailor – *À côté du poste de police d'Ao Phra Nang - ✆ 081 205 68 55 - www.andythetailor.com - 10h-23h.* Un couturier réputé dans la région, pour du sur-mesure ou une copie sur modèle. Comptez 1 ou 2 j. et prévoyez 2 essayages.

Activités

Escalade

La péninsule de Raileh est l'un des rares endroits en Thaïlande où l'on puisse pratiquer l'escalade encadrée. Une douzaine d'agences spécialisées sont rassemblées sur la *Walking Street*. Toutes pratiquent des tarifs équivalents *(autour de 1500 bahts la demi-journée)*.

Plongée

À moins de 2h de bateau de Krabi, un chapelet d'îles inhabitées offre des sites parfaits pour la plongée de surface. Avec masque et tuba, allez découvrir la faune dans les eaux cristallines autour de **Ko Dam**, **Ko Poda★**, **Ko Kai**, **Ko Tap**, **Ko Hong★**

ou **Ko Mor**. Toutes les agences de voyage, nombreuses à Ao Nang et dans le centre de Krabi, proposent des excursions à la journée pour explorer ces sites.

Hébergement

Krabi

Budget moyen

Krabi Cozy Place – *67/9 Th. Isara - 07 562 39 75 - - 22 ch. à partir de 1200 bahts .* L'un des rares hôtels de la ville à bénéficier d'une piscine. De plain-pied ou, plus économiques, en étage, les chambres aux belles baies vitrées assurent tout le confort (frigo, coffre-fort) dans une déco brun et crème. L'ensemble est très bien tenu.

Ao Phra Nang

Vous trouverez de nombreux hôtels dans la station balnéaire, dont l'**Avani Ao Nang Cliff Krabi**, qui jouit de belles vues, et le **Vacation Village Phra Nang Inn**, à deux pas de la plage.

Pour se faire plaisir

Anana Ecological Resort Krabi – *1004 Moo 2, soi Suan Tu Rian - 07 568 05 80 - www.ananakrabi.com - - 80 ch. à partir de 3800 bahts .* À 2,5 km de l'animation d'Ao Nang, cette adresse offre un séjour au calme dans un décor de jungle luxuriante. Vaste piscine, bon restaurant avec terrasse panoramique, spa et cours de yoga. Navette gratuite pour rejoindre la plage.

Péninsule de Raileh

Pour les hôtels situés sur Tonsai Beach, accès par bateau depuis Raileh Ouest *(400 bahts/8 pers.)* ou par la plage à marée basse.

Pour se faire plaisir

Tonsai Bay Resort – *Tonsai Beach - 061 565 17 92 - tonsaibayresort.com-krabi.com - - 72 ch. à partir de 2295 bahts .* À deux minutes à pied de la plage déserte de Tonsai, ce resort est entouré par la végétation et les falaises (le club d'escalade de l'hôtel propose de partir à leur découverte). Chambres économiques dans le grand bâtiment central, plus plaisantes dans les bungalows alignés au pied de la falaise. À marée basse, la plage n'est pas adaptée à la baignade.

Une folie

Railei Beach Club – *Raileh Ouest - 086 685 93 59 - www.raileibeachclub.com - - 24 maisons et 9 ch. à partir de 6000 bahts/2 pers./2 nuits - séjour mini 2/7 nuits selon la sais. - réserv. indispensable.* Répartis dans une vaste propriété arborée en bordure de plage, les bungalows, la plupart sur pilotis, varient en taille et en agencement. Prévus pour accueillir de 2 à 8 pers., certains sont équipés de cuisinette. Attention, inattendu dans cette catégorie, ni piscine, ni restaurant, et tous les bungalows ne sont pas climatisés (mais disposent de ventilateur).

5

La baie de Phang Nga ★★★

Si Phang Nga désigne une province entière et son chef-lieu, ce nom reste dans la mémoire du voyageur comme celui d'une des baies les plus majestueuses de Thaïlande. Classée parc national, cette anse turquoise, magnifique exemple de relief karstique, se déploie sur 400 km^2, découpant ses rivages dévorés de mangrove face à un somptueux décor : une quarantaine d'îlots et de pitons calcaires aux formes les plus extravagantes, qui dessinent sur la mer une véritable armada minérale. On slalome entre ces rochers en pirogue à moteur, découvrant çà et là des grottes ou des galeries souterraines parées de stalactites et de stalagmites. Une merveille !

Se repérer

CARTE A3 (P. 312-313).
Province de Phang Nga.
À 788 km de Bangkok, 85 km de Krabi et 87 km de Phuket. La ville de Phang Nga (marché, gare routière, hôtels) se trouve à 10 km au nord de l'embarcadère de Tha Dan.

À ne pas manquer

Le lever ou le coucher du soleil sur la baie.

Organiser son temps

Meilleure saison : de nov. à avr.
Réservez une demi-journée pour l'excursion. Organisez-la vous-même, en logeant sur place.

Carnet pratique p. 346

Nos adresses p. 347

Découvrir la baie

CARTE P. 312-313

Droit d'accès au parc national (300 bahts), parfois inclus dans le prix de l'excursion en bateau – Comptez au minimum une demi-journée.

À bord d'une des nombreuses pirogues qui s'alignent au port, partez à la découverte des trésors de la baie. Pendant deux ou trois heures, le bateau suit les contours capricieux de la côte, ourlée d'une immense mangrove – la plus vaste de Thaïlande –, perturbant à son passage la quiétude de quelque échassier qui s'envole au-dessus des frondaisons. Puis les premiers rochers apparaissent, extraordinaire ensemble de monolithes aux allures fantasmagoriques…

Ko Khao Phing Kan (JAMES BOND ISLAND)

Le circuit habituel débute par cette petite île, où vous attend une colonie de boutiques de souvenirs. À deux pas du rivage, de l'autre côté du banc de sable où accostent en rangs serrés les *long tail*, se dresse en effet le fameux **Ko Tapu★**, un insolite piton en forme de clou – *tapu* en thaï. Le rocher servit de décor à une scène clé de *L'Homme au pistolet d'or* (1974, avec Roger Moore et Christopher Lee), et le lieu y gagna son surnom de **James Bond Island**. On peut contempler cette étrange sculpture naturelle de la petite plage envahie d'étals de coquillages

Le piton de Ko Tapu, en face de James Bond Island.
Patryk Kosmider/Getty Images Plus

(à boycotter : ils viennent tous des Philippines, où les fonds coralliens sont exploités à la dynamite). Vous pouvez faire le tour de l'impressionnante **falaise★** qui domine la grève et que l'on croirait fendue en deux par le sabre d'un géant : ses deux blocs aux parois lisses s'appuient l'un sur l'autre en équilibre précaire.

Ko Talu et Lod Cave

La balade en mer se poursuit vers cet îlot creusé en son centre d'une grotte profonde, parée de stalactites, dans laquelle le bateau s'engouffre... pour ressortir de l'autre côté. De fait, la galerie a transformé le rocher en une sorte d'énorme

La naissance des pitons

Les rochers de la baie de Phang Nga offrent un parfait exemple de paysage karstique, terme qui désigne des massifs calcaires façonnés par le ruissellement de l'eau. En s'infiltrant par les fissures de la roche, la pluie a sculpté des grottes, des galeries, des stalactites et des concrétions aux formes les plus diverses. Mais la mer a elle aussi ajouté sa propre touche : d'où viennent en effet ces étranges pitons isolés sur l'eau ? Il y a 30 millions d'années, les récifs coralliens ont laissé leurs squelettes calcaires (polypes), composant peu à peu un épais massif de calcite. Jaillissant hors de l'eau suite à un mouvement tectonique, celui-ci s'est mué en un calcaire cassant, que l'eau a commencé à infiltrer. Puis le niveau de la mer est monté, et, au fil des marées, l'eau a entamé son travail de sape, accélérant le processus d'érosion du massif jusqu'à en isoler des morceaux, îlots ou éperons rocheux, dont elle continue de ronger la base (1 m tous les 5 000 ans).

arche, assiégée par la mangrove. On peut aussi y faire une balade en canoë avec un guide local depuis l'embarcadère flottant (qui dispose aussi d'un café).

★ Ko Panyee

Laissant à l'horizon les îlots jumeaux de **Ko Nom Sao (Ko Ok Meri)**, le circuit traditionnel s'achève avec Ko Panyee, un impressionnant piton au pied duquel s'étale un village lacustre où vivent quelque 1700 personnes. Jaillissant au-dessus d'une forêt de pilotis, les bulbes dorés de la mosquée rappellent que les habitants de Ko Panyee, descendants d'une colonie venue d'Indonésie, sont de religion musulmane.

Le point de vue sur ce village de pêcheurs (de crevettes) et son rocher se révèle moins séduisant vu de près : le tourisme de masse a largement perverti l'endroit et, au fur et à mesure que le bateau s'approche, apparaît un alignement de restaurants, sur d'immenses pontons, pouvant accueillir des dizaines de groupes. Prenez tout de même le temps d'explorer le site : tel un décor de théâtre séparant la scène de ses coulisses, les pontons-restaurants dissimulent au public le reste du village. Derrière, on plonge d'abord dans le dédale d'un marché à souvenirs, sans grand intérêt. Au-delà, Ko Panyee se dévoile enfin, dans toute son authenticité et son extrême simplicité : des maisons sur pilotis ouvrent sur de fragiles pontons, tandis que les habitants vaquent à leurs activités traditionnelles, les pêcheurs réparant leurs filets tandis que les femmes pilent des piments. On passe aussi devant l'école maternelle et l'étonnant terrain de foot flottant.

Ko Khao Khian, Ko Raya et Ko Phra At Khao

En revenant vers l'embouchure de la rivière, vous passerez devant ces trois petites îles. La première cache des **peintures rupestres★** de la préhistoire. La plupart sont visibles du bateau, s'étalant sur les plafonds des grottes creusées par la mer. En ocre sur fond de pierre blanche, des crocodiles, des poissons, des coquillages, des éléphants, des silhouettes humaines et même des bateaux dansent ensemble sur les parois.

Carnet pratique

Arriver/Partir

En bateau

Au départ de Phuket et de Krabi, on peut rejoindre la baie en bateau. Toutes les agences de voyage organisent l'excursion à la journée en *speed boat* ou en bus + *long tail boat* avec déjeuner buffet sur Ko Panyee.

En bus

Gare routière de Phang Nga – *Au nord de la ville*. Bus ttes les h. de/vers Krabi *(1h)* et Phuket *(1h30)*. 4 bus/j. pour Surat Thani *(3h30)* et 3 bus le soir pour Bangkok *(12h)*.

Se déplacer

Nombreux *songthaew* en ville. Pour l'embarcadère de la baie *(10 km)*, comptez au moins 20mn de trajet *(100 bahts)*.

Nos adresses

Restauration

Rien de bien excitant… En dehors du marché de jour et des quelques stands qui s'installent sur son esplanade en fin d'après-midi, vous aurez du mal à satisfaire votre estomac. Le véritable marché de nuit, lui, se trouve à 3 km au sud de la ville.

Activités

Beaucoup de visiteurs réservent une excursion de groupe à la journée au départ de Krabi ou de Phuket, avec acheminement en bateau ou en bus. Cette solution très pratique, en compagnie d'un guide anglophone, vous emmène néanmoins sur place aux heures de pointe *(entre 12h et 16h)* et à des tarifs assez élevés *(à partir de 2 500 bahts/pers.)*.

Si vous avez le temps, vous pouvez aussi vous rendre à Phang Nga et réserver votre excursion de là *(long tail boat privé à partir de 2 000 bahts la demi-journée pour 2 à 6 pers.)*. Dans ce cas, les circuits partent de l'embarcadère de Tha Dan (l'agence d'excursions ou votre hôtel s'occupe de vous y conduire) et comprennent la visite de trois ou quatre îles. Loger à Phang Nga vous permettra donc de choisir la meilleure heure pour découvrir le parc, tôt le matin ou en fin d'après-midi, quand la baie résonne moins du vrombissement assourdissant d'une nuée de barques à moteur…

M.T. Tours – *189 Th. Petchkasem - 089 289 25 66 - 8h-20h.* Une agence fiable et possédant une solide expérience. Découverte de la baie et de l'intérieur des terres. Location de scooters.

Hébergement

La ville de Phang Nga n'a rien d'une étape de charme, mais reste la base la plus pratique pour préparer votre excursion en dehors des heures d'affluence.

Premier prix

Phang-Nga Guesthouse – *99/1 Th. Petchkasem - 07 641 13 58 - - 22 ch. 600/2 000 bahts.* Dans les catégories les plus économiques, précisez que vous souhaitez une chambre avec fenêtre, les autres sont sinistres. Spacieuses et lumineuses, les *Deluxe* valent la légère différence de prix.

Budget moyen

Phang-Nga Inn – *2/2 Soi Lohakij, Th. Petchkasem - 084 851 44 44 - P - 10 ch. à partir de 850 bahts.* On se déchausse à l'entrée de cette maison particulière en bois et carrelage. Les chambres, de taille et d'agencement variables, se distribuent entre le rdc et l'étage. Raisonnablement spacieuses, elles mériteraient toutefois un entretien un peu plus soigné. Buanderie, location de scooter et vélo. Accueil souriant.

Home Phang-Nga Guesthouse – *Au fond du Soi Klangmuang (à 600 m de la gare routière) - 081 958 55 38 - P - 6 ch. à partir de 800 bahts - 120 bahts.* Les chambres, spacieuses, se répartissent dans deux maisons particulières, celle du fond de l'impasse possédant indéniablement le plus de charme. Deux magnifiques chambres familiales dans un délicieux jardin tropical, au pied du piton rocheux.

Ko Phuket ★

Reliée au continent par deux ponts, Ko Phuket est désormais une presqu'île, la route passant de la terre ferme à l'ancienne île sans que l'on s'en aperçoive. Équivalente par sa taille à Singapour, elle s'étire sur 48 km de long pour à peine 20 km de large, hérissée de collines couvertes de forêt dont la plus haute culmine à 529 m. Côté littoral, les criques et les baies sablonneuses se succèdent et font la notoriété de la « perle de l'océan Indien ». Petits paradis pour globe-trotters dans les années 1970, ses plages attirent aujourd'hui une foule de visiteurs, surtout celle de Patong, dévorée par un tourisme de luxe et de sexe. Mais cette frénésie et les embouteillages se concentrent en quelques points, et Ko Phuket cache encore des sites tranquilles, parfois d'une stupéfiante beauté.

Se repérer

CARTE A3 (P. 312-313), PLAN CI-CONTRE, CARTE DE L'ÎLE (P. 352).
79 308 habitants à Phuket-ville – Province de Phuket.
À 902 km de Bangkok, 240 km de Surat Thani. L'île couvre 540 km².

À ne pas manquer

Une balade dans les rues de Phuket-ville ; le coucher de soleil au cap de Laem Promthep ; explorer la forêt vierge du parc Khao Phra Thaeo.

Organiser son temps

Meilleure saison : de déc. à avr.

En famille

Une demi-journée au Phuket Sanctuary Elephant et une séance de minigolf au Dino Park.

Carnet pratique p. 357

Nos adresses p. 357

Découvrir

★★ Phuket-ville PLAN CI-CONTRE

Circuit au départ de Suriyadet Circle (Fountain Circle), tracé en vert sur le plan. Comptez une journée.

La plupart des touristes se contentent de traverser Phuket pour se ruer vers les plages, sans prendre le temps de découvrir cette ville vivante et chaleureuse. Une bonne formule consiste à passer ici la première ou la dernière nuit de votre séjour. Commencez votre visite très tôt par le **centre historique**, lorsque les températures sont encore clémentes.

Thanon Ranong

Dès 6h, la commerçante Thanon Ranong commence à s'animer. Face aux échoppes stationnent les *songthaew* et les *tuk-tuk* qui attendent de transporter les premiers vacanciers vers les plages. Le long des allées étroites du **marché couvert★** se succèdent les étals de poissons séchés, d'épices, de fruits et légumes exotiques. Au bas des escaliers, vous pourrez prendre un petit-déjeuner typique

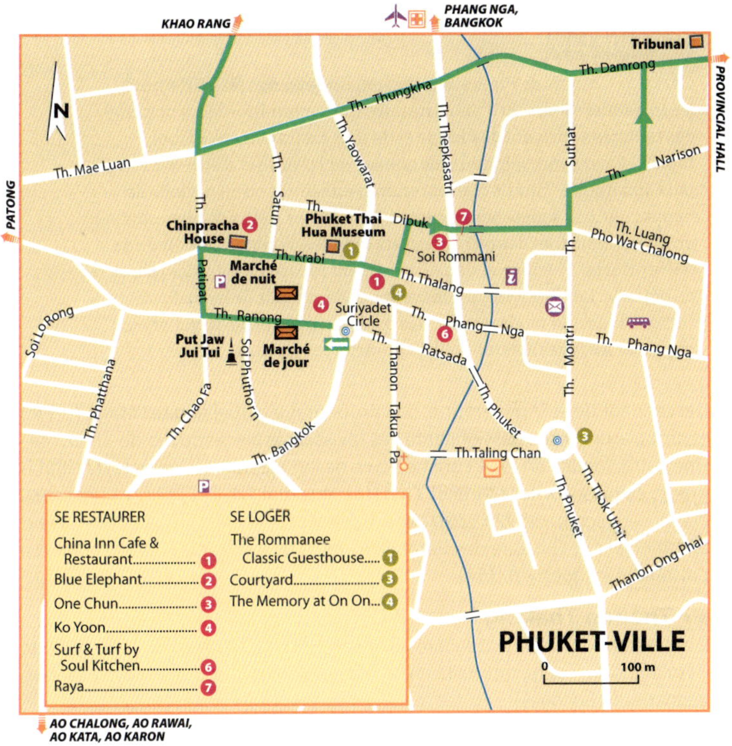

dans l'une des cantines populaires ou acheter une douceur à l'un des marchands de gâteaux ou de nouilles de riz qui leur font face.

Poursuivez sur Th. Ranong jusqu'à l'intersection du Soi Phuthorn.

À l'angle des deux rues, un mur jaune et rouge protège le **Put Jaw★**, un temple taoïste bâti il y a deux siècles, typiquement chinois avec sa toiture ouvragée, ses dragons verts et son décor rouge et or. Dédié à Kuan Yin, la déesse de la Compassion, il abrite d'innombrables statues de la déesse et de ses gardiens serrés sur les autels, les traits sévères dans leurs riches costumes.

L'enceinte accueille un autre temple, le **Jui Tui** *(sur la gauche)*, de même facture quoique plus récent, consacré à Kiu Won In, un dieu végétarien à qui il convient de faire les offrandes *ad hoc*.

Traversez Th. Ranong pour remonter Th. Patipat, puis tournez à droite.

Thanon Krabi

Cette rue compte quelques remarquables **maisons de style sino-portugais★** construites au 19e s. Ces demeures qui marient les influences orientales et occidentales font tout le charme de la ville. Elles sont comme la mémoire des intenses échanges commerciaux qui marquèrent l'île du 16e au 19e s. Leurs façades blanches sont rehaussées de motifs floraux de stuc ou de bois, les corniches et les porches s'ornent de faïences polychromes.

L'une d'elles, la **Chinpracha House★** *(✆ 07 62 11 2 81 - 9h-16h30 - 150 bahts)*, a été bâtie en 1903 par un immigré chinois ayant fait fortune dans les mines d'étain.

Carême tao

Certains Chinois de Phuket s'imposent une étrange fête automnale : les 9 premiers jours du 9e mois lunaire (fin septembre-début octobre), ces taoïstes se privent de viande et de tout excitant (café, alcool, tabac) – un moyen, selon eux, de conserver la santé et d'accéder à la paix spirituelle. Tandis que les femmes enceintes ou en période de menstruations sont tenues à l'écart, les adeptes, vêtus de blanc, défilent en procession, font des offrandes aux temples, honorent les dieux de leurs prières. Musique et danse ponctuent le carême sous des tonnerres de pétards. Les festivités s'achèvent par des rituels de mortification, tels que marcher pieds nus sur des braises ardentes, se flageller ou se percer les joues avec des objets pointus et coupants.

Descendant de la 5e génération, son propriétaire actuel habite l'étage (privé) et propose une visite passionnante des ravissantes pièces du rez-de-chaussée. Une autre, fondée en 1934 comme école de langue pour les enfants des immigrants chinois, abrite le **Phuket Thai Hua Museum** *(✆ 07 621 12 24 - www.thaihuamuseum.com - 9h-17h - 200 bahts)* qui raconte la diaspora des communautés chinoises et l'histoire des Peranakan, leurs descendants *(voir encadré « La Ceylan des jonques », p. 354)*.

★★ Thanon Thalang

D'autres maisons jalonnent encore les rues Phang Nga, Yaowarat et Thalang, cette dernière, charmante, fourmillant de cafés et de boutiques d'artisanat (batiks, vannerie, céramique).
Perpendiculaire à la rue, le **Soi Rommani★**, ancienne rue chaude du quartier, a été entièrement rénové. Il rejoint Th. Dibuk, où vous verrez d'autres belles demeures sino-portugaises.
De Th. Dibuk, tournez à gauche dans Th. Suthat puis à droite dans Th. Narison.

Au nord du centre historique

Élégant immeuble centenaire, le **Provincial Hall** posséderait, selon la tradition, pas moins de 99 portes. Presque en face, le **tribunal de Phuket** offre également un bel exemple d'architecture de style colonial avec ses persiennes, ses colonnes et ses ornements de bois ciselé (jetez un coup d'œil à la salle du rdc).
Vous pouvez vous rendre, au coucher du soleil, au sommet de **Khao Rang**, la colline qui domine la ville *(au nord-ouest, par Th. Patipat)* : elle offre un **point de vue★★** superbe sur tout le sud-ouest de l'île.

L'intérieur de l'île CARTE P. 352

Monument des Héroïnes

▶ *À 13 km au nord de Phuket-ville.*
Marquant la jonction des routes 402, 4027 et 4025, se dressent ces deux statues de bronze érigées en 1966 à la mémoire de deux sœurs, honorées pour leur patriotisme lors de la guerre contre les Birmans, au 18e s.
À 400 m à l'est du rond-point (fléché), le **Musée national de Thalang** *(✆ 07 637 98 95 - 9h-16h - fermé lun.-mar.)* retrace l'histoire de la bataille éponyme durant laquelle s'illustrèrent les héroïnes *(voir encadré ci-contre)*. Une vidéo raconte aussi l'histoire de l'île et de ses mines d'étain.

Khao Phra Thaeo

À env. 25 km au nord de Phuket-ville par la 4027. Droit d'accès au parc 400 bahts.
De superbes sentiers sillonnent cette vaste réserve couverte de forêt vierge. L'un d'eux vous conduira aux **chutes de Ton Saï** (**NAM TOK TON SAÏ**) *(comptez env. 10mn)* : une belle cascade à la saison des pluies, un modeste filet d'eau le reste du temps.
Un agréable chemin mène vers d'autres chutes, celles de **Bang Pae** (**NAM TOK BANG PAE**) *(8 km de l'entrée à Bang Pae - comptez 2h ; accessible aussi du parking du projet de réhabilitation des gibbons, à 300 m)*. Elles voisinent avec un joli lac où vous pourrez vous désaltérer dans un café installé sur la rive, avant de nager dans quelques piscines naturelles.
À l'est du parc *(parcours fléché)* s'ouvre le territoire du **projet de réhabilitation des gibbons** *(www.gibbonproject.org - 10h30-15h - 900 bahts - réserv. en ligne)*, une initiative américaine ayant pour but de réadapter à la vie sauvage ces singes victimes de la mode, qui sont capturés et vendus à des particuliers.
À 4 km au sud, le **Phuket Elephant Sanctuary** *(www.phuketelephantsanctuary.org - seult sur réserv. - 3500 bahts/pers., repas et transports depuis votre hôtel inclus ; 4-12 ans 1750 bahts)* propose une immersion d'une demi-journée dans une vaste réserve respectueuse des éléphants (pas de promenades sur leur dos)

Circuit conseillé

CARTE P. 352

Les côtes ouest et sud

Circuit de 77 km du nord au sud, tracé en bordeaux sur la carte de l'île – Comptez une journée, hors baignades. En scooter, la prudence s'impose.
Amateurs de sites sauvages, sachez que de nombreuses plages de Phuket sont aménagées : parasols et chaises longues s'égrènent sur le sable, à louer pour la journée *(200 à 900 bahts pour 2 pers.)*.

★★ Hat Mai Khao et Hat Nai Yang

Immense ruban de sable blanc, sauvage et ombragé de casuarinas et de cocotiers, Hat Mai Khao fera le bonheur de ceux qui aiment la tranquillité : elle semble oubliée des touristes et des marchands ambulants.
À quelques kilomètres au sud, **Hat Nai Yang** se révèle encore très calme, mais elle est équipée de chaises longues et bordée de nombreux restaurants de plage. Le splendide hôtel The Slate Phuket y a aussi élu domicile.
Intégrées au **Parc national de Sirinath** (90 km^2), ces deux plages sont en partie à l'abri des promoteurs, tout comme la petite mangrove et la langue de forêt qui les bordent.

Deux femmes soldats

En 1785 meurt le gouverneur de Thalang, alors que l'envahisseur birman se presse aux portes de la ville. N'écoutant que leur courage, la veuve, **Chan**, et sa sœur, **Muk**, se déguisent en soldats avant de travestir ainsi toutes les femmes de la ville, pour venir grossir les rangs de l'armée locale. Galvanisés par leur présence, les soldats de Thalang parviennent à repousser l'ennemi, et les deux femmes resteront dans l'histoire comme des héroïnes nationales.

BANGKOK, AO PHANG NGA
KO PHUKET
0
6 km
N
Saphan Thao Thep Kasetri
Laem Hin
MER D'ANDAMAN
Ao Tu Khun
Bakan
402
★★Hat Mai Khao
Bang Rak Mai
Hat Nai Yang
4031
Parc national de Sirinath
Muang Mai
4027
Laem Sai
Laem Yang
★★Hat Nai Thon
Banana Beach
Nam Tok Bang Pae
Bang Rong
Ko Nakha Yai
Khao Phra Thaeo
384
Thalang
Bo Kruat
402
Nam Tok Ton Saï
4030
4027
MER DE PHUKET
Hat Bang Thao
Monument des Héroïnes
Hat Phansea
4025
Musée national de Thalang
★Hat Surin
Bang Thao
504
Hat Kamala
Ko Maphrao
402
Kathu
Laem Nga
Ao Patong
4029
Khao Rang
Patong
4020
Phuket-ville★★
516
4022
4021
4021
4023
Karon
Ao Karon
Big Buddha
Kata
Chalong
4028
Hat Chalong
Ko Phi Phi
Ko Pu
Ao Kata
4024
4019
Ao Yon
★Kata Noi
Musée du Coquillage
Phuket Aquarium
Karon View Point
Ko Lon
Nai Harn
Rawai
★Hat Nai Harn
Hat Laem Ka
Hat Yanoi
Hat Rawai
★Hat Nui
★★Laem Promthep
Ko Bon
Coral Island
Ko Kaeo Yai
300 m
100
0

★★ Hat Nai Thon

Ici est atteint l'équilibre idéal entre le caractère rudimentaire de Hat Mai Khao et les aménagements trop extensifs des plages méridionales. La gracieuse et paisible Hat Nai Thon est en outre un spot de choix pour pratiquer la plongée sous-marine.
★★ **Banana Beach** – En empruntant la petite route qui longe la côte, arrêtez-vous dans cette anse flanquée de rochers et protégée par un épais rideau de verdure. Malgré le sentier un peu abrupt et la difficulté de se garer, ce petit paradis est victime de son succès (on y vient aussi en bateau).

Hat Bang Thao

Une impression d'espace se dégage de cette longue et large plage de sable, site choisi par les vacanciers qui viennent à Phuket pour profiter uniquement de la mer et n'en plus bouger. D'énormes hôtels, la plupart assez luxueux, ont colonisé les lieux, avec restaurants, boutiques et tout ce qu'il faut pour séjourner en circuit fermé, sans oublier les infrastructures nécessaires à la pratique des sports nautiques.

★ Hat Surin

Agréable et familiale, la discrète baie de Surin a longtemps été plébiscitée par la famille royale, qui aimait venir y jouer au golf dans les années 1950. Bordée de cocotiers, elle offre l'embarras du choix en terme de restaurants de plage et autres stands de fruits et de brochettes.
Faites une halte au point de vue de **Laem Sing** ★★ : le panorama sur cette crique sauvage est grandiose *(accès à la crique par bateau depuis la plage de Surin)*.
Hat Kamala – Fermant l'anse de Surin au sud-ouest, c'est une petite plage tranquille où beaucoup de retraités européens ont élu domicile.

Ao Patong

C'est la plage la plus développée de l'île, avec tout ce que cela suppose de développement immobilier anarchique et de frénésie automobile. La **Bangla Road**, piétonne le soir, attire en masse les oiseaux de nuit : restaurants et discothèques s'y concentrent en quantité invraisemblable, et les nombreux bars à hôtesses sont des antichambres de la prostitution. Patong aux nuits folles, temple des libertés qui se monnayent, où tout s'achète et se consomme, se joue et se danse... Ce côté sulfureux n'empêche pas ses 3 km de sable blanc, sa mer cristalline et son décor de collines boisées de composer, de jour, un lieu vivant, tourné vers la mer et les sports nautiques. Les hôtels chics ou populaires et la variété infinie des activités attirent également de nombreuses familles, et toutes les cuisines du monde semblent s'y être donné rendez-vous.

Ao Karon et Ao Kata

Séparées l'une de l'autre par un petit promontoire rocheux, ces deux plages constituent la deuxième destination touristique de l'île. Karon et Kata diffèrent peu de leur voisine : construction effrénée de complexes hôteliers à grande capacité et d'une multitude de restaurants, circulation ininterrompue de voitures et de scooters sur l'artère longeant les plages, jet-ski et parachute ascensionnel...
Son ravissant îlot rocheux, **Ko Pu**, qui émerge à 500 m de la grève, apporte une petite touche de charme au paysage de Kata. Une myriade de poissons, d'étoiles de mer et de coquillages en ont fait leur refuge, à découvrir avec masque et tuba. La baignade *(dangereuse de mai à octobre en raison des forts courants : respectez les interdictions signalées par un drapeau rouge)* vous entraînera peut-être

encore plus au sud, vers les rochers de la plage de **Kata Noi★**, autre site de choix, cachant de riches faune et flore marines.
Visible de très loin le **Big Buddha★**, une statue de marbre blanc de 45 m de haut, surplombe Phuket et ses alentours (*6h-18h - une centaine de marches*). Achevé en 2018, il est aujourd'hui un monument emblématique de l'île.
Depuis le belvédère du point de vue **Karon★**, très beau panorama sur les plages.

★★ Hat Nui

À 2,5 km de la route principale. Non accessible en voiture, mais songthaew *collectif de 9h à 17h (300 bahts AR) - accès plage 100 bahts.*
Longeant la côte, la route descend en pente raide vers la mer où, surgissant de la verdure, attend une charmante crique encadrée de gros rochers. Vous y trouverez une ambiance détendue, de petits restaurants, des parasols et des chaises longues à louer, ainsi qu'un club de plongée.

★ Hat Nai Harn

Jolie courbe de sable blanc plantée de pins et de casuarinas, Hat Nai Harn et ses eaux paisibles attirent les vacanciers en quête de tranquillité, familles et retraités. Un petit bras de mer la coupe en deux, ouvrant à l'intérieur sur un paisible plan d'eau cerné de verdure. Côté nord, des hôtels de luxe étagent leurs terrasses sur les pentes de la colline, tandis que d'autres s'alignent sur la route menant à la plage. Même la rue en front de mer, avec ses restaurants cachés derrière les arbres, ne parvient pas à dénaturer cet agréable coin de verdure qui appelle aux pique-niques et aux bains de soleil.
Lorsque vous quittez Nai Harn pour le sud, arrêtez-vous plusieurs fois : la route qui serpente sur la colline offre de superbes **panoramas★★**, particulièrement à la lumière du soir.
★★ Laem Promthep – Au coucher du soleil, une halte s'impose au cap Promthep, à l'extrême sud de l'île. De ce promontoire plongeant tout droit dans la mer, on jouit d'un magnifique **point de vue★★** sur l'île et ses contours découpés.

La Ceylan des jonques

Les richesses de l'île – ambre gris, corne de rhinocéros, coraux rares et nids d'hirondelles – et du port de Phuket, halte naturelle entre l'Inde et la Chine, attirèrent très tôt les négociants et les marins. Au 16e s., l'île, alors nommée « la Ceylan des jonques », vit arriver les premiers Européens (Portugais, Hollandais, Anglais, Français). Ils s'installèrent d'abord pour faire le commerce des perles, puis ils acquirent les concessions minières d'étain, précédemment exploitées par les Thaïs. Au 19e s., la flambée des prix du minerai attira des milliers de mineurs chinois, population qui métamorphosa rapidement le visage de Phuket et son architecture. Les mines à ciel ouvert s'épuisèrent vite, ainsi que les gisements sous-marins, découverts au début du siècle suivant. Aujourd'hui moribonde, la production ne laisse plus, aux abords des mines, que de sombres bourbiers remplis d'eau de pluie, où stagnent des résidus d'étain mêlés de sable, d'argile et de limon. Eux-mêmes recouvrent des boues issues de l'activité minière, fines poussières minérales qui mettront plusieurs siècles à se solidifier – on leur doit la physionomie grise et fangeuse des plages de la côte est.

Plongée au large de Phuket.
Arco /F. Schneider/Arco Images/age fotostock

Hat Rawai

Étroite à marée haute et un peu vaseuse à marée basse, la plage de Rawai est pittoresque avec ses barques traditionnelles, mais peu propice à la baignade. L'ancien village de pêcheurs a cédé la place aux condominiums et la route qui longe la plage est jalonnée de restaurants et de boutiques.

Îles du Sud – De Rawai, vous pouvez louer des bateaux pour explorer les îles alentour *(comptez 25mn de traversée - env. 1500 bahts AR avec journée d'attente sur place).* Avec ses eaux limpides, **Ko Bon** est la plus agréable pour nager ou pour profiter des gargotes de plage. **Coral Island**, bien que plus fréquentée, offre de meilleures conditions pour pratiquer le snorkeling. Vous y trouverez les plus belles **plages★**, baignées d'eau transparente où, autour des coraux, glissent des poissons irisés. Les pêcheurs vous attendent au *pier* (embarcadère) à l'entrée de Rawai pour vous proposer leurs services : convenez avec eux du programme de la journée, pour vous faire déposer le matin avec votre pique-nique et fixer l'heure du retour.

Musée du Coquillage – *12/2 Moo 2, Th. Wiset, Rawai - ✆ 076 381 274 - 9h-18h - 200 bahts.* 2 000 coquillages y sont exposés, rigoureusement classés par familles et le plus souvent accompagnés de la mention de leur origine et de leur rareté. Des photos montrent aussi les drôles de bêtes habitant ces délicates porcelaines.

Phuket Aquarium

Panwa Cape - ✆ 07 639 11 26 - www.phuketaquarium.org - 8h30-16h30 - 300 bahts. L'occasion de mettre un nom sur les espèces rencontrées au cours de vos plongées, même si les aménagements se révèlent plutôt vétustes et tristounets. Mention spéciale tout de même pour l'impressionnant mérou géant *(giant grouper)*.

Excursion

CARTE P. 312-313

★ Mu Ko Similan A2

À 80 km au nord-ouest de Phuket. Accès par bateau (speed boat 1h30) depuis Takua Pa, à 130 km au nord de Phuket-ville - billets à réserver dans une agence de voyage de Phuket qui assurera le préacheminement et l'éventuelle organisation de la plongée - excursion à la journée seult - de mi-oct. à mi-mai - accès au parc 500 bahts.

Mer d'une indicible transparence, faune et flore d'une richesse rare : nager ou plonger au large des îles Similan vous laissera un souvenir fort, même si ces îles jouissent d'un énorme succès touristique.

Ce parc national maritime qui a longtemps compté parmi les plus beaux spots de **plongée sous-marine** du monde a souffert du tsunami de 2004 et du réchauffement des eaux dans les années 2010. Cette dégradation environnementale s'est traduite par une détérioration de ses fonds coralliens, obligeant les autorités à interdire la plongée sur certains sites et à limiter le nombre de plongeurs et de visiteurs.

Carnet pratique

PLAN DE LA VILLE (P. 349), CARTE DE L'ÎLE (P. 352)

S'informer

Tourism Authority of Thailand (TAT) à Phuket-ville – *191 Th. Thalang - ✆ 07 621 22 13.*

Arriver/Partir

En avion

Aéroport – *À 35 km de Phuket-ville.* Env. 40 vols/j. entre Bangkok et Phuket avec Thai Airways, Bangkok Airways, AirAsia ou Nok Air ; 7 vols directs/j. pour Samui ; 4 vols directs/j. pour Chiang Mai ; vols internationaux pour Kuala Lumpur, Sydney, Singapour, etc.

Pour rejoindre le centre-ville, bus public *(6h-20h30 - www.airportbusphuket.com - 100 bahts)*, minibus et taxis *(mini. 650 bahts).*

En bateau

Ratsada Pier – *À 3,5 km au sud-est de Phuket-ville.* Plusieurs compagnies desservent Ko Phi Phi et Ko Lanta. En saison, liaisons avec Ko Lipe et Ko Bulon Leh.

En bus

Terminal 1 – *Th. Phang Nga.* Liaisons avec Krabi, Hat Yai, Phang Nga, Surat Thani, l'aéroport et le terminal 2.

Terminal 2 – *À 5 km au nord de Phuket.* Liaisons avec Bangkok, Ranong, Trang, Surat Thani. Horaires et tarifs au TAT *(voir ci-contre).*

Se déplacer

Scooter

Nombreux loueurs en ville et sur les plages *(200-400 bahts/j.).* Port du casque obligatoire. La prudence s'impose sur les routes, surtout en fin de semaine (alcool au volant).

Songthaew

Sur Th. Ranong, entre le rond-point Suriyadet et le marché de jour. Desserte des plages du Sud et de l'Ouest *(7h-17h30, 25/40 bahts).*

Adresses utiles

Agences de voyage

Nombreuses, notamment sur Th. Phuket et Th. Ratsada, elles proposent les services habituels : location de véhicules, billets d'avion, excursions organisées, ainsi que billets de bateau vers Ko Phi Phi, les îles Similan, la baie de Phang Nga, les îles du Sud, etc.

Santé

Bangkok Hospital Siriroj – *44 Th. Chalermprakiat Ror 9, Phuket-ville - ✆ 07 636 18 88.* Plusieurs centres médicaux et de nombreuses pharmacies où obtenir leurs coordonnées.

Agenda

Phuket Surfing Contest – En juin. Compétition de surf sur la plage de Kata.

Phuket Kings'Cup Regatta – *www.kingscup.com.* Fin nov. - déb. déc. Le rendez-vous annuel des voileux.

Nos adresses

PLAN DE LA VILLE (P. 349), CARTE DE L'ÎLE (P. 352)

Restauration

Les restaurants de Phuket se créent ou se transforment à un rythme effréné. La cuisine familiale des établissements de plage côtoie celle, plus créative, de la scène gastronomique.

Phuket-ville

Premier prix

4 **Ko Yoon** – *à l'angle Th. Ranong et Suriyadet Circle - ✆ 084 189 54 32 - fermé soir - ⊄ - plats env. 100 bahts.* L'unique plat préparé ici : la soupe de nouilles Hokien (porc et crevettes), spécialité de l'île. On la déguste dans une petite salle encombrée, emplie de photos de famille, qui tient plus du salon privé que du restaurant. Une adresse informelle et sympathique.

Budget moyen

1 **China Inn Cafe & Restaurant** – *20 Th. Thalang - ✆ 081 979 82 58 - 10h30-18h - fermé lun.-mar. - plats 150/500 bahts.* Une superbe maison sino-portugaise du début du 20e s., ouverte sur un petit jardin feng shui, où se dressent les quelques tables du restaurant. Spécialités thaïes et plats occidentaux.

3 **One Chun** – *48/1 Thepkasatri - ✆ 07 635 90 09 - service continu - ⊄ - plats 220/480 bahts.* Vieilles pendules et postes de TSF sur les murs aux briques apparentes : son décor rétro évoque des années 1950 nostalgiques. On s'y régale de spécialités régionales, beaucoup à base de produits de la mer. Essayez par exemple le crabe au lait de coco, un délice…

6 **Surf & Turf by Soul Kitchen** – *115 Phang Nga Rd - ✆ 097 217 74 34 - 18h-22h30 - fermé dim. et lun. - plats 360/390 bahts - réserv. obligatoire (peu de tables).* Chic et accueillant, ce restaurant propose de bien jolies assiettes, comme ce bar grillé au beurre blanc et fruits de la passion, préparé avec des ingrédients de qualité. Tom, le chef, exécute ses recettes avec maestria, mêlant les textures, les températures et les saveurs. Belle sélection de vins.

7 **Raya** – *48/1 Bibuk Rd - ✆ 07 621 81 55 - www.rayarestaurant.net - service continu - plats 350/600 bahts.* Dans cette maison sino-portugaise centenaire, on déguste depuis 30 ans le crabe au curry, lait de coco délicieusement

5

pimenté (vous pouvez demander sans piments) et ses vermicelles de riz. Décor suranné et service un peu nonchalant.

Pour se faire plaisir

② ❤ **Blue Elephant** – *96 Th. Krabi - ✆ 07 635 43 55 - www.blueelephant.com/phuket - midi et soir - plats 580/1 450 bahts.* L'ancienne maison du gouverneur accueille l'un des restaurants les plus huppés de la ville dans un cadre somptueux. On découvre avec délices une cuisine fusion imaginée par la chef thaïe Nooror Somany Steppe, qui a fondé une école de cuisine renommée dans la capitale. Foie gras à la sauce tamarin, canard dans son jus de canne à sucre, curry de crabe aux feuilles de bétel : ici, les produits nobles de la gastronomie européenne s'essaient à des mariages audacieux avec les saveurs des marchés de Thaïlande, et c'est très réussi. Carte des vins étoffée.

Hat Bang Thao

Une folie

Pru – *60/1 Moo 6 (au nord de Hat Bang Thao) - ✆ 07 668 33 44 - www.prurestaurant.com - fermé mar.-jeu. à midi et dim.-lun. - formule déj. 3600 bahts, menu soir 6400/6900 bahts - réserv. indispensable.* PRU signifie « planter, élever, comprendre », philosophie qui anime l'unique restaurant étoilé de Phuket. Le menu du chef Jimmy Ophorst met l'accent sur les fruits de mer et les plantes, certaines étant cultivées dans la ferme biologique de 96 ha du restaurant. Décor sophistiqué et chaleureux, avec cuisine ouverte.

Kalido – *Soi Had Surin 8 (au sud de Hat Bang Thao) - ✆ 094 480 08 83 - www.kalidophuket.com - à partir de 17h30 pour boire un verre et 19h pour dîner - plats 790/2490 bahts - réserv. conseillée.* Dans cet établissement chic, la soirée commence avec un cocktail au bord de l'eau avec vue sur les *long tail boats*, avant de se poursuivre à table pour déguster la délicieuse cuisine aux accents méditerranéens du renommé chef Tammasak.

Hat Kamala

Une folie

Talung Thai – *Hôtel Paresa Resort, 49 Moo 6 - ✆ 07 630 20 00 - www.paresaresorts.com - service continu - plats 6 500/8 200 bahts.* Le restaurant du Paresa Resort sert une cuisine méditerranéenne soignée sur une terrasse grande ouverte sur le large. Les préparations sont délicieuses, les produits de la mer savoureux, et le tout est servi dans une atmosphère raffinée. Venez-y au moins pour prendre un verre : l'apéritif au coucher du soleil est un must.

Ao Patong

Budget moyen

Baan Rim Pa – *223/2 Th. Prabaramee - ✆ 092 274 90 95 - www.baanrimpa.com - service continu - plats 300/500 bahts - réserv. obligatoire.* Perchée sur la colline, sa grande terrasse offre une vue exceptionnelle sur la baie de Patong. L'adresse est très courue, mais la qualité de la cuisine (thaïe) fait oublier la foule. Belle carte des vins avec de nombreux crus français. Un excellent rapport qualité-prix dans sa catégorie.

Ao Kata

Pour se faire plaisir

The Boathouse Wine & Grill – *182 Th. Koktanode - ✆ 07 633 00 15 - www.boathouse-phuket.com - 11h-22h - plats 380/1800 bahts - réserv. vivement conseillée le soir.* Magnifique décor de teck dans cette salle vaste et lumineuse dont les baies vitrées embrassent la mer. C'est surtout pour ce cadre d'exception que l'on apprécie l'adresse, spécialisée dans les grillades (de poulet, de langouste, etc.) et partageant sa carte entre plats occidentaux et thaïs. Riche carte des vins.

Hat Rawai

Premier prix

Baan Rimlay – *À l'est de la plage de Rawai - ✆ 07 628 80 67 - - service continu - plats 450/1 800 bahts.* Frais et charmant, ce restaurant ouvert à tous les vents se prolonge jusque sous le feuillage des badamiers et des banians, au bord de l'eau, avec vue sur l'île de Ko Bon. Cuisine thaïe plus qu'honnête et accueil chaleureux. Pas d'anglais.

Petite pause

Kopitiam by Wilai – *14 & 18 Th. Thalang, Phuket-ville - ✆ 081 895 42 78 - - 11h-20h - fermé dim.* Deux salles de part et d'autre d'une boutique à l'ancienne, l'une climatisée, l'autre avec un beau décor d'idéogrammes façon Chine traditionnelle. On y sert le petit-déjeuner toute la journée, mais aussi des *pad thaï*.

Siam Bakery – *13 Th. Yaowarat, Phuket-ville - ✆ 07 635 59 47 - 7h30-18h - fermé dim.* Au cœur du quartier historique de Phuket-ville, un salon de thé qui propose d'excellentes pâtisseries maison réalisées sous la houlette d'un chef français. Formule de petit-déjeuner, omelettes et de bons cafés.

Boire un verre

On the rocks – *47 Karon Rd - ✆ 076 330 625.* Il faut traverser un beau jardin tropical avant d'arriver à cette terrasse surplombant la plage de Karon. Parfait au coucher du soleil pour boire un verre. La cuisine, en revanche, n'est pas inoubliable.

Shopping

À Phuket-ville, nombreuses boutiques de textiles (imprimés thaïs et indonésiens) et d'objets pour la maison, dont des vanneries.

En soirée

Fire show – *sur les plages de Patong, Karon, Bang Thao.* À la nuit tombée, les plages s'illuminent de torches de feu, avec lesquelles de jeunes hommes jonglent et dansent.

Siam Niramit – *À 10 km au nord de Phuket-ville - ✆ 07 633 50 00 - www.siamniramitphuket.com - 17h30-22h30 - fermé mar. - 1800/2 200 bahts sans/avec le buffet.* Le show (en anglais) a lieu dans un village thaï reconstitué. Il commence par un tour d'horizon culturel (boxe thaïe, éléphants, danseuses), puis retrace l'histoire de la Thaïlande à travers ses coutumes régionales, avec une belle variété de costumes. Transfert possible de/vers votre hôtel.

Illuzion – *31 Th. Bangla, An Patong - ✆ 064 454 49 85 - www.illuzionphuket.com.* Impressionnante, la plus grande des boîtes de l'île embrase les nuits de Patong. Spectacle vers 22h30, discothèque à partir de 1h.

Activités

Activités nautiques

Des **catamarans** et des **planches à voile** sont en location sur les différentes plages, de Hat Bang Thao à Hat Kata.

La plage la plus propice à la pratique du **surf** est Hat Kata.

Phuket Yacht Club – *52/25 Soi Phon Chalong, Moo 9, Chaofa Rd - ✆ 093 090 02 21 - www.phuketyachtclub.com.* Pour embarquer sur un voilier depuis Phuket.

Golf et minigolf

Il existe sur l'île plusieurs golfs de 18 trous :

Laguna Phuket Golf Club – *34 Moo 4, Th. Srisoonthorn, Hat Bang Thao - ✆ 083 550 63 73 - www.lagunagolfphuket.com.*

Blue Canyon Country Club – *165 Moo 1, Th. Thepkrasattri, Mai Khao (près de l'aéroport) - ✆ 07 632 80 88 - www.phuketgolfcourse.com.*

Loch Palm Golf Club – *38 Moo 5, Th. Vishitsongkram, Kathu - ✆ 081 893 63 02 - www.mbkgolf.com.*

Phuket Country Club – *80/1 Th. Vishitsongkram, Kathu - ✆ 07 631 92 00 - www.phuketcountryclub.com.*

Dino Park - *Hat Karon - ✆ 07 633 06 25 - 10h-23h.* Un minigolf de 18 trous, dans un parc d'attractions centré sur les dinosaures.

Plongée sous-marine

Merlin Divers – *74 Th. Rim Hat, Kamala - ✆ 07 638 55 18 - www.phuket-diving-thailand.net.* Des sorties très bien organisées et encadrées.

Hébergement

Phuket-ville

Budget moyen

1 **The Rommanee Classic Guesthouse** – *4-6 Th. Krabi - ✆ 09 218 92 92 - - 7 ch. 900/1500 bahts.* Cette maison traditionnelle du début du 20e s., joliment rénovée, abrite des chambres un peu exiguës au 1er étage, plus spacieuses au 2e et dernier niveau. Leur décor sobre et moderne s'harmonise à merveille avec l'âme de l'édifice. Joli parquet verni (se déchausser à l'entrée).

Pour se faire plaisir

4 ❤ **The Memory at On On** – *19 Th. Phang Nga - ✆ 07 636 37 00 - www.thememoryhotel.com - - 35 ch. à partir de 2300 bahts.* Ouvert en 1927, ce fut le premier hôtel de Phuket. Une belle rénovation et les choix de déco mettent en valeur ce patrimoine architectural unique, dans des chambres toutes différentes et toutes charmantes, avec plancher ou carrelage d'époque. C'est ici qu'a été tournée la première scène de *The Beach*, avec Virginie Ledoyen et Leonardo DiCaprio, en 2000.

3 **Courtyard** – *1 Soi Surin, Th. Montri - ✆ 07 664 35 55 - - 248 ch. à partir de 2900 bahts.* Un hôtel du groupe Marriott bien situé, près des marchés nocturnes et de la vieille ville. Les chambres sont claires, spacieuses et confortables. Salle de gym, piscine, restaurant et bars.

Hat Nai Thon

Budget moyen

Naithon Beach Villa – *28/5 Naithon Beach Rd - ✆ 089 471 99 66 - www.naithon.com - - 12 ch. 1800/2000 bahts et 4 appart. 3500/4000 bahts - réserv. en direct par mail.* Tenu par un couple germano-thaï, cet établissement est situé en face de l'une des plus sympathiques plages de Phuket. Chambres simples, mais fonctionnelles. Salon de massage au rdc et restaurants tout proches pour prendre petit-déjeuner et repas.

Hat Bang Thao

Budget moyen

Andaman Bang-Tao Bay Resort – *82/9 Moo 3 - ✆ 07 631 42 14 - www.andamanbangtaobayresort.com - - 14 ch. à partir de 1900 bahts.* Des bungalows un peu vieillots, mais qui ont le mérite d'être en bord de plage, dans un charmant jardin. L'environnement, plus calme qu'au nord de Bang Thao, conviendra particulièrement aux familles.

Plage déserte.
lena_serditova/Getty Images Plus

Hat Kamala

Une folie

Kamala Beach Estate – *33/6 Moo 6 - ✆ 07 627 97 58 - www.kamalabeachestate.com -* - *20 ch. à partir de 6 000 bahts.* Des villas et des appart. de 1 à 3 chambres, équipés d'une cuisine. Le terrain, un vaste jardin arboré, descend vers une plage rocheuse – celle où l'on peut se baigner n'est qu'à quelques minutes à pied. L'endroit offre une tranquillité rare à Phuket. Tarifs négociables pour des séjours longue durée.

Ao Patong

Une folie

IndoChine Resort and Villas – *328/81 Th. Prabaramee, Kalim Beach - ✆ 07 638 08 00 - www.indochineresorts.com -* - *80 ch. à partir de 5 000 bahts.* Un bel endroit, isolé sur les collines, à l'écart du bruit et de l'agitation de la station balnéaire. Toutes ses chambres bénéficient d'une vue sur la mer d'Andaman, et l'établissement propose des studios et des villas (jusqu'à 8 pers., avec jacuzzi). Navettes gratuites à heure fixe pour rejoindre Patong. Terrain de tennis, gym.

Ao Karon

Une folie

Beyond Karon – *51 Karon Rd - ✆ 07 63 300 06 - karon.beyondresort.com -* - *80 ch. à partir de 10 000 bahts.* Situé à l'extrémité sud de la plage, près du promontoire rocheux, cet établissement jouit d'un emplacement exceptionnel. Toutes les chambres, équipées de balcon, offrent une vue sur la mer.

Ao Kata

Une folie

The Boathouse – *182 Th. Koktanode - ✆ 07 633 00 15 - www.boathouse-phuket.com -* - *38 ch. à partir de 8 000 bahts.* Une architecture d'un raffinement extrême, jusque dans les détails du toit et le décor, à la manière d'un vieux navire. Dans les chambres, fraîches et lumineuses, face à la mer, le teck domine, rehaussé de grands coussins blancs. Spa.

5

Ko Phi Phi ★★

Ko Phi Phi désigne en fait deux ravissantes îles, Phi Phi Don et Phi Phi Le. Seule la première, la plus grande et la plus connue, est habitée. Elle compose l'une des plus jolies cartes postales de la Thaïlande : longue de 8 km sur moins de 3 km, Phi Phi Don dessine deux larges croissants de sable qui se tournent le dos, traçant une sorte de grand X sur la mer. À la jonction des deux plages s'était installé le village de pêcheurs, que le tourisme a métamorphosé en une fiévreuse station balnéaire. Ko Phi Phi, non contente d'offrir un décor de rêve, constitue en effet l'un des plus beaux spots de plongée du pays. Ce petit paradis est néanmoins victime de son succès : l'écosystème de l'île souffre d'une criante surfréquentation.

Ko Phi Phi Le.
Rabyesang/Getty Images Plus

Se repérer

CARTE A3 (P. 312-313), CARTE DES ÎLES (P. 364).
3 000 habitants à Phi Phi Don – Province de Krabi.
Au large de Krabi, à 2h de bateau.

À ne pas manquer

Le lever du soleil au point de vue de Phi Phi Don ; le tour de Phi Phi Le en bateau ; la plongée et l'escalade.

Organiser son temps

Comptez 2 jours. Meilleure saison : de déc. à avr.

Carnet pratique p. 364

Nos adresses p. 365

Découvrir

CARTE P. 364

★ Ko Phi Phi Don

Au pied de ses rochers, les deux baies de Phi Phi Don sont le théâtre d'un incessant ballet de *long tail* et de *speed boats*, qui vrombissent nuit et jour. Entre les deux plages, l'ancien village de **Ton Sai** vit au rythme de ses bars, discothèques et centres de plongée, qui semblent ne jamais dormir. Il faut faire un gros effort pour surmonter l'impression première, celle d'un ghetto à vacanciers : rabatteurs, ruelles marchandes, enseignes internationales de fast-food, etc. Mais passé cette introduction un peu rude et pour peu que l'on s'éloigne du centre, l'île finit par révéler ses charmes et vous pourrez peut-être même (en basse saison…) vous retrouver seul sur une plage de rêve. Côté nature, une belle ascension balisée attend les amoureux de promenades et de panoramas grandioses. Entre deux plongées, ne manquez pas de grimper dans les hauteurs jusqu'au **viewpoint★★**, d'où l'on jouit d'une vue superbe sur Phi Phi Don et sa voisine ; de quoi oublier l'impression plutôt désagréable ressentie à l'arrivée. Vous pourrez embarquer, le matin de bonne heure de préférence, sur l'un des bateaux qui stationnent à l'embarcadère de Ton Sai, pour faire le tour de l'île *(comptez 2h)* ; il vous déposera sur les jolies plages de la côte est, dont **Hat Lanti★**. Vous pourrez aussi partir vers **Ko Mai Phai★★ (Bamboo Island)** *(40mn de traversée - droit d'accès 400 bahts, location du bateau env. 2500 bahts)*, un minuscule îlot au sable immaculé. Sa voisine **Ko Yung (Mosquito Island)** est quant à elle interdite d'accès depuis 2016 : victimes de la surfréquentation touristique, ses superbes récifs coralliens doivent se régénérer. L'île fait partie de la dizaine de spots de plongée que le département des parcs nationaux a décidé de fermer au public le temps nécessaire. Les bateaux font aussi escale dans la crique sauvage de **Monkey Bay**, où vit une colonie de macaques (ne les approchez pas).

★★★ Ko Phi Phi Le

Droit d'accès au parc national 400 bahts (enf. 200 bahts).

Petite sœur de Phi Phi Don, Phi Phi Le se profile à 20mn de mer de Ton Sai, et il est également possible d'en faire le tour en bateau. Longue de 3,5 km sur 1 km de large, elle se visite en une demi-journée, le temps d'en faire le tour, de s'y baigner et d'effectuer une escapade à l'intérieur. Si vous réussissez à éviter les heures de pointe, qui voient affluer une cinquantaine de bateaux dans les mêmes sites, vous prendrez la mesure de toute la beauté de l'île. Car ce récif aux parois abruptes que l'eau a sculptées comme une dentelle cache plusieurs grottes ou cavités révélant de magnifiques décors de stalactites.

La **grotte des Vikings★**, que l'on admire uniquement depuis le bateau, renferme des peintures préhistoriques, figures humaines et animales côtoyant des

Précieuses hirondelles

Seuls habitants de Phi Phi Le, quelques gardes armés veillent sur les trésors de la grotte des Vikings : les nids des hirondelles qui y ont élu domicile. Ces délicats ouvrages, que les salanganes fabriquent avec leur salive, valent de l'or. Très convoités pour leurs supposées vertus toniques et aphrodisiaques, ils comptent parmi les mets les plus recherchés et les plus chers, d'autant que leur récolte s'avère périlleuse, les nids étant perchés dans les recoins les plus élevés et les plus difficiles d'accès de la grotte. Un véritable travail d'acrobate, qui s'accompagne d'offrandes et de sacrifices destinés à conjurer le danger.

représentations beaucoup plus récentes de jonques asiatiques. La forme de ces bateaux, qui évoque celle des drakkars, valut son nom à l'endroit. Mais l'antre est surtout réputé pour être un lieu de récolte des fameux **nids d'hirondelles**, qui servent à la préparation d'une soupe très prisée par les Asiatiques, surtout les Chinois. Çà et là, au milieu des concrétions calcaires, s'élèvent de frêles échafaudages de bambou, dressés sur plusieurs dizaines de mètres de hauteur; ils permettent de grimper pour recueillir les nids *(voir encadré p. 363)*.

Enfin, Phi Phi Le possède elle aussi son lot de plages paradisiaques : les falaises recouvertes de végétation encadrent quelques étendues de sable, telles **Ao Maya★★** et **Lo Samah★★**, les plus belles de l'île. La première a terriblement gagné en célébrité après le passage de Leonardo DiCaprio, le temps du tournage du film *La Plage* (2000), d'après le roman du Britannique Alex Garland (1996). Trop, sans doute : après avoir été fermée plusieurs années pour lui permettre de se régénérer son accès est aujourd'hui limité et réglementé. Enfin, dans le lagon d'**Ao Piley★**, vous évoluez dans une eau translucide et un décor de toute beauté.

Carnet pratique

Arriver/Partir

En bateau

Du débarcadère de Ton Sai (côte ouest de Phi Phi Don), 10 liaisons/j. avec Ko Lanta; 12 bateaux/j. de/vers Krabi et 20 bateaux/j. de/vers Phuket. En saison, 2 bateaux/j. de/vers Ko Lipe. Rens. et achat des billets sur www.phuketferry.com. Taxe de 20 bahts à l'arrivée sur l'île.

Se déplacer

À pied

Des sentiers convenablement entretenus et balisés sillonnent l'île et permettent de gagner les plages isolées en traversant la forêt. Attention, les dénivelés peuvent être importants par endroits et certains tronçons demandent une bonne forme physique. Prenez des chaussures de marche et des vêtements couvrants ou un répulsif antimoustiques, ainsi qu'une provision d'eau.

Bateau

Pour vous rendre d'une plage à l'autre. Les *long tail* circulent de jour comme de nuit, mais attention, les tarifs explosent après 18h. Négociez. Tous les hôtels et agences de voyage proposent des sorties en bateau à la journée vers Bamboo Island, Ao Piley, Ao Maya, Lo Samah, Viking Cave et Monkey Bay, incluant le guide, le déjeuner et le prêt de masque et tuba *(à partir de 1500 bahts/pers.)*.

Nos adresses

Restauration

Ton Sai regorge de cafés et de restaurants. En revanche, sur les plages de l'île, vous serez amenés à fréquenter le restaurant de votre hôtel ou celui des hôtels voisins.

Premier prix

Tom Yam – *Ton Sai centre - ✆ 085 333 88 48 - 💳 - service continu - plats 100/370 bahts.* Pizzas et fruits de mer, plats thaïs et pâtes, steaks et assiettes végétariennes : la variété de sa carte reflète celle d'une clientèle cosmopolite. Central, pratique mais sans surprise. Accueil souriant.

Budget moyen

Cosmic – *Ton Sai centre - 9h30-22h30 - plats 250/400 bahts.* Un cran au-dessus du Tom Yam voisin, il se donne le même but : satisfaire une clientèle internationale aux goûts souvent assez classiques en matière culinaire. Honnêtes pizzas et pâtes, plats thaïs et indiens. Il y a toujours foule et on a parfois du mal à trouver de la place dans la charmante petite salle ouverte sur la rue.

Efe Mediterranean Cuisine – *Ton Sai centre - ✆ 095 150 44 34 - 11h30-22h - fermé lun. - plats 250/400 bahts.* Dans une ambiance orientale, régalez-vous de kebabs, wraps, pizzas turques, burgers (option végétarienne au falafel) et salades, le tout arrosé de thé turc ou de raki !

Chao Koh Phi Phi – *Ton Sai - ✆ 095 287 97 97 - service continu - plats 180/250 bahts.* Le restaurant du Chao Koh Resort prépare tous les soirs un imposant barbecue avec un grand choix de poissons et fruits de mer, vendus au poids. L'assortiment change en fonction de la pêche du jour. On s'attable dans un cadre délicieux, celui d'une salle rafraîchie par la brise marine et d'une terrasse les pieds dans l'eau, avec vue sur les falaises karstiques.

Activités

Des journées de **pêche en mer** sont organisées, à la recherche de marlins ou de thons : se rens. auprès des agences d'excursions. Sur les plages, location de canoës et de **kayaks de mer** *(700 bahts/jour)*.

Boxe thaïe

Reggae Bar – *Ton Sai centre - ✆ 091 034 65 98 - 18h-1h.* Le bar cache un ring de boxe, où les touristes sont invités à se mesurer aux champions locaux de *muay thai*.

Plongée

Nombreuses agences à Ton Sai proposant des programmes similaires. Discutez avec les moniteurs et vérifiez l'état du matériel avant de vous engager. Parmi celles assurant formation et certification PADI, quelques-unes des plus sérieuses :

The Adventure Club – *Ton Sai sud - ✆ 081 895 13 34 - www.adventureclubthailand.com.* Outre la plongée bouteille, un beau programme de snorkeling : promenades avec les requins le matin, plancton phosphorescent au coucher du soleil.

Princess Divers – *Ton Sai nord - ✆ 077 581 22 96 - www.princessdivers.com.* Plongée bouteille et en apnée, sensibilisation à la préservation des océans et des coraux.

PKT Diving – *Ton Sai sud - ✆ 061 606 60 48 - www.pktdiving.com.* En saison, instructeurs PADI anglais, australiens et francophones.

Hébergement

Amateurs de nuits calmes, fuyez le centre de Ton Sai dont les bars rivalisent de décibels jusqu'à 1h !

Budget moyen

Phi Phi Dream Guesthouse – *Ton Sai (au déb. du sentier pour le* viewpoint*) - ✆ 089 874 87 16 - www.phiphiguesthouse.com - ▤ - 10 ch. à partir de 1 000 bahts ☕.* Un bon compromis entre les adresses bruyantes du centre et les autres, calmes mais excentrées et souvent chères. Une coursive surplombant la ruelle piétonne dessert des chambres simples avec parquet. Tard dans la nuit, à la fermeture des bars, les noctambules qui rentrent à leur hôtel se font entendre : pour plus de calme, préférez les chambres donnant sur l'arrière. Agence d'excursions dans le lobby. Accueil francophone.

Garden Home – *Ton Sai (en dir. du* viewpoint*) - ✆ 080 691 14 60 - ▤ ▤ - 9 ch. à partir de 1 800 bahts ☕.* À l'écart de l'agitation du village, les bungalows de bois abritent de charmantes et confortables chambres avec parquet. Les salles de bains envahies de plantes vertes ne sont pas en reste. Avantage indéniable : le bruit des bars ne se fait presque pas entendre ici.

Pour se faire plaisir

HIP Seaview Resort – *Long Beach - ✆ 064 252 94 94 - ▤ - 50 ch. à partir de 2 500 bahts ☕.* Vue jardin ou vue mer, c'est la seule différence entre les bungalows éparpillés dans un beau parc, au sommet de la colline, tout au bout de Long Beach. Ce petit paradis se mérite : prenez votre souffle pour gravir les 103 marches entre la plage et l'hôtel. Pour gagner Ton Sai, *long tail (100 bahts)* ou 30-40mn à pied.

Paradise Pearl Bungalows – *Long Beach - ✆ 061 227 04 88 - ▤ - www.phiphiparadisepearl.com - 40 ch. à partir de 2 500 bahts ☕.* Disséminés dans un jardin au bord de la plage, les bungalows sont spacieux et très agréables à vivre. On peut regretter l'absence de rideaux occultants, mais les matins sont si beaux et calmes sur la plage de Long Beach que c'est une aubaine ! Bon restaurant et salon de massage en plein air. *Taxi-boat* gratuit entre Ton Sai et l'hôtel, à l'arrivée et au départ.

Une folie

Phi Phi The Beach Resort – *Long Beach - ✆ 062 191 49 45 - www.phiphithebeach.com - ▤ ✕ ⛱ - 100 ch. à partir de 6 000 bahts ☕.* En bois (les plus beaux) ou en dur, avec ou sans vue sur mer, étagés sur la colline dans un jardin tropical, les bungalows s'adaptent à tous les goûts. La plage commence au pied de l'hôtel et on y trouve tous les services : bar, centre de plongée, un très bon restaurants. *Fire show* les soirs de week-end. Pour gagner Ton Sai, *long tail (100 bahts)* ou 30-40mn à pied, mais navette gratuite le jour de l'arrivée et du départ.

Ko Lanta ★

Son nom évoque infailliblement la série de téléréalité française initiée ici en 2001. Le succès de l'émission attire toujours sur ses plages un flot continu de curieux et de fans, mais Ko Lanta conserve une certaine nonchalance et une ambiance paisible et familiale. L'île, infime partie d'un archipel qui en compte 52, fait en effet partie d'un parc national. Ko Lanta Yai, la « grande », en est la plus importante, longue crête de collines couverte de jungle s'étirant sur 27 km. Si la côte ouest est jalonnée d'hôtels, la côte est, rocheuse et ventée, reste le fief des pêcheurs et des paysans exploitant le caoutchouc et la noix de cajou. Les ferries des vacanciers accostent à Ban Saladan, à la pointe nord. Le temps de déposer vos bagages dans votre bungalow, et la plage vous attend.

Kantiang Bay à Ko Lanta.
Placebo365/Getty Images Plus

Se repérer

CARTE A3 (P. 312-313).
24 109 habitants – Province de Krabi.
À 820 km de Bangkok.

À ne pas manquer

Le point de vue du cap Kaw Kwang ; plonger à Hin Daeng et Hin Muang.

Organiser son temps

Meilleure saison : de déc. à avr.

Carnet pratique p. 369

Nos adresses p. 369

Circuit conseillé

Côte ouest, le chemin des plages

Circuit de 27 km au départ de Ban Saladan – Comptez une demi-journée. Droit d'accès au parc maritime 200 bahts.

Forêt vierge, plantations d'hévéas et cocoteraies recouvrent l'île de **Ko Lanta Yai** d'un épais manteau vert, arrondissant les contours de ses plus hautes collines (point culminant : 500 m). Attention, la route ne fait pas le tour de l'île ; parvenu au sud, il vous faudra faire demi tour.

Ban Saladan

Principal débarcadère des ferries, le port de Ban Saladan est – toutes proportions gardées – le centre le plus animé de l'île avec ses restaurants, ses centres de plongée et ses commerces. Il y règne une atmosphère tranquille et décontractée.
Empruntez le chemin qui longe la côte vers l'ouest, puis tournez tout de suite à droite à la sortie du village.

★ Cap Kaw Kwang

À 1,5 km de Ban Saladan.

La route conduit au cap **Kaw Kwang★ (Deer Neck)**, une langue de terre qui s'allonge vers l'ouest pour ne former au bout qu'un étroit doigt de sable de 4 m de large, serré entre plage et mangrove, et desservant quelques *resorts*. De là, on jouit d'un beau **point de vue★★** sur la mer.
Revenez sur vos pas et poursuivez au sud. Passé 1 km, tournez à droite.

Ao Khlong Dao

Cette anse tranquille, jalonnée de petits bungalows et de restaurants, est idéale pour la baignade en famille. Beaucoup de plongeurs y élisent également domicile, les centres de plongée de Ban Saladan n'étant pas loin.

★ Ao Phra-Ae (Long Beach)

À 5 km au sud d'Ao Khlong Dao.

La plus longue plage de l'île, véritable carte postale avec son sable blanc et ses cocotiers, constitue un site privilégié pour les familles. Là, les hôtels, du plus simple au plus luxueux, répondent à toutes les attentes des vacanciers.

Ao Khlong Khong et Ao Khlong Nin

Plus au sud, la route rejoint la plage d'**Ao Khlong Khong**, peu favorable aux bains de mer en raison de nombreux rochers, mais dont le calme plaira aux Robinsons en quête de solitude, et d'**Ao Khlong Nin**,qui compte de petits bungalows tout simples comme de luxueux resorts, donnant parfois sur des criques privées.

★ Khao Mai Kaeo – *comptez 2h - entrée et guide obligatoire (300 bahts) - chaussures fermées indispensables.* D'Ao Khlong Nin, vous pouvez gagner les grottes *(tham)* qui se cachent au cœur de l'île. Après une plaisante promenade *(1,5 km)* à l'ombre des hévéas, vous pénétrez dans l'antre par une étroite ouverture creusée dans la roche. Plusieurs salles se succèdent, certaines peuplées de chauves-souris, d'immenses nefs hérissées de stalagmites et de stalactites alternant avec des boyaux bas de plafond, jusqu'à un petit lac souterrain où l'on peut se baigner en saison des pluies. Le parcours ravira les sportifs ou les spéléologues en herbe.

Ao Kantiang

Encore plus au sud, cette autre splendide plage de sable blanc conserve une allure sauvage grâce au nombre limité d'hôtels.

Côte est

Une route longe cette côte rocheuse, où vit la population, majoritairement musulmane.

★ Ban Si Raya (VIEILLE VILLE DE LANTA)

À 15 km au sud de Ban Saladan.

Autrefois port commerçant cosmopolite de l'île, la vieille ville de Lanta a conservé ses petits temples chinois et ses maisons en bois traditionnelles sur pilotis, aujourd'hui rénovées et transformées en boutiques et restaurants. Leurs terrasses surplombant la mer offrent un cadre idyllique en fin de journée.

En haute saison, la rue est piétonne le week-end. Un petit **musée** *(8h-16h30 - fermé lun. - donation bienvenue)* raconte l'histoire de l'île.

Carnet pratique

Arriver/Partir

En bateau

De nov. à avr., 10 liaisons/j. entre Ban Saladan et Ko Phi Phi, Krabi ou Phuket.

Taxe de 10 bahts à l'arrivée sur l'île.

En bus

De Trang, 2 bus/j. (par Ko Lanta Noi) et quelques minibus privés pour Ban Saladan. Minivans depuis Krabi. Un pont relie Koh Lanta Noi à Koh Lanta Yai.

Se déplacer

Depuis Ban Saladan, *songthaew (200 bahts pour Long Beach), tuk tuk (500 bahts)* et taxis *(600 bahts)* font la navette avec les plages.

Location de scooter à partir de 250 bahts/j.

Adresses utiles

Santé

Take Care International Clinic – *Ban Saladan - ✆ 098 286 37 45.*

En cas d'accident, contactez la police touristique - *✆ 11 55.*

Nos adresses

Restauration

Ban Saladan

Premier prix

Catfish - *77 Moo 1 - ✆ 064 997 85 45 - service continu - plats 250 bahts.* Ce petit restaurant s'ouvre sur l'eau, avec une terrasse sur pilotis. On y vient autant pour l'atmosphère tranquille et la jolie décoration que pour la qualité de l'accueil et de la nourriture. Librairie à l'entrée avec une étagère de livres d'occasion en français.

Laanta Seafood – *73 Moo 1 - ✆ 07 566 84 11 - service continu - plats 180/260 bahts.* Une adresse réputée pour ses prix et la fraîcheur de ses poissons, vendus au poids.

Boire un verre

Mayuri's Bar – *R. principale, vieille ville de Lanta - ✆ 086 536 73 72 - 11h30-22h.* Le descendant de la famille chinoise qui faisait jadis ici de la salaison de poisson a restauré cette splendide maison en bois sur pilotis. La terrasse au-dessus de l'eau invite à un apéro enchanteur. Photos de famille et galerie d'art à l'entrée.

Why not Bar – *Au nord de la plage d'Ao Kantiang - ✆ 083 644 13 33 - 11h-2h.* Ambiance relax, les pieds dans le sable, pour savourer un cocktail dans une ambiance musicale. Les fans de l'émission de téléréalité y trouveront le totem grandeur nature de Koh Lanta ! Dj et *fire show* certains soirs.

Activités

Excursions

Deux groupes d'îles (Ko Rok et Ko Ha), réputées pour la beauté de leurs plages de sable blanc et de leur mer émeraude, sont accessibles en 1h de bateau. Balade en *long tail boat* ou en kayak dans la mangrove. Rens. à votre hôtel et dans les agences de voyage de Ban Saladan.

Plongée sous-marine

C'est la principale activité sportive de Ko Lanta. Au sud de l'île *(comptez 2h de traversée)* se trouvent deux spots de plongée exceptionnels, réservés aux plongeurs expérimentés, souvent classés parmi les dix meilleurs au monde : **Hin Daeng** (le rocher Rouge) et **Hin Muang** (le rocher Pourpre).

Le premier constitue le plus important à-pic immergé des mers de Thaïlande (60 m).

Il est repérable, car il dépasse la surface de l'eau de 3 m.

À quelques encablures de là, Hin Muang doit son nom aux coraux pourpres qui le recouvrent.

Les deux sites recèlent une faune et une flore sous-marines exceptionnelles : coraux, raies manta, requins-léopards, bancs de poissons, etc.

Vous trouverez plusieurs centres à Ban Saladan.

Blue Planet Divers – *150/1 Moo Ban Saladan - ✆ 07 566 81 65 - www.blueplanetdivers.net.* Agence sérieuse, où travaillent des instructeurs français en haute saison. Formation SSI, équivalente au Padi.

Lanta Diver – *259/2 Moo 1, Ban Saladan - ✆ 08 7891 41 41 - www.lantadiver.com.* Tout aussi sérieux mais orienté Padi uniquement (même si l'on peut plonger avec un brevet CMAS). Bonne assurance, parfaite connaissance des fonds sous-marins et accueil chaleureux.

Hébergement

En saison des pluies, logez dans des bungalows en dur plutôt qu'en bambou : les hôtels qui restent ouverts divisent leurs prix par deux.

Cap Kaw Kwang

Pour se faire plaisir

Twin Bay Resort – *410 Moo 1, Kaw Kwang Beach Nin - ✆ 07 566 80 10 - www.twinbaylanta.com - ▤ ✕ ⛱ - 40 ch. à partir de 3 500 bahts ☕.* Situé à l'ouest de Ban Saladan, entre les plages de Kaw Kwang et de Khlong Dao, l'établissement dispose d'une belle piscine à débordement donnant sur les deux baies. Les bungalows, très confortables, sont répartis autour d'un agréable parterre fleuri.

Ao Khlong Dao

Budget moyen

Cha-Ba – *Au nord de la plage - ✆ 07 568 48 23 - ▤ ✕ ⛱ - 20 bung. à partir de 1 800 bahts ☕.* Le chaleureux propriétaire, qui est aussi artiste peintre, a décoré les murs de son restaurant (baptisé Picasso !) et de ses bungalows de fleurs tropicales colorées. Idéal pour des vacances en famille les pieds dans l'eau. On peut juste regretter la literie un peu dure.

Ao Phra-Ae (Long Beach)

Budget moyen

The Sanctuary – *186 Moo 2 (au sud d'Ao Phra-Ae) - ✆ 081 891 30 55 - www.sanctuarykohlanta.com - ▤ ✕ - 18 ch. à partir de 1800 bahts - ☕ 160 bahts.* Une atmosphère d'une grande sérénité, très plaisante, baigne cet établissement original. Les bungalows sont basiques, mais spacieux, avec une petite touche de charme dans la décoration : coquillages sur la véranda, sdb au sol couvert de corail, le tout agrémenté de plantes. Cours de yoga, massages et bon choix de plats végétariens au restaurant.

Lanta Marina Resort – *147 Moo 2 - ✆ 07 568 41 68 - ✕ - 23 ch. à partir de 1500 bahts ☕.* De grands bungalows simples, en bois et bambou, seulement équipés de ventilateurs, sont disposés autour d'une large pelouse face à la mer. Accueil sympathique et bon restaurant sur la plage.

Ao Khlong Nin

Une folie

Rawi Warin – *139 Moo 8 - ✆ 075 607 400/498 - www.rawiwarin.com - ▤ ✕ ⛱ P - 185 ch. et bung. à partir de 9 000 bahts ☕.* Un des plus beaux resorts de l'île : ses chambres et ses bungalows spacieux, magnifiquement décorés, se fondent dans un jardin tropical au bord d'une ravissante crique quasi privée. Excellent restaurant de cuisine thaïe. Plongée, spa, yoga et boxe thaïe. Accueil charmant pour les familles.

Lanta Palace – *29 Moo 8 - ✆ 080 009 03 16 - www.lantapalace.com - ▤ ✕ ⛱ - 24 bung. à partir de 10 000 bahts.* Juste à côté du précédent, au bord de l'eau, ce petit bijou de raffinement, d'intimité et de paix, se révèle un cadre de rêve pour des vacances à deux (les enfants ne sont pas admis).

Vers la pointe sud

Une folie

🍃 **Pimalai Resort & Spa** – *99 Moo 5, Kantang Bay - ✆ 07 560 79 99 - www.pimalai.com - ▤ ✕ ⛱ P - 121 ch. à partir de 13 000 bahts ☕.* Bienvenue au paradis... L'hôtel le plus luxueux de l'île est un complexe composé de bungalows construits à flanc de colline surplombant la paisible plage de Kantiang. Vue splendide au coucher du soleil depuis le bar Pimalai Heritage et la fabuleuse piscine à débordement. Spa, plongée, voile, paddle. Transfert AR en *speed boat* et van privés de/vers Krabi.

Trang et le Parc national maritime de Hat Chao Mai ★

Si la province de Trang n'a pas la renommée de Krabi ou de Phang Nga, quoique l'on y retrouve les mêmes paysages majestueux de pitons rocheux, la région et les îles voisines du parc de Hat Chao Mai ont l'avantage d'être beaucoup moins fréquentées. D'où une certaine quiétude, qu'apprécieront ceux qui recherchent un peu de repos. L'archipel ne compte pas moins de 46 îles, couvertes de forêt, bordées de mangroves et pourvues de quelques belles plages. Dans les nombreuses forêts de l'intérieur de la province, grottes et cascades seront prétexte à de plaisantes randonnées.

Se repérer

CARTE AB3-4 (P. 312-313), CARTE DU PARC MARITIME (P. 374).

59 304 habitants à Trang – Chef-lieu de la province de Trang. Trang est à 864 km de Bangkok.

À ne pas manquer

Boire un verre ou déguster quelques bouchées chinoises dans les *ko-pii* de Trang ; visiter la grotte d'Émeraude de Ko Muk.

Organiser son temps

Meilleure saison : de janv. à avr. Comptez au moins deux jours pour visiter le parc.

Carnet pratique p. 376

Nos adresses p. 376

Découvrir

CARTE P. 374

Trang B3

Point de départ de votre balade maritime, Trang constitue une étape agréable, avec son animation à la fois colorée et bon enfant. La vocation commerciale de la ville remonte à la nuit des temps : dès le 1er s. de notre ère, elle s'afficha comme un important centre de négoce et connut un premier âge d'or à l'époque de Srivijaya, du 6e au 11e s., lorsque les sampans y faisaient escale sur la route de Malacca. Plus tard, son port accueillit les premiers bateaux européens venus découvrir le royaume d'Ayutthaya. Outre la pêche et l'industrie de l'huile de palme, le développement des plantations d'**hévéas**, à partir de 1899, devait donner à la ville une nouvelle prospérité. C'est à un homme, Phraya Ratsadanupra, dit « Mahison Phakdi », que l'on doit l'importation de ces arbres de Malaisie. Depuis, l'industrie du **caoutchouc** a pris une importance considérable dans l'économie du pays, en particulier du Sud. Cette activité attira dans la région nombre de travailleurs venus de Chine, et Trang accueille aujourd'hui une importante communauté chinoise qui confère à la ville une atmosphère particulière. Vous vous imprégnerez de cette ambiance en vous attablant dans l'un des nombreux cafés du centre, les *ko-pii*, où les habitants ont coutume de se retrouver pour parler politique ou affaires.

Parc national maritime de Hat Chao Mai.
Utopia_88/Getty Images Plus

Si l'histoire et les techniques d'exploitation du caoutchouc vous intéressent, le **musée du Caoutchouc (RUBBER MUSEUM)** vous dira tout sur l'hévéa, le latex et ses métamorphoses.

★ Parc national maritime de Hat Chao Mai A3-4

Accès par bateau au départ de Pak Meng (se rens. à l'office du tourisme de Trang) - fermé juin-sept. (sous réserve de modification) - droit d'accès 200 bahts.

Le point de départ de l'excursion en bateau est **Pak Meng**, un petit port situé à env. 40 km à l'ouest de Trang. Au sud s'étire la longue plage de **Hat Chang Lang**, facilement accessible de Trang. Profitez-en avant de partir (ou au retour) : malgré sa situation, elle reste très peu fréquentée par les touristes occidentaux.

Ko Ngai

De Pak Meng, le bateau file d'abord vers le sud-ouest pour atteindre Ko Ngai, l'« île de la Jarre », un îlot de verdure d'à peine 5 km², de forme triangulaire, offrant quelques jolies plages. L'un des plus beaux récifs de corail du parc se trouve au sud de l'île. Le charme de l'île est quelque peu gâché par les arnaques dont sont parfois victimes les touristes. Dès la traversée depuis le continent, spécifiez bien le *resort* où vous logez, sinon vous risquez d'accoster sur n'importe quelle plage et d'avoir à payer le prix fort pour rejoindre votre hôtel en bateau. L'hébergement est particulièrement cher, pour une qualité qui n'est pas toujours au rendez-vous. Le bateau vire ensuite au sud vers Ko Muk, en laissant à tribord trois îlots inhabités, **Ko Ma**, **Ko Chuak** et **Ko Waen**, dont les coraux offrent là aussi un beau spot de plongée de surface.

★ Ko Muk

L'« île Perle » recèle une merveille : une plage cachée derrière une falaise, que l'on rejoint par une galerie de 80 m de long creusée à l'intérieur. **Tham Morakot★★**, la « grotte d'Émeraude », porte bien son nom : on y accède par bateau à marée basse, mais si vous aimez les frissons, vous pouvez aussi remonter la galerie à la nage *(munissez-vous d'une lampe, le boyau est complètement obscur)*. Lorsque, enfin, vous sortez à l'air libre, vous débouchez sur une belle plage de sable blanc. La végétation tombe en cascade de la paroi rocheuse et se reflète dans l'eau, lui

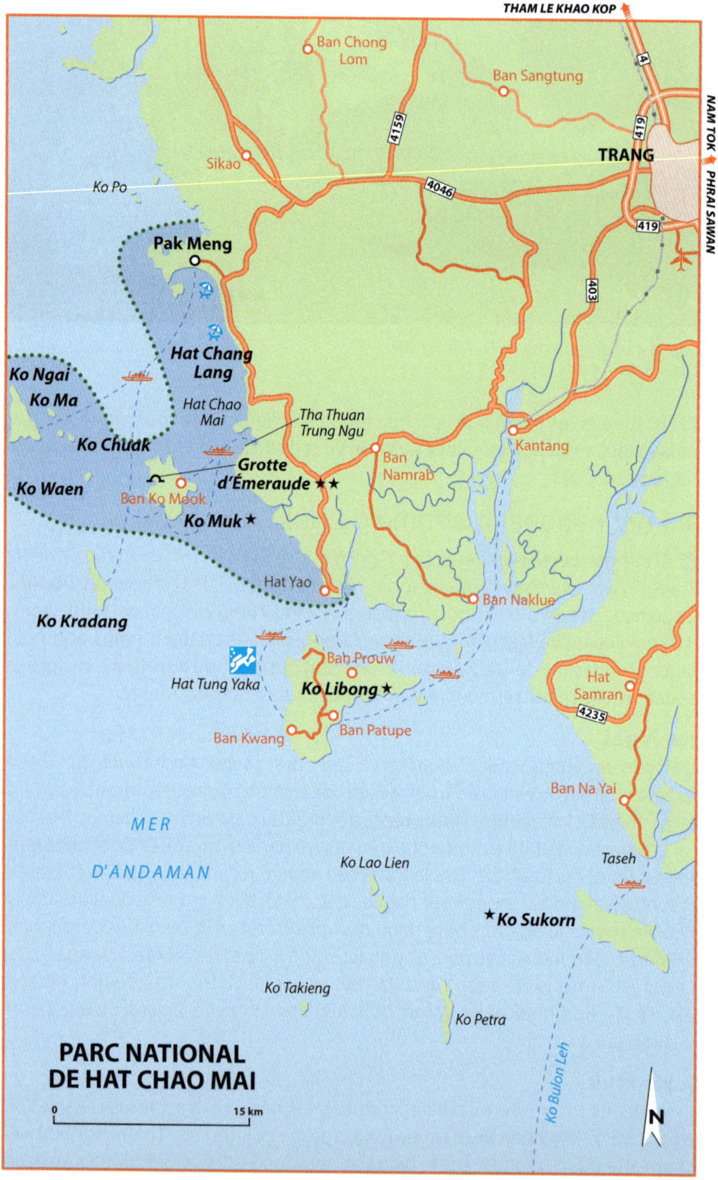

donnant cette couleur émeraude. Le reste de l'île n'a pas vraiment d'intérêt, les coraux qui l'environnent étant morts.

Ko Kradang

Plus au sud se profile Ko Kradang, la minuscule « île Bois », qui bénéficie d'une longue et magnifique plage. En dehors du créneau 10h-14h, où quelques touristes viennent parfois y faire une pause pique-nique, vous aurez souvent la plage pour vous seul. La grande mode consiste à venir s'y marier sous l'eau : les candidats sont nombreux en février, autour de la Saint-Valentin.

★ Ko Libong

Toujours plus au sud, Ko Libong est le refuge de milliers d'**oiseaux**, et ses plages regorgent de coquillages. Au large de l'île, on voit parfois des **lamantins** (*dugong* en thaï). La jungle occupe une grande partie de l'île, ponctuée par des plantations d'hévéas, dont les îliens vivent en partie, conjuguant la production de caoutchouc avec la pêche. Ce n'est certes pas le meilleur endroit pour s'adonner aux plaisirs de la plage, mais les villages de pêcheurs, les superbes couleurs orange de ses montagnes et l'accueil réservé aux touristes en font un endroit de choix, à vivre au rythme des insulaires.

★ Ko Sukorn

Très accueillante, Ko Sukorn est une île souriante avec son village de pêcheurs, son école et son dispensaire. Vous pourrez profiter de ses agréables plages, mais ne cherchez pas de corail – vous n'en verrez pas la moindre branche.

★ L'intérieur de la province B3

Après le grand bleu, plongez dans le grand vert, par les nombreux sentiers qui sillonnent les forêts de la province *(rens. à l'office du tourisme de Hat Yai ou de Trang)*.

★ Chutes de Phrai Sawan (NAM TOK PHRAI SAWAN)

À 25 km au sud-est de Trang. Prenez l'A 4 vers Phatthalung, jusqu'au km 22, puis tournez à droite vers Ban Ka Chong-Ban Hat Lao ; tournez alors à gauche au panneau indiquant les chutes et poursuivez sur 3 km jusqu'à la « Phrai Sawan Forest Protection Unit » (on peut aussi se rendre aux chutes en passant par les agences de voyage de Trang, qui organisent des visites en rafting) - location de bateaux sur place : env. 200 bahts.

Pour le fun et le décor : les chutes de Phrai Sawan se cachent au milieu de la magnifique jungle qui recouvre les flancs du **Khao Bantat**, l'un des sommets de la région. D'une longueur de 4,5 km, elles s'étagent sur 17 niveaux dans la verdure. On peut les rejoindre à pied, par un sentier, mais le plus divertissant est de les descendre en kayak. Tout le monde peut tenter l'aventure, la pente étant douce et sans risque, et si vous louez un bateau sur place, on vous donnera quelques bons conseils, simples et efficaces, pour profiter pleinement de la balade.

5

★ Grotte de Khao Kop (THAM LE KHAO KOP)

À 34 km au nord de Trang. Empruntez l'A 4 jusqu'à Huai Yot (29 km) et continuez sur 5 km ; un panneau sur la gauche indique l'entrée de la grotte. Au point d'information touristique (8h-17h), vous pourrez louer une embarcation (60 bahts/pers.). La grotte est fermée au public en cas de pluie.

Cette grotte s'ouvre au bout d'un ruisseau que l'on remonte en barque. Il mène à une immense salle souterraine, large de 400 m pour près de 800 m de long, véritable cathédrale naturelle sculptée de milliers de stalactites.

Carnet pratique

S'informer

Tourism Authority of Thailand (TAT) à Trang – *300/3 Th. Petchkasem - ✆ 07 521 58 67 -* Infos sur les balades en forêt, horaires de bateaux, de bus, etc.

Arriver/Partir

En avion

L'aéroport de Trang se trouve à 7 km de la ville. 6 vols/j. de/vers Bangkok avec Nok Air, AirAsia et Thai Lion Air. En haute saison, réservez longtemps à l'avance.

En bus

De Trang, plusieurs bus de/vers Phatthalung, Hat Yai, Pak Bara, Satun, Ko Lanta et Bangkok.

En train

Plusieurs trains relient quotidiennement Bangkok et Trang *(15 à 17h de trajet)*.

En bateau

Excursion vers les îles du parc maritime en long tail boat à la journée depuis Koh Lanta.

Adresses utiles

Agences de voyage

La plupart des hôtels et *resorts* de Trang font office d'agence de voyage et peuvent se charger d'organiser des excursions, voire des sorties de plongée.

Nos adresses

Hébergement/restauration

Trang

Premier prix

Thumrin – *99 Sathanee Rd - ✆ 07 5211 01 14 - thumrinhotel.thumrin.co.th - ▤ ✕ P - 100 ch. à partir de 700 bahts ☕.* Un hôtel confortable situé près de la gare. La décoration ne laisse aucun souvenir mais on apprécie la qualité de la literie. Le restaurant, climatisé, est ouvert de 6h30 à minuit.

Wattana Park – *315/7 Th. Huay Yod - ✆ 07 521 62 16 - www.wattanaparkhotel.com - ▤ ✕ - 122 ch. à partir de 600 bahts - ☕ 120 bahts.* La gentillesse de l'accueil compense les petits défauts d'un établissement qui commence à vieillir, même si les chambres demeurent confortables, avec minibar et salle de bains en marbre.

Ko Ngai

Une folie

Coco Cottage – *Sur la plage côté est de l'île - ✆ 089 724 92 25 - www.coco-cottage.com - ▤ ✕ - fermé juin et sept. - 28 ch. à partir de 3 250 bahts ☕.* On loge dans de superbes bungalows de bois aux toits de chaume, aux plaisantes salles de bains à ciel ouvert, sous les palmiers. L'intérieur des chambres, de style colonial, est de bon goût. Le tout au milieu d'une belle pelouse qui s'étend jusqu'à la plage. Enfants à partir de 3 ans.

Phatthalung et le Parc ornithologique de Thale Noi ★★★

Nichée au pied de deux impressionnants pitons rocheux creusés d'innombrables grottes, la ville de Phatthalung coule des jours paisibles au milieu des rizières – c'est la seule région rizicole du Sud. Hormis un marché coloré, l'animation se réduit au passage des touristes venus explorer le parc ornithologique de Thale Noi. Peu habitués à recevoir des visiteurs, les habitants font montre à leur égard d'une grande attention, à peine tempérée par leur non-pratique de l'anglais. L'occasion de cultiver votre connaissance du phrasé thaï avant de partir à la rencontre des oiseaux. Une balade unique : de janvier à mars, le lac se pare de milliers de lotus roses ; au lever du soleil, le spectacle est plus féerique encore, rehaussé par le ballet des libellules dans les hautes herbes, les bouquets d'iris, les jacinthes et les lys d'eau. Explorer ce dédale aquatique à bord d'un « long tail » comptera parmi vos souvenirs les plus forts.

Se repérer

CARTE B3 (P. 312-313).
33 247 habitants à Phatthalung – Province de Phatthalung.
Le parc est situé à 32 km au nord-est de Phatthalung (862 km au sud de Bangkok) par les routes 41 et 4048.

À ne pas manquer

Le lever du soleil sur le lac ; une balade sur l'eau parmi les oiseaux.

Organiser son temps

Meilleure saison : de déc. à mars.

Carnet pratique p. 378

Nos adresses p. 378

Le « nang talung »

Version populaire du *nang yai*, le théâtre d'ombres thaïlandais, le **nang talung** est une grande tradition populaire de la région de Phatthalung et de Nakhon Si Thammarat. Le spectacle, qui accompagne les fêtes des *wat*, réunit les habitants du village. Vers minuit, les lumières illuminent la toile sur laquelle le *nai nag*, le maître de marionnettes, va faire danser des heures durant ses figurines de cuir découpé. Un orchestre rythme l'intrigue, qui consiste en une mosaïque d'histoires ayant trait à la vie quotidienne et composées par le *nai nag* lui-même. L'artiste prête sa voix à ses personnages, caricatures de types sociaux bien reconnaissables.

Découvrir le parc

8h-17h - gratuit. Comptez 3h pour faire le tour du lac en barque (500 bahts/h). Pensez à prendre jumelles, chapeau, protection solaire et une bonne provision d'eau.

Joyau d'une vaste réserve de 457 km² interdite à la chasse, l'immense lac de Thale Noi (30 km²) porte bien son nom de « Petite Mer ». Ses eaux peu profondes (1,5 m en moyenne) sont le refuge de nombreux **oiseaux migrateurs** qui, chaque année, de décembre à mars, viennent rejoindre plus de **180 espèces d'oiseaux des marais**. Cormorans, aigrettes, martins-pêcheurs, poules d'eau, sarcelles, ibis, hérons et autres échassiers peuplent les roseaux et les tapis de nénuphars ou de lotus. Accompagnant votre promenade, des myriades d'hirondelles virevoltent à la surface de l'eau pour gober les insectes que le bateau (à moteur, hélas) dérange à son passage.

Carnet pratique

Arriver/Partir

En bus

Les bus partent de la « place » de la gare de Phatthalung ou de la petite rue qui la longe (vers le sud). Pour Trang et Phuket, 1 ou 2 bus/j.; pour Hat Yai, bus ttes les 30mn; pour Bangkok, 3 bus l'après-midi.

En train

Gare de Phatthalung – trains pour Hat Yai *(1h20 de trajet)*, Surat Thani *(3 à 4h)* et de/vers Bangkok *(12 à 18h)*.

En songthaew

Service de taxis collectifs entre Baan Thale Noi et la gare de Phattalung. Départs fréquents entre 6h et 18h. Terminus près de l'embarcadère pour le parc et des plates-formes d'observation.

Nos adresses

Hébergement/restauration

Dans le village qui jouxte l'entrée du parc, vous trouverez quelques épiceries et des gargotes proposant du *pad thai*. Attention, tous ces commerces sont fermés après 20h.

Budget moyen

Chuanchom Resort – *183 Moo 2 - 090 180 19 91 - P - 4 ch. à partir de 700 bahts - 50 bahts.* Très bien placés, à 200 m de l'embarcadère sur le lac, ces petits bungalows sont propres et confortables. Accueil sympathique.

Le parc ornithologique de Thale Noi.
Chonnipa Aranwari/Getty Images Plus

Le long de la frontière malaise

Hat Yai - Satun - Parc national de Thale Ban

Supermarché géant aux portes de la Malaisie, étape des immigrés venus renouveler leur visa, Hat Yai doit sa récente expansion au tourisme malais et au commerce. En trois quarts de siècle, la ville est devenue un carrefour d'échanges primordial, principalement animé par son importante communauté chinoise et servi par un remarquable réseau de transports. Satun est quant à elle un passage obligé pour partir à la découverte des trésors marins de Tarutao ou de la jungle du Parc national de Thale Ban. Dernier vestige de l'immense forêt dense qui recouvrait jadis la péninsule, ce dernier abrite encore une multitude d'espèces végétales et animales et accueille les derniers Sakais, une minorité locale vivant au cœur du parc.

Se repérer

CARTE B4 (P. 312-313),
PLAN DE HAT YAI CI-CONTRE.
156 802 habitants à Hat Yai ; 23 837 habitants à Satun – Provinces de Songkhla et Satun.
Hat Yai est situé à 950 km au sud de Bangkok et Satun à 973 km.

À ne pas manquer

Se baigner au pied des chutes de Ton Nga Chang ; dormir au moins une nuit dans le Parc national de Thale Ban ; flâner dans le grand marché frontalier le dimanche matin.

Organiser son temps

Comptez deux jours pour explorer le Parc national de Thale Ban. Meilleure saison : de nov. à avr.

Mise en garde

Avant votre visite, il est impératif de vous renseigner sur les conditions de sécurité régnant dans cette région proche de la frontière malaise.

Carnet pratique p. 383

Nos adresses p. 384

Circuit conseillé

CARTE P. 312-313 ET PLAN CI-CONTRE

De Hat Yai à Satun

Circuit d'env. 100 km, tracé en rouge sur la carte p. 312-313 – Comptez une demi-journée.

Hat Yai B4 ET PLAN CI-CONTRE

Véritable toile d'araignée agitée par un trafic incessant, Hat Yai reste surtout, pour les voyageurs, une étape obligée sur la route de Satun et du Parc maritime de Ko Tarutao. Mais avant de partir dans les îles, il n'est pas désagréable de s'immerger un moment dans l'animation frénétique et colorée de cette ville. Dans le centre, tout semble pouvoir s'acheter et se vendre, et, entre deux emplettes, il fait bon se poser à la table d'une gargote chinoise pour goûter quelques savoureux *dim. sum.*

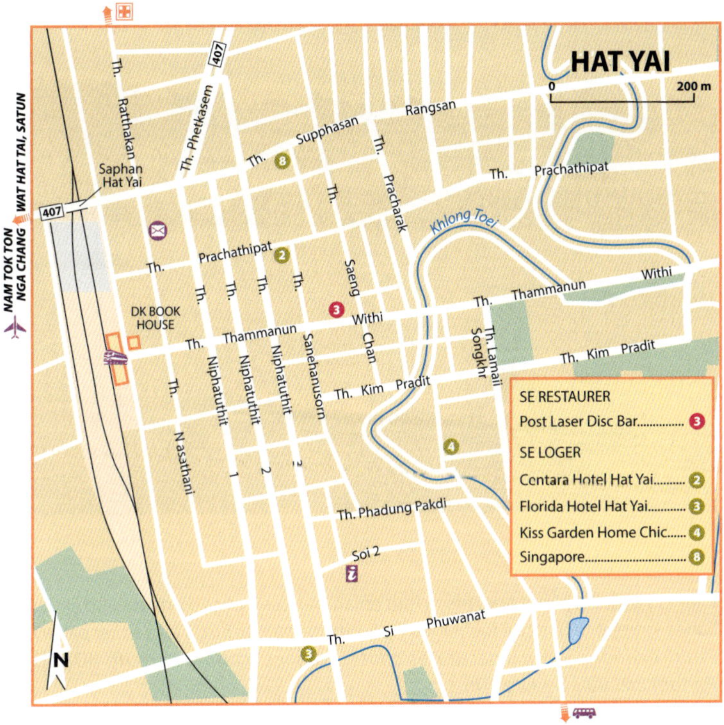

Autre spécialité de Hat Yai, les **combats de buffles**, auxquels vous aurez sûrement l'occasion d'assister : traditionnellement organisés deux fois par mois dans des arènes, ces affrontements spectaculaires durent de trois minutes à une heure selon l'endurance des animaux.

Wat Hat Yai Nai – *Th. Phetkasem (à 4 km à l'ouest du pont ferroviaire Saphan Hat Yai).* Avant de quitter la ville pour la côte ouest, faites une halte au Wat Hat Yai Nai pour voir son imposant **bouddha couché★** de 35 m de long sur 15 m de hauteur. Au-delà, la route grimpe lentement à travers de beaux paysages ponctués de pitons calcaires et de collines tapissées d'hévéas.

★★ Chutes de Ton Nga Chang (NAM TOK TON NGA CHANG) B4

À 27 km à l'ouest de Hat Yai par la route 406. Passé 13,5 km, tournez à gauche ; un panneau indique le site (songthaew à partir de Hat Yai) - 8h-17h - 200 bahts - prévoyez chaussures de marche, maillot de bain, jumelles, produit antimoustiques et crème solaire.

Cette belle réserve naturelle invite à une échappée sportive et « nature » bien plaisante. Cachées au cœur du parc, les « Chutes d'eau en défenses d'ivoire » (leur nom en thaï) s'étagent sur sept niveaux dans un chaos de rochers ocre brun. Deux bras – ou « défenses », d'où leur nom – se séparent au niveau du troisième palier, jouant avec les caprices du relief, avant de plonger dans un large bassin d'eau fraîche et cristalline.

Il fait bon se baigner dans cette **piscine naturelle★** après l'effort *(attention cependant, les rochers sont glissants)*, car les sentiers qui conduisent au sommet des

5

Parc national de Thale Ban.
Utopia_88/Getty Images Plus

chutes s'avèrent plutôt sportifs : il faut enjamber des troncs d'arbre, écarter des lianes, grimper à flanc de rocher *(comptez 4h de marche jusqu'au dernier palier). Pour rejoindre Satun à partir des chutes, prenez d'abord la route 407 dir. Rattaphum, puis la route 406.*

Satun

À env. 100 km au sud-ouest de Hat Yai.

Paisible bourgade proche de la frontière malaise, Satun tient son nom, dérivé du malais *setul*, d'une variété d'arbres très courante dans la région. La ville, sans grand intérêt architectural, reçoit surtout la visite de touristes en partance pour les îles Langkawi, de l'autre côté de la frontière. Pourtant, Satun vaut qu'on s'y attarde un peu, le temps de savourer sa douceur de vivre, la gentillesse de ses habitants et son atmosphère différente de celle des autres villes du pays. Car ici, Bouddha n'a pas sa place : plus malaise que thaïlandaise – la ville resta historiquement rattachée à la Malaisie jusqu'au début du 20e s. –, Satun est profondément musulmane et ses journées sont rythmées par l'appel du **muezzin**, à l'heure de la prière. Une culture qui se retrouve jusque dans la langue locale, le yawi, et dans la cuisine : entre deux bateaux, il faut absolument aller grignoter un *roti* au **marché de nuit**.

★★ Parc national de Thale Ban

À 39 km de Satun. Prenez la route 406 jusqu'au km 19 et tournez à droite pour emprunter la 4184 qui mène au parc (20 km). Droit d'accès au parc 200 bahts.

Au bureau du parc, vous trouverez un plan de la forêt où figurent les sentiers et le temps moyen de chaque promenade. Si vous pensez vous en éloigner, prévenez les autorités avant de partir et prenez de l'eau, une protection contre les moustiques, un couteau et des jumelles.

À peine 100 km² de luxuriante forêt tropicale s'étagent entre deux montagnes, **Khao Chin** à l'est et **Khao Wangpra** à l'ouest. Mais dès que l'on plonge dans ce parc luxuriant, on a la sensation de se trouver au cœur d'une nature intacte.

Les feuilles tombent avec un bruit mat, et toute la jungle bruisse du concert incessant des animaux. Quelques sentiers escarpés se dessinent dans l'épaisseur de la végétation, débouchant çà et là sur des cascades, des résurgences, des torrents d'eaux vives et des piscines naturelles. Parmi les arbres géants aux racines tentaculaires – banians, fromagers, etc. – se cache peut-être un serpent ou une tribu de gibbons.

Près du bureau du parc, un vaste **lac★** s'étend sur 30 ha. Dessinant les bords d'une fondrière, une végétation serrée verdit ses rivages, dont le bakong, une plante endémique aimant les eaux peu profondes.

Un pavillon accueille un restaurant où il fait bon s'asseoir pour goûter la paix des lieux. Le soir, le chant de la forêt s'amplifie pour se faire plus étrange encore, ponctué par les appels des animaux nocturnes.

En sortant du parc, continuez sur la route 4184 jusqu'à la frontière malaise (à 2 km)

À la frontière malaise

Chaque dimanche matin, un gigantesque **marché★** se tient de part et d'autre de la frontière, ouverte pour l'occasion. Dans une ambiance animée et colorée, on y vend de tout, contre espèces (malaises) sonnantes et trébuchantes ; objets bariolés en plastique, vêtements, nourriture, et même des poissons vivants.

Carnet pratique

S'informer

Tourism Authority of Thailand (TAT) à Hat Yai – *1/1 Th. Niphatuthit 3, Soi 2 - ✆ 07 423 10 55.* Infos utiles sur la ville, ses environs et les éventuels problèmes de sécurité dans la région.

Site des Parcs nationaux de Thaïlande – *http://park.dnp.go.th.*

Arriver/Partir

En avion

L'aéroport est situé à 12 km au sud-ouest de **Hat Yai**. Env. 20 vols/j. de/vers Bangkok avec Nok Air, Thai Lion Air, AirAsia. 1 vol direct quotidien de/vers Phuket, avec Bangkok Airlines. Navettes vers Hat Yai.

En bateau

Du port de **Satun** (Thammalang Pier), 1 liaison régulière en ferry dessert la Malaisie, et plus précisément les îles Langkawi *(www.thailandferrybooking.com).*

En bus et songthaew

De **Hat Yai**, liaisons avec Pak Bara, Trang, Krabi, Phuket et Bangkok.

De **Satun**, 3 ou 4 bus/j. desservent Langu, Trang et Hat Yai. 1 bus/j. part pour Bangkok *(15 à 18h de trajet).* Ttes les h., de 7h à 16h, des *songthaew* font la navette entre Satun et Wang Prajan *(40mn).* Ensuite, des motos-taxis vous amèneront jusqu'au parc de Thale Ban en 30mn.

En train

Située sur la ligne reliant Bangkok à la Malaisie, **Hat Yai** se trouve à 1h20 de train de Phatthalung, 5h de Surat Thani et 17h20 de la capitale.

Adresses utiles

Santé

Hôpitaux à Hat Yai *(Th. Ratthakan),* Satun et à Langu.

Nos adresses

Restauration

Hat Yai PLAN (P. 381)

Premier prix

3 **Post Laser Disc Bar** – *82-84 Th. Thammanun Withi - 07 423 20 27 - 18h-2h - - plats 100/220 bahts.* Un bar-pub et restaurant pour écouter de la musique et boire une bière en soirée. L'endroit est fréquenté aussi bien par des Thaïlandais que par des touristes occidentaux ou malais.

Satun

Premier prix

Marché de nuit – *Aux abords de la mosquée - à partir de 17h - plats env. 100 bahts.* Spécialités de la région, *roti*, *pataba*, *pa samod* et autres *bada* ou *mamode*, vous attendent dans cet agréable marché de nuit, parmi les plats de nouilles et les soupes plus traditionnelles. De quoi faire un festin à prix modique.

Parc de Thale Ban

Vous trouverez quelques restaurants à proximité, au sud de l'entrée du parc.

Hébergement

Hat Yai PLAN (P. 381)

Premier prix

8 **Singapore** – *62-66 Th. Supphasan Rangsan - 07 423 74 78 - - 36 ch. à partir de 400 bahts.* Un excellent rapport qualité-prix pour ces chambres de taille moyenne, équipées d'une belle salle de bains carrelée avec baignoire et eau chaude. Accueil chaleureux.

Budget moyen

3 **Florida Hotel Hat Yai** – *8 Th. Si Phuwanat - 07 423 45 55 - - 119 ch. 500/1200 bahts.* Un grand hôtel moderne, aux chambres spacieuses (on évitera de s'attarder sur la décoration ringarde) et aux prestations correctes (service de massage) : des atouts qui compensent un accueil assez froid.

4 **Kiss Garden Home Chic** – *51/2 Th. Hoimook - 07 423 44 44 - www.kissgardenhomechichotel.com - - 81 ch. 1400/1 900 bahts - 200 bahts.* Cet hôtel moderne encadrant un jardin agrémenté d'une cascade demeure l'un des plus agréables de la ville. Chambres confortables. On en oublie l'atmosphère un peu étouffante de Hat Yai !

Pour se faire plaisir

2 **Centara Hotel Hat Yai** – *3 Th. Sanehanuson - 07 435 22 22 - www.centarahotelsresorts.com - - 248 ch. à partir de 2 000/3 900 bahts - 350 bahts.* L'un des hôtels de luxe de la ville, disposant de toutes les prestations dues à ce standing : salle de fitness, sauna et trois restaurants de cuisines différentes. Les sdb somptueuses et la qualité de l'accueil en font un lieu de choix.

Le Parc national maritime de Mu Ko Tarutao ★★★

Classé en 1974, l'archipel de Tarutao est le plus ancien parc national maritime de Thaïlande. Il compte 51 îles vertes, perdues aux confins de la Malaisie et préservées de toute exploitation commerciale, immobilière et touristique. Couvrant une superficie de 1490 km², le parc constitue aujourd'hui un sanctuaire naturel exceptionnel, réputé autant pour la richesse de ses fonds marins que pour la beauté de ses paysages insulaires.

Se repérer

CARTE AB4 (P. 312-313),
CARTE DU PARC (P. 386-387).
Province de Satun.
À 973 km au sud de Bangkok.

À ne pas manquer

La grotte aux Crocodiles, sur Ko Tarutao ; les fonds coralliens entre Ko Batuang et Ko Rawi (à partir d'Adang ou de Lipe).

Organiser son temps

Comptez deux jours pour explorer le parc national maritime.

Carnet pratique p. 390

Nos adresses p. 390

Découvrir

CARTE DU PARC P. 386-387

★★★ Les îles sauvages

Droit d'accès au parc 200 bahts (enf. 100 bahts).

Attention, les zones de Ko Adang et Ko Rawi sont théoriquement fermées au public du 15 mai au 15 nov., mais ces dates sont sujettes à modification en fonction des impératifs de conservation ; renseignez-vous avant d'envisager le voyage.

Après une heure de traversée bruyante au départ de Pak Bara, le petit ferry s'ancre d'abord sur l'île de Tarutao. Les amoureux de la vie sauvage choisiront de débarquer ; ceux qui préfèrent le farniente sur la plage poursuivront jusqu'à Ko Lipe. Mais il sera toujours possible de changer d'avis : à quelques encablures de Ko Lipe, Ko Adang et Ko Rawi sont, elles aussi, tout à fait préservées du tourisme de masse.

★★ Ko Tarutao

À env. 20 km de Pak Bara.

Avec son étroite crête rocheuse culminant à 708 m, la plus grande île de l'archipel (24 km sur 11 km) ressemble à un dinosaure endormi. Une île montagneuse aux flancs escarpés, creusés de grottes et ponctués de cascades à découvrir sous le couvert d'une jungle touffue. Sur le rivage, les mangroves et les marais alternent avec de longues plages qui inviteraient au farniente… si les rangers du parc, qui tiennent le domaine avec un peu trop de zèle, ne lui conféraient pas une ambiance boy-scout qui peut agacer.

On débarque au port d'**Ao Pante Malacca**, l'unique village de l'île, où se trouve le bureau du parc. La longue plage du village serait idyllique sans ses bungalows et ses *long houses*, dortoirs sommaires lui donnant un petit air de camp militaire… De là, un sentier qui part derrière le restaurant grimpe en un quart d'heure à **Toe Boon★**, une falaise d'où l'on jouit d'un beau **point de vue★** sur les environs.

La plus belle plage de l'île, que jouxte le campement d'accueil du parc, reste néanmoins **Ao Son★★** *(côte nord-ouest)*, superbe bande de sable fin de 3 km de long, frangée de casuarinas. Au lever du soleil, une visite silencieuse des environs d'Ao Pante Malacca, à la découverte de la jungle et de sa faune sous la houlette d'un ranger spécialiste des animaux, vous permettra d'apprécier le caractère sauvage de l'île… et les méthodes draconiennes mises en place pour le préserver.

À marée haute, vous pourrez affréter un *long tail* pour vous rendre à la **grotte aux Crocodiles★★** (THAM JARAKHE) *(n'oubliez pas votre lampe de poche)*. Si les grands reptiles s'y font plutôt rares, l'endroit vaut le détour pour son magnifique décor de stalagmites et de stalactites. Un petit chemin creusé dans la roche permet d'admirer à loisir toutes les teintes de ces impressionnantes concrétions calcaires.

Prenez aussi le temps de vous promener au hasard des sentiers, à la découverte de quelques cascades, de plages du bout du monde, sans négliger la forêt et

les vestiges historiques des deux camps de prisonniers *(voir encadré p. 388)* : **Ao Talo U-Dang** à la pointe sud, et **Ao Talo Wao** à l'est. De Ko Tarutao, on peut rejoindre d'autres îles accessibles aux visiteurs, dont Ko Adang. En chemin, le bateau s'approche de deux ravissants îlots inhabités, **Ko Khai** et **Ko Klang**. Ce dernier, reconnaissable à sa belle **arche de pierre★**, logo du parc maritime, doit son nom (« œuf » en thaï) aux tortues qui, en décembre et en janvier, viennent pondre sur le sable.

★★★ Ko Adang

À 43 km à l'ouest de Ko Tarutao.

Avec sa forme d'éléphant vert, l'île montre un relief aussi tourmenté et élevé (703 m) que Tarutao. Isolée à la pointe sud de l'île, où accoste le bateau, l'infrastructure touristique se réduit à un campement de quelques maisons de palmes et de bambous, abritant les bureaux du parc, les hébergements pour les visiteurs, un restaurant et quelques tentes. Le tout fait face à **Laem Son★★**, ravissante plage de sable blanc ombragée de casuarinas.

Les rangers vous indiqueront les **chemins forestiers** à explorer et vous rappelleront les précautions à prendre en cas de rencontre avec de « drôles » de bêtes. Pensez à vous hydrater régulièrement et méfiez-vous des singes, grands voleurs s'il en est !

À droite des dernières bâtisses, un sentier taillé dans le granit grimpe dans les hauteurs jusqu'à deux beaux **points de vue★★** (le second est le plus intéressant). Un autre chemin, passé la dernière maison de bambou puis le lagon, conduit à la **Pirate Waterfall** *(indiqué - comptez 1h30 de marche aller)*, une jolie cascade où les pirates de la région venaient se ravitailler en eau douce.

Un peu plus loin, vous atteindrez le hameau de chaume de **Talo Po Ya** *(à 1 km à pied de la cascade)*, territoire des Chao Le, les « gitans de la mer » *(voir encadré ci-contre)*.

5

Les pirates de Tarutao

Comme Langkawi, Ko Tarutao – qui signifie en thaï « mystérieux » – a longtemps souffert d'une terrible réputation. De 1939 à 1946, l'île accueillit un camp de prisonniers politiques et un bagne pour grands criminels. Elle offrait en effet une situation de choix, bien loin de la capitale et cernée d'eaux infestées de requins et de crocodiles – aujourd'hui disparus. Mais dès le début de la guerre, les deux camps sombrèrent dans l'oubli, et plus d'un tiers des détenus périrent, faute de nourriture et de médicaments antipaludéens. La seule solution de survie trouvée par le directeur fut la piraterie, vieille tradition de la mer d'Andaman. Aidé des gardes et des prisonniers, il attaqua tous les bateaux approchant les côtes, pillant leur cargaison et n'hésitant pas à massacrer l'équipage. Ce n'est qu'en 1946 que l'armée britannique mettra fin, non sans peine, à ces exactions meurtrières. Un roman de Paul Adirex, *The Pirates of Tarutao,* relate cet épisode sanglant.

★★ Les îles balnéaires

Si les liaisons maritimes se sont améliorées ces dernières années vers Ko Lipe et Ko Bulon Leh, entraînant une forte augmentation du nombre de touristes (en particulier à Ko Lipe), ces deux îles ont néanmoins su garder leur charme.

★★ Ko Lipe

À quelques encablures au sud de Ko Adang.

L'îlot de Lipe se reconnaît à sa forme de haricot, hérissé de cocotiers. Deux plages font sa renommée, en particulier **Pattaya**★★. Propriété des Chao Le, les « gitans de la mer », l'île n'est pas placée sous la juridiction du parc national, d'où le développement, désormais, de nombreuses infrastructures touristiques.

★★ Ko Bulon Leh

À env. 50 km au nord de Ko Lipe et à 22 km à l'ouest de Pak Bara.

Non loin de Ko Tarutao, un petit archipel, Mu Ko Bulon, égrène ses îles tel un Tarutao en miniature. L'île principale, Ko Bulon Leh, ne fait que 2 km de diamètre, mais on y retrouve le même relief rocheux couvert de forêts.

Île paisible, sans scooter (il n'existe pas de route, juste un petit chemin), elle séduit par sa douceur de vivre. Ses quelques habitants, établis depuis les années 1960 et soucieux de préserver les lieux, construisent peu, et surtout des bungalows, plutôt éloignés les uns des autres pour respecter l'intimité de chacun.

On accoste sur la côte est, à proximité de la plus belle **plage**★ de l'île, propice à la baignade. Des *long tail* viennent vous chercher pour vous amener directement sur le sable. Là, rien d'autre à faire que de s'étendre au soleil : les coraux alentour ont presque tous été détruits, et les méthodes de pêche, quasi industrielles, vident un peu plus la mer chaque saison.

Prendre le temps de discuter avec les familles des pêcheurs ou d'acheter du pain et des gâteaux à l'une des vendeuses ambulantes qui sillonnent l'île, une boîte à gourmandises sous le bras, fait partie des plaisirs du séjour.

★★★ Promenade aquatique

De Ko Bulon Leh ou de Ko Lipe, vous pouvez louer les services d'un pêcheur pour aller sur les spots de plongée autour d'Adang, Batuang et Kata. Ne manquez pas les

Coucher de soleil sur la plage de Laem Son sur Ko Adang.
F. Guiziou/hemis.fr

Seven Corals★★★, un site dont les fonds coralliens offrent une véritable féerie de couleurs. Entre jardin et aquarium, cette balade aquatique relève de la pure magie. Depuis 2016, **Ko Hin Ngam★★**, une petite plage couverte d'étranges galets qui, telles des mosaïques antiques, ne révèlent leurs multiples couleurs qu'au contact de l'eau, fait l'objet de mesures de protection drastiques. Elle est régulièrement fermée à la visite.

Les gitans de la mer

De Madagascar à Hawaï, l'océan Indien et le Pacifique sont le territoire du même groupe ethnique asiatique, dont les langues, avec leurs variations, appartiennent toutes à la famille linguistique austronésienne (ou malayo-polynésienne). Originaires de Taïwan, ces peuples migrèrent d'île en île à bord de catamarans. Construisant des maisons provisoires et vivant de la pêche, ils développèrent ainsi un mode de vie en profonde harmonie avec le monde marin. Aujourd'hui, si les habitants des **îles Andaman** se sont sédentarisés, ils restent toujours à l'écart de la population thaïlandaise. Peuple singulier, avec ses rites, sa religion, ses musiques et ses danses, les **Chao Le** et leur culture s'apprivoisent lentement. Deux fois par an, les villageois construisent un petit bateau en bois, le remplissent d'offrandes et le mettent à l'eau. Avec lui, la malchance s'éloigne du village.

Ile de Ko Lipe, la plage de Pattaya.
F. Guiziou/hemis.fr

Carnet pratique

S'informer

Site des parcs nationaux de Thaïlande – *http://park.dnp.go.th.*

Arriver/Partir

En bateau

De nov. à mai, plusieurs ferries et *speed boats* gagnent l'île de Tarutao au départ de **Pak Bara** (1 seule liaison maintenue entre mai et nov.). Le bateau continue vers Ko Lipe. Pour Ko Adang, il vous faudra organiser une liaison depuis Ko Lipe. Retour sur le continent en passant par Ko Bulon Leh. Vers Ko Bulon Leh, 1 ferry/j. au départ de Pak Bara. Possibilité de relier chacune des îles du parc.

Adresses utiles

Le parc ne compte ni poste, ni téléphone, ni café Internet, ni hôpital, ni banque. Veillez à changer assez d'argent avant de vous y rendre. Distributeurs ATM à Koh Lipe.

Nos adresses

Restauration

Ko Tarutao et Ko Adang

Premier prix

Restaurant du parc national – *7h-20h30.* Sur Tarutao et sur Adang, le restaurant-épicerie du parc reste l'unique option. On passe sa commande au comptoir et on la règle avant de prendre place. Monopole ne signifiant pas excellence, mieux vaut apporter fruits et biscuits sur l'île.

Ko Lipe

Premier prix

Daya – *Sur la plage de Pattaya - ✆ 081 542 98 66 - 7h30-21h30 - plats 250/450 bahts.* Le restaurant le plus populaire de la plage, dans une bâtisse de bois ouverte sur la mer, sert une bonne cuisine thaïlandaise, légèrement relevée d'une pointe *chao le*. N'arrivez pas trop tard, car il ne sert que la pêche du jour. Le soir, les tables sont installées sur la plage et éclairées à la chandelle.

Boire un verre

Mountain Resort – *Pointe extrême nord de Ko Lipe - ✆ 07 475 09 17 - www.mountainresortlipe.com - 17h-0h.* Pour prendre un verre sur les hauteurs.

Activités

Plongée sous-marine

Huit centres à Ko Lipe et un centre à Bulon Leh (mais très peu fréquenté).

Randonnée

Renseignez-vous auprès des rangers de Ko Tarutao et Ko Adang.

Snorkeling

Il vaut mieux apporter son propre matériel. Seuls les restaurants de la plage de Pattaya (Ko Lipe) louent masques et tubas.

Hébergement

Pak Bara

Premier prix

Best House Resort – *23 Moo 2 (à 200 m du port) - ✆ 06 1132 70 77 - ▤ ✕ - 20 ch. à partir de 750 bahts.* Pratique si vous avez manqué le dernier ferry : des bungalows confortables autour d'un petit étang artificiel. C'est sans conteste la meilleure adresse du hameau.

Ko Tarutao et Ko Adang

Premier prix

Tarutao National Park – *✆ 07 478 38 97 - www.dnp.go.th - ✕ ▭ - 68 ch. 600 bahts.* Les premiers prix correspondent aux *long houses*, bâtisses rudimentaires équipées de 4 matelas, mais certains bungalows sont plus élaborés (sanitaires).

Ko Lipe

Pour se faire plaisir

Castaway Resort – *1065 Moo 2 PakNam - ✆ 083 138 74 72 - kohlipe.castaway-resorts.com - ✕ - à partir de 2 600 bahts - ☕ 300 bahts.* De jolis bungalows (sur 1 ou 2 étages) offrent un confort rudimentaire mais écologique (ventilateurs, pas d'eau chaude) qui s'avère suffisant au bord de la plage. Possibilité de louer des vélos.

Ko Bulon Leh

Prévoyez une lampe de poche pour circuler sur l'île le soir *(électricité jusqu'à 23h seult)*.

Budget moyen

Pan Sand Resort – *À l'est de l'île - ✆ 081 693 36 67 - www.pansand-resort.com - ▤ ✕ - 26 ch. 1700/2 500 bahts ☕.* L'adresse chic de l'île. Son restaurant pratique des tarifs raisonnables *(env. 200 bahts)*, dans un cadre reposant, au bord d'une pelouse qui s'étend jusqu'à la plage.

Prière dans un temple à Bangkok.
AMR Image/Getty Images Plus

COMPRENDRE LA THAÏLANDE

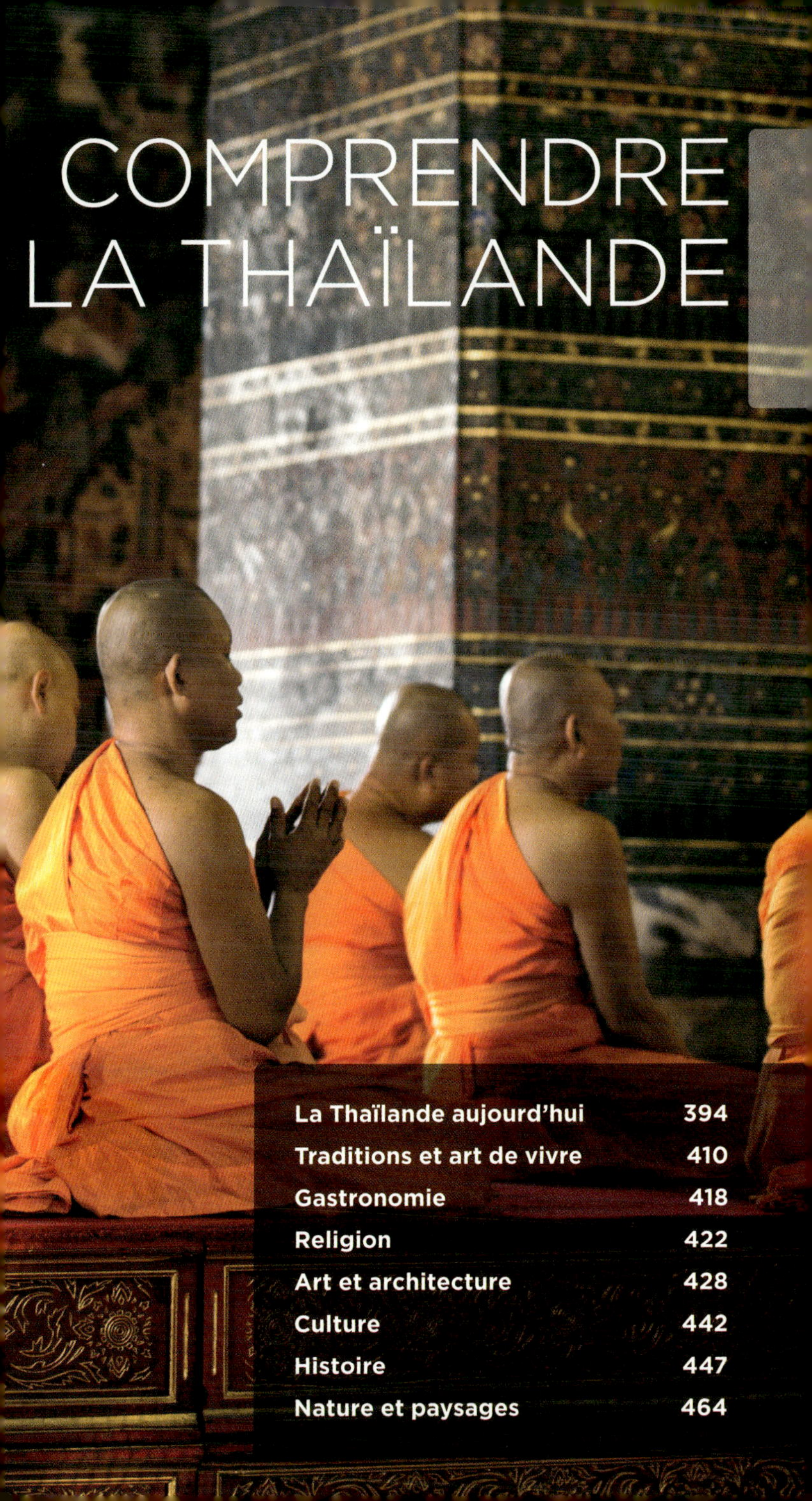

La Thaïlande aujourd'hui

Du flirt entre modernité rafraîchissante et traditions rassurantes naît le visage contrasté de la Thaïlande contemporaine. Quoi de commun entre cet homme d'affaires pressé dans le quartier de Sukhumvit, cet artisan potier aux gestes millénaires, ce bonze en robe safran partant à l'aube avec son bol à aumônes ou ce paysan menant son buffle dans la rizière ? Entre la flèche dorée de cette pagode hors du temps sur les bords du Mékong et les tours de verre futuristes de Bangkok ? Rien en apparence. Tout en réalité. Car si villes et campagnes vivent à des rythmes différents, frénétique dans la capitale, immuable dans les plaines et les montagnes, les Thaïlandais gardent en partage des valeurs profondément enracinées, un sens fort de la famille, une profonde dévotion au roi et au Bouddha, et, par-delà les spécificités régionales d'un pays au carrefour de civilisations très différentes, un réel sentiment d'appartenance. Portrait d'une Thaïlande aux visages multiples.

La société

L'extraordinaire croissance économique qu'a connue la Thaïlande à la fin du 20e s. lui a donné une solide longueur d'avance sur ses voisins en termes d'ouverture et de modernisation. Malgré la crise engendrée par la pandémie de Covid-19, la Thaïlande reste l'un des pays les plus développés du Sud-Est asiatique. Accompagnant une plongée dans un univers de consommation à tout va, les immeubles poussent comme des champignons, les centres commerciaux prospèrent, toujours plus nombreux, toujours plus grands, à la périphérie des agglomérations. Malgré ces réels bouleversements, la société thaïe n'en demeure pas moins profondément attachée à ses valeurs traditionnelles : les trois piliers du pays – le roi, le bouddhisme et la nation –, trois préceptes que l'on apprend dès l'école, régissent la pensée collective, et le respect de la hiérarchie demeure un véritable pivot structurant la famille comme l'ensemble de la société.

L'organisation familiale

Tout Thaïlandais se réfère avec fierté au cercle familial dont il fait partie. La famille s'entend au sens élargi : trois ou quatre générations peuvent cohabiter sous le même toit, en particulier à la campagne. On loge de préférence dans la maison de l'épouse, placée sous l'autorité du grand-père ou du père, ainsi que du fils aîné. D'autres membres peuvent faire partie du cercle : des proches ou des amis, que l'on considère comme des oncles ou des tantes, voire comme des frères ou des sœurs.

Quartier chinois de Bangkok, marché de nuit.
aluxum/Getty Images Plus

Le respect des aînés

Dans la société thaïlandaise, l'individualité s'exprime peu et reste toujours subordonnée aux règles du groupe social, au sein duquel la hiérarchie des âges tient une place majeure. Les personnes âgées – 60 ans et plus – jouissent de ce fait d'une forte autorité morale.

Ce profond respect qui imprègne les relations entre aînés et cadets, adultes et enfants, se traduit par un langage particulier, caractérisé par des termes honorifiques et des gestes adaptés : inclination de la tête, hauteur des mains au salut, etc. Les jeunes apprennent tôt le sens de la hiérarchie familiale, qui implique d'obéir et de veiller à ne pas nuire à la réputation de ses parents.

L'ultime devoir d'un enfant consistera à prendre en charge son père et sa mère lors de leur retraite. Il devra également acquérir des mérites pour eux, avant et après leur mort, par des offrandes et par le biais de l'ordination temporaire ou définitive.

Le rôle de la femme

Chez elle, la femme bénéficie d'une grande liberté, même si une tradition tenace la place au rang des personnes faibles, passant pour être plus vulnérables au pouvoir des esprits *(phi)* et plus soumises aux passions. Et si elle s'adresse à son époux en l'appelant l'« aîné », celui-ci la traite de plus en plus sur un pied d'égalité.

Dans les classes aisées, à la ville surtout, la jeune femme célibataire est considérée comme un « objet de luxe » ; écartée des responsabilités sociales et économiques, elle est encouragée à participer à des concours de beauté. Une fois mariée, elle joue le second rôle au foyer, mais c'est elle qui tient les cordons de la bourse. Elle est la garante du budget familial : à elle de trouver le bon équilibre pour nourrir tous les membres de la famille, des enfants aux grands-parents, actifs ou non, et subvenir à leurs besoins.

La prostitution, une longue histoire

À l'époque féodale, les aristocrates entretenaient un nombre de concubines correspondant à leur rang. Abrogée au début du 20e s., la polygamie s'est néanmoins maintenue et l'institution de la *mia noi*, ou « petite épouse », reste tolérée. D'autres facteurs sont venus entretenir le commerce du sexe, pourtant illégal : l'immigration massive de coolies chinois entre le 19e s. et 1931, puis l'arrivée des GIs américains qui, durant la guerre du Vietnam (1964-1975), venaient se reposer en Thaïlande entre deux missions. Résultat, le pays est devenu en quelques décennies LA destination du tourisme sexuel. Les prostituées sont en général de jeunes paysannes originaires de régions défavorisées et qui, de retour dans leur village, sont souvent considérées par leur famille comme des « sauveuses ».

À la campagne et dans les milieux défavorisés, ce rôle de « gestionnaire » est parfois vu comme une véritable émancipation : la femme s'occupe en effet souvent d'un petit commerce qui améliore le quotidien et lui offre une certaine autonomie. Signe d'une certaine évolution des mentalités, les femmes parviennent de plus en plus à des postes à responsabilités, même si elles restent considérées comme inférieures aux hommes dans la société.

Le cycle de la vie

Régie par le cycle des incarnations et des renaissances, la vie des Thaïlandais est structurée par tranches de douze ans : l'enfance, l'entrée dans la vie adulte puis le mariage, la maturité, le mariage des enfants, et enfin l'art d'être grand-parent.

La naissance

La naissance du premier enfant est une véritable fête, surtout s'il s'agit d'un garçon, qui deviendra chef de famille. Un mois après la naissance du bébé vient l'heure du **tham kwan**, rite par lequel on rattache à l'enfant l'esprit vital *(kwan)* qui anime toute personne.

Le mariage

À 18 ou 20 ans à la campagne, vers 25 ans en ville, il est temps de penser au mariage. Le mariage arrangé, jadis en vigueur, a de nos jours cédé la place à l'union d'amour : les couples se choisissent eux-mêmes et annoncent leur décision à leurs parents. Ces derniers conservent néanmoins le droit d'intervenir, et il arrive qu'un père refuse d'accorder la main de sa fille s'il juge le prétendant incapable d'assurer son bonheur, notamment sur le plan matériel. À la campagne, où le choix des partenaires au sein du village est plus restreint, l'influence des parents demeure primordiale. Hiérarchie oblige, celle des âges venant doubler celle des sexes, l'usage veut que le jeune homme soit un peu plus âgé que sa future épouse (de trois ou quatre ans). En cas d'approbation, le père de la jeune fille fixe la **dot** qui sera offerte par la famille du fiancé. Elle comprend une somme d'argent suffisante pour couvrir les frais de la cérémonie et des bijoux en or (une chaîne, un bracelet, une bague) pour la future épouse. Le jour du mariage, les invités offriront en cadeau une enveloppe contenant de l'argent.
Si le mariage civil consiste en une simple déclaration à la préfecture, il ne saurait se passer d'une bénédiction religieuse préalable. Le matin des noces, on reçoit donc d'abord des moines auxquels on fait des offrandes. Puis un ami respecté est chargé d'unir les fiancés, agenouillés par

terre, en les liant ensemble par une tresse de fils blancs enroulés autour de leur tête, siège de l'esprit vital. Se succédant par ordre d'importance, les membres de la famille et les invités versent ensuite sur les mains jointes des époux de l'eau lustrale contenue dans une conque.

Le soir, enfin, un grand banquet rassemble tout le monde : en ville, il a lieu dans un hôtel de luxe où se dresse un buffet de gala ; à la campagne, où la cérémonie peut se prolonger durant deux ou trois jours pour les familles les plus aisées, c'est tout le village qui est convié chez la fiancée.

La mort et les funérailles

Comme le veut la tradition du bouddhisme theravada, le défunt est incinéré. La cérémonie, qui obéit à un rituel complexe, se déroule au temple, où la dépouille est exposée plusieurs jours dans un cercueil blanc. Cependant, en cas de mort brutale, la **crémation** se fera sans attendre, de crainte que l'esprit du défunt, refusant le repos éternel, ne soit tenté de revenir.

De longues soirées de prière précèdent la crémation, qui a lieu en fin de journée. Le jour venu, le cercueil est placé sur un char que la famille suit en procession autour de la chapelle funéraire. On le dépose ensuite sur le four, où chacun vient recouvrir le couvercle de bâtonnets d'encens. L'urne contenant les cendres est généralement enterrée dans un monastère.

L'habitat traditionnel

Sensibles à la valeur de leur patrimoine, tout au moins dans les milieux cultivés, les Thaïlandais ont pris conscience de la valeur de l'habitat traditionnel. Nombre de projets de restauration redonnent peu à peu vie aux villages sur pilotis de la campagne thaïlandaise. Beaucoup de foyers respectent aussi les rituels accompagnant traditionnellement la construction puis l'inauguration d'une maison : ils demandent la bénédiction des moines et les offrandes d'un maître laïc, destinées à inviter les esprits des lieux à accepter de partager l'espace avec les hommes.

À la campagne

Au milieu des rizières, entouré d'une cocoteraie ou d'une bananeraie, le long d'un canal *(khlong)* ou d'une rivière *(mae nam)*, le village

Une demeure familiale

Des maisons plus confortables et réservant une plus grande part à l'intimité tendent progressivement à se substituer à la demeure traditionnelle.
Mais on trouve encore dans les campagnes des habitations répondant au schéma traditionnel. Chacune ne comprend en principe qu'une seule pièce, suffisamment spacieuse pour loger grands-parents, parents et enfants, qui s'y réunissent, prennent leurs repas ensemble et dorment côte à côte sur des nattes au sol, parfois séparées par des moustiquaires. Une ou deux chambres minuscules, destinées aux jeunes couples, viennent souvent s'ajouter sur les côtés. La « cuisine » – plus exactement un espace où l'on range les ustensiles de cuisson – est reléguée sous les pilotis ou dans un cabanon bâti à côté de la maison. Quant à la salle d'eau, elle consiste en un simple enclos fermé, équipé d'une grande jarre d'eau fraîche. Un **grenier à riz** complète l'ensemble. Bâti lui aussi sur pilotis pour protéger les vivres des inondations et des prédateurs, il se dresse derrière la maison, dans la cour réservée aux animaux domestiques.

thaïlandais se rassemble autour du *wat*, le monastère bouddhique, cœur social et religieux de la communauté. Les villages les plus traditionnels conservent leur habitat de bois sur pilotis, des maisons que leurs propriétaires ont souvent construites eux-mêmes, aidés de leurs parents, amis et voisins, avec les **matériaux naturels** de la région : bambou et rotin tressé pour les parois et le toit, bois de teck pour le reste de l'ouvrage. Rançon de la modernisation, le béton et la tôle ondulée tendent cependant de plus en plus à les remplacer.

Dans la journée, la famille vaque à ses occupations, dans les champs ou à la maison. Ceux qui ne travaillent pas profitent de l'ombre sous les pilotis, se détendent sur un lit de bambou tressé ou accueillent voisins et visiteurs qui pourront se désaltérer au portail, où trône une jarre d'eau potable, avec sa louche en noix de coco ou sa timbale en plastique.

En ville

À la fois unités administratives et centres d'échanges et de commerce, les villes révèlent deux types d'habitats distincts : autour des principales administrations se rassemblent les résidences les plus cossues, celles des notables et des familles aisées, tandis que les marchés, suivant l'organisation « à la chinoise », s'entourent d'un tissu serré de **maisons-boutiques** de trois ou quatre étages. Dans ces dernières, le rez-de-chaussée accueille le commerce, les étages étant affectés aux bureaux et aux espaces de vie privés des propriétaires.

Les citadins qui en ont les moyens optent de plus en plus pour le confort d'une **maison individuelle** en béton, comprenant un seul étage et entourée d'un jardinet. Un auvent fait office de garage pour la voiture, choyée comme un bien précieux. Des moustiquaires protègent chaque fenêtre et les balcons accueillent les gros blocs des climatiseurs. Dans la vaste salle de séjour-salle à manger, meublée à l'occidentale ou dans le goût colonial avec chaises et tables en teck, trône un petit autel réservé au Bouddha. Les chambres, elles, sont meublées plus sobrement.

Ce type d'habitat se développe dans toutes les villes, bordant sur des kilomètres les grandes avenues *(thanon)* qui rayonnent en étoile à partir du centre.

Le retour à la tradition

L'élite thaïlandaise se fait parfois bâtir d'élégants pavillons de teck coiffés de hautes toitures emboîtées, à la manière des temples, et nichés dans de vastes jardins agrémentés de bassins.

Une mode originale concilie habitat moderne et traditionnel : elle consiste à acheter à la campagne, notamment dans la Plaine centrale, une ou plusieurs maisons sur pilotis, pour les démonter et les rebâtir en ville, à côté de la résidence principale en béton, où elles serviront de chambres à coucher.

L'éducation

Avec un taux de 93,7 %, la Thaïlande s'enorgueillit de posséder l'un des plus hauts niveaux d'alphabétisation en Asie du Sud-Est. Mais alphabétisation ne rime pas nécessairement avec haut niveau d'éducation, et l'on reproche souvent aux étudiants thaïlandais leur passivité et leur manque d'esprit critique. L'apprentissage « par cœur », tel qu'il est pratiqué dans les collèges et les lycées, et l'habitude de ne jamais remettre en cause l'enseignement reçu – respect envers le professeur oblige – sont pointés du doigt.

Privé et public

Les moines dispensaient jadis l'enseignement dans les monastères – ils continuent d'ailleurs de le faire dans les régions rurales reculées. Aujourd'hui, c'est l'État qui prend en charge l'éducation scolaire. L'école publique étant gratuite et obligatoire de 6 à 15 ans et la loi interdisant toute activité professionnelle avant l'âge de 12 ans, la plupart des enfants suivent le cycle primaire et le début du cycle secondaire, qui comprend au total six autres années.

Dans la pratique, la moyenne de la scolarité nationale se limite à neuf ans. Dès la fin de la période obligatoire, beaucoup de parents défavorisés, surtout parmi les paysans, retirent leurs enfants de l'école pour les faire travailler.

Les familles aisées, quant à elles, s'efforcent d'envoyer leurs enfants dans des écoles privées de renom, parfois au prix de grands sacrifices. Les adolescents ayant la chance de poursuivre leurs études – la plupart sont issus de familles citadines bénéficiant d'un bon revenu – passeront, au terme du cycle secondaire, un certificat qui leur permettra de se présenter au concours d'entrée à l'université. Au-delà, les plus brillants pourront choisir leurs disciplines et leur lieu d'enseignement. Les plus fortunés, eux, préfèrent poursuivre leurs études à l'étranger, notamment aux États-Unis.

Les Thaïlandais

Seul pays de l'Asie du Sud-Est à n'avoir jamais subi de colonisation occidentale, la Thaïlande, qui compte environ 66 millions d'habitants, se targue d'être une nation unifiée. Le groupe majoritaire, celui des Thaïs, constitue 90 % de sa population. Si la question de leur provenance exacte n'est pas complètement élucidée, la langue thaïe *(voir « Culture », p. 442)* révèle une origine sino-tibétaine. D'autres communautés importantes cohabitent sur le territoire, dont les Chinois (ou Sino-Thaïs), les Birmans (2 %) et les Malais (ou Thaïs Islam, 3 %), mais aussi des minorités ethniques ne parlant pas le thaï, tels les Khmers, les Môns, les Vietnamiens et les tribus montagnardes du Nord.

Les Thaï-Siamois, majoritaires

Des écrits chinois du 1er s. de notre ère évoquent les peuples barbares, ou **Taïs**, qui vivaient au sud du fleuve Yangzi, en Chine : d'après les historiens, ils seraient les ancêtres des Thaïs actuels.

La marche vers le sud

Confrontés à l'expansionnisme de l'empire du Milieu, les Taïs se virent contraints de se réfugier de plus en plus au sud, en particulier dans le Yunnan chinois. Dans leur exode progressif, ils suivirent les vallées creusées par les grands cours d'eau et gagnèrent finalement les États voisins. Le mouvement s'accéléra et se ramifia vers le 13e s., lorsque **Kubilaï**, le grand khan mongol, conquit la Chine : tandis que la majeure partie des Taïs s'implantait dans le nord de l'actuelle Thaïlande, dans la région de Chiang Mai et de Chiang Saen, puis plus tard dans la Plaine centrale, d'autres essaimèrent ailleurs ; un groupe s'établit ainsi au nord du Vietnam, un autre (les **Laos**) dans le Laos septentrional, et un troisième groupe (les **Shans**), en haute Birmanie (Myanmar).

L'essor de la Plaine centrale

Les Taïs de la future Thaïlande, et plus précisément les Thaï-Siamois, s'organisent en une multitude de principautés, puis en des royaumes plus ou moins indépendants les uns des autres. Ils profitent du déclin des Khmers et des Môns pour s'imposer dans les plaines fluviales, avant d'assimiler la culture de ces grands peuples indianisés.

Les peuples des montagnes

Les Karens

Vraisemblablement originaires du Tibet et du Yunnan chinois, les Karens forment, avec 400 000 membres, la population tribale la plus importante et la plus ancienne de Thaïlande. On ignore à quelle époque ils ont entamé leur migration vers la Birmanie, qui a reconnu sur son territoire un État karen. On sait cependant qu'ils reprirent leur marche vers le Siam au 18e s., pour se concentrer aujourd'hui de part et d'autre de la frontière entre les deux pays.

La volonté de vivre en paix pousse les Karens à rechercher des sites difficiles d'accès, même s'ils s'établissent finalement à des altitudes moins élevées que les autres peuples, entre 600 et 1 000 m. Accrochées à des pentes abritées et proches d'une source d'eau, leurs maisons de bambou sur pilotis sont entourées d'une véranda couverte qui sert de pièce à vivre et de cuisine. La plupart des Karens cultivent le riz sur brûlis au-dessus de 700 m, mais certains pratiquent la culture irriguée en terrasses à plus basse altitude.

Soucieux d'harmonie, les Karens vénèrent le seigneur de la Terre et de l'Eau, divinité gardienne du village – des croyances animistes qui coexistent avec la religion prédominante de chaque village, bouddhisme ou christianisme selon les cas. La longue et dure répression dont ils ont fait l'objet de la part des autorités birmanes, leur fuite vers la Thaïlande et leurs dramatiques conditions de vie dans les camps de réfugiés ont rendu les Karens tristement célèbres en Occident.

Les Hmongs

Les Hmongs, aussi appelés **Meos** (ou Miaos), viennent de Chine du Sud et ont transité par le Laos avant de poursuivre leur migration vers le Siam à la fin du 19e s. Le deuxième peuple montagnard du pays (300 000 membres) s'est établi autour de Chiang Mai, Chiang Rai et Mae Hong Son. Il compte deux sous-groupes principaux, que l'on identifie à leurs tenues vestimentaires : les **Hmongs blancs** et les Hmongs verts, plus souvent appelés **Hmongs bleus**. Très indépendants, les Hmongs sont prêts à défendre leur mode de vie par les armes s'il le faut.

La majorité de leurs villages s'étagent entre 1 000 et 2 000 m d'altitude, en particulier pour ceux qui cultivent le **pavot à opium** et en font le commerce (malgré la loi). Mais un grand nombre vit à des altitudes moins extrêmes et plus propices à la culture du riz et du maïs, des cultures de substitution qu'encourage le gouvernement thaïlandais afin de lutter contre la drogue.

Adossés à la montagne sur des pentes douces, hameaux et villages hmongs, non clôturés, se composent de maisons de pin légèrement surélevées. Le long des chemins qui y mènent, on franchit des « ponts » cérémoniels (au lieu de portes), édifiés selon des rituels précis.

Les Lahus

Troisième ethnie en nombre, la population lahu compte quelque 100 000 âmes résidant autour de Fang et de Chiang Rai. Vivant à l'origine dans le sud-ouest de la Chine, les Lahus ont émigré au 19e s. vers la Birmanie et le Laos, avant de rejoindre d'autres groupes déjà installés en Thaïlande.

Eux-mêmes se désignent comme « **bon ya** », les « enfants de la bénédiction ». Ils invoquent **G'ui sha**,

un être suprême plein de bonté, pour obtenir santé et récoltes. Certains se sont convertis au christianisme. Construites autour de 1 000 m d'altitude, leurs maisons de bambou posées sur pilotis entourent le temple dédié à G'ui sha, situé en hauteur. La **tribu des Sheh Leh**, elle, remplace ce sanctuaire par une aire de danses rituelles clôturée, destinée au cérémonial de bénédiction.
Les Lahus cultivent le riz, le maïs et le pavot sur brûlis, ce qui les oblige à se déplacer tous les trois ans, les terres qu'ils habitent, particulièrement pauvres, se trouvant vite épuisées. Ils complètent leurs revenus en vendant des articles de **vannerie**.

Les Akhas

Venus du Yunnan chinois, les Akhas sont arrivés en Thaïlande *via* la Birmanie vers le 19e s. On en compte aujourd'hui env. 80 000, installés pour la plupart sur les pentes du Doi Mae Salong (Nord) où ils implantent leurs villages dans une combe ou un creux bien ventilé par la brise, aux alentours de 1 000 m d'altitude. Spécifiques aux Akhas, les portiques ou piquets dits « **portes du village** » délimitent leur territoire et les protègent des esprits maléfiques de la jungle. La porte principale, située sur le chemin d'accès le plus élevé, est signalée par deux figurines en bois, d'aspect masculin pour l'une, féminin pour l'autre, indiquant que le domaine des hommes s'ouvre lorsqu'on franchit l'entrée. Posées sur pilotis, les maisons de bambou ou de planches, sans fenêtre, se regroupent à distance égale de celle du prêtre du village. Guidés par une volonté de continuité, qui s'exprime particulièrement dans leurs relations avec leurs ancêtres, les Akhas leur dédient un autel, pendu à la cloison de la pièce réservée aux femmes.
Les cultivateurs akhas pratiquent le brûlis et doivent eux aussi changer de résidence tous les quatre à cinq ans, en quête de nouvelles terres où ils cultivent encore le lucratif pavot à opium.

Les Yaos

Appelés Yaos par les autres peuples, eux-mêmes se désignent sous le nom de « **Miens** ». Ils sont originaires de Chine du Sud et sont les seuls à posséder une langue écrite depuis des siècles.
On estime à 60 000 le nombre de Yaos résidant en Thaïlande, gravitant autour de Chiang Rai, Phayao et Nan. Leurs villages, non clos, sont dispersés dans la montagne entre 1 000 et 2 000 m d'altitude, installés sur des pentes douces. À moitié sédentarisés, les Yaos cultivent le riz et le maïs, tantôt sur brûlis, tantôt en irrigation, ainsi que le pavot pour compléter leurs maigres ressources. Le désir de droiture qui habite les Yaos se manifeste par le respect des **ancêtres**. Ils pratiquent aussi d'anciens rituels taoïstes, héritage de leurs racines chinoises.

Les Lisus

Arrivés en Thaïlande *via* la Birmanie, les Lisus, fiers de leurs somptueux costumes traditionnels, sont aujourd'hui 30 000, éparpillés sur neuf provinces (dont presque la moitié à Chiang Mai). Vivant de la culture du riz sur brûlis, à 1 000 m d'altitude, et de celle du pavot, 600 m plus haut, ils établissent leurs villages entre ces deux niveaux, sur une crête face à une rivière. Qu'elles soient bâties sur pilotis ou à même la terre battue, les habitations, en bois, comprennent une véranda ouverte. Une fois l'autel familial disposé dans la nouvelle maison, on invite les ancêtres à venir y résider.

Au 13e s., le **royaume de Sukhothai**, dans la haute vallée du Chao Phraya, est le premier à conquérir son indépendance face aux Khmers, qui qualifiaient avec dédain ses habitants de *siam* (« barbares »). La cité-royaume de Sukhothai s'impose ainsi comme le prestigieux berceau de la civilisation thaïe. Une identité qui sera renforcée à la fin du 18e s. avec la **dynastie Chakri** (encore régnante), qui marque l'avènement d'un État moderne : les Chakri unifient en effet tous les royaumes rivaux du nord au sud et fondent Bangkok, où ils installent leur capitale, sur le delta du Chao Phraya. Terre très fertile, irriguée par un réseau dense de *khlong* (canaux), cette région rassemble aujourd'hui une grande population de paysans thaïs dont beaucoup vivent encore dans des maisons traditionnelles sur pilotis, en bambou ou en rotin tressé.

Sino-thaïs et Thaïs Islam

Les Chinois

Lorsque les Thaï-Siamois arrivèrent à l'embouchure du Chao Phraya, au 13e s., des commerçants chinois étaient déjà implantés là. Venus de Chine méridionale, ils migraient en effet depuis plus de deux mille ans par la mer, troquant épices, métaux et bois précieux avec les pays des mers du Sud. Au fil du temps, ils ont épousé des femmes thaïes, se sont intégrés comme citoyens thaïlandais, et certains d'entre eux, dotés d'une fortune considérable, ont même établi des liens avec la famille royale par mariages interposés.

Essentiellement citadins, ces **Sino-Thaïs** résident surtout à Bangkok et dans l'isthme de Kra, ainsi que sur les berges des grandes rivières de la Plaine centrale. Si nombre d'entre eux sont des commerçants et des artisans, cette communauté compte de plus en plus d'hommes d'affaires particulièrement influents dans le monde de la finance et de la banque, tout comme dans le domaine des rizières et des plantations d'hévéas. Représentant une véritable manne économique, cette élite fortunée possédant de luxueuses voitures et des villas dans la capitale est protégée par les monarques.

Attachés à leurs racines, les Chinois de Thaïlande préservent leur culture confucéenne, symbolisée par le culte des ancêtres, dont l'autel trône dans toutes les maisons.

Les Malais

Concentrés dans l'extrême sud du pays (provinces de Pattani, Songkhla, Yala et Narathiwat), les Malais vivent à la fois en bordure du littoral et dans des plaines étroites surplombées par des montagnes escarpées. Ils tirent leurs ressources de la pêche, des cocoteraies et des plantations d'hévéas, deux cultures destinées à l'exportation.

Ils réservent la récolte du riz à leur consommation personnelle.

Sur les côtes comme dans les plaines, les **kampong** (« villages ») malais regroupent leurs habitations en bois sur pilotis autour de la mosquée. Les Malais sont en effet de confession musulmane, d'où leur surnom de « **Thaïs Islam** ». Sous l'égide d'un imam (chef religieux) et des *orang baik* (sages du conseil de village), assurant l'éducation religieuse des enfants à l'école coranique, les Thaïs Islam conservent leur culture traditionnelle, tolérée tant bien que mal par le bouddhisme.

Mais la cohabitation est souvent émaillée de tensions. De petits groupes d'insurgés, sans représentation politique ni réelle concertation, s'en prennent aux symboles de l'État, et les incidents entre les deux communautés se sont multipliés ces dernières années : depuis 2004, plus de 7 000 personnes y ont laissé la vie. En 2014, de nouvelles violences ont

Jeunes Hmongs récoltant le thé, à Chiang Rai, au nord de la Thaïlande.
ShutterWorx/Getty Images Plus

éclaté dans la province de Pattani, et le gouvernement a fourni des armes aux habitants afin qu'ils constituent des milices d'autodéfense.

Les minorités ethniques

Sur les **hauts plateaux du Nord**, près des frontières du Laos et de la Birmanie, les tribus montagnardes – ou « **chao khao** » comme les baptisent les Thaï-Siamois – vivent souvent au-dessus de 1000 m d'altitude. La plupart sont venues des contrées septentrionales. À l'exception des Karens, émigrés de plus longue date, ces minorités ethniques se sont installées sur le territoire thaïlandais entre les 19e et 20e s.

Avec une population estimée à quelque 1,3 million de personnes, ces tribus se répartissent en six grands groupes ethniques parlant trois familles de langues : le tibéto-birman, le karénique et le sino-tibétain.

Elles ont en partage quelques traits caractéristiques : une vocation de cultivateurs, la vie en communautés villageoises, la culture du riz sur brûlis et un animisme imprégnant profondément la vie quotidienne. Chaque ethnie conserve pourtant ses traditions propres et nourrit un fort sentiment identitaire ; selon sa vision du monde, l'une cultive la recherche d'harmonie, l'autre affiche plutôt sa volonté d'indépendance.

Voir aussi « Les peuples des montagnes », p. 400.

Administration et économie

L'économie de la Thaïlande est marquée par les crises successives qu'elle traverse, reflets de l'instabilité politique d'un pays régulièrement secoué par des coups d'État et des dissensions internes depuis plusieurs décennies. L'effet de ces crises est néanmoins tempéré par un dynamisme à l'exportation qui a toujours permis au pays de maintenir l'équilibre de sa balance commerciale. La communauté sino-thaïe, qui tient les rênes de l'économie thaïlandaise (elle contrôle 80 % des grandes entreprises) et que l'on retrouve également au plus haut sommet de l'État, y joue un rôle prépondérant.

Une difficile politique de décentralisation

Au petit jeu des similitudes, outre la superficie, la population, la grande variété des paysages et la réputation des Thaïs d'être les Latins de l'Asie, la Thaïlande partage avec la France un goût prononcé pour la **centralisation administrative**, qui va de pair avec un fort attachement au monde rural hérité du passé *(voir encadré ci-dessous)*. Le découpage du territoire en 76 provinces regroupées en 6 régions (qui ne sont pas des entités administratives) traduit le souci de relayer au mieux, sur l'ensemble du territoire, l'action du pouvoir central. Chaque région est administrée par un gouverneur désigné par le pouvoir central, sauf à Bangkok où il est élu. Mais pour les habitants des 40 000 communes rurales, ce pouvoir se réduit souvent à l'image intouchable du roi et aux bruits lointains de corruption et de remaniements ministériels qui leur parviennent de la capitale.

Si ce maillage administratif rationnel et très centralisé a permis, entre autres, la scolarisation systématique, la mise en place de nombreuses infrastructures collectives et, plus généralement, la diffusion de tous les symboles qui font de la Thaïlande un pays à l'unité très forte, ce processus ne signifie pas forcément un développement équilibré entre le centre et la périphérie.

Bangkok, une mégapole

La centralisation administrative s'est accompagnée d'une concentration économique et démographique considérable, autour d'une mégapole de 11 à 16 millions d'habitants (selon que l'on considère ou non la conurbation du Grand Bangkok). Le poids de la capitale pèse d'autant plus qu'elle constitue le seul centre urbain de cette taille en Thaïlande. Et de loin : elle concentre en effet près de **80 % de la population urbaine** du pays, la 2e ville, Nonthaburi, dans l'Isan, dépassant à peine les 500 000 habitants.

Bangkok réalise à elle seule la moitié du **PIB**, les secteurs du commerce, de l'industrie manufacturière et des services en constituant les

La mise en place de l'administration provinciale

Les *ban* (communautés villageoises), regroupés autour des *muang* (ou districts, le terme désignant à la fois la ville, son enceinte et le territoire environnant) composaient jadis l'organisation administrative traditionnelle. Au sommet se trouvait le monarque, dont les décisions s'imposaient avec une autorité inversement proportionnelle à l'éloignement géographique et à l'influence des notables locaux. Au début du siècle dernier, l'émancipation de la paysannerie, libérée du système des prestations en travail ou en corvées (aboli en 1899) et affranchie de toutes les formes d'esclavage (en 1905) au profit d'un impôt annuel par tête, établit un lien direct entre l'administration centrale et l'immense majorité de la population, désormais constituée essentiellement de petits exploitants indépendants. Ce système rendait indispensable un solide maillage administratif du territoire.

moteurs. Elle bénéficie aussi de la plus grande partie des dépenses de l'administration civile et militaire.

La capitale occupe par ailleurs une position nodale dans les **réseaux de communication**, qu'ils soient nationaux (les quatre lignes de chemin de fer du pays en partent et toutes les autoroutes y aboutissent) ou internationaux.

Les centres régionaux

Inquiets de cette exorbitante primauté urbaine, les planificateurs ont tenté de réagir en promouvant des **pôles de croissance en province** dans les années 1960.

Quatre villes – Chiang Mai dans le Nord, la conurbation de Songkhla-Hat Yai dans le Sud, Nakhon Ratchasima (Khorat) et Khon Kaen dans le Nord-Est – ont ainsi bénéficié d'une politique d'incitations fiscales et de délocalisation de certains services administratifs. Ces programmes ont dynamisé le développement des petites métropoles régionales, mais sans toutefois entamer le pouvoir attractif de Bangkok. Et, en termes de production, l'écart se creuse toujours davantage. Aussi les autorités thaïlandaises ont-elles préféré décongestionner le centre-ville en disséminant ses administrations et ses universités à travers le Grand Bangkok, dans un rayon de 50 km.

Des inégalités croissantes

Bangkok et sa région affichent également des records sur le plan des inégalités sociales. Dans chaque quartier de la capitale, on constate des écarts de revenus d'une ampleur inconnue ailleurs. La Plaine centrale, dont l'aménagement a favorisé la constitution d'une classe de grands propriétaires terriens, a vu se dissoudre les solidarités villageoises, encore fortes dans le reste du pays. Et, alors qu'autrefois une grande partie de l'exode vers Bangkok était saisonnier (migration de travail et non due à la misère), l'augmentation inquiétante de la population des bidonvilles semble traduire une paupérisation durable.

L'enjeu des frontières

La bonne intégration des régions frontalières représentait un autre grand défi, plus politique et militaire qu'économique cette fois. Elle se heurtait à deux écueils : d'une part la physionomie de ces régions que le relief et la végétation rendaient particulièrement difficiles à contrôler, d'autre part les populations locales, véritable **mosaïque ethnique** aux spécificités culturelles marquées.

Le premier pari, celui de l'intégration géographique, a été remporté grâce à des défrichements pionniers et à l'aménagement d'un réseau routier dense, qui a désenclavé les contrées les plus reculées du Nord et du Nord-Est. Le second, visant à aider les populations locales à demeurer sur place, repose sur le développement régional de nouvelles activités économiques, en l'occurrence la mise en valeur du patrimoine culturel des diverses ethnies à des fins touristiques : bien des « tribus » vivent ainsi désormais de leur **artisanat**. Mais cette activité dépend pour beaucoup de la situation politique du pays voisin, et on peut s'interroger sur les effets pervers d'un tourisme « ethnique » qui fait de certains peuples des « curiosités » et encourage la survie de coutumes barbares, comme celle des « femmes-girafes » du peuple Padaung.

L'agriculture, une valeur sûre

Comparativement à d'autres pays d'Asie, la Thaïlande demeure relativement peu urbanisée. Même si l'agriculture n'occupe plus la première place dans l'économie nationale, elle continue d'employer

33,3 % de la population active sur un peu plus du tiers de la superficie du pays. De plus, elle fournit ses matières premières à une **industrie agroalimentaire** développée et tournée vers l'exportation. Aussi l'agriculture et ses activités dérivées conservent-elles un poids économique et social beaucoup plus important que ne l'indique leur seule contribution au PIB (8 %).

Les ressources animales

Les paysans thaïlandais pratiquent surtout l'**élevage** de la volaille et des bovins (les buffles, pour le travail, mais également de plus en plus pour leur viande). Ces animaux occupent les premiers rangs d'un important cheptel, que complète le porc. Mais l'alimentation des Thaïs privilégie toujours largement le poisson, les mollusques et les crustacés. Activité traditionnelle du golfe de Thaïlande et de la mer d'Andaman, la **pêche** est ainsi devenue une véritable industrie qui, associée à une aquaculture en forte croissance, alimente une filière de transformation (conservation et surgélation) bien intégrée dans le marché international.

Une riziculture d'exportation

Avec une consommation annuelle de 80 à 155 kg par habitant selon qu'on habite la campagne ou la ville, le riz constitue la base de l'alimentation nationale. Les dernières décennies ont vu la mise au point de nouvelles variétés de riz, l'utilisation à plus grande échelle d'engrais et de tracteurs, mais aussi la mise en culture de rizières dans le Nord, désormais désenclavé. Cette modernisation, ajoutée à l'importance exceptionnelle des surfaces cultivées et à ses faibles coûts de production, a conduit la Thaïlande à devenir le **2e exportateur mondial de riz** après l'Inde et le 6e producteur mondial : près du tiers de sa production annuelle part sur les marchés internationaux.

Des productions diversifiées

Ces dernières décennies ont vu se transformer le paysage agricole : développement de cultures autres que le riz, défrichement et mise en culture de terrasses sur les collines et dans les régions montagneuses. Le soja et ses dérivés, l'arachide et, nouveau venu en plein essor, le maïs ont été les grands bénéficiaires de cette évolution.
La Thaïlande est désormais devenue le 2e exportateur mondial de sucre après le Brésil avec l'accroissement des surfaces dédiées à la culture de la **canne à sucre**. Le pays est également un important producteur de farine de manioc, utilisée dans le monde entier pour l'alimentation du bétail. Enfin, tirant parti de conditions climatiques favorables, il a développé l'**hévéaculture** pour prendre la place de 1er producteur mondial de latex naturel.
Au tableau des productions tournées vers les agro-industries, ajoutons le **tabac**, le **coton**, le **coprah** (dérivé de la noix de coco, employé notamment dans les cosmétiques), le bois (dont le pin pour la pâte à papier) et les fruits (dont ceux des climats tempérés) et légumes ; la Thaïlande s'est ainsi hissée au 1er rang mondial pour l'exportation d'**ananas** en boîte.

Le secteur de l'industrie

Pauvre en ressources minérales, sauf en **étain**, le pays produit principalement du tungstène, du zinc et de la fluorine. En matière énergétique, l'économie peut s'appuyer sur l'hydro-électricité, le lignite, le gaz naturel du Nord-Est et surtout sur les gisements de **méthane** du golfe de Thaïlande. Les ressources fossiles couvrent plus de 87 % de la production nationale d'électricité,

Rizières, Chiang Rai.
Sirintra_Pumsopa/Getty Images Plus

67 % pour le seul gaz. En prévision d'un appauvrissement des gisements de méthane, les autorités ont annoncé en 2018 un rééquilibrage du mix énergétique thaïlandais en faveur du charbon. L'option nucléaire a été envisagée, mais reste pour l'instant dans les cartons.

Tout miser sur l'exportation

L'alimentation, les boissons, le tabac et les matériaux de construction constituaient l'essentiel des produits manufacturés dans les années 1960. Progressivement, dans les décennies qui suivirent, l'accent fut mis sur les produits d'exportation exigeants en main-d'œuvre, au premier rang desquels s'affichaient le **textile** (filatures de coton et confection), la maroquinerie et les cuirs, la bijouterie, le mobilier et les produits en bois (teck), ainsi que les petites industries métallurgiques. Ces différents secteurs, et particulièrement celui du textile, affichent aujourd'hui un net repli et sont désormais l'apanage d'autres pays (Chine, Cambodge, Bangladesh), proposant une main-d'œuvre moins coûteuse.
Les industries agroalimentaires se sont développées dans de nouveaux secteurs, tandis que de grands groupes asiatiques ont profité d'une main-d'œuvre réputée habile pour monter des **filiales spécialisées** dans l'assemblage de voitures, la fabrication de machinerie lourde, d'équipements électroniques et de circuits intégrés. Une stratégie suivie par quelques firmes européennes telles que Nestlé, ICI, Unilever et Michelin.

Des profits de l'agriculture aux capitaux spéculatifs

L'industrialisation s'est intensifiée non seulement grâce à l'accroissement du capital industriel et financier, mais aussi grâce au soutien de l'État, alimenté par les revenus de la **taxe d'exportation sur le riz**. Dans les premières phases de développement (années 1970), la bourgeoisie sino-thaïe joua un rôle décisif. Possédant déjà 70 à 80 % du commerce d'exportation, elle détenait un capital disponible, dans lequel ses banques pouvaient puiser pour créer des entreprises industrielles, thaïlandaises ou mixtes, associant des capitaux étrangers. Et ce qu'elles ne gagnaient pas directement sur l'agriculture d'exportation, la Bangkok Bank, la Thai Farmers Bank et d'autres le tiraient de l'accroissement des dépôts provenant de leurs agences rurales, pour le réinvestir ensuite dans des affaires lucratives (industrielles, immobilières ou financières).

Depuis, les liens (directs ou par le biais de sociétés d'investissement) entre la banque, l'industrie et les milieux du pouvoir se sont sans cesse resserrés. Dernière étape dans ce processus de développement, l'ouverture aux capitaux internationaux. Dans les pays de la région, la Thaïlande occupe le 3e rang (derrière Singapour et l'Indonésie) en matière d'investissements directs étrangers (IDE). Le Japon est de loin le contributeur le plus important, avec plus de 35 % du stock d'IDE contre un peu moins de 15 % pour l'Union européenne.

L'avenir économique

Dans le contexte d'une économie mondialisée, la Thaïlande a été touchée de plein fouet par la crise économique liée à la pandémie de Covid-19 en 2020. Après avoir enregistré une forte récession de 6,6 % en 2020, en raison notamment de la fermeture de ses frontières et de l'arrêt du tourisme international, la Thaïlande a retrouvé au premier trimestre 2023 un PIB proche de celui de 2019. De même, la Tourism Authority of Thailand (TAT) estime que le nombre de voyageurs internationaux dépassera en 2024 les 36 millions, un chiffre proche de ceux de la période pre-Covid. En 2019, la Thaïlande avait en effet atteint le chiffre record de 39,9 millions de touristes étrangers, dont 11 millions en provenance de Chine.

Le pays va toutefois devoir affronter d'autres défis majeurs dans les années à venir : le vieillissement de la population et l'atonie du marché intérieur. La Thaïlande est considérée comme l'un des pays les plus inégalitaires au monde : on estime qu'1 % de la population détient les 2/3 de la richesse.

L'autorité royale

Ce 5 mai 2019, deux formidables fleuves jaunes bordaient les artères autour du palais royal de Bangkok. Des dizaines de milliers de Thaïlandais arboraient la couleur de la dynastie pour tenter d'apercevoir leur roi, porté sur un palanquin par des hommes coiffés d'un casque d'or. Derrière marchait **Prayuth Chan-o-cha**, l'homme fort du pays, en grande tenue de général, accompagné d'un millier de militaires en uniformes traditionnels. La veille, **Rama X** avait ceint la couronne royale, 7 kg d'or et de pierres précieuses ! On dit qu'à ce moment, celui qui est considéré comme une incarnation de Vishnou et tenu à la plus parfaite impassibilité en public, esquissa une imperceptible grimace. Le poids des responsabilités sans doute pour celui qui reste le garant incontesté de l'unité d'un pays frappé d'une instabilité politique chronique. Depuis 1932, la Thaïlande n'a connu pas moins de 19 putschs militaires, dont 12 réussis.

La monarchie doit sans doute cette aura au règne du roi **Bhumibol Adulyadej**, le père de l'actuel

Feu sa majesté Rama IX

Les Thaïlandais vénèrent la famille royale, dont vous verrez des portraits partout dans le pays. Né aux États-Unis en 1927 et décédé à Bangkok le 13 octobre 2016, **Bhumibol Adulyadej** était le le père de l'actuel souverain. Ses études en Suisse le préparaient à une carrière scientifique quand, après le décès de son oncle puis de son frère aîné, il fut investi en 1946, sous le titre de **Rama IX**. Deux ans plus tard, il rencontra à Paris la fille de l'ambassadeur de Thaïlande en France, qui devint la reine Sirikit, en 1950, l'année du couronnement. Ils eurent quatre enfants : la princesse Ubol Ratana, le prince Maha Vajiralongkorn, et les princesses Maha Chakri Sirindhorn et Chulabhorn. Séjournant dans leurs résidences provinciales, le roi et la reine ont inlassablement parcouru le pays pour soutenir de nombreux projets culturels et sociaux : aide aux minorités, développement de l'agriculture et de l'artisanat ou protection de l'environnement. Partageant la popularité de ses parents, la princesse Maha Chakri Sirindhorn participe à de nombreuses œuvres humanitaires et représente souvent la Thaïlande à l'étranger. Dans les dix dernières années de son règne, sa santé précaire avait peu à peu coupé Bhumibol Adulyadej de toute vie publique et ses apparitions étaient rares. À sa mort, un deuil national d'un an a été prononcé.

souverain. Durant son règne exceptionnel de 70 ans (1946-2016), celui-ci a conquis le cœur des Thailandais par la proximité qu'il affichait avec son peuple, multipliant les visites de terrain, son éternel appareil photo en bandoulière, pour juger de l'avancement des projets qu'il portait. Il est également intervenu à plusieurs reprises dans la vie politique, en appelant notamment à l'arrêt de la violence lors des troubles de 1973 et 1992. Sa disparition, en 2016, suscita un immense chagrin dans le pays.

C'est donc une lourde succession que doit assumer aujourd'hui Rama X, dans un contexte politique difficile, où le gouvernement est issu d'un coup d'État, même s'il a été adoubé par le suffrage universel en 2019 *(voir p. 460)*. Bien que dépourvu de tout pouvoir politique réel, le nouveau souverain a surpris en affirmant son autorité, sitôt intronisé. En 2017, il a contraint le gouvernement à amender certaines dispositions de son projet de Constitution. Celle notamment obligeant le roi à nommer un régent en cas d'absence prolongée. Une contrainte inacceptable pour Rama X qui aime à séjourner longuement dans sa somptueuse propriété de Bavière.

Traditions et art de vivre

Si c'est pleine lune, il y a forcément une fête quelque part : rythmé par les grandes dates du calendrier luni-solaire qui régit la vie des pagodes, fêtes de l'eau ou de la lumière, régates illuminées ou processions de chandelles géantes, le quotidien est émaillé de réjouissances rassemblant toute la population autour des moments phares de la vie du Bouddha. Plus prosaïquement, un match de boxe ou de takraw ou, par jour de grand vent, un concours de cerfs-volants, rassemblera une foule toujours prompte à s'enthousiasmer. Dans un autre registre, les soieries, les bijoux, les meubles laqués et les mille autres trésors d'un artisanat particulièrement divers, vivace et coloré ajoutent à chaque heure, à chaque geste, ce raffinement et ce sens de l'esthétique et de l'harmonie qui caractérisent si bien la culture thaïe.

Fêtes et festivals

De nature joyeuse, les Thaïlandais insufflent le *sanuk* (« amusement ») à leur quotidien, d'où un calendrier chargé *(voir « Agenda », p. 506)*. Souvent teintées d'animisme, mêlant le profane et le sacré, ces festivités sont l'occasion de processions hautes en couleur, moments de liesse populaire qui offrent d'excellentes occasions de resserrer les liens sociaux.

Le pays des fêtes

La plupart des fêtes se déroulent pendant la saison sèche, entre novembre et février. Si les jours fériés historiques et les célébrations liées à la famille royale sont à date fixe, les fêtes religieuses obéissent aux variations du **calendrier bouddhiste luni-solaire**.

Constitué de douze mois, celui-ci comprend 29 nuits les mois impairs et 30 nuits les mois pairs, avec une « lunaison » supplémentaire (le 8e mois est alors doublé) tous les deux ou trois ans pour rattraper le calendrier grégorien. Quant aux années, elles se déclinent à partir de l'avènement de l'ère bouddhique, qui correspond à l'an 543 avant notre ère, date présumée de la mort du Bouddha.

Si l'année commence officiellement le 1er janvier – le pays a en cela adopté la coutume occidentale –, les Thaïlandais respectent le calendrier lunaire pour célébrer en grande pompe les deux fêtes les plus importantes : Songkran, le Nouvel An bouddhique, et Loy Krathong, la fête des Lumières.

Songkran : à l'eau !

Au plus fort de la chaleur, sous le ciel clair et sec de la mi-avril, tous les habitants du royaume se retrouvent pour célébrer Songkran, qui marque le début de l'année liturgique bouddhique. Entre rites religieux et

Fête de Songkran.
duron123/Getty Images Plus

kermesses populaires, cette **fête de l'Eau** célèbre l'arrivée de la saison des pluies et annonce le retour aux champs.

Pour commencer la journée, les moines reçoivent de la nourriture en offrande. Puis, en signe de renouveau, chacun nettoie sa maison à grande eau, avant de se rendre au temple pour asperger d'eau purificatrice les statues de Bouddha, les plus vénérées faisant l'objet d'importantes processions dans les rues.

À travers tout le pays, on rend visite aux parents et aux amis âgés pour demander leur bénédiction, après avoir oint leurs mains d'eau parfumée. Et dans la rue, les Thaïlandais se retrouvent avec des seaux pour s'arroser mutuellement en signe de purification, dans une atmosphère de joyeux débordements.

Dans le nord et le nord-est du pays, en particulier à **Chiang Mai**, les festivités revêtent une ampleur particulière. Elles durent sept jours, pendant lesquels les fidèles se rendent dans les plus grands temples pour y construire des *chedi* de sable, monuments éphémères destinés à acquérir des mérites, que l'on décore de fleurs et de drapeaux, tandis que le *piphat* (orchestre) accompagne la danse des tambours de guerre. D'autres manifestations complètent le programme, dont des concours de beauté, très en vogue en Thaïlande.

À **Bangkok**, on sort la statue du Phra Buddha Sihing, le bouddha que renferme la chapelle Buddhaisawan, pour la « baigner » sur la place royale de Sanam Luang.

À **Phra Padaeng**, une proche banlieue de la capitale, les fidèles libèrent des oiseaux captifs achetés sur le parvis des temples, tandis qu'une procession de jeunes filles mônes se rend sur les berges de la rivière Chao Phraya pour y relâcher des poissons.

Le massage traditionnel

Héritage séculaire, le massage traditionnel obéit à des principes et à une connaissance du corps très rigoureux. Les masseurs vous palpent et vous étirent de manière à répartir uniformément les « énergies » à travers le système nerveux. La technique consiste à dénouer les points de tension le long des méridiens du corps. L'ensemble des muscles et des vertèbres est aussi manipulé comme dans la chiropractie et la réflexologie, et une heure de ce traitement suffit à vous détendre. Vous pouvez suivre des **cours de massage** au Wat Pho, dans la capitale *(voir « Nos adresses à Bangkok », p. 78)* : prévoyez cinq jours minimum d'apprentissage.

Loy Krathong : eau et lumière

À la pleine lune de novembre s'achève la saison des pluies. Le temps est alors venu d'honorer les **esprits de l'eau**. La nuit tombée, tous les habitants, petits et grands, se rendent au bord du fleuve, du ruisseau ou du lac le plus proche pour y déposer leurs **krathong** (« coupes »), des barques miniatures en forme de bouton de lotus, tressées avec des feuilles de bananier ou de bambou. Composant une flottille – *loy* signifie « flotter » –, chacune est chargée de bâtons d'encens, de bougies, de noix d'arec ou de pièces de monnaie, frêles esquifs qui emportent au fil de l'eau péchés et soucis de l'année écoulée.
Sur le site historique de **Sukhothai**, l'événement donne lieu à un magnifique son et lumière, avec danses traditionnelles, tandis que **Chiang Mai** organise un lâcher de ballons illuminés.

Les principaux jours fériés

Parmi les jours fériés *(voir aussi p. 491)*, certains donnent lieu à force réjouissances. Pour le **Nouvel An** grégorien (31 déc.), surtout célébré par les citadins, les grands hôtels de Bangkok organisent des soirées avec flonflons et cotillons.
Les manifestations en l'honneur de la famille royale ne sont pas en reste : le **jour de Chakri** (6 avr.), tous les habitants de la capitale sont invités à se rendre au Wat Phra Kaeo pour faire des offrandes au bouddha d'Émeraude, en hommage à la dynastie des Chakri, dont descend le roi actuel. Le 28 juillet, on fête l'anniversaire du roi **Rama X**, et c'est un jour férié. Le 12 août, jour de l'**anniversaire de la reine-mère**, tous les monuments de la ville sont drapés de bleu (la couleur de son jour de naissance) et se couvrent de fleurs, tandis que le 5 décembre, **anniversaire du roi Rama IX**, les bâtiments publics et privés se parent de jaune, de drapeaux et de portraits du souverain.

Artisanat

Soieries, laques, céramiques, orfèvrerie, sculpture sur bois, etc. : au fil des siècles, la Thaïlande a développé une riche tradition artisanale. Un patrimoine dû sans doute à la coexistence d'un artisanat royal et d'un artisanat populaire. Artisans de la Cour et artisans du peuple ont en effet toujours rivalisé d'originalité et de raffinement pour que leurs ouvrages soient de véritables objets d'art. L'industrialisation a menacé nombre de techniques, mais des initiatives gouvernementales ont été mises en place, comme le label **OTOP** (One Tambon, One Product), depuis 2001, qui valorise les produits du patrimoine artisanal local, à la manière des « appellations d'origine » en France.

Étoffes du Siam

Si les textiles les plus précieux, destinés à la cour royale, étaient jadis importés d'Inde et de Chine, la Thaïlande s'affiche de nos jours comme le foyer le plus riche d'Asie du Sud-Est en matière de production textile. Renommées dans le monde entier, ses **cotonnades** et ses **soieries** se distinguent par la richesse et la variété de leurs couleurs, de leurs motifs et des techniques de décor.

Indissociable de la culture siamoise, la **soie** fut d'abord l'apanage des rois et des princes, étoffe de luxe dont on faisait de somptueux vêtements de brocart. Les gens du peuple possédaient eux aussi des tenues de soie, mais les réservaient aux grandes cérémonies. L'industrie de la soie, florissante jusqu'au 19e s., vécut des heures sombres avec l'apparition des textiles synthétiques importés de Chine et du Japon, bien meilleur marché. Mais après la Seconde Guerre mondiale, l'Américain **Jim Thompson** remit ce tissu au goût du jour, notamment en développant son exportation. Ce commerce connut un tel succès que la soie compta dès lors parmi les secteurs économiques les plus prospères du pays.

La technique du tissage demeure très artisanale et l'on confectionne toujours les étoffes à l'aide de métiers à tisser traditionnels, chaque région possédant son propre système.

Dans l'Isan, par exemple, la **soie mutmee** est élaborée à l'aide de fils noués et préalablement teints dans des couleurs aux nuances foncées qui, placées à intervalles réguliers, composent dessins géométriques, animaux, motifs végétaux ou personnages mythiques.

Dans le Nord, les femmes arborent le ravissant **pha-sin**, un sarong typique du Lan Na, en soie brochée d'or, rehaussée de motifs linéaires ou de petits dessins complexes. D'autres portent des jupes tissées à la **teenjok** (« à liseré de brocart »), que l'on réalise en insérant des morceaux de soie colorés dans la trame.

Les **minorités ethniques** des montagnes excellent dans l'art du tissage et de la broderie : chaque tribu possède sa technique, et le vêtement est un signe d'identité culturelle. Les **femmes lisus**, mais aussi hmongs et yaos, sont ainsi réputées pour leurs tissus très colorés, parés de broderies, de motifs en batik ou d'incrustations de tissu.

En Thaïlande méridionale, enfin, on trouve davantage d'artisans spécialisés dans le **batik**, une technique de coloration par réserve, à la cire, qui provient de Java (Indonésie).

Des villages spécialisés

Les différentes corporations artisanales, comparables aux guildes médiévales de l'Occident, se regroupaient autrefois par quartier ou par village, chacun spécialisé dans un type d'activité. Ces communautés procédaient ensuite entre elles au troc. Sous l'égide de l'État, cette tradition perdure dans les principaux centres de production artisanale du pays, dans le Nord et le Nord-Est. De nombreux villages des régions de Chiang Mai et de Nakhon Ratchasima (Isan) conservent leur spécialité : poteries, ombrelles, vannerie ou sculptures sur bois. La plupart sont devenus touristiques, mais on peut toujours y observer les artisans à l'ouvrage, dans le respect des techniques d'antan.

La vannerie

Parmi les fibres végétales – joncs, roseaux, feuilles de palmiers – que la nature livre en abondance, les Thaïlandais ont beaucoup utilisé le **bois** et le **bambou**, demeurés jusqu'au début du 20e s. les principaux matériaux utilisés dans la vie quotidienne, de l'habitation à la vaisselle en passant par le mobilier. Aussi les artisans thaïlandais sont-ils passés experts dans l'art de la **vannerie**, déclinant notamment une infinité de paniers qui ont chacun une fonction spécifique : conserver le riz, le stocker ou encore cuire la nourriture à la vapeur. Autant d'objets qui, malgré leur fonction utilitaire, ne manquent pas d'être décorés, suivant l'héritage ancestral : ils portent des dessins géométriques, sont colorés ou délicatement tressés.

La poterie

Autre tradition artisanale ancienne, la **poterie** connaît encore de belles heures, même si elle est menacée par la modernisation. La ville de **Ratchaburi**, par exemple, au sud-est de Bangkok, fabrique et exporte toujours dans tout le pays ses fameuses **jarres à eau** aux flancs bruns vernissés, décorés de motifs floraux ou de dragons.

Le village de potiers de **Dan Kwian**, situé dans les environs de Nakhon Ratchasima, perpétue quant à lui une poterie artisanale non émaillée aux formes les plus diverses.

Jusqu'à nos jours, la coutume voulait que chaque habitant place devant sa maison une jarre emplie d'eau, afin d'offrir un rafraîchissement au visiteur ou au voyageur de passage. Mais le pot de terre dédié au stockage de l'eau et des aliments se voit progressivement évincé au profit de matériaux modernes et, dans les campagnes, on ne voit plus guère, à côté de la maison, que d'énormes citernes de ciment.

Le travail du bronze

Armes, outils et bijoux, en bronze ou en étain : l'artisanat du métal compte lui aussi parmi les traditions les plus anciennes. Les découvertes faites sur le site archéologique de **Ban Chiang**, dans l'Isan, ont révélé que la technique du bronze était connue en Thaïlande depuis le 3e millénaire av. J.-C. Mais c'est le royaume de **Sukhothai** qui lui donna ses lettres de noblesse avec la statuaire religieuse. De nos jours, le bronze sert toujours à la confection de **statues** pour les innombrables temples du pays, mais également pour les **cloches**, les **gongs** et la vaisselle liturgique. On continue aussi de fabriquer, comme jadis, des services de table en bronze doré et des statuettes à l'image des personnages du *Ramakien*.

L'artisanat des rois

De véritables chefs-d'œuvre d'**orfèvrerie** sont nés des ateliers royaux, notamment à l'époque du royaume d'Ayutthaya, rivalisant de virtuosité dans l'art de ciseler le moindre détail. Principaux matériaux employés, l'or et l'argent (martelés, tressés ou travaillés en filigrane) servent à la confection de bijoux, d'armes d'apparat, d'objets de culte, mais aussi de nécessaires à bétel, de pipes à opium, de coffrets, de statuettes, etc. Dès le 12e s., les orfèvres utilisent la **technique du niellage**, importée d'Europe, qui consiste en des incrustations de nielle (un émail noir issu d'un mélange de cuivre, d'argent et de soufre) sur de l'argent ou de l'or gravé. Ce procédé permettait par exemple de décorer des couvertures de livres de prières.

Détail d'un cabinet laqué.
L. Tettoni/robertharding/age fotostock

Les céramiques

Outre la découverte des bronzes, le site de **Ban Chiang** a dévoilé la technique cinq fois millénaire des céramiques à « motifs cordés ». Plus tard, au 11e s. de notre ère, les premiers émigrants chinois importèrent les secrets de fabrication de la **céramique bleu et blanc**, dont les délicats dessins floraux et géométriques allaient connaître un immense succès. Bien au-delà des siècles, cette tradition demeure encore la spécialité des artisans de la région de **Lampang**.

Là encore, c'est au 13e s., avec le royaume de Sukhothai, que s'épanouissent les plus beaux styles. Hérités eux aussi du savoir-faire des artisans de l'empire du Milieu, deux genres voient le jour, l'un tiré de la dynastie chinoise des Yuan (13e s.), l'autre s'inspirant de la porcelaine de Suzhou, une ville côtière chinoise. Ce dernier style, aux tons gris-bleu ou bruns, deviendra l'apanage des potiers de **Sawankhalok**, autre nom de l'ancienne cité de Si Satchanalai. Grâce à l'exploitation d'une argile d'excellente qualité, la cité s'imposera comme le centre de fabrication le plus important du monde asiatique entre les 14e et 16e s. Les fours de potiers (encore visibles) donneront alors naissance à la **céramique de Sangkhalok**, connue pour ses fameux **céladons** aux teintes vert jade. Utilisée dans la fabrication de jarres, de vaisselle, de statuettes et d'objets religieux, sans oublier les tuiles vernissées des couvertures des temples, cette technique s'est transmise de génération en génération. C'est à **Chiang Mai** que vous pourrez, aujourd'hui, observer les diverses étapes de fabrication de cette céramique : traitement de l'argile, contrôle de chaleur des fours et décoration.

Commanditée par la cour royale siamoise, la **céramique de**

Bencharong connut aussi un grand succès entre les 17e et 19e s., mais elle resta un artisanat royal. Elle donne une vaisselle raffinée, alliant cinq couleurs traditionnelles : le blanc, le bleu, le jaune, le vert et le rouge.

Les laques

Importé de Chine *via* la Birmanie, le laquage fit son apparition au Siam vers le 11e s. Servant à l'origine à protéger le bois contre l'humidité et les insectes, ce revêtement imperméable était également apprécié pour ses qualités esthétiques, et on en recouvrait les objets en bambou ou en bois.

Issue de l'arbre à laque, ou **rak** *(Melanorrhea usitata)*, la laque est une résine noire et huileuse à laquelle on mêle de l'argile et de la cendre de riz, un liant léger du nom de *samook*. Suivant la qualité du support à recouvrir, on l'applique soit directement, soit sur une trame constituée de crins de cheval. De même, le nombre de couches de vernis – la laque proprement dite – varie : une pièce de valeur peut nécessiter jusqu'à six couches. Chacune demande un temps de séchage de plusieurs jours, suivi d'un lustrage à la cendre. Aussi la réalisation d'un objet en laque peut-elle exiger jusqu'à six mois de travail !

L'art de la laque connut son âge d'or sous le royaume d'Ayutthaya et pendant la période de Ratanakosin, du 16e s. au 19e s. On l'utilisait dans le décor architectural, pour orner les portes et les fenêtres des édifices royaux ou religieux, mais aussi pour rehausser le **mobilier**, armoires à manuscrits et coffres.

Les laques thaïlandais se reconnaissent à leurs motifs dorés à la feuille sur fond noir. Pour les pièces de vaisselle, la gamme traditionnelle décline le brun, le noir et le rouge.

Ouvrages en bois

Conséquence de sa surexploitation, le **teck** est devenu une denrée rare. Jusqu'au milieu du 20e s., pourtant, ce bois précieux abondait sur le territoire thaïlandais. Sa qualité et ses atouts – solide, imputrescible, résistant aux insectes – en ont fait le matériau idéal pour les travaux de construction (murs et planchers), d'ébénisterie ou pour la fabrication de nombreux objets utilitaires tels que lampes, plateaux et même cloches à bétail.

Les principaux commanditaires de pièces en teck furent le souverain et sa cour, les moines pour leurs temples et les artistes pour les arts de la scène. **Meubles**, statues, instruments de musique et ustensiles sortirent des ateliers, les artisans ciselant le bois avec un raffinement qui porta la valeur de leurs pièces au rang de celle des sculptures en pierre et des bronzes. Il suffit pour s'en convaincre d'admirer les frontons, les vantaux de portes et les panneaux ajourés qui parent certains temples, véritables dentelles de bois, ainsi que les reliquaires ou les autels qui ornent l'intérieur des *wihan*.

Seuls les musées conservent des exemples du **mobilier de cour** : palanquins, trônes royaux, paravents et armoires à manuscrits, auxquels il convient d'ajouter les barges royales et les chariots funéraires.

La marqueterie de nacre

C'est, avec la laque, la plus importante technique décorative du bois. Nommée *mook thai*, elle est connue dès l'époque Dvaravati (11e s.). La nacre fut très en vogue durant le royaume d'Ayutthaya, entre les 14e et 18e s. Dans des plaques de nacre taillées et polies, on découpait divers motifs, fleurs, oiseaux, personnages ou encore figures porte-bonheur. Chaque élément était ensuite collé sur le bois, tandis que les surfaces restées vierges recevaient plusieurs couches de laque. Puis l'ensemble était à nouveau poli, à l'aide de sable. Ce type d'ornement, autrefois réservé à la royauté, s'est popularisé pour s'étendre désormais aux objets de la vie quotidienne, meubles, plateaux, horloges et gadgets... d'un goût discutable.

Le papier

Ombrelles, cerfs-volants, jouets et figurines de papier mâché... cet autre matériau issu du bois a toute sa place parmi les traditions artisanales thaïlandaises. Nombre d'accessoires du *khon*, le théâtre populaire dramatique – aujourd'hui presque totalement disparu –, font appel au papier mâché, tels ces étranges masques grimaçants utilisés dans la pantomime dansée.

Loisirs et sports

Du football au *takraw* en passant par la boxe, les sports offrent aux hommes l'occasion de se retrouver et de parier : la fièvre du jeu, tel est le sport national ! La boxe thaïe est de loin la discipline la plus populaire, mais le cerf-volant, qui fait l'objet de compétitions, rencontre lui aussi un certain succès.

La boxe thaïe

Autrefois, les combattants de *muay thai* (tels les rois d'Ayutthaya) s'entouraient les mains de bandelettes de tissu contenant du verre pilé pour augmenter l'effet des coups. Si le verre est tombé en désuétude, cet art « défensif » s'est aujourd'hui transformé en un sport plus violent encore, qui impose le port de gants.

Les adversaires utilisent toutes les parties du corps comme armes offensives, excepté la tête. Avant le match, les protagonistes rendent hommage aux maîtres, vivants et décédés, sur un air joué par un orchestre, ou *piphat*.

La meilleure ambiance de compétition se découvre au **Lumpinee Stadium**, à Bangkok *(voir « Nos adresses à Bangkok », p. 78)*.

Le takraw

Très populaire, ce jeu réunit une demi-douzaine de jeunes gens placés en cercle, qui tentent de se passer une balle en rotin tressé (ou en plastique) appelée *luuk takraw*. Il est interdit de mettre la main ; seuls les coups de pied, de genou, de coude et de tête sont permis.

Le *takraw* se pratique partout, mais en compétition, il requiert un espace équivalant à un terrain de volley-ball, le jeu adoptant sensiblement les mêmes règles. Des variantes existent pour les compétitions, opposant deux équipes, soit de part et d'autre d'un filet de volley-ball, soit autour d'un cerceau suspendu à 4 m du sol, comme au basket.

Gastronomie

La cuisine thaïlandaise, dont la renommée n'est plus à faire, compte parmi les meilleures du monde : en découvrir toutes les subtilités fait sans conteste partie des plaisirs du voyage. Étals fumants sur le trottoir, restaurants ouverts à toute heure, gargotes ambulantes établies au bord de la route : tout est prévu pour proposer un en-cas au passant, car les Thaïlandais adorent grignoter toute la journée, gourmands qu'ils sont de brochettes, de riz sauté ou de soupes aux parfums les plus divers... et les plus savoureux.

Le huitième art

La cuisine thaïlandaise est à l'image de son histoire, influencée par l'Inde, la Chine et la Malaisie, dont les saveurs ont inspiré aux chefs siamois toute une palette de recettes. Curries verts, jaunes ou rouges (selon la couleur du piment), plats de poisson, de fruits de mer ou de poulet, cuits au lait de coco, à la vapeur ou au citron vert, brochettes de bœuf au barbecue... Impossible d'énumérer toutes les spécialités imaginées au fil des siècles pour réjouir le palais.

Au raffinement du goût est venue s'associer la beauté de la **présentation** : sous le royaume d'Ayutthaya, la gastronomie, dévolue à la royauté et à sa cour, s'érige en art, les femmes se font championnes dans l'art de la table et de la décoration florale. Une tradition que l'on peut apprécier de nos jours dans les restaurants de luxe, où les légumes et les fruits, délicatement ciselés, transforment chaque plat en une somptueuse composition artistique.

La ronde des épices

Les gastronomes siamois ont appliqué à la lettre le précepte confucéen selon lequel « on ne doit pas manger de plat qui n'ait été proprement assaisonné ». Un véritable principe fondé sur le mariage à l'infini des épices. Introduites au 16e s. par les missionnaires portugais, après leur

Des tables d'exception

La multiplication des palaces de rêve, des *resorts* et des *lodges* grand luxe confirme le virage remarqué de la Thaïlande vers un tourisme haut de gamme, que ce soit à Bangkok, dans les îles du Sud ou à Chiang Mai. Côté table, le pays a également amorcé une belle mutation. La scène culinaire thaïe compte désormais les établissements internationaux de grands chefs étoilés venus des quatre coins du monde, tandis que des restaurants raffinés jouent la carte de la gastronomie locale, traditionnelle ou revisitée. Le **Guide Michelin Bangkok, Chiang Mai, Isan, Phuket, Phang-nga, Ko Samui 2024**, version bilingue anglais-thaïlandais, répertorie 440 restaurants, dont certains étoilés.

Marché flottant à Bangkok.
gh19/Getty Images Plus

passage en Inde, plus de quarante sortes d'épices sont venues ainsi rehausser les préparations culinaires locales : cannelle, poivre noir, noix de muscade, clous de girofle donnent aux curries leur caractère, sans oublier le curcuma. Quant aux **piments** *(prik)*, on en dénombre une douzaine, le plus violent d'entre eux, de couleur orange, étant le *prik kee nou luang*, ou « crotte de souris ».
Toute une gamme d'**herbes aromatiques** apporte aussi ses parfums. La cardamome et l'ail s'allient à merveille aux notes fruitées du tamarin. L'arôme de la **citronnelle**, le feu du piment et la fraîcheur de la **coriandre** se marient pour offrir aux plats une saveur miellée, tandis que l'acidité du citron vert s'associe fort bien au goût âcre du **galanga** (variété de gingembre). Ajoutons encore les arômes du **basilic**, de la **menthe**, de l'oignon vert ou de l'échalote.
Qui dit épicé ne dit pas forcément pimenté. Si les Thaïlandais aiment les mets relevés, le piment n'entre en fait qu'assez peu dans la base des sauces thaïlandaises. À vous aussi de préciser simplement en thaï que vous souhaitez votre plat *« maï pet douay »* (non relevé).

Quelques classiques

Toutes ces saveurs se découvrent et s'apprécient partout, du restaurant gastronomique aux plus modestes échoppes de rue. Pour trois fois rien, vous profiterez d'une excellente cuisine sur les **marchés de nuit** *(talat klang khun)*, qui proposent des plats traditionnels, aussi simples que savoureux, tels le *kai pat met ma mouang*, un sauté de poulet aux noix de cajou, le *kai pat bai kraphao*, sa version au basilic, ou le *mou sap bai kraphao*, porc frit aromatisé au basilic, servi avec du riz.
Les **végétariens** auront l'embarras du choix entre divers plats de légumes épicés de mille façons.

Le plus populaire, le *prat pahak ruam*, combine haricots verts, chou, carottes et champignons frits dans une sauce aux huîtres. Vous pourrez aussi goûter au **tofu**, ce fameux fromage de caillé de soja, que l'on déguste frit avec une sauce à l'huître.

Riz, nouilles, soupes, curries

Base de tous les repas, le **riz** *(khao)* comprend plus de 50 variétés, auxquelles s'ajoutent sept saveurs différentes, du riz parfumé au jasmin – le plus recherché – au fameux riz gluant *(khao niao)*. Cuit à la vapeur *(khao suay)* ou sauté *(khao paat)*, on l'accommode avec le porc, les crevettes, le poisson ou le bœuf.

Les amateurs de **nouilles** trouveront tout autant de choix, à déguster sur le pouce chez les marchands ambulants ou attablés dans un *noodle shop*, un restaurant spécialisé. Très populaire, le *pad thai* se compose de nouilles larges et plates, ou fines comme des cheveux d'ange, que l'on sert sautées ou frites et accompagnées de porc ou de boulettes de poisson. Parmi les dizaines de variantes, la plus commune est le *kouay tio phat thai* : des nouilles plates sautées, mêlant germes de soja, œuf, arachides et crevettes séchées, le tout sucré et aromatisé de sauce au poisson.

Les **soupes** *(tom)* offrent une belle diversité de goûts. Parmi les must, essayez la *tom yam*, aux crevettes et au poisson, parfumée à la citronnelle, aux piments et à la sauce de poisson, la *tom kha gai*, du poulet au lait de coco, ou encore la *tom yam kung*, une soupe acidulée aux crevettes.

L'influence indienne se dévoile dans les **curries** *(kaeng)*, plats de bœuf, de crevettes, de poisson ou de poulet qu'on laisse mijoter dans un **lait de coco** parfumé de condiments et d'épices écrasés au mortier. Un régal, mais qui peut aussi enflammer le palais comme le **curry vert** ou *kaeng khieo wan*, sans doute le plus fort avec ses jeunes aubergines au lait de coco et au piment vert.

Les repas traditionnels

En guise de petit-déjeuner, la journée de tout Thaïlandais débute avec un plat unique, en général une **soupe de nouilles** *(tom)* ou une préparation à base de riz, de légumes et de viande étuvée. Vous aurez le choix entre un *kouay tio nam*, soupe de nouilles blanches aux boulettes de poisson, de porc ou de poulet, ou un *bami nam*, soupe de nouilles jaunes.

Le déjeuner ou le dîner, lui, peut se satisfaire de beignets de crevettes, de pâtés impériaux ou de **satay**, ces délicieuses brochettes de poulet avec une sauce aux arachides, d'origine malaise.

Un repas plus riche comprendra des soupes, des viandes ou des fruits de mer à la vapeur, du poisson frit, sans oublier le plat de riz, et le non moins rituel **yam**, une salade épicée à base de poisson ou de viande, ou composée de vermicelle de soja *(wun)*, agrémentée de laitue, de menthe, d'ail et de citron.

Un grand choix de **légumes** accompagne les poissons et les viandes : haricots, papayes vertes, aubergines, carottes, choux, tomates, pousses de bambou ou encore champignons chinois.

On dispose sur la table toutes sortes de **sauces** – petits bols contenant du vinaigre, du piment en poudre *(nam prik)*, de la sauce à base de poisson fermenté *(nam pla)* et de la sauce de soja, ces dernières servant de substitut au sel.

Douceurs des tropiques

Le repas s'achève avec des desserts légers servis dans des bols.

Glaces, gâteaux, crème renversée, les **khanom** revêtent une infinité de formes et de couleurs.

Très sucrés, ils sont souvent faits à base de banane ou de noix de coco. Le *kluai bouat chii*, qui remporte les faveurs, consiste en des morceaux de banane cuits dans du lait de coco sucré et parfumé, servis chauds. Les marchands ambulants vendent le *khanom beuang*, crêpe agrémentée de noix de coco sucrée et de filaments de jaune d'œuf, cuite dans du sirop de crevettes séchées. Le *khao lam*, riz gluant au lait de coco sucré, est cuit et présenté dans une tige de bambou. À goûter aussi, le *khao niew ma muang* à base de riz gluant, de mangue fraîche et de lait de coco. Quant aux **fruits tropicaux**, ils seront l'occasion de goûter au durian, le « roi des fruits », très prisé en Thaïlande malgré son odeur nauséabonde.

Saveurs régionales

La créativité de la cuisine thaïlandaise se révèle aussi par l'infinie diversité des spécialités provinciales. Avec ses 2614 km de côtes, la Thaïlande offre un large éventail de plats de **poisson** et de **fruits de mer**, surtout dans le **Sud**. On vous proposera, selon la région, du bar, du thon, du poisson-chat, voire du requin de récif. Dans les restaurants spécialisés, vous choisirez votre poisson ou votre homard dans son aquarium. Les crustacés sont préparés en curry ou frits, grillés, cuits à la vapeur ou agrémentés d'une sauce aigre-douce, comme le très prisé *pla priaowan*. Le *pla phat king*, du poisson au gingembre, est un délice, tout comme le *tom ka kung*, des crevettes cuites dans du lait de coco avec une racine de galanga. Les plus téméraires goûteront le *kaeng tai pla*, un curry de poissons et de rognons. Influencé par la cuisine de la Malaisie, le Sud s'enorgueillit de servir les plats les plus épicés de tout le pays.

Mais les cuisines du **Nord** et du **Nord-Est** ne sont pas en reste en matière d'épices. La province de l'Isan est connue pour sa *som tam*, salade de papayes vertes et de crevettes séchées, assaisonnée de citron et fortement pimentée. On la sert accompagnée de poulet grillé épicé et d'un riz gluant, cuit à la vapeur et servi dans son traditionnel panier de bambou tressé. Le *lab*, un plat très populaire, est un mélange de bœuf ou de porc émincé, accompagné d'échalotes, de piments, de chou et de feuilles de menthe. C'est dans l'Isan aussi que l'on déguste le riz aux arômes de jasmin, le plus parfumé du pays.

Dans la région de Chiang Mai, essayez de participer à un **repas kantoke**. Servi sur une table basse, il rassemble toutes les spécialités régionales, qui donnent un avant-goût de la cuisine birmane. On commence par les *cap mou*, des morceaux de peau de porc croustillante, avant d'attaquer un *kaeng kai* (curry de poulet) ou un *kaeng hang* (curry de porc au gingembre), et le traditionnel *khao soi* (nouilles en sauce).

Les boissons

Les Thaïlandais sont de grands consommateurs de **bière**, qu'ils sirotent, le verre rempli de glaçons, en grignotant des amuse-gueules. Les hommes apprécient aussi le whisky local, le **mékong**, distillé à partir de riz ou de canne à sucre fermentés. On trouve du **vin** dans les établissements moyen et haut de gamme, mais à des prix élevés. Le repas est en général servi avec de l'eau, de la bière et des boissons gazeuses, le jus de canne à sucre accompagnant fort bien les curries ou les plats à base de riz. Dans la plupart des restaurants, en outre, on peut boire à volonté et gratuitement du thé vert. À toute heure de la journée, vous vous rafraîchirez de jus de fruits frais et de milk-shakes.

Religion

Religion d'État en Thaïlande, le bouddhisme rassemble plus de 94 % de la population et confère au roi l'autorité d'un « cakravartin », c'est-à-dire d'un monarque universel, guidé par la foi qu'il défend. Le bouddhisme thaïlandais obéit à la tradition la plus pure de cette foi, le theravada, doctrine orthodoxe que véhicule une communauté de 200 000 moines, à travers les 30 000 monastères qui émaillent le pays. Cette religion dominante cohabite néanmoins avec les anciennes croyances locales : dans le nord du pays, les tribus montagnardes demeurent attachées au culte des esprits. Et, aux portes de la Malaisie musulmane, le bouddhisme cède le pas à l'islam, que pratique plus 4 % de la population thaïlandaise. Viennent ensuite le christianisme, troisième religion du pays avec 1 % de fidèles, puis une poignée de bouddhistes mahayanistes, d'hindouistes, de confucianistes et de taoïstes.

Le bouddhisme

Quelle est la racine de la souffrance humaine, et comment peut-on s'en affranchir ? À cette question fondamentale de l'existence, un prince, Siddharta Gautama, trouva la réponse au terme d'années d'ascèse et de méditation. Il découvrit la connaissance suprême et trouva la voie de la délivrance menant à la félicité absolue, le **nirvana**. C'est ainsi qu'il devint le Bouddha, c'est-à-dire « l'Éveillé » ou « l'Illuminé ».

La vie de Bouddha

Siddharta Gautama naquit au 6e s. av. J.-C., au sein d'une famille princière du royaume de Kapilavastu (aujourd'hui Tilaurakot), au Népal. Sa mère lui donna naissance dans un jardin, et l'enfant fut élevé comme l'imposait son rang de futur *cakravartin*. À ceci près qu'il resta confiné au palais : sa mère avait fait le songe d'un éléphant blanc venu du ciel, qui s'introduisait dans son flanc droit, une image signifiant que son fils renoncerait au monde.

Les seules sorties du jeune prince se réduisaient donc à ses promenades dans le jardin où il avait vu le jour. Or, c'est précisément là qu'il fit les quatre rencontres qui changèrent sa destinée : il croisa tour à tour un vieillard, un lépreux, un mort et un moine mendiant. Les trois premières, allégories de la souffrance humaine, provoquèrent un terrible choc chez le jeune homme, qu'une existence dorée avait préservé des peines de ce monde. La dernière rencontre, celle avec le moine, devait fonder sa décision : à l'âge de 29 ans, le prince abandonna son palais, son épouse et son jeune fils et partit en solitaire pour une quête spirituelle.

Au terme de sept ans d'ascèse et de méditation, sous le nom de « Gautama », il obtint enfin la réponse à ses interrogations. Par une nuit de pleine lune passée à méditer assis sous un banian, il atteignit l'**Éveil** : il avait trouvé la voie et était devenu le Bouddha.

Jeune moine.
Tanison Pachtanom/Getty Images Plus

Dès lors, et pendant une quarantaine d'années, il s'employa à diffuser sa doctrine. Bouddha mourut à l'âge de 80 ans, après une ultime nuit de méditation où il parvint au *maha paranirvana*, la **grande et totale extinction**.

Les quatre nobles vérités et la roue de la loi

Son premier sermon, Bouddha le prononce à Sarnath, près de Bénarès (Inde), où il convertit ses cinq premiers disciples. Il y expose les **quatre nobles vérités** sur l'existence de la souffrance, son origine, la possibilité de la faire cesser, et le moyen d'y parvenir. L'existence est souffrance, et la souffrance naît du désir : quelles que soient les écoles et les pratiques, la doctrine bouddhique découle de ce constat premier.
La souffrance, explique Bouddha, est due au cycle incessant des renaissances (ou réincarnations), le **samsara** : éternellement insatisfait, l'homme développe des désirs, s'enchaîne à des passions, par nature illusoires, pour renaître encore et encore. Car ce cycle de réincarnations suit la **loi du karma**, qui obéit à une relation de cause à effet : l'homme est le fruit de ses propres actions, bonnes ou mauvaises, effectuées dans ses existences antérieures comme dans sa vie présente. Pour mettre fin à ce cercle vicieux, Bouddha prône le détachement, le rejet de tout désir, par une discipline morale rigoureuse – la meilleure voie étant la vie monacale. Cet enseignement marque pour les adeptes la « mise en mouvement de la **roue de la loi** », qui guide l'homme comme le soleil éclaire le monde.

Le schisme du bouddhisme

Bouddha mourut sans laisser aucun traité écrit codifiant son enseignement. Après sa mort, de nombreux conciles réunirent les

moines afin de fixer la doctrine bouddhique, le **dharma**. Mais dès les deux premières rencontres, des divergences se firent jour au sujet de la discipline monastique. Elles entraînèrent au 4e s. av. J.-C. une scission irrévocable : à l'école orthodoxe et conservatrice du theravada – la « doctrine des Anciens », plus directement fidèle à l'enseignement de Bouddha – s'opposèrent diverses branches réformatrices qui aboutirent au 1er s. à la formation de l'**école du mahayana**, ou **grand véhicule**.
Par dérision, ses adeptes désignèrent ensuite le theravada sous le terme de « **hinayana** », le **petit véhicule**.
Les textes sacrés du theravada, qui consignent les paroles du Bouddha, furent rédigés au Sri Lanka à partir du 1er s. av. J.-C., en pali, la langue religieuse ancienne de l'Inde.
Ces écrits, structurés comme un triptyque, constituent le **Tipitaka**, ou « triple corbeille » : la première partie porte sur la discipline communautaire, la deuxième rassemble les textes et les sermons religieux, et la troisième présente la doctrine proprement dite, expliquée et commentée.

Le sangha et le don mutuel

Les adeptes du theravada forment une communauté, le **sangha**.
À l'origine, le *sangha* désignait à la fois les religieux (moines et moniales) et la confrérie des laïcs (hommes et femmes), mais le terme ne s'applique plus aujourd'hui qu'à l'assemblée monastique qui, recluse, mène une vie de renoncement et d'ascèse pour atteindre le nirvana.
Les laïcs ont le devoir de les aider, dans l'espérance de se réincarner eux-mêmes en moines et d'atteindre l'« Éveil » à leur tour.
Régies par la première corbeille du Tipitaka, les relations entre moines et laïcs obéissent ainsi à des règles précises, fondées sur le **don mutuel** : don matériel pour les laïcs qui pourvoient à l'entretien des religieux en gîte, en nourriture et en vêtements, auquel les moines, qui vivent de mendicité, répondent par le don spirituel de leur enseignement *(dharma)*.

La tradition bouddhiste thaïe

C'est seulement à la fin du 13e s. que le bouddhisme theravada, en provenance du Sri Lanka, s'imposa en Thaïlande, où les souverains du Nord (Chiang Mai) et du Nord-Est (Sukhothai) en firent la religion officielle. Si, à Sukhothai, la Cour maintenait les rituels brahmaniques hérités des Khmers – à l'époque, ceux-ci dominaient encore le Sud-Est asiatique –, **Chiang Mai** devint un grand foyer de propagation du bouddhisme, notamment à partir du 14e s., sous l'impulsion du roi Ku Na, dont l'œuvre missionnaire se poursuivra jusqu'au 15e s. avec Muang Keo. Ce dernier fonda une multitude de temples, établissant ainsi la prééminence intellectuelle et culturelle du Nord pour plusieurs siècles. De nos jours, Chiang Mai s'enorgueillit encore d'une quarantaine d'édifices religieux intra-muros et de plus de 80 temples dans les collines environnantes. Le plus populaire d'entre eux reste le Wat Phra That, perché sur le Doi Suthep *(voir « Autour de Chiang Mai », p. 215)* ; en mai, une foule de pèlerins vient y célébrer l'anniversaire de la naissance, de l'illumination et de la mort du Bouddha.

Le sangha thaïlandais

La communauté monastique fut réformée au 19e s. par le futur roi **Mongkut**. Lui-même moine à Bangkok, il fonda le **thammayutika**, ordre adhérant au *dharma*, un mouvement contestant l'ancien ordre du **Mahanikaï** (grand recueil de textes sacrés) et qui se veut plus fidèle encore au bouddhisme originel. Bien qu'il soit aujourd'hui minoritaire, ce courant bénéficie du soutien appuyé de la famille royale. Les moines thammayutikin préconisent un plus grand isolement des monastères, en retrait des villages, sur des sites forestiers plus propices à la méditation, d'où leur nom de *wat pa*, les « monastères de la forêt ». Les deux ordres restent néanmoins dirigés par un même patriarche, nommé par le roi. À ses côtés, 45 moines de haut rang assurent le pouvoir législatif religieux, et neuf autres, le pouvoir exécutif. Cette hiérarchie supervise notamment l'ordination des moines, étape majeure puisqu'elle marque le passage de l'homme du stade d'être « cru » à celui d'être « cuit », c'est-à-dire civilisé.

L'ordination

Vous serez peut-être surpris par le nombre de jeunes bonzes qui animent la cour des temples. À croire qu'une bonne partie de la population thaïlandaise vit dans des monastères ! En fait, la plupart n'y font qu'un court séjour. Admis dès l'âge de 8 ans, les novices revêtent la traditionnelle robe safran au cours de la cérémonie de la **prise de l'habit**, où leurs cheveux sont rasés. Mais l'ordination elle-même, réservée à ceux qui promettent d'observer les 227 règles du code de discipline, ne sera prononcée qu'à l'âge de 20 ans. Dans le bouddhisme, les vœux ne sont pas perpétuels, bien que certains moines s'engagent jusqu'à la mort. La vie monacale est également ouverte aux femmes, qui peuvent devenir moniales au sein de l'**ordre des mae chii**. En Thaïlande, elles sont environ 10 000 à mener une vie d'ascèse. Comme les moines, elles ont la tête rasée, mais elles se

Quelques mots clés du bouddhisme

Bodhisattva – Dans le bouddhisme mahayana, saint personnage, masculin ou féminin, qui a renoncé à atteindre le nirvana pour guider autrui.
Dharma – Terme signifiant « loi » et, par extension, la doctrine enseignée par le Bouddha, transmise oralement. Désigne aussi la vérité ultime.
Hinayana ou **Theravada** – Appellation donnée au bouddhisme originel. On le désigne aussi sous le terme impropre de « petit véhicule » (« moyen inférieur de progression vers le salut »).
Karma – Ensemble des actes, bons ou mauvais, dont la somme accumulée lors des vies successives détermine les conditions de la renaissance.
Mahayana – Large voie de délivrance proposée à tous, à travers l'exemple vertueux des bodhisattvas. Apparue au début de notre ère, elle est appelée aussi « grand véhicule » (« grand moyen de progression vers le salut »).
Nirvana – L'« extinction », ou la cessation de la douleur et du désir, qui permet à ceux qui l'ont atteint de vivre dans un état de complète sérénité.
Parinirvana – La « grande extinction », ou « nirvana total ». Fin du cycle des renaissances marquée par la mort physique du Bouddha ou du saint.
Samsara – Cycle des renaissances ou réincarnations, qui ne s'achève que par l'obtention de la délivrance.
Sangha – Communauté des moines bouddhistes.
Vipassana – Pratiques de méditation. Le terme signifie « inspection », « vision pénétrante ».

La maison des esprits

Chez les animistes, on distingue deux types d'esprits : les *phi*, les fantômes ou âmes des défunts, et les *chao thi*, des esprits mineurs vivant aux côtés des humains. Ces derniers font l'objet d'une profonde vénération : toute habitation se doit d'avoir une « maison » pour les esprits protecteurs, afin qu'ils ne vagabondent pas et qu'ils ne portent pas malheur à ses occupants. Cette résidence miniature prend la forme d'un temple bariolé, de la dimension d'une cage à oiseau posée sur un socle. Elle est placée bien en évidence devant le bâtiment ou dans le jardin, à l'écart de l'ombre de la maison, et son installation est présidée par un maître (homme ou femme). L'intérieur accueille des figurines, dont celle du maître qui règne sur les esprits gardiens, parfois accompagné de sa famille et de ses serviteurs. Autant d'âmes qu'il convient de nourrir, chaque matin, par des offrandes de fruits et de bâtons d'encens.

distinguent par une robe blanche, et les préceptes qu'elles doivent respecter se réduisent à huit.
L'égalité entre les moines et les nonnes n'est pas au goût du jour, mais certains signes (dont l'ordination d'une femme en 2002) montrent néanmoins une évolution des mentalités.

Le quotidien des moines…

La journée d'un moine suit un rythme strict, qui ne laisse aucune place à l'oisiveté. Réveillé au chant du coq, le moine fait d'abord sa toilette, avant de nettoyer sa cellule et d'aller balayer la cour du monastère et la **sala**, le préau réservé aux réunions.
À 7h, tous quittent les lieux pour aller quêter leur nourriture de maison en maison : les yeux baissés, sans un mot, chaque moine présente son bol à aumônes aux habitants, qui le rempliront avec cérémonie. Les denrées collectées serviront aux repas de la communauté, qui se prennent au réfectoire avant midi. La tradition veut en effet que Bouddha, après une méditation éprouvante, ait accepté, avant midi, un bol de gâteau de riz et de miel offert par des marchands. Deux repas (un seul pour les adeptes du *thammayutika*) ponctuent ainsi la matinée : à 8h et à 11h30.
L'après-midi est consacré à l'enseignement de la lecture, de l'écriture et de la morale auprès des novices et des enfants du village. Les autres moines s'adonneront à la récitation en chœur des versets du *dharma*, mais aussi à la lecture des vies antérieures du Bouddha, récits contenus dans la corbeille des textes du Tipitaka.
À l'intérieur comme à l'extérieur du temple, la méditation est au cœur de la doctrine bouddhiste ; les fonctionnaires peuvent par exemple prendre un congé payé pour aller faire une retraite monastique.

… et des laïcs

Pour rejoindre la confrérie, tout aspirant bouddhiste doit prononcer, en présence des moines, la formule signifiant qu'il « prend refuge dans le **triple joyau** » : le Bouddha, la loi *(dharma)* et la communauté *(sangha)*.
Il promet en outre d'observer les **cinq préceptes** de moralité : ne pas tuer, ne pas voler, ne pas mentir, ne pas commettre d'adultère, ne pas consommer de boissons enivrantes.
Enfin, il s'engage à écouter la doctrine au temple deux fois toutes les deux semaines, lors d'une journée de jeûne.
Plus que l'aspiration au nirvana, jugée trop difficile car fondée sur l'ascèse

contemplative, les Thaïlandais espèrent simplement renaître dans une existence meilleure. D'où une grande ardeur à l'**acquisition des mérites**, qui prend plusieurs formes, l'acte le plus méritant étant l'ordination temporaire. Aussi tout homme revêt-il la robe safran pendant au moins une brève période de sa vie, d'une semaine à trois mois, après la fin de ses études et avant de se marier ou d'entamer sa carrière. Son entrée au monastère comme novice a lieu lors du carême, en juillet, à la saison des pluies. Elle est l'occasion d'une grande fête familiale car le mérite de son acte rejaillira sur tous ses proches, en particulier sur sa mère.

D'autres actions méritantes seront comptabilisées dans les renaissances successives : offrir nourriture et vêtements aux moines, faire construire un monastère, libérer de sa cage un oiseau vendu sur les parvis des temples, faire l'aumône aux pauvres, déposer des offrandes (lotus, bougie et encens) au pied des statues de Bouddha et tapisser celles-ci de feuilles d'or, sans oublier, bien sûr, le respect des jours consacrés.

Les autres religions

L'animisme

Antérieur à l'arrivée du bouddhisme, le culte des esprits demeure très vivace en Thaïlande. Bien des moines bouddhistes encouragent le culte des esprits pour renouer avec les puissances de l'au-delà, malgré l'opposition des fondamentalistes. Considérés par les laïcs comme des hommes de grand pouvoir du fait de leur pratique spirituelle, ces moines sont consultés pour toutes sortes de raisons : connaître son futur, exorciser un malade, acheter des charmes, ouvrir un commerce, etc.

Certains vénérables se spécialisent dans la fabrication d'**amulettes** à l'effigie du Bouddha ou de ses disciples, de saints ou de génies ; d'autres préfèrent devenir experts dans la divination, dans la composition de diagrammes magiques ou dans l'art de faire des tatouages destinés à protéger celui qui les porte.

L'islam

Avec près de 4 millions de pratiquants, surtout des **sunnites modérés**, l'islam est la deuxième religion du pays. Les musulmans thaïlandais, ou « Thaïs Islam », sont des Malais, communauté qui se concentre dans le sud du pays et vit baignée de l'influence de la Malaisie voisine. Les mosquées – dont la plus grande se trouve à Pattani, dans la province de Yala – y remplacent les temples, et l'appel des muezzins rythme la vie quotidienne. Acte de foi majeur, les pèlerinages à La Mecque se multiplient chaque année. Une particularité thaïlandaise : le repos sacré du vendredi n'est pas respecté, car il représenterait un manque à gagner pour les adeptes les plus démunis.

Le catholicisme

On dénombre quelque 600 000 chrétiens, catholiques ou protestants, en Thaïlande. Outre une part importante de la **communauté vietnamienne**, le christianisme concerne surtout des tribus montagnardes du Nord, les **Karens** et les **Lahus**, évangélisées au 19ᵉ s. par les missionnaires.

Art et architecture

Située au carrefour des zones d'influence des civilisations indienne, cinghalaise, mône, khmère, indonésienne et chinoise, la Thaïlande donna naissance à un art original qui rivalisa avec les plus grandes cultures de l'Asie du Sud. L'histoire de cet art, essentiellement inspiré par le bouddhisme, se divise en deux grandes périodes. La première s'inscrit dans le cadre général de l'indianisation de l'Asie du Sud-Est; la seconde débute au 13ᵉ s. avec les premiers royaumes thaïs, représentés par Sukhothai puis par Ayutthaya. Face au développement du béton dans les villes, le gouvernement actuel manifeste un intérêt croissant pour le patrimoine du pays, favorisant les travaux de recherche sur les sites archéologiques et encourageant une meilleure protection des monuments.

Œuvres antiques

La culture de **Ban Chiang** (3000-200 avant notre ère), village de la province de l'Isan, fait montre d'une industrie céramique élaborée. Les tertres funéraires présents sur le site ont livré toute une série de récipients à motifs incisés, cordés ou peints. Les plus anciens se caractérisent par leur fond caréné et leur revêtement de couleur noire, orné de dessins géométriques imprimés à la corde. Les poteries plus tardives (500-250 av. J.-C.) portent des motifs circulaires rouges sur fond grège.

Les habitants de la région seraient aussi à l'origine des peintures rupestres (3000-2000 av. J.-C.), merveilleusement conservées, qui courent sur les falaises de Pha Taem, dans les environs d'Ubon Ratchathani : des figures ocre rouge qui montrent scènes de chasse et rituels sacrés.

Les objets en métal mis au jour près de Ban Chiang témoignent également d'une maîtrise de la **technique du bronze** très avancée pour l'époque (à partir de 600 av. J.-C.).

Les royaumes indianisés

L'influence de l'Inde atteint le golfe de Thaïlande au début de notre ère, avec l'arrivée sur ses côtes des premiers marchands indiens, qui sillonnaient les mers jusque vers des contrées fort lointaines. La présence d'objets romains tels qu'une médaille de l'empereur Victorien datée de l'an 270 et provenant d'U-Thong, ou d'une lampe découverte à Phong Tuk, atteste l'ampleur du réseau de ces échanges maritimes.

Dès le 3ᵉ s. av. J.-C, le roi indien **Ashoka** aurait envoyé des missionnaires sur cette mythique **Suwannaphum** (« Terre de l'or ») pour y introduire la religion bouddhiste. Si Thep, étape commerciale entre l'Inde et le plateau de Khorat, abrita une colonie indienne avant de constituer le centre le plus important de la culture

Grand palais, à Bangkok.
southtownboy/Getty Images Plus

de Dvaravati, des statues primitives de la Trinité hindoue (Shiva, Brahma et Vishnou) et les premières représentations du Bouddha, dans le style indien des **Gupta** (5e s.-6e s.), ont été découvertes sur de nombreux sites méridionaux, dont Chaiya et Takua Pa.

L'école de Dvaravati (6e s.-11e s.)

Avant l'arrivée des Thaïs, les **Môns** occupaient la basse Birmanie ainsi qu'un vaste territoire s'étendant sur le centre et le sud de la Thaïlande actuelle, formant une mosaïque de royaumes qui s'érigèrent en foyers de la culture indianisée, elle-même fondée sur le bouddhisme theravada. Des pièces de monnaie mises au jour dans le bassin du Chao Phraya portent une inscription en sanskrit évoquant l'un de ces royaumes de la Plaine centrale, le Dvaravati (« Ville aux cent portes »). L'histoire de cet État môn, dont l'apogée se situe au 7e s., reste encore entourée de mystère. Mais son art a laissé des traces du raffinement de la société de l'époque. D'abord inspirés des écoles indiennes gupta et post-gupta, les artistes dvaravati s'en affranchissent rapidement pour créer un style original. De l'architecture de cette période ne subsistent que les soubassements des sanctuaires religieux et quelques **stupas**, édifiés en briques recouvertes de stuc.

Mais la **statuaire** révèle des œuvres héritières de la plus ancienne tradition iconographique du bouddhisme indien, comme celles reprenant le motif de la **roue de la loi**, symbole de l'enseignement de l'Éveillé. Les statues du Bouddha se caractérisent alors par un visage carré, aux traits doux, doté de lèvres pleines et de sourcils jointifs. Bouddha est le plus souvent debout, sur un socle en forme de lotus épanoui, dans l'attitude de l'argumentation *(vitarka mudra)*, ou assis « à l'européenne », comme au *chedi* de Phra Pathom, à Nakhon Pathom.

L'école de Srivijaya (8e s.-13e s.)

Né de l'expansion du royaume de Sumatra dans la péninsule malaise, l'art srivijaya se distingue par son iconographie tour à tour brahmanique et bouddhique, mais inspirée par l'école du grand véhicule *(mahayana)*. La statuaire, en pierre et en bronze, est remarquable par sa qualité d'exécution : le **bodhisattva Avalokiteshvara**, trouvé à Chaiya et exposé au Musée national de Bangkok, en est un superbe exemple. Marquée d'influences gupta, post-gupta et pala, cette école artistique connut une expansion rapide, bien au-delà des limites du territoire thaï.

L'héritage khmer (7e s.-14e s.)

L'empire d'Angkor, qui fit du Siam une de ses principales provinces, a laissé dans la région de l'Isan, tout particulièrement sur le plateau de Khorat, quelques-unes des plus belles réalisations architecturales khmères. Les temples de Phimai, de Phanom Rung ou de Muang Tham, pour ne citer que les plus connus, étaient reliés à la prestigieuse Angkor par tout un réseau de voies pavées de latérite.

Fidèle à la tradition hindoue, l'**architecture religieuse khmère** suit le plan d'un mandala, représentation symbolique du cosmos dont le centre est matérialisé par le **mont Meru**, résidence des dieux. Le temple s'élève à l'intérieur d'une enceinte carrée, galerie couverte d'un toit en encorbellement et percée de fenêtres à balustres. Des douves ou des bassins complètent le dessin, symbolisant l'océan cosmique que l'on franchit par des ponts ornés de **naga** (serpents). Bâti en latérite et en grès, il montre une structure pyramidale en gradins, dominée au centre par un **prang**, tour-sanctuaire évoquant le mont sacré, qui vaudra aux temples khmers leur surnom de « **temple-montagne** » *(prasat hin)*. Des **gopura** (tour-porche) s'y adossent : elles matérialisent l'entrée dans l'espace sacré du temple, dédié au culte.

Ouvrant à l'est, un avant-corps, le **mandapa**, conduit au sanctuaire

Le mangeur de temps

Figure omniprésente de l'**art khmer**, le *kala*, tête monstrueuse crachant des guirlandes de fleurs, orne tous les linteaux des portes des sanctuaires. Pris un jour d'un appétit vorace, le *kala* demanda à Shiva de lui sacrifier une victime ; ce dernier, furieux, lui enjoignit de se manger lui-même, ce que le gourmand s'empressa de faire jusqu'à ce qu'il ne lui reste plus que la tête et les mains ; Shiva eut alors l'idée d'en faire le gardien des temples, afin de rappeler à tous son propre pouvoir. Mais la punition ne suffit pas : le *kala* tenta de subtiliser l'*amrita* qui conférait aux dieux hindous l'immortalité. Surpris par le Soleil et la Lune en train de boire le nectar, le *kala* n'eut alors de cesse d'essayer de les avaler pour se venger. Mais n'ayant plus de corps, il lui était désormais impossible d'ingurgiter les deux astres, qui réapparurent régulièrement. Seule conséquence de ses tentatives : les éclipses. Et depuis, en Thaïlande, cette créature mythique symbolise le temps qui « avale » les heures et les minutes...

Bouddha et ses images

Les premières représentations du Bouddha datent de la fin du 1er s. Auparavant, le Bouddha était figuré par les événements marquants de sa vie : l'arbre représentait son éveil, le *chedi* son nirvana, l'empreinte de pied creusée dans une dalle, sa présence immatérielle. Toute une série de codes accompagne l'art bouddhique, et ce jusqu'à l'ère contemporaine. Le **visage de Bouddha** reçoit ainsi des marques distinctives – lobes d'oreilles allongés, trois plis concentriques sur le cou –, et sa robe montre divers drapés. Ses attitudes, les **asanas**, et les gestes de ses mains, les **mudras**, obéissent aussi à un canon. En Thaïlande, les **quatre attitudes principales** sont assis, debout, marchant ou couché. Parmi les postures de bouddha assis, la figure la plus commune évoque la victoire sur Mara (le Mal). La position couchée illustre ses ultimes instants sur terre, aux portes du paranirvana. Le bouddha marchant, lui, se réfère à un épisode succédant à l'illumination : le Parfait, après avoir prêché au ciel des 33 dieux, redescend sur terre pour enseigner sa doctrine. Si ces postures évoquent les thèmes clés du bouddhisme, les **lakshanas** (marques et signes) déterminent quant à elles l'apparence du Parfait. On en dénombre 32 principales et 80 secondaires, définissant l'homme d'essence exceptionnelle – et elles ne peuvent être attribuées qu'à un personnage appelé à devenir souverain universel.

proprement dit, une salle exiguë où trône la statue du dieu ou bien un **linga**, symbole de Shiva. Seuls les prêtres et les souverains avaient le droit d'y pénétrer. C'est juste au-dessus d'elle que se dresse la **tour-sanctuaire**, en forme d'épi de maïs et rehaussée d'une dentelle de motifs sculptés. Quatre tours plus modestes l'encadrent, destinées à abriter, entre autres, l'épouse du dieu et sa monture : un cygne ou une oie pour Brahma, un aigle ou un vautour pour Vishnou, un taureau pour Shiva.

Les premiers édifices furent érigés en briques, puis plus tard en grès et en latérite, matériaux plus solides qui correspondaient mieux à la notion d'éternité des lieux sacrés. Les artisans passèrent maîtres dans l'art de la sculpture du grès, employée dans le décor : linteaux, pilastres, tympans, frises de soubassement ou antéfixes marquant les bords des toits, etc. ; les temples de Phimai et de Phanom Rung en conservent de somptueux exemples.

Les apports thaïs : l'école de Lopburi

L'art khmer de Thaïlande est également désigné sous le nom d'« **école de Lopburi** » (10e s.-13e s.), du nom d'une des capitales régionales de l'empire khmer. La ville s'afficha en effet comme le foyer d'un style local directement hérité de l'art khmer, mêlant également influences pala et régionales. Élément majeur de cette architecture proprement thaïe, le **prang**, la tour-sanctuaire d'origine, prend ici beaucoup plus d'ampleur. Encore plus proche de l'art khmer, la **statuaire** de Lopburi marque une continuité avec le style dvaravati : les bouddhas, en grès, montrent les mêmes visages carrés aux sourcils rectilignes et aux bouches larges, mais les traits se font plus expressifs. L'Éveillé est le plus souvent représenté assis en méditation, protégé par le capuchon déployé d'un *naga*. Un délicat bandeau souligne l'amorce de ses cheveux, et une protubérance ou un bouton de lotus couronne le sommet du crâne, symbolisant l'illumination.

Démons et merveilles

Les temples thaïlandais sont décorés d'une foule de personnages mythologiques. Évoquant un oiseau, les **chofa**, caractéristiques de l'art thaï, ornent tous les épis de faîtage ; ils reprennent en fait la forme du **garuda** hindou, créature mi-homme mi-oiseau servant de monture au dieu Vishnou. Les chapiteaux en **bouton de lotus** (fleur sacrée) offrent quant à eux une image de la pureté spirituelle. Le **naga**, serpent légendaire et génie des eaux, aurait protégé Bouddha lors d'une de ses premières méditations et l'aurait ainsi sauvé d'un déluge ; symbole de la quête d'illumination du fidèle et chargé de protéger les lieux, il orne la toiture du temple ou forme les rampes des escaliers conduisant au sanctuaire. Ses trois têtes représentent l'orgueil de l'homme, son ignorance et son intolérance.

Cet art khmer d'inspiration bouddhiste connut son apogée sous le règne de Jayavarman VII, dont le musée de Phimai possède une splendide statue, portrait au sourire lumineux et tout empreint de mansuétude.

L'école du Lan Na (11e s.-18e s.)

S'étendant sur les confins nord du pays, le royaume du Lan Na développa un art dont l'originalité s'est perpétuée jusqu'au 20e s. Héritier du modèle artistique môn, qui inspira les premiers *chedi*, ce nouveau style fut d'abord connu sous le nom de **Chiang Saen** (11e s.-13e s.) ; il intégra ensuite des traits originaires de Sukhothai et du royaume birman de Pagan, avec lesquels les souverains du Lan Na entretenaient des contacts réguliers. C'est surtout dans l'architecture que se révèle tout le raffinement de ce style à part, qui trouvera son expression la plus aboutie avec le **style Chiang Mai** (où l'on peut admirer les plus beaux temples de cette école) : à partir de la seconde moitié du 14e s., l'influence de Sukhothai se fait sensible et, à l'image des temples laos, les *wihan* sont entièrement construits en teck. Sous un toit surbaissé, le porche ouvre sur une triple nef scandée par des piliers massifs.

Dentelles de bois

L'**art tardif**, qui marque l'apogée du style Lan Na (14e s.-15e s.), s'illustre par le travail du bois. Les façades des *wihan* et des *ubosot* s'ornent d'un foisonnement de motifs en bois sculptés et dorés, sur fond de mosaïque de verre bleu. Quant au **chedi**, blanc et or, il adopte d'abord une forme cubique empruntée à l'art épuré de Pagan (Birmanie). L'un des plus beaux monuments de cette période est le Wat Phra That Lampang Luang, à Lampang, conçu comme une place fortifiée ceinte de remparts.
Il reste en revanche peu d'exemples de la **statuaire du Lan Na**, dont les effigies du Bouddha reprennent successivement les caractéristiques de Sukhothai puis d'Ayutthaya : un corps robuste aux formes arrondies, un visage plein marqué par des sourcils arqués, un bouton de lotus coiffant une chevelure aux boucles traitées en relief accusé.

L'âge d'or

À la fin du 13e s., le bouddhisme theravada, originaire du Sri Lanka, s'impose définitivement au Siam. Il importe avec lui des formes architecturales propres qui vont profondément influencer l'art du royaume de Sukhothai, et plus tard de celui d'Ayutthaya.

Comprendre les temples thaïs

Voir illustration p. 436-439.

Pas un village ou presque qui ne possède son *wat*, c'est-à-dire son temple. Littéralement, le *wat* signifie la « demeure des élèves et des ascètes ». Il désigne ainsi le lieu où hommes et femmes pourront être ordonnés moines ou nonnes.

Dans les campagnes, le *wat* cumule plusieurs rôles : outre sa fonction religieuse, il sert d'école secondaire, d'hôpital, de salle de réunion municipale, de cabinet d'astrologie, de pension pour les hôtes de passage, de sauna et de pompes funèbres.

Il fait également office de centre communautaire et accueille les fêtes du village. Fruit de l'héritage animiste, de nombreux *wat* disposent dans leur enceinte d'une « maison de l'esprit », refuge de l'esprit local, attaché au domaine du temple.

Plus qu'un simple temple, le *wat* thaïlandais est un vaste complexe qui fait aussi fonction de monastère. Présentant toujours le même plan, il est entouré de **deux enceintes** symbolisant la séparation entre le sacré et le profane. La première comprend les édifices sacrés et les bâtiments fonctionnels destinés aux laïcs ou aux religieux. La seconde, formée d'une galerie ou d'un cloître abritant une série de bouddhas, est dédiée à la méditation.

Au cœur du wat

La seconde enceinte entoure le **phuttawat**, l'espace principal du temple. Au centre s'élève le bâtiment le plus sacré du *wat*, l'**ubosot**, réservé aux religieux, où se déroulent les cérémonies d'ordination. Orienté face à l'est, il renferme le **bouddha** le plus vénéré du monastère. Autour de l'édifice, huit pierres gravées en forme de feuilles, les **bai sema**, délimitent le périmètre sacré, protégeant le lieu des démons et des mauvais esprits. Ce sanctuaire rectangulaire, surélevé et entouré d'une colonnade, est couvert d'une toiture pentue à un ou plusieurs niveaux rehaussés d'une flèche.

Le **wihan**, ou **vihara**, la salle d'assemblée des fidèles, reprend le même modèle que l'*ubosot*, mais sans les *bai sema*. Cette salle hypostyle (sur colonnes) accueille elle aussi des statues de Bouddha et sert de cadre aux sermons des vénérables.

À proximité se dresse le **chedi**, l'emblème du bouddhisme. En forme de cloche et rehaussé d'une spire annelée, il renferme une relique du Bouddha, d'un saint ou d'un personnage royal, enchâssée lors de la fondation du temple. Au fil des siècles, sa forme sera de plus en plus monumentale et élancée.

Les bâtiments annexes

Parmi les bâtiments annexes, dans l'enceinte extérieure, le **mondop**, équivalent du *mandapa* indien, conserve des textes sacrés ou un objet de culte. De plan carré, il est coiffé d'un toit cruciforme ou d'une flèche.

On trouve également le **ho rakang**, un édicule abritant un gong ou une cloche, qui rythme la journée des moines. Surélevé afin d'être protégé des insectes et des rongeurs, le **ho trai** renferme quant à lui les manuscrits religieux.

Vient encore le pavillon ouvert de la **sala kanprien**, où se rassemblent moines et fidèles lors des sermons.

Les **sala**, pavillons de repos disséminés autour des sanctuaires, servent aussi de lieux de prière.

Au centre d'une petite cour, un banian rappelle l'arbre sous lequel Bouddha trouva l'illumination. Enfin, le **sanghawat**, isolé par un mur, rassemble les **kuti**, ou quartiers des moines.

Quant à la statuaire, elle s'inspire d'abord de l'art birman de Pagan : la représentation du Bouddha « victorieux de Mara », prenant la Terre à témoin, devient prééminente dans les diverses écoles artistiques jusqu'au début du 18e s.

L'école de Sukhothai (fin 13e s.-14e s.)

L'architecture de Sukhothai se caractérise par la forme unique de ses *chedi*, couronnés d'un bouton de lotus, comme le montrent celui du Wat Phra Si Mahatat à Sukhothai et celui du Wat Chedi Chet Thaeo à Si Satchanalai. L'influence khmère reste présente dans la réinterprétation du *prang* en une tour très élevée, comme à Lopburi, tandis que l'apport cinghalais se traduit par le **chedi en forme de cloche**, reprise des *dagoba* du Sri Lanka, dont la base est souvent entourée d'éléphants cariatides sculptés en **ronde bosse** (les Wat Chang Lom de Sukhothai et de Si Satchanalai, le Wat Chang Rob de Kamphaeng Phet en montrent de beaux exemples). Enfin, le **chedi à base carrée** et redentée s'inspire du style Lan Na. Au cœur du temple, un **mondop** (du sanskrit *mandapa*) de plan carré abrite une grande statue du Bouddha ou une empreinte de son pied.

Bronzes et céramiques

La statuaire de style Sukhothai privilégie le bronze, dont la maîtrise va contribuer à l'élaboration d'un art original. Elle frappe par son élégance et par un traitement presque féminin de l'image du Bouddha : silhouette idéalisée aux formes courbes, élancées et fluides, visage ovale à la coiffure surmontée d'une flamme (symbole de la force spirituelle), nez aquilin et sourire serein.
L'attitude du **Bouddha marchant** *(voir encadré p. 431)* reste l'une des principales innovations de l'école de Sukhothai. L'expression du visage, yeux mi-clos et sourire serein, associée au mouvement du corps, expriment une grande intensité spirituelle.
Les artistes de Sukhothai se feront également une renommée dans le domaine de la céramique : sous la houlette de maîtres chinois s'élabore la **faïence de Sangkhalok**, des céramiques vernissées à motifs peints en brun ou en blanc, et des **céladons** aux teintes vert d'eau. Fabriquée dans les grands ateliers de poterie près de Sukhothai et de Si Satchanalai, cette production

L'emblème d'Ayutthaya : une tête de bouddha prise dans les racines d'un banian.
richliy/Getty Images Plus

deviendra très populaire et sera exportée dans tout le Sud-Est asiatique.

L'école d'Ayutthaya (14e s.-18e s.)

Le royaume d'Ayutthaya reprend à son compte les traditions culturelles et artistiques de la civilisation khmère, allant jusqu'à revendiquer le statut de roi-dieu *(devaraja)* pour ses souverains. Principale image de cette volonté de puissance, les temples se doivent d'être les plus beaux et les plus grands, frappant les voyageurs par leur taille et la splendeur de leurs décors.
Les formes architecturales puisent dans toutes sortes d'inspirations. Ainsi, le *prang* des Khmers et de Lopburi, en forme d'épi de maïs, se fait de plus en plus haut, tandis que d'autres temples reprennent le **chedi campaniforme** de Sukhothai, rehaussé de colonnes à la base de la spire annelée. Les *wihan* visent également à refléter la gloire du royaume, avec une toiture de plus en plus élevée et une décoration foisonnant de stucs dorés.
Même tendance pour la **statuaire**, qui se fait colossale et surchargée de symboles. L'intense spiritualité émanant du visage du Bouddha de Sukhothai disparaît ici pour faire place à une expression plus figée, plus hautaine et hiératique. Aux lignes épurées de l'art du 13e s., on préfère le foisonnement des ornements, dont la finesse atteste la maîtrise des techniques de sculpture de l'époque. Produite en série, la statuaire va cependant perdre de sa qualité à partir du 17e s.

Les temps modernes

Les conséquences de la prise d'Ayutthaya par les Birmans ont été désastreuses pour les arts : lors de la mise à sac de la ville, les temples furent dévastés et leurs chefs-d'œuvre détruits ou transportés en Birmanie.

L'école de Ratanakosin (fin 18e s.-début 20e s.)

Réfugiée à Bangkok, la nouvelle capitale, la dynastie Chakri inspira cependant une réelle renaissance artistique : si la nouvelle architecture reste dans la lignée de l'art de l'ancien royaume, son style complexe et clinquant semble vouloir affirmer sa supériorité sur son modèle. Dès le début du 19e s., une profusion de

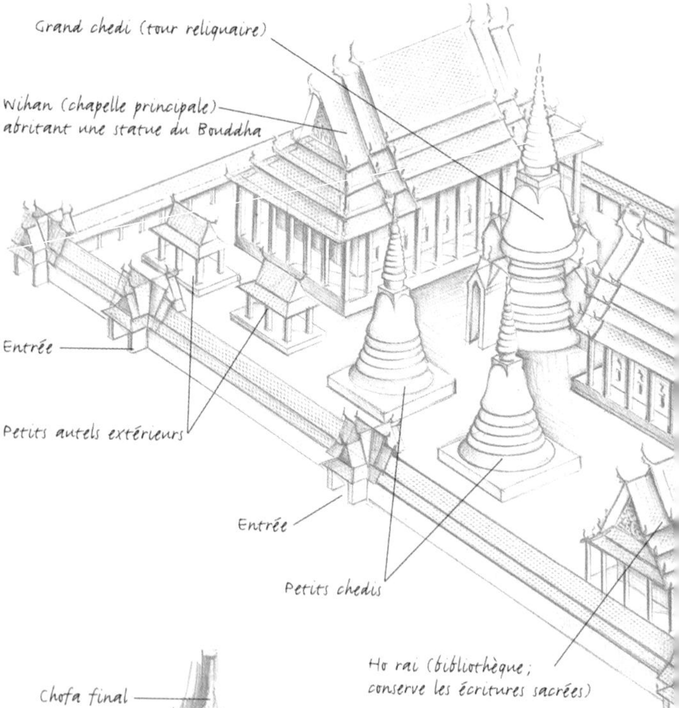

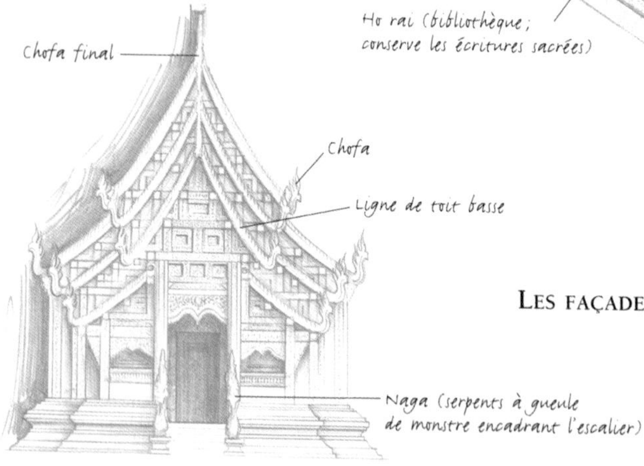

STYLE LAN NA

LES FAÇADES

H. Choimet/MICHELIN

L'ARCHITECTURE THAÏLANDAISE

LE TEMPLE (WAT)

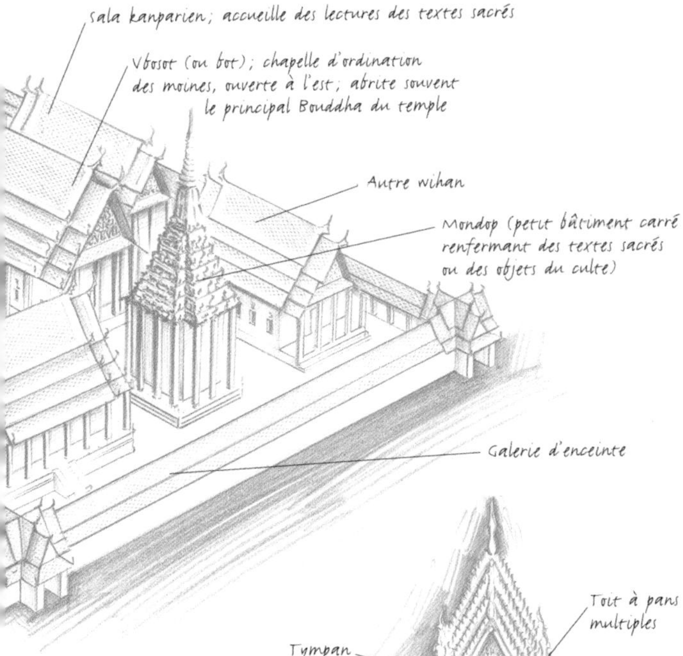

DES CHAPELLES

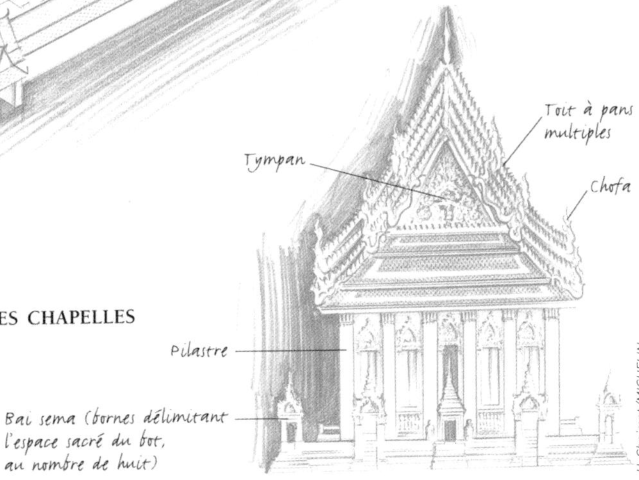

STYLE RATANAKOSIN

H. Choimet/MICHELIN

L'ARCHITECTURE THAÏLANDAISE

PRANGS ET CHEDIS

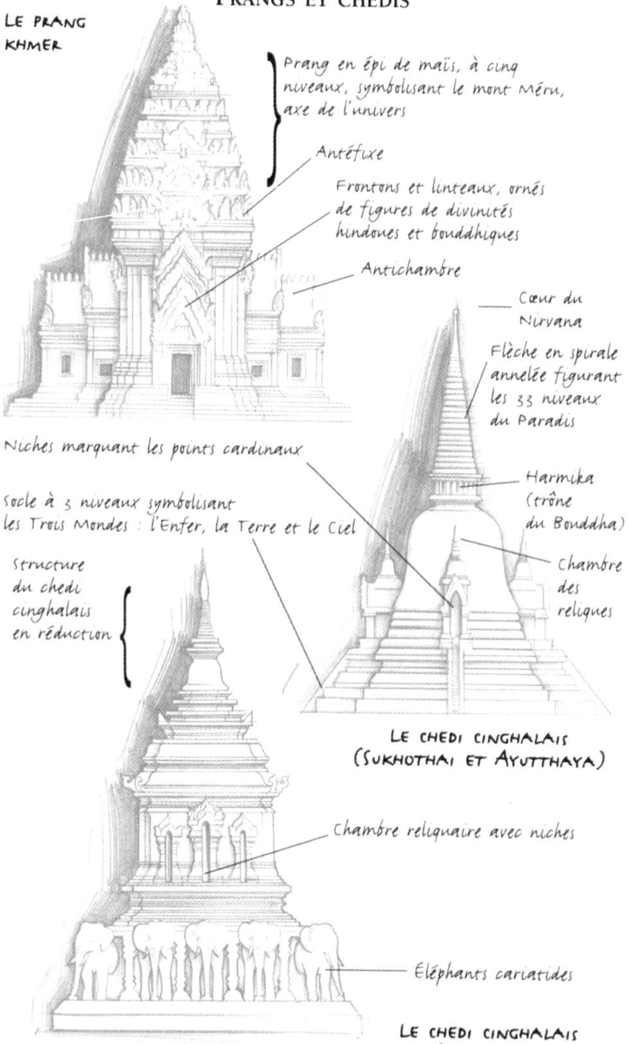

H. Choimet/MICHELIN

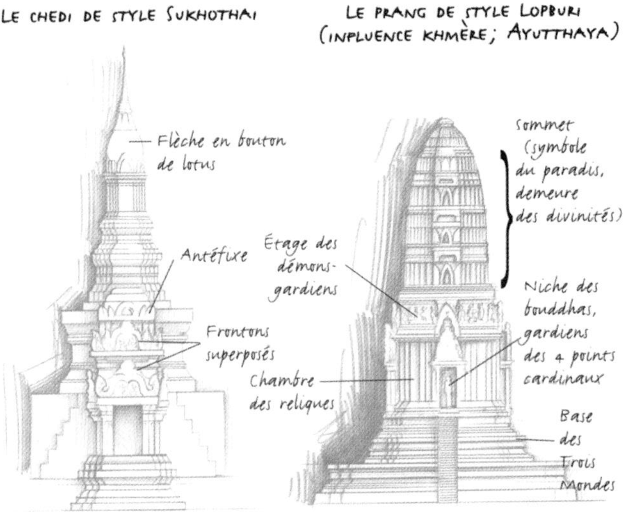

Les mudras, attitudes et postures du Bouddha

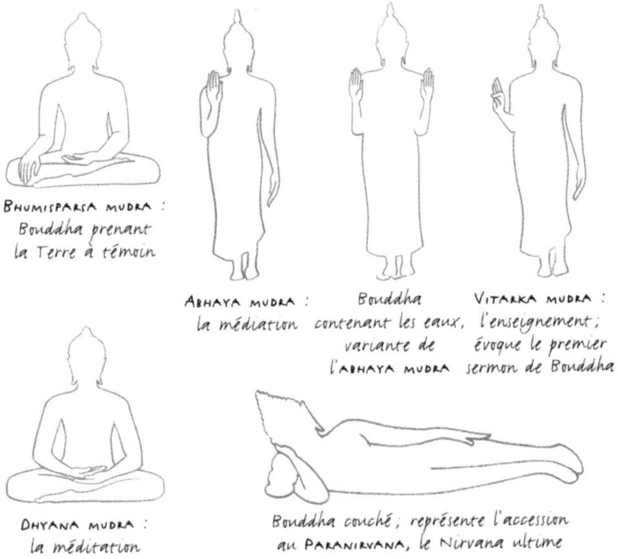

H. Choimet/MICHELIN

motifs « tape-à-l'œil » couvre ainsi les édifices, comme pour rappeler que le Siam renaît toujours de ses cendres. Les temples, au début de simples répliques de monuments de l'ancienne cité royale, deviennent de plus en plus imposants et de plus en plus élaborés, avec de hauts piliers soutenant la charpente d'une toiture à pans multiples.

Dans les années 1850, les souverains vont manifester un engouement pour l'art chinois et occidental. Ces influences seront visibles dans l'architecture tant religieuse que palatiale, comme en témoignent le Palais royal et le Wat Phra Kaeo à Bangkok.

L'apogée des arts décoratifs

Les arts graphiques et décoratifs, en harmonie avec la peinture, marquent la période de Ratanakosin par leur qualité. Le travail de la **laque noire** et de l'**or**, particulièrement prisé en Thaïlande centrale et dans la région du Lan Na, compose de somptueux décors pour les coffres et les armoires liturgiques, le dessin, des plus raffinés, étant encore souligné par l'incrustation de nielle et la marqueterie de nacre. Fabriquée en Chine pour le compte de la cour siamoise, la **céramique « cinq couleurs »** *(bencharong)* rencontre également un vif succès.

Autre type de décor qui se développe dans les sanctuaires : les **peintures murales**. Elles obéissent aux prescriptions didactiques du bouddhisme : derrière la statue de l'Éveillé se déroule la lutte du Maître contre Mara, la force du mal ; on y voit les trois mondes *(Traiphum)* de la cosmologie bouddhique : l'enfer, la terre et le paradis. Sur les parois latérales, des registres narratifs content les **jataka**, les vies antérieures du Bouddha, et quelques scènes de sa vie. Les visages des personnages sont dépourvus d'expression, leurs émotions étant traduites par une gestuelle et des postures empruntées aux conventions théâtrales. Une ligne brisée sépare ces récits du registre supérieur, où apparaissent des êtres célestes en adoration, des ermites ou des divinités vénérant le Bouddha.

La **peinture** connaîtra son âge d'or sous le règne de Rama III (1824-1851), renommé pour son goût de la culture chinoise. Les fresques murales font alors apparaître des motifs sinisants de rochers et de nuages, auxquels s'ajoutent des figures contemporaines d'étrangers, qui attestent le rétablissement des relations entre le Siam et l'Occident.

Dans une veine toute différente, les **peintures de l'école du Nord** privilégient les scènes du quotidien qu'elles traitent avec un grand réalisme, multipliant les détails savoureux, individualisant les personnages et traitant les rois comme leurs sujets. Les murs du Wat Phra Singh à Chiang Mai, et du Wat Phumin à Nan (Nord-Est), en offrent une remarquable illustration.

L'art contemporain

À la fin du 19e s., le Siam s'ouvre à l'Occident et l'art thaïlandais se libère brutalement de son carcan religieux. Initiateur de ce mouvement, Rama V (1868-1910), friand de voyages à l'étranger, s'inspire de l'urbanisme à l'européenne pour revoir certains quartiers de Bangkok, dont celui de Dusit, que l'on dote de larges boulevards et d'espaces verts.

Cette influence occidentale engendre des associations inattendues : les palais royaux mêlent des styles néoclassique ou néobaroque à des éléments de l'architecture traditionnelle thaïe.

Ces innovations, qui connaîtront un certain succès dans tout le pays, s'appliqueront aussi aux édifices

Peintures murales d'un temple de Bangkok.
cesareantonio/Getty Images Plus

religieux : le Wat Benchamapophit à Bangkok offre un parfait exemple de ce style hybride. Quant à la peinture, elle se libère des conventions en vigueur jusque-là pour devenir plus réaliste.

Enfin, avec le 20e s., la réflexion architecturale s'ouvre au civil. Si l'**architecture thaïe moderne** semble parfois se réduire à une jungle de buildings, elle laisse pourtant une grande part à la créativité. Certaines réalisations des quartiers modernes de Bangkok participent d'une architecture postmoderne, tel le **Robot Building** (1986) ou le Siriraj Hospital (2011), tous deux de l'architecte Sumet Jumsai ou le Elephant Building (1997). Avec sa *skyline* audacieuse, en perpétuelle évolution, la cité des Anges a d'ailleurs gagné un nouveau surnom : celui de **« capitale des gratte-ciel »**. La Baiyoke Tower II qui, avec ses 304 m, détenait le record depuis sa construction en 1997, a été détrônée en 2016 par la **tour MahaNakhon**, haute de 314,2 m, elle-même dépassée de 2 m par les Magnolias Waterfront Residences en 2018. The One, actuellement en construction (fin des travaux prévue en 2027) dans le quartier de Lumphini, les dépassera de loin avec ses 436 m et ses 92 étages.

Culture

Les divertissements contemporains prennent bien souvent la forme d'une soirée karaoké entre amis ou d'un film d'action où la violence l'emporte sur la subtilité. Mais la culture thaïe traditionnelle garde ses sanctuaires où l'on peut assister à une représentation de théâtre masqué ou de théâtre d'ombres, et où l'on vient écouter le « piphat », l'orchestre classique. Pour comprendre l'esprit thaï, il faut aussi essayer de décoder les cinq tons qui rythment la langue, gardiens d'une longue tradition orale qui marque encore les mentalités.

Les langues

La langue thaïe, le « **siamois** », appartient à la branche thaïe d'une famille linguistique d'origine sino-tibétaine, le **thaï-kadaï**. De cette même famille sont issues certaines langues des pays voisins de la Thaïlande, tels le *lao* du Laos, le *shan* du nord-est de la Birmanie ou le *thaï lu* de la Chine du Sud.

Le thaï, langue nationale

Voir également « Lexique », p. 522.

Le thaï se divise en quatre dialectes principaux, eux-mêmes subdivisés en sous-dialectes, correspondant aux grandes régions du royaume. Utilisé par les habitants de la province de Tak, le **thaï du Nord** est parlé le long de la frontière birmane. Le **thaï du Nord-Est**, lui, couvre les frontières du Laos et du Cambodge, tandis que le **thaï du Sud** englobe les provinces méridionales, de Chumphon aux marches de la Malaisie. Rattaché à la Plaine centrale, berceau de l'histoire du pays, c'est le **thaï du Centre**, appelé aussi « thaï standard », qui s'est imposé comme langue officielle et nationale.

Le thaï emprunte de nombreux mots au **sanskrit** et au **pali**, deux langues sacrées de l'Inde ancienne. Autre héritage de l'Inde, les articulations du discours reflètent une société hiérarchisée : le vocabulaire fait appel à toutes sortes de déclinaisons suivant la position sociale, l'âge et le sexe du locuteur. Dans le même ordre d'idées, outre la coexistence d'un langage populaire et d'une forme plus académique, la famille royale possède son propre vocabulaire, le *rachasap*, dédié à son usage exclusif.

Sur tous les tons

Langue **monosyllabique et tonale**, le thaï révèle une grammaire plus simple que celle des langues européennes, ne comportant ni conjugaison, ni déclinaison de nombre ou de genre, ni article ; seuls des mots « modificateurs » servent à préciser ces modes.

En revanche, le thaï fait appel à **cinq tons** particuliers – grave, médium, aigu, descendant et ascendant – pour distinguer des sens divers. Une même syllabe peut ainsi disposer de cinq variations de tonalité, qui lui confèrent autant de sens différents. Indispensables à la compréhension, les tons constituent la principale difficulté d'apprentissage.

L'écriture

Le thaï n'a été écrit qu'à partir du 13e s. La tradition attribue cette innovation au roi de Sukhothai, **Rama Khamhaeng**, qui s'inspira des versions khmères et mônes d'un ancien alphabet provenant de l'Inde du Sud. L'alphabet thaï moderne, qui en est issu, comprend 44 consonnes, 32 voyelles et diphtongues, ainsi que 4 signes diacritiques servant à indiquer les tons. Les mots s'écrivent de gauche à droite, comme pour l'alphabet latin, mais sans espace, et les voyelles se placent autour des consonnes : avant, après, au-dessus ou en dessous, selon la position des signes qui déterminent le sens.

Les langues des minorités

Si la langue nationale est parlée et écrite par la majorité des Thaïlandais, les nombreuses communautés ethniques qui peuplent le pays restent attachées à leur propre langue ou à leur dialecte.
Les **Sino-Thaïs**, en particulier, utilisent le cantonais, le *teo chew*, le fukienois ou le hainanais, dialectes originaires de Chine du Sud. Mais le **pékinois** (mandarin), c'est-à-dire le parler « officiel », tend à s'imposer comme la langue emblématique de cette influente communauté.
Les tribus montagnardes parlent pour leur part des langues monosyllabiques et tonales comme le thaï. Hormis les **Karens**, dont le dialecte reste inclassable malgré des similitudes avec la famille tibéto-birmane, les **Hmongs** (ou Meos, Miaos) et les **Yaos** (ou Miens) parlent un même dialecte **miao-yao** d'origine sino-tibétaine – les Yaos étant les seuls à posséder une écriture. Quant aux **Lahus**, aux **Akhas** et aux **Lisus**, ils partagent les mêmes racines linguistiques issues du **yi** (ou *lolo*), une branche des langues tibéto-birmanes.
D'origine tout autre, le **malais**, que parlent certains habitants du Sud, appartient à la famille linguistique malayo-polynésienne, un groupe extrêmement large auquel se rattachent presque toutes les langues d'Océanie et du Pacifique, de Madagascar à Hawaï.

La musique

« Dans la musique thaïe, pas une seule note, entre la première et son octave, ne correspond à une note de la gamme européenne », faisait remarquer sir Hubert Parry, compositeur anglais du 19e s.
D'où quelques difficultés pour un Occidental à apprécier la musique traditionnelle : la gamme thaïe comprend 8 notes, arrangées en 7 tons pleins (sans demi-tons), dont seuls 5 tons sont fréquemment utilisés.

La musique classique

La musique siamoise possédait jadis ses propres instruments, portant le nom des sons qu'ils produisaient *(chap, ching, so, krong, khong)*. À l'époque de Sukhothai, au 13e s., les musiciens empruntèrent des éléments plus sophistiqués aux cultures mône (notamment les 7 tons) et khmère. C'est de cette période que datent la plupart des instruments traditionnels encore en usage.
Le *Trai Phumithaka*, ou *Les Trois Mondes du bouddhisme*, premier ouvrage en thaï à mentionner des instruments, daterait aussi de cette époque. Rédigé par un souverain de Sukhothai, il constitue la première théorie musicale nationale.

Les instruments

Version thaïe de l'orchestre classique occidental, le **piphat** réunit de 5 à 20 instruments à vent, à cordes et en bois, ainsi que des percussions. Il inclut toujours le *pinai*, un instrument à anche cousin du hautbois, un xylophone incurvé, le *ranad ek*, un assortiment de cymbales à doigts baptisé *ching*, et le *khong wong*, un assemblage semi-circulaire de petits gongs de différentes tailles, suspendus à une structure en rotin, qui assure la mélodie. Quant au petit tambour à double face, ou *taphon*, il donne le tempo : son rôle de « conducteur » est si important que les artistes lui font des offrandes d'encens et de fleurs avant chaque représentation.

D'autres instruments viennent compléter cette panoplie, selon les occasions festives – danse, théâtre, combat de boxe, fêtes. Citons notamment le *wong yai*, parent lointain du xylophone occidental, qui se compose d'un ensemble de clés en bois séché ou en bambou, montées sur un cadre en bois plat ou légèrement recourbé. Élément central d'un orchestre accompagnant une représentation de danse classique, il joue la mélodie, reprise sous forme de variations par les autres instruments.

Introduit dans les grandes formations musicales, le *chakhay* évoque une cithare au manche épais, tandis que le *pi*, instrument à vent muni d'un bec en roseau, se fait entendre lors des combats de boxe. Gongs, tambours et cymbales de tailles variées peuvent aussi étoffer l'orchestre.

Si le *piphat* était à l'origine seulement destiné à accompagner le théâtre dansé *(khon)* et le théâtre d'ombres *(nang)*, cet orchestre s'écoute aujourd'hui pour lui-même et anime également des fêtes religieuses.

La musique moderne

Très populaires, les compositions contemporaines empruntent à l'Occident ses rythmes rock, folk, jazz, ainsi que les mélodies sentimentales, mélangées parfois à des thèmes classiques ou folkloriques thaïlandais.

Où que vous soyez dans le pays, vous trouverez des clubs de **karaoké** et des discothèques branchées qui les diffusent ou les reprennent à l'envi.

La littérature

Dans l'univers de légendes et de traditions orales qu'était le Siam, l'écrit apparut tardivement. Version orientale de l'*Odyssée*, l'épopée du *Ramakien* *(voir encadré p. 446)* reste le premier grand classique de la littérature thaïe. Le second est un ensemble de 547 fables et paraboles qui racontent les vies antérieures de Bouddha : les **jataka**.

La **littérature contemporaine** reste trop peu traduite en français. Quelques auteurs se sont fait connaître en Occident, tels **Pira Sudham**, anglophone proposé en 1990 pour le prix Nobel de littérature (*Terre de mousson* et *Enfances thaïlandaises* ont été traduits en français) ou **Chart Korbjitti**, impertinent et incontestablement doué, auteur de *La Chute de Fak* (2003) ou de *Chiens fous* (2011). Ces auteurs rencontrent pourtant peu de succès dans leur pays, où la jeunesse a tendance à bouder la lecture.

Le théâtre

Le théâtre traditionnel comptait autrefois six formes d'expression. Certaines ont disparu, comme le *lakhon lek* (« petit théâtre ») ou le *hun luang* (marionnettes royales), réservé à la Cour. D'autres survivent, tel le *khon* (théâtre dansé), mais leur avenir est menacé.

Le khon, drame masqué

Apparu vers l'époque du royaume d'Ayutthaya, le *khon* met en scène des épisodes du **Ramakien**. Les acteurs, traditionnellement des hommes (les femmes ne furent admises qu'à partir du 19e s.),

Danse traditionnelle thailandaise.
Toa55/Getty Images Plus

représentent quatre types de personnages, portant de somptueux costumes de brocart et identifiés par des masques spécifiques faits de papier mâché laqué : les hommes, les femmes, les démons et les singes, ces deux derniers étant toujours masqués.

Exécutées au rythme d'un récit chanté ou raconté par un chœur, les danses obéissent à une gestuelle codifiée, renseignant autant l'action que le sentiment (une frappe du pied, par exemple, signifie la colère). Les thèmes musicaux joués par le *piphat* respectent les mêmes règles, prévenant l'auditoire que le personnage va passer, par exemple, de la colère au désespoir. Joué à l'origine uniquement devant la Cour, sur une scène nue éclairée par des torches, puis au 19e s. hors des palais pour les fêtes, le *khon* s'est pratiquement éteint. Seuls le **Théâtre national de Bangkok** et le **Théâtre royal de Chalermkrung** *(voir « Nos adresses à Bangkok », p. 77)* proposent aujourd'hui des représentations publiques.

Le lakhon

Le *khon* s'intégra à la culture populaire sous des formes moins stylisées et plus sensuelles, connues sous le nom de *lakhon*. Le **lakhon nai**, ou *lakhon* intérieur (représenté à l'intérieur du palais), était jadis réservé à la petite noblesse. Outre les épisodes du *Ramakien*, il comprend des contes populaires, chantés par des troupes féminines. Exécuté par des acteurs des deux sexes, le **lakhon nawk**, ou *lakhon* extérieur (représenté à l'extérieur du palais), puise quant à lui uniquement dans les légendes populaires et associe des textes chantés et parlés.

Comme le *khon* royal, ces deux formes théâtrales sont des arts en voie d'extinction. Ce n'est pas le cas du **lakhon phut**, ou « jeux parlés », variante la plus récente et la plus populaire dans les villes.

Le Ramakien : une représentation d'un mois

Récit épique en vers, la version thaïe du *Ramayana* indien raconte le périple du roi Phra Ram d'Ayutthaya, qui, avec son frère Phra Lak, part à la recherche de son épouse, Nang Sita. Enlevée par le roi démon Thotsakan, Sita est retenue captive sur l'île de Lanka ; une armée d'hommes-singes conduite par le dieu-singe Hanuman vient en aide au roi, symbole du Bien, qui finit par vaincre les forces du Mal. Disparue lors de la mise à sac d'Ayutthaya au 18e s., l'épopée fut réécrite par Rama Ier, puis écourtée par Rama II (sa représentation durait plus d'un mois !). De nos jours, on interprète seulement quelques scènes clés des 138 tableaux.

Assez répandu aussi, le **lakhon chatri** est un drame dansé sur un tempo rapide, qui se tient devant un sanctuaire à la demande d'un fidèle faisant acte de piété ou lors des festivals religieux. S'inspirant du *Ramayana* indien, il raconte le périple d'un prince parti à la recherche d'une **femme-oiseau** *(kinnari)* kidnappée.

Le likay

Apanage des troupes ambulantes, le **likay** anime les fêtes de campagne. Il se joue dans l'enceinte des temples et séduit les foules par son mélange des genres : équivalent paillard du *Ramakien* royal, il associe plaisanteries crues, commentaires d'actualité et danses bouffonnes, le tout souligné par une musique classique et folklorique.

Le **manora**, équivalent méridional du *likay*, s'inspire aussi du *Ramakien*, mais les acteurs y ajoutent des commentaires comiques de leur cru, et, à l'occasion des fêtes villageoises, les comédiens les plus réputés se défient au cours de joutes oratoires.

Le nang, théâtre d'ombres

Originaire de Malaisie et d'Indonésie, donc plus répandu dans le Sud, cet art nocturne se pratique avec des **marionnettes plates** découpées dans du cuir de buffle d'eau ou de vache *(nang)*. Les silhouettes sont manipulées par des marionnettistes placés derrière un écran de tissu blanc éclairé par une source de lumière. Tradition la mieux conservée parmi les deux formes de théâtre d'ombres, le **nang talung**, du nom de la province de Phatthalung, est joué lors des fêtes de temples, surtout à Songkhla et Nakhon Si Thammarat. Tirés de pièces classiques, les personnages, prolongés par un manche en corne de buffle, sont animés par un unique marionnettiste.

Le cinéma

À l'heure où le cinéma asiatique connaît un réel succès en Europe, la Thaïlande peine encore à se faire connaître en la matière. Films d'action ou de science-fiction, comédies romantiques ou historiques : les Thaïs raffolent de ces divertissements qui se renouvellent chaque année. La palme du succès revient aux films d'action, où la violence exacerbée semble catalyser les tabous liés à la sexualité. Il existe néanmoins des réalisateurs d'avant-garde dont les films s'exportent de plus en plus. Leur chef de file est **Apichatpong Weerasethakul** dont le film *Oncle Boonmee, celui qui se souvient de ses vies antérieures* a remporté la palme d'or du festival de Cannes en 2010, et *Memoria*, le prix du jury du festival de Cannes en 2021. Le cinéma thaïlandais fait un grand écart entre son public et le reste du monde, l'acte de création étant souvent synonyme de contestation. Il est bon de rappeler que l'hymne national est diffusé avant toute projection de film.

Histoire

Le « pays des hommes libres » (Muang Thai), tel est le sens du mot Thaïlande, une nation fière de n'avoir jamais été colonisée. Les terres siamoises ont vu l'ascension et le déclin de plusieurs civilisations. Ébranlant la puissance des États môns et de l'empire khmer, de puissants royaumes de langue et de culture spécifiquement thaïes vont émerger à partir du 13e s., parfois alliés, souvent rivaux : Sukhothai dans la Plaine centrale, Lan Na dans le Nord, et la brillante Ayutthaya, qui rayonna sur un immense territoire. Ce n'est qu'au 19e s. qu'est fondée Bangkok, et que la dynastie Chakri, toujours régnante, posera les bases de l'actuelle Thaïlande. Issu d'une histoire pour le moins riche et complexe, le pays traverse aujourd'hui une phase d'instabilité politique et cherche de nouveau sa voie.

Un peuplement ancien

L'archéologie de la Thaïlande en est encore à ses débuts, mais de nombreuses traces attestent une occupation humaine très ancienne. Une branche de l'*Homo sapiens* habita en effet cette sphère géographique au cours du paléolithique inférieur (environ 40 000 ans avant notre ère). Il s'agissait probablement de populations australoïdes ou mélanésoïdes, celles-là mêmes qui peuplèrent ensuite l'Australie et la Mélanésie. Chasseurs-cueilleurs plus ou moins sédentaires, ces hommes utilisaient des outils de bois, de bambou et de pierre.

Les découvertes archéologiques faites dans des grottes de la région de Mae Hong Son ont révélé l'existence d'une agriculture naissante, fondée sur l'igname et le taro (la riziculture est plus tardive), dès les 10e-9e millénaires avant notre ère. Quant aux fouilles menées dans le Nord-Est, autour du site de **Ban Chiang**, elles permettent de dater la pratique de l'élevage à 3500 av. J.-C. Acquise vers 500 av. J.-C. dans cette même région, la maîtrise du fer résulte manifestement d'un développement local, preuve du dynamisme de ces sociétés.

Les Empires môn et khmer

L'histoire proprement dite commence avec les Môns et les Khmers : deux grandes civilisations qui poseront les bases d'une culture indianisée. Fruit de leurs multiples relations commerciales, intellectuelles, artisanales avec le monde indien depuis le 1er s. de notre ère, les Môns et les Khmers ont emprunté nombre de traits à la grande civilisation voisine : son système monarchique, ses langues (le sanskrit et le pali), ses canons esthétiques et ses techniques architecturales.

Mais tandis que les Môns adoptent très tôt le **bouddhisme du petit véhicule** *(theravada)*, les

Khmers, d'abord convertis aux grandes religions hindouistes (le brahmanisme et le vishnouisme), se tourneront ensuite vers le bouddhisme du grand véhicule *(mahayana)*.

Apparus vers le 7e s. de notre ère, les **États môns** couvrent une grande partie du territoire de l'actuelle Thaïlande ainsi que de la basse Birmanie, englobant le royaume de Hariphunchai (région de Lamphun, au nord) et celui de Dvaravati (du nom de la capitale de Krishna dans le *Mahabharata*). L'épicentre de la sphère mône semblait se situer entre Lopburi, Prachin Buri et Ratchaburi, avec Nakhon Pathom pour cité principale.

À partir des 9e et 10e s., les **Khmers** vont régner sur l'Est, rayonnant autour de leur capitale, Angkor Wat, la splendide ville-temple. Leur empire étendra son influence sur l'actuel Cambodge, mais aussi à toutes les basses terres au nord-ouest d'Angkor – la moitié sud du plateau de Khorat, la vallée de Vientiane (Laos), celle du Chao Phraya –, atteignant bientôt les terres du royaume môn de Hariphunchai et même la péninsule malaise.

L'arrivée des Thaïs

Dès le 2e s. apr. J.-C., des vagues de populations de langue thaïe, venues de Chine, s'étaient établies dans les montagnes du Nord. Mais la véritable immigration débute avec les **Thaïs du Yunnan**, du 11e s. au 13e s. Vivant avant tout de la riziculture, ces peuples importèrent une nouvelle technique d'irrigation : tandis que les Khmers suivaient le système indien selon lequel le contrôle de l'eau des moussons s'opérait à partir de grands réservoirs, les Thaïs optent pour le système chinois des digues et des canaux, destinés à réguler les crues des fleuves.

Leur organisation, féodale et aristocratique, rappelle aussi celle de la Chine ancienne : le fief, ou **muang** – qui, sous la monarchie siamoise, donnera le district ou la province, selon son importance –, est soumis à un seigneur, chef civil et religieux, lui-même vassal d'un suzerain. Des conseils de notables administrent les **ban**, les communautés villageoises. Quant aux rizières, elles appartiennent à la noblesse, qui en fait exploiter une partie à son profit par un système de corvées et redistribue le reste aux paysans.

L'organisation administrative et militaire des Thaïs emprunte aussi au mode de stratification sociale mongole, qui distinguait fortement les guerriers (les nobles), les roturiers et les serfs.

Sur le plan religieux, enfin, les Thaïs, à l'origine animistes, sont entrés en contact avec le bouddhisme bengali lors de leur séjour dans le Yunnan. Au fil du temps, les deux traditions se mêleront à celles des Môns et des Khmers.

L'ère de Sukhothai (1220-1349)

Au 13e s., la population thaïe devient prépondérante dans certaines régions sous domination khmère. Alors que les noblesses siamoises reconnaissaient jusque-là l'autorité des souverains khmers, qui leur attribuaient titres et prérogatives, une élite spécifiquement thaïe se saisit progressivement du pouvoir.

Les débuts de Sukhothai

En 1238, deux seigneurs siamois chassent de Sukhothai le « proconsul » imposé par l'Empire, et l'un d'eux s'y fait couronner en prenant le titre khmer – ultime hommage – de **Si Intradit**. Dès la fin

Le temple khmer de Phanom Rung.
P. Tisserand/Michelin

du 13e s., Sukhothai n'est plus cette place forte fondée par les Khmers. Surnommée l'« Aube du Bonheur », elle fait figure de cité autonome, dont la puissance se mesure à sa capacité de développer la région, coordonnant des travaux d'irrigation de grande ampleur qui feront de la plaine alluviale un riche grenier à riz.
L'influence grandissante de la cité sur l'ensemble du bassin du Chao Phraya permet l'émergence d'une véritable société thaïe, dotée d'institutions, d'une architecture et d'un art propres, dont les statues de bouddha constituent l'expression la plus originale.
La promotion du **bouddhisme theravada** au rang de religion officielle va entériner l'ascendant des Siamois sur leur nouveau pays. La tradition a fixé cette mutation dans les **contes de Phra Muang** (un héros mythologique passant pour être le fondateur du premier grand royaume thaï), dans lesquels le bouddhisme theravada est étroitement lié à la volonté d'émancipation des Thaïs.
Cette alliance indissociable entre la religion et la monarchie siamoise demeure jusqu'à nos jours l'un des fondements de l'histoire et de la société thaïes.

Les États du Nord

À la même époque, dans le Nord, deux États prennent l'ascendant sur la multitude des seigneuries thaïes rivales : la **principauté de Phayao** et surtout le **royaume du Lan Na**, ou « Million de Rizières », l'ancienne principauté de Chiang Saen, gouvernée par le souverain **Mengraï** (1239-1311 ou 1317). Le roi unifie les Thaïs du Nord (Lawas) et édifie un véritable État en soumettant notamment la cité de Chiang Rai, en 1262, puis l'État môn de Hariphunchai (Lamphun) en 1281 (ou 1292). En 1296, Mengraï établit sa capitale à **Chiang Mai**, la « Nouvelle Ville », sur les berges de la rivière Ping.

Rama Khamhaeng, le Saint Louis thaï

Malgré son échec, Rama Khamhaeng tient dans l'histoire thaïe une place comparable à celle de Saint Louis pour la France : il gouvernait avec justice et magnanimité et s'efforça de diffuser parmi ses sujets les commandements et les observances rituelles du bouddhisme. Sous son règne s'élabora le premier alphabet siamois, utilisant comme base l'écriture khmère. La principale source d'informations sur le royaume est une stèle que l'on a longtemps crue du 13e s. (et qui n'est peut-être qu'une compilation commandée par Rama IV dans les années 1850), reprenant probablement des inscriptions lapidaires originales.

Après sa disparition, de nombreuses luttes de pouvoir affaiblissent le Lan Na, mais Chiang Mai conservera longtemps un gouvernement autonome et une culture originale, et ce malgré le déplacement progressif de l'épicentre de la civilisation thaïe vers les villes méridionales.

Le règne de Rama Khamhaeng (1279-1318)

Troisième roi de Sukhothai, Rama Khamhaeng, « Rama le Fort », monte sur le trône en 1279 et régnera jusqu'en 1318. Profitant d'une conjoncture favorable – l'alliance avec les princes thaïs du Nord, la pression mongole sur ses rivaux birmans du Nord-Ouest et l'affaiblissement d'Angkor –, Sukhothai connaît sous son règne une formidable expansion territoriale, s'étendant de Luang Prabang, au nord-est, jusqu'à la péninsule méridionale, en passant par la Plaine centrale et la basse Birmanie.

Rama Khamhaeng noue aussi des relations diplomatiques avec la Chine : les annales chinoises relatent la venue du souverain en 1294, et pas moins de sept missions en provenance de Sien (Sukhothai) se succéderont de 1282 à 1323. Des artisans chinois affluent dans la capitale, où ils apportent leur savoir-faire de potiers, donnant bientôt naissance aux fameuses céramiques de Sangkhalok.

Mais l'espace politique créé par Rama Khamhaeng, fondé sur quelques liens familiaux et sur l'allégeance de nombreux seigneurs, se révèle fragile. Il ne survivra pas à son architecte.

Savants et pieux, ses deux successeurs Lo Thaï (1318-1347) et **Li Thaï** (1347-1368) négligent de veiller sur les grands vassaux, et Sukhothai devient une proie tentante pour le prince d'**U-Thong**, à la politique expansionniste. Fondateur d'Ayutthaya, celui-ci va étendre son pouvoir sur toute la plaine du Chao Phraya, imposant à Li Thaï de reconnaître sa suzeraineté en 1349.

L'ère d'Ayutthaya (1350-1782)

U-Thong, le fondateur

Chinois pour les uns, Môn-Khmer pour les autres, le prince d'U-Thong, fondateur d'Ayutthaya, semble avoir bénéficié de multiples alliances, notamment avec la maison du Lan Na et surtout avec celles de Lopburi et de Stuphan Buri, les deux cités dominantes du bassin inférieur du Chao Phraya. Établi vers 1350 à Ayutthaya – du nom d'Ayodhya, la capitale mythique de Rama dans le *Ramayana* –, U-Thong prend le titre de **Ramathibodi Ier**, dit « Rama le Grand » (1350-1369), pour régner sur un immense territoire qui s'étendra de Sukhothai, au nord, à la péninsule de Malacca, au sud, et d'ouest en est de Tavoy (aujourd'hui Dawei, en Birmanie) à Chanthaburi.

L'expansion siamoise

Parallèlement aux luttes intestines sanglantes qui opposent les prétendants au trône, le royaume d'U-Thong mène de nombreuses guerres d'expansion et de fréquentes expéditions contre des vassaux séditieux. Avec Ayutthaya pour capitale, l'épicentre du royaume se rapproche des marches de l'empire khmer : aussi les souverains siamois lancent-ils des attaques contre le Cambodge, qu'ils occuperont à plusieurs reprises. Le coup fatal sera porté à l'empire khmer en 1431 par **Borommaracha II** (1424-1448), dont les troupes pénètrent dans Angkor après un siège de sept mois. Cédant le plateau de Khorat aux Siamois, le roi khmer abandonne son ancienne capitale pour Lovek et, plus tard, pour Phnom Penh.
Bien que cité vassale, Sukhothai demeure un foyer de contestation jusqu'en 1438, date à laquelle s'éteint la lignée de ses rois. Ayutthaya tourne alors ses appétits vers le royaume du Lan Na et les villes sous son influence, Lampang et Chiang Mai. Cette rivalité entre Siamois et Thaïs du Nord culminera sous le règne de **Boromtrai Lokanat**, ou **Trailok** (1448-1488), qui transférera sa capitale plus au nord, à **Phitsanulok**.

Le temps des réformes

Doté de tous les pouvoirs, Boromtrai Lokanat s'engage dans la réorganisation des structures administratives et sociales du Siam. Les affaires du royaume sont confiées à deux ministres, l'un chargé des affaires militaires, l'autre responsable des affaires civiles, chacun secondé par de nombreux fonctionnaires, tant civils que militaires. Il nomme des gouverneurs à la tête des provinces et « nationalise » les milices privées en les incorporant dans les troupes royales. Par le code de 1454, il réforme également l'attribution des terres et de leurs revenus, et impose un système de corvées obligeant tout homme valide et libre (exception faite des bonzes) à travailler une partie de l'année pour l'État.

La menace birmane

L'année 1529 marque le retour des Birmans dans l'espace thaï. Leur pression croissante, à la fois au sud contre le Siam, et au nord en direction de Chiang Mai et du royaume de Lan Chang (au Laos), conduit à trois guerres successives, en 1538, 1548 et 1569, dont les conséquences seront la chute d'Ayutthaya et son occupation durant quinze ans. En 1584, cependant, **Naresuan** (1590-1605) libère la cité et parvient à repousser les Birmans, reprenant la basse Birmanie et les ports du golfe de Martaban. Sous son règne, **Ayutthaya** connaît une période de prospérité, dont témoignent les descriptions que firent les marchands espagnols et portugais lors de leur visite de la métropole siamoise au 17e s.

Ayutthaya, porte de l'Orient

En plus des luttes de succession entre clans d'ascendance royale (qui ne cessèrent qu'avec la dynastie des Chakri, au début du 19e s.), les guerres extérieures se font quasi permanentes, ne s'interrompant chaque année qu'avec la mousson. Les besoins financiers engendrés par ces conflits rendent indispensable l'ouverture du royaume aux marchands étrangers. C'est pourquoi le nombre d'étrangers présents au Siam ne fait que s'accroître tout au long du 17e s. Succédant aux Portugais, établis depuis le

16e s. dans la péninsule malaise et aux Philippines, les Hollandais, les Anglais, les Français, mais aussi les Perses, les Indiens et les Japonais font leur apparition dans les ports et sur les côtes du Siam, puis dans sa capitale. Les Européens agissent pour le compte de leurs **Compagnies des Indes orientales** respectives, excellents instruments de leur politique étrangère.

L'importance du Siam pour le commerce intercontinental tient entre autres, à l'époque, à sa position géographique au seuil de la Chine, avec laquelle les liaisons directes sont coupées lors des moussons saisonnières. Aussi les ports d'Ayutthaya servent-ils d'entrepôts aux marchandises qui transitent entre l'Europe, l'Inde, les Indes occidentales, la Chine et le Japon.

Soucieux d'obtenir des concessions et des monopoles, les étrangers n'hésitent pas, le cas échéant, à employer la force, comme les Hollandais, qui bloquent l'embouchure du Chao Phraya en 1664. En contrepartie, les taxes sur le commerce alimentent les revenus de la Couronne.

Convoitises européennes

Mus par l'intérêt, les Occidentaux entrent à leur tour dans les intrigues politiques intérieures pour la conquête du trône. En retour, les monarques siamois s'efforcent de neutraliser telle puissance étrangère, ancien allié devenu trop influent, en s'appuyant sur telle autre, attirée par la promesse d'un traité de commerce avantageux.

Ainsi **Naraï** (1656-1688) tente-t-il, en vain, de s'appuyer sur les Anglais pour contrecarrer l'influence des Hollandais. Ceux-ci avaient en effet obtenu – une première dans l'histoire du Siam – les privilèges de l'extraterritorialité : si leurs ressortissants commettaient un crime au Siam, ils devaient être livrés au chef du comptoir de commerce pour être punis selon les lois des Pays-Bas. Le monarque se tourne ensuite vers les Français, mais en 1688, son successeur, le roi **Phetracha** (1688-1703), signe un nouveau traité avec la Hollande.

C'est à ses missionnaires catholiques que la France doit ses premières grandes relations avec le Siam : en 1662, Mgr de La Motte Lambert obtient l'autorisation de pratiquer le culte catholique. L'amitié du roi donne à croire aux pères que sa conversion est imminente. L'enthousiasme de leurs missives fait espérer à Louis XIV l'obtention d'un bénéfice territorial pour la France, à la faveur du salut des âmes païennes du Siam. Les deux souverains échangent des ambassades et, en 1685, Louis XIV dépêche le **chevalier de Chaumont**, suivi en 1687 par Ceberet et de La Loubère, accompagnés de 1400 soldats français et de 300 artisans.

Le départ des Français

À la mort de Naraï, en juillet 1688, son successeur Phra Phetracha exige le départ des troupes françaises, après avoir mis au jour un complot les impliquant. Dès lors, exception faite des missionnaires français et des commerçants hollandais, les rapports avec les Européens cessent presque entièrement, marquant le début d'un siècle d'isolationnisme. Les descriptions des derniers marchands européens témoignent d'une Ayutthaya précieuse, dont les palais royaux et les centaines de temples se dressent à l'intérieur de l'enceinte entourant l'île-capitale. L'**abbé de Choisy**, envoyé de Louis XIV, écrit ainsi : « Je n'ai jamais rien vu de plus beau, malgré le fait que les temples soient les seuls édifices qui ne puissent se confondre avec la nature. »

Sous le règne de **Boromakot** (1733-1758), le Siam vit ensuite une période de paix inaccoutumée, qui marque l'âge d'or d'Ayutthaya. Poètes et artistes, nombreux à la Cour, donnent aux arts et aux lettres un essor sans précédent. C'est à cette époque que des moines siamois sont invités à se rendre à Ceylan avec mission de purifier la communauté bouddhique cinghalaise.

La période de Bangkok (1782-1919)

Réunifier le royaume et construire l'État (1769-1851)

Le roi **Taksin** (1767-1782) tient son nom de la ville de Tak, dont il fut gouverneur. Officier brillant et audacieux, il rassemble une armée et, après avoir refoulé toutes les forces birmanes présentes dans le pays – sauf à Ayutthaya qui tombe en 1767 –, il s'autoproclame roi à **Thonburi**, ville dont il fait sa capitale, sur les rives du Chao Phraya. De 1768 à 1776, il entame une longue campagne qui le mène d'abord vers le nord-est, puis vers le Cambodge et Nakhon Si Thammarat dans le Sud, pour s'achever par la prise de Chiang Mai et l'annexion du Lan Na, dans le Nord. À la fin de 1776, le territoire du Siam se trouve ainsi réunifié, et c'est un souverain vassal qui règne au Cambodge.

Cependant, manifestement atteint de paranoïa aiguë et devenu agressif envers son entourage, Taksin est discrètement éliminé en 1781, et le trône échoit au **général Chakri**. Héros de la campagne du Laos (devenue principauté vassale du Siam en 1778), l'homme prend le titre royal de Ramathibodi, ou **Rama Ier** (1782-1809) : c'est le début d'une nouvelle dynastie.

Les premières mesures de la dynastie Chakri

Solidement établie, la dynastie Chakri ne connaîtra pas les guerres qui accompagnaient jadis la transmission du pouvoir. C'est d'ailleurs à une refondation de l'État que Rama Ier et ses successeurs vont consacrer leurs efforts durant la première moitié du 19e s. Siégeant désormais à **Bangkok**, la nouvelle capitale, les monarques étendent l'emprise de leur administration sur un pays aux limites mal définies. Pour ce faire, ils reconstituent un appareil législatif, unifient le dogme et les pratiques du culte bouddhique et, enfin, se saisissent d'une partie des ressources, notamment de la main-d'œuvre, indispensables aux grands travaux. La corvée annuelle obligatoire est ainsi portée à trois mois pour tout homme libre.

Le rôle des Anglais

Sur le plan extérieur, le conflit avec les Birmans continue de peser sur le premier tiers du 19e s. Cette menace cesse cependant lorsque les Britanniques se rendent maîtres de la **Birmanie** – un voisinage d'autant moins rassurant que la Grande-Bretagne a également pris pied dans la péninsule malaise, directement au contact avec les États thaïs du Sud, eux-mêmes en révolte ouverte contre l'autorité de Bangkok.

Mais les Anglais et les Américains, nouveaux venus en Asie, cherchent surtout à négocier de nouveaux marchés pour leurs industries, laissant le Siam et le Vietnam, à l'est, se disputer la prépondérance sur le Cambodge.

La modernisation (1851-1910)

Rama IV (1851-1868), également connu sous le nom de **Mongkut**, estimait que seule la modernisation mettrait le Siam sur un pied d'égalité avec l'Europe, permettant au royaume de choisir sa voie et de conserver son identité. La Grande-Bretagne sera la première nation européenne à bénéficier de cette ouverture. En 1855, un traité signé avec le représentant britannique du gouverneur de Hong Kong reconnaissait des privilèges extraterritoriaux à ses ressortissants, limitait la taxe sur les importations à 3 % et autorisait l'entrée de l'opium indien en franchise. Des traités similaires seront conclus avec les États-Unis, la France, le Danemark, le Portugal, la Hollande, l'Allemagne, la Norvège, la Suède, la Belgique, l'Italie, le Japon. La fin du monopole d'État sur le riz fait alors de cette denrée le principal produit d'exportation du Siam.

Le règne de Chulalongkorn

La modernisation initiée par Mongkut s'intensifiera avec **Chulalongkorn** (1868-1910), ou **Rama V**. Instruments d'une fiscalité centralisée, de nouveaux modes de transport vont, dans la première moitié du 20e s., s'ajouter aux anciennes voies de communication terrestres et fluviales (caravanes de chevaux, de mulets ou d'éléphants). Le savoir-faire et les capitaux britanniques et allemands se révéleront nécessaires pour la mise en place du **chemin de fer**, entre 1892 et 1941, qui sera complété après la Seconde Guerre mondiale par l'aménagement d'un réseau routier relativement dense, en partie construit par les Américains.

Le prix de l'indépendance

En politique étrangère, **Rama V** joue la carte du compromis, payant l'indépendance du Siam en cessions territoriales aux puissances coloniales.

Avec la conquête de l'Annam (centre du Vietnam actuel) par la France en 1883 et l'annexion de la haute Birmanie par la Grande-Bretagne en 1886, le Siam se retrouve entre deux puissances expansionnistes rivales. Des conflits frontaliers, appuyés par une diplomatie de la canonnière, obligent alors le Siam à abandonner au profit de la France ses prétentions sur le Laos et le Cambodge occidental. De même, en échange du renoncement à ses droits extraterritoriaux au Siam, la Grande-Bretagne obtient des territoires dans la péninsule malaise en 1909 (Trengganu, Kedah, Perlis et Kelantan).

À la fin de son règne, Chulalongkorn aura ainsi cédé 120 000 km^2 de terres frontalières, mais il aura préservé la paix et l'indépendance du bassin du Chao Phraya.

L'armée au pouvoir ou la lutte des clans

Rama VI et l'idéal nationaliste

Éduqué en Angleterre, **Rama VI** (1910-1925) en revient avec une admiration exaltée pour l'idée de nation. Il devient l'initiateur d'un mouvement de nationalisme xénophobe qui prendra pour cible la communauté chinoise, de plus en plus importante ; les grands travaux (canaux et voies ferrées) ont en effet favorisé l'immigration d'une main-d'œuvre de coolies chinois, tandis que les besoins de l'État et l'ouverture du système d'enseignement ont permis à des Chinois d'entrer dans l'administration.

Le Siam dans la guerre

Lorsque éclate la Première Guerre mondiale, le roi prend le parti de l'Angleterre tandis que les élites, plutôt hostiles à la France, penchent pour l'Allemagne. Resté neutre,

Le roi Chulalongkorn (1868-1910) et le prince héritier.
duncan1890/Getty Images Plus

le pays y gagnera une place de membre fondateur de la SDN (Société des Nations) et la possibilité, avec l'aide américaine, de renégocier les traités inégaux le liant à la France et à la Grande-Bretagne. Le Siam conquiert ainsi sa totale souveraineté et la maîtrise de ses douanes.
Mais, entouré de favoris, Rama VI pratique une gestion autocratique et dépensière de l'État, dans une période de fort déséquilibre commercial du pays.

L'embryon d'un parlement

Son successeur, **Rama VII** (1925-1935), décide de rétablir les comptes publics et amorce une double rupture qui préfigure les transformations institutionnelles que va connaître le royaume. Il s'entoure du Conseil du royaume (composé de 5 princes) et du Conseil privé (élargi à 40 membres), organisation qu'il envisage comme l'embryon d'un parlement, formé sur le modèle anglais d'un sénat aristocratique et d'une chambre basse.
Mais les élites roturières, de plus en plus nombreuses, elles aussi formées à l'étranger, restent à l'écart de ce système et, de France ou d'Angleterre, des officiers, des juristes ou des médecins ramènent une critique du pouvoir oligarchique, revendiquant des idées de méritocratie, de justice sociale et de parlementarisme.

La fin de la monarchie et les nouvelles élites

La crise de 1929 et le choix désastreux de maintenir la parité or de la monnaie indexée sur la livre sterling vont affecter gravement les exportations de riz. Par ailleurs, la politique de rigueur budgétaire qui s'ensuit frappe surtout la bourgeoisie naissante, à travers la suppression de postes de fonctionnaires et la mise en place d'un impôt sur les

L'influence du modèle occidental

Qu'elles aboutissent, dans les premières décennies du 20e s., à la création de l'université Chulalongkorn, à l'introduction du calendrier grégorien, à l'adoption de deux fêtes nationales, au changement de drapeau, à l'école primaire obligatoire pour les garçons, à l'interdiction de la polygamie ou à l'imposition d'une nouvelle tenue pour les femmes (cheveux longs et jupes), les mesures destinées à moderniser le pays visaient, au bout du compte, à obtenir la reconnaissance des grandes puissances. La loi sur l'état civil et les noms de famille (obligatoires en plus du prénom) dota l'État d'un instrument indispensable au recensement et, par conséquent, à la fiscalité. Elle obligeait également les Chinois à adopter, pour conserver la nationalité thaïe, un nom thaï (choisi sur une liste dressée par le roi).

seuls salaires, épargnant les revenus fonciers.

Cette situation de crise et le rapport de force deviennent favorables aux « jeunes-turcs » du régime. À l'été 1932, ceux-ci prennent le pouvoir sans difficulté et imposent au souverain une Constitution provisoire abolissant la monarchie au profit d'un régime transitoire, dont le caractère démocratique doit intervenir à moyen terme, lorsque la population sera suffisamment éduquée. Le choix des hommes placés aux postes clés, le droit de veto et de dissolution accordé au souverain, tout est cependant mis en œuvre pour rassurer l'étranger et les milieux conservateurs.

Cette mutation a eu pour instrument le **Parti du peuple**, animé par ceux que l'on appelle alors les « promoteurs ». Alliées de circonstance, deux factions composent cette formation politique : les militaires, plus conservateurs, liés aux propriétaires terriens et à leurs clientèles populaires, et les civils, plus progressistes, appartenant aux bourgeoisies urbaines du commerce et du savoir. Deux courants s'opposent, incarnés le premier par **Pridi**, un juriste, le second par **Phibun**, un officier.

Occultant une véritable démocratisation de la vie politique, leur rivalité va désormais occuper – et occupe encore – le devant de la scène publique siamoise. Moins d'un an après le coup d'État, le programme économique et social proposé par l'aile gauche du parti va provoquer la première crise du régime et fédérer les militaires et leurs alliés, le roi et les anciennes élites princières, en un bloc conservateur et anticommuniste. En novembre 1933, les premières élections donnent la majorité aux civils, qui constituent un gouvernement d'union avec les militaires.

Le régime militaire

C'est la maîtrise de l'appareil administratif civil et militaire, ainsi que la conquête progressive des postes clés (l'Intérieur, la Défense) qui donnent à l'armée le contrôle du pays, alors même que les élections de 1938 envoient une majorité « sociale-démocrate » au Parlement. La trop brève expérience du pluralisme ne survit pas à l'arrestation et à l'exécution des nombreux opposants.

Revendiquant explicitement l'influence du pangermanisme, les forces au pouvoir entendent faire de la doctrine « pan-thaïe » – le Siam a désormais pris le nom de **Thaïlande** – un principe de gouvernement sur le plan intérieur.

Cette idéologie se traduit par une série de lois discriminatoires contre la diaspora chinoise et par un principe expansionniste visant à conquérir des territoires occupés en majorité par des populations appartenant à la famille linguistique thaïe.

Qu'il s'agisse de l'embrigadement de la jeunesse, de la diffusion d'une idéologie nationaliste ou du culte de la personnalité de Phibun, l'État adopte les méthodes des fascismes européens. Pendant ce temps, plus en désaccord avec la place réduite qui lui est faite qu'avec la nature même du régime, Rama VII s'est exilé en Grande-Bretagne, en 1935, sans désigner de successeur. Le choix du prince **Ananda**, alors âgé de 10 ans, et la nomination d'un Conseil de régence équivalent à une quasi-suppression de la fonction monarchique.

De la Seconde Guerre mondiale...

La débâcle militaire française de juin 1940 fournit à l'état-major thaï un prétexte pour réviser les traités accordant à la France la rive gauche du Mékong et les provinces cambodgiennes de Battambang, Siem Reap et Sisophon. Le gouvernement de Vichy s'oppose à cette décision, mais après quelques combats contre les troupes françaises et sous la pression du Japon, devenu dominant dans la région, la Thaïlande annexe ces territoires par le traité du 9 mai 1941.

Soutenu par une assemblée nommée pour moitié par son gouvernement, **Phibun** fait figure de héros national, vainqueur de la France. Jusqu'à l'ultimatum des troupes japonaises (7 décembre 1941), exigeant de pouvoir traverser librement le territoire thaï en direction de la Birmanie britannique, le pays avait maintenu un équilibre neutre entre les belligérants, le Japon et la Grande-Bretagne. Mais, confronté à l'entrée de l'armée nippone, Phibun signe une alliance militaire avec Tokyo et déclare la guerre à la Grande-Bretagne.

En dépit de sa relégation au Conseil de régence, un organe dépourvu de pouvoirs politiques, **Pridi** et certaines factions de l'élite – comme l'ambassadeur de Thaïlande à Washington, qui ne transmit jamais la déclaration de guerre au gouvernement américain – organisent la résistance aux troupes d'occupation japonaises à travers le mouvement **Seri Thai**, les « Thaïs libres ».

Les difficultés de la guerre (pénuries, rationnements, bombardements alliés, répression japonaise) affaiblissent la position de Phibun, qui démissionne à l'été 1944 au profit du tandem Pridi-Kuang. Pour ces derniers, la tâche consiste d'abord à placer la Thaïlande dans le camp des vainqueurs, malgré les actes de guerre contre la Grande-Bretagne et la France.

... à la guerre froide

Grâce à l'appui des États-Unis et au prix de la restitution des territoires enlevés aux deux empires coloniaux, la Thaïlande entre à l'ONU en 1947. Dans le contexte de la guerre froide et de la guerre de Corée, le retour des militaires au pouvoir, en 1949, l'élimination brutale des opposants et la fin de la démocratie ne soulèvent aucune réaction sur le plan international.

Considéré comme le seul allié sûr dans une région menacée par le communisme, le pays entre dans l'orbite américaine. Washington y envoie des troupes accompagnées de crédits considérables au profit de l'éducation, de l'agriculture et des infrastructures – une manne dont les militaires et leurs alliés commerciaux détournent une part non négligeable.

Mais la menace que représente le retour, en 1951, d'un nouveau roi,

Rama IX, incite le pays à revenir à la Constitution de 1932 (une chambre unique nommée pour moitié), confortant ainsi le pouvoir de la junte, qui entreprend une répression des activités anti-thaïes (sous-entendu communistes), frappant aussi bien les intellectuels que toute la « gauche » et les Chinois.

Querelles au sommet sur fond de croissance

Malgré quelques timides signes d'assouplissement du régime (l'abrogation en 1955 des mesures discriminatoires à l'encontre des Chinois, l'autorisation du pluripartisme), les luttes pour le pouvoir se déroulent exclusivement dans le cadre étroit des factions déjà installées, notamment entre la police et l'armée. Représentée par trois hommes, Sarit, Thanom et Prapat, cette dernière l'emporte en 1957, demeurant l'unique force au pouvoir. La seule véritable difficulté réside dans les élections, toujours délicates à manipuler, même avec de nombreux et puissants instruments de pression, comme en témoigne l'échec de l'armée lors du scrutin de 1958.

Sarit s'attache alors à mettre en place un régime combinant la dictature politique à un programme économique et social populiste – le tout coloré par un retour aux traditions, notamment à la monarchie, seule capable de légitimer le pouvoir. Sa mort, en 1963, met en lumière l'étendue de la corruption dont il s'est rendu coupable.

L'appui des Américains

L'équipe Thanom-Prapat réintroduit un certain pluralisme politique, tout en confisquant le pouvoir et en obtenant une légalité apparente grâce à des constitutions provisoires. Mais la pérennité du gouvernement de la **junte militaire** (1958-1973) s'explique surtout par le développement économique et social du pays, favorisé par l'aide financière américaine. La guerre en Indochine et les liens étroits des dirigeants thaïs avec les régimes nationalistes du Laos et du Cambodge en lutte contre les mouvements communistes (soutenus par le Vietnam du Nord et la Chine), puis l'intensification de la guerre du Vietnam (où la Thaïlande a envoyé 10 000 hommes) renforcent la présence militaire américaine sur le sol thaï.

Le retour de la société civile

Depuis la fin de la Seconde Guerre mondiale, la population thaïlandaise a doublé. La classe moyenne urbaine est de plus en plus nombreuse et instruite, mais privée de débouchés. C'est donc tout naturellement les étudiants qui, en 1972, prennent la tête d'un vaste mouvement de mécontentement, visant aussi bien l'absence de Constitution démocratique que le stationnement des troupes américaines et la hausse des prix.

La contestation s'amplifiera pour aboutir aux grandes **manifestations d'octobre 1973**, qui tournèrent à l'émeute et furent violemment réprimées par la police, faisant de nombreux morts. Cet élan populaire, bien que sans précédent, n'aurait sans doute pas abouti à un changement de régime si les détenteurs du pouvoir n'avaient pas perdu le soutien du roi et celui de l'armée.

Avec un Sénat nommé par le roi, une Assemblée élue au suffrage universel et surtout l'inéligibilité des fonctionnaires et des militaires, la **Constitution du 5 octobre 1974** remet le pays sur la voie de la démocratie, mais dans un climat d'extrême méfiance à l'égard de la classe politique. Sur fond de fin de guerre du Vietnam, de retrait américain et de hausse du prix du riz, des groupes paramilitaires d'extrême droite vont se livrer à une impitoyable chasse anticommuniste, visant les étudiants et les syndicalistes paysans et ouvriers. Une lutte qui culminera dans l'assaut donné, le 6 octobre 1976, à l'**université de Thammasat** (à Bangkok), dont certaines scènes, d'une violence inouïe, ont fait le tour du monde.

Ignorant la Constitution, une énième reprise en main par l'armée ramène l'ordre, mais au prix de la suspension des libertés civiles. Dans un contexte difficile marqué par l'arrivée de près de 600 000 réfugiés cambodgiens et la forte augmentation du prix de l'énergie consécutive aux deux chocs pétroliers, la formation du premier cabinet du **général Prem**, au début des années 1980, ouvre pourtant une ère d'exceptionnelle stabilité politique, avec un retour à la croissance et à la démocratisation.

La transition, en 1988, par voie électorale, avec le gouvernement du **général Chatichaï** illustre ce processus, et le coup d'État du **général Suchinda** (février 1991), accompagné de manifestations qui firent l'objet d'une répression sanglante, ne peut entraver le mouvement.

D'une crise à une autre

Dans les années 2000, les hommes d'affaires font une entrée remarquée en politique, soulignée en 2001 par l'élection au poste de Premier ministre du magnat des télécommunications **Thaksin Shinawatra**, leader du parti Thaï Rak Thaï (« les Thaïlandais pour la Thaïlande »).

Le coup d'État de 2006

Triomphalement réélu en 2005, Thaksin a constitué le premier gouvernement sans coalition depuis des décennies. Cependant, sur fond d'accusations de corruption, sa décision de dissoudre l'Assemblée en 2006 et les élections aux résultats contestés qui ont suivi aboutissent à sa destitution. Le **19 septembre 2006**, profitant de son déplacement

Chemises rouges, jaunes ou blanches

Tout au long de l'année 2009, des manifestations opposent **Chemises rouges**, les partisans de Thaksin, qui représentent majoritairement les classes défavorisées et notamment les paysans de l'Isan et du Nord, et **Chemises jaunes**, en référence à la couleur royale et dont font partie les classes aisées de Bangkok. En 2010, après la condamnation de l'ancien Premier ministre pour abus de pouvoir et conflits d'intérêts, ses partisans exigent des élections anticipées ; en mars, Bangkok enregistre les plus grandes manifestations que la Thaïlande ait jamais connues. Mais la situation est bloquée ; en avril, les Chemises rouges construisent des barricades autour de Siam Square, paralysant le cœur de la capitale. Malgré les tentatives de conciliation, le gouvernement lance l'assaut avec l'aide de l'armée le 19 mai 2010. Manifestations et émeutes s'étendent aux provinces du Nord, fiefs des Chemises rouges. On dénombre plus de 90 morts et 2 000 blessés à Bangkok. Le Premier ministre Abhisit Vejjajiva lance alors un **plan de réconciliation nationale**. Nouvelles venues dans le paysage politique, les **Chemises blanches** regroupent quant à elles les partisans d'un récent mouvement centriste qui souhaite voir les conflits se régler par le vote plutôt que sur les barricades.

à l'étranger, un coup d'État militaire dirigé par le général Sonthi l'écarte du pouvoir. Dissolution du Parlement, gouvernement militaire, abrogation de la Constitution et instauration d'un Conseil national de sécurité : c'est le début d'une période de crises politiques successives.

L'influence de Thaksin

Un tournant a lieu en 2007, lorsqu'un tribunal exige la dissolution du Thaï Rak Thaï, le parti fondé par Thaksin Shinawatra. Les vives réactions montrent l'ambivalence du bilan politique de Thaksin : adoré dans les milieux ruraux pour ses actions concrètes (salaire minimal et Sécurité sociale), il est détesté par une partie de la population, qui voit en lui un homme d'affaires corrompu. Bien qu'il ait pris le chemin de l'exil, son influence est telle qu'en décembre 2007, le **Parti du pouvoir du peuple** (PPP), fidèle à l'homme et à sa politique, remporte les élections législatives, à la grande déception des putschistes. **Samak Sundaravej**, nommé Premier ministre, forme alors un gouvernement composé de partisans de Thaksin. Le PPP est dissous pour devenir le PTP, **Parti Pheu Thai** (Parti pour les Thaïs).

Yingluck Shinawatra

Après des mois de conflits violents entre Chemises rouges et Chemises jaunes, des élections législatives sont convoquées en juillet 2011. Elles sont remportées par le PTP, représenté par la sœur de Thaksin, **Yingluck Shinawatra**, qui prend la tête du gouvernement et succède à **Abhisit Vejjajiva**, chef du Parti démocrate (Phak Prachathipat). En octobre, de graves inondations, les pires depuis des décennies, frappent le pays, menaçant Bangkok et provoquant la mort de centaines d'habitants. La gestion de la crise provoque le mécontentement populaire et conduit à une réorganisation du cabinet ministériel en 2012, qui intègre notamment le chef des Chemises rouges au rang de ministre de l'Agriculture.

La crise politique de 2013

Quand Yingluck Shinawatra tente de pousser en avant un projet de loi d'amnistie en faveur de son frère exilé, des manifestations éclatent à Bangkok (novembre) : les opposants réclament la destitution du gouvernement et occupent plusieurs ministères, le siège du parti au pouvoir, ainsi que le quartier général de l'armée et celui de la police. Le Parlement est dissous et des **élections anticipées** sont annoncées pour février 2014. Tandis que les députés du Parti démocrate démissionnent en masse (décembre), le dirigeant du parti, Abhisit Vejjajiva *(voir encadré ci-contre)*, est inculpé de meurtre pour son rôle dans les manifestations de 2010.

Le début de l'année 2014 est marqué par une escalade de la violence dans la capitale, paralysée par des manifestations continuelles qui font de nombreuses victimes.

En raison de ce climat de tension extrême, les élections parlementaires de février sont invalidées et Yingluck Shinawatra, sous le coup d'une enquête pour corruption, est destituée le 7 mai avec quelques-uns de ses ministres.

Depuis le coup d'État de 2014

Après la mise à l'écart de Yingluck Shinawatra, la Cour constitutionnelle désigne un Premier ministre intérimaire et les manifestations reprennent à Bangkok. Le 20 mai, le **général Prayuth Chan-o-cha** organise un putsch qu'il justifie par la nécessité de restaurer l'ordre dans le pays. La loi martiale est déclarée deux jours plus tard. La Constitution est suspendue, l'**état d'urgence** est décrété et le couvre-feu instauré ;

Portraits géants du roi et de sa famille sur les murs du Wat Arun, à Bangkok.
Andy Soloman/Shutterstock

de nombreux opposants politiques de tous bords sont arrêtés. La junte nomme les membres d'une assemblée parlementaire provisoire et charge un **Conseil national pour la paix et l'ordre** (**CNPO**) de diriger le pays ; le roi Bhumibol approuve une Constitution provisoire donnant les pleins pouvoirs à la junte militaire. Le CNPO travaille à la rédaction d'une nouvelle Constitution visant à asseoir le pouvoir de l'armée dans les instances dirigeantes du pays. En août 2016, la nouvelle Constitution est soumise à référendum ; elle est approuvée par 61,4 % des votants avec un taux de participation de 59,4 %. Entre autres nouveautés, elle prévoit que les 250 sénateurs soient tous nommés par un comité sous le contrôle de l'armée. Jusque là, la moitié était élue.

Le **13 octobre 2016**, le roi Bhumibol s'éteint après 70 ans de règne. Le fils du défunt souverain, le prince héritier **Maha Vajiralongkorn**, est intronisé le 1er décembre 2016 et prend le titre de **Rama X**. Sitôt monté sur le trône, le nouveau souverain affirme son autorité en contraignant la junte militaire à amender la nouvelle Constitution. Il obtient satisfaction et la promulgue le 6 août 2017. En mars 2019, des élections sont convoquées pour renouveler les 500 membres de l'Assemblée législative. Sans surprise, elles sont un succès pour le général Prayuth Chan-o-cha. Il est reconduit dans ses fonctions de Premier ministre par le Parlement, grâce aux 250 sénateurs nommés par l'armée qui votent pour lui comme un seul homme. À l'Assemblée, le parti du Premier ministre n'obtient en revanche qu'une majorité relative. Le général Prayuth Chan-o-cha s'appuie donc sur une coalition de partis à la chambre basse, mais exerce le pouvoir, malgré tout, de manière autoritaire. Des manifestations antigouvernementales en faveur de la démocratie ont lieu en 2020 et 2021, pour contester le régime

actuel et réclamer la démission du Premier ministre.
En 2023, les élections législatives sont remportées par les partis progressistes : le Move Forward Party (MFP) en tête et le Pheu Thai en second. C'est finalement le candidat du Pheu Thai, **Srettha Thavisin**, qui est désigné Premier ministre par le Parlement.

Chronologie

- **3000 ans avant notre ère** – Début de la culture de Ban Chiang, peintures rupestres de Pha Taem.
- **2e s. de notre ère** – Implantation des Môns et premières migrations de peuplades de langue thaïe.
- **3e s.** – Des moines enseignent le bouddhisme theravada.

Royaume de Dvaravati

- **Milieu du 7e s.** – Le royaume de Dvaravati s'épanouit dans la Plaine centrale.
- **7e s.-8e s.** – Fondation de Hariphunchai.
- **7e s.-13e s.** – L'empire de Srivijaya domine la péninsule du Sud.
- **9e s.-10e s.** – Avènement de l'empire khmer.
- **12e s.** – Déclin de la civilisation de Dvaravati ; l'empire khmer s'étend avec le roi Jayavarman VII.

L'ère de Sukhothai

- **1238** – Un chef thaï se proclame roi sous le nom de Si Intradit.
- **1279-1318** – Règne du roi Rama Khamhaeng ; à sa mort, division du royaume en principautés.

Royaume du Lan Na

- **1259** – Mengraï, roi de Chiang Saen.
- **1262** – Fondation de Chiang Rai.
- **1296** – Fondation de Chiang Mai.
- **1495-1526** – Âge d'or du Lan Na.

Royaume d'Ayutthaya

- **1350-1369** – Le prince d'U-Thong fonde Ayutthaya et règne sous le nom de Rama le Grand.
- **16e s.** – Les Portugais obtiennent des droits commerciaux.
- **1590-1605** – Naresuan libère Ayutthaya du joug birman. La France, la Hollande, l'Angleterre et le Japon établissent des comptoirs au Siam.
- **17e s.** – Âge d'or. Règne de Naraï le Grand. Échange d'ambassadeurs avec la cour de Louis XIV.
- **1760-1767** – Guerre avec la Birmanie. Chute du royaume d'Ayutthaya.

Périodes de Thonburi et de Bangkok

- **1767** – Taksin fonde Thonburi et devient roi.
- **1782-1809** – Rama Ier fonde la dynastie Chakri et Bangkok.
- **1809-1824** – Reprise des échanges commerciaux avec l'Europe.
- **1851-1868** – Le roi Rama IV amorce la modernisation de l'État.
- **1868-1910** – Réformes de Rama V.

Les 20e et 21e s.

- **1932** – Fin de la monarchie absolue après l'abdication de Rama VII.
- **Années 1930-1950** – Alternance du pouvoir entre le socialiste Pridi Panomyiong et le militariste Phibun Songkhram.
- **1939** – Le pays prend le nom officiel de « Thaïlande ». Pendant la Seconde Guerre mondiale, alliance militaire avec le Japon.
- **1946** – Accession au trône de Rama IX. La Thaïlande rejoint l'ONU.
- **1957-1992** – Succession de dictatures militaires.
- **1967** – Création de l'Asean (Association des nations du Sud-Est asiatique pour la coopération économique).

- **1998** – La nouvelle Constitution consolide la démocratie naissante.
- **26 déc. 2004** – Un tsunami d'une ampleur exceptionnelle ravage le sud de la Thaïlande.
- **2005-2006** – Violences sporadiques dans l'extrême Sud, à majorité musulmane.
- **2006** – Un coup d'État militaire renverse le Premier ministre Thaksin, qui s'exile à l'étranger.
- **Décembre 2008** – Les aéroports de Bangkok sont occupés par les partisans de l'Alliance du peuple pour la démocratie. Abhisit Vejjajiva devient Premier ministre.
- **2009-2010** – Violences entre Chemises rouges et Chemises jaunes.
- **2011** – La tension monte entre la Thaïlande et le Cambodge qui revendiquent tous deux la zone frontalière contestée où se trouve le temple de Preah Vihear.
Les élections législatives sont remportées par le parti d'opposition représenté par la sœur de Thaksin, Yingluck Shinawatra, qui devient Premier ministre.
De graves inondations (oct.-déc.), les pires depuis des décennies, frappent le pays et font des centaines de morts.
- **2012** – Regain de tension dans le sud du pays entre séparatistes musulmans et pouvoir central.
Le conflit a fait plus de 7000 morts depuis 2004.
- **2013** – Vagues de contestation contre le gouvernement du Premier ministre Yingluck Shinawatra. Crise politique majeure et dissolution du gouvernement. La Thaïlande perd le temple de Preah Vihear, attribué au Cambodge par décision de la Cour internationale de justice.
- **2014** – Coup d'État militaire et dissolution du Sénat. La Constitution de 2007 est suspendue. Instauration de la loi martiale et du couvre-feu.
- **2015** – La loi martiale est remplacée par l'article 44 qui entérine le maintien au pouvoir de la junte militaire, dirigée par Prayuth Chan-o-cha.
- **17 août 2015** – Un attentat non revendiqué fait 20 morts et une centaine de blessés à Bangkok.
- **Oct. 2016** – Décès du roi Bhumibol Adulyadej, à l'âge de 88 ans.
- **Déc. 2016** – Le prince héritier Maha Vajiralongkorn monte sur le trône et devient Rama X.
- **Juin 2017** – La nouvelle Constitution est promulguée ; les 250 sénateurs sont désormais nommés par l'armée.
- **5 mai 2019** – Couronnement de Rama X.
- **Juin 2019** – Proclamation officielle des résultats des élections du mois de mars précédent ; Prayuth Chan-o-cha est reconduit dans ses fonctions de Premier ministre.
- **2020** – Début de la pandémie de Covid-19. Mouvement de contestation des étudiants qui manifestent de manière pacifique en faveur de la démocratie et réclament une réforme de la monarchie.
- **2021** – Nouvelles manifestations pro-démocratie.
- **2022** – Élection de Chadchart Sittipunt, proche du parti d'opposition Pheu Thai, comme gouverneur de Bangkok, confortant le camp antigouvernemental.
- **2023** – Srettha Thavisin, du parti Pheu Thai, devient Premier ministre et forme une coalition avec les partis conservateurs.

Nature et paysages

Avec ses 513 115 km² (soit à peu près la superficie de la France), la Thaïlande occupe le centre de l'Asie du Sud-Est continentale, se logeant entre la Birmanie (Myanmar), le Laos, le Cambodge et la Malaisie. Des confins birmans, au nord, à la frontière malaise, au sud, elle s'allonge sur près de 1700 km, déclinant une étonnante variété de paysages. Véritable concentré d'Asie du Sud-Est, le territoire de l'ancien Siam rassemble à lui seul les montagnes et les forêts de Birmanie et du Laos, les plateaux du Cambodge, le sable blanc et les cocotiers des plages de Malaisie, les fonds coralliens d'Indonésie, et jusqu'aux rizières et grandes formations karstiques du Vietnam.

Géographie

Sa physionomie aux multiples facettes, la Thaïlande la doit aux caprices du relief, aux variations de latitude, et bien sûr à la mousson, plus ou moins forte selon les régions. Vu du ciel, l'« **angle de l'Asie** », comme le surnomment les géographes, offre l'image d'une frontière entre le monde indien et l'Extrême-Orient.

Il est marqué par les ultimes contreforts de l'Himalaya, étroites et modestes chaînes de montagnes qui divisent le territoire en deux grandes masses de terres basses. Cette ceinture rocheuse, entaillée au nord par de profondes vallées et quelques bassins (Chiang Mai, Chiang Rai, Lampang, Phrae), enserre une vaste plaine centrale drainée par le Chao Phraya, tandis qu'à l'est elle isole le plateau de Khorat, bordé sur sa façade orientale par le Mékong. Au sud, enfin, séparant la mer d'Andaman du golfe de Thaïlande, une étroite cordillère descend sous des latitudes plus équatoriales vers l'isthme de Kra et la péninsule de Malacca, porte de l'Asie méridionale et musulmane.

Une terre aux cinq visages

Le royaume se compose de cinq grands ensembles géographiques – cinq univers, pourrait-on presque dire, si une forte unité culturelle ne les liait solidement ensemble : le Nord, le Nord-Est (ou Isan), le Sud péninsulaire, la région du golfe de Thaïlande et la Plaine centrale.

La Plaine centrale, grenier à riz du pays

Ping, Yom, Nan, Wang : quatre torrents dévalent les hauteurs noyées de brumes pour gagner la Plaine centrale par d'étroites vallées. À Nakhon Sawan, ces *mae nam*, ou « mères des eaux », ne sont plus que deux, qui se mêlent pour engendrer le fameux **Chao Phraya**. Sur 352 km, le « Prince Fleuve » irrigue ainsi la Plaine centrale avant de se jeter dans le golfe de Thaïlande. Délimité à l'ouest par les sommets déchiquetés des Thanen Thong Dan et à l'est par les montagnes du Dong Phaya Yen, son immense delta s'étale sur 12 400 km², plaine alluviale des plus fertiles qui accueille environ 30 % de la population du pays.

Un damier de rizières miroitantes, limoneuses ou verdoyantes selon les saisons, alterne avec l'eau laquée des *khlong* (canaux), les étangs constellés de lotus et les bosquets de végétation tropicale. Les maisons de bois sur pilotis, les pirogues et les marchés flottants conservent ici leur caractère traditionnel, même si les techniques agricoles se modernisent à vive allure. Berceau historique et politique du royaume depuis sa création, poumon économique de la Thaïlande moderne, cette région a fait l'objet d'un développement intensif. Une pluviosité insuffisante, aggravée par l'irrégularité des averses en début de saison (de mai à juillet), nécessitait en effet une **irrigation** d'appoint. Pensé dès le début du 20e s., le plan d'aménagement du Chao Phraya débuta par la construction du **barrage de Chainat** (1957) à la tête du delta. Il se poursuivit par l'édification de barrages-réservoirs sur la *mae nam* Ping et la *mae nam* Nan, puis par l'installation de réseaux secondaires acheminant l'eau jusque dans les rizières.

À l'ouest de la capitale s'étend encore un grand bassin hydrographique, alimenté notamment par la célèbre rivière Kwaï. Au-delà de Kanchanaburi, la nature reprend ses droits dans un pays de torrents, de cascades spectaculaires, telles celles d'Erawan, de grottes et de jungle épaisse.

La région du golfe, une luxuriance tropicale

Fruits tropicaux, hévéas, poissons, rubis et tourisme constituent l'essentiel de la richesse de cette région fertile, au climat nettement plus tropical que celui de la Plaine centrale. Baignée par les eaux du golfe de Thaïlande et traversée par la chaîne des **Khao Soy Dao** (dont les sommets s'étagent entre 700 et 1670 m), la plaine littorale ondoie et se rétrécit pour descendre en pointe le long de la frontière cambodgienne, à l'extrême sud-est du pays. Les forêts de conifères et les montagnes granitiques forment des paysages grandioses, tels le parc naturel de

Au rythme des moussons

La vie du pays dépend étroitement de la mousson, régime tropical de vents revenant à intervalles réguliers, dispensateur de bienfaits et parfois de catastrophes. Sur la majeure partie du territoire, on distingue trois saisons :

- **La mousson d'hiver** (nov.-fév.) – Elle correspond à la **saison sèche**, marquée par un climat relativement tempéré. Mais dans les montagnes septentrionales, les brumes matinales s'accrochent au relief et les températures peuvent descendre jusqu'à 5°.
- **La mousson d'été** (mars-juin) – C'est la prémousson, qui apporte le climat le plus chaud de l'année : 30° à Chiang Mai, 35° et parfois plus à Bangkok, près de 40° dans le Nord-Est.
- **La mousson humide** (juil.-oct.) – Cette mousson du sud-ouest s'accompagne de précipitations abondantes (1400 mm en moyenne annuelle) dans le Centre, plus faibles dans le Nord et dans l'Est. Durant cette **saison des pluies**, le soleil alterne avec de violentes averses, plus fréquentes en fin de journée.

Le Sud et l'extrême Sud-Est subissent moins de fluctuations, mais le climat varie d'une côte à une autre. Les pluies sont ainsi les plus fortes de mai à oct. à l'ouest (Phuket, Krabi, Ko Phi Phi, etc.), tandis que les averses sévissent de nov. à fév. à l'est (Ko Samui, Ko Phangan, Ko Tao).

Khao Chamao-Khao Wong (1024 m) ou la cascade de Phliu. Au creux d'anses étroites se succèdent une myriade de villages de pêcheurs devenus pour certains de grandes stations balnéaires : Bang Saen, Pattaya et Rayong, qui barrent désormais le littoral de leurs immeubles de béton. Au large, pourtant, s'étendent les plus magnifiques parcs naturels du pays, dont **Ko Chang** et ses 52 îles émaillant le golfe de Thaïlande ou **Ko Samet**, avec ses plages de sable blanc et sa mer turquoise, à quelques heures de Bangkok.

Le Nord, pays de montagnes

Malgré le déboisement des dernières décennies, le Nord reste le domaine de la jungle, le royaume des brouillards et des **forêts de tecks**, de cèdres du Japon et d'arbres à feuilles persistantes.

Au nord-ouest, les montagnes peuvent dépasser 2000 m d'altitude, le plus haut sommet du pays, le **Doi Inthanon**, culminant à 2565 m. De nombreux cours d'eau – Mékong, Nan, Yom, Ping, Yang – ont taillé des canyons, formé des cascades, creusé des grottes dans ces reliefs calcaires aux tombants vertigineux. Les massifs, reliés les uns aux autres par des collines vallonnées, sont couverts d'une végétation basse luxuriante qui a remplacé la forêt primitive. La lente érosion due aux pluies de mousson laisse apparaître par endroits une belle terre rougeâtre, contrastant avec la blancheur calcaire des sommets.

Au nord commence l'altiplano du pays shan, marqué par le tristement célèbre **Triangle d'or** (Sop Ruak) : située aux confins de la Birmanie, de la Thaïlande, du Laos et de la Chine, cette région est l'un des principaux foyers de production d'opium dans le monde.

Plus à l'est, une ligne de crêtes dessine une frontière avec le Laos, matérialisée par le ruban argenté du **Mékong**. Né au Tibet, le Mae Nam Khong (Mékong) est le douzième fleuve du monde par sa longueur (environ 4300 km). Il entre en Thaïlande à Chiang Saen, au centre du Triangle, puis serpente le long des frontières nord et nord-est jusqu'à son delta, au Vietnam.

Dans les basses terres alluviales, fortement peuplées, se déploient une agriculture intensive et une amorce d'industrialisation, tandis que les hauteurs sont le territoire d'une pléiade de minorités ethniques, les

Moment privilégié : le bain des éléphants, aux environs de Chiang Mai.
A. Leiva/age fotostock

tribus montagnardes, comptant quelque 1,2 million d'âmes *(voir « Les peuples des montagnes », p. 400-401)*.
Ce monde rural connaît lui aussi de profondes transformations, en particulier là où parviennent les routes goudronnées. Patronnés par le roi, des programmes de développement de cultures de substitution (café, vétiver) et de formation au tourisme et à l'artisanat incitent les Akhas, les Lisus et les Lahus à abandonner le pavot au profit de solutions économiques alternatives. Certains secteurs sont en cours de reboisement, en **pins**, au-dessus de 1000 m, pour la pâte à papier, en **tecks** et en **eucalyptus** en dessous. Les zones les plus difficiles d'accès conservent quant à elles leurs systèmes ruraux traditionnels et vivent de la culture du riz pluvial et du pavot en altitude, faute de pouvoir assurer une sécurité alimentaire à leurs habitants avec d'autres productions.
Au centre de la région, la verdoyante **Chiang Mai** constitue un important nœud de communications. Capitale administrative et ville universitaire aux allures provinciales, elle est devenue un pôle touristique majeur, tout comme Lampang ou Mae Hong Son, ville frontière et antichambre de la Birmanie.

Le Nord-Est, la Thaïlande des confins

Dans la sphère orientale du pays, où se mêlent les influences thaïes, khmères et laotiennes, les habitants ont davantage de points communs avec leurs voisins, installés sur l'autre rive du Mékong, qu'avec la lointaine Bangkok. Si le Nord-Est, ou **Phak Isan**, fait figure de contrée isolée et défavorisée, cette région s'affiche aussi comme le dépositaire de la mémoire nationale.
Le vaste **plateau de Khorat** forme la plus grande partie de l'Isan, butant à l'est sur les contreforts de la chaîne cambodgienne des Dongrek. Celle-ci stoppe l'humidité du sud-ouest, entraînant un climat continental et des amplitudes thermiques supérieures à la moyenne nationale. La moitié des terres subissent ainsi des pluies trop irrégulières, la saison sèche dure longtemps (cinq mois), et la plupart des saisons intermédiaires (un ou deux mois) se révèlent sèches elles aussi.
Peu à peu, la forêt dense, qui maintenait l'humidité des sols, s'est retirée sur les pentes escarpées du plateau (à l'ouest, au sud et à l'est de Khon Kaen), et au pied de ces massifs s'étendent désormais des zones de forêts clairsemées et de **savanes**. Elles-mêmes cèdent

progressivement la place aux rizières, aux champs et aux étangs, mais la surface des terrains agricoles demeure insuffisante, et nombre d'habitants sont contraints d'émigrer vers les grandes villes.

Pourtant, si la nature paraît un peu moins généreuse que dans le reste de la Thaïlande (exception faite des très beaux **parcs naturels** à l'ouest et au sud de la région), l'occupation humaine s'y révèle plus ancienne – la culture de **Ban Chiang** remonte au 4e millénaire av. J.-C. – et bien plus dense que dans les autres régions agricoles à la même époque.

Le Sud, la Thaïlande des îles

Au sud, la Thaïlande s'effile en une étroite langue de terre qui s'étire jusqu'à la péninsule malaise, entre le golfe de Thaïlande à l'est et la mer d'Andaman (ouvrant sur l'océan Indien) à l'ouest. La longue crête montagneuse au littoral ponctué de baies et de criques sablonneuses est connue pour ses îles paradisiaques et ses pitons calcaires dévorés par la verdure et baignés d'eaux turquoise. Les archipels les mieux préservés cachent de riches **fonds marins**, véritables jardins coralliens à la faune aquatique multicolore. Le climat tropical, allié à la richesse du sol, favorise plutôt la culture de l'hévéa, du cocotier et du palmier à huile que celle du riz.

À l'intérieur des terres, les montagnes, escarpées, peuvent atteindre 2000 m. Vers l'ouest, les monts Tenasserim forment une frontière naturelle avec la Birmanie, avec pour point culminant le Khao Luang (1494 m), tandis que plus au sud, la péninsule s'étrangle pour former l'**isthme de Kra** (22 km de large), que se partagent les deux pays. Plusieurs gouvernements ont envisagé d'y creuser un canal afin de gagner un millier de kilomètres sur la route maritime entre les ports de l'océan Indien et ceux du golfe de Thaïlande – une proposition encore à l'état de projet.

De l'ouest à l'est, les **deux côtes du Sud** montrent des différences saisissantes sur le plan morphologique. Le long du littoral ouest, de magnifiques **formations karstiques** aux pitons vertigineux jaillissent de la mer, joyaux des baies de Phang Nga et de Krabi. À l'est, c'est le territoire de la **mangrove**, quoique certaines zones aient été partiellement déboisées pour permettre l'élevage des crevettes.

Pour une villégiature de rêve, vous avez le choix entre les îles du golfe de Thaïlande, telles Ko Samui, Ko Phangan et Ko Tao ou, côté mer d'Andaman, Phuket, Ko Phi Phi, l'archipel des Similan, Ko Lanta et les parcs nationaux moins connus de Mu Ko Surin et de Mu Ko Tarutao.

À l'extrémité sud, enfin, au-delà de la ville de Hat Yai, les **monts San Sara Khiri** se dressent à 1490 m pour séparer la Thaïlande et la Malaisie. Les provinces de Satun, Yala, Pattani et Narathiwat restent majoritairement musulmanes. Ponctuellement, cette région montagneuse sert de refuge aux séparatistes musulmans.

Un éden en péril

À l'instar des autres territoires tropicaux, la Thaïlande abrite une flore et une faune d'une extraordinaire variété. Mais l'exploitation forestière, intensive et souvent illégale, les développements immobiliers et l'agriculture sur brûlis ont beaucoup réduit et endommagé ce patrimoine. Les violentes pluies des moussons ont aggravé la situation en provoquant, dans certaines régions, une érosion des sols irréversible.

Cependant, les mesures adoptées en 1989, notamment les programmes

Une mangrove dans la province de Krabi.
Kapook2981/Getty Images Plus

de reboisement et l'interdiction d'exporter certaines essences, traduisent le souci de protéger désormais l'environnement. Le **Wild Life Fund Thailand**, créé en 1983 sous le haut patronage de la reine et affilié au WWF, mène des actions de sauvegarde en faveur des écosystèmes fragiles (comme la mangrove), en encourageant de nouvelles pratiques agricoles ou en luttant contre le commerce des animaux sauvages.

La flore

Dans les régions rizicoles, à proximité des villages et jusque dans les agglomérations, vous apprendrez à distinguer jacarandas, papayers, aréquiers, rotins, ou reconnaîtrez d'autres espèces plus familières, comme les bananiers, les palmiers et les ficus, sans oublier les bambous dont il existe d'innombrables variétés, certaines poussant presque à vue d'œil (25 m en six semaines, voire davantage). Sur cette gamme de verts, les frangipaniers, les bougainvilliers, les flamboyants, les hibiscus, les acacias et les magnoliacées viennent jeter des notes violemment colorées : rouge carmin, fuchsia ou jaune.

Les eaux paisibles des canaux et des lacs sont le territoire des roseaux, des nénuphars et des **lotus**. Symbole de pureté et de lumière dans le bouddhisme, ce dernier, redoutable colonisateur, offre de mars à mai de ravissants tapis de fleurs roses, blanches ou jaunes.

Forêts et mangroves

Les **forêts du Nord** abritent essentiellement des essences à feuilles persistantes : le pin et le cèdre du Japon, le chêne (moins répandu), le palissandre d'Asie et surtout le teck, ce bois lourd et imputrescible dont l'industrie du meuble est friande.

Très humide, la **forêt tropicale du Sud** voit, sous le couvert de grands arbres, pousser surtout des plantes de la famille des diptérocarpacées (arbres des climats tropicaux donnant des huiles).
Les **plantations** d'eucalyptus, de palmiers à huile, de cocotiers et d'hévéas servent les exploitations commerciales.
Des arbustes, des lianes, des fougères et de nombreuses espèces de fleurs prospèrent dans ces jungles épaisses. Les orchidées, les azalées et les rhododendrons, notamment, poussent en abondance sous le climat tempéré du Nord : la région de Chiang Mai et la vallée de la Mae Sa sont connues pour receler le plus grand nombre d'espèces sauvages d'**orchidées**, ces plantes épiphytes (qui poussent généralement sans terre) dont l'hybridation peut engendrer un nombre illimité de variétés.
Sur la côte orientale, de vastes **mangroves** nourries par les marées fournissent un habitat de choix à de nombreuses espèces animales et végétales : la vase y est riche en mollusques, en crustacés, en bivalves et en gastéropodes, qui font les délices des macaques de Buffon, un singe arboricole, très bon nageur, qui se régale volontiers d'un plateau de fruits de mer.

La faune

La faune thaïlandaise appartient à la branche zoogéographique indochinoise. Les jungles du pays abritent quantité d'oiseaux, de reptiles et une grande variété de mammifères (éléphants, primates, félins, ours, cervidés, bovidés, sangliers, etc.).

Les oiseaux

La forêt vierge, les lacs et les côtes abritent une riche population d'oiseaux migrateurs ou résidents. Formé d'un lac d'eau douce peu profonde (1 m à 1,50 m) et de vastes marais, le **parc ornithologique de Thale Noi** est ainsi peuplé de plus d'une centaine d'espèces : cormorans, hérons, aigrettes, échassiers divers et canards.
Reconnaissable à sa haute taille (près de 1,50 m), le **pélican à bec tacheté** est un habitué des eaux douces de Thaïlande. Quant à la **bondrée**, à tête blanche et plumage brun, c'est le rapace le plus commun du pays.

Poissons et coraux

Les fonds marins du golfe de Thaïlande et de la mer d'Andaman, qui ont forgé la réputation du pays en matière de tourisme balnéaire, ont souffert. Le tsunami de 2004 a détruit de nombreux récifs coralliens, privant certains poissons de leur habitat et entraînant un déséquilibre de cet écosystème. Le réchauffement des eaux entraîne par ailleurs un **blanchiment des coraux** alarmant, notamment à Phuket. Le Niño indien, ou **dipôle de l'océan Indien**, est pointé du doigt comme l'une des causes de ces perturbations lors desquelles la température des mers peut dépasser les 30°.
À cela s'ajoute la surfréquentation touristique, facteur de dégradation directe (manque de sensibilisation des nageurs à la fragilité du milieu) et indirecte (pollution par les bateaux et ancrages sauvages). Résultat, la Thaïlande a décidé de fermer au public plusieurs sites de plongée et parcs maritimes, le temps que les coraux se régénèrent, et a interdit en 2021 l'utilisation de certaines crèmes solaires nocives pour les coraux.

Les reptiles

Parmi les crocodiles hébergés à la ferme de Samut Prakan, dans les environs de Bangkok, la plupart sont des hôtes venus d'ailleurs, excepté le *Crocodylus siamensis*, un beau spécimen de 3 m de long qui fréquente les eaux douces et peu profondes. On y voit également de nombreuses variétés indigènes de reptiles, comme le cobra ou le serpent des palétuviers. Bien moins inquiétants, hormis les grandes espèces tel le varan noir, les **lézards** sont omniprésents. Le gecko, notamment, est considéré par les Thaïlandais comme le bon génie de la maison, peut-être à cause de son appétit pour les moustiques. Parmi les espèces de geckos plus ou moins grandes, prêtez l'oreille au chant du tokay, lézard multicolore de 30 cm.

Les mammifères

Si l'on peut apercevoir un **tigre** dans les parcs et les réserves naturelles, certaines espèces tels le **rhinocéros** à une corne et le rhinocéros de Sumatra à deux cornes ont disparu. D'autres, comme le **gibbon**, qui voit son territoire forestier trop réduit, sont menacées (un programme de réintroduction est tenté dans la baie de Phang Nga). En revanche, les **macaques**, très présents dans les temples, ont intégré le tourisme à leur mode de vie.

Les **sangliers**, les **écureuils** – dont une variété à fourrure grise abonde à Bangkok –, les **daims** et les **papillons** tropicaux demeurent nombreux dans les montagnes boisées qui entourent Phetchaburi, dans la région voisine d'Umphang et le long de la frontière au nord de Kanchanaburi. Ces contrées reculées, à forêt dense, abritent aussi une **panthère longibande**. Tout aussi rare, le **chat pêcheur**, qui peut atteindre 86 cm de long, descend volontiers dans les eaux peu profondes à la recherche de ses proies, nageant tel un poisson grâce aux palmures qui lient les griffes de ses pattes antérieures. La belette de Sibérie, l'athérure à longue queue (une sorte de porc-épic) ou le blaireau à gorge blanche fréquentent les forêts septentrionales. En revanche, l'**ours malais**, un petit ours brun (1 m à 1,40 m) à museau jaune, préfère les cocotiers et les forêts denses du Sud, comme son cousin l'ours à collier, qui dort dans des grottes en compagnie des roussettes des cavernes, avides de fruits.

Dans la catégorie des originaux, le **pangolin de Malaisie** occupe une place de choix. Cet insectivore diurne peut se mettre en boule en écartant ses écailles afin de décourager ses prédateurs. Et si cela ne suffit pas, il sécrète un liquide nauséabond.

Doublement familier des hauteurs, le **pétauriste** fréquente pour sa part les montagnes au-delà de 900 m et s'est spécialisé dans le vol plané. Cette espèce d'écureuil possède une membrane reliant les membres antérieurs et postérieurs, qui lui permet des vols planés jusqu'à 450 m de longueur.

Enfin, un panorama des mammifères en Thaïlande ne serait pas complet sans la mention du **chien errant** (une sorte de *bassenji*, cousin des chiens sauvages des villes africaines), que vous verrez toujours en quête d'une pitance ou d'un compagnon de jeu, dans les villes ou sur les plages.

Glossaire

Ahrant – Personne qui a atteint la perfection.

Amphoe – District.

Antarala – Passage entre l'antichambre et le sanctuaire d'un temple khmer.

Ao – Baie.

Apsara – Danseuse céleste, élément décoratif de temple.

Avalokiteshvara – Bodhisattva *(voir ci-après)* du bouddhisme mahayana, doué de compassion, connu aussi sous le nom de Lokeshvara.

Bai sema – Pierre en forme de feuille délimitant l'enceinte sacrée de l'*ubosot*, appelée aussi borne ; souvent sculptée de décorations et placée sur un piédestal ou dans un pavillon.

Ban – Village, hameau.

Baray – Bassin ou réservoir d'irrigation au voisinage d'un temple khmer.

Bikkhu – Moine bouddhiste.

Bodhi – Éveil, illumination de Bouddha. Arbre de bodhi : *Ficus religiosa*, figuier sous lequel le Bouddha a connu l'Éveil.

Bodhisattva – Futur Bouddha, être qui a connu l'Éveil mais qui retarde son accès au nirvana afin d'aider l'humanité dans sa quête de l'illumination.

Bot – *Voir ubosot.*

Bung – Lac.

Buri – Ville.

Changwat – Province.

Chedi – Tour-reliquaire.

Chofa – Décoration du toit des temples en forme d'oiseau stylisé.

Dharma (dhamma) – Enseignement du Bouddha, loi bouddhique.

Dharmachakra – Roue de la loi.

Doi – Montagne.

Erawan ou Airavata – Éléphant mythique à trois têtes, monture du dieu hindou Indra.

Farang – Étranger, dérivé de *farangse*, français.

Garuda – Animal mythique avec une tête, un torse et des bras d'homme, des ailes et des griffes d'oiseau de proie, monture de la divinité hindoue Vishnou.

Gopura – Porte monumentale de ville ou de temple (donne souvent accès par une galerie à un temple khmer).

Hamsa – Oiseau mythique, symbole de la divinité hindoue Brahma.

Hang yao – Bateau « à longue queue ».

Hat – Plage.

Heo – Cascade.

Ho trai – Petit pavillon renfermant les Écritures sacrées, souvent construit sur pilotis au milieu d'un bassin pour protéger les manuscrits des insectes ; bibliothèque.

Jataka – Récit des vies antérieures du Bouddha.

Kala – *Voir makara.*

Kaeng – Rapides.

Kamphaeng – Mur.

Khao – Pic, mont.

Khlong – Canal, voie d'eau.

Khuan – Barrage.

Kinnari – Figure mythique de musicienne mi-femme, mi-oiseau.

Ko – Île.

Ku – Construction en forme de temple miniature enchâssant un bouddha.

Kuti – Cellules des moines ou logements dans un temple.

Laem – Promontoire, cap.

Lak muang – Pierre de fondation, esprit gardien du lieu.

Lingam, linga – Forme phallique symbolisant la trinité hindoue, Brahma, Shiva et Vishnou.

Mae nam – Rivière.

Makara – Monstre mythique à la face grimaçante, aux yeux protubérants et crachant des guirlandes décoratives, figurant sur les linteaux de porte.

Mandapa – Antichambre de temple khmer.

Mara – La force du mal.

Meru (mont) – Axe du monde, séjour des dieux dans les cosmologies hindouiste et bouddhiste.

Mondop – Bâtiment carré souvent surmonté d'un toit à étages, renfermant un objet de culte, souvent des empreintes de pied du Bouddha.

Monthon – Région.

Mu ban – *Voir ban.*

Mu ko – Archipel.

Muang – Ville, cité.

Mudra – Geste des mains de l'iconographie bouddhique.

Naga – Serpent mythique à une, cinq ou sept têtes, qui aurait soulevé sur ses anneaux enroulés le Bouddha en méditation avant l'Éveil, et aurait protégé le maître de la pluie en déployant son capuchon.

Nakhon – Ville, cité.

Nam ron – Source chaude.

Nam tok – Cascade.

Nang – Théâtre d'ombres.

Nirvana – Fin du cycle des renaissances.

Paknam – Estuaire.

Pali – Langue indienne des textes sacrés du bouddhisme theravada.

Pha – Falaise.

Phi – Esprit.

Phra – Saint, Seigneur.

Phu, phu khao – Promontoire, mont.

Pom – Fort.

Prang – Tour en forme d'épi de maïs décorée de stucs; un ou deux escaliers mènent à un ou plusieurs sanctuaires renfermant des représentations du Bouddha.

Prasat, prasat hin – Tour khmère en pierre, tour-sanctuaire khmère.

Pratu – Portail, porte.

Rat, ratcha (préfixe) – Royal.

Rishi, russi, reussi – Ermite, ascète.

Sala – Salle d'assemblée, pavillon ou abri.

Sanuk – Amusement.

Saphan – Pont.

Sathani – Gare.

Sim – Salle d'ordination *(ubosot)* d'un temple lao.

Singha – Lion mythique.

Soi – Rue, allée.

Songthaew – Taxi collectif (camionnette équipée de bancs de bois) effectuant en général de courts trajets interurbains.

Stupa – *Voir chedi.*

Suan – Jardin.

Talat – Marché.

Tambon – Commune.

Tavatimsa – Les cieux, séjour des 33 divinités hindoues au sommet du mont Meru.

Tha –Embarcadère, jetée.

Thale – Mer.

Thale sap – Lagon.

Tham – Grotte.

Thanon – Rue, route.

That – Reliquaire ou temple abritant des reliques du Bouddha; flèche ou construction en dôme destinée aux reliques bouddhistes dans le Nord-Est.

Thong – Bannière de bois.

Tipitaka – Canon pali du bouddhisme theravada.

Traiphum – Les trois mondes de la cosmologie bouddhique : ciel, terre, enfer.

Trimurti – La trinité hindoue : Brahma, Vishnou et Shiva.

Ubosot – Sanctuaire ou chapelle principale où ont lieu les ordinations et autres cérémonies.

Urna – Boucle sur le front du Bouddha, signe distinctif.

Ushnisha – Protubérance crânienne du Bouddha.

Waï – Salut traditionnel.

Wat – Temple, ensemble des bâtiments d'un temple.

Wiang – Ville fortifiée.

Wihan – Salle d'assemblée, chapelle *(vihara).*

Yaksa – Démon mythique.

Le chemin de fer de Nam Tok.
banjongseal324/Getty Images Plus

ORGANISER SON VOYAGE

Types de séjour

La Thaïlande côté nature	
Grottes et cascades	Chiang Dao *(p. 241)*, Tham Lot *(p. 231)*, parc national de Sai Yok *(p. 97)*, Muang On *(p. 220)*, grottes de la péninsule de Raileh *(p. 340)*.
Parcs et réserves	Parcs nationaux de Khao Yai *(p. 88)*, Thale Ban *(p. 382)*, Doi Inthanon *(p. 217)*, Phu Kradung *(p. 264)*, Pha Taem *(p. 284)*, Erawan *(p. 96)*; parcs nationaux maritimes de Mu Ko Ang Thong *(p. 321)*, Mu Ko Chang *(p. 126)*, Mu Ko Surin *(p. 314)*, Mu Ko Tarutao *(p. 385)*, Mu Ko Similan *(p. 356)*.
Faune sauvage	Réserve zoologique de Khao Khieo *(p. 114)*, Parc ornithologique de Thale Noi *(p. 377)*, réserve ornithologique du Doi Inthanon *(p. 217)*.
La Thaïlande côté plage	
Dans le golfe de Thaïlande	Ko Samui *(p. 316)* pour la fête, Mu Ko Ang Thong *(p. 321)* pour la nature, Ko Phangan *(p. 327)* pour le repos, Ko Tao *(p. 333)* pour la plongée.
Sur la mer d'Andaman	Ko Phuket *(p. 348)* pour l'animation, Ko Lanta *(p. 367)* et Mu Ko Tarutao *(p. 385)* pour la plongée, les reliefs karstiques d'Ao Phra Nang *(p. 340)* et de Phang Nga *(p. 344)*, les grottes marines de Ko Phi Phi Le *(p. 363)*.
La Thaïlande du patrimoine	
Temples bouddhiques	À Bangkok : Wat Phra Kaeo *(p. 42)*, Wat Pho *(p. 46)*, Wat Suthat *(p. 53)*, Wat Benchamapophit *(p. 56)*; à Phitsanulok : Wat Phra Si Ratana Mahatat *(p. 156)*; à Chiang Mai : Wat Phra Singh *(p. 196)*; à Lampang : Wat Phra That Lampang Luang *(p. 226)*; That Phanom *(p. 279)*.
Archéologie	Sites archéologiques de Ban Chiang *(p. 275)* et de Si Thep *(p. 153)*, peintures rupestres de Pha Taem *(p. 284)* et de Phu Phra Bat *(p. 272)*.
Cités anciennes	Phimai *(p. 304)*, Sukhothai *(p. 162)*, Ayutthaya *(p. 134)*, Si Satchanalai *(p. 174)*, Kamphaeng Phet *(p. 182)*, temples khmers de l'Isan *(p. 288)*.
La Thaïlande des fêtes	
Fêtes civiles	Fête des Fusées dans l'Isan *(p. 506)*, fête des Éléphants à Surin *(p. 297)*, semaine de la rivière Kwaï *(p. 98)*, régates de Phitsanulok *(p. 160)* et de Phuket *(p. 357)*, festival de Phimai *(p. 309)*.
Fêtes religieuses	Festival de That Phanom *(p. 280)*, fête des Bougies à Ubon Ratchathani *(p. 286)*, Loy Krathong à Sukhothai *(p. 172)* et à Chiang Mai *(p. 206)*.
Les activités sportives en Thaïlande	
Randonnée	Dans le Triangle d'or *(p. 221)*, dans la jungle de Ko Chang *(p. 126)*, dans les parcs de Phu Kradung *(p. 264)* et de Khao Yai *(p. 88)*.
Adrénaline	VTT à Bangkok *(p. 78)* et sur l'île de Ko Chang *(p. 126)*, rafting à Tha Ton *(p. 243)*, escalade à Raileh *(p. 342)*.
Sous l'eau	Plongée à Ko Samui *(p. 325)* et Ko Tao *(p. 336)* dans le golfe de Thaïlande; sur la côte ouest, à Ko Phi Phi *(p. 365)* et Ko Lanta *(p. 370)*; snorkeling à Ko Lipe *(p. 391)*.
Sur l'eau	Croisières sur le Chao Phraya *(p. 67)* et le Mékong *(p. 281 et 287)*, descente de la rivière Kok *(p. 243)*, sports nautiques à Ko Samui *(p. 325)* et Phuket *(p. 359)*, pêche en mer et kayak à Ko Phi Phi *(p. 365)*.

Spécial îles

	Plages	Paysages	Plongée snorkeling	Activités sportives	Vie nocturne
Ko Adang *(p. 387)*	++	++	-	+	-
Ko Bulon Leh *(p. 388)*	++	-	+++	-	-
Ko Chang *(p. 126)*	+++	++	+++	++	+
Ko Ngai *(p. 373)*	+	+	+	-	-
Ko Lanta *(p. 367)*	++	++	+++	+	-
Ko Libong *(p. 375)*	+	-	+	-	-
Ko Lipe *(p. 388)*	++	-	+++	-	++
Ko Mai Phai *(p. 361)*	++	-	++	-	-
Ko Muk *(p. 374)*	++	++	-	-	-
Ko Panyee *(p. 346)*	-	+	-	-	-
Ko Phangan *(p. 327)*	++	++	++	+	+++
Ko Phi Phi Don *(p. 363)*	++	++	+++	++	+++
Ko Phi Phi Le *(p. 363)*	+++	-	+++	-	-
Ko Phuket *(p. 348)*	++	+	++	+++	+++
Ko Samet *(p. 117)*	++	+	+	+	-
Ko Samui *(p. 316)*	++	++	+++	+++	++
Ko Si Chang *(p. 113)*	+	++	-	-	-
Ko Similan *(p. 356)*	-	-	+++	-	-
Ko Sukorn *(p. 375)*	+	-	-	-	-
Ko Tao *(p. 333)*	+	+	+++	-	+
Ko Tarutao *(p. 385)*	++	+	++	-	-

Meilleure saison pour un séjour balnéaire en Thaïlande : de nov. à mars sur la côte ouest de la péninsule, côté **mer d'Andaman** (Phuket, Ko Tarutao, Ko Adang, etc.), de fév. à juin sur la côte est, côté **golfe de Thaïlande** (Samui, Ko Tao, Ko Chang, etc.). C'est, théoriquement, la période « sèche », optimale en termes de visibilité sous-marine et de faiblesse des courants. Le réchauffement climatique rend toutefois ces saisons fluctuantes selon les années. La saison des pluies, période à éviter (avr.-oct. sur la côte ouest et sept.-déc. sur la côte est) peut en effet être décalée d'un, voire deux mois selon les années.

Aller en Thaïlande

Nom officiel : Royaume de Thaïlande
Capitale : Bangkok (nom officiel : Krung Thep Maha Nakhon)
Superficie : 514 000 km²
Population : 66 millions d'habitants
Langue officielle : le thaï
Monnaie : le baht thaïlandais
1 € = 39 bahts (avril 2024)
1 US$ = 36 bahts

En avion

De nombreuses compagnies desservent la Thaïlande quotidiennement au départ des grands aéroports européens.
Le vol direct entre Paris et Bangkok dure env. 12h. Hormis Air France et Thai Airways, la plupart des compagnies effectuent au moins une escale sur ce parcours : outre le prix, vérifiez toujours itinéraire, temps de vol et temps d'escale avant de faire votre choix. Le prix d'un billet AR Paris-Bangkok sans escale tourne autour de 1000 €.

Aéroport

Aéroport international Suvarnabhumi (prononcez « Suwan-napoum ») – ✆ 02 132 18 88 - www.airportthai.co.th.
Pour plus d'informations concernant les connexions avec le centre de Bangkok, voir le « Carnet pratique » p. 67.

Lignes régulières

Air France – ✆ 36 54 - www.airfrance.fr. Vol quotidien direct au départ de Paris (12h de vol).

Thai Airways – www.thaiairways.com. La compagnie nationale thaïlandaise est réputée pour la qualité de son service. 1 vol direct par jour entre Paris et Bangkok.
Pour les déplacements à l'intérieur du pays, voir « Transports en commun », p. 502.

Réservation en ligne

Des sites comme **www.liligo.fr**, **www.skyscanner.fr** ou encore **www.kayak.fr** fonctionnent comme un moteur de recherche, comparant les différents prestataires.
Les agences de voyage en ligne (**www.opodo.fr** ou **www.expedia.fr**) proposent également un choix, mais le règlement de la prestation s'effectue directement sur leur site. Vérifiez que les prix annoncés ne dissimulent pas des suppléments (bagages, frais de gestion...).
Nous vous conseillons d'acheter votre billet directement sur le site de la compagnie. En cas de problème ou d'annulation, vous saurez qui est votre interlocuteur.

Taxes d'aéroport

Elles sont perçues par les compagnies aériennes et incluses dans le prix du billet.
À partir de 2022, la Thaïlande introduit un droit d'entrée de 300 bahts (env. 8 €) pour les visiteurs étrangers, compris dans le prix du billet d'avion.
Si pour une quelconque raison vous ratiez votre vol, les taxes d'aéroport doivent toujours vous être remboursées, même si votre vol n'était pas remboursable.
La demande se fait par lettre recommandée auprès de la compagnie aérienne ou de l'agence de voyage intermédiaire.

Bagages et sécurité

Par mesure de sécurité, le contenu des bagages à main en avion est réglementé. Les liquides, les sprays, les produits en pâte, les objets pointus ou tranchants sont interdits en cabine et devront être enregistrés en soute. Les médicaments, les aliments pour bébé et les cosmétiques dont vous pouvez avoir besoin durant le vol devront être présentés dans un sac plastique transparent avec fermeture à glissière au moment du contrôle de sécurité. La liste des produits interdits vous sera remise par la compagnie au moment de l'achat de votre billet.

Avec un voyagiste

Les agences de voyage proposent tous types de formules, du « vol sec » (billet d'avion seul) au voyage en groupe, en passant par le circuit individuel sur mesure ou encore la réservation d'hôtels et d'avions sur les lignes intérieures.

Spécialistes de l'Asie

Asia – ✆ 01 56 88 66 75 - www.asia.fr. Voyage individuel, circuits en groupe, séjours balnéaires.

Les Ateliers du Voyage – ✆ 01 40 62 16 79 - www.ateliersduvoyage.com. Un spécialiste du voyage individuel et sur mesure.

Maison du Voyage – ✆ 01 40 51 95 15 - www.maisonsduvoyage.com. Circuits de grande qualité avec des guides expérimentés.

NS Travel & Tours – ✆ 06 03 24 47 09 - www.nstravel.com. De nombreux programmes individuels ou collectifs et un service sur mesure pour cette agence francophone basée à Bangkok. Excellents conseils et souci du voyage éthique.

Voyageurs du Monde – ✆ 01 42 86 16 00 - www.voyageursdumonde.fr. Voyage à la carte, circuits organisés, croisières, etc. Agences en province, en Belgique et en Suisse.

Voyages culturels

Arts et Vie – www.artsetvie.com. Agences à Paris, Grenoble, Marseille, Nice et Villeurbanne. Proposent des séjours combinés avec les pays voisins.

Intermèdes – ✆ 01 45 61 90 90 - www.intermedes.com/themes/orients. Pour une découverte des régions du Siam et de l'Isan et des temples khmers.

Voyages aventure

Allibert Trekking – ✆ 04 76 45 84 84 - www.allibert-trekking.com.

Fleuves du Monde – ✆ 01 44 32 12 85 - www.fleuves-du-monde.com. Croisières sur la rivière Kwaï.

Huwans – ✆ 01 44 32 09 30 - www.huwans.com. Randonnées à la rencontre des tribus du Nord, sorties en bateau dans les parcs nationaux du Sud.

Nomade Aventure – ✆ 01 46 33 71 71 - www.nomade-aventure.com. Agences à Paris, Lyon et Toulouse. Diverses formules de trekking, en famille ou en individuel.

Terres d'Aventure – ✆ 01 70 82 90 00 - www.terdav.com. Agences à Paris et en province, ainsi qu'à Bruxelles et à Genève. Circuits accompagnés ou séjours famille avec nuits chez l'habitant.

Voyage et handicap

Yoola – ✆ 01 83 64 70 06 - www.yoola-voyage.com. Des séjours sur mesure entièrement adaptés aux personnes à mobilité réduite.

Avant de partir

Le bon moment pour partir

Le climat de la Thaïlande, de type **tropical humide**, se caractérise par une forte moiteur et des températures relativement élevées tout au long de l'année, un grand ensoleillement alternant avec des précipitations abondantes.

Saisons

Le pays connaît **trois saisons** distinctes : une saison sèche et chaude de novembre à mars, une saison plus chaude et humide d'avril à juin, une saison des pluies de juillet à novembre. On peut visiter la Thaïlande toute l'année, mais si vous êtes sensible à la chaleur, sachez que les températures augmentent notablement dès le mois de mars.

La **saison humide** ou saison des pluies, période de la **mousson**, se manifeste par une alternance d'averses et de périodes ensoleillées qui n'empêche en rien les visites.

La **saison sèche**, qui correspond à la haute saison touristique, demeure l'époque la plus agréable pour voyager, notamment pour faire des randonnées.

Le pays s'étirant sur 1700 km de long, des différences sensibles s'affichent entre le Nord et le Sud. Dans la région de Chiang Mai (Nord), le climat est plus frais, et les températures correspondent à celles d'un été tempéré. La Thaïlande méridionale connaît pour sa part une saison humide plus longue, similaire à un climat subéquatorial.

Pour plus de détails, voir « Au rythme des moussons », p. 465.

À emporter

Inutile de vous encombrer, on trouve de tout en Thaïlande.

Vêtements

Emportez des vêtements légers de coton ou de lin, et des **lainages** si vous comptez vous rendre dans le nord du pays, où l'amplitude thermique peut être importante entre le jour et la nuit, surtout dans les zones montagneuses.

En saison des pluies, prévoyez un vêtement **imperméable** : les averses sont brèves mais torrentielles.

On se déchausse à l'entrée des temples et des maisons : adoptez des **chaussures** aérées et faciles à enlever. N'oubliez pas vos chaussures de marche (montantes et imperméables) si vous voulez faire une randonnée.

Pensez à emporter des **vêtements longs** pour vous protéger des moustiques, visiter les temples, ou pour répondre à l'invitation d'une famille : les Thaïlandais sont attachés aux traditions et à l'apparence, et ils apprécieront que vous prêtiez attention à votre tenue.

Hormis dans les stations balnéaires, évitez débardeurs, shorts ou décolletés plongeants. Une tenue sale ou déchirée sera considérée comme irrespectueuse.

Accessoires

Outre un chapeau et des lunettes de soleil, quelques accessoires se révèlent toujours utiles : un cadenas, une lampe de poche, un couteau suisse, du sparadrap (pour réparer les trous des moustiquaires) et, si vous faites des randonnées, des jumelles et une gourde.

Adresses utiles

Représentations diplomatiques

Pour les représentations diplomatiques étrangères à Bangkok, voir « Ambassades » p. 490.

En France

Ambassade – 8 r. Greuze, 75116 Paris - 01 56 26 50 50 - www.thaiembassy.fr - lun.-vend. 9h30-12h30, 14h30-17h30.

En Belgique

Ambassade – 876 chaussée de Waterloo, 1000 Bruxelles - 02 640 68 10 - www.thaiembassy.be - lun.-vend. 9h30-12h (rens. par tél. tlj 15h-17h).

En Suisse

Ambassade – Kirchstrasse 56, 3097 Liebefeld bei Bern - 0 31 970 30 30 - www.thaiembassy.ch - lun.-vend. 9h-12h, 14h-17h.

Offices de tourisme

Pour les offices de tourisme en Thaïlande, voir p. 492.

En France – 90 av. des Champs-Élysées (2e étage), 75008 Paris - 01 53 53 47 00 - www.tourismethai.fr - 9h30-12h30, 13h30-17h30 - fermé merc. et week-end. Personnel accueillant et efficace. Documentation complète sur la Thaïlande.

En Belgique – 32 (0) 468 17 28 46 - tourismthailand.be - kris@konsultra.be.

En Suisse – Zähringerstrasse 16, 3012 Bern - 031 300 30 88 - www.tourismthailand.ch.

Centres culturels et bibliothèques

Association française des amis de l'Orient (AFAO) – 22 av. du Prés.-Wilson, 75116 Paris - 01 53 70 18 77 - lun. et jeu. de 10h à 17h et merc. sur RV. Organise des visites guidées d'expositions, des voyages à thème, des cycles de cours ou de conférences et des journées d'étude.

Bibliothèque universitaire des langues et civilisations (BULAC) – 65 r. des Grands-Moulins, 75013 Paris - 01 81 69 18 00 - www.bulac.fr - lun.-sam. 10h-22h. Pour la consultation des ouvrages sur place, munissez-vous d'une pièce d'identité et d'une photo.

Musée national des arts asiatiques - Guimet – 6 pl. d'Iéna, 75016 Paris - 01 56 52 54 33 - www.guimet.fr - tlj sf mar. 10h-18h - bibliothèque : se rens., 01 56 52 53 01. Nombreux ouvrages spécialisés sur l'histoire, l'art et l'archéologie d'Extrême-Orient. Pour la consultation de documents sur place, munissez-vous d'une pièce d'identité.

Librairies

Sudestasie Librairie – 17 r. du Cardinal-Lemoine, 75005 Paris - 01 43 25 18 04 - - mar.-sam. 10h-13h, 14h-18h.

You Feng – 45 r. Monsieur-le-Prince, 75006 Paris - 01 43 25 89 98 - www.you-feng.com - lun.-sam. 9h30-19h.

Sites internet

www.diplomatie.gouv.fr – Rubrique « Conseils aux voyageurs ». Informations mises à jour en continu par le ministère des Affaires étrangères français. Certaines zones du pays *(voir « Sécurité », p. 499)* peuvent être déconseillées aux voyageurs.

www.tourismethai.fr – Le site de l'office du tourisme de Thaïlande.

www.guidethailande.com – Une mine d'infos culturelles et pratiques.

www.eatingthaifood.com – En photos, tous les classiques de la nourriture de rue en Thaïlande (site en anglais).

lepetitjournal.com/bangkok – Actualités en français sur la Thaïlande.

portal.dnp.go.th – Tous les parcs nationaux du pays. Site accessible depuis la Thaïlande ou avec un Urban Vpn proxy depuis la France.

www.railway.co.th – Le site des chemins de fer thaïlandais.

www.transitbangkok.com – Pour tout savoir sur les transports à Bangkok.

Tourisme et handicap

Wheelchair Holidays Thailand – 4/279 Srinagarindra Rd, Prawet, Bangkok - ✆ 81 375 07 92 - www.wheelchairtours.com.
Cet organisme propose des visites guidées de un ou plusieurs jours, une liste d'hôtels accessibles à Bangkok, Pattaya et dans le sud du pays, ou encore des taxis adaptés aux personnes en fauteuil roulant. Site en anglais.

Formalités

Les informations ci-dessous sont données à titre indicatif. Assurez-vous auprès de la représentation diplomatique de votre pays des conditions en vigueur au moment de votre voyage. Consultez, avant d'organiser votre voyage, le site Internet www.thaiembassy.fr et les sites de conseils aux voyageurs de votre pays : www.diplomatie.gouv.fr, diplomatie.belgium.be, www.eda.admin.ch, voyage.gc.ca.

Pièces d'identité et visa

Gardez toujours sur vous une copie de votre passeport (six premières pages de votre passeport, page de visa et tampon d'entrée). Vous pouvez aussi le scanner et vous l'envoyer sur votre boîte mail. Elle facilitera vos démarches en cas de perte ou de vol de vos documents originaux.

Passeport

Vous devez être en possession d'un passeport valide encore au moins 6 mois après votre date de retour.

Visa

À leur arrivée à l'aéroport international de Bangkok, les ressortissants de l'Union européenne obtiennent automatiquement un **visa de 30 jours**, renouvelable une fois pour une durée équivalente. Vous devez être en possession d'un passeport valide et d'une preuve de votre retour (billet d'avion).

Astuces voyageurs

Ayez les bons réflexes avant de partir ! Sur le site du **ministère de l'Europe et des Affaires étrangères** :

Conseils aux voyageurs

▶ Consultez les **Conseils aux voyageurs** pour préparer votre voyage (risques liés à la sécurité, formalités de séjour, obligations sanitaires, législation locale...) sur diplomatie.gouv.fr ou via l'application mobile « Conseils aux Voyageurs »

fil d'Ariane vos alertes voyage

▶ Inscrivez-vous sur **Fil d'Ariane** : en quelques clics, créez votre compte sur diplomatie.gouv.fr pour recevoir par e-mail ou SMS des alertes et des consignes de sécurité, en cas d'événement survenant dans votre destination.
Ces deux services gratuits sont utilisés par des millions de voyageurs chaque année.

GUIDE
MICHELIN
VOYAGE & CULTURES
Provence
Bouches-du-Rhône | Vaucluse
Corée du Sud
ÎLES CANARIES
POUR CHAQUE
DESTINATION
IL Y A
UN
GUIDE
MICHELIN
VOYAGE & CULTURES
© Unsplash - Silas Baisch
MICHELIN

Séjour de plus de 30 jours – Vous devez faire une demande de visa à l'ambassade ou au consulat thaïlandais de votre pays au moins 2 semaines avant la date de départ. On vous délivrera un visa touristique de 60 jours, valable 3 mois à partir de sa date d'émission. Ce visa peut être prolongé sur place, une seule fois et pour une durée supplémentaire de 30 jours, pour un prix de 1900 bahts (env. 48 €). Attention, ce visa ne permet pas d'entrées multiples : si vous comptez sortir du pays et y revenir, il vous faudra faire, avant de sortir, une demande de *re-entry visa* auprès des autorités locales à Bangkok. Si vous dépassez le délai accordé par votre visa, vous serez redevable d'une forte amende, assortie d'une interdiction d'entrée dans le pays d'1 à 10 ans.

Excursion dans les pays limitrophes – En revenant en Thaïlande, vous obtenez un nouveau permis de séjour de 30 jours si vous arrivez par avion, de 15 jours si vous arrivez par voie terrestre (30 jours pour les ressortissants français, belges, luxembourgeois, canadiens et suisses, dans une limite de 2 fois par an).

Dans tous les cas, la durée totale de votre séjour en Thaïlande ne pourra pas excéder **90 jours** sur une période de 6 mois.

Permis de conduire

Pour conduire en Thaïlande (voiture et deux-roues), vous devez obligatoirement être en possession d'un **permis international**. Il doit être présenté aux autorités accompagné de votre **permis national** dont il n'est qu'une traduction officielle.

Il s'obtient en ligne sur www.ants.gouv.fr. Prévoyez un délai de cinq semaines.

Voir aussi « Voiture » p. 504.

Douanes

La législation autorise l'**importation** de 200 cigarettes et de 1 l d'alcool. Toute somme d'argent supérieure à 20 000 US$ (ou équivalent) doit être déclarée. Sont interdits à l'importation stupéfiants, livres et films pornographiques. Les cigarettes électroniques et leurs accessoires sont également interdits à l'importation sous peine d'une forte amende.

Toute **exportation** de statues du Bouddha, à l'exception des antiquités dûment autorisées, est prohibée, même les simples reproductions. Pour rapporter des antiquités ou des œuvres d'art, une autorisation du Musée national de Bangkok est nécessaire *(voir « Antiquités », p. 500)*.

Assurances

L'assurance voyage comporte plusieurs volets : annulation (avant le départ), prise en charge des frais hospitaliers et de rapatriement (durant le séjour), vol ou perte de bagages. Afin de limiter ces éventuels frais, il est fortement conseillé d'en souscrire une auprès de votre tour-opérateur ou de la compagnie d'assurance de votre choix.

Si vous réglez votre voyage par carte bancaire, sachez que la plupart des banques incluent déjà dans leur contrat ce type d'assurance. Pensez donc à vérifier au préalable les garanties dont vous bénéficiez.

Pour étudier la meilleure offre, il existe différents comparateurs d'assurance, notamment **insurly.fr**, très intuitif et complet (comparaison de chaque assurance voyage avec les modalités de la carte bancaire), **www.tourdumondiste.com**, adapté aux courts et longs séjours.

Sinon, vous pouvez vous adresser aux grandes compagnies :

Bateau touristique à impériale.
Vera Tikhonova/Getty Images Plus

Allianz Travel – ✆ 01 42 99 82 82 - www.allianz-voyage.fr.
AVA – ✆ 01 53 20 44 20 - www.ava.fr.
AVI International – ✆ 01 44 63 51 00 - www.avi-international.com.
Europ Assistance – ✆ 01 41 85 93 65 - www.europ-assistance.fr.

Santé

Voir aussi « Santé » p. 496.
L'état sanitaire du pays s'avère très satisfaisant. Comme partout ailleurs, vous limiterez les risques de maladie en suivant les précautions d'hygiène élémentaires.

Avant le départ, consultez le site du ministère des Affaires étrangères français (www.diplomatie.gouv.fr), qui vous signalera tout problème spécifique.

Trousse à pharmacie

Une trousse à pharmacie de base comprendra : lotion antimoustiques, crème antibiotique, désinfectant, pansements, paracétamol, bandages, analgésique, crème apaisante pour les démangeaisons, crème solaire haute protection, crème apaisante pour les coups de soleil et les brûlures, et éventuellement pastilles pour purifier l'eau si vous partez en randonnée longue durée.

Prévoyez également un antidiarrhéique, un antiseptique intestinal, un réhydratant, un antihistaminique (contre le rhume, les allergies et le mal des transports) et du baume du tigre (vendu sur place), parfait pour soulager les douleurs musculaires.

On trouve sur place la plupart des médicaments ou leur équivalent, ainsi que tous les produits d'usage courant (mousse à raser, protections périodiques, etc.).

Mais si vous suivez un traitement particulier, emportez vos médicaments en quantité suffisante, avec l'ordonnance du médecin. Vérifiez les conditions de l'importation non commerciale de vos médicaments en Thaïlande sur le site de l'ambassade de France.

Vaccinations

La Thaïlande ne pose pas de problèmes sanitaires ou de

sécurité particuliers, mais il est conseillé de consulter avant de partir les fiches « Conseils aux voyageurs » sur le site du ministère des Affaires étrangères (www.diplomatie.gouv.fr).

Aucun **vaccin** n'est exigé, à l'exception de la fièvre jaune si vous arrivez d'un pays d'Afrique ou d'Amérique latine où elle est endémique. Il est toutefois recommandé d'être à jour dans ses vaccinations contre la poliomyélite, la diphtérie, le tétanos, la typhoïde voire les hépatites A et B, ainsi que les méningites A et C et l'encéphalite japonaise pour les longs séjours *(voir p. 496)*.

Il n'existe pas de vaccin contre le **paludisme** ; un traitement peut être prescrit au cas par cas par un médecin si vous comptez séjourner dans des zones à risque.

Centre de Vaccination Internationale ELSAN – 38 quai de Jemmapes, 75010 Paris - ✆ 01 43 17 22 00 - www.elsan.care/fr/centre-de-vaccination-internationale-paris-republique - lun.-sam. 8h45-16h.

Centre médical de l'Institut Pasteur – 211 r. de Vaugirard, 75015 Paris - ✆ 01 45 68 80 88 - www.pasteur.fr - lun.-sam. 9h-17h.

Décalage horaire

Il y a **6 heures** de décalage entre la France et la Thaïlande en hiver et **5 heures** en été (GMT + 7). Quand il est 12h en France, il est 18h en Thaïlande (GMT + 7).

Téléphoner en Thaïlande

Pour téléphoner de Thaïlande ou à l'intérieur du pays, voir p. 502.

Depuis la France, la Belgique et la Suisse, composez le 00 + 66 + n° du correspondant sans le 0 initial (soit 8 chiffres, ou 9 pour certains mobiles).

Budget

Voir aussi « Banque » p. 490.

La vie en Thaïlande est bon marché sauf à Bangkok et dans les stations balnéaires, où les prix augmentent. Les tarifs varient aussi selon les saisons pour atteindre un pic au

Calculez votre budget quotidien

Les budgets indiqués ci-dessous s'entendent **par jour et par personne** ; ils comprennent la nuit dans une chambre double (sauf dans les hôtels de catégorie supérieure, le petit-déjeuner est rarement inclus), le déjeuner et le dîner. Pensez à y ajouter transports, visites des monuments, spectacles et activités en fonction de votre programme.

Petit budget avec hébergement dans une *guesthouse* ou un hôtel simple de la catégorie « Premier prix », déjeuner dans une gargote de rue ou au marché, et dîner dans un restaurant simple (moins de 5 €) : environ **25 €**.

Budget moyen avec étape dans des établissements confortables, plus fonctionnels que charmants, déjeuner léger et dîner dans un restaurant plus haut de gamme (env. 10 €/pers.) : de **30** à **45 €**.

Budget plus large pour un séjour dans des conditions très confortables. Nuit dans des hôtels de luxe, des *resorts* sur la plage ou de belles demeures traditionnelles et dîner dans des établissements renommés ou de cuisine occidentale (plus de 25 €) : à partir de **85 €**.

Voir aussi le tableau des prix ci-contre.

Prix indicatifs de base de quelques services ou articles	Prix moyen en bahts	Prix moyen en euros
Une chambre double dans une guesthouse	400 à 800 bahts	10 à 20 €
Une chambre double dans un hôtel simple (« petit budget »)	500 à 800 bahts	12,75 à 20 €
Une chambre double dans un hôtel de catégorie intermédiaire (« budget moyen »)	800 à 1500 bahts	20 à 38 €
Une chambre double dans un hôtel de catégorie supérieure ou un *resort* (« budget plus large »)	1500 à 4000 bahts	38 à 102 €
Une soupe au marché	40 à 60 bahts	1 à 1,50 €
Un repas dans un bon restaurant	300 à 600 bahts	7,50 à 15 €
Un repas dans un restaurant de palace	1200 bahts et plus	30 € et plus
Une location de voiture/jour	à partir de 1200 bahts	à partir de 27 €
Une voiture avec chauffeur (1 journée, carburant inclus)	3500 bahts	89 €
Un litre d'essence	40 bahts	1 €
Un billet de train Bangkok-Chiang Mai (720 km) en 2e classe avec ventilateur	470 bahts	12 €
Un billet de train Bangkok-Chiang Mai en couchette climatisée 2nde/1re classe	900/1600 bahts	23/40 €
Un billet de bus Bangkok-Chiang Mai (selon confort)	550 à 930 bahts	14 à 23 €
Un vol intérieur Bangkok-Chiang Mai (AS)	à partir de 1200 bahts	à partir de 30 €
Un trajet aéroport de Bangkok/centre-ville en taxi	450 bahts	11,50 €
Une location de vélo (1 journée)	à partir de 50 bahts	à partir de 1,27 €
Une location de scooter (1 journée)	250 à 300 bahts	6,40 à 7,60 €
Une entrée de musée	100 à 200 bahts	2,55 à 5,10 €
Une entrée dans un parc national	200 à 500 bahts	5,10 à 12,75 €
Une heure de massage salon de quartier	400 à 500 bahts	10 à 12 €
Un service de laverie (par kg)	70 bahts	1,80 €
Une bouteille d'eau minérale	15 bahts	0,38 €
Un café	50 bahts	1,27 €
Une bière locale dans un 7/Eleven	41 bahts	1 €
Une portion de fruits dans la rue	30 bahts	0,75 €
Une carte SIM (deux semaines en illimité)	700 bahts	17,80 €
Un timbre pour l'Europe	47 bahts	1,20 €
Une carte postale	10 bahts	0,25 €

moment des vacances de Noël (*Peak season*).

Tableau des estimations des prix de services ou articles p. 487.

Hébergement

Retrouvez notre sélection d'hébergements dans les carnets pratiques, situés à la fin du descriptif de chaque ville ou site de la partie « Découvrir la Thaïlande ».

Notre sélection

Les hébergements que nous avons sélectionnés sont classés par fourchettes de prix *(voir tableau ci-dessous)*, sur la base d'une **chambre double en haute saison**, taxes comprises. Beaucoup d'hôtels, même parmi les plus simples, possèdent un site Internet permettant d'effectuer une réservation; les forfaits, promotions et tarifs spéciaux sont fréquents. En basse saison, les prix baissent souvent de 30 à 60 %, surtout dans les régions les plus touristiques, et il est possible de négocier.

Les types d'hébergement

Le pays dispose d'un vaste parc hôtelier, offrant un large éventail d'hébergements, pour toutes les bourses et en général d'un excellent rapport qualité-prix. À Bangkok, les chambres sont plus chères qu'ailleurs.

Guesthouses (pensions)

Rendez-vous des voyageurs du monde entier, au budget plus ou moins serré, ces pensions sont présentes partout. Pour moins de 20 € (780 bahts), vous y trouverez parfois un confort spartiate (un lit avec sanitaires communs), mais aussi, dans certains cas, un lieu au charme indéniable (vues superbes ou architectures traditionnelles). Ces pensions constituent de précieuses sources d'informations, que l'on glane auprès des autres voyageurs. Un conseil, cependant : veillez, plus qu'ailleurs, à vos effets personnels.

Hôtels touristiques

Ils sont souvent d'un bon rapport qualité-prix. Les chambres, confortables, disposent de sanitaires privés. Le décor, lui, reste souvent sans cachet sauf dans les endroits touristiques, où l'on peut trouver des hôtels de charme.

Hôtels thaïlandais et chinois

Purement fonctionnels, ces hôtels sont, en général, d'une architecture des plus impersonnelles. Relativement propres et confortables (TV, sdb privée, wifi, parfois mini-réfrigérateur dans la chambre), ils sont destinés à une clientèle de voyageurs de commerce. En dépannage. Attention, nombre d'entre eux font aussi office d'hôtels de passe.

Nos catégories de prix

	Hébergement	Restauration
Premier prix	moins de 1000 bahts (moins de 25 €)	moins de 300 bahts (moins de 7,50 €)
Budget moyen	de 1000 à 2000 bahts (de 25 à 51 €)	de 300 à 600 bahts (de 7,50 à 15 €)
Pour se faire plaisir	de 2000 à 4500 bahts (de 51 à 114 €)	de 600 à 1200 bahts (de 15 à 30 €)
Une folie	plus de 4500 bahts (plus de 114 €)	plus de 1200 bahts (plus de 30 €)

Bateaux sur la rivière dans la région de Mae Hong Son.
keanu2/Getty Images Plus

Hôtels de luxe ou resorts

On y trouve tout le confort répondant aux standards de l'hôtellerie de luxe, ces établissements appartenant à de grandes chaînes hôtelières. Dans des cadres somptueux, un personnel disponible, discret et raffiné vous permet de bénéficier d'un excellent service. Les prix varient beaucoup selon les saisons et le taux de remplissage de l'hôtel. Les sites de réservation en ligne pourront vous faire bénéficier de tarifs préférentiels pour une chambre.

Dans les monastères

Seuls les hommes pourront demander l'hospitalité d'un monastère. Le confort est très sommaire : vous dormirez sur une natte dans la *sala*, le pavillon ouvert, et serez réveillé à l'aube. Veillez à porter une tenue décente et n'oubliez pas de faire une offrande aux moines avant de partir.

À propos des rabatteurs

Surtout présents dans les endroits touristiques, ils prennent toujours une commission versée par l'établissement qui les envoie, et qui se répercutera sur votre note. C'est pour cette raison que l'hôtel, modeste ou haut de gamme, où vous pensiez vous rendre sera toujours « fermé ». Certains chauffeurs de taxi ne manqueront pas de vous solliciter, tout comme les *tuk-tuk*, qui proposent de vous conduire « gratuitement » dans un hôtel ou une boutique.

Réservations

Pendant les vacances scolaires nationales, le 1er janvier et lors de certaines fêtes religieuses (dont le Nouvel An chinois), les hôtels sont pris d'assaut. Le reste du temps, inutile de réserver : vous ne rencontrerez guère de problèmes. Dans les îles au large de la péninsule, il est néanmoins conseillé de réserver si vous voyagez en haute saison.

Sur place de A à Z

Ambassades

Ambassade de France – 35 r. de Brest, Charoen Krung Soi 36, Bangkok - ✆ 02 657 51 00 ou 081 994 49 01 (n° d'urgence) - th.ambafrance.org.

Ambassade de Belgique – Sathorn Square Building (16e étage), 98 Th. North Sathorn, Bangkok - ✆ 02 108 18 00 ou 081 833 99 87 (n° d'urgence) - thailand.diplomatie.belgium.be/fr.

Ambassade de Suisse – 35 North Wireless Rd, Bangkok - ✆ 02 674 69 00 - www.eda.admin.ch/bangkok.

Ambassade du Luxembourg – Q House Lumpini (17e étage), 1 Th. Sathorn, Bangkok - ✆ 02 677 73 60 - bangkok.mae.lu.

Banque

Voir aussi « Budget » p. 486.

Monnaie

L'unité monétaire est le **baht** (THB), divisé en 100 **satangs**. Les pièces de monnaie en circulation sont de 1, 2, 5 et 10 bahts. Les billets existent en coupures de 20, 50, 100, 500 et 1 000 bahts. À l'heure où nous publions ce guide, **1 € = 39 THB**.

Les tableaux de prix *(voir p. 487)* et les équivalences indiquées dans ce guide utilisent ce taux de change. Vérifiez toutefois le taux en vigueur au moment de votre voyage, sur www.xe.com par exemple.

Change

Il est impossible d'obtenir des bahts dans les banques européennes, mais vous pourrez changer de l'argent dès votre arrivée à l'aéroport de Bangkok. Vous trouverez des banques et des bureaux de change partout dans le pays, sauf dans les endroits reculés.

Cartes bancaires

Les cartes bancaires internationales (Visa, Eurocard MasterCard et American Express) sont acceptées par tous les établissements de standing moyen à supérieur (hôtels, restaurants, boutiques, supermarchés, loueurs, etc.). Une commission de 3 à 5 % peut être appliquée, à laquelle s'ajoute celle prise par votre banque.

Horaires

Nombreuses dans les moyennes et grandes villes, les **banques** ouvrent généralement du lundi au vendredi de 8h30 à 15h30, de 10h30 à 19h30 pour celles situées dans les grands magasins. Dans les grandes villes, certaines sont ouvertes le samedi de 9h à 12h.

Distributeurs

On trouve des **distributeurs** de billets (ATM) dans toutes les villes et tous les grands centres touristiques.

Boxe thaïe

Objet de fierté nationale, le **muay thai** se pratique sur les rings des grandes villes et, parce qu'il fascine les vacanciers, dans les stades des lieux touristiques et des stations balnéaires. Vous pourrez assister à un spectacle à Bangkok *(p. 77)*, Ko Phi Phi *(p. 365)* et Ko Samui *(p. 325)*, entre autres. Vous pourrez même vous y initier à Ko Phangan *(p. 331)*.

Drogue

La drogue est absolument prohibée en Thaïlande : il est illégal d'en vendre, d'en acheter ou d'en posséder, quelle que soit la quantité, sous peine de sanctions très sévères (prison à vie, voire peine de mort).

Électricité

Le courant est de 220 volts. La majorité des prises, de type international, permet de brancher les appareils électriques européens. Sinon, on trouve partout des adaptateurs et des prises protégées contre les surcharges.

Excursions organisées

Circuits organisés, culturels ou nature, explorations en bateau ou en bus, vous aurez l'embarras du choix et les agences de voyage foisonnent : comparez les prix et faites jouer la concurrence. Les bureaux du **TAT**, l'office de tourisme, mettent à disposition une liste d'agences fiables.

Voir « Types de séjour », p. 476.

Golf

Superbes terrains de golf autour de Bangkok et dans les régions de Pattaya, Hua Hin, Cha Am (près de Khao Yai) et Phuket.

Jours fériés

Voir aussi « Fêtes et festivals » (p. 410) et « Agenda » (p. 506).

Le dimanche est toujours chômé, et le samedi après-midi l'est parfois. Si une fête tombe un dimanche, le lendemain est généralement férié. Les **fêtes religieuses** suivent le calendrier bouddhique et varient chaque année, tandis que les **fêtes civiles**, fondées sur le calendrier grégorien, sont fixes.

La brochure **Major Events and Festivals**, avec le calendrier des festivités, est disponible dans certains bureaux du TAT.

Jours fériés fixes

1er janvier – Nouvel An.

6 avril – Commémoration de la dynastie Chakri.

1er mai – Fête du Travail (le congé concerne uniquement les ouvriers).

5 mai – Fête du couronnement de Rama IX.

12 août – Anniversaire de la reine Sirikit et fête des Mères.

13 octobre – Commémoration de la mort de Rama IX.

23 octobre – Chulalongkorn, commémoration de la mort de Rama V.

5 décembre – Anniversaire du roi défunt Bhumibol et fête des Pères.

10 décembre – Commémoration de la première Constitution.

31 décembre – Dernier jour de l'année.

Jours fériés mobiles

Nouvel An chinois – Fin janv. ou début fév.

Nouvel An bouddhiste – Fête de Songkran (mi-avr.).

Makha Bucha – Pleine lune du 3e mois lunaire (fév.) ; commémore les sermons du Bouddha aux 1250 moines illuminés.

Visakha Bucha – Pleine lune de mai. Célèbre la naissance, l'illumination et la mort du Bouddha.

Asalaha Bucha (Khao Phansa) – Pleine lune de juil. Commémoration du premier sermon du Bouddha ; début du carême bouddhiste.

Moto

Si la conduite thaïlandaise se montrait plus sage, voyager à moto ou en scooter serait le moyen idéal pour visiter le pays ! On peut en effet louer un deux-roues à la journée partout, dans les échoppes ou les *guesthouses*. Comptez 6-7 €/j. pour une petite cylindrée. La location fait rarement l'objet d'un contrat, encore moins d'une assurance : en cas d'accident, tous les dommages seront à votre charge. Une caution en liquide peut vous être demandée.

Prudence ! – Avant de louer, vérifiez la pression des pneus et le bon fonctionnement des freins et des lumières. Les accidents étant très nombreux, prenez les précautions élémentaires : conduisez avec une extrême prudence, évitez absolument de rouler la nuit ou par temps de pluie, portez un casque (c'est obligatoire), des lunettes protectrices, de bonnes chaussures et des habits couvrants épais.

Voir aussi les rubriques « Essence » et « En cas d'accident » p. 505.

Musées, sites et monuments

Horaires

En règle générale, monuments et sites archéologiques sont ouverts tous les jours de 9h à 16h. La plupart des musées ferment en revanche le lundi et le mardi.

Tarifs

Ils varient de 100 à 200 baths (2,50 à 5 €), mais les droits d'entrée sont plus élevés dans les sites les plus prestigieux, comme le Wat Phra Kaeo (Bangkok) et certains parcs nationaux (500 bahts, soit 12,50 €). Certains musées privés sont gratuits, il convient alors de laisser une petite donation (50 à 100 bahts), tout comme dans les temples.

Offices de tourisme

Pour les offices de tourisme à l'étranger, voir p. 481.

Fournissant un service d'excellente qualité, le **TAT** (Tourism Authority of Thailand, www.tourismthailand.org) possède au moins une antenne dans chaque province et dans tous les grands centres touristiques. Les bureaux sont le plus souvent ouverts du lundi au vendredi de 8h30 à 16h30.

Vous trouverez les coordonnées des antennes du TAT dans le « Carnet pratique » à la fin de chaque chapitre de la partie « Découvrir la Thaïlande ».

Plongée sous-marine

La Thaïlande possède certains des meilleurs spots de plongée d'Asie, et on trouve sur toutes les îles méridionales une cohorte de centres. Vous aurez le choix entre des sorties journalières ou des croisières en petits groupes (6 pers. maxi). Les tarifs varient considérablement selon les lieux : les îles de Ko Tao et Ko Chang pratiquent les plus bas ; celles de Phuket et Ko Phi Phi, ainsi que Pattaya, les plus élevés.
Renseignez-vous (à votre hôtel si vous êtes novice) sur le sérieux de l'équipe et la qualité du matériel pour bien choisir votre club.
La température élevée de la mer (26 à 28 °C) et les bonnes conditions de visibilité (jusqu'à 30 m de profondeur) permettent aussi des excursions en plongée libre, ou **snorkeling**, avec masque, palmes et tuba. Vous risquez cependant d'être déçu par les reliefs coralliens si vantés : le tsunami de 2004 et les incidents climatiques de 2010 et 2015 ont entraîné le blanchiment voire la mort de bon nombre de récifs, par endroits détruits à 80 % *(voir « Nature et paysages », p. 464)*.
Méfiez-vous du courant très violent au large de Ko Chang pendant la saison des pluies.

Voir aussi le tableau « Spécial îles », p. 477.

Poste

Le pays bénéficie d'un excellent réseau postal. La plupart des bureaux de poste fonctionnent du lundi au vendredi de 8h30 à 17h30 (21h dans les grandes villes), et le samedi matin de 9h à 12h.
Les centres de télécommunication sont ouverts tlj de 7h à 23h.

Un **timbre** coûte 47 bahts pour une carte postale. Le **délai d'acheminement** du courrier vers l'Europe varie de 1 à 2 semaines.
Le service **EMS World**, disponible dans tous les bureaux de poste, permet d'envoyer vos paquets en express à l'étranger (2 000 bahts pour 2 kg, jusqu'à 15 490 bahts pour 30 kg). Comptez un délai de 1 à 3 jours pour l'Europe.
Le service de **poste restante** fonctionne dans tous les bureaux de poste.
Rens. : www.thailandpost.co.th.

Pourboire

Au restaurant, si l'addition n'inclut pas le service, il convient de laisser env. 10 % du montant de la note en guise de pourboire.

Presse écrite

Malgré l'adoption de la liberté de la presse dans la Constitution de 1997, la plupart des quotidiens thaïs pratiquent l'autocensure. Seuls les deux journaux anglophones, le *Bangkok Post* (www.bangkokpost.com) et *The Nation* (www.nationthailand.com), s'autorisent quelques impertinences.

Rafting

On le pratique dans les environs de Kanchanaburi, Chiang Mai, Chiang Rai et Mae Hong Son, ainsi que dans certains parcs nationaux, tel que Khao Yai.

Randonnée

Vous pourrez faire de magnifiques randonnées ou trekkings dans les nombreux **parcs nationaux**, ainsi que dans les environs de Chiang Mai, Umphang, Chiang Rai, Mae Sariang, Mae Sai, Pai, Soppong, Mae Hong Son et Mae Sot.
La **meilleure saison** pour randonner s'étend de novembre à mars.
Évitez la saison des pluies (juin-oct.), car les chemins deviennent boueux, et vous serez victime des sangsues.
Ne partez jamais seul, un **guide local** est indispensable. Il doit posséder un bon niveau d'anglais, connaître les villages dans lesquels il vous emmène et servir d'interprète avec les minorités ethniques habitant dans la région. Dans les parcs nationaux, il est fréquent de trouver un bureau des guides où louer les services d'un accompagnateur.
Prenez le strict minimum, car vous le porterez vous-même : de bonnes chaussures de marche, des tenues légères et couvrantes et un vêtement de pluie, un chapeau, des lunettes et une crème solaire pour vous protéger du soleil, une lotion antimoustiques, une lampe de poche, une gourde d'eau et des barres énergétiques.

Restauration

Retrouvez notre sélection de restaurants dans la rubrique « Nos adresses », située à la fin du descriptif de chaque ville ou site de la partie « Découvrir la Thaïlande ».
Les restaurants sélectionnés dans ce guide sont classés par fourchettes de prix *(voir tableau p. 488),* sur la base mini/maxi d'un repas comprenant une entrée et un plat, sans les boissons.

Où se restaurer

Dans la rue et sur les marchés – Le pays regorge de gargotes, où vous pourrez goûter une cuisine savoureuse et vous restaurer rapidement pour presque rien.
Sur les marchés, le « **food center** », vaste espace où se réunissent de petits restaurants, offre une autre occasion de goûter la cuisine locale. Vous aurez le choix entre diverses soupes, brochettes, grillades de

poisson ou petits plats de viande en sauce, accompagnés de riz. On juge de la qualité d'un restaurant d'après sa fréquentation : frayez-vous un chemin entre les tables bondées !

Dans les centres commerciaux – Chaque *mall* de Bangkok possède son « **food court** », qui propose un vaste choix pour se restaurer dans une ambiance climatisée.

Dans les restaurants – Pour un cadre paisible et confortable, optez pour un restaurant. La carte se montre plus variée, mais les prix plus élevés. Dans les grandes villes et les stations balnéaires, vous aurez le choix entre les restaurants pour touristes, servant une cuisine internationale et prêtant souvent plus d'attention à la décoration et à la musique qu'à la gastronomie, et les tables « gourmets », tous types de cuisine confondus. Dans les restaurants de catégories moyenne et chic, les prix affichés ne comprennent pas la taxe de 10 %. Pour les adresses les plus cotées, en particulier à Bangkok, une réservation est nécessaire le soir ou en fin de semaine.

Dans les hôtels – La plupart des hôtels assurent un service de restauration, variant de la cafétéria, pas toujours très engageante, au restaurant de qualité, suivant le standing de l'établissement.

Horaires

La majorité des restaurants thaïs sont ouverts tous les jours, de 11h30 à 14h30 pour le déjeuner, et de 18h à 22h30 pour le dîner. Quelques-uns servent toute la journée sans interruption, comme les gargotes de rue, et les *coffee shop* de certains hôtels restent ouverts 24h/24.

Seuls certains établissements européens à Bangkok ferment un jour par semaine, souvent le dimanche ou le lundi.

Usages à table

La soupe de nouilles du petit-déjeuner est le seul plat nécessitant des **baguettes**, les autres faisant appel à la fourchette et à la cuillère. Pour les autres plats, apprenez à vous servir d'une fourchette et d'une cuillère : on se sert de la première, tenue dans la main gauche, pour pousser les bouchées dans la seconde, tenue dans la main droite. Le riz gluant, lui, s'attrape tout simplement avec les doigts.

La succession à l'occidentale d'une entrée, d'un plat et d'un dessert est inconnue en Thaïlande : les mets sont présentés ensemble, et chacun se sert à sa guise, accommodant le plat à sa convenance. L'assortiment offre une combinaison de saveurs et de textures, les mets épicés s'équilibrant avec des plats plus doux.

MSG

Le **glutamate monosodique** (MSG en anglais, *pong choo rod* en thaï) est un **exhausteur de saveurs** abondamment utilisé en cuisine dans tous les pays d'Asie du Sud-Est. Il se présente sous la forme de petits cristaux blancs au goût sucré-salé, plus allongés que ceux du sucre. On en met avant tout dans les soupes, mais aussi dans les salades, les plats en sauce, et même les jus de fruit. Certaines personnes y sont insensibles ; chez d'autres, le MSG provoque des **allergies**. Quelques restaurants cuisinent sans MSG et l'annoncent sur leur carte. Dans les quartiers musulmans, autour des mosquées, et dans les restaurants indo-pakistanais, vous pouvez être tranquille : la cuisine halal n'utilise pas de MSG. Quand les plats sont confectionnés devant vous, vous pouvez demander *« mai sai pong choo rod »* (sans MSG).

Voir aussi « Gastronomie », p. 418.

MAIN ROADS ATLAS
MICHELIN
GREAT BRITAIN & IRELAND
1 INCH = 4.75 MILES - 1:300,000 - 1 CM = 3 KM
ROUTE PLANNER
SIGHTS AND SCENIC ROUTES
36 TOWN PLANS
585 REGIONAL USA 585
MICHELIN
USA West CANADA West
USA West-CANADA West
1/2 400 000 - 1 cm = 24 km - 1 in: 38 miles
802 NATIONAL 802
MICHELIN
Japon/Japan
Japon / Japan
1/1 500 000 - 1 cm = 15 km
Carte routière et touristique
POUR ÊTRE
CURIEUX
À TOUTES
LES ÉCHELLES
IL Y A LES CARTES
MICHELIN
© Unsplash - Jaromir Kavan

Santé

Voir aussi « Santé », p. 485.

Désagréments

Soleil – Sous les tropiques, le soleil est particulièrement fort : veillez à vous protéger de la déshydratation et des insolations (chapeau, lunettes de soleil, protection solaire et eau en abondance).

Moustiques – Ils sont responsables de la transmission de maladies graves. Le soir, portez des vêtements longs et des chaussures fermées. Vérifiez l'état des moustiquaires dans votre chambre et usez abondamment des répulsifs, même sur vos vêtements.

Turista – Les changements de climat et d'alimentation peuvent provoquer des **troubles intestinaux**, souvent plus gênants que graves. Une hygiène sans faille sera la meilleure prévention : faites attention à ce que vous mangez et où vous le mangez, évitez les aliments crus ou mal cuits (poissons ou viandes), les plats difficilement identifiables et les fruits déjà épluchés. Ne buvez jamais de l'eau du robinet qui ne soit pas préalablement bouillie ou purifiée avec des pastilles, et, au moins dans un premier temps, évitez toute boisson contenant de la glace pilée. Et si vous n'y échappez pas, mettez-vous au régime bouillon (en abondance pour prévenir la déshydratation), riz blanc et bananes.

Coraux, méduses et oursins – Certains coraux peuvent être très coupants ou urticants et causer des blessures douloureuses. Désinfectez-les immédiatement. En cas de brûlure due à une méduse, frottez aussitôt la peau avec du sable ou avec votre serviette, puis appliquez un désinfectant antihistaminique (ou à défaut, du vinaigre). Si vous posez le pied ou la main sur un oursin, nettoyez la plaie avec un désinfectant (ou appliquez dessus du jus de citron) et enlevez les épines, avant d'aller consulter.

Morsures de serpent – Immobilisez le membre touché avec une attelle, comme s'il s'agissait d'une fracture. L'idéal est de tuer le serpent pour le ramener à l'hôpital, où on l'identifiera (mais n'allez pas vous faire mordre de nouveau !). N'essayez en aucun cas d'aspirer le venin.

Maladies

Avant de partir, demandez conseil à votre médecin ou contactez un service de médecine tropicale *(voir « Vaccinations », p. 485)* en fonction du type de séjour que vous envisagez.

Encéphalite japonaise – Cette maladie transmissible par les moustiques, dans les mêmes conditions que le paludisme, peut se révéler très dangereuse. Elle touche principalement le nord du pays (Chiang Mai) et les régions de la Plaine centrale. Elle se manifeste par des fièvres hémorragiques, avec de sérieux risques de déshydratation. Les mêmes conseils prévalent en matière de prophylaxie, mais, en l'absence de traitement médicamenteux préventif ou curatif, seul le vaccin (en trois prises étalées sur un mois) constitue une défense efficace. Celui-ci n'est malheureusement pas toujours bien supporté.

Dengue – Elle est également transmise par les moustiques, mais diurnes ceux-là. Les symptômes apparaissent brutalement : fièvre élevée, maux de tête, douleurs musculaires et éruptions cutanées. Il n'y a pas de traitement, ni préventif, ni curatif : la meilleure façon de l'éviter est de se protéger des piqûres de moustiques.

Paludisme – La prévention médicamenteuse n'est pas

nécessaire à Bangkok, Chiang Mai, Pattaya, Ko Samui ni dans les principaux centres touristiques de Phuket. La maladie reste cependant présente dans le reste du pays, surtout dans les régions frontalières et dans le Nord.

Rage – Ne caressez pas des animaux inconnus ! Très présente en Thaïlande, la rage est véhiculée par les nombreux chiens errants, mais aussi par les singes (souvent agressifs) et les écureuils. Si vous vous faites mordre, lavez immédiatement la plaie et faites-vous vacciner (antirabique et tétanos) à l'hôpital ou au centre médical le plus proche.

Sida – La Thaïlande n'échappe pas au virus : pensez à vous protéger.

Services médicaux

Hôpitaux – L'équipement médical, principalement à Bangkok, est de bonne qualité. Attention, en province, l'anglais se fait plus rare (préférez les hôpitaux militaires). Publics ou privés, les hôpitaux sont nombreux et la plupart des cliniques privées sont neuves, spacieuses, voire luxueuses.

Médecins – Pour une consultation médicale, avec ou sans rendez-vous, comptez 1000 bahts. Une liste de médecins francophones est disponible sur le site de l'ambassade de France en Thaïlande. La Thaïlande possède aussi une médecine traditionnelle (massages, gymnastique douce et infusions).

Pharmacies – Elles sont présentes dans tout le pays. Il existe un trafic de faux médicaments : mieux vaut donc obtenir une ordonnance *(medical prescription)*. Pensez aussi à vérifier les dates de péremption. Enfin, sachez qu'il est possible d'obtenir sans ordonnance des médicaments faisant chez nous l'objet d'une prescription : il vous suffit de donner le nom de la molécule active et l'on vous fournira un équivalent.

Savoir-vivre

La vie en Thaïlande obéit aux règles d'une société hiérarchisée, imprégnée de traditions animistes que le bouddhisme a intégrées. Aussi les Thaïlandais accordent-ils une grande importance à l'étiquette et au paraître, ainsi qu'aux croyances et aux interdits liés à l'honneur et aux esprits.

Que ce soit au marché, lieu d'échange par excellence, ou dans le train et le bus, qui prêtent à la convivialité, on vous demandera souvent, en s'excusant, votre âge, votre salaire, si vous êtes marié(e), si vous avez des enfants, etc.

Ne prenez pas cela pour de l'indiscrétion : votre interlocuteur souhaite juste déterminer votre rang social, votre statut, afin d'adopter l'attitude *ad hoc*.

Plus vous vous éloignerez des endroits touristiques, et plus les échanges seront sympathiques et désintéressés.

Salutations

Si, en ville, les citadins ont tendance à se serrer la main à l'occidentale, le véritable salut thaï, le **waï**, consiste à joindre les deux mains au niveau de la poitrine, en inclinant légèrement la tête. Plus le rang de la personne est élevé, comme l'est celui d'un moine, plus il convient de lever haut les mains – le degré le plus haut se situant au niveau du front – et de courber le buste et la tête.

Au temple

Le temple est un véritable lieu de convivialité, où les Thaïlandais se rendent en famille. Si vous avez de la sympathie pour le bouddhisme, suivez donc les usages des fidèles : aux marchands installés sur le parvis du temple, achetez trois

Offrandes.
surachetsh/Getty Images Plus

bâtonnets d'encens et une bougie, que vous déposerez respectivement dans l'urne et sur l'autel prévus à cet effet dans l'enceinte du bâtiment principal, au pied de la statue du Bouddha.

Donations

Ne donnez pas d'argent aux moines en main propre. Les femmes, notamment, ne peuvent avoir le moindre contact physique avec eux. Si elles doivent leur remettre quelque chose, elles le font par l'intermédiaire d'un homme ou déposent l'objet près du religieux.

Attitude en société

S'asseoir est un art : si les hommes adoptent la position en tailleur, les femmes replient leurs jambes sous elles, en principe légèrement déviées sur la gauche. On évite ainsi de pointer ses pieds – la partie la moins noble du corps – vers l'autre. Soyez-y particulièrement attentif lorsque vous êtes face à une statue du Bouddha, dans un temple ou devant l'autel de la maison. De même, ne croisez pas vos jambes quand vous êtes assis dans un fauteuil. Évitez en outre toute accolade familière : il n'est pas convenable de toucher quelqu'un, ni la main, ni le bras ou l'épaule, encore moins la tête, siège de l'esprit vital. Les femmes doivent se garder de frôler un moine, par respect pour son vœu de célibat.

Conversation

Mode, sport, concours de beauté, sorties... vous pouvez aborder tous les sujets, sauf quelques tabous dont la religion, le sexe et certains points de politique : toute critique à l'égard de la famille royale est à bannir absolument (attention à ne pas froisser les billets à l'effigie du roi). Le crime de lèse-majesté est toujours inscrit dans le code pénal thaïlandais.

Cadeaux

Si vous êtes invité dans une famille, venez tôt (à 19h au plus tard) et apportez un petit cadeau (fleurs, fruits ou gâteaux) que vous offrirez à la maîtresse de maison avec les deux mains.

Vêtements
En ville et dans les stations balnéaires, on peut porter short, mini-jupe ou débardeur. Une tenue plus stricte s'impose en revanche dans les temples et à la campagne, où bras et genoux doivent être couverts. On se déchausse devant les temples et à l'entrée des maisons.

Croyances et interdits
Pour signer un papier ou pour offrir, ne proposez jamais de stylo rouge à un Thaïlandais : c'est à l'encre rouge que le nom des défunts est inscrit sur un côté du cercueil, avant la crémation.

Sécurité

Il n'y a pas d'inquiétude particulière à avoir. Ici comme partout, pickpockets et voleurs à la tire affectionnent les endroits les plus touristiques. Le bon sens vous dictera la conduite à tenir : évitez de faire étalage de vos biens et surveillez vos affaires dans les lieux publics. De manière générale, ne vous séparez jamais de votre carte de crédit.

Dans les **hôtels**, vérifiez que votre porte est bien fermée la nuit et posez des cadenas sur vos sacs.

Lors de vos déplacements en **voiture** ou à **moto**, soyez très prudent en raison du risque élevé d'accidents *(voir « Voiture », p. 504)*.

Des tensions persistent dans certaines **zones sensibles** – l'extrême sud du pays (province de Songkhla et provinces voisines), ainsi qu'aux frontières avec la Birmanie, la Malaisie et le Cambodge. Avant de vous rendre dans ces régions, consultez les médias et le site de l'ambassade de France pour vous informer de l'évolution de la situation. Pour être alerté en cas de crise et signaler votre présence, inscrivez-vous sur le site Ariane (pastel.diplomatie.gouv.fr).

Voir « Formalités », p. 482.

Shopping

Retrouvez notre sélection de boutiques dans la rubrique « Nos adresses », située à la fin du descriptif de chaque ville ou site de la partie « Découvrir la Thaïlande ».

Voir aussi « Souvenirs » (p. 500), ainsi que « Artisanat » dans « Traditions et art de vivre » (p. 412).

Horaires d'ouverture
Les **commerces** sont ouverts tlj, en général de 10h (parfois plus tard) à 21h sans interruption ; certains ne ferment qu'à 22h, parfois plus tard dans les lieux touristiques.

Les **grands magasins** ouvrent de 10h à 22h. Les **marchés de nuit** accueillent en général le chaland de 17h à 23h.

Marchandage
En dehors des enseignes affichant des prix fixes, le marchandage est de rigueur. N'oubliez pas qu'il s'agit d'une tradition et d'un jeu : ne perdez jamais le sourire, prenez votre temps et ne proposez pas de prix ridiculement bas.

Contrefaçon
La contrefaçon d'articles de grandes marques européennes ou américaines se pratique à grande échelle en Thaïlande.

Rappelons qu'il est strictement interdit d'introduire ces contrefaçons sur le territoire français : ce délit est passible au minimum d'une lourde amende.

Taxes
Avant de quitter la Thaïlande, vous pouvez demander le remboursement de la TVA (7 %) si vous avez effectué pour plus de 5 000 bahts d'achat dans des magasins agréés, et ce dans

les deux derniers mois, pour des factures d'un minimum de 2000 bahts chacune. Lors de l'achat, remplissez le formulaire requis (disponible dans le magasin) ; puis, à votre départ, à l'aéroport, présentez ces formulaires avec vos achats à la douane, qui vous versera le remboursement. L'opération se révélant complexe, n'entamez ces démarches que si vous avez effectué de grosses dépenses.

Expédier ses achats

Vous pouvez le faire sans risque par la poste *(voir « Poste », p. 492).*

Souvenirs

Voir aussi « Shopping » (p. 499) et « Artisanat » (p. 412).

Antiquités

Toute exportation d'antiquités, d'objets d'art, d'articles religieux et de statues du Bouddha est interdite sans un permis préalable du **Département des antiquités** (Fine Arts Department). Pour l'obtenir, contactez les services des Musées nationaux (National Museum Division) à Bangkok ou en province au moins 10 jours avant la date de votre départ.

Sachez que les véritables antiquités sont très rares : les « certificats d'authenticité » délivrés par les commerçants n'ont aucune valeur.

Artisanat

Céramiques – La Thaïlande est réputée pour sa porcelaine Benjarong à cinq couleurs. Lampang est connue pour sa céramique bleue et blanche. Quant aux fameux Sangkhalok, ou céladons thaïlandais, ce sont d'élégantes poteries au vernis translucide.

Laques – Les laques demeurent une grande tradition du nord de la Thaïlande et les boutiques proposent une variété de boîtes ou plateaux laqués. Les laques étant des objets fragiles, veillez à bien les emballer pour les transporter.

Masques et marionnettes – Avec la tradition du théâtre d'ombres ou du *khon* (théâtre masqué), marionnettes et masques en papier mâché colorent tous les marchés de Bangkok, de Chiang Mai ou de Nakhon Si Thammarat, où ils se vendent à prix modiques.

Nielle – L'artisanat du nielle perdure en Thaïlande depuis le 12e s. Ce type d'ornement très délicat – une incrustation d'émail noir sur du métal gravé – s'utilise en joaillerie et dans la création de boîtes et d'objets décoratifs.

Objets « ethniques » – Les minorités montrent une créativité exceptionnelle dans la réalisation de vêtements, de coussins ou de sacs, sans oublier les articles en bambou, en bois sculpté, les parures et les étoffes. Vous en trouverez principalement à Chiang Mai, à Chiang Rai, et au Chatuchak Week-End Market de Bangkok.

Teck – Bois précieux d'excellente qualité, le teck, naturel ou teinté, brut ou verni, entre dans la fabrication d'une multitude d'objets, des meubles aux ustensiles les plus usuels (saladiers, couverts, etc.).

Joaillerie et pierres précieuses

Le sol thaïlandais regorge de pierres précieuses. Les critères de qualité d'une gemme étant aussi scientifiques que subjectifs, il faut vraiment être connaisseur pour faire une bonne affaire. Pléthore de bijouteries vendent des pierres synthétiques prétendument vraies. Quant aux rabatteurs qui sévissent à Bangkok et autour des principaux sites touristiques, ils sont connus pour être à l'origine de véritables escroqueries.

Les bijouteries portant le label de l'office de tourisme TAT sont dignes de confiance : ce dernier garantit une transaction honnête et un recours en cas de litige. Si vous achetez une pierre d'une certaine valeur, demandez un *Gem Origin Report*

Or – Dans le quartier chinois de Bangkok, les boutiques de bijoux en or sont légion, les Thaïlandais investissant leurs économies dans de tels achats. Un « baht d'or » ornemental équivaut à 14,71 g d'or. Le prix comprend le poids de l'or et le travail manufacturé. Le coût de la main-d'œuvre étant faible, l'achat est intéressant.

Argent et bronze doré – L'argent sert pour la fabrication de nombreux produits : bijoux, ceintures à boucle traditionnelle, vaisselle, etc., le tout à des prix modérés. Vous trouverez aussi de la vaisselle et des couverts en bronze doré, surtout à Bangkok, mais celui-ci noircit au contact des aliments.

Tissus et vêtements

Soie – La Thaïlande est le royaume de la soie, qui passe pour être la plus belle du monde. Originaire du Nord et de l'Isan, elle est toujours fabriquée de manière artisanale, reprenant les trames et les motifs traditionnels. Outre de belles soieries aux couleurs les plus variées, vous trouverez toutes sortes de produits dérivés : coussins, boîtes à bijoux, cravates, chemises et autres vêtements.

Coton – Moins réputé que la soie, le coton offre pourtant une gamme de coloris et de motifs aussi variés, certains produits étant tissés par les minorités ethniques du Nord.

Tailleurs – Ils sont légion à Bangkok et dans les sites touristiques et proposent leurs services à des prix peu élevés. Prenez le temps de faire un ou plusieurs essayages afin d'éviter les mauvaises surprises. Dans les boutiques, le prêt-à-porter a tendance à s'aligner sur les prix européens.

Où acheter ?

Vous ferez de meilleures affaires sur les marchés que dans les boutiques pour touristes.

Centres d'artisanat – Lors des voyages organisés, le circuit inclut toujours un arrêt dans ces centres dédiés aux touristes. Les prix des produits y sont plus élevés qu'ailleurs, car ils incluent la commission que votre guide touchera sur vos achats.

Marchés – Du simple étal sur le trottoir aux marchés géants, tel le Chatuchak Week-End Market de Bangkok, il n'est pas une ville qui ne possède son marché, de jour ou de nuit. Tous vendent artisanat, produits frais, meubles... et **contrefaçons** d'articles de marques prestigieuses (interdites en Europe).

Sports nautiques

Avec ses 2700 km de côtes jalonnées d'îles et îlots paradisiaques, la Thaïlande offre un grand choix de sports nautiques : surf, kite, voile ou pêche en haute mer, ski nautique et parachute ascensionnel. Pattaya et Phuket règnent en maîtres.

Taxi

Moto-taxi

Très répandues dans le pays, les motos-taxis se rassemblent près des arrêts et des terminaux de bus, aux abords des marchés et aux grands carrefours. On les repère au **dossard** de couleur vive du chauffeur. Les tarifs se négocient : comptez env. 40 bahts la course. Un moyen agréable de se déplacer, à éviter cependant à Bangkok (sauf pour les amateurs de frissons).

Taxi classique

Confortables, climatisés et bon marché, les taxis pullulent à Bangkok et dans les grands centres touristiques. Presque tous sont équipés d'un compteur : assurez-vous que le chauffeur le met en marche. Sinon, négociez le tarif du trajet avant de monter, ou changez de voiture pour ne pas encourager ce genre de pratiques. À moins de bien connaître la topographie de la ville ou de parler couramment le thaï, conservez sur vous la carte de votre hôtel. Comptez 40 bahts la course mini.

Taxi collectif (songthaew)

Plus courants que les bus dans certaines villes de province et dans les stations balnéaires, les *songthaew* sont des camionnettes équipées de modestes bancs en bois qui sillonnent les grandes artères et font de courts trajets en s'arrêtant à la demande.

Tuk-tuk

Vous trouverez partout ces triporteurs à moteur, à éviter partout par temps de pluie et de manière générale à Bangkok... Le véhicule ne possédant pas de compteur, négociez le prix de la course avant le départ, après vous être renseigné sur les tarifs en vigueur. Bruit, pollution des moteurs 2-temps, tarifs excessifs : autant de raisons de leur préférer le taxi.

Téléphone

Pour téléphoner en Thaïlande depuis l'étranger, voir p. 486.

Appels locaux

Les numéros de téléphones fixes sont à 9 chiffres et intègrent le code régional, qui commence par 0.

Appels internationaux

Pour téléphoner de Thaïlande vers l'étranger, composez le 001 + le code du pays (33 pour la France, 32 pour la Belgique, 41 pour la Suisse) + le numéro de votre correspondant sans le 0 initial.
Pour un appel en PCV à l'étranger, composez le 100 pour joindre l'opérateur international.

Téléphone portable

Le numéro des téléphones portables commence par 081, 086, 087 ou 089. Comme en Europe, la tarification est plus élevée que pour les lignes fixes.
Les téléphones portables utilisés en Europe fonctionnent en Thaïlande s'ils ne sont pas verrouillés par un code du fabricant, mais le coût des communications reste très élevé (voir les tarifs indiqués par votre opérateur). Attention, les appels reçus sont également payants. Côté data, les prix s'envolent puisqu'il n'est pas rare que le Mo soit facturé plus de 10 € ! Veillez à bien désactiver les données mobiles de votre téléphone en arrivant.
Le moyen le plus pratique et le plus économique pour communiquer consiste à acheter une **carte SIM prépayée** *(prepaid)* chez un opérateur local.

Téléphone via Internet

Plusieurs applications permettent de téléphoner à partir d'un ordinateur, d'une tablette ou d'un portable en passant par le wifi. Le logiciel **Skype** permet d'appeler ses correspondants gratuitement (avec l'image) s'ils sont connectés sur leur téléphone.
Les applications **WhatsApp** et **Facetime** permettent de communiquer sans frais avec ceux qui l'utilisent également.

Transports en commun

Voir aussi les rubriques « Moto », (p. 491) et « Voiture » (p. 504).
Vous pouvez consulter les horaires de tous les transports et réserver vos billets sur le site **12go.asia**.

Avion

Le pays étant étendu, certains vols domestiques représentent un réel gain de temps. Attention cependant si vous ne voyagez pas de ou vers Bangkok : la plupart des vols intérieurs comprennent une ou plusieurs escales.

AirAsia – www.airasia.com. Plusieurs vols quotidiens entre Bangkok et Chiang Mai, Chiang Rai, Krabi, Phuket, Udon Thani.

Bangkok Airways – www.bangkokair.com. Env. 15 vols/j. au départ de Bangkok vers Phuket, et vols desservant Chiang Mai, Krabi, Sukhothai, Trat et Pattaya.

Nok Air – www.nokair.com. Plusieurs vols/j. de Bangkok (aéroport Don Muang, *voir p. 67*) vers Chiang Mai, Phuket, Surat Thani, Loei.

Thai Airways – www.thaiairways.com. Plusieurs vols/j. entre Bangkok et Chiang Mai et Chiang Rai.

Pour les vols internationaux, voir « Aller en Thaïlande », p. 478.

Bateau

À Bangkok – Le **Chao Phraya Express** permet de se déplacer dans divers quartiers de la capitale beaucoup plus rapidement qu'en voiture et à des prix modiques. Les *long tail*, plus rapides, sont des barques à moteur effilées qui sillonnent les *khlong*, c'est-à-dire les canaux adjacents au fleuve *(voir « Carnet pratique », p. 67)*.

Vers les îles – Des bateaux réguliers, parfois vétustes et surchargés, permettent de rejoindre les îles. Les *express boats* sont plus rapides, mais un peu légers et pas très stables. À titre indicatif, un trajet Surat Thani-Ko Samui coûte env. 850 bahts. Trois compagnies principales officient : **Ferry Samui** (www.ferrysamui.com), **Lomprayah** (www.lomprayah.com) et **Seatran** (www.seatrandiscovery.com).

Croisières – À Bangkok, des agences de voyage organisent des croisières en **jonque de luxe** dans le golfe de Thaïlande et vers quelques îles méridionales.

Bus

Un excellent réseau de bus, étendu et de qualité, opéré par des compagnies publiques et privées, couvre tout le pays. C'est le moyen le plus pratique pour vous déplacer à moindres frais.
Conservez vos objets de valeur sur vous et prenez un pull si le bus est climatisé.

Bus d'État – La compagnie d'État **Baw Khaw Saw** (BKS) propose des liaisons dans tout le pays. Les **bus climatisés**, confortables et rapides, ont des arrêts fixes. Plus rustiques et plus lents, les **bus sans air conditionné** s'arrêtent à peu près partout. Ils peuvent donc mettre le double du temps initialement prévu. Le billet s'achète dans le bus même (tarifs fixes).

Bus privés – Ils couvrent les longues distances. Climatisés, ponctuels, confortables (fauteuils inclinables), ils sont plus chers que les bus d'État.

Minibus privés – Plus rapides mais moins confortables, conçus pour les touristes étrangers, ils vous feront gagner du temps mais perdre tout parfum d'aventure et d'exotisme.

Bus VIP – Ils offrent les mêmes prestations que les bus privés, avec plus de confort pour chaque passager.

Tarifs – Pour un trajet Bangkok-Chiang Mai (720 km ; entre 10h et 13h de trajet), comptez env. 700 bahts en bus privé climatisé et 900 bahts en bus VIP. Les billets s'achètent à la gare routière (tarifs affichés).

Train

State Railway of Thailand – www.railway.co.th. Site officiel, très complet et en anglais ; lignes, horaires, prix. Réserv. sur www.dticket.railway.co.th.

Le **réseau ferroviaire** s'étire sur 4 500 km selon un axe nord-sud, et comprend quatre lignes principales (vers le nord, le nord-est, l'est et le sud), ainsi que quelques lignes secondaires. Plus lents mais plus sûrs que les bus, les trains sont fréquemment en retard mais confortables. Un dépliant indiquant destinations, horaires et tarifs, ligne par ligne, est à votre disposition à la gare de Krung Thep Aphiwat (Bangkok), et dans la plupart des bureaux du TAT.

Il existe **trois catégories** de trains, plus ou moins rapides : « Special express », « Express » et « Rapid » (trains ordinaires), certains comportant plusieurs classes de wagons : la **3e classe** (tarifs modiques, confort rudimentaire, pas de réservation), la **2e classe** (prix raisonnables, ventilation ou climatisation, sièges molletonnés, parfois inclinables) et la **1re classe climatisée** (un rapport confort-prix imbattable !), à privilégier pour tout trajet supérieur à 3h. Si vous voyagez de nuit, optez pour le confort des **couchettes** (draps et couvertures fournis). Pensez toujours à prendre un lainage, il fait froid dans les wagons climatisés.

Réservations – Elles sont possibles mais pas nécessaires, sauf pour la ligne Bangkok-Chiang Mai et à l'approche des jours fériés.

Tarifs – À titre d'exemple, un trajet Bangkok-Chiang Mai en train de nuit coûte 310 bahts (8 €) en 3e assise, 470 bahts (12 €) en 2e assise, 900 bahts (23 €) en 2e couchette, et 1600 bahts (40 €) en 1re couchette.

Urgences

Pompiers – ✆ 199.

Tourist Police – ✆ 11 55.

Le personnel des services d'urgence ne parle pas nécessairement l'anglais : adressez-vous à la réception d'un hôtel qui vous aidera à vous faire comprendre.

Gardez sur vous le numéro d'assistance communiqué par votre assurance.

En cas de perte de votre carte bancaire :

American Express – ✆ + 33 (0)1 47 77 72 00 (24h/24).

Master Card – ✆ 800 11 887 0663.

Visa – ✆ 800 11 535 0660.

Vélo et VTT

Sauf à Bangkok et à l'extérieur des douves à Chiang Mai, c'est un moyen de transport plaisant dans les villes de taille moyenne et les campagnes, à condition de disposer d'une bonne carte pour éviter les axes (rues et routes) principaux, très passants. Vous pourrez aisément en louer à votre pension ou dans les boutiques des centres touristiques. Comptez minimum 1,20 €/j.

VTT – Cette activité est en plein essor, avec de nombreux loueurs dans les grands centres touristiques, pratiquant des tarifs modiques.

Voiture

Voir aussi « Permis de conduire », p. 484.

Location avec chauffeur

Si votre budget vous le permet, cela reste le meilleur moyen de visiter le pays. Assurez-vous que le chauffeur possède quelques rudiments d'anglais et faites-vous confirmer que ses frais d'hébergement et de repas sont compris dans le prix. Pour une journée (10h), comptez en moyenne 100 €, essence comprise.

Location sans chauffeur

Assurez-vous que le prix de la location du véhicule inclut l'assurance et lisez le contrat avec soin. Privilégiez les grandes compagnies internationales, plus chères mais disposant de meilleures garanties.

Réseau routier

Il est excellent, sauf en saison des pluies, où certaines portions de route sont bloquées. La **signalétique** routière est bilingue et les principales curiosités sont fléchées en anglais (panneaux bleus).

Dans les **îles**, les routes se réduisent souvent à de simples chemins de terre creusés d'ornières, impraticables pendant la mousson, sauf en 4x4. Prenez garde aux animaux.

Conduite

Soyez prudent en vous adaptant à la **conduite à gauche**, d'autant que la loi de la jungle règne sur les routes et que les deux-roues circulent parfois à contresens. Attention aux **heures de pointe** (7h-9h et 16h-18h30) : les motos slaloment alors dangereusement entre les véhicules. Dès que l'on s'éloigne des grands axes routiers, la conduite devient plutôt agréable.

La **vitesse** est limitée à 60 km/h en ville et à 90 km/h sur les nationales.

Le port de la **ceinture** à l'avant est obligatoire.

Quelques règles à connaître – En règle générale, le véhicule le plus imposant a la priorité ! Un véhicule vous précédant avec un clignotant à droite vous enjoint de ne pas le dépasser ; le clignotant à gauche vous signale au contraire que la voie est libre. Attention, la nuit, nombre de voitures circulent tous feux éteints au milieu de la route ! Redoublez de prudence pendant les vacances thaïlandaises.

Essence

Vous trouverez partout de nombreuses stations-service. Dans les zones reculées, la vente d'essence se fait dans des bidons au bord de la route. Comptez environ 40 bahts/l selon la région.

En cas d'accident

Si vous êtes impliqué dans un accident, appelez votre loueur, restez si possible dans le véhicule dans sa position accidentée, demandez impérativement l'arbitrage de la police et attendez son arrivée (votre absence vous désignerait comme coupable, ce qu'induit déjà votre statut d'étranger). La police vous demandera votre attestation d'assurance et tous vos papiers ; prévoyez de longues négociations.

Carte routière

Carte Michelin National n° **751** au 1/1 370 000, avec les noms des localités en thaï et en alphabet latin.

Agenda

Voir aussi « Fêtes et festivals » (p. 410) et la rubrique « Agenda » des pages « Carnet pratique ».

Janvier

Festival de That Phanom – Durant une semaine, le Wat Phra That Phanom, le *chedi* le plus sacré du pays (province de Nakhon Phanom), voit affluer des pèlerins de toute la Thaïlande et même du Laos.

Nouvel An chinois – Fin janv.-mi-fév. Les Sino-Thaïs, surtout ceux de Bangkok et de Nakhon Sawan, célèbrent le renouveau par un grand nettoyage de la maison, des offrandes au temple, les danses du dragon et des feux d'artifice.

Février

Festival Phra Phutthabat – Durant la 2e quinz. de fév., les pèlerins bouddhistes se réunissent au sanctuaire de l'Empreinte de pied sacrée du Bouddha, près de Saraburi (au nord de Bangkok). Musique, théâtre et jeux sont alors au rendez-vous.

Makha Bucha – À la pleine lune, les fidèles commémorent les premiers sermons du Bouddha en écoutant les textes lus par les moines. Processions à la chandelle autour de l'*ubosot* (bâtiment principal) du temple.

That Phanom Festival – Durant une semaine, à la pleine lune de fév.-mars, ce festival de pagode se tient autour du *chedi* le plus sacré du pays. Les pèlerins affluent de tout le pays et même du Laos.

Avril

Songkran – Mi-avr., entre rites religieux et kermesses populaires, les Thaïlandais célèbrent le passage de la saison sèche à la saison des pluies.

Mai

Cérémonie des Labours royaux – Durant la 1re quinz. de mai, cette fête annonce la saison des pluies et le début des labours dans les rizières. Sur la place Sanam Luang, à Bangkok, le roi assiste au tracé des sillons par des bœufs blancs, tandis que des brahmanes (prêtres hindous) prédisent dans tout le pays les résultats des prochaines récoltes.

Visakha Bucha – À la pleine lune ; c'est la plus importante fête bouddhiste. Elle commémore la naissance, l'illumination et la mort du Bouddha. Partout, les fidèles se rendent dans les temples les plus sacrés pour psalmodier des textes, écouter les sermons des moines, faire des offrandes et prendre part à des processions aux chandelles.

Bun Bang Fai (fête des Fusées) – Vers la mi-mai, on lance des fusées vers le ciel pour attirer sur les récoltes des pluies abondantes. Dans le Nord-Est surtout, les paysans construisent des fusées de bambou géantes, qui défilent sur des chars avant d'être mises à feu. Danses, spectacles de rue et élection d'une reine de beauté jalonnent le programme.

Juillet

Khao Phansa (fête des Bougies) – La fête marque le début des trois mois de la « retraite des pluies », de juillet à octobre, époque à laquelle les moines se retirent dans les temples pour étudier et méditer. C'est également la période des ordinations. À Ubon Ratchathani, on organise des processions de chandelles géantes aux formes les plus diverses, sculptées dans les rues avant d'être présentées dans les temples.

Prières lors de la fête de Makha Bucha.
Toa55/Getty Images Plus

Octobre

Ok Phansa – Durant tout le mois, on célèbre la fin du carême bouddhique et la saison des *kathin* (« trousseau ») : les fidèles se rendent au temple pour offrir aux moines de nouvelles robes, sur un plateau, ainsi que des objets quotidiens. De son côté, le roi se rend en procession sur le Chao Phraya, en barque d'apparat, jusqu'au Wat Arun, où il accomplit les mêmes rites. Des régates sont organisées sur le Mékong, en particulier à Nakhon Phanom.

Novembre

Loy Krathong – À la pleine lune, pour marquer la fin de la saison des pluies, on lance sur des étendues d'eau (lac, rivière, fleuve, etc.) des petites barques chargées d'encens, de bougies, de noix d'arec ou de pièces de monnaie.

Phimai Festival – Durant la 2e sem. de nov., danses traditionnelles et spectacle pyrotechnique dans le parc historique de Phimai.

Surin Elephant Roundup – Durant la 3e sem. de nov. à Surin, cette fête rassemble quelques centaines de bêtes. Les pachydermes participent à des jeux, courses ou reconstitutions de scènes de bataille.

Décembre

River Kwai Bridge Week – Fin nov.-déb. déc., un spectacle son et lumière sur le pont de la rivière Kwaï pour commémorer les événements de la Seconde Guerre mondiale.

Livres et films

Livres

Langue

COLLECTIF, **Parler le thaï en voyage**, Harrap's, 2015.

Littérature

BOULLE Pierre, **Le Pont de la rivière Kwaï**, Julliard, 2011. Un classique à relire si vous allez à Kanchanaburi.

BURDETT John, **Bangkok 8**, 10/18, 2009. Les tribulations d'un policier bouddhiste dans un Bangkok frénétique.

CONRAD Joseph, **La Ligne d'ombre**, Gallimard, 2010. Un roman invitant à l'aventure orientale dans la pure tradition conradienne.

HOUELLEBECQ Michel, **Plateforme**, J'ai lu, 2010.

KORBJITTI Chart, **La chute de Fak**, Gope, 2003.

LE CARRÉ John, **Comme un collégien**, Seuil, 2001.

MISHIMA Yukio, **La Mer de la fertilité, vol. 3 : Le Temple de l'aube**, coll. « Quarto », Gallimard, 2004.

MORAND Paul, **Rien que la terre**, Grasset, 2000, et **Bouddha vivant**, Grasset, 1988.

NESBØ Jo, **Les Cafards**, Gallimard, 2012. L'ambassadeur de Norvège en Thaïlande, est assassiné ; l'inspecteur Harry Hole mène l'enquête.

PRAMOJ Kukrit, **Plusieurs Vies**, L'Asiathèque, 2003. Vision bouddhiste de onze destinées à la même fin tragique.

ROSSE Étienne, **Trois Autres Thaïlande**, Gope, 2011. Des nouvelles en forme de portraits.

SAUL John, **Paradis Blues**, Poche, 2001. Aventures et poursuites policières à Bangkok.

SPORTÈS Morgan, **Pour la plus grande gloire de Dieu**, Points, 2007.

STASSE Pierre, **La Nuit pacifique**, Flammarion, 2013. Un Français expatrié à Bangkok découvre l'envers noir du « pays du sourire ».

SUDHAM Pira, **Terre de mousson**, Olizane, 2013. Le récit d'une enfance passée dans l'Isan rural, révélant les contradictions de la société thaïlandaise.

Films

BAYONA Juan Antonio, **The Impossible**, 2012. L'histoire vraie d'une famille en vacances en Thaïlande lorsque se produit le tsunami de 2004.

LANG Walter, **Le Roi et Moi**, 1956. Avec Deborah Kerr et Yul Brynner.

LEAN David, **Le Pont de la rivière Kwaï**, 1957.

RATANARUANG Pen-ek, **Headshot**, 2011. Accusé d'un crime, un policier incorruptible devient tueur à gages.

SUGMAKANAN Songyos, **Le Pensionnat**, 2006.

TENNANT Andy, **Anna et le Roi**, 1999.

WEERASETHAKUL Apichatpong, **Tropical Malady**, 2004, prix du jury à Cannes pour cette histoire entre mythe et réalité ; **Oncle Boonmee (celui qui se souvient de ses vies antérieures)**, 2010, Palme d'or à Cannes pour ce film onirique dans la jungle thaïlandaise ; **Cemetery of Splendour**, 2015, romance, étrangeté et monde des esprits planent au-dessus d'un hôpital militaire.

WEERASETHAKUL Apichatpong, SASANATIENG Wisit, SIRIPHOL Chulayarnnon et ASSARAT Aditya, **Ten Years in Thailand**, 2018, les réalisateurs imaginent l'avenir dystopique de leur pays en 2028.

YUKOL Chatrichalerm, **La Légende de Suriyothai**, 2001. Un épisode de l'histoire du Siam vu à travers l'épopée d'une reine d'Ayutthaya.

Notes

Notes

Bangkok : villes, curiosités et régions touristiques.
Rama Ier : noms historiques ou termes faisant l'objet d'une explication.
Les sites isolés (palais, temple, grotte...) sont répertoriés à leur propre nom.

A

B

H

I

J

K

T

Carte générale

Premier rabat de couverture

Cartes des régions

Plans de ville

Plans de monuments

Cartes des circuits

Note au lecteur

Michelin a apporté le plus grand soin à la rédaction de ce guide et à sa vérification. Toutefois, les informations pratiques (formalités administratives, prix, adresses, numéros de téléphone, adresses Internet, etc.) doivent être considérées comme des indications du fait de l'évolution constante de ces données.
Il n'est pas totalement exclu que certaines d'entre elles ne soient plus, à la date de parution du guide, tout à fait exactes ou exhaustives. N'hésitez pas à nous signaler toute omission ou inexactitude que vous pourriez constater, ainsi qu'à nous faire part de vos avis et suggestions sur les adresses contenues dans ce guide.
Avant d'entamer toute démarche, formalités administratives ou douanières notamment, vous êtes invité à vous renseigner auprès des organismes officiels. Ces informations ne sauraient, de ce fait, engager notre responsabilité.

Caractérisé par une syntaxe et une structure grammaticale similaires à celles du mandarin, le thaï est une langue monosyllabique qui ne possède ni conjugaison, ni déclinaison, ni article. En revanche, il utilise des particules indiquant le temps, le mode, le genre et le nombre. On utilise ainsi une structure différente en fonction de l'interlocuteur auquel on s'adresse, selon la position sociale, le sexe, l'âge.

La prononciation

La difficulté du thaï réside surtout dans sa prononciation, difficile pour les Occidentaux. Cette langue tonale fait appel à 44 consonnes représentant 21 sons, pour 15 voyelles servant à désigner 48 sons différents ! Les consonnes supplémentaires ont pour but d'indiquer la valeur tonale d'un mot, et les 15 voyelles sont assorties d'une symbolisation différente, destinée à traduire la tonalité du mot. Le thaï utilise par ailleurs cinq tonalités déterminant le sens du mot : neutre, bas, haut, ascendant, descendant ; chaque syllabe étant associée à un ton différent. Et, si vous utilisez le mauvais ton, le mot peut prendre un tout autre sens ! Bref, la structure phonétique du thaï est complexe, et la transcription en alphabet latin, d'après la phonétique et sans orthographe officielle, reste un outil de fortune, conçu en fonction de l'oreille occidentale.

Les cinq tons

Hormis le ton neutre, chaque ton est distingué par un accent particulier.

a (ton neutre) : se prononce sur le registre moyen de la voix.

ã (ton bas) : grave.

à (ton descendant) : du registre moyen au plus grave.

â (ton haut) : emphatique, aigu.

á (ton ascendant) : progression du registre moyen au plus aigu.

Les voyelles

Le thaï possède deux catégories de voyelles, les longues et les brèves, qui servent à distinguer le sens des mots. Pour différencier les longues des brèves dans notre alphabet, les voyelles longues sont suivies du signe « : ». Par ailleurs, les voyelles fermées sont indiquées en minuscule, et les voyelles ouvertes en majuscule.

Longues

a : comme dans « bar ».

e : *é* fermé de « bouche bée ».

E : *è* ouvert de « bête ».

i : *i* long de « île ».

o : *o* fermé de « maux ».

O : *o* ouvert de « bol ».

u : *ou* long de « loup ».

Brèves

a comme dans « baraque ».

e *é* fermé et bref de « bélier ».

E *è* ouvert comme dans « sept ».

i *i* bref de « mite ».

o *o* fermé et bref de « poteau ».

O *o* ouvert et bref de « hotte ».

u *ou* bref de « coucou ».

Les consonnes

b *b*, mais atténué, et à peine perceptible en finale.

c : voisin de *ti*, comme dans « tiare ».

ch : *tch* de « tchèque ».

d : *d* léger, atténué.

f : *f* adouci.

f *f* atténué, se rapprochant de *b*.

h *h* fortement aspiré, comme le *h* anglais de « house ».

k *k* de « kapok », atténué. En finale, très léger, à peine perceptible.

m *m*, adouci en début de mot et sonore en finale, comme dans « femme » (sans *e* muet).

n : *n*, fluide en début de mot, sonore en finale comme dans « canne » (sans *e* muet).

ng nasal en début de mot, comme le *ng* de « tango ». En finale (sans *e* muet), il nasalise la voyelle précédente.

p *p* à peine perceptible en finale.
ph *p* fortement aspiré (jamais *f* de « pharmacie »).
r roulé et très fluide, jamais guttural (se confond avec le *l*).
s *s* dur comme dans « son » (jamais *s* de « rose »).
t *t* souple et atténué, à peine perceptible en finale.
v en début de phrase, *v* adouci ; suivi de *a*, il tend vers le son *oua* de « ouate ».
y comme dans « yaourt ».

Les formules courantes

Formules de politesse usuelles pour terminer une phrase, les mots *khráp* (utilisé par un homme) et *khâ* (utilisé par une femme) expriment le genre de la personne qui parle. Ils s'utilisent également pour répondre à une question par l'affirmative. *Dii chãn* signifie « vous » pour une femme, *phõm,* « vous » pour un homme, et *thâan* « vous » pour une personne plus âgée ou représentant l'autorité.
Bonjour, au revoir : sawàt-dii (khráp/khâ)
Comment allez-vous ? : sabaï dii reu ?
Je vais bien : sabaï dii
S'il vous plaît : kho
Merci/merci beaucoup : khàwp khun/khàwp khun mak (khráp/khâ)
Je vous en prie, c'est sans importance : mai pen raï
Oui : chaï ou khráp/khâ
Non : mâi chaï
Excusez-moi : khaw thot (khráp/khâ)
Monsieur, madame, mademoiselle : khun (khoun)
Je ne parle pas le thaï : phout thaï maï daï
Je ne comprends pas : mâi khâo jai
Comment vous appelez-vous ? : khun chêu arai ?
Je m'appelle : phõm chêu/dii chãn chêu (femme)
D'où venez-vous ? : khun ma chak nai ?
Je viens de France : ma chak farangse

Le temps

Quelle heure est-il ? : velani kimong ?
Quand : mia
Hier : mia vanni
Aujourd'hui : van níi
Demain : phrung ni
Ce matin : mia chao ni
Cet après-midi : ton bai ni
Soir : ton yen
Lundi : van can
Mardi : van angkhan
Mercredi : van phut
Jeudi : van prihat
Vendredi : van suk
Samedi : van sao
Dimanche : van athit

Adjectifs et mots courants

Bon : di
Mauvais : mai di
Grand : jai
Petit : lek
Éloigné : klai
Proche : klài
Chaud : ron
Froid : não
Entrée : thang kha
Sortie : thang ok
Ouvert : pe **:** d
Fermé : pid

S'orienter, visiter

Où ? : thi naï ?
Où est... ? : yùu thì **:** naí... ?
Je veux aller à... : dichan yak pai...
À droite : lio kho a
À gauche : liosai
Tout droit : trong paï
Devant : dan na
Derrière : khang lang
Près de : mai klai
Ville : nakhorn
Village : mû ban
Rue : thanon (Th.)
Rue secondaire : soi
Sentier : thang dan thâu
Marché : talat
Poste : praisani

Les transports

Avion : khriang bin
Aéroport : thâ akatsa yan
Train : rotfai
Billet : tua
Voiture : rot yon
Gare routière : satha ni rôtmeh
Bus : rôtmeh
Bus climatisé : rot thuâ
Moto : rot maw toe sai
Bateau : rua

À l'hôtel

Hôtel : rohng naeng
Chambre : hâwng
Avez-vous une chambre de libre ? : mii hâwng mai ?
Toilettes : suam hong nam

Au restaurant

Restaurant : raan aahaan
Déjeuner : ahan klang van
Dîner : ahan jen
Boire : deum
Manger : kin khao
Délicieux : aroy
Sucre : nam taam
Eau : nam
Café : kafe
Thé : cha
Bière : biya
Sauce de soja : siiu
Pas trop épicé : ao maï pet
Épicé : phèt
Légumes : phat
Œuf : khai
Bœuf : nua
Porc : mou
Poisson : pla
Poulet : kai
Riz : khao
Riz frit : khao paat
Riz gluant : khao niao
Salade épicée : yam

Achats

Combien ? : thaoraï (khrap, khâ) ?
C'est très cher : phèng maak
Bon marché : thùuk

Urgences

Docteur : mo
Hôpital : rohng phaya ban
Police : sathani tamrouat
Dentiste : chan tham fan
Pharmacie : ran khai ya

Les chiffres

1 : ning
2 : song
3 : sam.
4 : si
5 : hà
6 : hok
7 : cet
8 : pet
9 : kào
10 : sib
11 : sib et
12 : sibsong
20 : yisib
21 : yi sib et
30 : sam. sib
100 : ning roi
200 : song roi
1000 : ning phan
10 000 : ning min
100 000 : ning sen

Notes

LÉGENDE DES CARTES ET PLANS

Curiosités et repères

Itinéraire décrit, départ de la visite
Église
Mosquée
Synagogue
Temple
Temple : bouddhique - hindou
Bâtiment
Monastère - Phare
Fontaine
Point de vue
Château - Ruine ou site archéologique
Citadelle et fort
Barrage - Grotte
Monument mégalithique
Tour génoise - Moulin
Temple - Vestiges gréco-romains
Autre lieu d'intérêt, sommet
Distillerie
Palais, villa, habitation
Cimetière : chrétien - musulman - israélite
Oliveraie - Orangeraie
Mangrove
Gravure rupestre
Pierre runique
Église en bois
Église en bois debout
Parc ou réserve national
Bastide

Axes routiers, voirie

Autoroute
Assimilée
Échangeur : complet - partiel
Route
Rue piétonne
Escalier - Sentier, piste
Tunnel

Informations pratiques

Information touristique
Parking - Parking - relais
Gare : ferroviaire - routière
Voie ferrée
Ligne de tramway
Départ de fiacre
Métro - RER - Tramway
Station de métro (Lima , ...) (Calgary, ...)(Montréal)
Téléphérique, télécabine
Funiculaire, voie à crémaillère
Chemin de fer touristique
Transport de voitures et passagers
Transport de passagers
Bac (Bateau)
Observatoire
Magasin
Poste
Poste Japon
Hôtel de ville
Palais de justice
Palais de justice Japon
Préfecture
POL. Police
GNR Gendarmerie
Musée de plein air
Hôpital - Hôpital musulman
Marché couvert
Aéroport
Parador, Pousada (Établissement hôtelier géré par l'État)
Station thermale
Source thermale
Embarcadère

Topographie, limites

Récif corallien
Marais - Désert
Frontière - Parc naturel

Sports et loisirs

Piscine : de plein air - couverte	Parc ornithologique réserve d'oiseaux
Plage - Stade	Planche à voile, kitesurf
Port de plaisance - Voile	Pêche en mer ou sportive
Plongée - Surf	Canyoning, rafting
Refuge - Promenade à pied	Aire de camping - Auberge
Randonnée équestre	Arènes
Golf - Base de loisirs	Base de loisirs, base nautique ou canoë-kayak
Parc d'attractions	Canoë-kayak
Parc animalier, zoo	Promenade en bateau
Parc floral, arboretum	

Comprendre les symboles utilisés dans le guide

LES ÉTOILES

★★★ **Vaut le voyage** ★★ **Vaut le détour** ★ **Vaut la visite**

HÔTELS ET RESTAURANTS

9 ch.	Nombre de chambres		Wi-Fi
7,5 €	Prix du petit-déjeuner en sus		Piscine
50 €	Prix de la chambre double, petit-déjeuner compris		Carte de crédit non acceptée
bc	Menu boisson comprise	P	Parking réservé à la clientèle
	Air conditionné dans les chambres	Tram	Station de tramway la plus proche
	Restaurant dans l'hôtel	M	Station de métro la plus proche
	Établissement servant de l'alcool (à l'étranger)		

SYMBOLES DANS LE TEXTE

	À faire en famille		Organisme de tourisme
	Pour approfondir		Astuce, conseil
	Promenade à pied		Adresse coup de cœur
	Randonnée à vélo	A2 B	Repère sur le plan
	Facilité d'accès pour les personnes à mobilité réduite		Tourisme écoresponsable

Collection sous la direction de Philippe Orain

Responsable d'édition et rédacteur en chef du guide : Natacha Brumard

Secrétaire d'édition : Sandrine Favre

Rédaction : Juliette Tissot, Serge Bathendier, Mélanie Cornière, Hugues Festis, Anne Lagarde, Delphine Loez, Philippe Longin, Franck Michel, Ngoc Loan Lam, Marie Perchat, Marie-Pierre Renier, Marie-Laure de Saint-Rémy, Catherine Zerdoun

Ont contribué à ce guide : Aura Mardari, Leonard Pandrea, Gabriel Dragu (**Cartographie**), Véronique Aissani, Carole Diascorn (**Couverture**), Marion Capera, Marie Simonet, (**Iconographie**), Andra-Florentina Ostafie, Claudiu Spiridon (**Données objectives**), Bogdan Gheorghiu, Cristian Catona, Gabriel Dragu, Hervé Dubois, Pascal Grougon (**Prépresse**), Dominique Auclair (**Pilotage**)

Remerciements : Prakit Saiporn, Office National du Tourisme de Thaïlande

Plans et cartes : © MICHELIN 2024

Conception graphique
Christelle Le Déan, Sandro Borel, Justeciel (maquette intérieure) Véronique Aissani, Marie-Pierre Renier (couverture)

Régie publicitaire et partenariats
contact.clients@editions.michelin.com
Le contenu des pages de publicité insérées dans ce guide n'engage que la responsabilité des annonceurs.

Contacts
Vous souhaitez nous contacter ?
Rendez-vous dans la rubrique contact de notre site internet :
editions.michelin.com

Parution 2025

MICHELIN Éditions
Société par actions simplifiée au capital de 487 500 EUR
57 rue Gaston Tessier – 75019 Paris (France)
R.C.S. Paris 882 639 354

Dépôt légal : 08-2024 – ISSN 0293-9436
Compograveur : MICHELIN Éditions, Voluntari (Roumanie)
Imprimeur : Dimograf, Bielsko-Biala (Pologne)
Imprimé en Pologne : 07-2024

Sur du papier issu de forêts bien gérées